Anonymous

Himmel und Erde

Anonymous

Himmel und Erde

ISBN/EAN: 9783741164798

Hergestellt in Europa, USA, Kanada, Australien, Japan

Cover: Foto ©Andreas Hilbeck / pixelio.de

Manufactured and distributed by brebook publishing software (www.brebook.com)

Anonymous

Himmel und Erde

Himmel und Erde.

Illustrirte naturwissenschaftliche Monatsschrift.

Himmel und Erde.

Illustrirte naturwissenschaftliche Monatsschrift.

Herausgegeben

von der

GESELLSCHAFT URANIA ZU BERLIN.

Redacteur: Dr. M. Wilhelm Meyer.

VI. Jahrgang.

BERLIN.
Verlag von Hermann Paetel.
1894.

Verzeichnifs der Mitarbeiter

am VI. Bande der illustrirten naturwissenschaftlichen Monatsschrift
„Himmel und Erde".

Beck, Dr. R., in Leipzig 153.
Becker, H., in Frankfurt am Main 113.
Bezold, Prof. Dr. W. von, Direktor des Meteorologischen Instituts in Berlin 201.
Brückner, Prof. Dr. Ed., in Bern 1.
Deckert, Dr. Emil, in Charlottesville, Va. 118.
Ginzel (*), F. K., Astronom am Rechen-institut der Kgl. Sternwarte in Berlin 43, 190, 194, 260, 380, 383, 422, 432, 483, 486, 532.
Hann, Prof. Dr. J., Direktor des K. K. Meteorologischen Centralinstituts zu Wien 345, 407.
Körber (Kbr.), Oberlehrer Dr. F., in Berlin 32, 78, 137, 152, 239, 241, 279, 292, 334, 341, 380, 381, 382, 397, 391, 440, 481, 485, 555, 573, 574.
Koppe, Dr. C., Prof. am Polytechnikum in Braunschweig 221, 141, 501, 564.
Lubarsch (O. L.), Prof. Dr. O., in Berlin 50, 55, 135.
Meyer (M. W. M.), Dr. M. Wilhelm, Direktor der Urania in Berlin 215, 262, 390, 421, 469, 515.
Müller (C. M.), Dr. Carl, Privatdocent in Berlin 130, 164, 223, 247, 257, 293, 311.

Plafsmann (J. P.), J., Oberlehrer in Warendorf 341, 458.
Samter (Sm.), Dr. H., in Berlin 46, 101, 139, 140, 192, 196, 243, 282, 285, 336, 432, 439, 484, 530, 536, 577, 578.
Scheiner, Prof. Dr. J., Astronom am Kgl. astrophysikalischen Observatorium in Potsdam 105.
Schwahn (Schw.), Dr. P., Vorstand der astronomischen Abtheilung der Urania in Berlin 115, 118, 125, 337, 381.
Spies (Sp.), P., Vorstand der physikalischen Abtheilung der Urania in Berlin 26, 87, 276, 323.
Süring (Sg.), Dr., Assistent am Meteorologischen Observatorium in Potsdam 107, 151, 198, 290, 575.
Treutlein, Prof., in Karlsruhe 249.
Ule, Dr. Will, Privatdozent in Halle a. S. 411, 489.
Volkmann, Prof. Dr. P., in Königsberg i. Pr. 57, 207.
Witt (G. W.), G., Astronom an der Urania in Berlin 41, 54, 55, 98, 142, 148, 188, 247, 284, 328, 329, 386, 388, 552.

Inhalt des sechsten Bandes.

Essays.

Seite

*Ueber die Geschwindigkeit der Gebirgsbildung und der Gebirgsabtragung. Von Prof. Dr. Ed. Brückner in Bern ... 1
*Ueber die Kraft des elektrischen Stromes. Von P. Spies in Berlin ... 26, 87
Ueber die mechanische Naturanschauung. Von Prof. Dr. P. Volkmann in Königsberg in Pr. ... 57
*Die Elektricität in der Natur. Von Dr. E. Körber in Berlin ... 75
*Der grofse Sternhaufen in Hercules. Von Prof. Dr. J. Scheiner in Potsdam ... 105
*Die Luftschwiebungen und das Genie. Von Dr. P. Schwahn in Berlin ... 115
*Ueber die Ursache des grofsen Erdbebens in Mittel-Japan im Jahre 1891 nach B. Koto. Von Dr. R. Bock in Leipzig ... 132
*Wirken und Schaffen der Pflanzenwelt. Von Dr. Carl Müller in Berlin ... 164, 223, 257
Ein Arbeitsfeld für Frauen in der Astronomie. Nach Mrs. W. Fleming . 184
*Ueber Wolkenbildung. Von Prof. Dr. W. von Bezold in Berlin ... 201
Die Aufhebung des Kirchlichen Verbotes der Kopernikanischen Lehre. Von Prof. Treutlein in Karlsruhe ... 219
Ueber die Bedeutung des Studiums der Bodentemperaturen. Von Prof. Dr. P. Volkmann in Königsberg in Pr. ... 407
*Die Quellen des Mississippi. Von Dr. Emil Döckert in Charlottesville . 318
Neues vom Grenzgebiete des Lichtes und der Elektricität. Von P. Spies in Berlin ... 343
*Ebbe und Fluth im Luftmeer der Erde. Von Prof. Dr. J. Hann in Wien 345, 407
*Das Wunderland der neuen Welt. Von Dr. M. Wilhelm Meyer in Berlin ... 369, 421, 463, 515
*Die Vorarbeiten für den Bau der Gotthardbahn; Absteckung und Durchschlag des Gotthard-Tunnels. Von Prof. Dr. C. Koppe in Braunschweig. 393, 451, 481, 501
*Die grofsen Züge im Antlitz der Erde. Von Dr. Willi Ule in Halle a. S. ... 441, 489
*Die Nordsee-Insel Helgoland. Von Dr. P. Schwahn in Berlin ... 537

Mittheilungen.

	Seite
*Charles Pritchard. Von Dr. F. Körber in Berlin	39
*Vom Monde. Von G. Witt in Berlin	41
Helligkeit der Planeten. Von F. K. Ginzel in Berlin	43
Die Vertheilung der Fixsterne. Von Dr. H. Samter in Berlin	46
Arago-Standbild	50
Das Fluor. Von Prof. Dr. O. Lubarsch in Berlin	50
Neuer Komet. Von G. Witt in Berlin	98
Dr. William Lugi †. Von H. Simroth in Leipzig	99
Die modernsten Distanzmessungen im Himmelsraume. Von Dr. H. Samter in Berlin	101
Messungen der Höhe und Geschwindigkeit von Wolken. Von Dr. Süring in Potsdam	102
Der Weltkongreß für Mathematik, Astronomie und Astrophysik. Von Dr. F. Körber in Berlin	137
Die Temperaturen und die Gasdichten in der Sonnenhülle. Von Dr. H. Samter in Berlin	139
Die Ursache der Sonnenflecke. Von Dr. H. Samter in Berlin	140
Neuer Stern. Von G. Witt in Berlin	142
Das sinkende Frankreich. Von H. Becker in Frankfurt am Main	143
Dr. Adolph Steinheil †. Von G. Witt in Berlin	188
*Rudolf Wolf †	190
Die Kantsche Kosmogonie. Von F. K. Ginzel in Berlin	190
Die Atmosphäre des Weltenraumes. Von Dr. H. Samter in Berlin	192
Beobachtung des Venusdurchganges 1874 in Australien. Von F. K. Ginzel in Berlin	194
*Rudolf Wolf †. Von Dr. M. Wilhelm Meyer in Berlin	235
Ebert's elektromagnetische Theorie der Sonnencorona. Von Dr. F. Körber in Berlin	239
Der fünfte Jupitermond. Von Dr. F. Körber in Berlin	241
*Die Doppelsternnatur von β Lyrae. Von Dr. F. Körber in Berlin	241
Aus Lord Kelvins Präsidential-Adresse. Von Dr. H. Samter in Berlin	243
*Heinrich Rudolf Hertz †. Von P. Spies in Berlin	276
Die wahre Rotationsdauer und der Nullmeridian der Sonne. Von Dr. F. Körber in Berlin	279
Farbige Sterne und ihre Spectra. Von F. K. Ginzel in Berlin	280
Nachtrag zu dem Aufsatz von Mrs. Fleming	282
Ueber die Natur der Kometen. Von Dr. H. Samter in Berlin	282
Astronomische Preise der Pariser Akademie. Von G. Witt in Berlin	284
Einige Neuigkeiten aus der Physik der Erde. Von Dr. H. Samter in Berlin	285
Ungewöhnliche verticale Windvertheilung im Gebiete niederen Luftdruckes. Von Dr. Süring in Potsdam	290
Der neue Stern im Sternbild des Normal. Von G. Witt in Berlin	328
*Ueber die Messung kleiner Gestirnsdurchmesser. Von G. Witt in Berlin	329
Die Spectra der Elemente. Von Dr. F. Körber in Berlin	334

Inhalt.

	Seite
Die Wirkung des Lichtes auf die Gestaltung der Pflanzen. Von Dr. H. Samter in Berlin	336
Großer Sonnenfleck. Von F. K. Ginzel in Berlin	359
Die von Hale spektrographisch entdeckten Sonnenfackeln. Von Dr. F. Körber in Berlin	360
Die Oberflächentemperatur der Fixsterne und der Sonne. Von Dr. F. Körber in Berlin	361
Nochmals das Spektrum von β Lyrae. Von Dr. F. Körber in Berlin	362
*Entdeckung einer periodischen Veränderlichkeit des Abstandes der Komponenten des Sternes 61 Cygni. Von F. K. Ginzel in Berlin	363
Nachrichten über Kometen. Von G. Witt in Berlin	366
Langleys Bolometer. Von Dr. F. Körber in Berlin	367
Wellenlängen des Lichts als Naturmaße. Von Dr. F. Körber in Berlin	367
Photographischer Mondatlas. Von G. Witt in Berlin	368
Bahn des Doppelsterns α Centauri	452
Vom Montblanc-Observatorium. Von Dr. H. Samter in Berlin	452
Die Stickstoffwasserstoffsäure. Von Prof. Dr. O. Lubarsch in Berlin	453
Die fliegenden Schatten bei totalen Sonnenfinsternissen. Von F. K. Ginzel in Berlin	483
Die Kometenspektra. Von Dr. F. Körber in Berlin	484
*Die Kettenbildung der Gestirne. Von Dr. F. Körber in Berlin	485
Photographisches Teleskop für Greenwich. Von F. K. Ginzel in Berlin	486
Höhenstationen des Harvard-College-Observatory. Von F. K. Ginzel in Berlin	486
Die Wärme der Sonnenflecken. Von Dr. H. Samter in Berlin	510
Besitzergreifung von Kometen durch den Planeten Jupiter. Von F. K. Ginzel in Berlin	511
Neues von den Sternschnuppen. Nach F. Tisserand, Direktor der Pariser Sternwarte	571
*Die Durchmesser von Ceres, Pallas und Vesta. Von Dr. F. Körber in Berlin	573
Die Parallaxe von Algol. Von Dr. F. Körber in Berlin	573
Die Ergebnisse aktinometrischer Beobachtungen. Von Dr. F. Körber in Berlin	574
Beziehungen zwischen geschätzter und gemessener Windstärke. Von Dr. Süring in Potsdam	575
Noch einmal Scylla und Charybdis. Von Dr. H. Samter in Berlin	577
Eine sonderbare Schutz-Anpassung bei Insekten. Von Dr. H. Samter in Berlin	578

Bibliographisches.

H. W. Vogel: Das photographische Pigment-Verfahren und seine Anwendungen im Lichtdruck. Besprochen von G. Witt in Berlin 54

Webers Illustrirte Katechismen. Besprochen von G. Witt in Berlin.
   No. 3: Katechismus der Astronomie. Von Dr. Hermann J. Klein.
   No. 4: Katechismus der Naturlehre. Von Dr. C. E. Brewer.
   No. 60: Katechismus der Meteorologie. Von Prof. Dr. W. J. van Bebber   55
L. David: Rathgeber für Anfänger im Photographiren. Besprochen von Prof. Dr. O. Lubarsch in Berlin 55

	Seite
J. L. E. Dreyer: Tycho Brahe. Besprochen von G. Witt in Berlin	146
Weltkarte zur Uebersicht der Meerestiefen. Besprochen von Dr. P. Schwahn in Berlin	148
Franz Schütt: Das Pflanzenleben der Hochsee. Besprochen von Dr. C. Müller in Berlin	153
Smithsonian Meteorological Tables. Besprochen von Dr. Süring in Potsdam	154
Meyers Konversations-Lexikon, Bd. II. Besprochen von Dr. F. Körber in Berlin	154
Webers Naturwissenschaftliche Bibliothek. Allgemeine Meereskunde von Johannes Walter. Besprochen von Dr. P. Schwahn in Berlin	188
G. Pizzighelli: Handbuch der Photographie für Amateure und Touristen. Besprochen von Dr. Süring in Potsdam	193
Günzel: die Ortsbewegungen der Thiere. ⎱ Besprochen von	
Marey: Die Chronophotographie. ⎰ Dr. H. Samter in Berlin	193
Henri Gadeau de Kerville: Die leuchtenden Thiere und Pflanzen. Besprochen von Dr. C. Müller in Berlin	247
E. Hammer: Ueber die geographisch wichtigsten Kartenprojectionen. Besprochen von G. Witt in Berlin	247
Hellmann: Schneekrystalle. Besprochen von Dr. F. Körber in Berlin	293
Krümmel, Otto: Die Reisebeschreibung der Plankton-Expedition. Besprochen von Dr. C. Müller in Berlin	293
Verzeichniss der vom 1. August 1893 bis 1. Februar 1894 der Redaktion zur Besprechung eingesendeten Bücher	294
Neudrucke von Schriften und Karten über Meteorologie und Erdmagnetismus. Herausgegeben von Prof. Dr. G. Hellmann.	
No. 1: Reynmann, Wetterbüchlein (1510)	
No. 2: Pascal, Récit de la Grande Expérience de l'Équilibre des Liqueurs (1648). Besprochen von Dr. F. Körber in Berlin	341
C. Easton: La Voie lactée dans l'hémisphère boréal. Besprochen von J. Plaszmann in Warendorf	343
E. Koken: Die Vorwelt und ihre Entwicklungsgeschichte. Besprochen von Dr. C. Müller in Berlin	344
A. Marcuse: Die Hawaiischen Inseln. Besprochen von Dr. M. Wilhelm Meyer in Berlin	390
Encyklopädie der Photographie, Heft 1–5. Besprochen von Dr. F. Körber in Berlin	391
M. Cantor: Vorlesungen über Geschichte der Mathematik, I. Band. Besprochen von F. K. Ginzel in Berlin	392
Bechhold's Handlexikon der Naturwissenschaften und Medizin. Besprochen von G. Witt in Berlin	392
Lassmann, Karl: Im Reiche des Geistes. Illustrirte Geschichte der Wissenschaften. Besprochen von Dr. H. Samter in Berlin	439
F. Tisserand: Traité de Mécanique céleste, Tome III. Besprochen von F. K. Ginzel in Berlin	439
Meyers Konversations-Lexikon, 3. u. 4. Band. Besprochen von Dr. F. Körber in Berlin	440

Inhalt.	Seite
The visible Universe. Chapters on the origin and construction of the heavens. By J. E. Gore. Besprochen von J. Plaßmann in Warendorf	468
Peter, Chr. Joh.: Repetitorium der Differential- und Integralrechnung. Besprochen von Dr. H. Samter in Berlin	468
Joh. Müllers Lehrbuch der Kosmischen Physik. Besprochen von Dr. F. Körber in Berlin	535
Höfler und Maiss: Naturlehre für die unteren Klassen der Mittelschulen. Besprochen von Dr. H. Samter in Berlin	536
Kayser, Em.: Lehrbuch der allgemeinen Geologie für Studirende und zum Selbstunterricht. Besprochen von Dr. P. Schwahn in Berlin	581
Löwl, Ferd.: Die gebirgsbildenden Felsarten. Besprochen von Dr. P. Schwahn in Berlin	582
Verzeichnifs der vom 1. Februar bis 1. August 1894 der Redaktion zur Besprechung eingesandten Bücher	582
Sprechsaal	56

Den mit einem * versehenen Artikeln sind erläuternde Abbildungen beigegeben

Namen- und Sachregister
zum sechsten Bande.

α Centauri, Bahn des Doppelsterns. 432.
Algol, Die Parallaxe von. Von Dr. F. Körber in Berlin 573.
Antlitz der Erde, Die grossen Züge im. Von Dr. Willi Ule in Halle a. S. 441. 489.
Arago-Standbild 50.
Astronomie, Ein Arbeitsfeld für Frauen in der. Nach Mrs. W. Fleming 181.
Atmosphäre, Die, des Weltenraumes. Von Dr. H. Samter in Berlin 192.
Bebber, W. J. van: Katechismus der Meteorologie 55.
Bechhold's Handlexikon der Naturwissenschaften und Medizin 392.
Beobachtungen, Die Ergebnisse aktinometrischer. Von Dr. F. Körber in Berlin 574.
β Lyrae, Die Doppelsternnatur von. Von Dr. F. Körber in Berlin 241.
β Lyrae, Nochmals das Spectrum von. Von Dr. F. Körber in Berlin 382.
Bodentemperaturen, Ueber die Bedeutung des Studiums der. Von Prof. Dr. P. Volkmann in Königsberg in Pr. 297.
Bolometer, Langleys. Von Dr. F. Körber in Berlin 387.
Brewer, C. E.: Katechismus der Naturlehre 55.
Bücher, Verzeichnis der vom 1. August 1893 bis 1. Februar 1894 der Redaktion zur Besprechung eingesandten 294.
Bücher, Verzeichnis der vom 1. Februar bis 1. August 1894 der Redaktion zur Besprechung eingesandten 582.

Cantor, M.: Vorlesungen über Geschichte der Mathematik 392.
Ceres, Pallas und Vesta, Die Durchmesser von. Von Dr. F. Körber in Berlin 573.
61 Cygni, Entdeckung einer periodischen Veränderlichkeit des Abstandes der Komponenten des Sternes. Von F. K. Ginzel in Berlin 383
David, L.: Ratgeber für Anfänger im Photographiren 55.
Deter, Chr. Joh.: Repetitorium der Differential- und Integralrechnung 488.
Distanzmessungen, Die modernsten, im Himmelsraume. Von Dr. H. Samter in Berlin 101.
Dreyer, J. L. E.: Tycho Brahe 148.
Easton, C.: La Voie lactée dans l'hémisphère boréal 341.
Elektrischen Stromes, Ueber die Kraft des. Von P. Spies in Berlin 26. 87.
Elektrizität, Die, in der Natur. Von Dr. F. Körber in Berlin 78.
Erdbebens, Ueber die Ursache des grossen, in Mittel-Japan im Jahre 1891 nach B. Kotô. Von Dr. R. Heck in Leipzig 153.
Faulmann, Karl: Im Reiche des Geistes 439.
Fixsterne, Die Vertheilung der. Von Dr. H. Samter in Berlin 46.
Fluor, Das. Von Prof. Dr. O. Lubarsch in Berlin 50.
Frankreich, Das sinkende. Von H. Becker in Frankfurt am Main 145
Gebirgsbildung und Gebirgsabtragung, Ueber die Geschwindigkeit der. Von Prof. Dr. Ed. Brückner in Bern 1.
Gestaltung der Pflanzen, Die

Wirkung des Lichtes auf die. Von Dr. H. Samter in Berlin 336.
Gestirnsdurchmesser, Ueber die Messung kleiner. Von O. Witt in Berlin 329.
Gore, J. E.: The visible Universe. Chapters on the origin and construction of the heavens 488.
Gotthardbahn, Die Vorarbeiten für den Bau der. Absteckung und Durchschlag des Gotthard-Tunnels. Von Prof. Dr. Koppe in Braunschweig 393, 451, 501, 561.
Günzel: Die Ortsbewegungen der Thiere 199.
Hammer, E.: Ueber die geographisch wichtigsten Kartenprojektionen 247.
Harvard-College-Observatory, Höhenstationen des. Von F. K. Ginzel in Berlin 486.
Helgoland, Die Nordsee-Insel. Von Dr. P. Schwahn in Berlin 537.
Hoffmann, O.: Neudrucke von Schriften und Karten über Meteorologie und Erdmagnetismus 341.
Hellmann, G.: Schneekrystalle 292.
Hertz †, Heinrich Rudolf. Von P. Spies in Berlin 276.
Hoefler und Malss: Naturlehre für die unteren Klassen der Mittelschulen 536.
Insekten, Eine sonderbare Schutzanpassung bei. Von Dr. H. Samter in Berlin 578.
Jupitermond, Der fünfte. Von Dr. F. Körber in Berlin 211.
Kayser, Em.: Lehrbuch der allgemeinen Geologie für Studirende und zum Selbstunterricht 581.
Kerville, Henri Gadeau de: Die leuchtenden Thiere und Pflanzen 217.
Kettenbildung, Die, der Gestirne. Von Dr. F. Körber in Berlin 185.
Klein, Hermann J.: Katechismus der Astronomie 55.
Koken, E.: Die Vorwelt und ihre Entwicklungsgeschichte 344.
Kometen, Gefangennahme von, durch den Planeten Jupiter. Von F. K. Ginzel in Berlin 533.
Kometen, Nachrichten über. Von O. Witt in Berlin 346.

Kometen, Ueber die Natur der. Von Dr. H. Samter in Berlin 282.
Kometenspectra, Die. Von Dr. F. Körber in Berlin 484.
Komet, Neuer. Von G. Witt in Berlin 98.
Kopernikanischen Lehre, Die Aufhebung des kirchlichen Verbotes der. Von Prof. Treutlein in Karlsruhe 249.
Kosmogonie, Die Kantsche. Von F. K. Ginzel in Berlin 190.
Krümmel, Otto: Die Reisebeschreibung der Plankton-Expedition 293.
Lichtes und der Elektrizität, Neues vom Grenzgebiete des. Von P. Spies in Berlin 323.
Löwl, Ferd.: Die gebirgsbildenden Felsarten 382.
Lothabweichungen, Die, und das Geoid. Von Dr. P. Schwahn in Berlin 115.
Luftmeer der Erde, Ebbe und Fluth im. Von Prof. Dr. J. Hann in Wien 345, 407.
Luxi †, Dr. William. Von H. Simroth in Leipzig 99.
Marcuse, Adolf: Die Hawaiischen Inseln 390.
Marey: Die Chronophotographie 199.
Meyers Konversations-Lexikon 152, 440.
Mississippi, Die Quellen des. Von Dr. Emil Deckert in Charlottesville 318.
Mond, Vom. Von G. Witt in Berlin 41.
Mondatlas, Photographischer. Von G. Witt in Berlin 388.
Montblanc-Observatorium, Vom. Von Dr. H. Samter in Berlin 432.
Müllers Lehrbuch der kosmischen Physik 535.
Naturanschauung, Ueber die mechanische. Von Prof. Dr. P. Volkmann in Königsberg in Pr. 57.
Naturmasse, Wellenlängen des Lichtes als. Von Dr. F. Körber in Berlin 387.
Norma, Der neue Stern in der. Von G. Witt in Berlin 328.
Oberflächentemperatur, Die, der Fixsterne und der Sonne. Von Dr. F. Körber in Berlin 381.

Pariser Akademie, Astronomische Preise der. Von O. Witt in Berlin 284.

Pflanzenwelt, Wirken und Schaffen der. Von Dr. C. Müller in Berlin 164, 223, 257.

Photographie, Encyklopädie der, Heft 1—5 391.

Physik der Erde, Einige Neuigkeiten aus der. Von Dr. H. Samter in Berlin 285.

Pizzighelli, G.: Handbuch der Photographie für Amateure und Touristen 198.

Planeten, Helligkeit der. Von F. K. Ginzel in Berlin 43.

Präsidential-Adresse, Aus Lord Kelvins. Von Dr. H. Samter in Berlin 213.

Pritchard, Charles. Von Dr. F. Körber in Berlin 39.

Rotationsdauer, Die wahre, und der Nullmeridian der Sonne. Von Dr. F. Körber in Berlin 279.

Schütt, Fraus: Das Pflanzenleben der Hochsee 150.

Scylla und Charybdis. Von Dr. H. Samter in Berlin 577.

Smithsonian Meteorological Tables 151.

Sonnencorona, Eoerts elektromagnetische Theorie der. Von Dr. F. Körber in Berlin 239.

Sonnenfackeln, Die von Hale spektrographisch entdeckten. Von Dr. F. Körber in Berlin 380.

Sonnenfinsternissen, Die fliegenden Schatten bei totalen. Von F. K. Ginzel in Berlin 481.

Sonnenfleck, Grolser. Von F. K. Ginzel in Berlin 380.

Sonnenflecke, Die Ursache der. Von Dr. H. Samter in Berlin 149.

Sonnenflecke, Die Wärme der. Von Dr. H. Samter in Berlin 530.

Sonnenhülle, Die Temperaturen und die Gasdichten in der. Von Dr. H. Samter in Berlin 139.

Spectra, Die, der Elemente. Von Dr. F. Körber in Berlin 331.

Sprechsaal 56.

Steinheil †, Dr. Adolph. Von G. Witt in Berlin 188.

Stern, Neuer. Von O. Witt in Berlin 142.

Sterne, Farbige, und ihre Spectra. Von F. K. Ginzel in Berlin 280.

Sternhaufen, Der grofse, im Hercules. Von Prof. Dr. J. Scheiner in Potsdam 105.

Sternschnuppen, Neues von den. Nach F. Tisserand in Paris 571.

Stickstoffwasserstoffsäure, Die. Von Prof. Dr. O. Lubarsch in Berlin 435.

Telescop, Photographisches, für Greenwich. Von F. K. Ginzel in Berlin 486.

Tisserand, F.: Traité de Mécanique céleste, Tome III 439.

Venusdurchganges, Beobachtung des, 1874 in Australien. Von F. K. Ginzel in Berlin 194.

Vogel, H. W.: Das photographische Pigment - Verfahren und seine Anwendungen im Lichtdruck 54.

Walter, Johannes: Allgemeine Meereskunde 198.

Weltkarte zur Uebersicht der Meerestiefen 148.

Weltkongrefs, Der, für Mathematik, Astronomie und Astrophysik. Von Dr. F. Körber in Berlin 137.

Windstärke, Beziehungen zwischen geschützter und gemessener. Von Dr. Süring in Potsdam 575.

Windverteilung, Ungewöhnliche vertikale, im Gebiete niederen Luftdruckes. Von Dr. Süring in Potsdam 280.

Wolf †, Rudolf. Von Dr. M. Wilhelm Meyer in Berlin 190, 275.

Wolken, Messungen der Höhe und Geschwindigkeit von. Von Dr. Süring in Potsdam 102.

Wolkenbildung. Ueber. Von Wilhelm von Bezold in Berlin 201.

Wunderland, Das, der neuen Welt. Von Dr. M. Wilhelm Meyer in Berlin 369, 421, 469, 515.

An unsere Leser!

Nachdem unsere Zeitschrift sich nunmehr durch ein halbes Dezennium ihre alten Freunde treu bewahrt und immer neue erworben hat, glaubte die Redaktion beim Beginn des neuen sechsten Jahrgangs keine Programmänderung eintreten lassen zu sollen.

Wir werden uns stets nach wie vor bemühen, den Ruf der Zeitschrift als internationales Organ für grössere zusammenfassende Darstellungen auf den Gebieten der kosmischen Wissenschaften zu bewahren.

Berlin, im September 1903.

Die Redaktion.

Ueber die Geschwindigkeit der Gebirgsbildung und der Gebirgsabtragung.

Von Prof. Dr. Ed. Brückner in Bern.

Allgemein bekannt ist, wie sehr im Gebirge der Eindruck der vertikalen Dimension auf den Beschauer überwiegt, der der horizontalen dagegen zurücktritt. Es ist dies eine Folge des perspektivischen Sehens: Die vertikalen Entfernungen gelangen unverkürzt, die horizontalen dagegen stark verkürzt zur Wahrnehmung. Nur eine grofse Uebung kann den Bewohner der Ebene dahinbringen, im Gebirge Entfernungen und Höhen richtig zu taxiren. Hand in Hand mit dieser optischen Täuschung geht eine zweite: Wir sind immer geneigt, den Rauminhalt der Berge und Gebirgsketten auf Kosten des Rauminhalts der zwischen ihnen eingebetteten Thäler zu überschätzen; erst wenn wir einen dominirenden Gipfel besteigen, vermögen wir uns von diesem Vorurtheil zu befreien. Diese Irrthümer sind für die Entwickelung unserer Anschauungen von den Kräften, deren Wirken die Gebirge geschaffen hat, bestimmend gewesen: Die Naturwissenschaft hatte das Wesen der Gebirgsbildung in seinen Grundzügen lange erkannt, ehe die Abtragung als bodengestaltender Faktor nur annähernd allgemeine Würdigung gefunden hatte. Auch heute begreift der Laie die Macht der Kräfte, die die Gebirge emporthürmen, viel eher als die Bedeutung der Erosion und der Denudation.

Häufig sind die Gebirge mit Ruinen verglichen worden; dieser Vergleich hinkt jedoch in einer wesentlichen Beziehung. An einer Ruine arbeiten nur zerstörende Kräfte; der Bau war fix und fertig, als sie einsetzten. Ein Gebirge stellt uns dagegen in sehr vielen Fällen

nur die augenblickliche Lage des Kampfes der emporthürmenden und
der abtragenden Kräfte dar, die beide noch wirken.

Dafs die Gebirgsbildung heute noch fortdauert, beweist uns eine
Reihe von Erscheinungen. M. Neumayr hat in seiner klassischen Erdgeschichte[1]) Beispiele zusammengestellt, die das Vorhandensein von
Spannungen in der Erdkruste darthun, wie sie potenzirt als Ursache
der Gebirgsbildung angenommen werden müssen. Gesteinstafeln, die
in Steinbrüchen ausgebrochen worden waren, dehnten sich aus, so
dafs sie nicht mehr in die Lücke pafsten, die sie früher ausgefüllt
hatten; sie müssen daher vorher unter einem starken seitlichen Druck
gestanden haben. In der Nähe von Chicago wurde durch einen Steinbruch eine tiefliegende Schicht blofsgelegt; gleich darauf wölbte sie
sich auf einer Strecke von 250 m zu einer flachen, etwa 15 cm hohen
Falte von $6\frac{1}{2}$ m Breite empor, die im Scheitel durch einen Längssprung zerrifs.

Nicht minder deutlich als solche Erscheinungen zeugen Vulkane
und tektonische Erdbeben. Eduard Suefs hat uns den Zusammenhang
derselben mit Verschiebungen in der Erdkruste besonders anschaulich
für den Süden Italiens geschildert.[2]) Entlang einer kreisförmigen Bruchzone, die elegant geschwungen östlich von Palermo über den Aetna
und Reggio nach Kalabrien zieht, erfolgte einst ein kesselförmiger
Einbruch, der zur Bildung des Tyrrhenischen Meeres führte, in dessen
Mitte die vulkanischen Liparen liegen. Die Bewegung an dieser gewaltigen Bruchzone ist auch heute nicht erloschen; sie war der Schauplatz des grofsen kalabrischen Bebens von 1783, dessen Centrum
mehrfach entlang jener Linie wanderte. Neben diesen „peripherischen
Beben" treten sehr häufig auch „radiale Beben" auf, die sich an die radialen Bruchlinien knüpfen, welche deutlich in der Anordnung der
Vulkane der Liparen im Centrum des Senkungsfeldes ausgesprochen
sind. „Man hat sich also wohl vorzustellen, dafs in einem durch die
peripherische Linie von 1783 abgegrenzten Raume die Erdrinde
schüsselförmig sich einsenkt, und dafs hierbei radiale Sprünge entstehen, welche gegen die Liparen convergiren. Diese convergirenden
Linien sind in der Nähe dieses Centrums mit vulkanischen Ausbruchsstellen besetzt. Jede Gleichgewichtsstörung der einzelnen Schollen
verursacht gesteigerte vulkanische Thätigkeit auf den Inseln und Erschütterungen des Festlandes oder Siciliens."

[1]) Bd. I S. 337.
[2]) Antlitz der Erde. Bd. 1. S. 110—114.

Wie hier Erdbeben und Vulkane als begleitende Erscheinung einer noch heute thätigen Senkung auftreten, so müssen die zahlreichen Erdbeben in Gebirgen als sichere Anzeichen dafür gelten, dafs auch dort die völlige Ruhe nicht eingekehrt ist, sondern dafs die Vorgänge, die die Gebirge emporgethürmt haben, sich auch heute noch weiter vollziehen. Denn immer finden wir die grofsen Erdbeben an grosse Dislokationslinien geknüpft. Der Zusammenhang zwischen Erdbeben und Gebirgsbildung ist so eng, dafs uns eine Karte, die die Häufigkeit der Beben in den verschiedenen Theilen der Erde darstellt, zugleich indirect auch ein Bild der Verbreitung der noch fortwirkenden Gebirgsbildung giebt.

An der Fortdauer der Gebirgsbildung zu zweifeln ist angesichts solcher Thatsachen nicht möglich; zuverlässige Beobachtungen über deren Geschwindigkeit fehlen dagegen eigentlich noch ganz.

Man wird einwenden, dafs inmitten von vulkanischen Gebieten mehrfach erhebliche Bodenbewegungen beobachtet worden sind. Allein wir dürfen dieselben doch nicht zu den grofsen Bewegungen rechnen, die zur Bildung der Gebirge führen. Sie treten nur ganz lokal als Begleitphänomene der Vulkane auf, wo die Verhältnisse infolge der Anwesenheit des eruptiven Magmas wesentlich anders liegen als bei nichtvulkanischen Gebirgen. Das sind Erscheinungen für sich, die uns hier nicht weiter beschäftigen sollen. Das gilt auch von dem berühmten Serapistempel bei Puzzuoli, dessen mannigfache Höhenänderungen seit langer Zeit die Aufmerksamkeit auf sich gezogen haben. Er liegt, wie Suefs gezeigt hat, inmitten eines grofsen alten Vulkans.[3]) Auch die jüngst von Hamilton Emmons wahrscheinlich gemachte Hebung der vulkanischen Insel Palmarola an der italienischen Küste, die den enormen Betrag von 1 m jährlich erreichen soll, gehört hierher.[4])

Da wir in den tektonischen Erdbeben Aeufserungen der gebirgsbildenden Kräfte anzuerkennen haben, so liegt es noch am nächsten, nach Bewegungen des Erdbodens Ausschau zu halten, die sich während eines tektonischen Erdbebens ereigneten.

Dass häufig Erdbeben gewaltige Veränderungen der Erdoberfläche hervorgerufen haben, ist bekannt. Es sei hier nur an das schon erwähnte kalabrische Erdbeben von 1783, an das achäische Erdbeben von 1861, an das südspanische Beben von 1884 erinnert. Besonders wo ein Hochgebirge von einem Erdbeben heimgesucht wird, können

[3]) Antlitz der Erde. Bd. II S. 463.
[4]) Neues Jahrbuch f. Mineralogie etc. Jahrg. 1892. Bd. II S. 62.

die Veränderungen gewaltig sein. Nirgends hat sich das grossartiger gezeigt als beim Erdbeben von Wernoje vom 28. Mai 1887, das uns Muschketow eingehend schildert.[1]) Dieses Beben hat das Aussehen eines Theiles des Thianschan so verändert, dafs der genannte russische Geologe die ihm wohl vertraute Gegend nicht wieder erkannte. Ueberblickt man aber die stattgefundenen Veränderungen, so läfst sich keine von ihnen direkt auf die gebirgsbildende Kraft zurückführen. Sie erscheinen alle als Wirkungen des Erdbebens und daher als seine accessorischen Begleiterscheinungen, die nicht zur Emporthürmung, sondern zur Erniedrigung des Gebirges beigetragen haben: Bergspitzen und Kämme brachen infolge des Stosses zusammen, Bergstürze wurden ausgelöst, Thäler unter ihnen begraben, Spalten klafften auf, Schwemmland sackte sich und glitt zur Tiefe. Es ist überhaupt bei keinem tektonischen Beben eine dauernde Veränderung beobachtet worden, von der man mit Sicherheit hätte sagen können, sie ist nicht eine Folge des Erdbebens, verursacht durch eine nur äufserliche Lockerung des Zusammenhanges der Schichten, sondern gerade die Ursache, deren Eintreten die Erde erbeben liefs.

Damit soll freilich nicht gesagt sein, dass solche Veränderungen in historischer Zeit nie vorgekommen sind; es soll nur heissen, dafs es bisher noch nicht gelungen ist, sie von den sekundären Wirkungen des Erdbebens zu scheiden.

Nur zwei, durch die Lehrbücher allgemeiner bekannt gewordene Fälle scheinen hiervon eine Ausnahme zu bilden: der während eines Erdbebens 1819 im Mündungsgebiet des Indus entstandene Ullah-Bund und die gleichfalls während eines Erdbebens 1835 erfolgte Hebung der Küste Chiles. Beide Ereignisse sind jedoch von Suefs einer strengen Kritik unterzogen und in ihrer Bedeutung eingeschränkt worden. Der Ullah-Bund, der früher als ein Damm und als eine Falte geschildert worden ist, die sich beim Erdbeben gebildet haben sollte, ist nichts anderes als ein Steilrand, längs dem das Schwemmland südlich im Gebiet der Ran von Katsch infolge des Erdbebens um einige Fufs zur Tiefe gesunken ist; es entstand hier ein See, während das Gebiet nördlich stehen blieb. Die Bildung des Ullah-Bund gehört also in die Reihe der sekundären Wirkungen eines Erdbebens.[2])

Etwas anderes steht es um die Hebung der chilenischen Küste in der Umgebung von Conception. Sie wurde gelegentlich des Erdbebens

[1]) Iswestija der K. russ. geogr. Ges. Bd. XXIV. 1888. S. 65 ff.
[2]) Suefs, Antlitz der Erde. I. S. 81.

vom 20. Februar 1835 beobachtet und betrug mehrere Fufs; es folgte ihr jedoch später wieder eine Senkung, so dafs die alten Verhältnisse nach mehreren Wochen wieder hergestellt waren. Sue fs stellt in Abrede, dafs es sich hier um eine wirkliche Hebung handelt, und nimmt ein Zurückweichen des Wassers des Oceans an, das erst nach mehreren Wochen sein Gleichgewicht wiedererlangt habe. Allein eine derartig beträchtliche, lang andauernde Störung der Lage des Meeresspiegels widerspricht doch allzu sehr den Gesetzen der Hydrostatik und Hydrodynamik, als dafs man bei Erklärung des Phänomen dazu seine Zuflucht nehmen dürfte. An der wirklichen Hebung des Landes kann wohl nicht gezweifelt werden. Da sie jedoch nicht von Dauer gewesen ist, so dürfen wir sie nicht wohl zur Beantwortung der Frage nach der Geschwindigkeit der Gebirgsbildung heranziehen und müssen wiederholen, dafs bis heute keine während eines Erdbebens vor sich gegangene Dislokation von Bestand nachgewiesen ist.

Obwohl die Beben sicher in ihrer grofsen Mehrzahl durch Dislokationen verursacht sind, so sind diese Verschiebungen doch so gering oder gehen in solcher Tiefe vor sich, dafs sie sich an der Erdoberfläche nicht augenfällig bemerkbar machen. Das mag angesichts der nicht selten so verheerenden Gewalt der Erdbeben Wunder nehmen. Allein wir müssen bedenken, dafs die Stärke des Stosses nicht nur von der Höhe des Falles, d. h. dem Betrag der Dislokation abhängt, sondern auch von der Grösse der stürzenden Massen, und diese ist immer sehr bedeutend.

Um Verschiebungen in der Erdkruste zu beobachten, mufs man längere Zeiträume ins Auge fassen, als die, über die sich ein Erdbeben erstreckt. Aber selbst auf diese Weise ist es doch nur gelungen, Andeutungen von Bodenbewegungen zu erkennen, ohne dafs sie bisher hätten gemessen werden können.

Eine Thatsache, die auf eine Bewegung der Erdkruste, einen horizontalen Zusammenschub derselben in den letzten Jahrzehnten hinzuweisen schien, wurde von A. Heim aus der Gegend des schweizerischen Mittellandes berichtet. Gelegentlich einer Triangulation war hier in den 30er Jahren unseres Jahrhunderts ein Dreieck gemessen worden, dessen Spitzen durch die Gipfel der Lägern im Jura, des Napf im Emmenthal und des Rigi gebildet werden. Diese Messung wurde jüngst wiederholt und ergab, wie Heim berichtet, die Entfernung des Juraberges von den beiden Voralpengipfeln um 1 m kleiner als vor 35—40 Jahren. Heim steht nicht an, hieraus zu schliessen, dafs sich die Entfernung zwischen Jura und Alpen wirklich um einen Meter verringert habe.¹) Allein eine eingehende Prüfung der alten Winkelmessungen zeigte mir, dafs sie keineswegs auf grofse Genauigkeit Anspruch machen können.²) Daher dürfte ein Theil jenes Resultates systematischen Fehlern in der Winkelbestimmung zuzuschreiben sein. Dann aber ist es, wie mir das eidgenössische topographische Bureau in Bern mittheilte, nicht absolut sicher, dafs der Standpunkt auf dem Napf und dem Rigi bei den neuen Messungen genau identisch mit dem alten Standpunkt gewesen ist. Diese beiden Umstände entziehen der obigen Annahme jeglichen Boden. Eine Diskussion der Winkel aller zwischen dem Jura und den Alpen liegenden Dreiecke nach der alten und nach der neuen Messung ergab im Gegentheil, dafs nicht der geringste Grund für die Annahme vorliegt, es habe sich die Entfernung zwischen beiden Gebirgen geändert. Dieses Beispiel zeigt, wie grofs bei Schlüssen, wie der vorliegende, die Gefahr der Täuschung durch Fehlerquellen ist.

Etwas besser steht es mit anderen Berichten. In einzelnen Gegenden, besonders in Thüringen und im Kettenjura, leben in der Bevölkerung Traditionen, die auf Bodenbewegungen hinzuweisen scheinen. Diese Traditionen treten überall in der gleichen Form auf: Es wird von alten Leuten berichtet, es sei früher von ihrem Wohnsitz aus eine benachbarte Ortschaft oder sonst ein Punkt, etwa ein Berg, ein Thurm, ein Haus, nicht sichtbar gewesen, jetzt aber deutlich zu sehen; von anderen Punkten wird dann auch umgekehrt erzählt, dafs sie an Sichtbarkeit eingebüfst hätten. P. Kahle hat aus der Umgebung von Jena nicht weniger als 42 solcher Fälle beschrieben, die von mehr als doppelt soviel Beobachtern bezeugt werden.³) Einige entsprechende Angaben macht Girardot für den französischen Jura, und jüngst hat einer meiner Schüler, Herr cand. phil. J. Jegerlehner, Beobachtungen der gleichen Art aus den Jurabergen am Neuenburger See gesammelt. Dafs solche Angaben oft auf Irrthum beruhen und eine andere Deutung als gerade durch Bodenbewegungen gestatten, ist sicher. Nicht selten ist das Sichtbarwerden einfach auf das Abschlagen eines Waldes zurückzuführen, und in der Umgebung von Jena dürften z. B. auch Senkungen infolge von Gyps-Aus-

---

¹) Vierteljahrsschrift der Naturf. Ges. In Zürich, 32. Jahrg., 1887 S. 133 f. Vgl. auch Himmel u. Erde V. S. 177.

²) Ed. Brückner: Ueber die angebliche Aenderung der Entfernung zwischen Jura und Alpen. XI. Jahresbericht der Berner Geograph. Gesellschaft. Bern 1893.

³) Vgl. Mittheilungen der Geograph. Gesellschaft (für Thüringen) zu Jena. V. S. 95, 165; VI. S. 163, 169.

laugungen vorkommen, die von eigentlichen Dislokationen wohl zu
unterscheiden sind. Immerhin treten die Angaben stellenweise so
bestimmt und zahlreich auf, dafs die Annahme einer regelrechten
Bodenbewegung — einer noch im Gange befindlichen Dislokation —
nicht wohl von der Hand zu weisen ist. So häufen sich besonders in
der Umgebung des Jura-Dorfes Doucier südlich der Eisenbahn von Lons-
le-Saunier nach Champagnoll, im Thal der Ain, die Anzeichen einer
Bodenbewegung ganz ausserordentlich. Um die Geschwindigkeit dieser
Bodenbewegungen zu bestimmen, bedarf es freilich eines anderen
Beobachtungsmaterials als es die Berichte von „alten Leuten" sind:
Da gilt es zu messen. Daher hat die Société d'Emulation du Jura in
Lons-le-Saunier schon 1883 auf Veranlassung von Girardot Signalsteine an den kritischen Punkten in der Umgebung von Doucier
errichten sowie einmessen lassen, die seitdem dreimal (1885, 1886 und
1890) mit Winkelinstrumenten beobachtet worden sind.[10]) Ein Resultat
haben die Beobachtungen bis jetzt nicht ergeben, was in Anbetracht
der Kürze der seit der ersten Messung verflossenen Zeit — nur
7 Jahre — nicht Wunder nehmen kann. Die Messungen sollen auch
in Zukunft von Zeit zu Zeit wiederholt werden; sie werden ohne
Frage einst gestatten, genau die Verschiebungen der relativen Höhen
zu konstatiren. Um auch die absoluten Höhenänderungen zu bestimmen, mufs Doucier allerdings erst durch ein Präcisionsnivellement
mit dem benachbarten französischen Präcisionsnivellement im Rhonethal verbunden werden. Sind dann einmal deutliche Aenderungen
der relativen Höhen von erheblichem Betrag konstatirt worden, so
wird eine Wiederholung des Nivellements auch die absoluten Höhenänderungen der Signalsteine zu berechnen gestatten.

Solche Messungen allein werden uns Aufschlufs über die Geschwindigkeit geben, mit der unser Boden sich bewegt. Sie sind
leider zeitraubend und zugleich — was noch schwerer wiegt — besonders wegen der Versicherung der Beobachtungspunkte durch
Signalsteine kostspielig. Daher sind sie nur dort angebracht, wo die
Berichte der Einwohner die Höhenänderung fast als zweifellos erscheinen lassen. Für Punkte dagegen, wo es zunächst nur gilt zu
entscheiden, ob die Ueberlieferungen überhaupt einen thatsächlichen
Grund haben oder ganz in das Bereich der Fabel zu verweisen sind,

---

[10] L.-A. Girardot: Note sur l'étude des mouvements du sol dans le
Jura. Extrait des Mémoires de la Soc. d'Emulation du Jura. Lons-le-Saunier
1891, und A. Romieux: Sur la précision des observations entreprises pour
l'étude des mouvements du sol à Doucier (Jura). Ebenda 1891.

genügt eine viel einfachere, gleichfalls von Girardot für Doucier eingeschlagene Methode — die Fixirung des Zustandes in einer bestimmten Zeit durch photographische Aufnahmen. Wenn nur der Standpunkt, von wo aus die Aufnahme erfolgte, genau bezeichnet wird, so kann sie nach geraumer Zeit wiederholt werden. Eine Vergleichung der beiden Bilder wird dann rasch ergeben, ob an jenen Berichten etwas Thatsächliches ist oder nicht. Ja noch mehr, es wird möglich sein, jene Bilder direkt zu einer annähernden Bestimmung der Gröfse der relativen Höhenänderung zu benutzen. Es wäre sehr zu wünschen, dafs in dieser Weise überall Photographieen aufgenommen würden, wo Berichte in der Bevölkerung auf eine Bodenbewegung hinweisen. Die gewonnenen Negative oder wenigstens Abzüge derselben sollten systematisch in Bibliotheken oder Archiven aufbewahrt werden, um für die Dauer erhalten zu bleiben.

Wir können unsere bisherigen Ausführungen kurz in nachfolgenden Worten zusammenfassen:

Obwohl wir sicher wissen, dafs die gebirgsbildenden Kräfte fortwirken, hat sich doch nirgends auf dem Festland, fern vom Meer ein Anhaltspunkt ergeben, der über die Geschwindigkeit der Gebirgsbildung Aufschlufs gewähren würde.

Wenn man einmal nach Verlauf von hundert Jahren oder mehr die zahlreichen, heute durch Europa geführten Präzisions-Nivellements wiederholen wird, dann werden sich freilich wahrscheinlich erhebliche Differenzen zeigen, die nur durch stattgefundene Bodenbewegungen zu erklären sein werden. Dann werden Daten zur Bestimmung der Geschwindigkeit der Gebirgshebung im Innern des Festlandes vorliegen.[11]

* * *

Etwas günstiger liegen die Verhältnisse an der Meeresküste, wo die Natur selbst uns im Meeresspiegel einen anscheinend unveränder-

---

[11] Wie weit die Differenzen zwischen den Höhen des alten französischen Präzisions-Nivellements von Bourdaloue und den Höhen des neuen reell sind, mufs dahin gestellt bleiben. (Vergl. Comptes Rendus der Pariser Akademie Bd. 107 S. 439, 679, 690, 812 und 826 die Kontroverse zwischen Goutier, von Tillo und Bouquet de la Grye.) Die Resultate Goutiers machen auf mich unbedingt den Eindruck, als wenn sie sich nur auf systematische Fehler zurückführten. Dafs die Differenz beider Nivellements viel gröfser ist als der wahrscheinliche Fehler, sagt nichts, da in letztern nur die zufälligen Beobachtungsfehler, nicht die systematischen eingehen. Vergl. über systematische Fehler bei Nivellements W. Seibt, Gradmessungs-Nivellement zwischen Anklam und Cuxhaven, Veröffentlichung des Kgl. preufs. geodät. Instituts. Berlin 1889. S. 20.

lichen Horizont gegeben hat; hier glaubte man, bestimmte Beträge für die Veränderungen der relativen Höhen gewinnen zu können. Aber auch auf diesem Gebiet ist die Zuversicht, die noch vor wenigen Jahren herrschte, einigermafsen gemindert worden. Vor allem hat wieder Eduard Suefs hier durch eine scharfe Kritik fördernd gewirkt; in seiner theoretischen Anschauung geht er allerdings zu weit, wenn er die Existenz von kontinentalen Hebungen und Senkungen ganz leugnet und alles auf Schwankungen des Meeresspiegels zurückführen möchte.

Schwankungen des Meeresspiegels existiren allerdings zweifellos. Soweit sie im Gefolge von Schwankungen des Regenfalls in einer etwa 35-jährigen Periode auftreten, habe ich sie in der Ostsee und am Atlantischen Ocean verfolgen können. Wenn in die dem Festland benachbarten Meerestheile Süfswasser durch die Flüsse gelangt, so findet eine Aussüfsung des Meeres an der Küste statt, und seine Oberfläche steht daher, dem Gesetz der kommunizirenden Röhren folgend, etwas über der Oberfläche des Meeres fern den Küsten, wo die Aussüfsung fehlt. Es bildet sich ein Gefälle von den Küsten gegen das offene Meer aus, das jene Erhebung zu mindern sucht, sie jedoch, wie die Rechnung lehrt, nicht vernichtet, so lange die Ursache der Aussüfsung, nämlich die Zufuhr von Flufswasser, bestehen bleibt.

Die Erhebung der Meeresoberfläche an den Küsten kann unter Umständen sehr merkbar werden. H. Mohn hat zuerst ihren Betrag aus dem spezifischen Gewicht des Meerwassers, wie es sich nach den Beobachtungen des Salzgehaltes und der Temperatur ergab, unter gewissen Voraussetzungen numerisch festzustellen gesucht.[17]) Er fand, dafs der Meeresspiegel an den Rändern des Nordmeeres — so wurde von ihm der Theil des Atlantischen Oceans zwischen Grönland, Island, Jan Mayen, Norwegen und Spitzbergen genannt — um 0.2 bis 0.6 m höher steht, als in der Mitte. Sobald nun die Aussüfsung an den Küsten ihren Betrag ändert, mufs jene Erhebung abnehmen oder zunehmen. Dafs eine solche Aenderung stattfinden mufs, lehrt die Existenz der Klimaschwankungen in einer ungefähr 35-jährigen Periode, die deutlich die Wasserführung der Flüsse beeinflufst. Naht die regenreiche Zeit, so nimmt die Aussüfsung zu, und der Meeresspiegel erhebt sich an der Küste um einen kleinen Betrag, um ungefähr gleichzeitig mit der Wasserführung der Flüsse ein Maximum zu erreichen. Dieses Steigen des Meeres äufsert sich in einer schein-

---

") Mohn: Nordhavets Dybder, Temperatur og Strømninger. Christiania 1887. (VIII. Bd. vom Werke der Norske Nordhavets-Expedition 1876—78.)

baren Senkung des Landes. Beginnt dann der Regenfall und die Wassermenge der Ströme abzunehmen, so wächst der Salzgehalt des Meeres an der Küste wieder und sein Spiegel sinkt, hierdurch dem Beobachter die Erscheinungen bietend, die ein Steigen des Landes begleiten. Diese Schwankungen des Meeresspiegels haben in der That mehrfach zur irrthümlichen Annahme von Hebungen und Senkungen der Küste geführt, je nachdem die Beobachtungen zu einer Zeit gemacht wurden, wo das Meer sank oder stieg. Hierher gehört der Schlufs von Paschen auf eine Hebung der Ostseeküste bei Wismar, ferner der Schlufs von Bouquet de la Grye auf eine Senkung der französischen Küste, die bei Havre am stärksten, bei Cherbourg schon erheblich schwächer, und bei Brest gar nicht zu beobachten sein soll.

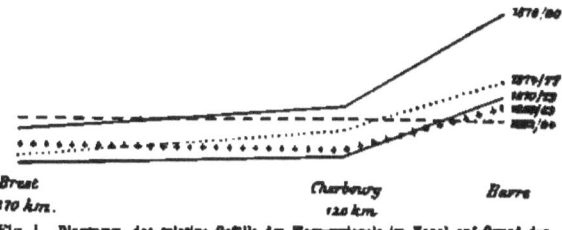

Fig. 1. Diagramm, das relative Gefälle des Meeresspiegels im Kanal auf Grund der Pegelbeobachtungen zu Brest, Cherbourg und Havre darstellend.

Die Veranlassung zu dem Schlufs Bouquets liegt einfach darin, dafs die Wasserführung der Seine und damit die Aussüfsung des Kanals, vor allem bei Havre, schon weniger bei Cherbourg und am wenigsten bei dem weit entfernten Brest um das Jahr 1860, als die Pegelbeobachtungen zu Havre und Cherbourg begannen, ein Minimum, dagegen Ende der 70er Jahre ein Maximum besafs. In Brest reichen die Beobachtungen bis 1850, dem Zeitpunkt des vorhergehenden Maximums der Aussüfsung, zurück und ergeben daher in ihrer Gesamtheit keine einseitige Bewegung, sondern eine Konstanz des Meeresspiegels. Wenn man jedoch die Reihe zerlegt, dann zeigt sie deutlich, wie von 1850 an bis in die 60er Jahre der Meeresspiegel sank, um sich hierauf ganz entsprechend den Erscheinungen an den beiden andern Stationen, nur in viel schwächerem Grade, bis 1880 wieder zu heben.[13] Die vorstehende Figur ist geeignet die Verhältnisse zu illu-

---

[13] Vergl. Brückner, Klimaschwankungen. Wien 1890 S. 283.

striren. Sie stellt auf Grund der Pegelbeobachtungen der genannten drei Stationen das relative Gefälle des Meeresspiegels im Kanal von Havre bis Brest dar. Man sieht, wie das relative Gefälle, von der Seinemündung fort, 1860/63 gering war, als die Seine wenig Wasser führte und daher die Aussüfsung des Meeres an der Seinemündung weniger erheblich war, wie dann das relative Gefälle mit wachsender Wasserführung der Seine zunahm, um 1878 80 ein Maximum zu erreichen und hierauf wieder zurückzugehen.[14])

Wenn ich in dieser Weise eine Reihe von angeblichen Bewegungen der Küste auf Schwankungen des Meeresspiegels zurückführen mufs, so möchte ich doch die Möglichkeit der Eigenbewegung des Landes nicht so durchweg leugnen, wie es Suefs thut Im Gegentheil, es giebt ohne Zweifel eine ganze Reihe von echten Hebungen und Senkungen der Küste, nur dafs diese uns nicht ausschliefslich entgegentreten. Beide Bewegungen interferiren vielmehr an den Küsten.[15]) So kann man doch wohl an der Eigenbewegung der Küsten von Finnland und Schweden nicht zweifeln; denn alle übrigen Ursachen, die man herbeiziehen wollte, erweisen sich quantitativ zur Erklärung der beobachteten Erscheinungen als gänzlich unzureichend. Die Beträge, um die es sich hier handelt, sind freilich noch nicht sicher bestimmt, weil die Eliminirung der Meeresschwankungen, besonders bei kurzen Beobachtungsreihen, auf Schwierigkeiten stöfst. Man hat bis jetzt immer die ganze Reihe der Beobachtungen unter Zuhilfenahme der Methode der kleinsten Quadrate durch eine gerade Linie darzustellen gesucht, die sich ihnen möglichst anschmiegen sollte. Eine einfache mathematische Ueberlegung ergiebt jedoch, dafs dieses Verfahren nur dann anwendbar ist, wenn die Schwankungen des Meeres genau symmetrisch zur Mitte des gesamten Beobachtungszeitraumes liegen. Nach Eliminirung dieser Schwankungen erhielt ich für Stockholm eine Hebung der Küste um $3^{1}/_{2}$ mm jährlich, während Forsman ohne Berücksichtigung derselben für 1825—1851 5.4 mm und für 1852—1875 3.1 mm jährlich gefunden hatte. Die Beobachtungen einiger anderer schwedischer und finnischer Stationen, die jedoch nur kürzere Reihen aufweisen und daher keine so sicheren

---

[14]) Zur Konstruktion des Diagramms sind nur die Jahre benutzt worden, für die an allen drei Stationen vollständige Beobachtungen vorliegen. Die Ordinaten für jede Station sind in ein Fünftel der natürlichen Gröfse abgetragen. (1 mm des Diagramms gleich 5 mm der Natur.)

[15]) Vergl. hierzu meinen Vortrag in den Verhandlungen des IX. Deutschen Geographentages zu Wien 1891.

Resultate geben, zeigen Werthe, die nirgends über 10—15 mm jährlich hinausgehen. Dabei ergiebt sich, dass die Hebung Finnlands rascher vor sich geht, als die Hebung Schwedens.

Diese wenigen für die Küsten der Ostsee geltenden Zahlen, die eine Hebung bis zu höchstens 15 mm im Jahre erweisen, sind heute wirklich so ziemlich die einzigen, die uns über die Geschwindigkeit

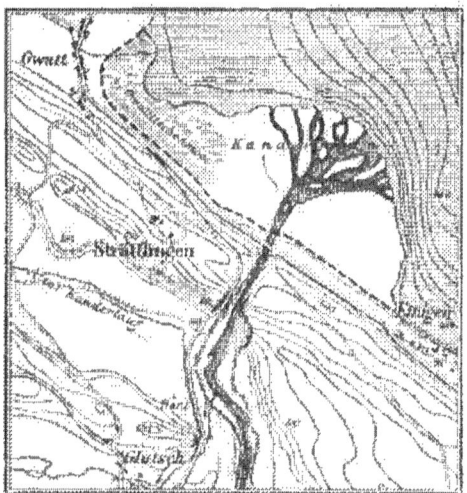

Fig. 2. Der seit 1714 entstandene Kanderdurchbruch und das neue Kanderdelta. Maßstab 1 : 25 000. — Nach dem topographischen Atlas der Schweiz.*)

der Bewegungen der Erdrinde vorliegen; sie betreffen dazu nicht eigentlich einen intensiven Faltungsprozess, wie er zur Herausbildung von Gebirgen führt, sondern nur weit ausgedehnte Verbiegungen grosser Stücke der Erdrinde. Mit welcher Geschwindigkeit eine Gebirgsfalte oder eine Scholle sich zu Bergeshöhe heben kann, entzieht sich

---

*) Die Kander floss vor 1714 in rund 600 m Höhe in der Richtung des Pfeils nach WNW., vom See durch den Strättligenhügel getrennt. Der Tunnel wurde in 600 m Höhe durch den Hügel hindurchgeführt. Es erfolgte zunächst der Einsturz der Tunneldecke und dann das Einschneiden der Schlucht. Das alte Ufer vor Aufschüttung des Deltas ist durch die gestrichelte Linie (— — — —) kenntlich gemacht. Die 1893 eröffnete Eisenbahn nebst der in den Abbildungen Fig. 3 u. 4 sichtbaren Eisenbahnbrücke ist weggelassen.

noch gänzlich unserer Kenntnifs. Nur so viel können wir darüber sagen: Grofs sind diese Beträge, wenigstens auf dem Boden Europas, nicht; denn würden sie etwa mehrere Meter im Jahr erreichen, so hätten sie sich uns im Laufe der Jahrzehnte deutlich bemerkbar machen müssen.

* * *

Etwas besser steht es um unsere Erfahrungen über die Geschwindigkeit der Gebirgsabtragung.

Das Eintiefen eines Flufsbettes kann unter Umständen sehr rasch vor sich gehen. Bekannt ist, dafs der Simeto in Sicilien, wahrscheinlich im Jahre 1603, durch einen Lavastrom des Aetna aufgedämmt wurde, in den er bis heute einen Kanal von 12—15 m Breite und 15—30 m Tiefe eingegraben hat. In Visp, im schweizerischen Rhonethal, wurde 1855 eine Quelle neu eröffnet, die sich unterhalb der Eröffnungsstelle in 10 Jahren ein Bett von 6½ m Tiefe ausspülte. Viel frappanter noch sind die Beobachtungen, die Dutton aus den Goldwerken Kaliforniens mittheilt. Das Gold wird hier als Waschgold aus mächtigen Geröllmassen gewonnen. Man leitet Bäche in geschlossenen Leitungen herbei, deren Wasser unter hohem Druck steht; der Strahl prallt mit aller Gewalt auf die Geröllmassen und schlemmt das Gold aus. Das aus dem hydraulischen Werk abfliefsende Wasser reifst Gerölle und Land mit sich fort und erodirt seine Unterlage sehr stark, so dafs in manchen Fällen in einem einzigen Jahre 3—6 m tiefe Rinnen in festen Basalt eingegraben worden sind. Das ist wohl die gröfste bekannte Erosionsleistung in festem Fels während eines Jahres.

Eine grofse Ausbeute für die Frage nach der Geschwindigkeit der Eintiefung eines Flufsbettes gewährt die Wasserbaulitteratur. Nur zwei Beispiele seien hierfür und zwar aus der Schweiz aufgeführt.

Die Kander mündete einst etwas unterhalb des Thuner Sees in die Aare; durch ihre Geröllmassen veranlafste sie nur zu häufig eine Rückstauung des Hauptflusses und Ueberschwemmungen, die die Stadt Thun und die weite Niederung unterhalb heimsuchten. Um diesem Uebel abzuhelfen, beschlofs man, den wilden Flufs in den Thuner See zu leiten. Zu diesem Zweck bohrte man durch den Hügel, der das Kanderthal vom Thuner See trennte, einen Tunnel und führte im Sommer 1714 in diesen das Wasser der Kander ein und durch ihn dem Thuner See zu.[16]) Da das alte Kanderbett oberhalb des Tunnels nur

---

[16]) Zur Geschichte der Kanderkorrektion vergl. Gra*l* in der Schweizerischen Rundschau 1892.

850 m vom damaligen Seeufer entfernt und dabei 50 m über dem See lag, gewann die Kander hier das äufserst starke Gefälle von 6 pCt. und damit eine grofse Erosionskraft. In wenigen Wochen war aus dem Tunnel eine wilde offene Schlucht geworden; der Flufs rifs sein Bett immer tiefer und tiefer ein, unterstützt durch die geringe Widerstandsfähigkeit des Gesteins, das in der Höhe lockere Moräne, in der

Fig. 3. Die seit 1714 entstandene Kanderschlucht, vom See aus gesehen. (Nach einer photographischen Aufnahme des Verfassers von der Kanderbrücke zwischen Gwatt und Einigen.)

Tiefe verfestigter Flufskies ist. Schon nach 4 Wochen hatte die Kander 1 Million kbm Gestein aus ihrem neuen Bett herausgeschafft, das ist fast 40000 kbm täglich!! Heute besitzt der Durchstich eine Tiefe von 90 m, und die Erosion hat mehr als 10 km flufsaufwärts zurückgegriffen. Die gesamte durch den Flufs entfernte Gesteinsmasse beläuft sich auf etwa 10 Millionen Kubikmeter, d. h. einen Würfel von etwas über $\frac{1}{5}$ km Seitenlänge. Dafs die wildromantische Kanderschlucht von heute ihre erste Anlage der Menschenhand verdankt, ahnt niemand. (Vergl. Fig. 2, 3 u. 4).

Ein anderes, kaum weniger interessantes Bild bietet die neu entstandene Aareschlucht beim Bieler See. Aus den gleichen Gründen, wie im Fall der Kander, wurde 1874 ein Kanal zur Einleitung der Aare in den Bieler See begonnen, dessen Becken gemeinschaftlich mit dem Becken des Neuenburger und des Murtener Sees die Aareüberschwemmungen auffangen sollte. Beim Weiler Hageneck wurde

Fig. 4. Die mit 1714 entstandene Kanderschlucht, von Süden gesehen.
(Nach einer photographischen Aufnahme von den Häusern Hani aus.*)

der Sandsteinrücken, der das Südostufer des Bieler Sees begleitet, in einem schmalen Einschnitt durchstochen. Der nur sehr unbedeutende Kanal hatte den Zweck, einen kleinen Theil der Aare bei Aarberg aus dem alten Bett abzuzweigen. Die künstlich entfernte Gesteinsmasse beläuft sich hier auf etwa 1 400 000 kbm. Die weitere Ausbildung des Kanals überliefs man der Aare selbst, die in der That infolge des grofsen gewonnenen Gefälles eine ganz gewaltige Erosionsarbeit leistete, obwohl auch heute noch der künstliche Ursprung des Hageneck-Kanals

---

*) Der alte Kanderlauf ging in der Höhe des Pfeiles nach links. Der ganze Einrifs in den Rücken, dessen Kamm rechts und links noch unversehrt sichtbar ist, ist das Werk der Erosion seit 1714.

nicht zu verkennen ist. Die Aare hat hier auf einer Strecke von 8 km während der Jahre 1879—1887 2200000 kbm Material weggeschwemmt, also fast 250000 kbm jährlich, und dadurch ihr Bett sehr vertieft. Das alte Bett ist heute verödet, und fast nur das neue wird vom Wasser benutzt.

Es liefsen sich noch eine Reihe von ähnlichen Beispielen aufführen; doch genügen die obigen, um zu zeigen, wie mächtig fliefsendes Wasser sein Bett in die Unterlage einzutiefen vermag. Selbst der härteste Fels kann das Einschneiden nicht wesentlich aufhalten.

Interessant ist ein Vergleich der Geschwindigkeit der Gebirgshebung mit der der Thaleintiefung durch fliefsendes Wasser. Während vertikale Verschiebungen der Schichten der Erdkruste um mehrere Meter im Jahr nach unseren Erfahrungen als durchaus unwahrscheinlich gelten müssen, vermag das Wasser in einem Jahr 3—6 m tiefe Rinnen im Fels auszufeilen. Bei dieser Sachlage wird es begreiflich, dafs ein Strom inmitten eines sich hebenden Gebirges seinen Lauf zu behalten und das Gebirge bei der Hebung zu durchschneiden vermag. Die Möglichkeit eines Gleichgewichtes zwischen Hebung und Thaleintiefung ergiebt sich von selbst, und die Bildung des Rheindurchbruches durch das Schiefergebirge, die Entstehung des Elbdurchbruches durch das Elbsandsteingebirge, die Ausmeifselung der prachtvollen Klusen des Schweizer Jura durch fliefsendes Wasser während der Hebung des Gebirges durch schon vorher existirende Flufsläufe erscheint uns nicht nur möglich, sondern fast selbstverständlich.

* * *

Die Eintiefung des Flufsbettes ist nur ein Faktor, der zur Erniedrigung der Erhabenheiten des Landes führt. Nicht minder wichtig für die Gestaltung der Erdoberfläche ist die flächenhafte Abtragung, die durch die Kombination der Verwitterung und der Abspülung zustande kommt. Die Verwitterung zerkleinert die Gesteinsmassen und bereitet sie dadurch zum Transport in die Tiefe und aus dem Gebirge heraus vor. Der Transport geschieht fast ausschliefslich durch das fliefsende Wasser. Dieses schafft das gelockerte Material fort, entblöfst dadurch immer neue und neue Schichten des Gesteins, und macht sie der Verwitterung zugänglich. Man hat diese allgemeine, flächenhafte Abtragung des Landes — nicht ganz glücklich — mit dem Worte Denudation bezeichnet.

Mehrfach sind Versuche gemacht worden, die Geschwindigkeit der Denudation zu bestimmen, d. h. auf die Frage Antwort zu geben:

In wieviel Jahren wird ein Gebiet durch die Denudation um einen Meter erniedrigt? Der erste umfassende Versuch dieser Art ist der, welchen Archibald Geikie anstellte. Die Methode ist überall die gleiche. Da das ganze fortgeschaffte Material — abgesehen von den durch die Luft fortgeführten Staubmassen, die nur in wasserarmen Gegenden, in Wüsten, eine wesentliche Rolle spielen — die Flüsse passirt, so mußte man daran denken, die durch ein Flußprofil jährlich hindurchgehenden Gesteinsmassen zu bestimmen. Dieser Weg ist denn auch von allen, die die Frage behandelt haben, eingeschlagen worden. So interessant die gewonnenen Zahlen auch sind, so haftet ihnen doch leider meist eine grofse Unsicherheit an, und zwar aus verschiedenen Gründen. Viele der publizirten Zahlen stützen sich nur auf die Beobachtungen weniger Monate oder sogar weniger Wochen. Nun ändert sich aber die Führung der Sinkstoffe mit der Wassermenge, und zwar in viel stärkerem Grade; denn die Transportkraft eines Flusses wächst viel rascher als proportional seiner Wassermenge. Aus kurzen Beobachtungen auf die Jahressumme der Geschiebeführung zu schliefsen, geht daher nicht wohl an. Aber selbst aus den Beobachtungen eines ganzen Jahres darf man noch nicht einen allgemein gültigen Werth ableiten wollen. Denn die Wassermenge erfährt von Jahr zu Jahr Schwankungen, die sich in der Geschiebeführung noch viel stärker äufsern. Die gröberen Sinkstoffe insbesondere werden nur bei Hochwasser fortbewegt; die so aufserordentlich schwankende Zahl und Ausbildung der Hochwasser entscheidet über die Gesamtsumme des Transportes in einem Jahr. Aber auch die Schlammmenge hängt davon ab. So kommt es, dafs oft in einem Jahr nur ein kleiner Bruchtheil der Sinkstoffe des vorhergehenden durch ein Flußprofil hindurchgeführt wird. Nach Penck waren z. B. die während der feuchten Jahre 1870 und 1871 von der Donau in das Meer geführten Schlammmassen neun- bis dreizehnmal so grofs wie die in den trockenen Jahren 1863 und 1865 bewegten.[1]) Daher sind zur Bestimmung der mittleren, jährlich fortgeführten Gesteinsmenge Beobachtungen nöthig, die durch mehrere Jahre ununterbrochen fortgesetzt wurden. Diesen Anforderungen entsprechen bis jetzt nur wenige Beobachtungsreihen. Aber nicht nur in Bezug auf die zeitliche Ausdehnung genügen die vorhandenen Beobachtungen nur zu oft nicht, sondern sie sind auch meist nicht umfassend genug.

Die Gesteinsmassen, die ein Flufs aus seinem Einzugsgebiet herausschafft, wandern in drei verschiedenen Formen thalabwärts: auf der

[1]) Penck, Die Donau. Vorträge des Vereins zur Verbreitung naturwissenschaftlicher Kenntnisse in Wien. XXXI. Jahrgang, Heft 1.

Sohle des Flusses als Geschiebe, im Wasser schwebend als Schlamm und im Wasser aufgelöst, in flüssiger Form. Um deren gesamte Menge zu bestimmen, bedarf es daher dreier verschiedener Messungen, die aber heute noch für keinen einzigen Punkt der Erde vorliegen. Meist besitzt man nur eine Angabe, die beiden andern aber fehlen, und nur in wenigen Fällen stehen zwei Angaben zur Verfügung. Daher kann man heute kaum irgendwo auf Grund direkter Beobachtungen das Mafs der gesamten Abtragung angeben. Relativ leicht lassen sich die Mengen bestimmen, die gelöst oder suspendirt abwärts wandern. Man schöpft während mehrerer Jahre regelmäfsig Wasser aus dem Flufs und bestimmt durch Filtriren die Menge der suspendirten und durch Abdampfen die Menge der gelösten Stoffe im Liter Wasser. Hieraus kann man, wenn gleichzeitig die bei der Beobachtungsstation vorbeiziehende Wassermenge bekannt ist, die Gesamtmenge des Schlammes und der gelösten Substanzen berechnen. Leider fehlen nur gerade die Wassermengenmessungen sehr häufig für Punkte, wo Messungen der gelösten und suspendirten Massen vorliegen. Dann ist man gezwungen, aus der Regenmenge auf die ungefähre jährliche Wasserführung zu schliefsen. In dieser Weise hat Mollard Reade die Abtragung zu schätzen gesucht, die England und Wales durch die auflösende Macht des Wassors erfährt.[11]) Solche Schätzungen sind sehr unsicher, da ihnen leicht Fehler von 100 pCt. und darüber anhaften können. Trotz dieser grofsen Unsicherheit seien die Zahlen Mollard Reades hier ihres Interesses wegen angeführt. Er fand, dafs jährlich in gelöstem Zustand von der Oberfläche von England und Wales eine 0.018 mm mächtige Gesteinsschicht fortgeführt wird. Für die ganze Erde schätzte er den Abtrag durch Auflösung auf 0.012 mm pro Jahr.

Einwandsfreie und zuverlöfsige Zahlen liegen nur für Elbe (Oberlauf), Seine, Maas, Donau, Rhone, Arve, Amu-Darja, Indus, Ganges, Irawaddy, Yangtsekiang, Nil und Mississippi vor, weil sie nicht nur auf Rückstands- und Schlamm-Beobachtungen, sondern auch auf Messungen der Wassermenge basiren.[12])

Ich theile sie weiter unten in einer Tabelle mit.

Den vollständigen Betrag der Denudation geben uns freilich auch

---

[11]) T. Mollard Reade: Chemical Denudation in Relation to Geological Time. London 1879; T. Mollard Reade: Denudation of the two Americas. Presidential Adress to the Liverpool Geological Society Session 1884. 85 Liverpool 1885.

[12]) Ich verdanke die Mittheilung dieser revidirten Zahlen z. Th. Herrn Professor Penck in Wien, der sie für sein demnächst erscheinendes Handbuch der Morphologie der Erdoberfläche neu abgeleitet hat.

diese Zahlen nicht alle an, weil in ihnen die Geschiebeführung an der Sohle der Flüsse nicht berücksichtigt ist. Das ist allerdings für die grofsen Ströme unwesentlich, weil sie bekanntermafsen fast gar kein Geschiebe bewegen, um so wesentlicher aber bei den kleinen. Daten über den Geschiebetransport fehlen leider überhaupt fast ganz; denn es ist aufserordentlich schwer, ihn auch nur annähernd zu schätzen, da die Bewegung des Geschiebes nicht in Form eines kontinuirlichen Fliefsens, sondern zum grofsen Theil ruckweise bei Hochwasser erfolgt. Das, was man beobachten kann, ist die Aenderung der Sohle, die bald in einer Tieferlegung, bald in einer Erhöhung besteht und durch das Wandern der Kiesbänke verursacht ist. Dieses Wandern der Kiesbänke ist z. B. 1876 bis 84 in der regulirten Donau bei Wien sehr schön in einer Reihe von Querprofilen zu erkennen gewesen. Auch für den Rhein existiren analoge Angaben. Solche Messungen können aber kaum die gesuchte Geschiebemenge ergeben, sondern nur die Menge der gröberen Geschiebe, die sich ausschliefslich rollend fortbewegen. Gewaltige Massen von Sand müssen dabei der Beobachtung entgehen, denn diese werden wohl bei gewöhnlichem Wasserstand an der Sohle des Flusses bewegt, bei Hochwasser aber aufgewirbelt und theilweise direkt suspendirt; sie legen dann weit gröfsere Strecken zurück als das Geschiebe, das die Sohle nicht verläfst, und durchwandern in kurzer Zeit eine ganze Serie von Flufsprofilen, ohne dafs sie hier zur Beobachtung kommen, weil die Revisionen der Profile doch immer nur in langen Zwischenräumen stattfinden.

Viel zuverlässiger läfst sich die Geschiebeführung eines Flusses an seiner Sohle bestimmen, indem man das Wachsthum seiner Ablagerungen an der Mündung mifst. Es genügt, alle zehn bis zwanzig Jahre eine genaue Karte seines Deltas über und unter dem Wasserspiegel aufzunehmen, und dessen räumlichen Zuwachs zu berechnen. Leider ist diese Methode an der Meeresküste nicht brauchbar, weil durch Strömungen viel fortgespült wird; bei Deltas in Seen liefert sie dagegen vortreffliche Resultate.

Eine vorzügliche Gelegenheit, in dieser Weise die Gröfse der flächenhaften Abtragung zu bestimmen, bot die schon oben erwähnte Kanderkorrektion. Seitdem 1714 die Kander in den Thuner See eingeleitet worden ist, hat sie ein gewaltiges Delta aufgeworfen. Schon 1716 hatte der über See gelegene Theil desselben eine Fläche von 20 ha, und heute hat er eine solche von 70 ha. Da sich die ursprüngliche Gestalt des Seebodens vor Bildung des Deltas mit ziemlicher Sicherheit rekonstruiren läfst, so ist es möglich, den Rauminhalt des Deltas zu berechnen. Die betreffenden Messungen und Berechnungen hat auf meine Veranlassung einer meiner Schüler, Herr Dr. Theodor Steck in Bern, vorgenommen.[20]) Sie ergaben sehr interessante Resultate.

Der Rauminhalt des von 1714 bis 1866[21]) aufgeschütteten Deltas beträgt 56 760 000 cbm. Rechnet man von dieser Summe diejenige Gesteinsmenge ab, die gleich zu Beginn beim Einschneiden der Kander in ihrem Unterlauf ausgespült wurde — ca. 10 Millionen Cubikmeter, so bleiben immer noch 46 760 000 cbm, die aus dem Einzugsgebiet in 152 Jahren herausgeschafft worden sind. Das ergiebt einen jährlichen Transport von 307 000 cbm, oder auf das ganze Einzugsgebiet vertheilt, eine Schicht von 0.286 mm Höhe. Diese Zahl stellt jedoch noch nicht den vollen Betrag der jährlichen Abtragung dar, weil die gelösten und suspendirten Bestandtheile nicht in Rechnung gezogen sind. Messungen darüber fehlen leider an der Kander ganz. Schätzt man nach dem Vorgang Heims für die Reufs die Menge der suspendirten Sinkstoffe der Kander, die nicht im Delta zur Ablagerung kommen, sondern sich auf dem ganzen Seeboden verbreiten, auf ein Drittel der im Delta niedersinkenden Geschiebe, und rechnet man dazu noch die gelösten Substanzen gleich $^1/_{4000}$ der jährlichen Wasserführung, so erhält man aufser dem obigen Betrag noch einen Abtrag von 0.104 mm jährlich. Zu einer Korrektion von ungefähr gleicher Gröfse (0.21 mm) gelangt man, wenn man für die in Suspension und gelöst fortgeführten Massen die von Baëff für die Arve bei Genf gefundenen Zahlen einsetzt. Die gesamte Abtragung im Gebiet der Kander dürfte also etwa 0.5 mm jährlich oder 5 cm im Jahrhundert und 1 m in rund 2000 Jahren betragen.

In ganz analoger Weise hat schon früher Heim die Denudation für das Gebiet der Reufs oberhalb des Vierwaldstädter Sees bestimmt. Er fand aus dem Anwachsen des Deltas 1851—1878 eine jährliche Abspülung des Einzugsgebietes der Reufs um 0.182 mm. Rechnen wir dazu noch die gelöst und suspendirt fortgeschafften Massen, so kommen wir auf eine totale Abtragung von 0.3 bis 0.4 mm.

Ich lasse nun alle zuverlässigen Zahlen folgen, die mir zur Zeit über die Gröfse der jährlichen Abtragung des Landes vorliegen.

[20]) Vergl. Th. Steck: Die Denudation im Kandergebiet. XI. Jahresber. der Berner Geograph. Gesellschaft. Bern 1893.

[21]) In diesem Jahr wurde der unter dem Wasser gelegene Theil des Kanderdeltas durch Lothungen vermessen.

Jährliche Abtragung im Einzugsgebiet verschiedener Flüsse.

Elbe oberhalb Tetschen[36])	berechnet nach d. gelöst. u. susp. Massen	0.012 mm
Seine - Paris[37])	" " " " " "	0.024 "
Maas - Lüttich[38])	" " " " " "	0.050 "
Donau - Wien	" " " " " "	0.056 "
Rhone - des Genfer Sees[39])	" " " " " "	0.44 "
Arve - Genf[40])	" " " " " "	0.21 "
Reufs - d. Vierwaldst. Sees[41])	dem Deltazuwachs	0.16 "
Kander - des Thuner Sees[42])	" " "	0.28 "
Amu darja[43])	den suspendirt. Massen	0.12 "
Indus[44])	" " " "	0.27 "
Ganges[45])	" " " "	0.50 "
Irawaddy[46])	" " " "	0.31 "
Yangtseklang[47])	" " " "	0.07 "
Nil[48])	d. gelöst. u. susp. Massen	0.013 "
Mississippi[49])	den suspendirten	0.045 "

Keine der Zahlen giebt zwar den vollen Betrag der Denudation an: trotzdem gewähren sie uns einen guten Einblick in die Gröfsen, um die es sich handelt, besonders da wir an der Hand der vorliegenden Daten auch einigermafsen auf die fehlenden schliefsen können. Es ist bekannt, dafs grofse Ströme in Ebenen relativ nur wenig Sinkstoffe auf ihrer Sohle führen. Die Donau z. B. setzt an ihrer Mündung nur Schlamm ab und keinen Sand. Die Menge des Geschiebes ist bei ihnen immer kleiner als die Menge der gelösten und suspendirten Stoffe. Bei Elbe, Seine, Maas, Donau und Nil ist also der Gesamtbetrag der Denudation sicher weniger als doppelt so grofs wie die angegebenen Zahlen, d. h. weniger als 0.1 mm im Jahr. Für Reufs und Kander, wo nur der Betrag des Geschiebetransports vorliegt, haben wir bereits oben die Menge der gelösten und suspendirten Stoffe zu schätzen gesucht und sind zu einer Totalabtragung von 0.3—0.4 und 0.5 mm im Jahr gelangt. Schwieriger schon ist es bei den Flüssen, für die die Menge der gelösten Substanzen und die Menge des Geschiebes nicht bekannt ist, die Totaldenudation zu schätzen. Gleichwohl können wir aus den Zahlen deren Gröfsenordnung deutlich erkennen und kurz aussprechen: In Flufsgebieten der Ebenen mittlerer Breiten beträgt die jährliche Denudation oft nur 0.02 mm

---

[36]) Diese Angaben wurden mir von Herrn Prof. Penck freundlichst mitgeteilt.

[37]) Forel, Le Léman, Tome I. Lausanne 1892. S. 876.

[38]) Baßff, Les eaux de l'Arve. Genève 1891.

[39]) Helm, Erosion im Gebiete der Reufs. Jahrbuch des Schweizer Alpenklubs. XIV S. 388.

[40]) Stock a. a. O.

und erreicht nirgends 0.1 mm. In den gröfseren Flufsgebieten der Alpen dürfte sie etwa $^1/_2$ mm betragen, und nicht wesentlich anders scheint sie bei den grofsen indischen Strömen zu sein.

Vergleichen wir die Zahlen mehr im einzelnen, was allerdings nur bei gleichartigen Zahlen geschehen darf!

Da fällt zunächst der Unterschied im Betrag der Denudation des Reufsgebietes und des Kandergebietes auf. Die Beträge verhalten sich wie 2:3. Diese Differenz erklärt sich ganz von selbst aus der verschiedenen Gesteinsbeschaffenheit beider Flufsgebiete. Während das Einzugsgebiet der Kander zum allergröfsten Theil aus sehr wenig widerstandsfähigen jüngeren Gesteinen (Flysch, Kreide, Jura) besteht, dominiren im Reufsgebiet durchaus die viel festeren Urgebirgsgesteine.

Sehr deutlich zeigen die Daten den Einflufs des Terrains auf den Denudationsbetrag: Elbe und Seine als Flüsse der Ebene und des Mittelgebirges 0.01 bis 0.02 mm, die Donau als Abflufs der Alpen und ihres flachen Vorlandes sowie der nördlichen Mittelgebirge 0.06, Arve, Rhone als Alpenflüsse 0.21 und 0.44. Andererseits führen Indus und Ganges, deren Quellen in den wilden Thälern des Himalaya liegen, und ebenso der aus dem hinterindischen Gebirgsland hervorbrechende Irawaddy viel mehr Schlamm als der in weiten Ebenen dahinströmende Mississippi. Jene tragen ihr Einzugsgebiet jährlich um fast $^1/_3$ mm ab, dieser aber nur um $^1/_{20}$ mm.

Unsere Daten gelten für Stromgebiete sehr verschiedener Gröfse. Je gröfser aber ein Stromgebiet ist, desto gröfsere Unterschiede werden sich innerhalb desselben in dem Betrag der Denudation geltend machen. Das gilt selbst noch von dem relativ unbedeutenden Einzugsgebiet der Reufs und der Kander. Wir treffen hier breite Thalsohlen, wo der Flufs Geschiebe ablagert, neben wilden Hochgebirgsgipfeln, den Gebieten intensivster Zerstörung. Unsere Zahlen berücksichtigen diese Unterschiede nicht, sondern geben das Mittel für das ganze Gebiet. Dieses wird daher stellenweise sehr bedeutend übertroffen. Zur Beantwortung der Frage nach der gröfstmöglichen Denudation liefert uns infolge dessen der gröfste der oben aufgeführten Werthe — 0.5 mm in einem Jahr — nur eine untere Grenze.

Unter solchen Umständen läfst sich leider die Frage nicht direkt beantworten, ob die Denudation der Gebirgshebung die Waage zu halten vermag, indem sie ein Gebiet um so viel erniedrigt, als es durch die hebenden Kräfte in der gleichen Zeit erhöht wird. Penck hat diese Frage in seinem geistreichen Vortrag über die Denudation der Erdoberfläche bejaht.[20]) Die Denudation, so sagte er, nimmt in einem Gebirge zu, je höher sich dasselbe erhebt. Sie kann schliefslich so grofs werden, dafs sie der Hebung die Waage zu halten vermag. Dafs dieses in der That geschieht, lehrt uns die Thatsache, dafs die Unebenheiten der Erdoberfläche über ein gewisses Mafs nicht hinausgehen, obwohl die Summe der Verschiebungen der Erdschollen vielmal gröfsere Beträge aufweist. Diejenige Höhe, in welcher die Denudation so grofs ist, dafs sie selbst der intensivsten Gebirgshebung das Gleichgewicht zu halten vermag, nennt Penck das absolute obere Denudationsniveau. Wie grofs aber die Denudation hier ist, wissen wir z. Z. noch nicht; dafs sie jedoch aussererordentlich viel gröfser ist, als sie die Zahlen oben für die Flufsgebiete angeben, unterliegt keinem Zweifel.

* * *

Werfen wir einen Blick zurück, so müssen wir gestehen, dafs wir über die ersten Versuche, die Kräfte, welche die Erdoberfläche gestalten, messend festzustellen, noch nicht hinausgekommen sind. Der Zeitraum, über den sich die exakten Beobachtungen erstrecken, ist noch zu kurz; viele Jahrzehnte werden vergehen müssen, ehe hier ein erheblicher Schritt vorwärts wird gemacht werden können; denn so viel steht schon heute fest, dafs Gebirgsbildung und Gebirgsabtragung sehr langsam arbeiten. Wollte man warten, bis die Aenderungen der Erdoberfläche solche Beträge angenommen haben, dafs sie auf unsern topographischen Karten des gewöhnlichen Mafsstabes erscheinen, dann müfste man vielleicht sogar für die nächsten Jahrhunderte auf eine Vermehrung unseres Wissens in dieser Richtung verzichten. Allein glücklicherweise sind einzelne Stellen der Erdoberfläche besonders geeignet, um an ihnen quantitativ in kürzeren Zeiträumen die fortschreitende Wirkung der Kräfte zu studiren. Diese gilt es als Versuchsfelder aufs schärfste gleichsam unter dem Mikroskop zu beobachten. Das mufs selbstverständlich dort geschehen, wo die gebirgsbildenden und die gebirgsabtragenden Kräfte besonders thätig sind — im Gebirgsland.

In der That sind hier bereits eine Reihe von Vorbereitungen getroffen. Wie auf Veranlassung von Girardot in der Umgebung von Doucier die Höhen genau eingemessen worden sind, um deren Veränderung zu überwachen, wurde bereits oben geschildert. Es ist Aussicht, dafs auch auf der Schweizer Seite des Jura, am Südende

---

[20]) Schriften des Vereins zur Verbreitung naturwissenschaftlicher Kenntnisse in Wien, 1887.

des Neuenburger Sees analoge Beobachtungen eingeleitet werden. Nach Verlauf von einigen Jahrzehnten werden diese Versuchsfelder bereits sicheren Aufschluſs über die Bewegungen der Erdkruste liefern. Längere Zeit dürfte es dagegen dauern, bis man durch Wiederholung von groſsen, nicht speziell zu diesem Zweck angelegten Triangulationen Aenderungen der Parallaxen bzw. Entfernungen und damit die Beträge des horizontalen Zusammenschubes der Erdkruste, oder durch Repetition von groſsen Nivellements Höhenänderungen in ihrem Betrag wird feststellen können.

In analoger Weise wird man auf Versuchsfeldern die Geschwindigkeit der Abtragung bestimmen können. Wie hier vorgegangen werden kann, zeigt ein Versuch, den A. Baltzer im Berner Oberland gemacht hat, um das Maſs zu bestimmen, in dem ein Gletscher seinen Untergrund abnutzt. Der Untere Grindelwaldgletscher ist in der letzten Periode des Gletscherschwindens so weit zurückgegangen, daſs ein guter Theil des Gletscherbodens, der hier aus Fels besteht, frei geworden ist. Diesen Gletscherboden hat Baltzer vermessen und auf einer Karte im Maſsstab 1:2000 dargestellt. Auſserdem hat er an 14 Stellen, die hierzu besonders geeignet schienen, Bohrlöcher in den Kalk treiben lassen, deren Tiefe sorgfältig bestimmt wurde. Da hinein wurde zuerst farbiger Gyps und Thon und dann Cement, genau bis zum Mundloch, gefüllt. Beim nächsten Vorstoſs wird der Gletscher seinen alten Boden wieder betreten und denselben während 1½ bis 2 Jahrzehnten behaupten. Wenn er sich dann wieder zurückgezogen hat, wird eine Wiederholung der Aufnahme und eine genaue Nachmessung der Tiefe der Bohrlöcher und der Länge der Bolzen die Aenderungen erkennen lassen, die sich unter dem Gletscher vollzogen haben. Hierdurch dürfte ein sehr wichtiger Beitrag zur Frage nach der Gröſse der Gletschererosion geliefert werden.

Wie heute der Boden des Unter-Grindelwaldgletschers ein Versuchsfeld für das Studium der Gletschererosion ist, so könnten auch mit gewissen Modifikationen an manchen Stellen Versuchsfelder zum Studium der Verwitterung, der Erosion und der Denudation auf kleinem Gebiet angelegt werden. Besonders wenn die Photographie mithilft, dürften durch solche Versuchsfelder entscheidende Resultate in relativ kurzer Zeit zu gewinnen sein.

Ein solcher Versuch in groſsem Stil wird gegenwärtig in der Schweiz vorbereitet; es soll die Geschwindigkeit der Denudation nicht nur in grösseren, sondern auch in mehreren kleineren Fluſssystemen und selbst in Wildbachgebieten bestimmt werden. Dazu soll zunächst eine genaue Beobachtung des Anwachsens des Deltas in den zahlreichen Seen dienen. Da in den letzten zwei Jahrzehnten alle größeren Schweizerischen Seen genau ausgelothet und die Form ihres Beckens durch Isobathen festgelegt worden ist, so wird eine Wiederholung dieser Messung in den einzelnen Deltagebieten direkt den Zuwachs des Deltas ergeben. Ferner sollen an geeigneten Stellen genaue Messungen der jährlich abfließenden Wassermenge angestellt und gleichzeitig an denselben Stellen monatlich, oder bei Hochwasser wöchentlich, Wasserproben entnommen werden, um die Menge der gelösten und suspendirten Substanzen festzustellen. Auf diese Weise wird schon nach Verlauf einiger Jahre eine große Reihe von Daten vorliegen, die die gesamte Abtragung im Gebiet der Schweiz in ihrer Abhängigkeit von der Höhenlage, der Neigung des Bodens, dem Gestein, dem Regenfall u. s. w. festzustellen gestatten werden.

James Playfair, von Hoff und Lyell sind die ersten gewesen, die die Aufmerksamkeit der gelehrten Welt auf die allmählich vorsichgehenden Veränderungen an der Erdoberfläche gelenkt haben. Ihnen standen jedoch nur qualitative, nicht quantitative Angaben über solche Veränderungen zur Verfügung. Heute liegen uns wenigstens einige quantitative Daten vor, die schon eine Reihe von Schlüssen gestatten. Aber erst, wenn nach Jahren eine größere Zahl von exakten quantitativen Beobachtungen gesammelt sein wird, wird das Ineinandergreifen der Gebirgsbildung und der Gebirgsabtragung, wie es die Gestaltung der Erdoberfläche bedingt, in seinen Einzelheiten zu verfolgen sein. Damit wird die dynamische Geologie in ein neues Stadium eintreten, ein Stadium, in dem der Faktor Zeit nicht mehr eine unbekannte und unbestimmbare Größe sein wird.

Ueber die Kraft des elektrischen Stromes.
Populärer Experimentalvortrag von P. Spies,
Vorsteher der physikalischen Abtheilung der Urania.

I.

Verehrte Anwesende! Unter den verschiedenen Naturkräften, welche sich der Mensch im Laufe der Jahrhunderte dienstbar zu machen gewusst hat, nimmt die Elektrizität nicht nur deshalb eine hervorragende Stelle ein, weil sie eine hohe praktische Bedeutung erlangt hat. Wer es liebt, den Gang menschlicher Erkenntnifs in seinen allgemeinen Zügen zu verfolgen, der gewinnt der Elektrizitätslehre noch eine andere, besonders interessante Seite ab. Vergleichen Sie einmal die Art und Weise, in welcher die übrigen Naturkräfte dem Menschen entgegentraten, mit den elektrischen Erscheinungen, welche die Natur uns zeigte! Dafs alle Körper schwer sind, ist eine Wahrnehmung, welcher sich niemand zu entziehen vermag, der nur einmal einen Gegenstand von einer Stelle zu einer anderen gebracht hat, und wir wundern uns deshalb nicht darüber, dafs einfache Maschinen, bei welchen die Schwere eine Rolle spielt, z. B. Waage, Hebel, schiefe Ebene u. dergl., seit den ältesten Zeiten auch von minder kultivirten Völkern benutzt worden sind. Aehnlich ist es mit einer anderen Naturkraft, der Wärme, welche ebenfalls unausgesetzt auf uns einwirkt. — Die Schwingungen des Lichtes finden ein besonderes, kunstvoll gebautes Organ vor, auf welches sie einwirken, und Schallschwingungen können wir nicht nur mittelst eines Organes wahrnehmen, sondern sogar mittelst eines zweiten in der mannigfaltigsten Weise reproduziren. Auf dem Gebiete der Elektrizität finden wir fast nichts von alledem. Zwar werden unsere Nerven durch elektrische Reizungen beeinflufst, aber die Natur ist eben sehr karg an solchen Reizen. Andererseits erzeugt der thierische Organismus auch selbst Elektrizität; aber nur bei einigen Fischen, welchen besondere elektrische Organe verliehen sind, lassen sich solche Wirkungen ohne komplizirte Vorrichtungen nachweisen. Mit hoher Bewunderung mufs es uns erfüllen, wenn wir sehen, dafs es dem Menschen trotz alledem in kurzer Zeit gelungen ist, die Elektrizität zu einem gewaltigen Hülfsmittel der Kultur auszubilden. In kurzer Zeit, sage ich, denn vor etwa 200 Jahren baute der bekannte Magdeburgische Bürgermeister von Guericke die erste Elektrisirmaschine, vor etwa 100 Jahren stellte Galvani seinen berühmten Versuch an, welcher zur Entdeckung kräftiger Elektrizitätsquellen führte.

Die in der Praxis fast ausschliefslich verwertbete Form der Elektrizität wird durch den elektrischen Strom dargestellt. Diesen elektrischen Strom möchte ich heute näher betrachten, und zwar von einem speziellen Gesichtspunkte aus: Wir wollen untersuchen, wie weit die Erscheinungen des elektrischen Stromes bestimmt werden durch das wichtigste naturwissenschaftliche Gesetz, durch den Satz von der Erhaltung der Kraft. Ich hoffe Ihnen zu zeigen, dafs die Beziehungen dieses Satzes zum elektrischen Strom aufserordentlich mannigfaltig und tiefgehend sind. Zunächst könnten Sie erwarten, dafs ich mich, um von dem Einfachsten auszugehen, darüber aussprecbe, was denn der elektrische Strom eigentlich ist. Ich will dies indefs nicht thun, ja ich will nicht einmal darüber sprechen, wie weit wir im stande sind, das Wesen des elektrischen Stromes zu erklären. Zur Lösung unserer heutigen Aufgabe genügt es, dafs wir uns den elektrischen Strom gewissermafsen mit Hilfe eines Bildes recht anschaulich vorstellen. Wir können bei weitem die meisten Erscheinungen auf elektrischem Gebiete in einfacher Weise darstellen, wenn wir die Elektrizität als einen Stoff auffassen, welcher, ähnlich wie Wasser oder eine andere Flüssigkeit, bald in Ruhe, bald im Strömen begriffen ist. Ich halte hier einen Glasstab in der Hand, auf welchem eine Metallkugel befestigt ist, nähere die Kugel der Elektrisirmaschine, welche hier auf einem Tische steht, und lade sie mit Elektrizität. Wir können uns diesen Vorgang so vorstellen, wie wenn von der Elektrisirmaschine aus ein Stoff auf die Kugel übergeströmt sei; es ist so, wie wenn Wasser mit Hilfe eines Pumpwerkes in ein Reservoir hinaufgetrieben wird. Es zeigen dann sowohl Elektrizität wie Wasser ein Bestreben, abzufliefsen. Nehme ich einen Draht, der ebenfalls mit einem Glasstiele versehen ist, und lege ihn mit dem einen Ende an die Metallkugel und mit dem anderen Ende an den Tisch, so biete ich dadurch der Elektrizität eine Ableitung dar, und sie fliefst zur Erde ab, so, wie Wasser abfliefst, wenn das Reservoir mit einem Leitungsrohr versehen wird. Wir wollen diesen Vergleich noch etwas weiter durchführen. Es steht hier an der einen Seite des Tisches ein solches Wasserreservoir, von welchem eine Leitung nach einem tiefer stehenden Gefäfse hinführt. Die Leitung ist vorläufig an ihrem unteren Ende verschlossen, das Wasser kann nicht abfliefsen; aber es zeigt sein Bestreben abzufliefsen in deutlichster Weise dadurch, dafs es auf die Wände der Leitung drückt. Auf der Leitung stehen am Anfang, in der Mitte und am Ende Steigrohre; in diesen wird das Wasser gleichmäfsig emporgedrückt, so dafs in allen drei Röhren die Steighöhe dieselbe ist — eine bekannte Thatsache, von der man auch vielfach praktische Anwendung macht. Wir können deshalb sagen, dafs das Bestreben des Wassers, abzufliefsen, oder mit anderen Worten der Wasserdruck, in allen Punkten der Leitung dieselbe Gröfse hat. Ich öffne nunmehr den Abflufshahn; da sehen Sie, dafs sofort das Niveau in dem letztem Steigrohre sinkt, es bleibt überhaupt kein

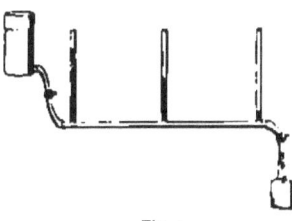

Fig. 1.

Wasser mehr in diesem Rohre der Druck des Wassers ist hier bis auf Null gesunken. In dem ersten Rohre hingegen ist das Niveau fast unverändert geblieben, und im mittleren Steigrohr steht das Wasser halb so hoch, wie vorhin (Fig. 1.) Der Druck des Wassers nimmt also während des Fliefsens gleichmäfsig ab. Aehnlich ist es mit der Elektrizität. Sie sehen hier neben dem Wasserreservoir eine Batterie von Leydener Flaschen stehen. Mittelst der Elektrisirmaschine fülle ich dieselben mit Elektrizität — ich hebe noch einmal hervor, dafs diese Ausdrucksweise dem wirklichen Vorgange wohl kaum entsprechen dürfte, dafs sie nur eine anschauliche Form, die Dinge zu beschreiben, ausmacht. Dieses elektrische Reservoir ist nun gleichfalls mit einer Ableitung versehen, welche der Wasserleitung parallel läuft. Dafs die Elektrizität auch ein Bestreben hat abzufliefsen, erkennen Sie an den drei Instrumenten, welche am Anfang, in der Mitte und am Ende der Leitung angebracht sind; es sind dies drei Metallkörper, an welchen ein leichter Zeiger hängt. Dieser Zeiger wird ebenso wie das Metallstück elektrisch, und es findet infolge dessen eine Abstofsung statt; der Zeiger hebt sich, und zwar in allen drei Fällen gleich hoch. Wir könnten auch hier von einem Elektrizitätsdrucke sprechen und sagen, dafs derselbe in der ganzen Leitung überall dieselbe Gröfse habe. Ich verbinde nun das Ende der Leitung durch eine Kette mit der Erde. Sie bemerken, dafs der letzte Zeiger ganz heruntersinkt, der erste ist indefs unverändert stehen geblieben und der mittlere bis auf die Hälfte gesunken (Fig. 2.) Der Elektrizitätsdruck nimmt also ebenfalls gleichmäfsig ab. Man pflegt für dies Bestreben der Elektrizität, abzufliefsen, einen anderen Ausdruck, nämlich die Bezeichnung „Spannung" zu benutzen, und mifst dieselbe mit Hilfe einer Einheit, welche man das „Volt" nennt, und auf welche ich später noch zurückkommen werde. Die Spannung, welche man mit Hilfe einer Elektrisirmaschine erhält, ist sehr grofs, im vorliegenden Falle mindestens 10000 Volt. Diese Spannung herrscht also, wenn kein Abfliefsen stattfindet, auf der ganzen Leitung; wenn hingegen eine Ableitung zur Erde stattfindet, so beträgt die Spannung in der Mitte der Leitung nur 5000 Volt, und an dem Ende der Leitung ist sie Null. Ich werde späterhin von diesem Resultat eine praktische Anwendung machen und hier nur noch folgende Bemerkung hinzufügen: Wir können mit fliefsendem Wasser und fliefsender Elektrizität Arbeit leisten, mit dem Wasser z. B. eine kleine Mühle treiben. Das

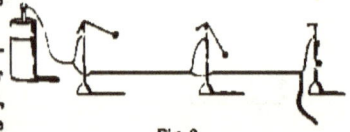

Fig. 2.

in dem Reservoir aufgespeicherte Wasser und die auf der Leydener Flasche angesammelte Elektrizität repräsentiren uns also einen gewissen Vorrath von Arbeitskraft, welcher darin begründet ist, dafs beide das Bestreben haben, abzufliefsen. Während sie diesem Bestreben folgen und wirklich abfliefsen, vermindert es sich, vermindert sich also auch der Vorrath an Arbeitskraft.

Sehen wir uns nunmehr nach Maschinen um, welche es uns ermöglichen, elektrische Arbeitskraft zu entwickeln, mit anderen Worten, einen elektrischen Strom zu erzeugen, so ergiebt sich ohne weiteres, dafs dieselben mit der hier benutzten Elektrisirmaschine insofern übereinstimmen müssen, als sie Elektrizität vorwärts zu treiben, gewissermafsen in ein Reservoir hineinzupumpen, fähig sein sollen; man könnte daran denken, dafs gerade die Elektrisirmaschine selbst hierzu besonders geeignet wäre, weil sie, wie gesagt, die Elektrizität mit starkem Drucke vorwärts schiebt. Und doch würden Sie finden, dafs sich mittelst einer solchen Maschine nicht einmal die kleinste elektrische Klingel in Betrieb setzen läfst; die Elektrizitätsmenge, welche hier in Bewegung gesetzt wird, ist aufserordentlich gering. Um auch hier wieder das mehrfach gebrauchte Bild zu benutzen, könnten wir uns vorstellen, dafs eine Wassermenge sehr stark vorwärts geprefst würde, dafs es sich aber nur um einen einzigen Tropfen Wasser handele. Die Entdeckung von Vorrichtungen, mittelst deren sich breitere Elektrizitätsströme vorwärts treiben lassen, verdanken wir bekanntlich dem italienischen Physiologen Galvani und speziell dem von ihm angestellten Experimente mit dem Froschschenkel; diesen berühmten Versuch, von welchem man häufig spricht, den man aber verhältnifsmäfsig selten sieht, möchte ich Ihnen zunächst zeigen. Sie sehen auf der Projektions-Leinwand das vergröfserte Bild

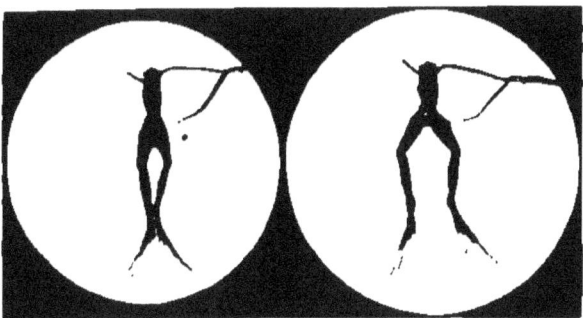

Fig. 3. Galvanis Froschversuch.

eines Froschschenkel-Präparates (Fig. 3); dasselbe ist mittelst der Nervenstränge, welche neben dem untersten Wirbel des Rückgrates zu Tage treten, an einem Kupferdrahte aufgehängt. An diesen ist ein Stück Zinkdraht angelöthet, dessen zweites Ende dem Muskel des Froschschenkels bei a in kleinem Abstand gegenüber steht. Das Galvanische Experiment besteht darin, dafs sich die Muskeln des Froschschenkels zusammen ziehen, dafs also eine Zuckung eintritt, sobald bei a eine Berührung stattfindet. Ich neige den Drahtbügel etwas, und Sie sehen, dafs in dem Augenblicke, in welchem der Zwischenraum bei a verschwindet, der Froschschenkel zuckt. — Das, verehrte Anwesende, ist das berühmte, in seinen Versuchsbedingungen offenbar sehr einfache Experiment, an welches sich, wie Sie wissen, in unabsehbarer Reihe Entdeckungen und Erfindungen angeschlossen haben, welche die menschliche Kultur um ein Beträchtliches zu fördern vermochten. Was aber hat dieses Experiment mit elektrizitätsbewegenden Vorrichtungen zu schaffen? Nach der Ansicht Voltas, der bekanntlich ein Landsmann Galvanis war und als Physiker sein Hauptaugenmerk auf die nicht biologische Seite des Vorganges richtete, soll an der Berührungsstelle von Kupfer und Zink, wie überhaupt bei der Berührung von zwei verschiedenen Metallen, eine Bewegung von Elektrizität stattfinden; es soll hier der Sitz einer solchen treibenden, einer elektromotorischen Kraft sein. Es ist Ihnen wohl nicht unbekannt, dafs diese Auffassung Voltas zu einem langen wissenschaftlichen Streit, zunächst zwischen Galvani und Volta, Anlafs gegeben hat, einem Streit, welcher mit etwas verschobener Fragestellung noch bis in die Neuzeit fortgedauert hat. Was speziell die beiden Entdecker Galvani und Volta angeht, so sind sie in gewissem Sinne beide gerechtfertigt worden. Galvani, welcher behauptet, dafs in dem thierischen Organismus selbst eine Elektrizitätsquelle vorhanden sei, hat Recht behalten, er ist der Entdecker der in der Folge so vielfach untersuchten thierischen Elektrizität geworden; und Volta verdanken wir den Anstofs zur weiteren Ausbildung derjenigen Elektrizitätsquellen, bei welchen die verschiedenen Metalle eine Rolle spielen.

Wir sind hiermit an einen Punkt gelangt, verehrte Anwesende, an welchem wir das Gesetz der Erhaltung der Kraft zum ersten Male etwas schärfer ins Auge fassen müssen, und es wird gut sein, dafs ich dieses Gesetz zunächst, wenn auch nur kurz, bespreche. Die populärste Fassung desselben ist die, dafs Arbeitskraft bei keinem natürlichen oder künstlichen Vorgange verloren oder gewonnen werden könne. Die bekannten Beispiele brauche ich Ihnen nur ins Gedächtnifs zurückzurufen. Wenn wir mit Hülfe der Dampfmaschine Arbeitskraft gewinnen, so erzeugen wir sie nicht etwa aus dem Nichts, sondern wir geben dafür Wärme aus, welche ihrerseits durch die chemische Kraft erzeugt wird, die den Kohlen inne wohnt, insofern sie das Bestreben haben, sich mit dem Sauerstoff der Luft zu verbinden, d. h. zu verbrennen. Die Dampfmaschine vermag also Arbeitskraft nicht etwa zu erzeugen, sondern nur umzuwandeln; genau so verhält es sich mit allen anderen Maschinen. Ein sehr einfaches und bekanntes Experiment, welches uns bei einer späteren Gelegenheit gewisse elektrische Verhältnisse veranschaulichen soll, will ich noch anstellen; Sie sehen hier einen Waagebalken, auf welchem auf der einen Seite an dem 1 m langen Arm 5 kg hängen, während auf der anderen Seite in einem Abstande von einem halben Meter 10 kg hängen. Diese beiden Lasten halten sich das Gleichgewicht; ich kann durch einen äufserst kleinen Ueberdruck auf der einen Seite die 10 kg heben, wenn ich auf der anderen Seite die 5 kg sinken lasse. Ich gewinne also allerdings an „Kraft", aber nicht an „Arbeitskraft"; denn bei diesem letzteren Wort denke ich nicht nur an die 10 kg, welche gehoben werden, sondern ich berücksichtige gleichzeitig die Höhe, um welche sie gehoben werden, und da diese Höhe augenscheinlich nur die Hälfte von derjenigen ausmacht, um welche die 5 kg sinken, so sind die Beträge an gewonnener und verlorener „Arbeitskraft" auf beiden Seiten gleich. Das Gesetz von der Erhaltung der Kraft will nichts anderes sagen, als dafs dies bei allen Naturvorgängen so sei, so dafs also die Summe aller in der Welt vorhandenen Arbeitskräfte stets erhalten bleibt. Der Hebel zeigt uns übrigens aufs deutlichste, wie wenig passend die Bezeichnung „Erhaltung der Kraft" eigentlich ist. Wir wollen aber auch den Ausdruck „Arbeitskraft" nicht weiter benutzen, sondern durch den allgemeineren „Energie" ersetzen, und hierunter mechanische Arbeitskräfte, sowie ihre Quellen: Wärme, chemische Spannkraft u. s. w. verstehen. Der elektrische Strom stellt nun unzweifelhaft auch eine Energieform dar; wir können mit seiner Hülfe z. B. Wärme und Licht erzeugen, wie Sie nicht nur an den Glühlampen sehen, die den Saal erhellen, sondern noch speziell an dem etwa einen Meter langen Platindraht, welchen ich hier ausgespannt habe, und der jetzt durch den elektrischen Strom zur hellen Weifsgluth gebracht wird. Ferner können wir mittelst des elektrischen Stromes Bewegungen erzeugen, wie Sie weiterhin noch mehrfach zu sehen Gelegenheit haben werden und schon hier an den Bewegungen der grofsen Magnetnadel erkennen, welche unter dem glühenden Draht steht. Es drängt sich uns die Frage auf, kann denn diese dem Strome unzweifelhaft innewohnende Energie aus der blofsen Berührung verschiedener Metalle entstehen, würde dies nicht einer Entstehung aus Nichts gleichkommen? Wir wollen uns das noch deutlicher machen. Drei Metallstücke Kupfer, Eisen und Zink sehen Sie hier zu einem Dreieck verbunden (Fig. 4); wir haben drei Berührungsstellen von je zwei verschiedenen Metallen; an diesen Stellen, also an den Ecken des Dreiecks, soll eine Kraft ihren Sitz haben, welche Elektrizität vorwärts zu schieben vermag. Hätten wir da nicht in dieser Vorrichtung ein Mittel, Energie aus Nichts zu erzeugen? oder ist die Anschauung Voltas falsch? Es giebt noch eine dritte Möglichkeit, und diese besteht darin, dafs die drei elektromotorischen Kräfte an den drei Ecken einander gerade aufheben, dafs also eine unter ihnen so grofs ist, wie die beiden anderen zusammen genommen, aber die entgegengesetzte Richtung hat. Volta hat Untersuchungen über die Gröfse der elektromotorischen Kräfte bei der Berührung verschiedener Metalle angestellt und einen bekannten physikalischen Satz gefunden, aus welchem sich ergiebt, dafs thatsächlich diese dritte Möglichkeit den wirklichen Verhältnissen entspricht. Wir könnten, gestützt auf den Energiesatz, von vornherein sagen, dafs, wenn durch Berührung von Metallen elektromotorische Kräfte entstehen können, was noch nicht ganz ausgemacht ist, ein elektrischer Strom durch sie jedenfalls nicht erzeugt werden kann, und die Voltaschen Untersuchungen zeigen uns also an einem schönen Beispiel, dafs gar oft eine Erkenntnifs, welche mühsam gewonnen worden ist und sich nur auf spezielle Verhältnisse bezieht, bei einem vorgeschrittenen Stand der Wissenschaft als ein Theil einer viel allgemeineren Wahrheit erscheint.

Volta fand ferner, dafs nicht nur Metalle, sondern auch Säuren, und zwar besonders in verdünntem Zustand, elektrisches Leitungsvermögen haben. Dieselben folgen dem Voltaschen Gesetz nicht; deshalb nannte er sie Leiter zweiter Klasse. Es könnte also, wenn wir statt des Eisens verdünnte Schwefelsäure als dritte Dreieckseite benutzen, d. h. wenn wir den Kupferzinkbügel

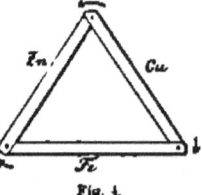

Fig. 4.

in ein Gefäfs mit Säure eingetaucht hätten, ein Strom entstehen. Auch das könnten wir auf Grund des Energiegesetzes voraussagen; denn die Säure greift die Metalle an. Wir haben also chemische Vorgänge, welche der Verbrennung von Kohlen in der Dampfmaschine entsprechen, es kann ein Strom zu stande kommen, die drei elektromotorischen Kräfte brauchen sich nicht gegenseitig aufzuheben. Wie nun die nach diesem Prinzip arbeitenden Apparate, die sogenannten Galvanischen Elemente, eingerichtet sind, mag uns nicht weiter interessiren; nur das eine will ich noch hinzufügen, dafs in den meisten in der Praxis benutzten Elementen, so bei dem Danielleschen und Bunsenschen Elemente, speziell das Zink vor der Säure verzehrt wird und so die Kosten des Prozesses bestreitet.

Und nun weiter! Wie der elektrische Strom durch chemische Prozesse entstehen kann, so kann er auch seinerseits solche herbeiführen. Wir wollen zwei Beispiele dieser Art betrachten, und zwar zunächst den bekannten Vorgang der sogenannten Zersetzung des Wassers. Auf unserem Projektionsschirm zeigt sich uns ein U-förmiges

Rohr, welches mit verdünnter Schwefelsäure gefüllt ist. Mit Hülfe der beiden Platinstücke, welche die Glaswand durchsetzen, leite ich einen elektrischen Strom durch die Säure und Sie sehen, dafs ein lebhaftes Aufsteigen von Gasperlen stattfindet. Der eine Schenkel füllt sich mit Wasserstoffgas, der andere mit Sauerstoffgas, und das Bild, welches wir jetzt auf dem Schirme sehen, läfst uns deutlich erkennen, dafs in dem Wasser auf einen Theil Sauerstoff zwei Theile Wasserstoff kommen. Die Zersetzung des Wassers, welche wir soeben vorgenommen haben, stellt uns, gleichviel was für eine Rolle die Säure hier spielen mag, jedenfalls eine Kraftleistung des elektrischen Stromes dar. Denn die beiden Gase haben ein lebhaftes Bestreben, sich zu Wasser zu verbinden, können also nur mit Hülfe eines gewissen Kraftaufwandes von einander getrennt werden. An dem Apparate[1]) sind Hähne angebracht, welche eine Mischung der beiden Gase gestatten; ich leite das Gasgemisch, sogenanntes Knallgas, in Seifenwasser und fülle so einige Seifenblasen mit demselben; nähere ich diese einer Flamme, so hören Sie einen scharfen Knall. Diese kleine Explosion zeigt Ihnen, dafs hier chemisch aufgespeicherte Kraft ausgelöst wurde und sich in Wärme umsetzte; würden wir die erzielte Wärmemenge bestimmen, so würde dieselbe derjenigen genau gleich sein, welche derselbe elektrische Strom in einem geeigneten Platindraht entwickeln kann. Eine andere chemische Zersetzung, die zu unserem Thema in spezieller Beziehung steht, spielt sich ab, wenn man den elektrischen Strom mittelst zweier Bleiplatten in verdünnte Säure leitet; es steigt dann der Sauerstoff entweder garnicht oder doch nicht in hinreichender Menge an der einen Bleiplatte auf; er verbindet sich vielmehr, sei es nun ganz oder theilweise, mit dem Blei zu Bleisuperoxyd. Ich zeige Ihnen zwei blanke Bleiplatten, die sich, wie sie sehen, durch nichts von einander unterscheiden, stelle dieselben in ein mit Säure gefülltes Gefäfs und verbinde sie durch einen Draht mit einer elektrischen Klingel. Wie wir von vornherein erwarten können, spricht diese nicht an; 2 Platten aus gleichem Metall erzeugen, wenn sie in Säure gestellt werden, keinen elektrischen Strom. Ich verbinde nunmehr die Platten mit der elektrischen Leitung unseres Hauses; der Strom führt den oben angegebenen Prozefs herbei, und wenn ich die beiden Platten aus der Säure heraushebe, so sehen Sie, dafs die eine derselben mit einem braunen Ueberzug, eben jenem Bleisuper-

---

[1]) Der Apparat ist dem bekannten Hofmannschen Wasserzersetzungs-Apparat nachgebildet, aber für die Projektion eingerichtet.

oxyd, bedeckt ist. Die Platte verhält sich jetzt gegenüber der anderen, oxydfreien Platte wie ein ganz verschiedenes Metall. Stelle ich nach Entfernung der elektrischen Leitung des Hauses die beiden Platten wieder mit der Klingel in Verbindung, so hören Sie jetzt, dafs dieselbe ertönt: die beiden Platten sind ebenso verschieden, wie etwa Kupfer und Zink, und erzeugen einen elektrischen Strom. Die Umwandlung von Energie vollzog sich also in der Weise, dafs sich elektrischer Strom in chemische Spannkraft, diese sich wiederum in elektrischen Strom verwandelte. Offenbar haben wir hier die Möglichkeit vor uns, den elektrischen Strom aufzuspeichern; denn der zweite Prozefs kann von dem ersteren durch ein ziemlich grofses Zeitintervall getrennt sein. Man nennt die Vorrichtung, welche Sie hier gesehen haben, einen Akkumulator, und das Modell eines modernen transportablen Akkumulators, welches ich Ihnen hier zeige, und welches speziell für medizinische Zwecke, für Galvanokaustik oder Kehlkopfbeleuchtung mittelst kleiner Glühlampen und dergleichen mehr bestimmt ist, unterscheidet sich von jenem Gefäfs nur dadurch, dafs gewisse Sauerstoffverbindungen des Bleies in kleine Oeffnungen auf den Platten eingestrichen worden sind; hierdurch erreicht man eine bessere Ausnutzung des ersten chemischen Vorganges. Ich will schliefslich noch bemerken, dafs ein guter Akkumulator einen Nutzeffekt von etwa 87 pCt. haben mufs, so dafs ungefähr 13 pCt. der aufgespeicherten Energie durch Nebenwirkung verloren geht. Auf die vielfache praktische Anwendung, welche die Akkumulatoren heutzutage in der Technik bereits finden, will ich nicht näher eingehen, da mit dem Vorstehenden die Beziehung dieser wichtigen Apparate zu unserem Energiegesetz bereits klargestellt ist.

Ich will schliefslich noch einmal auf das aus drei Metallstücken gebildete Dreieck zurückgreifen, in welchem nach dem Voltaschen Gesetz und auch dem Energiegesetz zufolge ein Strom nicht entstehen konnte. Denken wir uns, dafs eine der Ecken des Dreiecks erwärmt würde, so hätten wir ja eine Energiequelle, und es wäre wohl möglich, dafs nunmehr das Voltasche Gesetz aufgehoben würde und ein Strom zu stande käme, der dann seine Entstehung der Wärmezufuhr verdankte. Es ist dies thatsächlich der Fall. Man nennt Vorrichtungen aus verschiedenen Metallen, welche diese Wirkung besonders deutlich zeigen, Thermoelemente bezw., wenn es sich um eine Kombination von mehreren Elementen handelt, Thermosäulen. Ein sehr gewöhnliches Thermoelement, wie dieses hier, besteht z. B. aus einem Bügel aus Wismuth und einem zweiten aus Kupfer, welche beide mit ihren Enden aneinander gelöthet sind, sodafs wir einen aus zwei verschiedenen Metallen bestehenden Stromkreis vor uns haben. Man braucht nur eine der Löthstellen zu erwärmen, um einen elektrischen Strom zu erhalten. Ich zeige Ihnen das lieber gleich an der kleinen Thermosäule, welche ich hier habe, einer Kombination von 50 derartigen Elementen; die eine Hälfte der hundert Löthstellen liegt auf der einen, die andere auf der anderen Seite des Apparats, und schon der geringste Temperaturunterschied der beiden Seiten genügt, um einen Strom entstehen zu lassen. Ich habe die Vorrichtung, wie man gewöhnlich zu thun pflegt, durch einen Leitungsdraht mit einem sogenannten Galvanometer verbunden, einem der bekannten Apparate, in welchen eine leicht bewegliche Magnetnadel durch den elektrischen Strom abgelenkt wird. Die Bewegungen dieser Nadel werden dadurch sichtbar gemacht, dafs aus jener elektrischen Lampe Lichtstrahlen auf einen kleinen Spiegel fallen, welcher an der Nadel befestigt ist. Der reflektrirte Strahl, welcher auf eine Skala fällt, nimmt an allen Bewegungen des Spiegels, somit auch an denjenigen der Magnetnadel theil, und Sie sehen nun, dafs der Lichtzeiger sich auf der Skala bewegt, wenn ich meine Hand der Thermosäule nur nähere und jetzt, wo ich die Löthstelle mit meiner Hand unmittelbar berühre, verschwindet der Lichtzeiger völlig aus der Skala.

Diese Form der Thermosäule hat bei vielen wissenschaftlichen Untersuchungen über die Wärme wichtige Dienste geleistet. Eine andere Thermosäule, bei welcher die Umsetzung von Wärme in elektrischen Strom in etwas gröfserem Stile betrieben wird, ist diejenige, welche von dem Ingenieur Gülcher (Fig. 5) erfunden wurde. Als Wärmequelle dient hier eine Reihe von Gasflämmchen, welche im Inneren des Apparats brennen; der erzeugte Strom ist so stark[2]), dafs ich dadurch einen kleinen Elektromotor in Betrieb setzen kann. Auf die spezielle Einrichtung dieses letzteren will ich nicht näher eingehen; er erzeugt Bewegung, wenn er von einem elektrischen Strom durchlaufen wird. Diese Bewegung reicht vollständig aus, um ein kleines Gewicht, etwa ein halbes Kilogramm, aufzuwinden; Sie sehen, dasselbe steigt ziemlich schnell in die Höhe. Wir haben also Wärme in elektrischen Strom, diesen in Bewegungsenergie verwandelt und die letztere in gewissem Sinne aufgespeichert, dadurch, dafs wir das Gewicht heben; denn wir könnten zu einer beliebigen späteren Zeit mit Hülfe des Gewichts wiederum eine Arbeit leisten, etwa ein Uhrwerk treiben u. s. w.

[2]) Die Spannung beträgt ca. 4 Volt, der innere Widerstand 0,65 Ohm.

Schließlich sei noch ein Versuch angestellt, der ebenfalls hierher gehört. Wenn bei den letzten Apparaten thatsächlich Wärme in Elektrizität verwandelt worden ist, so muß folglich Wärme als solche verschwunden sein. Die eine Seite der ersten Thermosäule wird z. B., da in ihr ein Strom entsteht, durch das Anlegen der Hand nicht so stark erwärmt werden, als wenn kein Strom in ihr entstände, oder wir könnten auch sagen, der entstehende Strom verzehrt gewissermaßen die zugeführte Wärme. Es führt das auf die Vermuthung, daß etwas Aehnliches stattfinden müsse, wenn man einen, aus anderen Quellen entspringenden Strom durch die Thermosäule hindurchleitet. Dies ist thatsächlich der Fall; ich leite jetzt einen Strom durch die Thermosäule und be-

Fig. 5. Gülchersche Thermosäule.

haupts, daß dadurch die eine Seite derselben kälter, die andere Seite wärmer wird. Diese Temperaturdifferenz wird uns ohne weiteres wahrnehmbar werden, wenn wir die Thermosäule wieder mit dem Galvanometer verbinden. Sie sehen eine kräftige Bewegung des Lichtzeigers, und damit wäre denn diese eigenthümliche, von Peltier entdeckte Erscheinung, welche uns der Energiesatz wahrscheinlich machte, nachgewiesen.

Die Betrachtungen, welche wir bisher angestellt haben, erscheinen vielleicht manchem unter Ihnen als zu theoretisch oder wohl gar belanglos, und vielleicht denkt der eine oder andere, daß es wenigstens für weitere Kreise ein verhältnißmäßig geringes Interesse habe, dem Satze von der Erhaltung der Energie gerade auf dem Gebiete der Elektrizität überall nachzuspüren. Und doch ist es sicher, verehrte Anwesende, daß man nicht im stande sein würde, die Aufgabe der

Kraftübertragung auf elektrischem Wege, diese Aufgabe, welche vielleicht das wichtigste technische Problem der Gegenwart ausmacht, einer Lösung näher zu führen, wenn man nicht zuvor jenes Gesetz gewissermafsen bis in alle seine Schlupfwinkel verfolgt hätte; ja es ist zu vermuthen, dafs man sich kaum eine Vorstellung von jener Aufgabe gebildet haben würde. Wir wollen über diese Fernleitung der Kraft des elektrischen Stromes im zweiten Theile sprechen.

(Schlufs folgt.)

Charles Pritchard. Am 28. Mai dieses Jahres starb nach kurzer Krankheit der Senior der Astronomen, Charles Pritchard, der noch im Alter von 85 Jahren unermüdlich mit bedeutsamen wissenschaftlichen Forschungen beschäftigt war. — Der Lebensgang Pritchards weist eine abwechslungsreiche Reihe von Beschäftigungen und Stellungen auf und führte ihn erst in verhältnifsmäfsig hohem Alter derjenigen Thätigkeit zu, welche ihm dank seiner Geschicklichkeit und Ausdauer einen Weltruf verschaffen sollte. Die Jugend des am 29. Februar 1808 geborenen Knaben verlief nicht unter den günstigsten Bedingungen. Er besuchte nach einander mehrere Privatschulen und lernte schon als Schüler, wie er selbst erzählt, beim Studium der Werke hervorragender Analytiker eine ähnliche Poesie und Harmonie empfinden, wie beim Anhören der unsterblichen Oratorien Händels in Exeter Hall. 1826 fand Pritchard Aufnahme im St. Johns-College zu Cambridge, und nachdem er hier mit grofsem Erfolg seine Studien beendet, wandte er sich der Lehrerlaufbahn zu. Er übernahm die Leitung einer Schule zu Stockwell, ging aber bald darauf an die Clapham Grammar School über, wo er fast 30 Jahre lang eine erfolgreiche pädagogische Wirksamkeit entfaltete. Rein persönliche Gründe liefsen 1862 in Pritchard den Entschlufs reifen, seinen Abschied zu nehmen und sich in die poetische Einsamkeit der Insel Wight zurückzuziehen. Sein Wunsch ging dahin, hier sich einen Wirkungskreis als Seelsorger zu verschaffen. Obgleich er indessen mit vielem Beifall tief durchdachte Predigten hielt, gelang es ihm doch nicht, eine kirchliche Anstellung zu erlangen, vermuthlich infolge des Mangels einer regulären theologischen Vorbildung. Aus dieser unbefriedigenden Lage befreite ihn sein lebhaftes Interesse für die Astronomie, der er sich nunmehr mit allem Eifer hingab. Nachdem ihn die Astronomical Society bereits 1866 mit der Präsidentenwürde geehrt hatte, erfolgte 1870 seine Berufung als Savilian Professor der Astronomie nach Oxford.¹) Nun entfaltete Pritchard in einem Alter, das sonst den Menschen zur verdienten Ruhe berechtigt, eine Thätigkeit, deren Energie und Erfolg die gelehrte Welt des ganzen Erdkreises in Er-

Charles Pritchard †

staunen setzte. Hilfsmittel für astronomische Forschungen waren zur Zeit der Berufung an der sonst so reich ausgestatteten Universität von Oxford ganz und gar nicht vorhanden, da das berühmte Radcliffe

¹) Diese glänzende Stellung gewährt, wie ihre Ausschreibung nach Pritchards Tod besagt, ein Jahreseinkommen von 16000 Mark, obgleich sie jährlich nur zu einer sechsmonatlichen amtlichen Thätigkeit verpflichtet.

Observatory bereits vor längerer Zeit von der Universität losgelöst worden war. Durch Pritchards Bemühungen kam nun aber bald die Gründung einer Universitäts-Sternwarte zu stande, deren Ausrüstung namentlich dadurch wesentlich vervollkommnet wurde, daſs ihr Warren de la Rue seine Instrumente als Geschenk überwies.

Die astronomischen Forschungen Pritchards bezogen sich zunächst auf die physische Libration des Mondes, die er durch Ausmessung von Photographieen zu erforschen suchte, wobei zugleich eine genaue photographische Bestimmung des Monddurchmessers gewonnen wurde. Dann beobachtete Pritchard die Plejaden zum Zweck der Ermittlung ihrer Eigenbewegungen, eine Arbeit, die er noch in den letzten Tagen seines Lebens mit Hilfe der Sternphotographie weiter zu fördern bemüht war. Ein besonderes Verdienst erwarb sich Pritchard im Verein mit seinen Assistenten Plummer und Jenkins durch die „Uranometria nova Oxoniensis". Während nämlich die vorzügliche Argelandersche Uranometrie die Größen der mit freiem Auge sichtbaren Sterne nur auf Grund von Schätzungen angab, stellte sich Pritchard die Aufgabe, die Helligkeiten der Sterne photometrisch zu bestimmen. Zu diesem Zwecke erfand er das „Keilphotometer", bei welchem das Sternenlicht durch Vorschieben eines Keils aus dunklem Glas bis zum Verschwinden abgeschwächt und aus der Dicke der hierzu erforderlichen absorbirenden Glasschicht ein Schluſs auf die Sternhelligkeit gezogen wird. Wenn auch dieses Photometer eine groſse Genauigkeit nicht zu erreichen gestattet, so machte es doch wegen seiner bequemen und sicheren Handhabung eine sehr baldige Vollendung der unternommenen groſsen Arbeit möglich. Während der letzten Lebensjahre war Pritchard hauptsächlich mit Arbeiten für die photographische Himmelskarte beschäftigt. Im Anschluſs hieran untersuchte er auf photographischem Wege die Parallaxen von 20 Sternen zweiter Gröſse[1]) und erlangte dabei so genaue und wertvolle Resultate, daſs ihm hierfür, wie früher für die Uranometria, von der Royal Astronomical Society die goldene Medaille zuerkannt wurde. *F. Kbr.*

Vom Monde. Während die Selenographie, d. h. die Erforschung der Oberflächengestaltung des Mondes, langsam aber stetig fortschreitet, kann von der Selenologie leider nicht das Gleiche gesagt

---
[1]) Vergl. unseren Bericht über diese Untersuchung S. 311 vorigen Jahrganges.

worden. Abgesehen von vielfachen unfruchtbaren Hypothesen, welche uns keinen Schritt weiter gebracht haben, ist höchstens eine gewisse Aehnlichkeit zwischen den Formationen der Erde und ihres Trabanten wahrscheinlich gemacht worden. Es ist gewissermafsen, als ob die geringe Entfernung des Mondes von unserem irdischen Wohnsitz sich für die Erkenntnifs der Kräfte, welche ihre Oberflächen vermuthlich gleichartig gestaltet und beeinflufst haben, eher hinderlich als förderlich erweist. Während die Betrachtung der Gestirne uns im allgemeinen nur die grofsen Züge des Weltgeschehens ohne die verwirrenden Einzelheiten enthüllt und die wunderbar einfachen Verhältnisse ihrer Bewegungen klar erkennen läfst, werden wegen seiner grofsen Nähe beim Monde diese einfachen Beziehungen verdunkelt. Hierzu kommt die weitere Schwierigkeit, den Werdeprozefs des Mondes mit der Thatsache in Einklang bringen zu müssen, dafs keine erheblichen Spuren der Existenz einer Atmosphäre oder von Wasser nachgewiesen werden können. Es besteht deshalb längst kein Zweifel mehr darüber, dafs die hier erwachsende Aufgabe nur allmählich gelöst werden kann, wenn man sich bezüglich des Mondes zunächst und ganz im besonderen lediglich der vollständigen Erforschung seiner detailreichen Oberfläche zuwendet.

Unter solchen Umständen ist es von Werth, dafs seit geraumer Zeit diesem Gegenstande erneute Aufmerksamkeit zutheil wird; dafs hierbei die Anwendung der Photographie eine wichtige Rolle spielt, sogar allmählich in den Vordergrund zu treten beginnt, erscheint kaum noch verwunderlich. Die Leser dieser Zeitschrift sind hierüber wiederholt eingehend unterrichtet worden, und es ist deshalb, unter Bezugnahme auf die gegebenen Mittheilungen, nur verhältnifsmäfsig wenig nachzutragen.

Die Methode der direkten Vergröfserung von photographischen Aufnahmen des Mondes hat neuerlich eine wesentliche Vervollkommnung erfahren, und gleichzeitig ist hierdurch eine auch in dieser Zeitschrift letzthin (Jahrgang V, Seite 208) berührte Streitfrage nach einer Richtung wenigstens entschieden worden. Die von Professor Weinek in Prag mit seltener Geschicklichkeit vergröfsert hergestellten Zeichnungen interessanter Mondpartieen nach Aufnahmen des Mondes am Lickrefraktor haben wiederholt in dem Sinne eine Kritik erfahren, dafs die aufgezeichneten winzigen Details unmöglich auf den photographischen Platten erkennbar sein könnten. Professor Weinek ist es nun neuerdings im Verein mit seinem Adjunkten Dr. Spitaler, der durch seine Thätigkeit an der Wiener Sternwarte rühmlichst be-

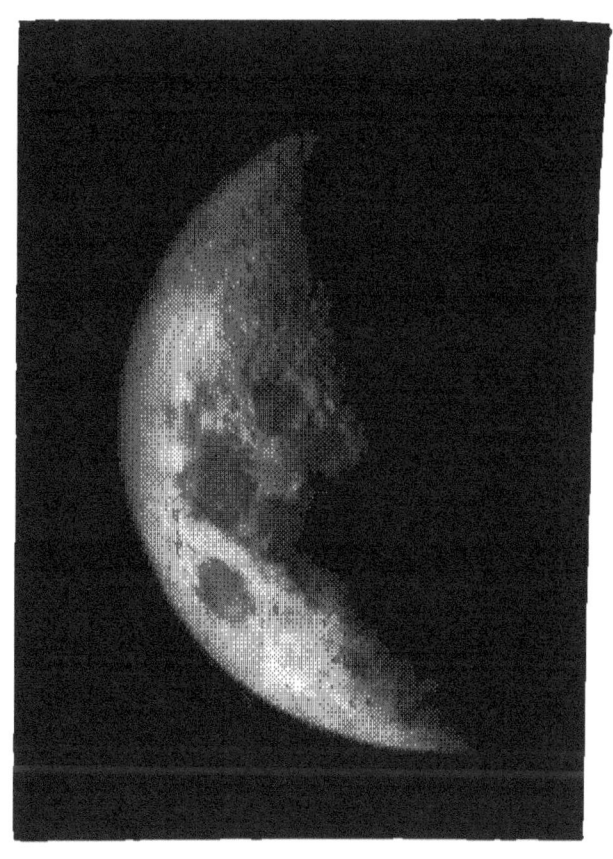

ZUNEHMENDER MOND

neueren theoretischen Photometrie, sehr fühlbar. In einer, im neuesten

kannt geworden ist, gelungen, durch schöne direkte Vergröfserungen die vollendete Treue der zeichnerischen Wiedergabe selbst den Gegnern vor Augen zu führen. Die Einzelheiten des hierfür angewendeten Verfahrens harren noch der Publikation; soviel steht aber fest, dafs die vorliegenden Ergebnisse sich sehr zu ihrem Vortheil vor den besten bisherigen Versuchen dadurch auszeichnen, dafs das Korn der Originalplatten nur im Mafsstab der gewählten Vergröfserung vergröfsert erscheint, während bislang in der Regel das Verhältnifs erheblich ungünstiger ausfiel.

Aufser der durch ihre Erfolge genugsam bekannten Licksternwarte haben sich um die Mondphotographie namentlich noch Prinz in Brüssel, Russel in Sidney, sowie die französischen Astronomen Gebrüder Henry verdient gemacht. Mit deren vorzüglichen Leistungen können sonstige Versuche kaum konkurriren.

Das diesem Hefte beigegebene Titelblatt stellt ebenfalls eine vergröfserte Mondphotographie dar. Die Originalaufnahme ist, wie hier ausdrücklich hervorgehoben sein möge, nicht, wie üblich, im chemischen, sondern im optischen Fokus des 12zölligen Refraktors der Urania-Sternwarte unter leidlich günstigen atmosphärischen Bedingungen von Herrn Dr. Lubarsch und dem Unterzeichneten (1893 April 22, 11h 22m mittlerer Berliner Zeit) erhalten und nachträglich etwa dreimal vergröfsert worden; die Expositionszeit betrug 2 Sekunden.

G. Witt.

Helligkeit der Planeten. Die Veränderungen in der Lichtstärke der Planeten rühren im allgemeinen von der zu- oder abnehmenden Entfernung her, in welcher die Planeten sich um die Sonne bewegen, und ferner von der Gröfse der Phase, die an einem Planeten beleuchtet ist. Photometrische Messungen der Planetenhelligkeiten mittelst der gegenwärtig erheblich verbesserten Zöllnerschen Photometer sind, wenn sie sorgfältig und in möglichst grofser Zahl ausgeführt werden, von grofsem Werth für den astronomischen Fortschritt, da sie über eine Reihe von Fragen Aufschlufs geben können. Die Herstellung eines neuen umfangreichen photometrischen Materials wurde in den letzten Jahren, namentlich in Bezug auf eine Prüfung der von Zöllner betreffs der physischen Beschaffenheit der Himmelskörper gezogenen Schlüsse und in Hinsicht auf den Fortschritt der neueren theoretischen Photometrie, sehr fühlbar. In einer, im neuesten

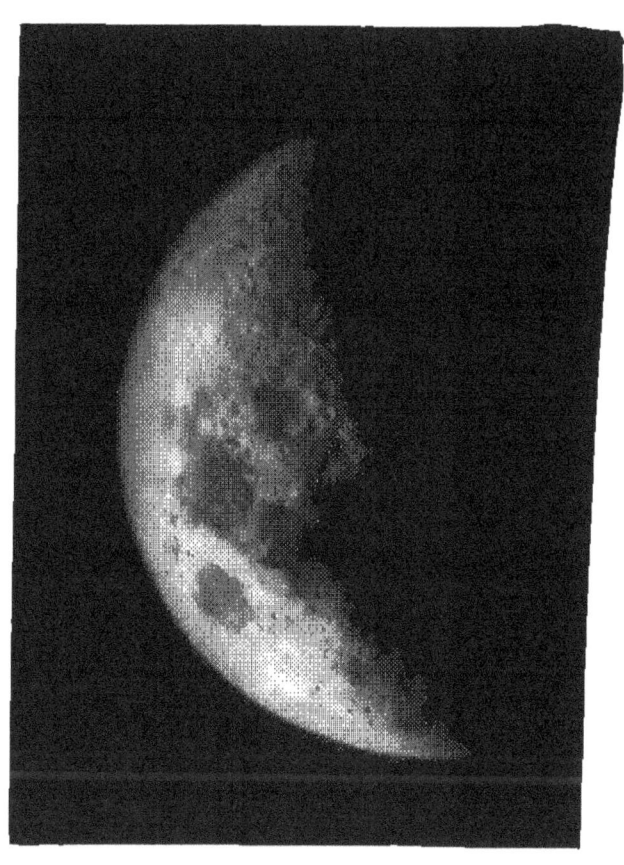

ZUNEHMENDER MOND
Photographirt mit dem 8 zölligen Refractor der Urania

neueren theoretischen Photometrie, sehr fühlbar. In einer, im neuesten

Band der Veröffentlichungen des Potsdamer astrophysikalischen Observatoriums enthaltenen Arbeit von G. Müller[1]) liegen die Resultate einer solchen ansehnlichen, vierzehn Jahre umfassenden Messungsreihe vor. Im allgemeinen zeigt sich aus den an 7 grofsen und 17 kleinen Planeten ausgeführten Helligkeitsbestimmungen, dafs die bisher aufgestellten photometrischen Theorieen den thatsächlichen Verhältnissen nur wenig entsprechen; am besten schliefst sich die Seeliger'sche Formel den Messungen an, namentlich dort, wo die Beobachtungen das gröfste Phasen-Intervall umfassen. Der Verfasser der Abhandlung theilt die von Zöllner gehegten Hoffnungen nicht, dafs ein Vergleichen der beobachteten Lichtkurven der Planeten mit dem optischen Verhalten von zerstreut-reflektirenden irdischen Substanzen zur Erkenntnifs der Beschaffenheit der Oberflächen der Planeten besonders beitragen sollte. Eher sei in dieser Richtung etwas zu erwarten, wenn die Messungen an verschiedenen Punkten der Planetenscheiben gemacht würden, und ein Urtheil über die Verschiedenheit der Reflexion abgeleitet werden könnte. Der Werth der photometrischen Beobachtungen beruht hauptsächlich in der Möglichkeit des Vergleichens der Planeten untereinander und der darauf begründeten Entdeckung von Analogieen. Es ist nämlich ziemlich wahrscheinlich, dafs Planeten, die unter gleichen Beleuchtungsverhältnissen dieselben Helligkeitserscheinungen zeigen, hinsichtlich ihrer physischen Beschaffenheit vieles mit einander gemein haben. Jene Planeten, die eine sehr dichte Atmosphäre besitzen, werden das höchste Reflexionsvermögen haben, weil das auf sie fallende Sonnenlicht nur wenig durch jene Atmosphäre eindringen wird, während aus den Helligkeitsmessungen der Planeten, die eine äufserst dünne Atmosphäre oder gar keine Lufthülle haben, wie der Mond, eine geringe Reflexion resultiren mufs, da bei solchen Körpern die Lichtstrahlen nur von deren eigentlichen Oberflächen zurückgeworfen werden. Die der Erde ähnlichen Planeten werden einen mittleren Zustand der Reflexionsfähigkeit zeigen. Die Müller'schen Potsdamer Beobachtungen, die an verschiedenen Photometern in der sorgfältigsten Weise ausgeführt worden sind, gestatten einige allgemeine Schlüsse über die Reflexion der Planetenoberflächen und die Aufstellung einiger gemeinsamer Merkmale. Zunächst bestätigen sie das schon von Zöllner gefundene Resultat, dafs Merkur und unser Mond bei denselben Phasenwinkeln

---

[1]) Helligkeitsbestimmungen der grofsen Planeten und einiger Asteroiden. (Publik. des astrophysik. Observ. zu Potsdam, 8. Band, 1893.)

das gleiche photometrische Verhalten zeigen und jedenfalls die Gruppe jener Weltkörper bilden, die nur von einer sehr dünnen atmosphärischen Umhüllung umgeben sind. Venus und Mars besitzen wahrscheinlich Atmosphären, welche unserer irdischen in Bezug auf schnelle Veränderlichkeit der meteorologischen Zustände ähnlich erscheinen. Die Zeit, um welche Venus ihren gröfsten Glanz erreichen kann, ist schon von Euler, Delambre u. A. bestimmt worden; für das 19. Jahrhundert hat Wurm diese Maxima vorausberechnet. Müller findet aus seinen Beobachtungen die Zeit des gröfsten Glanzes etwa $35^{1}/_{2}$ Tage vor oder nach der unteren Konjunktion der Venus. Bei Jupiter darf aus den Messungen der Schlufs gezogen werden, dafs dieser Planet eine Atmosphäre besitzt, die beträchlich dichter ist als die Umhüllungen von Mars und Venus. Bemerkenswerth erscheint, dafs nach den Beobachtungen die Lichthelligkeit des Planeten Jupiter zwischen 1878 bis 1884 erheblich zugenommen hat. Da photometrische Messungen bei diesem Planeten mit vieler Genauigkeit und bei sehr verschiedenem Phasenwinkel durchgeführt werden können, und demnach die eben erwähnte Helligkeitszunahme wohl aufser Zweifel steht, so kann man daran denken, ob die Helligkeitssteigerung nicht etwa mit der zwischen 1878—1883 erhöhten Sonnenthätigkeit zusammenhängt, da sich zur Zeit eines Sonnenflecken-Maximums eine bedeutendere Lichtemission der Sonnenoberfläche einstellen und in den Beleuchtungsintensitätsverhältnissen anderer Planeten auch abspiegeln mufs; oder aber, ob die Steigerung der Jupiterhelligkeit nicht vielmehr mit den verschiedenartigen Veränderungen und eigenthümlichen Phänomenen in Verbindung stehen mag, die wir während der erwähnten Zeit in der Jupiteratmosphäre bemerken konnten. Auch beim Planeten Saturn scheint aus den Potsdamer Beobachtungen eine ähnliche Helligkeitsveränderung, freilich nur schwach, angedeutet. Bei Saturn stimmen übrigens die Messungen vorzüglich mit der von Seeliger aufgestellten Beleuchtungstheorie überein, und hierdurch erhält die Maxwellsche Hypothese, welche den Saturnring als aus kleinen kosmischen Körpern bestehend auffafst, eine neue Stützung. Es wird noch von Interesse sein, die aus den Messungen für die einzelnen Planeten resultirenden Werthe der Albedo, d. h. der lichtreflektirenden Kraft, zu erfahren. G. Müller giebt hierfür die relative Albedo an, nämlich die Zahl, welche bestimmt, um wie viel mal heller ein einzelner Planet ist als ein anderer, wenn beide voll beleuchtet werden und sich in der Entfernung $= 1$ von der Sonne und in einer solchen von der Erde befinden, dafs ihre scheinbaren Durchmesser gleich grofs erscheinen.

Die Albedo des Mars zum Vergleiche genommen, stellte sich die relative Albedo

des Merkur . = 0,64
der Venus . = 3,44
des Mars . . = 1,00
„ Jupiter . = 2,70
„ Saturn . = 3,28
„ Uranus . = 2,73
„ Neptun . = 2,36.

Bei den 17 photometrisch gemessenen Asteroïden hat Müller in Beziehung auf die Helligkeitsverhältnisse gefunden, dafs sich diese Himmelskörper betreffs ihrer Albedo in die Gruppe zwischen Merkur und Mars einstellen lassen, nämlich zwischen die Werthe 0,04 bis 1,00. Die zu folgernden Durchmesser der 17 kleinen Planeten findet Müller erheblich gröfser als andere Beobachter. Er bestimmte diese Durchmesser bei Zugrundelegung der Albedowerthe 0,64 und 1,00. Wir setzen jene Planeten hier an, deren Durchmesser gröfser als 100 Kilometer resultirte.

Durchmesser in Kilometern
bei einer Albedo von

	0,64:	1,00:
Ceres . .	475	379
Vesta . .	473	377
Pallas . .	354	282
Eunomia .	172	137
Hebe . . .	159	127
Iris . . .	157	126
Amphitrite .	154	123
Metis . . .	141	112
Laetitia . .	133	106
Massalia .	116	92
Irene . . .	113	91
Flora . . .	101	81.

Die Vertheilung der Fixsterne. — Durch die Untersuchungen des älteren Herschel sind wir im Besitz einer Schätzung über die Zahl der Fixsterne, die mit starken Instrumenten sichtbar sind. Ferner haben uns die Forschungen dieses Jahrhunderts für eine im Verhältnifs zur grofsen Menge aller Sterne freilich nur sehr klein zu nennende Anzahl ihre Entfernung von dem Sonnensystem gelehrt. Es fragt sich, ob aus diesen Daten sich vielleicht eine Lösung der Frage ergiebt, in welcher Entfernung von einem gegebenen Fixstern man hoffen darf, seinen nächsten Nachbar zu finden oder kurz, ob es damit gelingt, die mittlere Entfernung der Fixsterne von einander festzustellen. Man ist bei der Lösung dieser Frage allerdings noch viel mehr auf die Benutzung von Hypothesen angewiesen, als bei vielen andern; dennoch sind wir im stande, die verlangte Gröfse innerhalb gewisser Grenzen wahrscheinlich zu machen. Wir wollen dies versuchen an der Hand derjenigen Beweisführung, welche J. E. Gore (Knowledge Jan. 93) eingeschlagen hat.

Während in Wahrheit viele Fixsterne ihrem nächsten Nachbar sehr nahe stehen, andere durch Hunderte von Lichtjahren von ihm entfernt sein mögen, werden wir sie hier als gleichmäfsig dicht im Raume vertheilt voraussetzen müssen. Jeder Stern wird dann mit drei seiner Nachbarn eine regelmäfsige dreiseitige Pyramide, ein sogen. Tetraëder, bilden, und der ganze Raum, soweit wir ihn als mit Sternen erfüllt ansehen, wird somit in lauter solche Tetraëder zerlegt werden können. Setzen wir für den zu untersuchenden Raum die Kugelform voraus, so wird — wenn nur der Radius dieser Kugel im Verhältnifs zu der gesuchten mittleren Entfernung hinreichend grofs gewählt wird — die Anzahl der Tetraëder, welche die Kugel enthält, der Anzahl der Fixsterne, die sie umfafst, gleichgesetzt werden dürfen. Für Kugeln von geringerem Radius gilt das — nebenbei bemerkt — nicht; denn z. B. diejenige Kugel, welche die gesuchte mittlere Entfernung zum Radius hat, enthält 20 solcher Tetraëder, die zusammen ein Ikosaëder bilden, aber nur 13 Fixsterne, die an den 12 Ecken des Ikosaëdern und in seinem Mittelpunkte angeheftet sind. Nennen wir die gesuchte Entfernung die Einheitsdistanz, und messen wir den Radius der Kugel mit diesem Mafse als Einheit, so ergeben einfache mathematische Betrachtungen, dafs die Kugel eine Anzahl von Fixsternen enthält, welche 35,5 mal so grofs wie der Kubus des Radius ist. Nun ist offenbar die Entfernung eines Sternes eine viel unsicherere Gröfse als die in einem genau begrenzten Raum enthaltene Anzahl von Sternen, die man ja auszählen kann. Wir werden also eine bestimmte Anzahl von Sternen auswählen, die man festgestellt hat, werden uns dann fragen, welches wahrscheinlich der Radius (gemessen in Lichtjahren) ist, innerhalb dessen sie von uns aus liegen, und hieraus den Werth der Einheitsdistanz berechnen. Wir können davon ausgehen, dafs in beiden Himmelshalbkugeln zusammen von einem scharfen unbewaffneten Auge etwa 5000 Sterne gesehen werden, nämlich die Sterne von der ersten bis sechsten Gröfse. Wir fragen dann zweitens: welches ist die wahrscheinliche Grenze des mit blofsem Auge sichtbaren Weltalls? Die Antwort lautet: 860 Lichtjahre — eine Zahl, die man auf folgende Weise erhält. Nehmen wir an, dafs alle Fixsterne im Durchschnitt dieselbe Gröfse haben und nur deshalb in verschiedenem Glanze leuchten, weil sie verschiedene Entfernung von uns haben, d. h. im Durchschnitt; im einzelnen wird vielleicht mancher Stern sechster Gröfse uns näher liegen als irgend eine Sonne ersten Ranges, und eine von diesen hellen Sonnen wird vielleicht wegen ihrer gewaltigen Gröfse so hell leuchten, in Wahrheit aber sehr, sehr weit von uns abstehen. Dies vorausgesetzt, werden wir die Sterne zweiter Gröfse in eine durchschnittliche Entfernung stellen müssen, die 1,6 mal gröfser als die der ersten Gröfse ist ($\sqrt{2{,}5} = 1{,}6$), weil jede Lichtklasse nur den 2,5. Theil des Lichtes von der vorhergehenden Gröfse liefert, und die Licht-Intensität mit wachsender Entfernung im quadratischen Verhältnifs abnimmt. Die Sterne dritter Gröfse stehen durchschnittlich 2,5 mal so weit von uns ab, die von der sechsten endlich sind uns 10 mal ferner, als die von der ersten Gröfse. Nun hat Elkin den Durchschnittswerth der Entfernung für 10 Sterne der ersten Gröfse zu 36 Lichtjahren ermittelt; also ergiebt sich jene Zahl von 360 Lichtjahren als durchschnittliche Entfernung der Sonnen sechsten Ranges. Hieraus findet sich durch die leichteste Rechnung 69 Jahre Lichtzeit als unsere gesuchte Einheitsdistanz; d. h. mit anderen Worten: Schicken wir von irgend einem sichtbaren Sterne nach allen möglichen Richtungen Sendboten mit der Geschwindigkeit des Lichtes aus, so ist es wahrscheinlich, dafs einer oder der andere nach 60 Jahren bereits eine andere Sonne erreicht hat. Es sei nebenbei bemerkt, dafs die mittlere Entfernung von 31 bekannten Doppelsternsystemen, die heller als Sterne sechster Gröfse sind, und deren Bahnen man berechnet hat, sich zu demselben Betrage ergiebt, wenn man ihnen eine Durchschnittsmasse von dem vierfachen Betrage der Sonnenmasse beilegt.

Soweit erscheint alles widerspruchslos, aber die Sache ändert sich, sobald man jetzt den teleskopischen Räumen des Weltalls sich zuwendet. Nehmen wir an, die Voraussetzungen unserer Theorie seien richtig, so müfste jedesmal, wenn wir den Radius verzehnfachen, die Zahl der bis zur betreffenden Kugeloberfläche sichtbaren Sterne sich vertausendfachen. Da die Sterne elfter Gröfse durchschnittlich 3600, diejenigen siebzehnter Gröfse 36000 Lichtjahre von uns entfernt sind, so müfsten sich bis zur elften Gröfse 5 Millionen und bis zur sechzehnten Gröfse gar 5 Milliarden Sterne zählen lassen. Diese Zahlen sind aber bedeutend gröfser, als die bisherigen Schätzungen zulassen. Man darf annehmen, dafs in den gröfsten Teleskopen 100 Millionen Sterne überhaupt nur sichtbar sind. Gore sucht den Widerspruch dadurch zu beseitigen, dafs er, auf Beobachtungen von Prof. Celoria gestützt, annimmt, dafs nach den Polen der Milchstrafse hin unser Sternsystem begrenzt sei, und sich keineswegs über die durchschnittliche Entfernung der Sterne elfter Gröfse hinaus erstrecke. Vielleicht aber kann auch die zuerst von Olbers vermuthete Eigenthümlichkeit des Weltraums die Schuld haben, wonach er nämlich zwischen den Sternen noch Stoff genug enthält, um das Licht derselben zu schwächen.

Gore hat im vorigen Jahre — was wir hier, weil wir von seinen Spekulationen sprechen, bemerken wollen — auch die Frage nach der Masse des sichtbaren Weltalls in Angriff genommen. Indem er annimmt, dafs jene 100 Millionen Sterne, die das beste Teleskop erkennen läfst, im Durchschnitt soviel Masse haben als unsere Sonne, findet er, dafs eine Kugel von 850 Millionen Kilometer Durchmesser und der Dichte der Sonne (1,44) die Gesammtmasse des sichtbaren Universums enthalten müfste. Diese Kugel würde einen Umfang haben, so grofs wie die Bahn eines der Planetoide. Damit sie blos bis zur Marsbahn reichte, müfste ihre Dichtigkeit etwa dreimal so grofs sein. Beläfst man aber der Kugel die ursprüngliche Dichtigkeit und dehnt sie bis zum Jupiter aus, so könnte sie mehr als eine Billion Sterne von der Sonnenmasse aufnehmen. Dabei sind — wie bemerkt werden mufs — keine dunklen Körper, die es wohl in der Form von Meteorschwärmen und erloschenen Sonnen geben wird, mit in Rechnung gestellt. Nimmt man an, dafs diese Körper zusammen an Masse den leuchtenden gleich sind, so wird der Radius der Kugel, welche das mit Teleskopen erreichbare Universum enthält, noch mit 1,26 zu multipliziren sein. Es ist leicht zu erkennen, dafs auch dann das resultirende Volum sehr klein bleiben, und nur einen geringen Bruchtheil von einer Kugel, die das Sonnensystem bis zur Neptunsbahn einschliefst, ausmachen würde. Sm.

Arago-Standbild. Dem französischen Humboldt, François Arago, wurde am 11. Juni dieses Jahres auch in Paris ein von Oliva geschaffenes Standbild errichtet, nachdem seine Geburtsstadt Perpignan bereits seit 14 Jahren mit der Erfüllung dieser Dankbarkeitspflicht vorangegangen war. Das neue Pariser Denkmal ist hauptsächlich durch die eifrigen Bemühungen des Admirals Mouchez, ehemaligen Direktors der Pariser Sternwarte, zu stande gekommen, und die Fertigstellung des Standbildes hatte durch den Tod des Genannten eine nicht unerhebliche Verzögerung erfahren. Bei der Einweihungsfeier wurden die wissenschaftlichen Verdienste Aragos auf astronomischem Gebiete von Tisserand, auf mathematisch-physikalischem dagegen von Poincaré und Cornu durch schwungvolle Reden gewürdigt, und man vergafs auch nicht, die politischen Verdienste des Gefeierten hervorzuheben, der, nachdem er gelegentlich der französischen Gradmessungsarbeiten durch die Erhebung Spaniens gegen Napoléon I. eine lange Zeit unwürdiger Gefangenschaft durchgemacht hatte, bis an sein Lebensende (1853) ein begeisterter und muthiger Förderer aller gemäfsigt republikanischen Bestrebungen gewesen ist.

Das Fluor. Zu denjenigen chemischen Elementen, deren Verbindungen längst bekannt waren, während sie selbst den Chemikern unbekannt blieben, gehört in erster Linie das Fluor. Wer mit der Geschichte der Chemie auch nur oberflächlich bekannt ist, weifs, dafs gerade die Darstellung dieses Elements den Forschern die allergröfsten Schwierigkeiten bereitet hat und zwar deshalb, weil die Neigung dieses Körpers, sich mit anderen zu verbinden, an Energie die aller anderen Elemente, auch derjenigen von ähnlichen Eigenschaften, bei weitem übertraf. Kein Wunder daher, dafs auch den grofsen Meistern der chemischen Wissenschaft trotz aller Mühe die Isolation des Fluors aus seinen Verbindungen nicht gelingen wollte. Wenn nun schon durch die Schwierigkeit der Aufgabe an sich das Interesse für dieselbe erhöht wurde und die Chemiker zu immer neuen Anstrengungen anspornen mufste, so gab es noch einen anderen Grund. Seitdem L. Meyer und Mendelejew die merkwürdigen Beziehungen zwischen den Eigenschaften der Elemente entdeckten, welche einzig und allein auf deren Atomgewichtszahl basiren, und welche sie in ihrem „periodischen System der Elemente" zum Ausdruck brachten, weifs man, dafs die Elemente bestimmte, nach der Gröfse der Atomzahl fortschreitende Gruppen mit scharf ausgeprägten, homologen Eigenheiten bilden. Eine derselben nun, die sogenannten Halogene oder Salzbildner enthaltend, hebt sich besonders deutlich heraus. Es sind dies die allbekannten Elemente Chlor, Brom und Jod, denen sich als viertes im Bunde das bisher nur in seinen Verbindungen bekannte Fluor beigesellt. Die Verbindungen aller vier Körper liefsen sich unschwer als ähnlich erkennen. Besonders waren es die Wasserstoffsäuren der Halogene, welche in ihrem Verhalten einen besonders schönen und zutreffenden Beleg für das periodische System abgaben. Der Fluorwasserstoff, von Alters her als glasätzendes Medium in der Technik benutzt, ist so gut wie unzersetzbar; dagegen gelingt es schon leichter, den Chlorwasserstoff, noch leichter, den Bromwasserstoff zu zersetzen, während der Jodwasserstoff unter geeigneten Bedingungen von selbst zerfällt. Umgekehrt verhalten sich die Halogene zum Sauerstoff: das Fluor verbindet sich nie mit dem Sauerstoff, das Chlor bildet überaus leicht zerfallende, explosive Verbindungen mit demselben, die Bromsauerstoffverbindungen sind schon fester, die des Jods am schwersten zersetzbar. Das geschilderte Verhalten, welches dem Ansteigen der Atomzahlen der Halogene vollkommen entspricht — Fluor 19, Chlor 35.5, Brom 80, Jod 127 — verlangt demnach die angegebene Reihenfolge innerhalb der Salzbildnergruppe. Um so interessanter mußte es nun sein, die Frage nach den Eigenschaften des bisher unbekannten Fluors endlich beantwortet zu sehen. Dem Franzosen Moissan gebührt der Ruhm, nach Ueberwindung unendlicher Schwierigkeiten und nach jahrelangen Versuchen die Frage gelöst zu haben. Obgleich über seine Versuche schon zu Ende des verflossenen Jahrzehnts kurze Nachrichten in für weitere Kreise bestimmte Journale gelangten, so lassen sich seine Entdeckungen doch erst jetzt genauer besprechen, nachdem er seine früher angewendeten Methoden nicht unerheblich verbessert hat.

Moissan benutzte zur Darstellung des Fluors zunächst auf — 23° abgekühlten, daher flüssigen Fluorwasserstoff, welchen er in einer U-röhre von Platin durch einen starken galvanischen Strom zerlegte. Die am Kupferpol erhaltenen Zersetzungsprodukte, welche durchweg gasförmiger Natur waren, wurden durch Platinröhren geleitet und strömten in ein weiteres Platinrohr, dessen Enden durch dünne Scheiben aus farblosem, durchsichtigen Flußspath — einem der wenigen Materialien, welche der Einwirkung des Fluors und der Flußsäure widerstehen — verschlossen waren. In dem Rohr sammelte sich, nach Verdrängung der letzten Luftspuren, ein gelbes Gas, welches man, gemäfs seinen weiter untersuchten Eigenschaften, als das viel begehrte Element Fluor ansprechen mufs. Schon bei seinen ersten Versuchen gelang es Moissan, das spez. Gewicht des Gases in der erwarteten Gröfse zu bestimmen, sowie eine ganze Anzahl anderer Eigenheiten darzulegen.

Auf Grund fernerer Untersuchungen, welche erst im vorigen Jahre abgeschlossen wurden, hat derselbe Forscher sein Verfahren wesentlich verbessert. Da nämlich der flüssige Fluorwasserstoff dem Strome sehr starken Widerstand entgegengesetzt, so wurde zur Zerlegung nunmehr eine Lösung von Fluorkalium in Fluorwasserstoff angewendet, welche verhältnismäfsig gut leitet. Zur Kühlung des U-rohrs von Platin, welches durch Flufsspathstöpsel verschlossen ist, dient ein Bad von Chlormethyl, welches bei -23° siedet. Das entweichende Fluorgas strömt zunächst durch eine kleine, auf -50° gekühlte Platinschlange, welche den Zweck hat, alle etwa mitgerissenen Spuren von unzerlegtem Fluorwasserstoff durch Kondensation zurückzuhalten und nur dem reinen Fluor den Durchgang zu gestatten. Moissan hat gefunden, dafs die Elektrolyse keineswegs so einfach vor sich geht, wie er zuerst annahm. Es bildet sich zunächst eine Fluorplatinverbindung, die wahrscheinlich mit dem Fluorkalium eine Doppelverbindung eingeht; diese zerfällt dann erst in Fluor am Kupferpole, während sich am Zinkpol Wasserstoff und eine eigenthümliche schwarze Substanz sammelt. Das Fluor leitet Moissan in das vorhin beschriebene weite Platinrohr, um in diesem die Einwirkungen des freien Gases auf andere gasförmige Körper zu studiren. Dieses Rohr hat drei Ansatzröhren; zwei zum Zuleiten des Fluors und des anderen Gases, die dritte zum Ableiten der Reaktionsprodukte.

Nach Moissans Versuchen hat sich das Fluor, wie seine nach Aufstellung des periodischen Systems voraus berechnete Stellung an der Spitze der schon an und für sich äufserst energisch wirkenden Salzbildner es vermuthen liefs, als das bei weitem aktivste aller Elemente erwiesen. Auf Körper, welche von dem ihm zunächst stehenden Chlor nur in der Hitze affizirt werden, wirkt es schon in der Kälte mit gröfster Heftigkeit ein. Schwefel, Brom, Jod vereinigen sich mit Fluor unter lebhafter Feuererscheinung; ebenso verhalten sich viele Metalle, wie z. B. Kalium, Natrium, Magnesium, Eisen. Die edlen Metalle verbinden sich, ihrer Natur nach, weniger energisch mit Fluor. Es ist besonders zu erwähnen, dafs das Platinfluorür sich in höherer Temperatur wieder zersetzt und das Fluor frei giebt; es dürfte dieses Verhalten, welches lebhaft an die Beziehungen des Quecksilbers zum

Sauerstoff erinnert, sich dazu eignen, gröfsere Mengen von Fluor auf bequemem Wege darzustellen, nachdem es gelungen sein wird, Platinfluorür auf irgend eine andere Weise, als die bisher bekannte, zu erhalten.

Noch interessanter ist die überaus heftige Art, in der das freie Fluor Verbindungen zersetzt. Wasser, welches vom Chlor bekanntlich nur schwierig und äufserst langsam zerlegt wird, zerfällt in Berührung mit Fluor unter Feuererscheinung. Ebenso vertreibt das Fluor das ihm verwandte Chlor aus dessen Wasserstoffverbindung, der bekannten Salzsäure, zuweilen sogar unter Explosion. Es verdient dies besonders hervorgehoben zu werden im Hinblick auf den Umstand, dafs sich Chlor und Wasserstoff schon im hellen Lichte äufserst energisch vereinigen; Fluor und Wasserstoff verbinden sich allerdings, wie Moissan entdeckt hat, auch schon in der Dunkelheit und Kälte, ein Fall, der sehr bemerkenswerth ist in der Geschichte der chemischen Reaktionen. Schwefelwasserstoff, Ammoniak, Chloride, viele Oxyde werden gleichfalls lebhaft zersetzt.

Aus dem Angeführten geht mit Evidenz hervor, dafs das Fluor in Bezug auf Aktivität und Entfaltung chemischer Energie an der Spitze aller Elemente steht. Es erscheint nicht zu hoffnungsvoll, die Ansicht auszusprechen, dafs, wenn es erst gelingt, das Fluor in gröfserer Menge darzustellen, die Art, in der heute die Entwicklung der chemischen Reaktionen fortschreitet, vielleicht in ganz neue Bahnen einlenken wird. Es würde ein solcher Erfolg nur den Umwälzungen entsprechen, die früher stets neu entdeckte Körper von hoher Aktivität, wie z. B. vor etwas weniger als 100 Jahren das Chlor und zur Zeit der Alchymie die Schwefelsäure, zeitigten. Dr. L.

H. W. Vogel, Professor Dr.: Das photographische Pigment-Verfahren und seine Anwendungen im Lichtdruck. Dritte veränderte und vermehrte Auflage. — Berlin 1892. Robert Oppenheim. — XII und 133 S. 8°.

Das Prinzip des Pigmentdrucks beruht darauf, dafs bei Anwesenheit gewisser Substanzen eine Leimschicht ihre Löslichkeit in Wasser verliert, wenn sie dem Lichte ausgesetzt wird. Bei der praktischen Herstellung von photographischen Kopieen auf Grund dieses Verfahrens wird eine dünne mit einem Farbstoff (Pigment) versetzte Gelatineschicht durch Baden in einer Lösung von chromsaurem Kali für Einwirkungen des Lichtes empfindlich gemacht (sensibilisirt) und nach dem Trocknen unter einem Negativ belichtet. Je nach der Durchlässigkeit der verschiedenen Theile der Platte für Licht wird die unterliegende Gelatineschicht, welche in der Regel auf Papier aufgebracht ist, mehr oder minder in bezug auf ihre Löslichkeit verändert; es würde deshalb vollständig genügen, die löslich gebliebenen Theile mit warmem Wasser herunterzuwaschen, um das aus verschieden dicken Schichten des Farbstoffes resultirende Bild zum Vorschein zu bringen, wenn nicht gerade an der Oberfläche der Gelatineschicht die Unlöslichkeit eine fast vollständige geworden wäre. Aus diesem Grunde mufs nach der Belichtung die noch unentwickelte Kopie zunächst auf eine andere Fläche (Papier, Glas etc.) geprefst werden, welche als endgiltige Grundlage dient und die Gelatineschicht festzuhalten geeignet ist. Das Entwickeln besteht dann in dem Herunterspülen der löslich gebliebenen Leimtheile mit warmem Wasser.

Die erhaltenen Kopieen sind von einer wunderbaren Feinheit; dazu können sie in den verschiedenartigsten Farbtönen hergestellt werden. Namentlich aber mit Rücksicht auf die technischen Anwendungen im Lichtpausendruck hat der Pigmentdruck eine ganz besondere Wichtigkeit und Bedeutung erlangt. Deshalb ist die vorliegende Schrift, welche das ganze Verfahren in allen seinen Einzelheiten auf das sorgfältigste behandelt, mit Freude zu begrüfsen. Sie setzt jeden, der die darin gegebenen Vorschriften getreu befolgt, in den Stand, ohne langwierige Versuche sofort mit gutem Erfolge den Pigmentdruck praktisch zu handhaben. Die gröfste Schwierigkeit besteht in der Wahl der richtigen Belichtungsdauer, wozu im allgemeinen die Anwendung eines Photometers erfordert wird, das man sich aber für den eigenen Gebrauch ohne Mühe selbst herrichten kann.

Die Behandlung des Gegenstandes ist eine vorzügliche; die umfassende Darstellung hat unseren vollen Beifall. Es wäre nur noch zu wünschen, dafs der Verfasser in einer neuen Auflage den verschiedenen im Handel befindlichen Kohlepapieren in bezug auf ihre Brauchbarkeit einen kurzen Abschnitt widmete.　　　　　　　　　　　　　　　　　　　　　　　　　　G. W.

Webers illustrirte Katechismen. — Leipzig 1893. Verlag von J. J. Weber. Nr. 3: Katechismus der Astronomie. Belehrungen über den gestirnten Himmel, die Erde und den Kalender. Von Dr. Hermann J. Klein. — 6. Auflage. Nr. 4: Katechismus der Naturlehre. Von Dr. C. E. Brewer. — 4. Auflage. Nr. 60: Katechismus der Meteorologie. Von Prof. Dr. W. J. van Bebber. — 3. Auflage.

Webers illustrirte Katechismen über Gegenstände aus dem Gebiete der Wissenschaften, Künste und Gewerbe etc. haben sich allseitig mit Recht einer so günstigen Aufnahme zu erfreuen gehabt, dafs es kaum noch nöthig erscheint, ein weiteres Wort zu ihrer Empfehlung zu sagen. Die vorliegenden Nummern sind zwar alte Bekannte, haben aber, um die Darstellung dem gegenwärtigen Stande der Wissenschaft anzupassen, theilweise eine gründliche Umarbeitung erfahren. Die Namen der Verfasser bürgen am besten für die Brauchbarkeit der Sammlung; der Preis der einzelnen Nummern, die in geschmackvollem Leinenbande ausgegeben werden, ist ein bescheidener.

Der Stoff wird der gröfseren Uebersichtlichkeit halber in mehrere Abschnitte geschieden, innerhalb deren die Darstellung in Form einer Sammlung von Fragen und Antworten erscheint, um das Interesse des Lesers jederzeit wach zu erhalten und ihn zu geistiger Mitarbeit anzuregen, ohne im übrigen besondere Vorkenntnisse bei ihm vorauszusetzen. Die Sprache ist einfach und klar, mithin für Jedermann verständlich.   G. W.

L. David, Rathgeber für Anfänger im Photographiren. Zweite gänzlich umgearbeitete Auflage. Halle, W. Knapp. 1893.

Wenn ein auf dem Gebiete der photographischen Praxis so wohl bekannter Meister, wie der Verfasser, seine reichen Erfahrungen in den Dienst der Amateurgilde stellt, so ist das hoch zu schätzen. Dafs das Werkchen in jeder Beziehung vorzüglich ist und den Wünschen des Anfängers in der vollkommensten Weise entgegenkommt, ist daher nichts Besonderes; dafs der Verfasser es aber verstanden hat, auf so kleinem Raume alles Bemerkenswerthe für den Amateurphotographen zusammenzustellen, das verdient besondere Anerkennung und dürfte auch dieser zweiten, die neuesten Fortschritte berücksichtigenden Auflage den Weg bahnen.   O. L.

Herrn F. in S. Die von Ihnen geäußerten Bedenken, daß die übliche Methode der Bestimmung von Fixsternentfernungen unmöglich zutreffende Resultate ergeben könne, weil die fortschreitende Bewegung unseres Sonnensystems im Raume weder hinsichtlich ihrer Größe noch hinsichtlich ihrer Richtung genügend genau bekannt sei, treffen wenigstens insoweit zu, als Sie dabei die Darstellungen dieses Gegenstandes in populären astronomischen Schriften im Auge haben. In der That wird in diesen zur Vereinfachung — nach unserer Ansicht mit gutem Grunde — die Sonne als stillstehend vorausgesetzt. Die Endpunkte der Grundlinie, von denen aus die Richtungsänderungen eines hinreichend nahen Fixsternes beobachtet werden, sind dann allerdings um den Durchmesser der Erdbahn von einander entfernt, wenn ein Zeitraum von sechs Monaten zwischen den beiden Beobachtungen verflossen ist. In Wahrheit wird aber, eben infolge der fortschreitenden Bewegung des Sonnensystems im Raume, diese Grundlinie erheblich verändert sein; ihre genaue Dimension anzugeben, sind wir zur Zeit noch nicht im stande.

Die Frage erledigt sich indessen, wie Sie sehen werden, in der folgenden einfachen Weise. Aehnlich wie unsere Sonne vollführen alle Sterne gewisse Bewegungen im Raume, welche sich mit derjenigen unseres Sonnensystems vermischen und, wenigstens bei den näheren Objekten, merkliche Ortsveränderungen am Himmel zur Folge haben müssen. Durch Vergleichung von Beobachtungen, welche weit auseinanderliegenden Epochen angehören, ist es rechnerisch möglich geworden, bei einer großen Zahl von Fixsternen (naturgemäß insbesondere auch bei denjenigen, welche sich für die Parallaxenbestimmung eignen) diese sogenannten Eigenbewegungen mit einem hinreichenden Grade der Genauigkeit zu ermitteln. Man hat demzufolge also nur nöthig, bei der Messung der Richtungsänderungen eines Fixsternes, dessen Parallaxe bestimmt werden soll, dem Einfluß der Eigenbewegung, welche eben durch die Kombination der fortschreitenden Bewegungen von Sonne und Stern im Raume bedingt wird, für den betreffenden Zeitraum Rechnung zu tragen, um sich von der Wirkung der Sonnenbewegung gänzlich unabhängig zu machen. Auf diese Weise wird augenscheinlich genau das erreicht, was die populären Werke, ihrem Zweck entsprechend, der Vereinfachung halber in der Regel von vorn herein stillschweigend voraussetzen. Daß übrigens praktisch die Aufgabe noch etwas genereller behandelt wird, erscheint hier unwesentlich.

Ueber die mechanische Naturanschauung.
Eine erkenntnifs-theoretische Studie
von Professor Dr. P. Volkmann in Königsberg i. Pr.

I.

Der Inbegriff der mechanischen Naturauffassung, die Annahme der vollkommenen Gesetzmäfsigkeit, kann im allgemeinen wohl als bekannt vorausgesetzt werden. Der Mechanismus, der die Natur beherrscht, drängt sich in zwingender Weise als äufsere Macht unserem Willen entgegen auf. Wir finden diesen Mechanismus ebenso in der leblosen Natur, wie in den Bedingungen, die das Leben gestalten. Es ist das Ziel der Naturwissenschaften, diesem Mechanismus im Gebiet der anorganischen und organischen Welt nachzuspüren.

Wenn es sich nun im Folgenden um die Charakteristik der mechanischen Naturauschauung unter Bevorzugung formaler Gesichtspunkte handeln soll, dann scheint sich von vornherein die Forderung zu erheben, dafs die Gesamtheit der Naturwissenschaften dazu das Material liefern mufs, weil eine einzelne Disziplin dazu nicht ausreichen dürfte.

In der That werden wir, wenn wir uns vor Einseitigkeiten schützen wollen, zunächst an die Gesamtheit der Naturwissenschaften zu denken haben. Jede einzelne Disziplin unter den Naturwissenschaften verfolgt ihre besonderen, einseitigen Zwecke und schafft sich für diese ihre einseitig intellektuellen Mittel und Methoden, mit denen sie ihren Antheil an dem gröfseren Gesamtwissen — Naturwissenschaft — zu erschöpfen sucht.

Behält man indefs diesen Gesichtspunkt im Auge, dann erscheint der Versuch nicht nur lohnend, sondern auch geboten, aus einer einzelnen Disziplin heraus die Beiträge hervorzuheben, welche diese gerade für die mechanische Naturauffassung liefert. Das Bewufstsein, dafs bei dem gegenwärtigen Umfang der Gesamtwissenschaft jeder nur an seinem Theil arbeitet und arbeiten kann, wird vor den Gefahren und Unzuträglichkeiten schützen, die so leicht durch Betonung eines einseitigen Standpunktes entspringen können. Dieser Versuch, vom Standpunkt einer einzelnen naturwissenschaftlichen Disziplin, Beiträge zur Charakteristik des Mechanismus zu liefern, der die Natur beherrscht, scheint um so aussichtsvoller, wenn eine weitere Umschau zeigt, dafs gerade diese Disziplin zu der in Betracht kommenden Charakteristik besonders geeignet erscheint.

Wo finden wir in den Naturwissenschaften diesen Mechanismus in seiner reinsten und für die Darstellung geeignetsten Form ausgebildet? So manche Disziplin unter den Naturwissenschaften preist den Punkt an, von dem aus sie ihre Welt aus den Angeln hebt: Die Chemie das Atom, die Zoologie und Botanik die Zelle. In der That, es sind das die Begriffe, mit denen es — um einen treffenden Ausdruck von E. Mach zu benutzen — diesen Wissenschaften gelingt, ihren Gedankenkreis an ein bestimmtes Erfahrungsgebiet anzupassen.[1])

Den folgenden Betrachtungen wird die Physik zu Grunde gelegt. Diese Disziplin dürfte den geeignetsten Ausgangspunkt zur Besprechung der mechanischen Naturauffassung bieten. Sie dürfte sich unter den Naturwissenschaften des gröfsten Umfangs rühmen, wenn wir darunter die allgemeine Gültigkeit und Tragweite von Grundsätzen und Gesetzen verstehen, welche nicht auf gewisse Klassen von Naturobjekten beschränkt bleiben. Der Inhalt anderer Disziplinen soll nicht unterschätzt werden, aber der Umfang ihrer Erfahrungsgebiete erscheint der Physik gegenüber zu eng, als dafs sie in erster Linie das Material zur Charakteristik einer Naturauffassung hergeben könnten.

Die Engländer tragen dieser Ausnahmestellung der Physik unter den Naturwissenschaften Rechnung, wenn sie dieselbe nach dem Vorgang Newtons als Naturphilosophie (natural philosophy) bezeichnen. Erst in zweiter Linie mag sich, was die Allgemeinheit des Charakters betrifft, der Physik die Chemie zur Seite stellen. In der That, Physik und Chemie pflegen als die Wissenschaften von den allgemeinen Eigenschaften der Körper bezeichnet zu werden im Gegensatz zu den sogenannten beschreibenden Naturwissenschaften, welche sich mit den speziellen Eigenschaften gewisser Körper beschäftigen.

So wenig ich es scheuen werde, mit persönlichen Meinungen hervorzutreten, so glaube ich den Werth der folgenden Darstellungen

[1]) E. Mach, Beiträge zur Analyse der Empfindungen. Jena 1886 S. 22.

wesentlich zu erhöhen, wenn ich, wo es angeht, auf die Aeufserungen anerkannter Naturforscher Bezug nehme. Ich möchte den Verdacht abschneiden, dafs ich nur persönliche Anschauungen und Meinungen vorbringe, die vielleicht auf allgemeine Anerkennung nicht zu rechnen hätten. Wo ich jetzt im Begriff bin, die Physik als den naturgemäfsen Ausgangspunkt zu einer Charakteristik der mechanischen Naturauffassung zu wählen, da mufs mir natürlich alles darauf ankommen, dem Laien, auch dem einseitig naturwissenschaftlichen Spezialisten, eine Anerkennung dieser Ansicht abzuringen.

Welcher Gewährsmann könnte da erwünschter sein, als von Helmholtz, der sich auf den verschiedensten Gebieten der Naturwissenschaft intensiv und extensiv bethätigt hat, der die Medizin sein geistiges Heimathsland nennen durfte, den die physiologische Optik ebenso wie die Theorie der Tonempfindungen zu erkenntnifs-theoretischen Untersuchungen führte, der die Axiome der Geometrie in den Kreis seiner Studien ziehen konnte, von seinen physikalischen Forschungen ganz zu schweigen. „Die Physik bildet — das sind von Helmholtz' eigene Worte — die theoretische Grundlage sämtlicher anderer Zweige der Naturwissenschaft, darum treten auch die besonderen Charakterzüge der naturwissenschaftlichen Methode in der Physik am schärfsten hervor."[2]) „Die Physik macht unter den Naturwissenschaften die weitesten Verallgemeinerungen, erörtert den Sinn der Grundbegriffe und enthält die Prinzipien wissenschaftlicher Methodik für die Erfahrungswissenschaften."[3])

Wenn die Physik in hervorragender Weise Material zu einer allgemeinen Naturauffassung liefert, dann vergessen wir darum nicht, wie anfänglich hervorgehoben, dafs sie trotz ihrer bedeutenden Entwickelung die Naturauffassung in keiner Weise erschöpft. Auch die Physik zusammen mit der Chemie wird das nicht leisten können. Mag ein guter Theil der organischen Welt sich physikalischen und chemischen Wirkungen unterordnen lassen, ebenso wie ein guter Theil physikalischer Erscheinungen als Bewegung ponderabler Materie gedeutet werden mag, es kann darum, will man realen Verhältnissen wirklich Rechnung tragen und nicht blofs im Reiche der Idee weilen, nicht als nächstliegende Aufgabe der gesamten Naturwissenschaften bezeichnet werden, alle Erscheinungen auch der organischen Welt auf

---

²) H. v. Helmholtz, Ueber die akademische Freiheit der deutschen Universitäten 1877. Vorträge u. Reden 1884 II. S. 197.
³) H. v. Helmholtz, Das Denken in der Medizin 1877. Vorträge und Reden 1884 II. S. 168.

physikalische und chemische Erscheinungen zurückzuführen und diese wieder auf rein mechanische, also Bewegungserscheinungen der ponderabeln Materie.

Die Physik darf aber beanspruchen, innerhalb einer gewissen Sphäre erschöpfendes Material zur Naturauffassung zu liefern. Ist die Natur auch noch gröfser, der Umfang, der durch die Physik allein abgegrenzt erscheint, ist schon immer grofs genug, um die Bezeichnung Naturauffassung zu rechtfertigen. Wir bezeichnen im speziellen die durch die Physik gegebene Naturanschauung als mechanische Naturauffassung. Innerhalb ihrer Grenzen beansprucht sie absolute Gültigkeit, um ihre Charakteristik handelt es sich.

II.

Wenn auch der Inbegriff der mechanischen Naturauffassung — die Annahme der vollkommenen Gesetzmäfsigkeit des Geschehens — im allgemeinen wohl als bekannt vorausgesetzt werden darf, so dürften die Grundsätze und die Methoden der mechanischen Naturauffassung nicht soweit allgemein bekannt sein, als es für eine weitere erkenntnifstheoretische Verwerthung wohl nützlich ist.

So wenig sich die Naturwissenschaften gegenwärtig zu beklagen haben, von der Philosophie ungenügend berücksichtigt zu werden, so wenig bin ich bei der Lektüre philosophischer Darstellungen, welche die mechanische Weltanschauung oder die naturwissenschaftlichen Anschauungen überhaupt betrafen, befriedigt worden. Den Formalismus, der mir entgegentrat, möchte ich im gewissen Sinne als todt bezeichnen, er entbehrte wohl eben nur darum des Lebens und der Lebendigkeit, weil er aus einer nicht genügenden Aneignung des geistigen Stoffes entsprungen; und von dem Inhalt, dem Material fand ich mehr das bunte Gewand, das Aeufsere, Veränderliche, Vergängliche hervorgekehrt, nicht das Bleibende, Unveränderliche, Unvergängliche. Der Zoologe oder Chemiker wird mir hierin wohl weniger beistimmen, als der Physiker, aber es ist auch ganz erklärlich, dafs es so ist. Der Philosoph schöpft, wenn er Physik braucht, aus populären Quellen — populär in des Wortes edelster Bedeutung —; er entbehrt des Einblicks in die innere mathematische Gewandung, welche gerade erkenntnifs-theoretisch so werthvoll ist.

Schon vom Standpunkt der allgemeinen Bildung liegt das Bedürfnifs vor, in die Grundsätze und Methoden der mechanischen Naturauffassung einen Einblick zu gewinnen. In Ermangelung eines solchen mufs dann oft ein mehr oder weniger zweckmäfsig gewähltes Gebiet aus den Naturwissenschaften herhalten, durch welches in der

Regel die Aufmerksamkeit von dem Zweck abgelenkt wird, zu dem es herangezogen. Als ein solches Gebiet habe ich von Laien mit Vorliebe z. B. die Anschauung von der atomistischen Konstitution der Materie behandeln gehört. Der Theologe, welcher den Materialismus bekämpft, knüpft in der Regel an die Atome und Moleküle der Chemie, welche ihm die Bausteine zum Materialismus zu sein scheinen.

Ich werde im vierten Abschnitt die Stellungnahme der Physik zur Atomistik kennzeichnen. Die Atomistik ist nach Inhalt und Form eine spezielle Theorie von der Materie, welche äußerst beachtenswerth ist, aber zu einer Charakteristik der mechanischen Naturauffassung doch nur einen verhältnißmäßig kleinen Beitrag liefern kann. Die Grundlage der mechanischen Naturauffassung ist und bleibt die Mechanik im wissenschaftlichen Sinn des Wortes; es wird sich nicht umgehen lassen, bis zu einem gewissen Grade von dem Inhalt der reinen Mechanik Rechenschaft abzulegen. Die wenigen Bemerkungen, welche ich darüber im Rahmen allgemeiner Verständlichkeit machen will, können natürlich in keiner Weise erschöpfendes Material liefern, sie sollen nur nach gewissen Richtungen hin anregen, nach denen dies wünschenswerth erscheint.

Die Mechanik beschäftigt sich mit den Bewegungserscheinungen der ponderabeln Materie. Die ponderable Materie ist das unseren Sinnen Nächstliegende. Unsere Sinne haben beständig soviel mit der ponderabeln Materie zu thun, daß uns dieselbe vertraut erscheint, daß in uns die Einbildung hervorgerufen wird, als hafte dem Begriff der Materie für uns keine Schwierigkeit an, als begriffen wir das Wesen der Materie vollständig.

Die Geschichte der Physik hat zur Genüge gezeigt, wie stark diese Einbildung war, von der Naturphilosophie des Alterthums an. Erst Galilei lehrte den Begriff der Materie, insbesondere die Eigenschaft der Trägheit aus Beobachtungen, also aus der Erfahrung gewinnen und zeigte, daß bloßes Nachdenken darüber nicht genüge. Hatte man aber erst diesen Standpunkt gewonnen, dann mußte die ponderable Materie gerade durch ihre Aufdringlichkeit unseren Sinnen gegenüber zur Forschung herausfordern. So wurde denn innerhalb der physikalischen Wissenschaften die Mechanik die erste Disziplin, welche sich eines möglichst weiten Ausbaues erfreuen durfte.

Innerhalb der Mechanik entwickelten sich zunächst an den Bewegungserscheinungen der ponderabeln Materie die Grundbegriffe der Geschwindigkeit, der Beschleunigung, der Kraft und Masse, welche für die gesamte Physik maßgebend werden sollten. Wenn ich sage „innerhalb der Mechanik", so möchte ich damit eine besondere Bedeutung verbinden, denn die erwähnten Begriffe kommen auch im gewöhnlichen Sprachschatz vor. Dadurch wird mir eine Schwierigkeit beim Eintritt in die Mechanik bedingt, auf welche es wohl nützlich ist einmal hinzuweisen.

Die Begriffe der Mechanik wie der Physik sind untrennbar verbunden mit dem Wesen des Mafses und Messens; eine Gröfse physikalisch begreifen, heifst sie messen können. Schon dadurch erscheinen die Begriffe der Mechanik dem Lernenden aufserordentlich abstrakt und schwer zugänglich. Nur durch fortgesetzte Anwendung kann die Bedeutung dieser abstrakten Begriffe in das rechte Licht gesetzt werden, so lange aber noch keine Anwendungen vorliegen — und gerade die ersten Anwendungen bereiten die gröfste Schwierigkeit — versucht der Lernende sich gar zu sehr an die Bezeichnung der Begriffe zu klammern und aus dem Sprachschatz dafür Anleihen zu entnehmen. Die Entwickelung des Einzelnen fällt hier wie so oft zusammen mit der Entwickelung der Wissenschaft. Es war der Fehler des Alterthums, dafs es glaubte, aus der Sprache wissenschaftliche Erkenntnifs der Natur schöpfen zu können. Die Begriffe des Sprachgebrauchs sind nicht immer präzise, sie finden ihre Präzision erst innerhalb der einzelnen Wissenschaften. Wenn jede Wissenschaft ihre eigene Terminologie hat, so trifft dies im besonderen für die Physik zu.

Die Entwickelung des Kraftbegriffes der Mechanik bietet ein geeignetes Beispiel zu zeigen, wie wenig der Naturwissenschaft mit sprachlichen Bezeichnungen gedient sein kann. Man spricht im gewöhnlichen Leben so viel von Naturkräften, als da sind Licht, Wärme, Elektrizität; schon dieser Sprachgebrauch zeigt, dafs der Begriff Kraft mit zuviel Nebenbedeutungen behaftet erscheint, als dafs man ihn wissenschaftlich unmittelbar übernehmen könnte. Am liebsten hätte man die Bezeichnung Kraft ganz aus der Mechanik entfernt und sich ohne sie beholfen. Man hat es nicht gethan, definirt nun aber Kraft in ganz bestimmter mathematischer Weise, indem man sie mechanisch durch ihre Aeufserung in den Bewegungserscheinungen mifst, durch das Produkt aus Masse und Beschleunigung.

Nachdem die Grundbegriffe ihre feste Bedeutung erhalten hatten, bestand ein weiterer Schritt für die Entwickelung der Mechanik in der Aufstellung eines Zusammenhanges zwischen den Bewegungserscheinungen der ponderabeln Materie und den Bedingungen, unter denen sich diese ponderable Materie befindet, z. B. der Konfiguration des Systems. Es machte sich die Auffassung geltend, dafs die Konfiguration die Ursache der Bewegungserscheinungen selbst sein könnte. Das wissenschaftlich bedeutsame Resultat dieses Schrittes bestand in der Aufstellung von Gleichungen zwischen den Aeufserungen der Kräfte auf die ponderable Materie einerseits, der Konfiguration und den Bedingungen andererseits.

Die Auflösung dieser Gleichungen nach verschiedenen Methoden führte zu wichtigen einfachen mathematischen Ausdrücken und Sätzen. Die Ausdrücke, welche besonders häufig wiederkehrten, wurden im weiteren Verlauf als abgeleitete Begriffe mit neuen Bezeichnungen belegt, die Sätze als mechanische Prinzipe bezeichnet. Unter den so entstandenen Begriffen möchte ich den Begriff der lebendigen Kraft und der Arbeit hervorheben, unter den so entstandenen mechanischen Prinzipien den Satz von der lebendigen Kraft.

Je mehr sich diese Ausdrücke und Sätze als Resultate der Rechnung ergaben, um so weiter mufsten sich dieselben von der unmittelbaren Anschauung entfernen, um so mehr mufsten die Bezeichnungen für die Begriffe als unwesentlich und zufällig erscheinen. Die so entstandene Terminologie stellte sich im weiteren Verlauf nicht immer als zweckmäfsig heraus; man gab sie indessen darum nicht auf, denn der Sachkundige wufste ja immer, was darunter zu verstehen sei.

Natürlich schliefst eine unzweckmäfsige Terminologie ihre besonderen Gefahren in sich. Ein lehrreiches Beispiel bietet in dieser Beziehung die Bezeichnung „lebendige Kraft" für einen Begriff, der mit dem vorher erwähnten Grundbegriff der Mechanik „Kraft" nichts gemein hat; es ist das bekanntlich der Ausdruck für das halbe Produkt aus Masse und Geschwindigkeitsquadrat. Nur aus der Unzweckmäfsigkeit der Bezeichnung mag der Streit über die wahre Schätzung der lebendigen Kräfte im vorigen Jahrhundert begreiflich erscheinen, der Streit, in dem Kant gegen Leibnitz für Descartes Partei nahm[*]) — ein Wortstreit, der sich in nichts auflösen mufste, wenn man auf die Gleichungen der Mechanik zurückging.

III.

Es handelt sich nun weiter darum, zur Anschauung zu bringen, in welcher Weise die Mechanik und ihre Resultate bei ihren Anwendungen auf die physikalischen Wissenschaften und damit auf die mechanische Naturauffassung Verwerthung gefunden haben. Wir gedenken in diesem Abschnitt zunächst der sicherer begründeten, zu-

---

*) J. Kant, Gedanken von der wahren Schätzung der lebendigen Kräfte 1747.

rückhaltenden, vorsichtigen Forschung und heben für diese den Werth der Analogie hervor.

Es ist mit der Analogie in den Wissenschaften ein eigen Ding. Ueberzeugen können Analogieen nie, ihnen wohnt keine beweisführende Kraft inne, aber erkenntnifs-theoretisch lassen sie sich gar nicht entbehren; sie knüpfen an eine gewisse Uebereinstimmung der Form an und geben Veranlassung nachzuforschen, wieweit die Uebereinstimmung sich verfolgen läfst. Zur Aufstellung und Grundlegung einer Theorie sind sie ungemein werthvoll, der Beweis für die Richtigkeit der Theorie mufs wie bei den Naturwissenschaften überhaupt in der Erfahrung gesucht werden.

Diese eigene erkenntnifs-theoretische Stellung der Analogie wird zu berücksichtigen sein bei all den Vorurtheilen, welche man oft gerade naturwissenschaftlicherseits gegen die Verwerthung der Analogie zu haben pflegt. Gerade die Form der Erscheinung ist es, mit der sich ein grofser Theil der Beobachtung beschäftigt; was kann für die Erkenntnifs da fruchtbarer sein, als wenn die Formen verschiedener Erscheinungen zu einander in Beziehung gesetzt werden.

Diese Verwerthung der Analogie können wir noch durch einen anderen Ausdruck zur Anschauung bringen. Ich habe im vorigen Abschnitt, der über Inhalt und Entwickelung der Mechanik handelte, gesagt, dafs Sätze und Begriffe der Mechanik, welche sich im Verlauf der Entwickelung der Wissenschaft als Rechnungsresultate ergaben, sich einer unmittelbaren Anschauung entzogen. Um so bemerkenswerther ist das weitere Ergebnifs der wissenschaftlichen Entwickelung, dafs **Prinzipien und Sätze der Mechanik Anschauungsformen der physikalischen Forschung** geworden sind, unter welche sich gröfsere Gruppen scheinbar ganz heterogener physikalischer Erscheinungen vereinigen lassen.

Jede Anschauung knüpft an ein gegebenes Organ, mit dem man anschauen kann. Der äufseren Anschauung durch unsere Sinne steht eine innere Anschauung durch unseren Geist gegenüber. Das Organ zu dieser inneren Anschauung liegt nicht immer offen vor, in vielen Fällen mufs es sich unser Geist erst, so zu sagen, schaffen, das ist die Fähigkeit der Begriffsbildung. Ebenso wie für die äufsere Anschauung die Sinne eine Verschärfung durch Instrumente und Werkzeuge zulassen, so bildet für die innere Anschauung eine solche Verschärfung die Analogie, im vorliegenden Fall die Mechanik.

Die für die Geschichte der Menschheit verhältnifsmäfsig späte Entwickelung der Physik ist dadurch bedingt, dafs das Organ fehlte, durch welches der Mechanismus der Natur wahrgenommen werden kann: die Mechanik. Newton hat noch die Hauptresultate seiner Entdeckungen synthetisch, also anschaulich demonstrirt, wenngleich er sie wohl analytisch gefunden; aber Ende des vorigen Jahrhunderts gewann insbesondere in Lagranges Händen die Analyse, also die Rechnung, die unbestrittene Herrschaft, die Anschauung schien damit zurückgedrängt; nicht allein, dafs die Analyse Resultate zeitigte, es war für die Anschauung schwer, oft unmöglich, diesen Resultaten zu folgen. Aber doch läfst sich die Sehnsucht nach unmittelbarer Anschauung nicht zurückdrängen.

Die gegenwärtige Richtung der Forschung kommt dieser Sehnsucht in gewissem Sinne entgegen. Wenn wir auch auf dem Wege der Analyse das Streben nach Anschauung zurückdrängen müssen, so vermittelt die Analyse doch gewisse Stufen der Erkenntnifs, von denen aus die Anschauung von neuem einsetzen kann. Die Berechtigung dieses Versuches ist durch den Erfolg zur Genüge erwiesen. Von diesem Standpunkt bekommt unsere Auffassung, dafs die Mechanik als Organ für die Naturwissenschaften, insbesondere für die Physik aufzufassen ist, eine vertiefte Bedeutung.

Es wird gut sein, diese Form der Verwerthung der Mechanik für die mechanische Naturauffassung — nennen wir sie nun mechanische Analogie oder mechanisches Organ — an einem Beispiel zu erläutern. Wir wählen dazu ein solches, dessen Inhalt wohl schon Aufnahme in den Schatz der allgemeinen Bildung gefunden hat: Die Verwerthung des Satzes der lebendigen Kraft für den Satz von der Erhaltung der Kraft, für das Energieprinzip.

Der Satz von der lebendigen Kraft in der Mechanik besagt, dafs die Aenderung der lebendigen Kraft eines Systems der auf das System geleisteten Arbeit entspricht. Beim freien Fall eines Körpers leistet die Schwere auf diesen Körper eine Arbeit, in demselben Mafse nimmt die lebendige Kraft dieses Körpers zu.

Existiren äufsere und innere Kräfte, dann setzt sich die auf das System geleistete Arbeit zusammen aus der Arbeit der äufseren und inneren Kräfte, dann erreicht die lebendige Kraft denselben Werth, so oft die Konfiguration des Systems dieselbe wird: es gilt der Satz von der Erhaltung der lebendigen Kraft. Dies alles in Uebereinstimmung mit der Erfahrung, so lange keine Erscheinungen auftreten, die aufserhalb des Gebietes der Mechanik liegen.

Nun giebt es aber Bewegungserscheinungen, bei denen infolge von Reibung und von äufserem Widerstand lebendige Kraft verloren geht, und es zeigt sich, dafs in solchen Fällen andere physikalische Erscheinungen auftreten, z. B. Wärmeentwickelungen. Haben wir nun diese als ein Aequivalent für den Verlust von lebendiger Kraft aufzufassen? Das ist die Frage, welche die Analogie mit dem Satz von der Erhaltung der lebendigen Kraft nahelegt, und welche diesem zunächst doch rein mechanischen Satz eine weit über die Mechanik hinausgehende Bedeutung beilegt.

Die Erfahrung kann allein über die Gültigkeit solcher Spekulationen entscheiden. Trifft die Analogie zu, dann mufs zur Entwickelung derselben Wärmemenge immer dieselbe Arbeitsgröfse nöthig sein. Genaue zu diesem Zweck unter den verschiedensten Bedingungen angestellte Messungen von Joule bestätigen diese Auffassung. Eine mechanische Arbeit von 425 Kilogramm-Metern ist danach einer Wärmemenge äquivalent, welche ein Kilogramm Wasser von 0° auf 1° Celsius erwärmt.

Es entstand die weitere Frage, ob es noch andere Gröfsen als Wärmemengen gäbe, welche einer mechanischen Arbeit äquivalent gesetzt werden können. Das Auftreten elektrischer und magnetischer Kräfte, die Konfiguration materieller Systeme, von dem Kräfte ausgehen, konnte so aufgefafst werden. Eine zweckmäfsige Terminologie half die Verwerthung der Analogie mit dem Satz von der Erhaltung der lebendigen Kraft auch erheblich fördern. Es bildete sich die Lehre von der Energie heraus: Die Energie ist nichts anderes als Arbeitsfähigkeit, sie nimmt verschiedene Formen an, welche in einander verwandelbar sind. Zu den Energieformen der Mechanik: der Energie der Bewegung und der Lage treten in der Physik andere hinzu: die Wärme, die Energie elektrischer und magnetischer Kräfte.

Die Aufstellung des Prinzips der Energie hat sich in der That formell an den Satz von der lebendigen Kraft aus der Mechanik gelehnt; die Analogie übernahm die Rolle des Führers in der Forschung, der Beweis mufste der Beobachtung, also der Erfahrung entnommen werden. Die Bedeutung des Satzes der lebendigen Kraft der Mechanik für das Prinzip der Energie als allgemeingültiges Prinzip der gesamten Physik ist damit kurz in dem Sinne charakterisirt, in dem es von R. Mayer und H. von Helmholtz geschehen ist, in der Form, die hier durch ein Beispiel seine Erläuterung finden sollte.

Der Begriff und die Bedeutung der mechanischen Analogie ist so recht erst durch Maxwell in das Bewufstsein der Physiker gebracht; aber ich mufs es mir hier versagen, ein Beispiel der Maxwellschen Forschung zu entnehmen. Eine Darstellung Maxwellscher Ideen hat ihre besonderen Schwierigkeiten, vollends wenn sie populär gehalten sein soll. Es ist mit der wissenschaftlichen Aufnahme von Maxwells Forschungen in mancher Beziehung ähnlich gegangen, wie mit der Aufnahme des Prinzips der Energie: zuerst Ablehnung, dann kühle Bewunderung, endlich wirkliches Verständnifs — nicht jedem war es vergönnt, sich durch diese Stufen hindurchzuarbeiten.

IV.

Haben wir in dem vorigen Abschnitt als Verwerthung der Mechanik für die mechanische Naturauffassung bei einer vorsichtigen, zurückhaltenden Forschung die Analogie oder die Benutzung mechanischer Prinzipe und Sätze als Organ zur Anschauung gebracht, so haben wir jetzt auch der kühneren Forschung zu gedenken, welche nicht bei der Analogie stehen blieb, sondern bis zur Identifizirung physikalischer Erscheinungen mit mechanischen fortschritt.

Die Mehrzahl der naturwissenschaftlich interessirten Laien wird diesem Standpunkt ein viel gröfseres Verständnifs entgegenbringen als dem im vorigen Abschnitt behandelten, und es ist dies auch nicht weiter wunderbar. Wo der Forscher unter Umständen der Anschauung ganz entsagt oder sich von einer verfeinerten, vergeistigten Anschauung, wie sie im vorigen Abschnitt geschildert wurde, leiten läfst, da strebt der Laie nach grobsinnlicher Anschauung, der für ihn einzig zugänglich erscheinenden Quelle eines gewissen Verständnisses.

Der physikalische Forscher ist eher geneigt der grobsinnlichen Anschauung zu entsagen, als es sich der Philosoph vielleicht vorstellen mag. Arbeitet man für einen einzelnen Fall die Vorstellung detaillirt aus, so hat das wenig Werth und Bedeutung, und es kann nicht weiter wunderbar sein, für die Erscheinung dann diejenigen Eigenschaften ableiten zu können, welche man im wesentlichen schon in die grobsinnliche Vorstellung hineingelegt hatte. Soll aber die sinnliche Vorstellung eine gröfsere Klasse von Erscheinungen umfassen, dann läuft man umsomehr Gefahr, zunächst abliegende aber doch hingehörige Punkte der Wirklichkeit nicht zu treffen, je spezieller man die grobsinnliche Vorstellung ausmalt. Es wird hieraus verständlich sein, warum die wahrhaft exakte Forschung so gern mit der Ausarbeitung einer Vorstellung zurückhält.

Der Ausgangspunkt der Forschung, welche physikalische Erscheinungen mit mechanischen direkt identifizirt, ist der Gedanke, dafs, wenn die Form zweier Erscheinungen als gleich befunden wird, wohl auch wissenschaftlich der Versuch lohnt, die Erscheinungen selbst gleich zu setzen. Die Mechanik bildet nach dieser Anschauung nicht nur das Organ für die mechanische Naturauffassung, für die Physik; diese ist vielmehr Mechanik selbst. Da die sichtbare Bewegung der ponderabeln Materie für diese Anschauung nicht beansprucht werden kann, wird für sie die unsichtbare Bewegung der ponderabeln Materie, die Bewegung der kleinsten Theile in Anspruch genommen.

Auf das vorhin behandelte Beispiel angewandt: Die Analogie der Aequivalenz von Wärme und Arbeit mit dem Satz von der lebendigen Kraft legte die Anschauung nahe, dafs Wärme nichts anderes als lebendige Kraft der kleinsten Theile sei — eine ziemlich populär gewordene Anschauung — populär schon darum, weil sie an eine andere vorhandene populäre Anschauung anknüpfen konnte, die Anschauung von der atomistischen Konstitution der Materie, auf die jetzt näher einzugehen ist.

Den Ausgangspunkt für die moderne Atomistik hat die Chemie gebildet mit dem Gesetz der einfach multipeln Proportionen, nach denen sich die verschiedenen Elemente und Stoffe zu scheinbar neuen, fremden Stoffen vereinen.

Es läfst sich nicht leugnen, dafs die Atomistik auch der physikalischen Anschauung eine Reihe der willkommensten Anknüpfungspunkte zur Erläuterung und Ausarbeitung ihrer Vorstellungen bietet. Der räumliche Abstand diskreter Massentheile, der Atome und Moleküle, gewährt eine Anschauung, wie wir uns z. B. die Ausdehnung und Kompression der Körper zu denken haben, mögen solche Aenderungen nun durch Druck- und Zugkräfte oder infolge von Wärmezuführung eingetreten sein. Die kinetische Gastheorie zeigte, in welcher Weise die Molekularbewegung geeignet ist, von den Begriffen des Drucks und der Temperatur Rechenschaft abzulegen. Es gelang, die Erscheinungen der Diffusion, Reibung und Wärmeleitung unter einem Gesichtspunkt in Uebereinstimmung mit der Erfahrung zusammenzufassen und zu Vorstellungen über molekulare Dimensionen fortzuschreiten.

Aber ebenso läfst sich nicht leugnen, dafs die Verwerthung der Atomistik für die Physik bisher auf ein verhältnifsmäfsig beschränktes Gebiet weist. Es fehlt ja nicht an Versuchen, z. B. auch die elektrischen und magnetischen Zustände der Materie an die Existenz gewisser Bewegungszustände der Atome oder Moleküle zu knüpfen, aber diese Versuche stehen doch nur ganz vereinzelt da.[1] Die ausschliefs-

---

[1] F. Lindemann, Ueber Molekularphysik. Versuch einer einheitlich

liche, einseitige und konsequente Zugrundelegung der atomistischen Vorstellung würde im gegenwärtigen Stadium der Wissenschaft einer gesunden physikalischen Forschung den Weg eher versperren als bahnen. Die Atomistik hat grofse Erfolge aufzuweisen, und es gebührt ihr jedenfalls ein gewisser Raum innerhalb der mechanischen Naturauffassung; aber es hiefse den thatsächlichen Werth der Atomistik verschieben, wollte man sie zum Fundament und Eckstein der mechanischen Naturauffassung erklären.

Wenn man „die kinetische Atomistik auf dem gegenwärtigen Standpunkt der Erfahrung für die nothwendige Begriffsform der Naturwissenschaft" hält*), und nach dieser Meinung „die kinetische Atomistik nicht mehr dasteht als eine höchst plausible Hypothese der Physik, sondern als die nothwendige und einzig mögliche Grundlage unseres Naturerkennens," so befindet man sich damit im offenen Gegensatz zur gegenwärtigen Richtung der physikalischen Forschung.¹)

Diese Auffassung mag damit in Zusammenhang stehen, dafs man in der Theorie der Materie einseitig das Wesen des Naturerkennens zu erblicken geneigt ist. In der Theorie der Materie, der Chemie, bildet allerdings die Atomistik ein breites Fundament, aber die Physik, welche doch in erster Stelle die mechanische Naturauffassung liefert, dürfte wohl mehr als eine Theorie der Energie zu bezeichnen sein. Vertreter der physikalischen Chemie wie Ostwald sind heute bereit, den Begriff der Energie für fundamentaler als den der Masse zu halten.*) M. Planck weist, abgesehen von anderen Schwierigkeiten, welche die kinetische Atomistik bietet, auf einen merkwürdigen Umstand hin⁹): „Die Erkenntnifs der weittragenden Analogie, welche das Verhalten gelöster Stoffe in verdünnten Lösungen mit dem vollkommener Gase zeigt, ist von der kinetischen Theorie nicht nur nicht

dynamischen Behandlung der physikalischen und chemischen Kräfte. Schriften der physikalisch-ökonomischen Gesellschaft zu Königsberg I. Pr. 1888 S. 31.
*) K. Lafswitz, Atomistik und Kritizismus. Ein Beitrag zur erkenntnifstheoretischen Grundlage der Physik. Braunschweig 1878 S 104.
¹) Man vergleiche unter Anderem: H. v. Helmholtz, Zum Gedächtnifs an Gustav Magnus 1871. Vorträge u. Reden 1884 II. S. 47. — E. Mach, Die ökonomische Natur der physikalischen Forschung 1882. Almanach der Wiener Akademie 32 S. 313. — E. Mach, Beiträge zur Analyse der Empfindungen 1886 S. 21 Anmerkung. — G. Kirchhoff hat nie über Molekularphysik geschrieben.
*) W. Ostwald, Studien zur Energetik. Zeitschrift für physikalische Chemie 1892 Bd. 9 S. 563, Bd. 10 S. 363.
⁹) M. Planck, Allgemeines zur neueren Entwicklung der Wärmetheorie. Verhandlungen der Gesellschaft deutscher Naturforscher und Aerzte. 64te Versammlung zu Halle a. S. 1891 II. Theil S. 55, Lpz. 1892.

gefunden worden, sondern sie hat sogar mit sehr erheblichen Schwierigkeiten zu kämpfen, um von diesem Verhalten hinterher Rechenschaft zu geben, sodafs auch ein weiterer Fortschritt in dieser Frage mit ihrer Hülfe wenigstens in der nächsten Zeit durchaus nicht zu erwarten steht."

Es handelt sich nicht etwa um eine Inkonsequenz, welche die Atomistik in einer Disziplin anerkennt, in einer anderen bestreitet; es handelt sich vielmehr darum, in einer Disziplin mit Hülfe der Atomistik gefördert, in einer anderen Disziplin durch die Atomistik nicht gehemmt zu werden. Das Ziel der Wissenschaft bleibt die Auffindung neuer Momente und Thatsachen, und wenn einmal die Atomistik uns dazu verhilft, das andere Mal andere Grundsätze, welche der Atomistik indifferent gegenüberstehen, sind wir darum nicht inkonsequent.

Der theoretische Standpunkt, die empirischen Ergebnisse der Naturwissenschaft von einem einheitlichen Gesichtspunkt aus zu begreifen, ist ja verständlich, aber gegenwärtig doch wohl erkenntnifstheoretisch mindestens als verfrüht zu bezeichnen. Im gegenwärtigen Stadium der Wissenschaft wäre es in der Naturwissenschaft und in der Medizin ebenso hinderlich wie verkehrt, alle Erscheinungen als Ergebnifs rein physikalischer und chemischer Wirkungen zu fassen, als es in der Physik hinderlich und verkehrt wäre, bei allen physikalischen Erscheinungen auf eine rein mechanische Deutung zurückzugehen. Die moderne Physik in ihrem Streben, gerade der Mannigfaltigkeit der Gesichtspunkte Rechnung zu tragen, die alle auf gleiche Erscheinungen hinweisen, zeigt damit wohl deutlich, wie weit die Naturwissenschaft von der ihr von Helmholtz früher einmal als letztes Ziel gestellten Aufgabe entfernt ist,[16]) nicht nur die Erscheinungen auf einfache Ursachen zurückzuleiten, sondern diese Zurückleitung zugleich als die einzig mögliche aufzuweisen.

Zu stande gekommen ist die gegenwärtige Richtung der modernen Physik, einheitliche Gesichtspunkte zwar geltend zu machen aber nicht einseitig zu bevorzugen und darum sich des Streits der Theorieen zu erfreuen, unter den Wandlungen, welche der Begriff der Fernwirkung in den letzten Dezennien durchgemacht, und welche auch die Stellung der Physik zur Atomistik wohl wesentlich bedingt.

Es ist bekannt, dafs Newton das nach ihm benannte Gesetz in die Wissenschaft einführte, ohne damit irgend welche Vorstellungen über das Zustandekommen der Fernwirkung zu verbinden. Die Nach-

---

¹) H. v. Helmholtz, Ueber die Erhaltung der Kraft. Berlin 1847 S. 7.

folger Newtons rechneten damit aber bereits wie mit einer konstruirbaren Vorstellung, und die Zurückführung sämtlicher physikalischer Erscheinungen auf anziehende und abstofsende Fernkräfte bildete den Grundzug in der weiteren Entwickelung der Physik bis auf die Zeiten Faradays und Maxwells. Die Existenz unvermittelt wirkender Fernkräfte schien dem physikalischen Bewufstsein so geläufig, dafs französische Forscher am Anfang dieses Jahrhunderts sogar elastische Druckkräfte und Oberflächendruckkräfte als das Resultat der Zusammenwirkung von Fernkräften darstellten. Diese Anschauungen konnten der Verbreitung der Atomistik nur förderlich sein: Die Atome, durch den leeren Raum getrennt, unterliegen unvermittelten Fernwirkungen, welche die Mannigfaltigkeit der Erscheinungen der Körperwelt bedingen.

Seit Faraday und Maxwell wird die Anschauung in der Physik ausgebildet, dafs eine Fernwirkung nur scheinbar zu stande kommt, dafs thatsächlich die Wirkung als eine Art Druckwirkung kontinuirlich von Ort zu Ort durch das Zwischenmedium mit einer gewissen Geschwindigkeit vor sich geht. Die Druckwirkung liegt danach unter allen Wirkungen dem Kausalitätsbedürfnifs am nächsten, und es erscheint im Gegensatz zu den erwähnten Bestrebungen französischer Physiker naturgemäfs, alle Fernwirkungen auf Druckwirkungen zurückzuführen. Diese Vorstellung weist nicht die unmittelbare Beziehung zur Atomistik auf, und selbst die kinetische Atomistik, also die Vorstellungen der kinetischen Gastheorie kommen ihr nur bis zu einem gewissen Grade entgegen.

Es unterstützt nur meine Anschauung von der Objektivität der physikalischen Forschung, welche einheitliche Gesichtspunkte zwar geltend macht, aber nicht einseitig bevorzugt, wenn Faraday und Maxwell, obwohl ihre Grundvorstellungen sie von der Atomistik fortrieben, doch gerade die Atomistik in ihren Forschungen ausgedehnt kultivirt haben. Faraday war ein Hauptvertreter der Anschauung, welche in den Atomen wesentlich Kraftzentra sieht, eine Anschauung, die allerdings der Galileischen Trägheit der Materie in keiner Weise Rechnung trägt. Maxwell hat die kinetische Gastheorie zur höchsten Vollendung gebracht.

Diese Objektivität der Physiker, welche sich für eine bestimmte, sozusagen philosophische Meinung nicht engagirt, steht in einem eigenthümlichen Gegensatz zu dem Eifer, mit dem Philosophen sich ihrer einseitig bemächtigen. Mit Vorliebe wird hier die Atomistik und Fernwirkung behandelt. Aus meiner Studienzeit ist mir noch erinnerlich, wie ein jetzt nicht mehr unter den Lebenden weilender Lehrer der Philosophie, nachdem alle Beweise für das Dasein Gottes als unbrauchbar zurückgewiesen waren, den Begriff der Fernwirkung dazu glaubte verwerthen zu können. Der Philosoph kehrt, wie ich schon am Anfang des zweiten Abschnittes sagte, aus der physikalischen Forschung mehr das bunte Gewand, das Aeufsere, Veränderliche, Vergängliche hervor. Meine Absicht ist mehr darauf gerichtet, das Bleibende, Unveränderliche, Unvergängliche hervorzuheben und nutzbringend zu verwerthen.

V.

Es beruht auf völliger Verkennung des Thatbestandes, wenn man der mechanischen Naturauffassung eine sogenannte organische entgegenstellen will.[11]) Eine solche Gegenüberstellung der Worte mechanisch und organisch mag in anderen Verhältnissen ihre Bedeutung haben, für die Naturauffassung hat sie eine solche nicht. Soweit die Durchführung bisher geschehen, ist die mechanische Naturauffassung ebenso wie die wissenschaftliche Disziplin, nach der sie ihren Namen trägt — die Mechanik — ein in sich geschlossener Organismus, wie ihn abgesehen von der reinen Mathematik keine andere Wissenschaft aufweist. Auch über die gegenwärtige Durchführung hinaus geben die bisherigen Erfolge uns die Berechtigung, die mechanische Naturauffassung für einen solchen Organismus zu halten, wobei die Frage nach ihren Grenzen ganz offen bleiben soll.

Die Abneigung gegen den Organismus, welchen man mechanische Naturauffassung genannt hat, ist übrigens begreiflich. Wie schwierig ist für das Verständnifs schon die reine Mechanik. Die Schwierigkeit beruht nicht zum mindesten in dem geschlossenen Aufbau der Disziplin. Man darf nicht Einzelheiten herausreifsen und sich daraus ein Bild von dem Ganzen zurechtmachen, wie es vielleicht in Disziplinen gelingt, welche nicht eine derartig logische Durcharbeitung zulassen. Diese reine Mechanik bildet aber nun erst den Ausgangspunkt für die mechanische Naturauffassung.

Der Naturforscher wird als Mensch weit entfernt sein, die Natur immer nur vom mechanischen Standpunkt anzusehen, er wird sich ihr wie jeder andere Sterbliche auch naiv gegenüberstellen, er wird in unmittelbarer Umgebung schöner Natur, auf Reisen Erholung suchen und finden. Es gehört mit zu dem Reichthum der Schöpfung, dafs die Natur in der mannigfachsten Weise auf uns wirkt; wer gewönne

---

[11]) Rembrandt als Erzieher von einem Deutschen 1890.

nicht gerne einen Einblick in das Verhältnifs der Natur zum Dichter und Künstler.

Aber das Eine schliefst das Andere nicht aus; so berechtigt es unter Umständen sein kann, die Natur als Kunstwerk anzuschauen, das eine Zergliederung in einzelne Bestandtheile verbietet, so sehr haben Dichter gesündigt, wenn sie einer mechanischen Naturanschauung jedwede Berechtigung absprachen. Den bekannten Versen von Göthe:

> „Geheimnifsvoll am lichten Tag
> Läfst sich Natur des Schleiers nicht berauben,
> Und was sie deinem Geist nicht offenbaren mag,
> Das zwingst du ihr nicht ab mit Hebeln und mit Schrauben."

können wir die Aeufserung Schillers über die Forscher seiner Zeit zur Seite stellen:

> „Wahrheit, wo rettest du dich hin vor der wüthenden Jagd?
> Dich zu fangen, ziehen sie aus mit Netzen und Stangen,
> Aber mit Geistestritt schreitest du mitten hindurch."

Wie sehr, bemerkt L. Boltzmann in Bezug hierauf, würde Schiller erst beim Anblick des Rüstzeuges der heutigen Physik und Chemie bezweifelt haben, ob mit einem solchen Chaos von Apparaten die Wahrheit gefangen werden könne.[12])

Auf die Gefahr, von Freunden der mechanischen Naturanschauung mifsverstanden zu werden, will ich einen Ausspruch wagen, der in konzentrirter Form die Schwierigkeiten zum Ausdruck bringt, welche einer mechanischen Naturanschauung entgegenstehen. Wenn wir kongenial das nennen, was Anlage und Entwicklungsgang dem Einzelnen nahe gelegt hat, wenn wir berücksichtigen, wie Erziehung und äufsere Eindrücke förderlich oder hemmend, öfters allerdings auch gegensätzlich wirken, dann können wir sagen: Die mechanische Naturauffassung erscheint dem menschlichen Geist nicht kongenial, wie irgend ein Gebiet aus den Geisteswissenschaften; damit soll vollkommen verträglich sein, dafs die mechanische Naturauffassung dem Forscher, der beständig mit ihr zu thun hat, bis zu einem gewissen Grade kongenial wird.

Ich will an einer Reihe von Beispielen aus der Geschichte der Wissenschaften den Sinn und die Bedeutung meiner Aeufserung zu erläutern suchen:

Einmal führe ich die in der Geschichte der Wissenschaften überaus spät eintretende Entwickelung der Physik an — das ist ein direkter Beweis. Wenn wir bedenken, dafs die Geschichte der Wissenschaften

---

[12]) L. Boltzmann, Der zweite Hauptsatz der mechanischen Wärmetheorie 1886, Almanach der Wiener Akademie 36 S. 229.

nach Tausenden von Jahren zählt, bedenken, was das klassische Alterthum allein für die Geisteswissenschaften geleistet, bedenken, dafs eine Reihe physikalischer Erscheinungen — der freie Fall der Körper — so leicht zu beobachten war und nicht beobachtet wurde, dann will uns das dreihundertjährige Alter der Physik, von Galilei an gerechnet, als eine Epoche erscheinen, die eben erst begonnen. In der That, wäre die mechanische Naturauffassung dem menschlichen Geiste kongenialer, der Beginn der physikalischen Forschung müfste älteren Datums sein.

Diesem älteren direkten Beweis stelle ich einen anderen indirekten Beweis aus diesem Jahrhundert zur Seite. Es ist bekannt, dafs die Identitätsphilosophie Hegels die Kongenialität von Geist und Natur so zu sagen zur Voraussetzung hatte. Gelang es Hegel, mit seiner Konstruktion a priori innerhalb des Gebietes der Geisteswissenschaften Erfolge zu erzielen, so scheiterte er gänzlich mit diesbezüglichen Versuchen, die er auf das Gebiet der Naturwissenschaften zu übertragen suchte. Die Natur widerstrebte seinen Bemühungen. In der That, wäre die mechanische Naturauffassung dem menschlichen Geiste kongenial, sie hätte sich auch einem so hohen Geiste, wie es Hegel doch immer war, kongenial erweisen müssen.

Eine weitere Erläuterung meines Ausspruchs möchte ich an eine Frage knüpfen, welche neuerdings in den weitesten Kreisen lebhaftes Interesse erregt hat; es ist die Frage, von welchem Standpunkt man Geschichte zu treiben beziehungsweise zu lehren habe. Diese Frage ist im speziellen bekanntlich für die Geschichte der Völker aufgeworfen worden; wir verknüpfen damit die Frage nach der Geschichte der Physik, der Naturwissenschaften, der mechanischen Naturauffassung. Es kann kein Zweifel darüber bestehen, dafs für die Forschung die Darstellung der Geschichte der Völker sich in der Richtung von der Vergangenheit auf die Gegenwart bewegen mufs, die Gegenwart der Völker kann nur aus ihrer Vergangenheit begriffen werden; aber ebenso besteht kein Zweifel, dafs eine Darstellung der Geschichte der Physik und der Naturwissenschaften den gegenwärtigen Standpunkt der Wissenschaft zur Voraussetzung haben mufs, um rückwärts die Entwickelung der Erkenntnifs mit ihren grofsen Schlangenwegen erfassen und würdigen zu können.[*] Es mag dahin gestellt bleiben, ob die für den Unterricht aufgeworfenen einschlägigen Fragen diesen Unterschied, der im Wesen der Geschichts- und Naturwissenschaft

[*] Man vergleiche die Vorrede zu meinen „Vorlesungen über die Theorie des Lichtes" Lps. 1891 S. V.

begründet ist, berücksichtigt haben. Der Unterschied wird eben dadurch bedingt, dafs die Geschichte der Völker dem menschlichen Geist kongenial ist, die Physik, die mechanische Naturauffassung nicht. Ich füge diesen Erörterungen einen vierten Beweis hinzu. Es ist bekannt, dafs G. Kirchhoff allen vermeintlichen Versuchen gegenüber, die Natur zu erklären, die Aufgabe der Physik in einer Beschreibung präzisirt hat;[14]) die Mehrzahl der Fachgenossen hat ihm darin zugestimmt. Wenn die früher sogenannten beschreibenden Naturwissenschaften heute die entgegengesetzte Schwenkung machen[15]) und mit der Hypothese Darwins nicht blos beschreiben, sondern auch entwickeln, also erklären wollen, dann ist darauf hinzuweisen, dafs es sich bei der Entwickelung oder Entwickelungsgeschichte der Biologie doch nur streng genommen um einen Bericht, eine Erzählung von einer Entwickelung — sagen wir im historischen Sinn — handelt, dafs von der Erkenntnifs einer Entwickelung im physikalischen Sinn doch nicht die Rede sein dürfte.

Die erkenntnifs-theoretische Stellung der Physik mit ihren einfachen Objekten dürfte doch wohl für die formale Präzisirung der Aufgabe der Naturwissenschaften entscheidender sein als eine Disziplin, die von vornherein mehr auf Berichte angewiesen ist. In der That, wenn die Mehrzahl der Physiker über eine Beschreibung der Natur nicht hinauszukommen glauben, dann wird dieser Standpunkt sich nicht allzuweit von dem entfernen, dessen Berechtigung ich nachweisen wollte, dafs die mechanische Naturauffassung dem menschlichen Geiste nicht kongenial erscheine.

Ich will diese Erörterungen nicht weiter ausführen. Ohwohl es meine Aufgabe nur sein kann, für solche zu schreiben, die der mechanischen Naturanschauung eine gewisse Achtung und Anerken-

---

[14]) An einer anderen Stelle habe ich Kirchhoffs Formulirung nach einer Seite noch weiter eingeschränkt, nach einer anderen erweitert: Ueber Gesetze und Aufgaben der Naturwissenschaften, insbesondere der Physik in formaler Hinsicht. Himmel u. Erde, Juli 1892 IV. S. 441—461. Zur Erläuterung möchte ich noch hinzufügen, dafs Kirchhoffs Formulirung der Aufgabe wohl nur auf die reine Physik bezogen werden kann, worauf es hier allerdings allein ankommt. Die angewandte Physik führt auf die reine Physik zurück, sie verläfst insofern das Gebiet der Beschreibung und kann für sich den Begriff Erklärung in Anspruch nehmen, wie man denn z. B. die Erscheinung des Regenbogens nicht nur beschreiben, sondern wirklich erklären kann.

[15]) L. Boltzmann, Der zweite Hauptsatz der mechanischen Wärmetheorie 1886. Almanach der Wiener Akademie 36 S. 231. — Ueber die Methoden der theoretischen Physik. Katalog mathematischer und math.-physikalischer Modelle, Apparate und Instrumente. Herausg. von Dyck, München 1892 S. 92, 93.

nung entgegenbringen, so scheint es mir doch nothwendig zu sein, eine Charakteristik der mechanischen Naturauffassung damit zu schliefsen, die Schwierigkeiten zur Anschauung zu bringen, welche einer solchen entgegenstehen. In der That, die Erfolge, welche die mechanische Naturauffassung aufzuweisen hat, und die Popularität, der sich die Anschauung einer vollkommenen Gesetzmäfsigkeit erfreut, lassen bei Laien allzuleicht über die Schwierigkeiten hinweggehen, welche sich dem Wege der Forschung entgegenstellen.

Ich weise hin auf die Bekenntnisse und Lebenserinnerungen bedeutender Naturforscher wie v. Helmholtz[16]) und W. v. Siemens.[17]) Selbst Heroen des Geistes müssen bei aller Begabung alle Funde und Entdeckungen erarbeiten und der Natur abringen. Ist bei strenger Gedankenarbeit ohnehin eine Rückwirkung auf die Natur und den Charakter der Menschen unverkennbar, die nicht nur intellektuell, sondern auch sittlich vertieft und erhebt, — wieviel mehr in einem Gebiet, in dem es die Gedankenarbeit allein noch nicht macht, in dem es vor allem darauf ankommt, dafs das Reich der Denknothwendigkeiten nun auch sein getreues Bild in dem Reich der Wirklichkeiten, der Natur findet. Die mechanische Naturanschauung mit ihrer vielgeschmähten, aber durchaus nothwendigen Detailarbeit entspricht mehr als andere Arbeit der biblischen Forderung „der Arbeit im Schweifse des Angesichts", um dem Menschen die Erde unterthan zu machen mit allen ihren Gütern.

Man hat unsere Kulturperiode nicht ohne Grund ein naturwissenschaftliches Zeitalter genannt[18]); sie ist zu stande gekommen auf Grund einer von Generation zu Generation mühsam erarbeiteten mechanischen Naturanschauung. Tausende von Forschern haben bewufst einander in die Hände gearbeitet, jeder wohlwissend, dafs er allein ohne die Arbeit anderer nichts oder sehr wenig vermöchte. Eine Wissenschaft, welche der Zeit ihre Signatur aufprägt, kann dies nie durch ausschliefslich intellektuelle Kräfte, mögen diese auch den Ausgangspunkt bilden; es wirken dabei sittliche Kräfte mit.

Wir stehen erst an der Schwelle des naturwissenschaftlichen Zeitalters; da kann es nicht Wunder nehmen, dafs für die Mehrzahl der Gebildeten die Keime noch nicht sichtbar sind, welche innige Beschäftigung mit den Naturwissenschaften auch nach der sittlichen

---

[16]) Ansprachen u. Reden, gehalten bei der am 2. Nov. 1891 zu Ehren von H. v. Helmholtz veranstalteten Feier. Berlin 1892 S. 54.
[17]) W. v. Siemens, Lebenserinnerungen 1893 S. 354, 178.
[18]) W. v. Siemens, Das naturwissenschaftliche Zeitalter 1886.

Seite gewähren können. Möchten die Kreise, welche dazu berufen sind, die sittlichen Kräfte des Volkslebens zu erhalten und zu beleben, solche Keime, wie sie die Naturwissenschaften in sich enthalten, lieber ernstlich aufsuchen und pflegen, als unkundig beschneiden. Allerdings ist die erste Forderung, zu der Beschäftigung mit der mechanischen Naturanschauung auffordert, Bescheidenheit und anhaltender Fleiß.

Die Elektrizität in der Natur.

Nach einem in der Urania gehaltenen Vortrag von Dr. F. Koerber.

Die Gegenwart wird zweifellos von späteren Generationen als das Zeitalter der Elektrizität bezeichnet werden, so wie wir heute vom Zeitalter der Erfindung der Buchdruckerkunst, der Dampfmaschinen u. s. w. sprechen; denn in der That empfängt die jetzige Industrie und Technik ihr eigenthümliches Gepräge durch die immer vielseitiger werdende Dienstbarmachung der gewaltigen Naturkraft „Elektrizität", die, obwohl den alten Griechen bereits bekannt, doch bis vor kurzem nur eine Kuriosität physikalischer Kabinette geblieben war und für den Menschen keine praktische Bedeutung zu haben schien. In der heutigen Zeit ist nun die Frage naheliegend, ob denn elektrische Wirkungen nicht auch im Weltall eine hervorragende Rolle spielen mögen, und ob sich die Natur, „vollkommen überall, wo der Mensch nicht hinkommt mit seiner Qual", die Thätigkeit dieser nutzbringenden Kraft habe entgehen lassen.

Diese Frage nach dem Wirken elektrischer Kräfte im Weltgetriebe muss nach dem heutigen Standpunkt der Wissenschaft, wie wir im Folgenden erkennen werden, entschieden bejaht werden. Der Grund, weshalb dem Menschen indessen derartige Wirkungen verhältnismäfsig lange unbekannt geblieben sind, ist offenbar darin zu suchen, dass ihm selbst ein der Empfindung elektrischer Beeinflussungen dienendes Sinnesorgan vorenthalten geblieben ist. Denn wenn auch unsere Muskeln durch statisch-elektrische Entladungen oder schnell aufeinander folgende galvanische Ströme von hoher Spannung zur Kontraktion veranlafst werden, sodafs die Physiologen geneigt sind, den geheimnisvollen Zusammenhang zwischen dem Centralnervensystem und den peripherischen Körpertheilen mit Hilfe der Annahme von „Nervenströmen", die den elektrischen Strömen ähnlich zu denken seien, aufzuhellen, — so ist doch eben merkwürdigerweise an keiner Stelle unseres Leibes eine besondere Feinfühligkeit für elektrische

Vorgänge anzutreffen, die uns in den Stand setzen könnte, die von anderen Körpern ausgehenden elektrischen Fernwirkungen deutlich zu fühlen.[1])

Nur bei einigen Fischen hat man bis jetzt elektrische Organe entdeckt, die aber auch hier nicht der Empfindung dienen, sondern nur als Vertheidigungs- resp. Angriffsmittel funktioniren. Sonderbarerweise gehören diese „elektrischen" Fische ganz verschiedenen Verwandtschaftsgruppen an: ein in den Strömen Südamerikas lebender Aal, ein im Nil vorkommender Wels, und der im Mittelmeer nicht seltene Zitterrochen. Diese drei Fischarten besitzen auf beiden Seiten des Körpers Organe, welche, galvanischen Elementen vergleichbar, anderen Körpern durch Berührung starke elektrische Schläge zu ertheilen vermögen, die kleinere Thiere gänzlich zu betäuben oder gar zu tödten im stande sind. Auf welche Weise hierbei die Entwickelung freier Elektrizität zu stande kommt, ist indessen noch heute nicht recht aufgehellt. Nur soviel scheint festzustehen, dafs die elektrischen Organe in naher Verbindung mit dem Nervensystem stehen, und dafs nach erfolgter Entladung eine erhebliche Erschöpfung eintritt. — Da wir eine weitere Ausbildung derartiger Organe bei höheren Thieren nicht antreffen, scheint es fast, als ob sich die bei den elektrischen Fischen zur Anwendung gekommene Kraft im Haushalt des thierischen Lebens nicht recht bewährt habe.

Auch im Pflanzenleben scheint die Elektrizität keine allzu grofse Rolle zu spielen. Wenn es auch nach der Ansicht hervorragender Botaniker wahrscheinlich ist, dafs in den Pflanzen elektromotorische Kräfte wirken und beständig elektrische Ausgleichungen stattfinden, die auf die Wachsthums- und Ernährungsvorgänge nicht ohne Einflufs sein dürften, so sind doch sichere Feststellungen über solche Vorgänge noch nicht gelungen, und das Gebiet ist trotz eifriger Forschung noch so dunkel geblieben, dafs sich vorläufig nichts Bestimmtes über die Bedeutung der Elektrizität für das Leben der Gewächse aussagen läfst.

Um so gewaltiger und deutlicher tritt uns nun aber die elektrische Kraft in der unorganischen Welt entgegen, sowohl auf der Erde, als auch in den himmlischen Regionen. — Das Gewitter, das wie kein anderes Naturphänomen die Seele des Menschen erschüttert und die Abhängigkeit seines Lebens von der Allgewalt fremder Kräfte vor

---

[1]) Der eigenthümliche Geruch in der Nähe einer thätigen Elektrisirmaschine entsteht durch die Umwandlung des Sauerstoffs der Luft in Ozon; die Elektrizität selbst können wir nicht riechen.

Augen rückt, ist nichts, als die Folge einer zu hoch gewachsenen elektrischen Spannung in unserer Atmosphäre und der in ihr schwebenden Wolken. Diese Thatsache wurde zuerst um die Mitte des vorigen Jahrhunderts von Benjamin Franklin behauptet und durch seine bekannten Versuche mit dem elektrischen Drachen bestätigt. Beim Vorübergang eines Gewitters wurden nämlich aus der leitend gemachten Schnur eines mit metallenen Spitzen versehenen Drachens Funken von beträchtlicher Länge gezogen, die sich in jeder Beziehung wie die Funken der Elektrisirmaschine verhielten. Damit war erkannt, dafs der Blitz nichts anderes als ein ungeheurer elektrischer Funken ist, und die geistreiche Erfindung des Blitzableiters folgte dieser wichtigen Erkenntnifs auf dem Fufse. Heute weifs man auf Grund von Versuchen mit empfindlichen Instrumenten, dafs die Wolken ebensowohl wie die Luft auch an gewitterlosen Tagen stets eine mehr oder minder starke elektrische Ladung besitzen, und zwar ist die Luftelektrizität meist positiv, die der Wolken dagegen bald positiv, bald negativ. Ausgleichungen dieser Spannung können aufser durch den gewöhnlichen Zickzackblitz auch durch den unbestimmt begrenzten Flächenblitz (Wetterleuchten), den ganz räthselhaften, sich nur sehr langsam bewegenden Kugelblitz und endlich durch Büschelentladung (Elmsfeuer) erfolgen. Woher aber die elektrische Erregung der Atmosphäre ihren Ursprung nehmen mag, das ist trotz emsigster und lange fortgesetzter Forschung bis auf den heutigen Tag nicht sicher festgestellt worden. Wir müssen diejenigen unserer Leser, die sich für diese Frage interessiren, auf den diesbezüglichen umfassenden Aufsatz von Prof. Schncke im ersten Bande dieser Zeitschrift[2]) verweisen.

Auf ein Vorhandensein gewaltiger elektrischer Strömungen im Innern des Erdkörpers deutet der bisher so räthselhaft gebliebene Erdmagnetismus. Die in der nordsüdlichen Einstellung des Kompafs sich kundgebende magnetische Richtkraft der Erde soll den Chinesen bereits im Anfange unserer Zeitrechnung bekannt gewesen sein, im Abendlande lernte man den Gebrauch des nützlichen Instruments jedoch erst im Mittelalter kennen, und die wissenschaftliche Erforschung der erdmagnetischen Erscheinungen erfolgte sogar erst im laufenden Jahrhundert. Dafs die von der Magnetnadel gewiesene Richtung von der Nordsüdlinie eine, an verschiedenen Orten verschieden grofse Abweichung (Deklination) zeige, war freilich bereits vor mehreren hundert Jahren erkannt worden, aber die Darstellung dieser Verhältnisse in

---

[1]) Auch in den „gemeinverständlichen Vorträgen" von Sohncke (Jena, G. Fischer) abgedruckt.

magnetischen Karten, die Ermittelung der Lage der magnetischen Pole u. s. w., kurzum alle Kenntnisse, welche der wissenschaftlichen Ergründung dieser Erscheinungen vorauf gehen mußten, entwickelten sich doch erst seit dem vorigen Jahrhundert. In neuester Zeit haben dann Gauss und Weber, die Gründer des „magnetischen Vereins", sehr umfangreiches Beobachtungsmaterial zusammengebracht und dasselbe zu einer exakten Theorie verarbeitet, welche gestattet, alle erdmagnetischen Erscheinungen aus der einen Annahme abzuleiten, daß der Erdkörper ein großer Magnet von sehr erheblicher, mit der Zeit jedoch veränderlicher Stärke ist, dessen Pole ebenfalls keine feste Lage besitzen, sondern mit der Zeit innerhalb gewisser Grenzen schwanken. Abgesehen von den langsamen (säkularen) Veränderungen, welche alle Elemente des Erdmagnetismus beständig erfahren, kommen aber auch

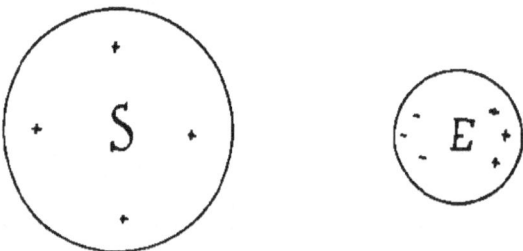

plötzliche, nur kurze Zeit anhaltende Veränderungen vor, die man als magnetische Störungen bezeichnet. Solche Störungen äußern sich vornehmlich in nicht unbeträchtlichem, langsamem Hin- und Herschwanken der Magnetnadel. Gerade diese Störungen sind nun Erscheinungen, welche uns berechtigen, den gesamten Erdmagnetismus nur als eine Induktionswirkung beständiger elektrischer Strömungen aufzufassen. Denn die magnetischen Störungen sind stets von lebhaften Erdströmen[1]) begleitet, welche unter Umständen das Telegraphiren stark erschweren. Der bekannte Münchener Physiker Lamont ist darum auf den Gedanken gekommen, die Erscheinungen des Erdmagnetismus aus der elektrischen Influenzwirkung zu erklären, welche die Erde unter dem Einfluß der mit nur einer Elektrizitätsart geladen gedachten Sonne erfahren würde. Denken wir uns nämlich die Sonne (S in unserer Figur) beispielsweise mit positiver Elektrizität geladen, so

[1]) Vergl. Jahrg. III S. 341 f.

würde die fernwirkende elektrische Kraft in der unelektrisch gedachten Erde E eine Scheidung durch Influenz bedingen, indem alle positive Elektrizität eine Abstofsung erfährt und demnach auf die der Sonne abgewandte Erdhälfte flieht, während die angezogene negative Elektrizität auf der Taghälfte der Erdkugel sich ansammeln müfste. Bedenken wir nun, dafs die Erde in dem elektrischen Felde der Sonne sich täglich einmal um sich selbst dreht, so erkennen wir, dafs die Elektrizitäten niemals in Ruhe kommen könnten, sondern stets in zur Ekliptik parallelen Bahnen den Erdkörper umkreisen müfsten. Das Vorhandensein dauernder elektrischer Ströme im Erdkörper wäre sonach begreiflich, und da sich ein derart von Strömen umkreister Körper, ein sog. Solenoid, nach aufsen genau wie ein Magnet verhält, so wären die Erscheinungen des Erdmagnetismus nicht mehr ganz räthselhaft. Allerdings bedarf die Hypothese, um als annehmbar zu gelten, noch einer gründlichen Vertiefung unter Berücksichtigung der gegenwärtigen Kenntnisse der elektrischen Ströme. Es lassen sich nämlich gegen die obige Darstellung schwerwiegende Einwände erheben; vor allem kommt ein geschlossener Strom auf die angegebene Weise gar nicht zu stande, und die positive Elektrizität auf der Nachtseite fliefst in derselben Drehrichtung, wie die negative auf der Taghälfte. Auch alle Einzelheiten des Erdmagnetismus bleiben vorläufig noch ganz unerklärt, aber es ist durch Lamonts Ideen doch der erste Anfang eines Verständnisses der erdmagnetischen Kraft angebahnt, und es würde von diesem Standpunkte aus vor allem auch die Abhängigkeit der erdmagnetischen Erscheinungen von den auf der Sonne sich abspielenden Vorgängen, auf die wir sehr bald zu sprechen kommen werden, von selbst einleuchten.

Von irdischen Phaenomenen stehen mit dem Erdmagnetismus die merkwürdigen Polarlichter im nächsten Zusammenhang, über die in dieser Zeitschrift bereits ausführlich von sachkundiger Feder geschrieben worden ist.[1]) Dieser Zusammenhang giebt sich aufs unmittelbarste zu erkennen, indem die Lichtstrahlen der Polarlichter genau die Richtung der erdmagnetischen Kraft weisen und das Auftreten eines Nordlichts stets starke magnetische Störungen erzeugt, die bis in geographische Breiten sich geltend machen, wo von der Lichterscheinung keine Spur mehr zu sehen ist. Die Forscher sind daher bei aller Verschiedenheit in den spezielleren Erklärungsversuchen der Polarlichter zumeist doch wenigstens darüber einig, dafs dieselben als eine besondere

---

¹) Vergl. Jahrg. I, S. 214, 360. Jahrg. III, 101, 493, 548.

Form in der Höhe der Atmosphäre vor sich gehender elektrischer Entladungen aufzufassen sind. Naturgemäfs müssen solche Entladungen durch elektrische Fernwirkung, wie ein Strom in der Tangentenbussole, den Stand der Magnetnadel beeinflussen.

Weit merkwürdiger aber, als der Zusammenhang zwischen Polarlichtern und dem Erdmagnetismus, ist die bereits oben angedeutete und in dieser Zeitschrift schon wiederholt besprochene[1]) Abhängigkeit beider irdischer Erscheinungsgruppen von den gewaltigen Vorgängen, die wir mit Hilfe des Fernrohrs am Sonnenball wahrnehmen. Die Sonnenflecken zeigen bekanntlich eine periodisch wechselnde Häufigkeit, wie zuerst Schwabe in Dessau 1843 auf Grund einer fast 20jährigen Beobachtungsreihe konstatirte. Diese Periodizität ist dann namentlich von Spörer und Wolf genauer erforscht worden, besonders nachdem 1852 Sabine darauf hingewiesen hatte, dafs der Gang der Sonnenfleckenhäufigkeit mit dem von Lamont festgestellten Gange der Zahl und Stärke magnetischer Störungen parallel laufe. Durch den Nachweis dieses Zusammenhanges werden wir mit Nothwendigkeit zu der Annahme äufserst intensiver elektrischer Vorgänge auf der Sonnenoberfläche geleitet, die mit dem Erscheinen der Flecken, Fackeln und Protuberanzen in nächster Verbindung stehen, und von denen aus elektrische Kraftwellen sich im Weltraum ausbreiten, stark genug, um noch in 20 Millionen Meilen Entfernung ihre Wirkung aufs deutlichste zu dokumentiren.

Durch zwei Gründe also werden wir auf die Vermuthung einer elektrischen Erregung des Sonnenkörpers geführt: das Vorhandensein des Erdmagnetismus wird dadurch verständlicher, und vor allem die Abhängigkeit der erdmagnetischen und Polarlicht-Erscheinungen von den Sonnenflecken wäre ohne eine solche Hypothese völlig unerklärlich. Aber auch andere Erscheinungen zeigen sich uns nun mit einem Mal in ein viel helleres Licht gesetzt, wenn wir uns für die Berücksichtigung elektrischer, auf der Sonne wirkender Kräfte entscheiden, deren Erregung doch bei den beständig unserer Wahrnehmung sich darbietenden, gewaltigsten Umwälzungen auf dem glühenden Feuerball an sich schon als aufserordentlich wahrscheinlich gelten mufs.

Zunächst ist es das Aussehen der Corona, jener merkwürdigen, nur während totaler Finsternisse sichtbaren Lichthülle der Sonne, das sich am einfachsten durch die Annahme elektrischer Abstofsungskräfte, die an zwei gegenüberliegenden Punkten der Sonnenoberfläche be-

[1]) z. B. Jahrg. IV, S. 485.

sondern stark wirken, erklären läfst. Namentlich seit man die Form der Corona mit Hilfe der Photographie zu fixiren gelernt hat, zeigten sich die typischen Eigenthümlichkeiten in der Vertheilung des Lichts dieser Erscheinung aufs augenfälligste. Büschelförmige Strahlensysteme laufen von zwei diametral gegenüberliegenden Punkten des Sonnenrandes, den Coronapolen, aus, während das Licht in den von diesen Polen weiter abliegenden Partieen ein gleichmäfsigeres ist. Man vergleiche in dieser Hinsicht die von uns bereits früher gebrachten Abbildungen der Corona[*]. Die Vermuthung, dafs jenes eigenthümliche Aussehen der Corona, das an einen von Eisenfeilspähnen umgebenen Magneten erinnert, auf die Wirkung von Abstofsungskräften zurückzuführen sein dürfte, wurde zuerst von Bigelow ausgesprochen, obgleich derselbe diese Kräfte nicht unbedingt als elektrischer Natur angesehen wissen möchte[1]. Kleine, einzeln für uns gar nicht sichtbare Körperchen würden nach Bigelows Auffassung in den durch die Coronastrahlen angegebenen Bahnen vom Sonnenkörper an jenen Polen fortgeschleudert werden, um dann im grofsen Bogen wieder zur Sonne zurückzukommen und vielleicht bei ihrer Rückkehr die Fleckenerscheinungen zu erzeugen.

Haben wir nun einmal die Ueberzeugung gewonnen, dafs sich auf der Sonne beständig gewaltige elektrische Phänomene abspielen, dann werden uns sogleich auch die Kometen, jene räthselhaftesten aller Gestirne, mit ihren stets von der Sonne abgewandten Schweifen erklärlich. Dem berühmten Astrophysiker Zöllner verdanken wir die Ausarbeitung einer elektrischen Theorie der Kometenschweife, die fast keine Erscheinung an diesen merkwürdigen Gebilden unerklärt läfst und deshalb bald von der Mehrzahl der Astronomen angenommen wurde, namentlich nachdem Bredichin die einzelnen, gröfseren Kometenerscheinungen mit ihrer Hilfe in sehr befriedigender Weise zu diskutiren vermocht hat. Schon bei Herschel, Olbers und Hessel findet sich die Vermuthung ausgesprochen, dafs die Richtkraft der Kometenschweife elektrischer Natur sein möchte, ja Bessel hatte sogar bereits erkannt, dafs die Schweife Ströme leuchtender Theilchen darstellen, die sich infolge der Einwirkung der Sonnenstrahlen vom Kometenkerne erheben und nun unter dem Einflufs einer abstofsenden Kraft, deren Sitz in der Sonne liegt, in hyperbolischen Bahnen abfliefsen und so die Schweifkurve bilden. Die Besselsche

[*] Himmel und Erde, I, S. 501, III, S. 31 und 478.
[1] Vergl. unseren Bericht über Bigelows Theorie, Jahrg. III, 479; IV, 132.

mathematische Theorie zur Bestimmung der Größe der abstoßenden Kraft führte Bredichin zur Eintheilung der Kometenschweife in drei Gruppen, die sich durch wesentliche Verschiedenheit in der Stärke jener Kraft unterscheiden. Zöllner hat aber gezeigt, wie die Entstehung einer elektrischen Abstoßung der Schweifmaterie erklärbar ist unter der durch unsere obigen Erörterungen höchst wahrscheinlich gemachten Voraussetzung, daß die Sonne eine elektrische Ladung besitze. Da die Kometen nämlich aus endlosen Fernen in den Bereich des Sonnensystems eindringen, werden alle den Kometenkörper bildenden Stoffe, so argumentirt Zöllner, zunächst sich im Zustande der gänzlichen Erstarrung befinden müssen, denn die Temperatur des interstellaren Weltraums ist sicherlich nur wenig vom absoluten Nullpunkt (— 273° C.) verschieden. Tritt nun aber bei der Annäherung an die Sonne infolge der Bestrahlung eine Temperaturerhöhung des Kometenkörpers ein, dann werden die flüchtigeren Bestandtheile desselben schmelzen und bald auch mit großer Lebhaftigkeit verdampfen, was wir in der Gestalt von vornehmlich auf der Sonnenseite stattfindenden Lichtausströmungen beobachten können. Daß nun bei solchen lebhaften Verdampfungsprozessen eine starke Elektrizitätsentwickelung eintreten wird, ist von vornherein äußerst wahrscheinlich, wenn wir uns der riesigen Elektrizitätsmengen erinnern, die schon bei den viel weniger heftigen Wasserverdunstungsvorgängen im irdischen Luftmeer geschieden werden. Nun braucht man aber mit Zöllner nur noch anzunehmen, daß die aufsteigenden Dämpfe sich mit derselben Elektrizitätsart beladen, die auf der Sonne das Uebergewicht hat, um sofort die von der Sonne auf die Schweiftheilchen ausgeübte Abstoßung als eine bloße Folgerung aus dem elektrostatischen Grundgesetz zu verstehen. Die der Sonnenelektrizität entgegengesetzte Elektrizitätsart kann man sich auf den Kometenkern selbst übergehend denken, wodurch dann dieser eine vermehrte Anziehung von der Sonne (Gravitation plus elektrischer Anziehung) erfahren würde. Die drei von Bredichin gefundenen Typen der Kometenschweife entsprechen dann vermuthlich verschiedenen chemischen Stoffen, die entweder sich in verschiedenem Maße elektrisch erregen mögen oder infolge verschiedenen spezifischen Gewichtes eine ungleich starke Beschleunigung durch die Sonnenelektrizität erfahren. Das zeitweilig beobachtete Auftreten eines anomalen, d. h. der Sonne ausnahmsweise zugewandten Schweifes, ist nach der elektrischen Hypothese ebenfalls sehr leicht erklärlich: mitunter mag eben die der Sonnenelektrizität entgegengesetzte Elektrizitätsart an die Schweiftheilchen übergehen, sodaß diese dann statt der Abstoßung eine Anziehung erfahren, der Schweif also der Sonne zugewendet bleibt.

Durch die vorstehenden, kurzen Zusammenfassungen der im einzelnen bereits wiederholt in dieser Zeitschrift besprochenen Hypothesen glaube ich hinreichend dargethan zu haben, daſs wir das Wirken elektrischer Kräfte im Weltall nicht blos als möglich betrachten dürfen, sondern daſs uns sogar die in den Himmelsräumen beobachteten Vorgänge auf die Annahme solcher Kräfte mit zwingender Gewalt hinweisen. Die Elektrizität spielt sonach vermuthlich im gesamten Naturleben eine ebenso dominirende Rolle, wie in unserer gegenwärtigen Technik. Hat man doch sogar auch den Versuch gemacht, das Newtonsche Gravitationsgesetz auf elektrische Kräfte zurückzuführen; die diesbezüglichen Spekulationen, die ebenfalls von Zöllner ausgingen, sind indessen noch so wenig geklärt, daſs es nicht angezeigt erscheint, hier näher auf sie einzugehen. Sicherlich dürfen wir aber erwarten, daſs die Zukunft noch viele bisher unbegreifliche Naturphänomene durch Berücksichtigung der elektrischen Kräfte zu erklären in den Stand gesetzt werden wird.

Ueber die Kraft des elektrischen Stromes.

Populärer Experimentalvortrag von P. Spies,
Vorsteher der physikalischen Abtheilung der Urania.

(Schluſs.)

II.

Die elektrischen Maſseinheiten gewinnen in der Neuzeit nicht blos in wissenschaftlicher Beziehung, sondern auch auf praktischem Gebiete eine immer gröſsere Bedeutung. Schon der Umstand, daſs die Zahl Derjenigen, welche elektrischen Strom aus öffentlichen Anlagen beziehen, mehr und mehr wächst, läſst auch die Zahl derer steigen, welche sich für das Messen des elektrischen Stromes interessiren. Auch für ein richtiges Verständniſs der Aufgabe der elektrischen Kraftübertragung ist es von Wichtigkeit, zu wissen, wie man die Stromenergie messen kann. Eine Maſseinheit, welche hier in Betracht kommt, habe ich bereits genannt, nämlich das Volt, und ich habe angegeben, daſs man den Druck, unter welchem die Elektrizität in einer Leitung vorwärts getrieben wird, die elektrische Spannung, mittelst dieser Einheit miſst. Es wird Ihnen bekannt sein, daſs wir heutzutage nach dem sogenannten absoluten System messen und wägen, und daſs das Wesen dieses Systems darin besteht, daſs seine Einheiten wie Kilogramm, Hektar oder Liter sich zurückführen lassen auf Grundeinheiten, welche so gewählt sind, daſs sie zu jeder Zeit reproduzirt werden können; wenigstens war das letztere beabsichtigt, als man beispielsweise ein Meter als den vierzigmillionsten Theil eines Erdmeridians definirte. Als Grundeinheiten, auf welche alle anderen zurückgeführt werden, pflegt man in der Physik das Centimeter, das Gramm und die Sekunde zu nehmen. In der langen Kette von mechanischen, magnetischen, elektrischen und anderen Maſseinheiten, welche man, von diesen Grundeinheiten ausgehend, gebildet hat, findet sich nun auch das Volt. Da es hier nicht meine Absicht sein kann, den Zusammenhang desselben mit jenen Grundeinheiten aufzudecken, so will ich Ihnen zur richtigen Schätzung des Volt nur sagen, daſs die

Spannung, mit welcher die Elektrizität durch ein Daniellelement vorwärts getrieben wird, ungefähr ein Volt beträgt. Bei dem Bunsenschen Element ist die Spannung ungefähr doppelt so grofs, und es würden also z. B. drei Elemente der letzteren Art nöthig sein, wenn man eine Spannung von 6 Volt erzielen wollte. In der Berliner elektrischen Zentral-Station wird ein Strom von einer Spannung von 100 bis 120 Volt erzeugt. Da wir von diesem Strome noch mehrfach zu sprechen haben, wollen wir annehmen, seine Spannung betrage gerade 100 Volt. Auf dem Gestell vor Ihnen (Fig. 6) sind zwei Blechstreifen angebracht, von welchen der eine mit dem positiven, der andere mit dem negativen Drahte einer starken Stromleitung in Verbindung gesetzt

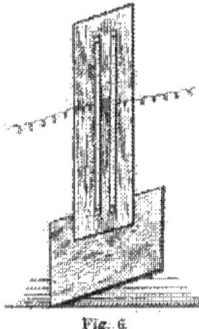

Fig. 6.

ist. Es fliefst von dem einen Blechstreifen zu dem anderen augenblicklich keine Elektrizität hinüber; aber das Bestreben, den isolirten Zwischenraum zu überbrücken, ist so grofs, wie wenn wir 100 Daniellelemente hätten, es beträgt 100 Volt. Wenn ich jetzt meine rechte Hand an das eine, meine linke an das andere Blech lege, so spüre ich, dafs der elektrische Strom durch meinen Körper hindurch geht; der Schlag, welchen ich erhalte, ist indessen bei dieser Spannung ohne Beschwerde zu ertragen. Ich nehme nunmehr eine Glühlampe und füge sie mit ihren beiden metallischen Ansätzen zwischen die beiden Blechstreifen. Sie sehen, dafs dieselbe leuchtet, und können daraus schliefsen, dafs nunmehr bereits ein nicht unerheblicher Strom durch die Zuleitung, durch die Lampe und durch die Ableitung hindurchfliefst. Die Spannung ist unverändert gleich 100 Volt geblieben; sie bleibt auch dieselbe, wenn ich nun noch eine zweite Glühlampe zwischen die Blechstreifen schiebe und so der Elektrizität gewissermafsen noch einen zweiten Kanal eröffne. Trotz der unveränderten Spannung wird jetzt doppelt so viel Elektrizität vorwärts fliefsen als vorhin. Die in Bewegung gesetzten Elektrizitätsmengen sind eben nicht durch die Gröfse der Spannung allein bedingt, sondern auch durch die Gröfse des Kanals — um diesen Ausdruck wieder zu gebrauchen —, welchen man der Elektrizität darbietet. Wir bedürfen folglich noch eines besonderen Maafses für die abfliefsende Elektrizitätsmenge. Man hat auch hierfür Sorge getragen, und als Einheit der Stromstärke — darunter versteht man die in einer Sekunde abfliefsende Elektrizitätsmenge — das Ampère festgesetzt. Ich verzichte auch hier auf die Darlegung der Beziehung zum absoluten Maafssystem und gebe Ihnen einen Begriff dieser Gröfse, indem ich Ihnen sage, dafs durch eine solche Glühlampe ungefähr ½ Ampère Strom läuft, wenn dieselbe leuchtet. Als beide Glühlampen leuchteten, flofs folglich ein Strom von der Stärke eines Ampère durch die Zuleitung, die beiden Lampen und die Ableitung. Es ist nun wohl selbstverständlich, dafs, wenn ich ein Ampère Strom verbrauche, die Maschine in der Zentralstation das Doppelte leistet, und ich folglich an die Elektrizitäts-Gesellschaft den doppelten Betrag zahlen mufs, wie wenn ich nur ein halbes Ampère verbrauche; es mag hierin für uns ein deutlicher Hinweis darauf liegen, dafs die Stromenergie abhängig ist von der Zahl der Ampère, oder, anders ausgedrückt, dafs der Verbrauch an elektrischer Kraft mit der Ampèrezahl steigt und fällt. Indefs bildet die letztere doch nicht den einzigen Faktor, welcher hierfür in Betracht kommt. Man überzeugt sich davon leicht durch folgende Ueberlegung: Den Strom, welcher eine Glühlampe durchflossen hat, könnte man noch durch eine zweite hindurchleiten und erwarten, dafs auch diese

Fig. 7.

noch zum Leuchten käme. Wir wollen den Versuch machen. Ich habe hier zwei Glühlampen so miteinander verbunden (Fig. 7), dafs sich der Strom nicht wie vorhin spaltet und gewissermafsen zwei parallele Kanäle durchfliefst, sondern dafs er erst die eine, dann die andere Lampe durchströmt. Sie sehen, dafs beide Lampen nur sehr schwach leuchten; es ist dies auch ganz erklärlich. Erinnern Sie sich nur an unseren ersten Versuch. Sie haben da gesehen, dafs die Spannung unterwegs allmählich verloren geht. Der Spannungsunterschied zwischen dem Zuleitungsdraht und dem Ableitungsdraht, zwischen den Punkten a und b, beträgt 100 Volt. In der Mitte bei c haben wir folglich einen Zustand, welcher durch 50 Volt gemessen wird. Der Spannungsunterschied für eine einzelne Lampe beträgt mithin nur 50 Volt, und in diesem Falle fliefst nicht genug Elektrizität durch dieselbe. Um ein normales Leuchten zu erzielen, müfsten wir in der Leitung eine Spannung von 200 Volt zur Verfügung haben, dann fiele auf jede Lampe eine Spannung von 100 Volt, wir würden einen Strom von ½ Ampère durch das Ganze hindurchsenden, und die beiden Lampen würden leuchten. Also kurz zusammengefafst: Zwei Lampen von dieser Gröfse können „parallel" geschaltet werden, wir bedürfen dann einer Spannung von 100 Volt und haben einen Strom von 1 Ampère, oder wir schalten die beiden Lampen „hintereinander" (in Serie) und bedürfen dann allerdings nur einer Stromstärke von $1/2$ Ampère, aber einer Spannung von 200 Volt. Der Verbrauch an Energie ist in beiden Fällen derselbe; er wird gemessen durch das Produkt von Volt und Ampère, er würde also in unserem Falle 100 Voltampère betragen. Hier ist der Punkt, verehrte Anwesende, bei welchem ich Sie noch einmal an den Hebel erinnern möchte. Das sinkende Gewicht giebt mir, für sich betrachtet, nicht das Mafs für die Arbeitsleistung, sondern ich mufs die Strecke, um welche es sinkt, gleichzeitig in Betracht ziehen. Das Produkt von Gewicht und Weg giebt mir den Energieverbrauch an, und wenn ich an dem zweiten Arm des Hebels ein anderes Gewicht steigen lasse, so ist die hierdurch aufgespeicherte Energie nur dann die gleiche, wenn das Produkt von Gewicht und Weg denselben Werth hat, wie das ja vorhin der Fall war. In derselben Weise kann also beim elektrischen Strom ein gewisses Energiequantum vorhanden sein, derart, dafs wir eine grofse Anzahl von Volt und eine kleine Zahl von Ampère haben, oder eine kleine Zahl von Volt und entsprechend mehr Ampère. Wenn man den Strom mit Hülfe von Elementen erzeugt, so kann man den einen oder den anderen Fall verwirklichen; um das zu veranschaulichen, habe ich hier ein Gestell aufgebaut, welches aus drei Stufen besteht; auf der untersten Stufe sind drei kleine Pumpen[1]) angebracht, welche in Betrieb gesetzt Wasser etwa 1 Meter hoch treiben und dort in eine gemeinsame Rinne ergiefsen. Die emporgehobene Wassermenge ist offenbar die dreifache, wie bei einer einzigen Pumpe, das Niveau aber immer nur 1 Meter. Ich nehme die zweite und dritte Pumpe fort und setze dieselben auf die zweite bezw. die dritte Stufe, ordne die Röhren so an, dafs die unterste Pumpe ihr Wasser in die mittlere, und diese in die obere ergiefst und erreiche so eine Hubhöhe von 3 Metern; die Wassermenge, welche hinaufbefördert wird, ist aber selbstverständlich nicht gröfser, als bei einer einzigen Pumpe. Die Leistung ist für beide Anordnungen die gleiche, sie ist bedingt durch das Produkt von Wassermenge und Steighöhe. Ebenso bei der Elektrizität. Nehme ich drei Bunsensche Elemente, so kann ich dieselben so anordnen, dafs ich die drei Kohlen mit dem einen Ende des Leitungsdrahtes, die drei Zinkstücke mit dem anderen Ende verbinde; es entspricht diese Parallelschaltung der ersten Pumpen-

---

[1]) Centrifugalpumpen, welche mittelst Schnurlaufes von einer gemeinsamen Axe aus angetrieben werden.

anordnung. Die Spannung beträgt immer nur 2 Volt, hingegen läfst sich die dreifache Ampèrezahl erreichen wie bei einem einzigen Element. Ich kann aber auch die Kohle des ersten Elements mit dem Zink des zweiten verbinden, und so fort. Dadurch steigere ich die Spannung, während die Ampèrezahl nur ein Drittel so grofs ist — vorausgesetzt, dafs die Leitung so eingerichtet wird, dafs in beiden Fällen der Verbrauch von Zink und Säure derselbe bleibt, ein Punkt, auf welchen wir hier nicht weiter eingehen wollen.

Nachdem wir so nachgewiesen haben, dafs ein gewisses Quantum elektrischer Kraft durch grofse Stromstärke und geringe Spannung, oder aber durch geringe Stromstärke und grofse Spannung repräsentirt sein kann, wollen wir uns zu der Frage wenden, ob diese beiden Fälle in allen Beziehungen gleichwerthig sind, und ob im besondern eine Fernleitung elektrischer Kraft auf beide Arten gleich praktisch erzielt werden kann. Um unsere Vorstellung möglichst zu spezialisiren, wollen wir annehmen, dafs der elektrische Strom, der mir durch die Leitungsdrähte zugeführt wird, erzeugt worden sei durch Nutzbarmachung der Kraft eines Wasserfalles oder einer ähnlichen Naturkraft. Jenes Gestell, auf welchem 8 Lampen nebeneinander angebracht sind, mag uns die elektrische Beleuchtungsanlage eines Hauses darstellen, welches von dem Wasserfall weit entfernt ist. Um diese grofse Entfernung anzudeuten, wähle ich zu der an Porzellanglocken laufenden Leitung einen ziemlich dünnen Platindraht; ich erreiche dadurch thatsächlich einen ähnlichen Effect, wie wenn ich eine lange Leitung nehmen wollte, denn ein kurzer dünner und ein langer stärkerer Draht schwächen den elektrischen Strom genau in der gleichen Weise, setzen ihm den gleichen Widerstand entgegen. Da die 8 Lampen parallel geschaltet sind, so gebrauche ich im ganzen einen Strom von 4 Ampère bei einer Spannung von 100 Volt. Ich schliefse nun den Contact, und Sie sehen, dafs die Lampen nur schwach leuchten, während gleichzeitig der Platindraht glühend geworden ist; es wird folglich ein grofser Theil der Energie unterwegs in Wärme umgesetzt und geht verloren. Ein ganz anderes Resultat könnten wir erwarten, wenn wir dieses zweite Lampengestell benutzen wollten, auf welchem, wie Sie sehen, 8 Lampen hintereinander geschaltet sind. Wenn diese Lampen leuchten sollen, müssen wir ebenfalls 400 Voltampère haben, aber in der Weise, dafs der Strom eine Spannung von 800 Volt und eine Stärke von $1/2$ Ampère besitzt. Wir könnten sehr wohl erwarten, dafs, wenn der Platindraht von einer viel geringeren Elektrizitätsmenge durchflossen wird, eine starke Erwärmung nicht eintreten werde. Wir werden folglich auf die Aufgabe geführt, die elektrische Kraft umzuwandeln, uns mit Hülfe eines Stromes der ersten Art einen solchen der zweiten zu erzeugen, den Strom zu „transformiren".

Die Möglichkeit der Stromumwandlung beruht auf demselben Vorgange, mit dessen Hülfe man heutzutage starke elektrische Ströme fast ausschliefslich erzeugt, auf der von Faraday entdeckten Induktion. Für unsern Fall genügen folgende Betrachtungen zur Erläuterung dieses Vorganges. Der Apparat, welcher vor Ihnen steht (Fig. 8), ist ein grofser Elektromagnet; in seinem Inneren sind zwei starke eiserne Säulen angebracht, deren Enden hier oben herausragen. Diese Eisen-

Fig. 8.

stücke sind augenblicklich unmagnetisch, sie vermögen nicht einmal ein kleines Eisenstück, welches ich ihnen darbiete, zu tragen. Sobald ich aber den Stromkreis schliefse, haben wir starken Magnetismus. Sie sehen, dafs ich hier Eisenstücke, welche zusammen mindestens 1 Centner wiegen, anhängen kann; bei geeigneter Aufstellung würde ich zu einer noch viel gröfseren Belastung schreiten können. Zwischen den beiden Enden des Magneten — den Magnetpolen — schwingt jetzt eine starke Kupferscheibe, das sogenannte Waltenhofensche Pendel, hin und her; ich schliefse den Strom, und Sie sehen, die Kupferscheibe steht sofort still. Ich hebe sie noch einmal in die Höhe, lasse sie fallen: zwischen den beiden Magnetpolen bleibt sie stehen, wie von einer unsichtbaren Hand gehalten. Der Kraftvorrath, welcher der schweren Kupferscheibe innewohnt, wenn sie in schneller Bewegung begriffen ist, ein Kraftvorrath, welcher die Scheibe auf der anderen Seite wieder in die Höhe heben oder auch eine andere Arbeit verrichten würde, die Bewegungsenergie ist verschwunden. Wo ist sie geblieben? Nun, es ist eine andere Energieform dafür eingetreten, nämlich elektrische Ströme, welche die Kupferscheibe eine kurze Zeit lang durchfliefsen. Um diese Behauptung zu beweisen, nehme ich ein Bündel von Drähten, dessen beide Enden mit unserem Galvanometer in Verbindung stehen, und bewege es in der Nähe des Magneten in derselben Weise, wie sich vorhin die Kupferscheibe bewegte. Sie sehen starke Ausschläge des Lichtzeigers, selbst wenn ich in einiger Entfernung von dem Magneten bleibe; der Wirkungsbereich dieses Magneten, das sogenannte magnetische Feld, hat eine beträchtliche Ausdehnung, und sobald sich in diesem Felde ein metallischer Körper bewegt, entstehen in ihm elektrische Ströme; das sind also die sogenannten Induktionsströme. Ich kann auch das Drahtbündel in der Nähe des Magneten festlegen und nun diesen letzteren durch abwechselndes Schliefsen und Oeffnen des Stromes magnetisch und unmagnetisch machen; die Wirkung tritt auch dann ein. Sie läfst sich besonders dadurch steigern, dafs man die Drähte des Bündels unmittelbar auf den Magneten selbst wickelt; eine solche Vorrichtung nennt man dann einen Induktor. Der Apparat, welcher hier auf dem Tische steht, ist ein solcher Induktor; er enthält im Innern einen Eisenkern; auf diesen ist ein Bündel von dicken Drähten gewickelt, mit dessen Hülfe das Eisen in regelmäfsigen Intervallen magnetisch wird. Ueber diesen Draht ist dann noch ein zweiter sehr langer und sehr dünner Draht gewickelt, dessen Enden nach jenen beiden Metallkörpern geführt sind, welche vorn in einem gegenseitigen Abstand von 25 cm stehen. Ich errege den Apparat, und Sie sehen, dafs hier vorn Funken überspringen, ein Beweis für das Vorhandensein eines aufserordentlich stark gespannten Induktionsstromes. Die Spannung ist hier vielleicht 10 000 Mal so grofs und die Stromstärke entsprechend geringer als bei dem ursprünglichen Strom. Es läfst sich theoretisch begründen, und die Erfahrung bestätigt es, dafs bei dem angegebenen Verhältnifs der Drahtlänge und -Stärke der Induktionsstrom eine höhere Spannung hat. Leitet man hingegen den ursprünglichen Strom in den langen dünnen Draht hinein, so erhält man in dem kurzen dicken Draht einen Strom von gröfserer Stärke und geringerer Spannung. Im ersteren

Falle transformirt man hinauf, im letzteren herab. Genau nach demselben Prinzip, wie ein solcher Induktor, sind die technischen Apparate gebaut, welche man Transformatoren nennt. Nur die Form ist eine andere, wie Sie nunmehr an dem vorstehenden Transformator (Fig. 9) sehen. Neben dem Apparat steht eine sogenannte Wechselstrommaschine, welche Sie als eine Vorrichtung zur Erzeugung jener Bewegung eines Drahtbündels im Magnetfelde ansehen können, die ich vorhin mit der Hand vornahm. Es sind hier mehrere Drahtbündel vorhanden, welche zu einem Kranze angeordnet sind und mit Hülfe einer gemeinschaftlichen Axe zwischen zwei Kränzen von Elektromagneten hindurch be-

Fig. 9. Wechselstrommaschine (links), getrieben durch Motor (rechts), speist den Transformator (in der Mitte).

wegt werden. Es entstehen genau wie vorhin Ströme von wechselnder Richtung, nur sind dieselben natürlich viel stärker. Dieser Wechselstrom hat eine Spannung von 100 Volt. Mit Hülfe des Transformators erreiche ich die achtfache Spannung, und nun sehen Sie die acht hintereinander geschalteten Glühlampen leuchten. Ich habe den dünnen Platindraht auch jetzt als Zuleitung benutzt, derselbe ist indefs nicht glühend geworden; er wird ja auch nur von einem Strom von $1/_2$ Ampère Stärke durchflossen. Ich will noch hinzufügen, dafs die entwickelte Wärmemenge nicht etwa $1/_8$, sondern $1/_{64}$ der vorhin erzeugten Wärmemenge beträgt.

Damit ist nun das wichtige Problem der Fortleitung elektrischer Kraft mit Hülfe stark gespannter Ströme erledigt. Der Vortheil, den man bei der Anwendung hoher Spannung erzielt, besteht darin, dafs ein viel geringerer Bruchtheil der Energie in der Leitung verloren geht, oder, was auf dasselbe hinauskommt, dafs man unter der Voraussetzung, dafs nur ein gewisser Prozentsatz verloren gehen soll, einen viel dünneren Leitungsdraht benutzen darf, wenn der Strom hohe Spannung, als wenn er geringe hat. Schon wenn man ein paar Pferdekräfte einige Kilometer weit leiten wollte, würde man bei geringerer Spannung dicke Kupferstangen zur Leitung benutzen müssen, während bei hoher Spannung einfache Drähte genügen. Sie sehen, dafs die Oekonomie eines solchen Betriebes an die Benutzung hochgespannter Ströme geknüpft ist.

Die Figur 10, welche ich vermittelst des Projektionsapparates entwerfe, zeigt Ihnen das Schema einer solchen Kraftübertragung; links steht die Wechselstrommaschine W. Hier ist, um auf das bekannte

Fig. 10.

Experiment der elektrotechnischen Ausstellung in Frankfurt a. M. zu exemplifiziren, die Station Lauffen, in welcher die Wasserkräfte des Neckars nutzbar gemacht werden. Der Strom wird dann durch den Transformator T auf hohe Spannung gebracht und nach Frankfurt geleitet. Hier könnte man ihn unmittelbar benutzen, um eine grofse Zahl von Lampen, die hintereinander geschaltet sind, zum Leuchten zu bringen. Da indefs die Benutzung eines so hoch gespannten Stromes mancherlei praktische Bedenken hat, so transformirt man in Frankfurt a. M. zunächst herunter durch den Transformator T_1. Aus der dicken Leitung des letzteren tritt der starke, aber niedrig gespannte Strom nunmehr in die Nutzleitung N. In Frankfurt hat man eine besondere Art des Wechselstromes, den sogenannten Mehrphasen- oder Drehstrom in Anwendung gebracht. Es wird dadurch eine bessere Verwendung des Stromes zu motorischen Zwecken ermöglicht; das Prinzip der Energiesparung ist jedoch dasselbe.

Bei der Wichtigkeit dieses grofsartigsten physikalischen Experimentes, welches wohl jemals gemacht worden ist, veranschauliche ich dasselbe noch durch 2 Induktionsapparate, welche auf dem Tisch stehen. In den einen — Station Lauffen — schicke ich einen niedrig gespannten Strom hinein; Sie hören, dafs der Unterbrecher des Apparates arbeitet, und durch diesen wechselnden Strom wird nunmehr ein hochgespannter Strom induzirt, welchen ich der dünnen Drahtwicklung des zweiten Induktors — Frankfurt a. M. — zuleite. Die dicke Drahtwickelung des letzteren ist mit einer Glühlampe verbunden, welche, wie Sie sehen, leuchtet; diese mag Ihnen die grofse Beleuchtungsanlage der Frankfurter Ausstellung repräsentiren. Ich nehme eine zweite Glühlampe derselben Art und schalte sie unterwegs in die Leitung ein, sie leuchtet nicht, die Amperezahl ist hier zu gering.

Schliefslich möchte ich Ihnen noch einige Versuche mit einem Strom, dessen Spannung bis auf 20000 Volt gesteigert ist — diese Spannung wurde auch in Frankfurt a. M. benutzt — demonstriren. In einem anderen Raum unseres Gebäudes ist eine Wechselstrommaschine derselben Konstruktion, wie der kleine Apparat, der hier vor Ihnen steht, aufgebaut; sie wird durch eine Betriebsmaschine von 19 Pferdekräften gedreht, und der entstehende Wechselstrom, welcher eine Spannung von 1000 Volt hat, bis hier in meine Nähe geführt. Hier wird er in einen grofsen Transformator geleitet, der die Spannung auf das Zwanzigfache erhöht. Die Enden der dünnen Wicklung des Transformators sind mit den Enden der vor Ihnen stehenden Reihe von 200 Glühlampen verbunden. Auf ein gegebenes Signal setzt der Maschinist den Apparat in Thätigkeit, der Strom durchläuft die Lampen nacheinander, und das Licht derselben zeigt Ihnen, dafs hier thatsächlich die angegebene hohe Spannung erreicht ist, denn jede dieser Lampen erfordert 100 Volt Spannung. Ich setze ferner den einen Draht in Verbindung mit einem Wasserreservoir, den anderen mit einer horizontalen Metallplatte, welche so angebracht ist, dafs nach Oeffnung des Hahnes der heraustretende Wasserstrahl auf sie trifft. Der Wasserstrahl leitet dann den elektrischen Strom; er erfährt dabei fortwährende Unterbrechungen, und Sie sehen flammenartige Lichterscheinungen auftreten. Wir haben einen Lichtbogen zwischen Elektroden aus Wasser. Endlich wollen wir diesen Lichtbogen in der gewöhnlichen Weise zwischen zwei Kohlenstiften erzeugen. Wir brauchen dieselben dazu nicht, wie man das bei niedrig gespannten Strömen thun mufs, zunächst zur vollständigen Berührung zu bringen; es genügt hier die blofse Annäherung. In einem Abstande von etwa einem Centimeter springt ein Funken über, und nunmehr bildet sich der Flammenbogen (Fig. 11). Durch Auseinanderziehung der Kohlen können wir demselben eine beträchtliche Länge geben; sie mag im Augenblick etwa 40 cm betragen. Dafs ein Strom von so hoher Spannung für unmittelbaren Gebrauch recht wenig geeignet sein würde, sehen Sie an den besonderen Vorsichtsmafsregeln, deren ich mich bediene; obwohl ich auf einer Gummiplatte stehe, darf ich es doch nicht wagen,

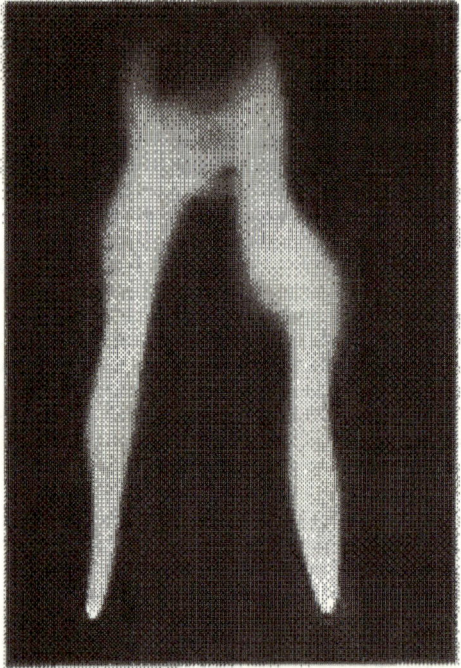

Fig. 11.

die Apparate unmittelbar zu berühren; vielmehr nehme ich alle Aenderungen an denselben mit Hülfe von Glasstäben vor. Die Spannung des Stromes übertrifft diejenige, mittelst deren man in Amerika Hinrichtungen vorgenommen hat, ungefähr um das 20 fache. Experimente, welche in der neueren Zeit von französischen Naturforschern an Thieren angestellt worden sind, haben übrigens gezeigt, dafs die starken Affektionen des Nervensystems, wie sie unter dem Einflusse solcher Ströme entstehen, keineswegs mit Sicherheit den Tod nach sich ziehen.

Sie haben den schönen Flammenbogen lange genug bewundern können; wir wollen die Maschine nunmehr ruhen lassen und damit diese Reihe von Experimenten abschliefsen. Die Zeit erlaubt mir nicht, noch lange bei dem Ausblick auf eine künftige Umgestaltung unserer Technik zu verweilen, welche das menschliche Geschlecht mit Hülfe der elektrischen Kraftübertragung voraussichtlich zu stande bringen wird. Dieser Gegenstand ist ja aufserordentlich häufig öffentlich besprochen worden. Lassen Sie mich deshalb zum Schlusse Ihre Gedanken auf einen Ausspruch unseres grofsen Landsmannes Werner von Siemens lenken, der sich von der elektrischen Kraftübertragung noch andere als technische Erfolge versprochen hat. Siemens war einer der ersten, die das Problem der Kraftübertragung auf elektrischem Wege klar erfafst hatten und an seiner Verwirklichung arbeiteten. Er glaubte, dafs einst eine Zeit kommen werde, in welcher der Mensch von niedrigen mechanischen Arbeiten befreit sein und mehr zu einem Lenker der Arbeit von Naturkräften geworden sein würde. Dann, so glaubte er, würde auch die soziale Frage einer Lösung fähig sein. Vielleicht wird manchem unter Ihnen, verehrte Anwesende, dieser Gedanke als etwas optimistisch oder gar phantastisch erscheinen; aber wann hätten wohl vorblickende Gedanken genialer Männer einen solchen Schein nicht erweckt? Jedenfalls sind solche Ausblicke insofern von hohem Werthe, als sie eine Aufgabe, welche zunächst nur eine technische Bedeutung hat, auf ein höheres Niveau erheben und sie auch als eine sittliche Aufgabe erscheinen lassen.

Neuer Komet.

Kurz vor dem Abschlufs dieses Heftes geht der Redaktion von der telegraphischen Centralstelle für astronomische Telegramme in Kiel die Nachricht zu, dafs der bekannte Kometenjäger Brooks in Geneva U. S. A. einen ziemlich hellen Kometen im Sternbilde der Jungfrau aufgefunden hat. Einer Hamburger Beobachtung zufolge hat das Gestirn einen Schweif und gleicht in seiner Helligkeit einem Stern der 9. Gröfsenklasse. Der Komet bewegt sich langsam in nordöstlicher Richtung, ist aber in unseren Breiten erst kurze Zeit vor Beginn der Morgendämmerung zu beobachten. W.

Dr. William Luzi †.

Wir haben die traurige Pflicht, unsere Leser vom Hinscheiden eines ihnen aus zwei gröfseren Abhandlungen wohlbekannten Mitarbeiters an unserer Zeitschrift zu benachrichtigen, eine Pflicht, die um so ergreifender ist, als er der Jüngste, wahrlich nicht der geringste unter uns war. Die Reife und grofse Sorgfalt, welche seine Schriften aufwiesen, hatte uns bis jetzt sein jugendliches Alter nicht vermuthen lassen, das wir erst aus der Todesnachricht erfuhren. Wir hatten noch viele, interessante Arbeiten von ihm erwartet, und wenige Tage vor seinem Hinscheiden hatten wir mit ihm über die Lieferung eines gröfseren Artikels abgeschlossen, der seine bei uns veröffentlichte Arbeit über die geschichtliche Entwickelung der chemischen Studien bis zur Gegenwart vervollständigen sollte.

Die nachfolgende, von Freundeshand herrührende, biographische Notiz gebietet uns die Pietät, unverkürzt zu veröffentlichen.

Am 11. September starb im Alter von erst dreiundzwanzig Jahren, Dr. William Luzi, der tüchtigsten einer. Sein äufserer Lebensgang verlief sehr einfach. Geboren am 7. März 1870 als der Sohn des königlichen Postschmiedemeisters Luzi zu Leipzig, verbrachte er fast sein ganzes Leben in seiner Vaterstadt. Den Vater verlor er in der Kindheit; dafür bildete sich ein aufserordentlich inniges Verhältnifs zu seiner Mutter heraus, das bis zuletzt in ungetrübter Harmonie aushielt. Seine Natur und Entwickelung zeigt von Anfang an eine seltene Geschlossenheit und Abrundung. Märchenbücher interessirten den Knaben nicht, dagegen machte das Buch der Erfindungen den ersten bleibenden, packenden Eindruck. Wie so manches Genie zeichnete er sich in der Volksschule keineswegs aus, aufser in Geographie und Naturgeschichte. Mit elf Jahren kam er auf die lateinlose Realschule; diese mufste er aber in der zweiten Klasse wieder verlassen, da er an Schwindelanfällen und Kopfweh litt. Zu seiner Kräftigung verlebte er ein halbes Jahr auf dem Rittergut Zwätzen bei Jena, besuchte noch ein halbes Jahr eine Privatschule und legte dann schon die Freiwilligenprüfung ab. Von Ostern 1887 ab studirte er in Leipzig Naturwissenschaften, besonders Chemie; ein Sommersemester verbrachte er in Freiburg i. B. Reisen in den Schwarzwald und in die Schweiz, sowie wohl sämmtliche späteren kürzeren Ausflüge hatten wissenschaftliche Zwecke, im Anschluſs an geologische Excursionen u. dergl. Ostern 1891 wurde er in Leipzig promovirt. Seine Prüfungen bestand er glänzend. Die Gründlichkeit seiner wissenschaftlichen Bestrebungen zeigte sich in dem hohen historischen Interesse, das er von Anfang seiner Studien an bethätigte. Nur die Culturgeschichte fesselte ihn. Er sammelte die alten Folianten, welche auf die Anfänge der Chemie bezw. auf die vielgeschmähte Alchymie Bezug haben. Sprachliche Schwierigkeiten, z. B. Latein, überwand er spielend. Als er sich dann dem experimentellen Studium des Kohlenstoffs zuwandte, geschah es in dem klaren Bewuſstsein von der auſserordentlichen Bedeutung des Gegenstandes, der ja das A und das O der Schöpfungsgeschichte umschlieſst. In der That glückte ihm, zusammen mit seinem Freunde Beck, zuerst der positive Nachweis der organischen Herkunft des Graphits. Die Trennung der bisher als Graphit zusammengefaſsten Mineralien in Graphit und Graphitit hat seinen Namen in der Mineralogie, die Entdeckung weiterer Allotropieen des Kohlenstoffs hat ihn in der Chemie verewigt. Und als vor einem Jahre in Paris die künstliche Herstellung des Diamants gelang, da geschah es, wie jetzt wohl öffentlich gesagt werden darf, nach derselben Methode, die Luzi angewandt hatte. Nur waren seine Mittel zu beschränkt gewesen. Die technische Ausbeutung seiner wichtigen Erfindungen verfolgte er, so glänzend die Aussichten waren, doch nur zu dem Zwecke, für weitere, groſsartige Versuche neue Mittel zu gewinnen. In demselben Sinne schlug er vier ihm angebotene, theils chemische, theils mineralogische Assistentenstellen aus.

Leider hat die Energie, mit der er seinen Experimenten oblag, sein frühes Ende wahrscheinlich beschleunigt. Die explosiblen Gemenge von stärkster rauchender Salpetersäure und Kaliumchlorat, die beim Auswaschen der Graphite gebrauchte Fluorwasserstoffsäure ätzten die Schleimhaut der Luftröhre, vielleicht auch die Lunge in bedenklichem Maſse an, bis zu Blutstürzen. Alle Aufforderungen zur Schonung waren vergeblich. Die Summen, die ihm sorgende Verwandte zur Erholung übergaben, wanderten ins Laboratorium; im Laboratorium kam er am besten über die regelmäſsig Vormittags sich einstellenden Schwindel- und Ohnmachtsanfälle hinweg. Und so ist er, nur allzufrüh, der Lungenschwindsucht erlegen.

Schlank war er von Statur, hager und blaß, mit einem geistreichen Kopf. Zahlreiche Schriften, ca. 20, hat er bereits publicirt.*) Ein Lehrbuch der anorganischen Chemie auf modernster Grundlage liegt leider unvollendet da.

Was er für wahr hielt, vertrat er mit rückhaltsloser Offenheit; gegen sich breit machenden Dilettantismus trat er instinktiv auf bis zur Schroffheit. Dabei bewahrte ihn sein hoher historischer Sinn vor Uebereilung und verfehlter Abschätzung. Jedes Verdienst erkannte er an, ohne sich vor der Autorität zu beugen. In Bezug auf Klarheit des Urtheils, zielbewußte Selbstbeschränkung und Energie so rastloser als zweckgemäßer Verfolgung des einmal gesteckten Zieles war er sicher ein äußerst seltenes Genie. H. Simroth.

Die modernsten Distanzmessungen im Himmelsraume. — Im V. Bande dieser Zeitschrift S. 339 ff. haben wir drei Methoden, die Abstände der Fixsterne zu bestimmen, nach ihren Resultaten verglichen. Zu diesen tritt in neuester Zeit eine vierte Methode, welche an die Geschwindigkeitsmessungen mit Hülfe des Spektrometers anknüpft. Bekanntlich gelingt es durch diese, die Komponenten für die Geschwindigkeit der Himmelskörper, welche in die Gesichtslinie fallen, zu bestimmen oder die Strecken, um welche sie dem Sonnensystem näher kommen oder sich von ihm entfernen, festzulegen. Besonders genaue Bestimmungen dieser Art sind auf photographischem Wege zu Potsdam erlangt. Wenn diese Größe nun z. B. für einen Doppelstern an verschiedenen Punkten seiner Bahn gemessen wird, welche man durch Beobachtung und Rechnung ihrer Lage nach genau kennt, so kann man die aus dieser Bahnbestimmung folgenden Winkelgrößen für die fragliche Geschwindigkeitskomponente mit der nunmehr in einem gewöhnlichen Längenmaß (Kilometer oder geogr. Meile) ausgemessenen Geschwindigkeit vergleichen. Wenn man aber von einem bestimmten Standpunkte aus den Winkel bestimmt, um den irgend ein Objekt sich verschiebt, und wenn andererseits bekannt wird, wie groß diese Verschiebung in Metern ist, so ergiebt sich leicht eine Bestimmung für die Entfernung des fraglichen Objektes. Und so ließen sich die Entfernungen aller Doppelsterne, für welche spektrometrische Beobachtungen und Bahnbestimmungen vorliegen, wohl bestimmen. Einen ersten Ver-

---

*) Seine Arbeit „Ueber den Diamant" erschien soeben als No. 20 der „Sammlung populärer Schriften", herausgegeben von der Gesellschaft Urania zu Berlin.

auch in dieser Richtung hat Dr. Homann in seiner Dissertation „Beiträge zur Untersuchung der Sternbewegungen durch Spektralmessungen. Berlin 1885" mit dem Sirius unternommen, aber für die Distanz desselben einen von den sonstigen Bestimmungen sehr abweichenden Werth erhalten, woran wahrscheinlich die damals noch sehr ungenauen englischen Beobachtungen die Schuld trugen.

Neuerdings ist, wie S. 181 des gleichen Bandes erwähnt wurde, dasselbe Prinzip zur Anwendung gelangt, um für eine grofse Anzahl von beliebig über den Himmel vertheilten Sternen die mittlere Entfernung abzuleiten. Man sollte dazu die mittlere Eigenbewegung dieser Sterne, gemessen in Bogenmafs, der mittleren Geschwindigkeit der Sterne, wie sie die Spektralmessungen in Längenmafs ergeben, gleich setzen. Kleiber, der dies zuerst für 22 Sterne durchgeführt hat, erhielt als mittlere Entfernung derselben 50 Lichtjahre. Neuerdings von G. W. Colles im Am. Journ. of Sc. (April 1893) angestellte theoretische Erwägungen zeigen, dafs nach den Prinzipien der Wahrscheinlichkeitsrechnung diese Zahl noch mit dem Faktor $\frac{\pi}{2} = 1{,}57$ zu multipliziren ist, so dafs jene mittlere Entfernung nahe an 80 Lichtjahre betrüge. Ungefähr dieselbe Zahl ergiebt sich nun auch aus der Untersuchung, welche der eben genannte Herr jetzt mit einem Material von 47 Sternen erster bis dritter Gröfse, für welche Potsdamer Spektralmessungen vorlagen, angestellt hat. Freilich hält er selbst dieses Resultat, welches zunächst für die hellsten, also wohl für die nächsten Fixsterne, abgeleitet ist, keineswegs für etwas mehr als eine erste Annäherung. Denn die benutzten Sterne sind nicht gleichmäfsig über den Himmel vertheilt, sondern überwiegend der nördlichen Halbkugel angehörig, so dafs offenbar die Bewegung des Sonnensystems, die eine nördliche ist, mit in die Messungen eingegangen ist, und dann sind keine Sterne, die in der Gegend der Milchstrafse liegen, mit berücksichtigt worden. Aber immerhin ist die Uebereinstimmung zwischen dem Kleiberschen und dem Collesschen Resultate so auffallend, dafs wir ihnen Realität nicht absprechen möchten. Sm.

Messungen der Höhe und Geschwindigkeit von Wolken.

Auf die Bedeutung von Wolkenbeobachtungen und einige Resultate, die sich aus dem Studium der Bewegung der obern Wolken ergeben, wurde schon früher in dieser Zeitschrift[1]) hingewiesen. Von den Fort-

---
[1]) Jahrgang IV 1891/92, S. 142.

schritten, welche seither auf diesem Gebiete erzielt sind, verdienen besondere Beachtung die Untersuchungen, welche auf Veranlassung des Herrn Rotch auf dessen Privatobservatorium auf dem Blue Hill unweit Boston unternommen sind. Dieses Observatorium, welches erst im Jahre 1885 errichtet wurde, ist dank seiner vorzüglichen Einrichtung und seiner isolirten Lage bei einer Seehöhe von nur 195 m jetzt wohl das bekannteste der Vereinigten Staaten, und der Eifer, mit welchem dort gearbeitet wird, zeigt sich in zahlreichen Veröffentlichungen, von denen die vor kurzem in den Annalen des Harvard College erschienene über Wolkenmessungen, ausgeführt von H. H. Clayton und S. P. Fergusson, eine der werthvollsten sein dürfte. Für die Bestimmungen wurde meist die trigonometrische Methode mit Hülfe zweier in 1,2 km Entfernung aufgestellten Theodolithen angewandt, außerdem wurden die Geschwindigkeit der Wolkenschatten und die Beleuchtung der untern Fläche von Wolkenschichten durch das Licht benachbarter Städte für die Messungen benutzt. Es sind diese Beobachtungen die einzigen systematisch durchgeführten in Amerika; aus Europa besitzen wir nur absolute Bestimmungen aus Upsala und Storlien in Schweden und aus Kew, sowie relative von Dr. Vettin in Berlin.

Ein Vergleich der Beobachtungen in verschiedenen Ländern interessirt in erster Linie. Dafs die Wolkenformen auf der ganzen Erde im wesentlichen dieselben sind, kann nach den Beobachtungen von Abercromby, die in dem anziehend geschriebenen Werke „Seas and Skies in many Latitudes or Wanderings in Search of Weather, London 1888" veröffentlicht sind, als erwiesen angesehen werden. Anders ist es mit der Höhe und Geschwindigkeit, besonders der oberen Wolken. Beide scheinen in Amerika gröfser zu sein als in Europa, und es steht dies wahrscheinlich mit der rascheren Fortpflanzung der Depressionen jenseits des Ozeans in Zusammenhang. Die gröfste auf dem Blue Hill gemessene Wolkenhöhe ist 14030 m (in Upsala 13870 m), die gröfste Geschwindigkeit 103 m pro Sek., während sich die mittlere Geschwindigkeit der Cirren zu 86 m pro Sek. ergab (Berlin 21 m pro Sek.). Wolken derselben Art liegen im Winter tiefer als im Sommer, ferner ist im Winter die Geschwindigkeit aller Schichten ungefähr doppelt so grofs. Abgesehen davon, dafs dieses Ergebnifs von weittragender Bedeutung für den Kreislauf der ganzen Atmosphäre ist, gewinnt es noch besonderes Interesse dadurch, dafs Ferrel bereits 1860 auf theoretischem Wege versucht hat, die Geschwindigkeit der obern Luftströmungen aus der Druckvertheilung am Erdboden zu berechnen, und dabei fand, dafs die ostwärts gerichtete Geschwindigkeitscomponente für mittlere Breiten im Januar etwa zweimal so grofs ist als im Juli. Im Anschlusse an die Veröffentlichung der Wolkenmessungen hat Herr Clayton im American Meteorological Journal (August 1893) die „Luftbewegungen in allen Höhen der Cyclonen und Anticyclonen auf Grund der Wolken- und Windbeobachtungen auf dem Blue Hill" untersucht. Bekanntlich drehen am Erdboden die Winde in einem Maximum im Sinne des Uhrzeigers, in einem Minimum entgegengesetzt; aus Beobachtungen und theoretischen Erwägungen ergiebt sich, dafs diese Drehung in den obern Luftschichten ganz oder theilweise sich umkehren mufs. Die Aufzeichnungen auf dem Blue Hill lehren, dafs diese Circulation bereits in 2000 m Höhe vollständig verdeckt wird von der durch die Erdrotation bewirkten west-östlichen Luftströmung und nur eine Ablenkung nach links, bezw. rechts stattfindet. Trennt man die cyclonische, bezw. anticyclonische Bewegungscomponente von der allgemeinen Westströmung, so erkennt man deutlich ein Ausströmen der Luft oberhalb der Cyclone und ein Einströmen über der Anticyclone. Auffallenderweise bleibt in einer Depression die Rotationsrichtung unten und oben dieselbe, im Maximum dagegen kehrt sie sich um. Ein weiteres Resultat ist, dafs oberhalb der Cumuluswolkenregion (ca. 1600 m) die Windgeschwindigkeit nicht wie am Erdboden mit Annäherung an das Centrum der Cyclone zunimmt, sondern ihr Maximum etwa 100 km nordöstlich vom Centrum erreicht. Auch der meist als allgemein gültig angenommene Satz, dafs der Wind, je höher man sich erhebt, um so mehr nach rechts dreht, gilt auf dem Blue Hill nur für südliche Winde, die nördlichen drehen entgegengesetzt. Alle diese Thatsachen gewähren interessante Einblicke in den Mechanismus der Depressionen, jedoch dürften die Schlüsse, welche Herr Clayton hieraus auf den Ursprung der Cyclonen und Anticyclonen zieht, einstweilen wenig gesichert sein. Hierfür werden die Beobachtungen an einer Station kaum ausreichen, und man wird für die Erledigung solcher Fragen auf Grund von Wolkenmessungen wahrscheinlich die von den bedeutendsten meteorologischen Centralstellen nach gemeinsamem Programm geplanten Untersuchungen, deren Beginn für das Jahr 1895 festgesetzt ist, abwarten müssen. Sg.

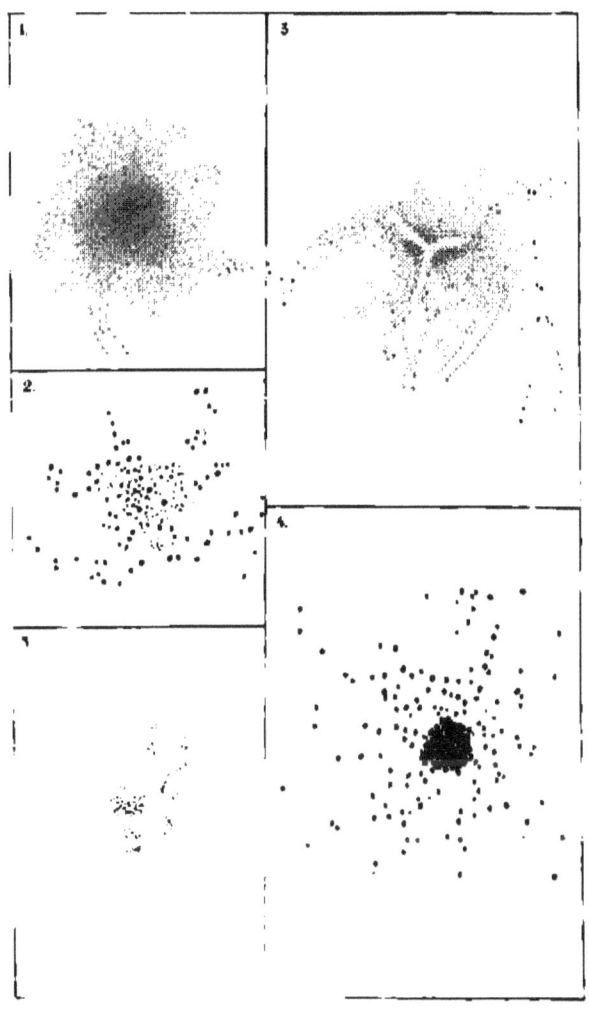

Der grosse Sternhaufen im Hercules.

Der grosse Sternhaufen im Hercules.
Von Prof. Dr. J. Scheiner.
Astronom am Königl. astrophysikalischen Observatorium in Potsdam.

Einem Wunsche der Redaktion entsprechend, gebe ich im Folgenden eine Mittheilung über die Resultate einer umfangreichen Untersuchung über den grofsen Sternhaufen im Hercules, welche ich an Aufnahmen mit dem Potsdamer Photographischen Refraktor angestellt habe, und deren ausführliche Wiedergabe in den Abhandlungen der Königl. Preufsischen Akademie der Wissenschaften zu Berlin im Jahre 1892 erfolgt ist.

Ich beabsichtige, mit dieser Mittheilung dem Leser an einem konkreten Beispiele die auf gewissen Gebieten der Astronomie ganz enormen Fortschritte klarzulegen, welche die Anwendung der Photographie und deren Verwendung im streng astronomischen Sinne herbeigeführt haben, und möchte daher diese Mittheilung als eine Ergänzung zu den allgemeinen Auseinandersetzungen über die Himmelsphotographie, welche ich im I. Bande, S. 197 u. f. dieser Zeitschrift gegeben habe, betrachten.

Der grofse Sternhaufen im Hercules wurde im Jahre 1714 von Halley entdeckt, der ihn in mondscheinlosen Nächten sogar mit dem blofsen Auge erkennen konnte. Interessant für den damaligen Stand der Kenntnisse sind die Bemerkungen, welche Halley an die Auffindung dieses sechsten „Nebels" knüpft: „Es giebt zweifellos noch mehr dieser Objekte, welche noch nicht zu unserer Kenntnifs gelangt sind, und einige von diesen mögen sogar noch heller sein; aber obgleich alle die Flecken nur sehr unscheinbar sind, und die meisten von ihnen einen Durchmesser von nur wenigen Minuten besitzen, so mögen sie doch beim Fehlen einer jährlichen Parallaxe ungeheuer grofse

Räume einnehmen, vielleicht nicht kleinere als unser ganzes Sonnensystem. In allen diesen enormen Räumen scheint wohl ein beständiger, ununterbrochener Tag zu herrschen, der sowohl dem Naturforscher als dem Astronomen Stoff zur Spekulation bieten mag."

1764 wurde der Sternhaufen von Messier neu aufgefunden. Messier beschreibt den Anblick desselben in einem 4-füfsigen Newton schen Reflektor bei 60-facher Vergröfserung als einen runden, schönen und glänzenden Fleck von etwa 8′ Durchmesser, dessen Mitte heller ist als der Rand. Er bemerkt ausdrücklich, dafs er sich davon überzeugt habe, dafs der „Nebel" keinen einzigen Stern enthalte. Nach den Messierschen Katalognummern wird der Sternhaufen meistens als Messier 13 bezeichnet.

Im Jahre 1787 beschreibt W. Herschel das Objekt bereits als einen sehr schönen Sternhaufen, in der Mitte äufserst verdichtet und sehr reich.

J. Herschel giebt zu seiner Beschreibung des Sternhaufens eine Zeichnung, die auf Tafel I (Titelblatt) No. 1 reproduzirt ist, und, als Skizze betrachtet, dem wahren Anblick in Fernröhren mittlerer Gröfse recht gut entspricht. Dasselbe ist von der Zeichnung Secchis zu sagen, die ebenfalls auf Tafel I in No. 2 wiedergegeben ist, und bei welcher die sich abzweigenden „Arme" ziemlich naturgetreu dargestellt sind. Interessant sind die Bemerkungen Secchis dazu. Er nimmt ohne weiteres an, dafs der Sternhaufen kugelförmig ist, und schliefst dann weiter, dafs die Dichtigkeit nach der Mitte zu viel stärker zunimmt, als dies bei einer gleichmäfsigen Vertheilung der Sterne innerhalb der Kugel statthaben könnte. Ferner bemerkt er, dafs die helleren Sterne fast nur an den Rändern des Haufens seien, und schliefst daraus, dafs dieselben gleichsam einen Mantel um die schwächeren, den eigentlichen Sternhaufen zusammensetzenden Sterne bildeten. Wir werden weiter unten sehen, dafs die Bemerkung Secchis in Betreff der Dichtigkeit richtig ist, die andere dagegen durchaus unrichtig. Die Rossesche Beschreibung und Zeichnung des Sternhaufens — siehe Tafel I No. 3 — weicht insofern von der Herschels und Secchis ab, als Rosse drei dunkle Kanäle wahrgenommen hat, welche sich nahe der Mitte im südöstlichen Theile des Sternhaufens vereinigen. Auf der Zeichnung heben sich diese völlig sternleer gezeichneten Kanäle sehr scharf ab, und es ist keine Frage, dafs hier eine stark übertriebene Darstellung vorliegt. Auch die eigenthümlichen, fadenförmigen Ausläufer sind unrichtig und übertrieben wiedergegeben.

Die beste Zeichnung ist von Trouvelot, Tafel I No. 4, mit dem

15-zölligen Refraktor der Cambridger Sternwarte erhalten worden. Dieselbe stellt den Sternhaufen mit starker Verdichtung nach der Mitte und mit unaufgelöstem Nebel dar. Von den eingezeichneten Sternen sind viele in den Randtheilen richtig, in der Mitte dagegen willkürlich angegeben. Die sich abzweigenden und theilweise von Nebel begleiteten Arme sind ziemlich wahrheitsgetreu dargestellt. Von den Rosse'schen Kanälen ist keine Andeutung vorhanden.

Im Jahre 1887 hat Harrington in Ann Arbor durch einen Maler, dem die Rosse'sche Zeichnung unbekannt war, Abbildungen des Sternhaufens anfertigen lassen, wie sich derselbe in dem 6- resp. 12-zölligen Refraktor der genannten Sternwarte darbietet. Auf diesen Abbildungen — siehe Tafel I No. 5 — sind die Kanäle deutlich sichtbar, und Harrington giebt an, dafs ihre Sichtbarkeit mit der Vermehrung der Vergröfserung bis 500 eine immer bessere geworden sei.

Wir haben hier kurz die wichtigeren Beobachtungsergebnisse über den Sternhaufen im Hercules dem Leser vorgeführt, und als Gesammtresultat derselben dürfte etwa Folgendes zu betrachten sein: Der Sternhaufen enthält eine sehr grofse Anzahl feiner Sternchen, deren Dichtigkeit nach der Mitte hin stark zunimmt. Aufserdem scheint die Mitte noch mit wirklichem Nebel erfüllt zu sein. Die Begrenzung des Sternhaufens ist insofern keine regelmäfsige, als sich Aneinanderreihungen von Sternen — Arme — nach aufsen erstrecken. Ueber die innere Struktur, d. h. über die Hauptmasse des Sternhaufens ist man völlig im unklaren, ja man kann nicht einmal entscheiden, ob die 8 Kanäle wirklich vorhanden sind oder nicht. Verfasser dieses hat die Kanäle bei Betrachtung durch das Fernrohr nicht wahrnehmen können, und hat sich überzeugt, dafs es mit einem Fernrohr mittlerer Gröfse — 12 Zoll Oeffnung — absolut unmöglich ist, exakte Messungen an einzelnen Sternen des Haufens vorzunehmen. Wenn auch, wie wir schon andeuteten, bei einigen der Zeichnungen eine gewisse Aehnlichkeit mit der Wirklichkeit vorhanden ist, so lehrt doch ein Blick auf Tafel I, wie wenig die Zeichnungen übereinstimmen, wie unvollkommen die bisherigen Beobachtungsmethoden in dieser Beziehung sind.

Dieser Standpunkt unserer Kenntnisse über das so überaus interessante Objekt änderte sich ganz momentan, als im Jahre 1887 die Gebrüder Henry in Paris eine photographische Aufnahme des Sternhaufens erhielten. Diese Aufnahme zeigt die Randtheile völlig aufgelöst, und es würde möglich sein, die exakte Position von mehreren hundert Sternen auf derselben zu bestimmen. Die Mitte ist allerdings nur theilweise aufgelöst, so dafs hier ausgiebige Messungen nicht auszuführen sein würden, doch läfst sich schon mit Sicherheit erkennen, dafs die drei Kanäle nicht als solche vorhanden sind.

Die Thatsache, dafs das vorzügliche Objektiv des Potsdamer Photographischen Refraktors die Strahlen besser vereinigt, als das des Pariser Instrumentes, liefs es mir möglich erscheinen, unter Benutzung der günstigsten Luftzustände Aufnahmen des Sternhaufens zu erhalten, auf denen auch der mittlere Theil aufgelöst sei, und nach mehreren vergeblichen Versuchen erhielt ich im September 1891 zwei Aufnahmen von 1 und 2 Stunden Expositionszeit, welche allen Anforderungen genügten. Diese beiden Aufnahmen habe ich unter dem Mikroskope ausgemessen und konnte so einen Katalog von 833 Sternen aufstellen, deren Positionen mit einer Genauigkeit bestimmt sind, die den genauesten Mikrometermessungen gleich steht. Bei der aufserordentlichen Gedrängtheit der Sterne bot diese Ausmessung beträchtliche Schwierigkeiten, die wohl am besten zu verstehen sind, wenn man bedenkt, dafs das ausgemessene Areal nicht gröfser ist, als der 6. Theil der scheinbaren Mondscheibe, und auf der photographischen Platte nur wenig über 1 Quadratcentimeter umfafst.

Die Helligkeit der Sterne schwankt zwischen der $11^{1}/_{2}^{ten}$ und 14ten Gröfsenklasse, die grofse Mehrzahl gehört etwa zur 13ten Gröfse.

Die nebenstehende Zeichnung ist nach den Katalogpositionen in 6-7 fachem Mafsstabe der Originalaufnahmen angefertigt und giebt ein getreues Bild des Objektes bis auf den Nebel, der den Sternhaufen mit nach der Mitte stark zunehmender Dichtigkeit erfüllt, und der hier fortgelassen worden ist, um das Bild nicht zu verwirren. Auch war es nicht möglich, den einzelnen Komponenten des Haufens das natürliche Aussehen zu geben. Es zeigte sich nämlich beim Messen, dafs, während besonders die Sterne in dem äufseren Theile des Haufens scharfe Punkte sind, dies nach der Mitte zu durchaus nicht der Fall ist. Hier finden sich Sterne mit deutlichen Atmosphären, sogenannte Nebelsterne, wie sie auch isolirt am Himmel vorkommen, ferner verwaschene und unregelmäfsig gestaltete Objekte, welche zweifellos als Nebelknoten oder noblige Verdichtungen zu betrachten sind, u. s. w. Kurz, der Sternhaufen bietet dem Beschauer ein vollständiges Bild der Sternentwickelung dar, vom gleichmäfsigen Nebel bis zum vollendeten Stern. Ferner ist hervorzuheben, dafs häufig bei dicht zusammenstehenden Sternen auch der umgebende Nebel dichter zu sein scheint, ja dafs sich derselbe bei den Ausläufern bis in die äufsersten Theile des Haufens erstreckt. Diese eigenthümliche Verbindung von Nebel und Sternen weist unwillkürlich auf die Vermuthung hin, dafs in diesem

Sternhaufen die Sterne thatsächlich dichter zusammenstehen, als durchschnittlich in unseren Sternsystemen, und damit wird man auf die weiteren Schlüsse geführt, dafs der Sternhaufen nicht weiter von uns entfernt zu sein braucht, als durchschnittlich die hellen Sterne entfernt sind, sodafs die Hoffnung nicht unbegründet zu sein scheint, in absehbaren Zeiträumen — 50 bis 100 Jahren — durch Wiederholung der

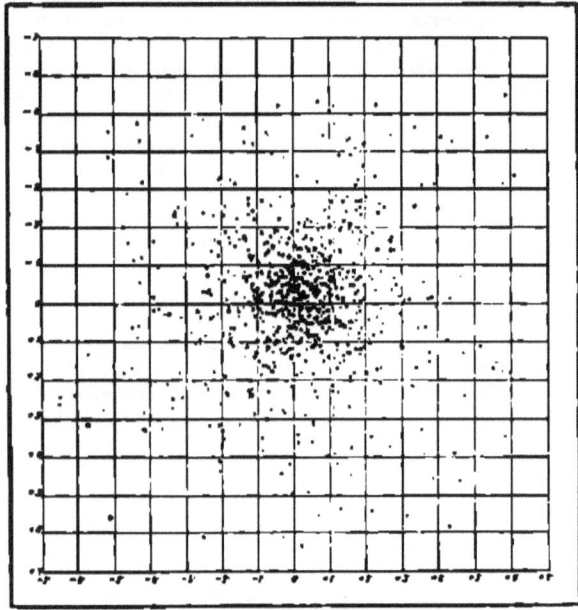

Herculessternhaufen nach Scheiner.

Ausmessung systematische Bewegungen der Sterne innerhalb des Haufens zu finden, und dieser Gedanke ist es wesentlich gewesen, der mich zur Ausführung der umfangreichen Untersuchung geführt hat.

Im übrigen hat sich die Existenz der Rossesche Kanäle nicht bestätigt. Bei undeutlicher Betrachtung der Photographie oder auch der beigegebenen Zeichnung kann man zwar den Eindruck der Kanäle mit etwas Phantasie gewinnen, indem einige Lücken scheinbar zusammenfliefsen; jedenfalls aber ist diesen „Kanälen" keine weitere Bedeutung zuzumessen, wie dies in neuerer Zeit mehrfach geschehen ist. Dagegen lassen sich nun wohl zum ersten Male einige, allerdings noch recht unvollkommene Untersuchungen über die Konstitution des Sternhaufens anstellen. Wir sehen natürlich einen Sternhaufen nicht in seiner wirklichen Gestalt, sondern nur in seiner Projektion auf das scheinbare Himmelsgewölbe, wir haben also zunächst keine Ahnung von der Ausdehnung des Objekts in der Richtung auf uns zu oder von uns weg. Doch kann man mit Hülfe von Wahrscheinlichkeitsbetrachtungen auch hierüber mit verhältnifsmäfsig grofser Sicherheit entscheiden. Es giebt nämlich am Himmel eine ganze Anzahl von dichtgedrängten Sternhaufen, die mit dem unsrigen eine sehr grofse Aehnlichkeit besitzen, und welche alle eine ziemlich regelmäfsige kreisrunde Form zeigen, sofern man von den äufsersten Ausläufern absieht. Diese kreisrunde Form kann nun kein blofser Zufall sein, da es doch zu merkwürdig wäre, wenn bei allen diesen am Himmel zerstreuten Objekten gerade nur der uns sichtbare Querschnitt ein Kreis wäre. Es ist vielmehr mit nahe an Gewifsheit grenzender Wahrscheinlichkeit anzunehmen, dafs alle Querschnitte dieser Objekte kreisrund sind, d. h. also, dafs diese Sternhaufen selbst kugelförmig sind. Ein so phantasievoller Gelehrter wie Secchi hat es überhaupt für überflüssig gehalten, hierüber eine Bemerkung zu machen; er betrachtet es als ganz selbstverständlich, dafs der Sternhaufen im Hercules die Form einer Kugel besitzt; in diesem Falle hat ihn, wie sonst leider so oft, seine Phantasie jedenfalls nicht in die Irre geführt. Unter der Annahme nun, dafs der Sternhaufen eine Kugel sei, kann man sich konaxiale Cylinder durch die letztere geführt denken, welche auf der Projektionsebene — dem Himmelsgewölbe — senkrecht stehen, sich also auf einer Abbildung des Sternhaufens als konoentrische Kreise darstellen, deren Radien so gewählt sind, dafs die Cylinder gleiche Räume aus der Kugel herausschneiden. Wären die Sterne innerhalb des Sternhaufens nun gleichmäfsig vertheilt, so müfste man in den entsprechenden, durch die konoentrischen Kreise gebildeten Ringen die gleiche Anzahl der Sterne zählen. Ich habe nun in unserem Sternhaufen 6 Kreise gezogen, welche die oben geforderten Bedingungen erfüllen, und in den entstandenen Ringen die Sterne gezählt und dabei folgende Zahlen gefunden:

1. Ring . . . . . 501 Sterne
2. „ . . . . . 132 „
3. „ . . . . . 66 „

4. Ring . . . . . 58 Sterne
5. „ . . . . . 38 „
6. „ . . . . . 31 „

Da bei gleichmäfsiger Vertheilung der Sterne in jedem Ringe die gleiche Zahl vorhanden sein müfste, so ergiebt diese Betrachtung also, dafs die Sterne nicht gleichmäfsig vertheilt sind, dafs sie vielmehr in der Mitte mindestens 15 mal dichter zusammenstehen als am Rande.

Andere Objekte vom Typus des Herculessternhaufens habe ich bisher noch nicht ausgemessen; bei den von mir aufgenommenen lehrt aber der blofse Anblick schon, dafs die Verhältnisse ganz ähnlich liegen, dafs also hier ein bestimmtes Gesetz bei der Bildung der Sternhaufen mafsgebend gewesen ist. Auf weitere Spekulationen in Betreff dieses Punktes, z. B. auf eine gewisse Aehnlichkeit in dieser Beziehung mit unserem Sonnensystem, möchte ich mich nicht weiter einlassen; solche einseitigen Betrachtungen, ohne Zuhilfenahme der Mathematik, sind meistens das Gegentheil wissenschaftlicher Forschung.

Ohne aber gegen diesen Satz zu verstofsen, läfst sich eine Untersuchung darüber anstellen, ob die Sterne verschiedener Massen einigermafsen gleichmäfsig im Sternhaufen rund um die Mitte herum vertheilt sind, oder ob dieses nicht der Fall ist, und zwar folgendermafsen, wobei darauf aufmerksam gemacht sei, dafs sich diese Betrachtungen nur auf die uns sichtbare Projektion beziehen und natürlich nicht auf den Raum ausgedehnt werden können. Den geometrischen Schwerpunkt eines Systems von Punkten (hier Sternen) findet man einfach dadurch, dafs man denjenigen Punkt aufsucht, von welchem alle anderen Punkte im Mittel gleich weit nach jeder Richtung hin entfernt liegen. Mathematisch ausgedrückt bedeutet dies im vorliegenden Falle, dafs man die Koordinaten aller Sterne von dem willkürlich angenommenen Mittelpunkt aus addirt und die so gefundenen Summen durch die Anzahl der Koordinaten dividirt; das Resultat giebt die Differenz der Lage des geometrischen Schwerpunkts oder Mittelpunkts gegen den willkürlich angenommenen Mittelpunkt. Man erhält so bei unserem Sternhaufen als Differenz $+ 3.''5$ in Rektascension und $- 0.''6$ in Deklination.

Unter dem dynamischen Schwerpunkte eines solchen Systems versteht man nun denjenigen Punkt, von welchem aus gerechnet alle anziehenden Kräfte der einzelnen Punkte nach allen Richtungen hin einander gleich sind oder sich aufheben. Bei der dynamischen Schwerpunktsbestimmung sind also auch noch die Entfernungen der Sterne von dem Mittelpunkte aus mafsgebend, aber nicht mehr allein, vielmehr wirkt auch die Masse der Sterne mit, denn es ist ohne weiteres klar, daſs von zwei Sternen, welche von einem Punkte gleich weit entfernt sind, derjenige, der die doppelte Masse des anderen hat, den Punkt auch doppelt so stark anzieht. Der dynamische Schwerpunkt fällt nun mit dem geometrischen zusammen in zwei Fällen, einmal, wenn alle Massen der Sterne gleich sind, und dann, wenn bei groſser Zahl der Sterne die Massen nach dem Zufall vertheilt sind, oder wenn dies wenigstens in koncentrischen Schichten der Fall ist.

Zur Ausführung der dynamischen Schwerpunktsbestimmung ist nach dem Vorigen die Kenntniſs der relativen Massen der einzelnen Sterne nothwendig, und diese Kenntniſs kann man sich unter gewissen plausiblen Voraussetzungen in genäherter Weise erwerben. Während nämlich im allgemeinen ein hellerer Stern nicht gröſser zu sein braucht, als ein anderer weniger heller, da er uns ja näher sein kann als letzterer, ist in unserem Sternhaufen gröſsere Helligkeit allein auf gröſsere Leuchtkraft zurückzuführen, da die einzelnen Sterne ja alle gleich weit von uns entfernt sind. Führt man nun die Annahme ein, daſs die Leuchtkraft gleicher Flächentheile auf den Sternen des Sternhaufens dieselbe ist, d. h. daſs ihre Oberflächen dieselbe Temperatur haben, und daſs sie der gleichen Spektralklasse — I_a — angehören, daſs sie ferner die gleiche Dichtigkeit besitzen, so kann man aus den Helligkeiten die Massen in einigermaſsen der Wirklichkeit nahe kommender Weise ableiten. Es ist dann die Intensität J des Sternenlichtes proportional dem Quadrate des Radius r der Sterne, während ihre Masse M der 3. Potenz von r proportional ist. Für die Sterngröſsen der Sterne ergeben sich demnach aus der Formel $M_1 : M_2 = J_1^{\frac{3}{2}} : J_2^{\frac{3}{2}}$ folgende Massen:

Sterngröſse	Masse
14.	1.
13.5	1.8
13.0	2.6
12.8	3.5
12.7	4.7
12.5	6.0
12.4	8.0
12.2	9.2

Hiermit folgt als Differenz der Lage des dynamischen Schwerpunktes gegen den willkürlich angenommenen Mittelpunkt $+ 8''1$ in Rectascension und $- 12''0$ in Deklination. Die Uebereinstimmung dieses Werthes mit dem entsprechenden für den geometrischen Schwerpunkt ist eine so befriedigende, dafs hieraus ohne weiteres der Schlufs auf eine zufällige Vertheilung der verschiedenen Massen innerhalb des Sternhaufens gezogen werden kann, da ja der Fall gleicher Massen durch die verschiedene Helligkeit der Sterne ausgeschlossen ist.

Wie schon mehrfach erwähnt, und wie die Betrachtung der Karte des Sternhaufens zeigt, ist die Struktur desselben insofern keine regelmäfsige, als sich Arme von der Mitte des Haufens abzweigen und auch in der eigentlichen Mitte die Sterne mehrfach in kleinere Haufen zusammengeballt erscheinen, zwischen welchen sich verhältnifsmäfsig leere Stellen befinden, durch deren scheinbares Aneinanderreihen der Eindruck der Rosse'schen Kanäle hervorgebracht worden ist. Es ist nun von mehreren Astronomen darauf aufmerksam gemacht worden, dafs die Figurationen im Sternhaufen keine zufälligen seien, dafs dieselben vielmehr als das Resultat innerer Kräfte und Bewegungen betrachtet werden müfsten, und dafs auf diesem Wege wohl Aufschlufs über die Konstitution des Objektes erhalten werden könnte.

Eine genaue Untersuchung steht noch aus, es ist jedoch zu hoffen, dafs dieselbe, wenngleich sie bedeutende Schwierigkeiten bietet, von anderer Seite ausgeführt werden wird. Vorläufig kann man meiner Meinung nach nur annehmen, dafs die Vertheilung der Sterne im Sternhaufen, abgesehen von der Dichtigkeitsabnahme nach den Rändern hin, nur eine zufällige ist, und ich bin durch ein einfaches Experiment, welches jeder leicht ausführen kann, in dieser Ansicht bestärkt worden. Wenn man eine der Zahl der Sterne des Haufens entsprechende Zahl von Körnern irgend einer pulverisirten Substanz von einer gewissen Höhe auf eine horizontale Ebene herabfallen läfst, so vertheilen sich dieselben annähernd nach der Dichtigkeitsabnahme, wie sie der Sternhaufen zeigt. Gleichzeitig aber weist der so erhaltene künstliche Sternhaufen leere Stellen und sich abzweigende Arme auf, welche durchaus dem Anblick, den der Herkulessternhaufen bietet, entsprechen. Die Aehnlichkeit wird zuweilen so frappant, als ob man die Körnchen nach der Zeichnung geordnet hätte.

Das Bild, welches ich in Vorstehendem dem Leser von den Resultaten der photographischen Aufnahme des Sternhaufens im Herkules gegeben habe, wird wohl den zunächst beabsichtigten Eindruck von der aufserordentlichen Ueberlegenheit der photographischen Methode gegenüber der direkten Beobachtung bei derartigen Objekten hervorgerufen haben; in anderer Beziehung aber wird wohl eine gewisse Enttäuschung über die geringe Ausbeute an besonders interessanten und staunenerregenden Resultaten in Bezug auf das Wesen des Sternhaufens, auf das innere Leben desselben, Platz greifen. Wer hierüber etwas Näheres erfahren will, der möge die jüngst in der englischen populären Zeitschrift „Knowledge" über unseren Sternhaufen publizirte Abhandlung von Ranyard lesen, die mit vielen Reproduktionen von photographischen Aufnahmen des Objektes geziert ist. Herr Ranyard hat zwar den Sternhaufen nicht ausgemessen, auch schwerlich eine einzige Zahl dabei gerechnet, aber er sieht dem Objekte ohne weiteres an, dafs die sogenannten Arme Sternströme sind, in denen die einzelnen Sterne dem Haufen enteilen, dafs einzelne derselben spiralig gewunden sind und gewisse Aehnlichkeit mit Sonnenprotuberanzen bieten, und dergl. mehr. Ich habe mich nicht entschliefsen können, dem Leser ähnliche Phantastereien zu unterbreiten, vielmehr möchte ich diese Gelegenheit ergreifen, meine Ansicht über eine nützliche Popularisirung der Wissenschaft einmal kurz darzulegen. Der Zweck einer populären Darstellung soll sein, die Ergebnisse wissenschaftlicher Forschung in einer allgemein verständlichen Form weiteren Kreisen zugänglich zu machen. Es ist klar, dafs man auch nur wirklich interessante Resultate vorführen darf, und zwar nur solche, die eine strenge wissenschaftliche Kritik aushalten können. Ein gewisser schwungvoller Styl in der Darlegung schadet nichts, ist sogar nützlich, wenn nicht auf seine Kosten die Gewissenhaftigkeit Schiffbruch erleidet. Aber durchaus verkehrt ist es, Dinge, die die wissenschaftliche Feuerprobe noch nicht bestanden haben, und wenn sie noch so interessant sein sollten, dem Nichtfachmann ohne den ausdrücklichen Hinweis auf ihre Gebrechlichkeit bekannt zu geben. Eine populäre Zeitschrift darf unter keinen Umständen ein Abladeplatz für geistreiche Ausbrüche der Phantasie ohne reelle Grundlagen werden.

Die Lothabweichungen und das Geoid.
Von Dr. P. Schwahn in Berlin.

In dem Aufsatz[1]) „Zur Geschichte der Erdmessungen" hat Prof. Peters den Entwicklungsgang von der Erkenntnifs der Erdgestalt etwa bis zur Mitte unseres Jahrhunderts klargelegt. Wir sahen daselbst, dafs die Ergebnisse aller Messungen zu einer glänzenden Bestätigung der dynamischen Ansichten leiteten, mit denen so ausgezeichnete Denker wie Galilei, Huyghens, Newton, Clairaut, Legendre und Laplace die Naturwissenschaften bereichert hatten. Aber in dem angegebenen Orte (S. 356) wurde schon erwähnt, dafs das Ellipsoid ebenfalls nur eine Annäherung an die wahre Erdgestalt sei, dafs die verfeinerten Hülfsmittel der modernen Mefstechnik, welche das 19. Jahrhundert uns brachte, und die bislang gewonnenen Erfahrungen es zur Nothwendigkeit machten, noch tiefer in die Besonderheiten der Erdgestalt einzudringen.

Die Bestimmungen der Erdform wurden, wie wir sahen, dadurch erzielt, dafs man die Messungsergebnisse einzelner Meridianbogen aus den verschiedenen Ländern mit einander verglich. Dabei stellte sich nun mit immer gröfserer Klarheit die Thatsache heraus, dafs die Dimensionen des Erdballs, wie sie sich aus den Vermessungen einzelner Kulturstaaten ergaben, zum Theil sehr beträchtliche Abweichungen von einander aufwiesen. In England z. B. erzielte Clarke andere Werthe für die grofse und kleine Axe des Ellipsoids, als Bessel in Deutschland gefunden hatte, in Rufsland Schubert, Walbeck wiederum andere, und doch konnte die peinliche Genauigkeit, mit welcher man bei derartigen Vermessungen und Berechnungen zu Werke gegangen war, darüber keinen Zweifel aufkommen lassen, dafs es sich hier keineswegs um Ungenauigkeiten in den Beobachtungen handle. Mehr und mehr kam man zu der Ueberzeugung, dafs hier Unregelmäfsigkeiten

---

[1]) Band IV, S. 345 dieser Zeitschrift.

vorlägen, die in der Natur der Erdoberfläche selbst begründet seien und folglich ein gesetzmäfsiges Verhalten zu erkennen geben müfsten. Man hat bekanntlich die Idealgestalt der Erde von der Schwererichtung abhängig gemacht. Die Schwererichtung oder das Loth giebt uns an jedem Punkte der Oberfläche eine wohl definirte Richtung an, welche durch die innere Beschaffenheit der Erde selbst gegeben ist, und insofern hat man die Idealgestalt unseres Weltkörpers auch mit diesem Lothe in Beziehung bringen müssen. Das Loth ist nämlich nichts anderes, als die Richtung, in welcher ein Körper zur Erde herabfallen würde. Diese Fallrichtung erweist sich von der Anziehung aller Körpertheilchen der Erde abhängig und wird daher natürlich auch durch die Anordnung der Gesamtheit aller dieser Massentheilchen beeinflufst.

Wir können uns nun — es ist dies selbstverständlich eine Operation, die sich nur im Gedanken ausführen läfst — an allen möglichen Stellen der Erdoberfläche ein Loth herabhängend denken, und zwar so, wie es die Natur eben selbst zu Wege bringt. Diese Lothe repräsentiren dann an jeder Stelle die thatsächlich stattfindenden Anziehungsrichtungen.

Wir können uns ferner vorstellen, dafs durch die Gesamtheit aller dieser Erdlothe eine Fläche gelegt werde von solcher Beschaffenheit, dafs sie mit jedem dieser Lothe einen rechten Winkel einschliefst, also auf jedem derselben lothrecht stehe. Wenn man dann noch einen Punkt auf der Erdoberfläche annimmt, etwa einen Punkt des Meereshorizontes, durch welchen die so konstruirte Fläche hindurchgelegt werden soll, so ist offenbar hiermit eine ganz bestimmte Oberfläche definirt, die ohne Unterbrechungen verlaufen wird und bei der Begrenztheit des Erdballs auch offenbar geschlossen, d. h. in sich selbst zurücklaufend sein mufs. Eine derartig geschlossene Idealfläche wird in der Sprache der mathematischen Physik „Niveaufläche" genannt, und diese Niveaufläche*) ist eigentlich das, was man in der Geodäsie unter der mathematischen — im Gegensatz zu der wirklichen physischen — Oberflächengestalt unseres Erdglobus versteht.

Man hat nun etwa bis zu Anfang dieses Jahrhunderts geglaubt, dafs das Rotationsellipsoid die gesuchte Niveaufläche der Erde darstelle; man hat also angenommen, dafs jedes einzelne aus der Gesamtheit aller wirklichen Erdlothe immer senkrecht zu einem einmal bestimmten Erdellipsoid stünde oder eine „Normale" zu demselben

---

*) Es giebt natürlich für jeden Körper unendlich viele Niveauflächen.

bilde. Dafür hatten Newton und Huyghens ja anscheinend den Beweis
erbracht, indem sie zeigten, dafs unter dem kombinirten Einflufs von
Gravitation und Schwungkraft eine Form der erwähnten Art bei der
ursprünglich flüssigen Erdmaterie zu stande kommen müsse. Indefs
eine jede mathematische Ueberlegung beruht auf gewissen Voraussetzungen und Annahmen, die in der Natur wohl sehr nahe erfüllt
sein dürften, die im Grunde genommen jedoch immer nur Verein-
fachungen des wahren Naturverhaltes darstellen.

Solche Voraussetzungen haben sich auch Huyghens und Newton
und die älteren Geometer gestatten müssen, als sie das Problem der
Erdgestalt einer Analyse unterwerfen. Sie mufsten entweder von der
keineswegs empirisch gesicherten Annahme ausgehen, dafs die Erdmaterie an jeder Stelle des Innern gleich dicht vertheilt sei, oder sie
konnten auch noch von einer etwas komplizirteren, durch unsere
Kenntnifs über die mittlere Erddichte und die Bewegungserscheinungen
der Erde im Raume gebotenen Anordnung der Massentheile ausgehen,
nämlich sich vorstellen, dafs unser Weltkörper, wie die Zwiebel aus
Häuten, so aus übereinander gelagerten, konzentrischen Schichten bestehe, und eine gewisse Zunahme der Dichte von Schicht zu Schicht
gegen den Mittelpunkt hin nach einem bestimmten, allerdings a priori
unbekannten Gesetze erfolge. Dafs solche Voraussetzungen sich
nöthig erweisen, um die Erdform theoretisch zu ergründen, läfst sich
ja leicht ermessen; denn im Newtonschen Gravitationsgesetz spielt
nicht nur die Entfernung zweier anziehenden Massentheile, sondern
auch die Dichte der daselbst vorhandenen Materie oder der Grad der
Konzentration der Erdsubstanz in den verschiedenen Schichten eine
hervorragende Rolle.

Im Grunde genommen verlangt also die Lösung des mathematischen
Problems der Bestimmung der Erdgestalt von vornherein die Kenntnifs
der Massenvertheilung im Innern. Darüber wissen wir aber eigentlich
sehr wenig, und es giebt auch keinen anderen Weg zur Ergründung
derselben, als eben den durch theoretische Erwägungen.[1]) Denn der
direkten Anschauung ist ja das Erdinnere verschlossen; es ist dem

---

[1]) Alle Spekulationen über das Gesetz der Vertheilung der Dichte im
Erdinnern müssen von gewissen Konstanten des Erdballs ausgehen, nämlich 1. von der Abplattung der Erde, 2. von dem Verhältnifs der Zentrifugal-
kraft zur Schwere am Aequator, 3. von der mittleren Dichte, 4. von der Oberflächendichte der Erde, und endlich 5. von der Praecessions-Konstante. Aus
diesen Gröfsen haben Legendre-Laplace, Roche, Lipschitz, Helmert
u. a. das Dichtengesetz der Erde zu ermitteln gesucht. Auf diesen Gegenstand
wird der Verfasser später einmal zurückkommen.

Menschen kaum möglich, 2000 Meter tief die Rinde zu durchdringen, um sich mittels wägender und messender Instrumente von den physikalischen Eigenschaften derselben zu überführen.

Vergleichen wir nun aber mit diesem Idealzustande des Erdkörpers — nämlich der gleichmäfsigen Schichtung und Dichtezunahme, wie sie die älteren Geometer sich dachten — den thatsächlichen Bestand desselben. Wir brauchen uns dabei nur ganz auf der Oberfläche zu halten, da wir ja doch kaum tiefer blicken können.

Nehmen wir z. B. einen Stein vom Boden und werfen ihn ins Wasser, so geht er unter, offenbar weil der Stein schwerer als das Wasser ist, oder weil die Atome in demselben dichter geschaart sind als im Wasser. So erfahren wir denn, dafs die Gesteinsmassen der Felskruste, vorzüglich die krystallinischen Urgesteine unseres Planeten, etwa 2,6 bis 2,8 mal dichter sind als die Gewässer der Weltmeere, dafs sich also schon hier oben in der Domäne unserer Forschung ein sehr beträchtlicher Unterschied zwischen den Dichtigkeiten und folglich Anziehungswirkungen des erdbildenden Materials geltend macht.

Wir haben nun wohl Grund zur Annahme, dafs die Dichtevertheilung in einiger Tiefe einen mehr regelmäfsigen Verlauf annimmt, eben schon deswegen, weil die Erdform sich leidlich einem Rotationsellipsoide anpafst.

Aber schauen wir weiter. Die Oberfläche der Erde zeigt Kontinente und Meere, Berge und Thäler. Diese Höhenunterschiede waren sicherlich noch nicht vorhanden, als unser Weltkörper sich in jenem hypothetischen feurig-flüssigen Zustande befand, von dem ja die Geometer bei Ergründung der Erdform ausgegangen sind.

So bedarf es wohl kaum weiterer Thatsachen, um unsere Leser zu überzeugen, dafs sämtliche erwähnten Umstände mitbestimmend auf die örtliche Richtung des Lothes oder der Falllinie an einer Stelle der Erdoberfläche wirken müssen. Die wahren Lothe des Erdballs werden niemals streng mit der Normalen einer Ellipsoidfläche zusammenfallen, sondern in ihrer Richtung durch lokale Dichteverhältnisse und Wassergruppirungen, wie sie eben die besonderen Verhältnisse des umgebenden Geländes darbieten, bestimmt sein.

Unter Berücksichtigung dieser Thatsache hat man das geodätische Problem seit einigen Dezennien strenger fassen müssen, als es die älteren Geometer vermochten.

Die Formulirung dieses Problems ist namentlich das Verdienst Philipp Fischers, Listings, Stokes', Bruns' und Helmerts, welche in ihren Arbeiten betont haben, daſs bei Bestimmung der Erdgestalt nicht von einer idealen Massenvertheilung auszugehen sei, sondern von einer Massenvertheilung, wie sie thatsächlich der physische Erdball darbietet. Man ist sich seitdem bewuſst geworden, daſs man nach der oben definirten Niveaufläche zu suchen habe, und daſs ein jedes Ellipsoid nur immer eine mehr oder minder glückliche Annäherung an die Wahrheit darbiete, während der hiermit erreichte Grad von Genauigkeit sich für viele Zwecke, unter anderen auch für die Reduktion astronomischer Beobachtungen auf den Erdmittelpunkt, als vollkommen ausreichend erweist.

Um nun den vollen Umfang der Tragweite, welche die Schwererichtung für alles Messen auf Erden, insbesondere für das geodätische Problem besitzt, klarzulegen, sei Folgendes erwähnt.

Astronomische Ortsbestimmungen auf der Erdoberfläche erfolgen allemal durch Festlegung des Winkels, den die lokale Schwererichtung mit Fixsternen bildet. Bei Polhöhen- oder Breitenbestimmungen im Felde miſst man in der Regel die, bestimmten Zeitpunkten entsprechenden, jeweiligen Abstände der Sterne vom Scheitelpunkte des Ortes, Winkel, die man in der mathematischen Geographie als „Zenithdistanzen" bezeichnet.[1])

Die Schwerlinie ist also für alles Messen auf Erden eine Fundamentallinie; sie wird uns an jedem Orte durch das Bleiloth gegeben, das man mit den Meſskreisen des Instrumentes in Verbindung bringt. An Stelle eines Bleilothes kann man sich aber auch einer ruhenden Wasserfläche bedienen, denn dieselbe wird sich allerorten horizontal einstellen, also mit der Schwerlinie einen rechten Winkel bilden. In der That haben die Astronomen dieses Hülfsmittel der Orientirung vorgezogen, weil es bequemer zu handhaben ist und mancherlei Vorzüge gegenüber dem Lothe bietet. Sie haben an ihren Instrumenten Wasserwagen, sogen. „Niveaus", angebracht, und wenn sie eine Messung anstellen, so versichern sie sich allemal, ob die Luftblase der Wasserwage auch genau in die Mitte einspielt, sie versichern sich also, ob der Scheitelpunkt ihres Instruments genau mit der Schwererichtung zusammenfällt, von welcher aus die Winkel — die erwähnten Zenithdistanzen — auf den Kreisen abgelesen werden.

Dies vorausgesetzt, denken wir uns, man habe irgend einen Punkt, dessen astronomische Lage in Beziehung auf die Umdrehungs-

---

[1]) In dem sphärischen Dreieck: Erdpol, Stern, Zenith findet man aus der Beobachtungszeit, der entsprechenden Zenithdistanz und der Rectascension und Deklination des Sternes die Polhöhe des Beobachtungsortes.

pole der Erde und einen Anfangsmeridian — also durch Breite und Länge — festgelegt sei, auf der Erdoberfläche gewählt. Wir wollen uns etwa denken, der Ort sei der bekannte trigonometrische Höhenpunkt auf den Rauen-Bergen, südlich von Berlin, weil dieser Ort in der That als Ausgangspunkt der preufsischen Landesvermessung eine gewisse Bedeutsamkeit erlangt hat.

Dem Geodäten sei nun die Aufgabe gestellt, irgend einen anderen Ort gegen diesen Ausgangs- oder Bezugspunkt festzulegen. Wir wollen der Einfachheit halber annehmen, dieser zweite Ort solle mit dem ersteren auf einem und demselben Meridian liegen.

Es giebt dann zwei sehr verschiedene Wege, auf denen der Geodät seiner Aufgabe gerecht werden kann.

Der eine besteht darin, dafs er in der uns schon bekannten Art eine Kette von Dreiecken zwischen beiden Punkten einschaltet und nach der Methode der Triangulation die Entfernung oder die Meridianenlage zwischen den beiden Punkten berechnet. Wenn der Geodät dann die Breite des Endpunktes aus derjenigen des Anfangspunktes und der gemessenen Bogenlänge finden will, mufs er natürlich von der Annahme ausgehen, dafs dieser Bogen einem bekannten Erdellipsoid angehöre, und zwar kann er als solches das beste wählen, welches frühere Messungen ergeben haben, z. B. das Besselsche.

Man nennt dieses Verfahren, die relative Lage zweier Orte aus der gemessenen Entfernung beider Orte, der Polhöhe und dem Azimut[1]) des Ausgangspunktes zu bestimmen: „eine geodätische Uebertragung auf dem Erdellipsoid".

Für die Kugel ist diese Uebertragung eine äufserst einfache Operation, da die Entfernung ein gröfster Kreis der Kugel und folglich überall gleichmäfsig gekrümmt ist. Für das Ellipsoid dagegen ist dieser Vortheil nicht mehr vorhanden, und daher wird die Uebertragung hier schwieriger. Es sei nur kurz erwähnt, was man unter der geodätischen Entfernung zweier Punkte auf dem Ellipsoid zu verstehen hat. Man hat hier der kürzesten Verbindungslinie den Vorzug gegeben, und diese werden wir auf dem Ellipsoid dadurch erhalten können, dafs wir durch End- und Anfangsstation einen Faden legen und nun diesen Faden so straff ziehen, dafs er sich der Oberfläche vollkommen anschmiegt. Jede andere Verbindungslinie wird dann gröfser sein als die durch den gespannten Faden gekenn-

---

[1]) Azimut ist der Winkel, den die Verbindungslinie im Ausgangspunkte mit dem Meridian bildet.

zeichnete, welche man füglich „kürzeste" oder im allgemeinen Sinne auch „geodätische" Linie genannt hat.

Es giebt aufser der geodätischen Uebertragung noch einen zweiten Weg, um zur Kenntnifs der Breite und Länge der Endstation zu gelangen. Dieser Weg besteht darin, dafs man, genau wie auf der Anfangstation, so auch auf der Endstation die Lage der Scheitellinie des Ortes gegen die Fixsterne mifst und die Uhrzeiten der Sterndurchgänge durch den Meridian abliest,[*]) also auch hier eine astronomische Ortsbestimmung vornimmt. Der so erhaltene Werth für die Breite wird dann offenbar durch die Richtung der lokalen Schwere bedingt sein, weil ja bei allem astronomischen Messen darauf Bezug genommen wird.

Nun könnte man vermuthen, dafs die durch Uebertragung auf dem Ellipsoid ermittelte Breite und Länge der Endstation mit der astronomisch gefundenen genau übereinstimmen müfste — oder, anders aufgefafst, dafs der aus den astronomischen Ortskoordinaten auf dem Ellipsoid berechnete Abstand beider Orte dem durch Triangulirung gewonnenen genau gleichkäme.

Allein diese Uebereinstimmung wird nur in den seltensten Fällen einmal zutreffen, und wenn sie wirklich vorhanden ist, so ist dies ein Spiel des Zufalls. Gemeinhin bleiben zwischen beiden Bestimmungen kleine Differenzen bestehen, die allerdings in der Regel nur wenige Bogensekunden oder bezüglich der Entfernung wenige Meter umfassen, die aber doch Differenzen von thatsächlichem Bestande sind und nicht etwa einer fehlerhaften Messung zugeschrieben werden können.

In der That hat man zwischen der astronomischen Ortsbestimmung der Sternwarten und der geodätischen Uebertragung ihrer Ortskoordinaten vermittelst Triangulation überall solche kleinen Unterschiede gefunden.

Um einmal ein Beispiel anzuführen, das die Sachlage klarstellen und zugleich zeigen dürfte, wie folgenschwer diese kleinen geodätischen Finessen in die technische Praxis eingreifen können, sei Folgendes erwähnt.

Beim Bau des St. Gotthard-Tunnels mufsten die Baubeamten den Unternehmern genau die Richtung und die Länge der zu durchbohrenden Tunnelstrecke angeben, damit sie hiernach ihre Arbeiten einrichten konnten. Der passendste Weg, um diese Richtung und

---

[*]) Letzteres zur Längenbestimmung.

Länge zu bestimmen, war der astronomische. Man machte auf der einen Seite bei Airoli, auf der andern bei Göschenen astronomische Ortsbestimmungen und berechnete hieraus die Tunnellänge auf dem Ellipsoid. Dies Verfahren war offenbar einfacher als etwa eine Triangulation um den St. Gotthard herum, welche wegen der lokalen Schwierigkeiten solcher Veranstaltungen im gebirgigen Terrain doch nur sehr ungenau hätte ausfallen können.

Bei Vollendung der Durchbohrung hat sich nun das Resultat ergeben, dafs die geometrischen Berechnungen so genau waren, dafs man sich im Niveau nicht über 0,1 m geirrt hatte; die seitliche Abweichung der Tunnelaxe von der berechneten betrug weniger als 0,2 m, dagegen war die Länge des Tunnels um etwa 8 m geringer, als sie berechnet worden war. In der That begegneten sich die Arbeiter von der italienischen und deutschen Seite früher, als man es auf Grund des Kalküls erwartet hatte.

Woher nun dieser Unterschied zwischen der Vorausberechnung und dem thatsächlichen Befunde? Offenbar hatte derselbe seinen Grund in der fehlerhaften Voraussetzung, dafs die zu beiden Seiten des Gotthardmassivs durch die Wasserwaagen der astronomischen Instrumente angedeuteten Schwerlinien als Normalen zum Uebertragungsellipsoid betrachtet werden könnten; sie waren in Wirklichkeit garnicht normal, und deshalb konnte der zwischen Airoli und Göschenen berechnete elliptische Bogen mit der wirklichen Entfernung auch nicht übereinstimmen. Die Ermittlung aus den astronomischen Ortskoordinaten war hier aus Umständen, die uns später beschäftigen werden, trotz des ganz geringen Abstandes beider Stationen unzulässig.

Durch das angedeutete Verfahren der Triangulation hat der preufsische Generalstab zur Zeit unser ganzes Land mit einem Netz von Dreiecken überspannt. Das Gleiche ist auch in den andern Kulturstaaten, in Frankreich, England, Rufsland, Italien u. s. w., in Indien und Nord-Amerika, zum Theil auch in Nord-Afrika geschehen. Von dem trigonometrischen Punkte der Rauen Berge, südlich von Berlin ausgehend, hat man durch geodätische Uebertragung, also vermittelst der gemessenen Abstände und der Richtungen derselben gegen den Ausgangspunkt, Polhöhen und Längen sämmtlicher Dreieckspunkte in Preufsen bestimmt.

An den Hauptdreieckspunkten sind nun aber auch astronomische Ortsbestimmungen ausgeführt worden. Wenn man diese beiden verschiedenen Ermittlungen mit einander vergleicht, so werden überall

Abweichungen zwischen den Werthen der geodätischen Uebertragung und denjenigen der astronomischen Ortsbestimmung zu Tage treten; nur bei solchen Punkten, welche bei Bestimmung des Uebertragungsellipsoids grundlegend waren, durch welche dieses Ellipsoid also anfänglich ermittelt worden ist, wird eine Ausnahme stattfinden.

Diese kleinen Abweichungen, welche sich als Unterschiede der wahren Lotbrichtung von den Normalenrichtungen des der Uebertragung zu Grunde gelegten Erdellipsoids darstellen, werden in der geodätischen Wissenschaft als „Lotbstörungen" oder „Lothabweichungen" bezeichnet. Das Bestreben der modernen Erdmessekunst ist darauf gerichtet, diese Lothstörungen an möglichst vielen Punkten der Erdoberfläche kennen zu lernen, weil es nur so möglich wird, die durch die wahren Schwerelinien dargebotenen Niveauflächen der Erde, die sogenannten „Geoidflächen", zu ergründen.

Entsprechend der doppelten Aufgabe, welche der Geodäsie erwächst, hat in Preußen eine Arbeitstheilung stattgefunden. Die „Preußische Landesvermessung", eine Abtheilung des Generalstabes, beschäftigt sich mit der Triangulation, während das Kgl. Preußische Geodätische Institut zu Potsdam die astronomischen Ortsbestimmungen in den Hauptdreieckspunkten des preußischen Triangulationsnetzes vorzunehmen und durch Vergleich dieser mit den geodätischen Ortsbestimmungen des Generalstabes die Lothabweichungen und weiterhin das Verhalten der Geoidfläche zu bestimmen hat. Außerdem hat dieses Institut, welches zugleich die Zentralstelle des von General Baeyer ins Leben gerufenen europäischen Gradmessungsunternehmens ist, Preußen nach außen hin bei den internationalen Veranstaltungen der Erdvermessung zu vertreten und für den Fortschritt des wissenschaftlichen Theiles der Geodäsie, entsprechend der Bethätigung anderer Kulturstaaten auf diesem Gebiete, zu sorgen.

Wir wollen jetzt nach den Gründen forschen, welche Lothabweichungen bedingen. Das Rotationsellipsoid, sagten wir, sei als Erdform nur bei einer Idealisirung der inneren Massenanordnung unseres Weltkörpers zulässig, es sei aus dogmatischen Ueberlegungen gewonnen und setze eine bestimmte Gesetzmäßigkeit der Dichtezunahme nach dem Erdzentrum voraus. Eine solche trifft aber in Wirklichkeit garnicht zu, da schon die physische Erdoberfläche bezüglich der Massenanordnungen und -Gruppirungen ein äußerst unregelmäßiges und wechselvolles Bild zeigt, und der mittleren kontinentalen

Oberflächendichte die weit geringere der Meere allenthalben Konkurrenz macht. Um zu zeigen, wie sich eine solche unregelmäßige Massenvertheilung auf die örtliche Richtung des Bleilothes und auf das Verhalten des Geoids gegenüber dem Ellipsoid äußert, wollen wir von einigen einfachen Betrachtungen ausgehen.

Es handle sich zunächst um die Anziehung eines hohen Berges (Fig. 1). Unter der physischen Erdoberfläche sei der Bogen AB des Ellipsoids — etwa des Bessel schen — durch die gestrichelte Linie dargestellt. Die ungestörten Lothe werden dann in den Stationen A und B senkrecht zu demselben in der Richtung CA und DB ver-

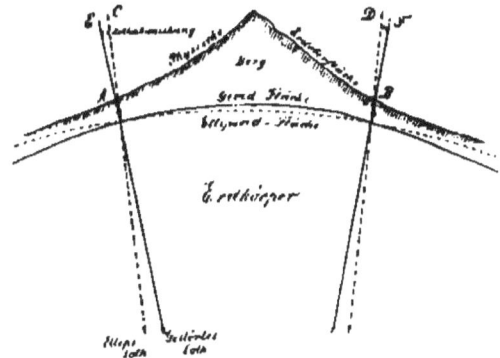

Fig. 1.

laufen. Der Berg veranlasst nun aber, dass die wahren Lothlinien von CA und DB verschieden werden, indem sie etwa die dem Berge zugekehrte Richtung EA und FB annehmen.[1]) Die Geoidfläche, welche normal zu diesen abgelenkten Lothen stehen muss, weil sie ja eine Niveaufläche bilden soll, wird folglich in A und B eine andere Krümmung haben als die Ellipsoidfläche. Verfolgen wir die Lothrichtungen innerhalb des Berges, was freilich nur durch mathematische Ueberlegungen möglich ist, so finden wir, dass das Geoid unter dem Berg-

---

[1]) Selbst ein kleiner Höhenrücken, dessen Profil ein Dreieck mit 100 m Höhe und 600 m Grundlinie ist, wird an den Punkten der Abhänge, wo seine störende Wirkung die größte ist, die Richtung der Schwerlinie um ein paar Bogensekunden verändern können. Dasselbe thun bekanntlich auch die Steinmassen der aegyptischen Pyramiden.

kegel stärker gekrümmt sein mufs, als das Ellipsoid. Ein Berg bewirkt also durch seine Masse ein Hinaufziehen der Niveaufläche.

Auf dieselbe Weise kann man sich leicht davon überzeugen, dafs die Niveaufläche in einer Thalsenkung zwischen zwei Bergen etwas weniger gekrümmt sein mufs, als es der Fall wäre, wenn diese Berge nicht existirten.

Die Gröfse der von den Unregelmäfsigkeiten des Geländes herrührenden Lothstörungen würde sich mit Hülfe des Gravitationsgesetzes berechnen lassen, wenn die Gestalt und die wechselnden Dichtigkeiten der anziehenden Gebirgsmassen bekannt wären. Erstere kann durch Nivelliren gefunden werden, allein der Bestimmung der letzteren stehen grofse Schwierigkeiten entgegen. Indem man indefs von einer mittleren Dichtigkeit ausging, hat man wenigstens eine Vorstellung von dem Umfang der hier in Betracht kommenden Abweichungen erlangt. Die Rechnung ergiebt unter anderem, dafs eine Bergkette wie die Alpen sehr wohl absolute Lothstörungen bis gegen eine Bogenminute hervorbringen kann. In Wirklichkeit wird eine solche Gröfse aber niemals erreicht. Die in der oben gekennzeichneten Weise durch Beobachtungen erzielten relativen Lothabweichungen stehen in der Regel nicht im Verhältnifs zu den sichtbaren Massenanhäufungen, sie stellen sich in Gebirgen meist viel geringer heraus. In den Alpen und Apenninen hat man nur Störungen der Schwererichtung gefunden, welche die Gröfse einer viertel Bogenminute und ein wenig darüber, z. B. in Nizza 20″, erreichen. Im Kaukasus giebt es einige Orte (Wladikavkas, Jelisawetopol), wo Lothstörungen bis über eine halbe Bogenminute stattfinden, und das Merkwürdigste ist daselbst, sowie überhaupt in allen gröfseren Gebirgszügen, dafs in unmittelbarer Nähe dieser Orte auch negative Deviationen auftreten, bei denen seitliche Massen eine zurückstofsende Wirkung zu äufsern scheinen. Wir kommen weiter unten noch einmal auf diese Verhältnisse zurück.

Für Norddeutschland ganz besonders wichtig ist das Gebiet des Harzes. Hier hat das Kgl. preufsische geodätische Institut umfangreiche Arbeiten ausgeführt, weil der Harz gerade in der Meridianlinie liegt, die von Dänemark durch Preufsen u. s. w. bis Palermo läuft, und dieser bereits mit Dreieckskelten überspannte gröfste Gradbogen Europas für spätere Berechnungen der Erdgestalt von fundamentaler Bedeutung ist und daher ein besonderes Interesse in Bezug auf das Verhalten der Schwererichtungen besitzt. Prof. Helmert, der Direktor des Kgl. preufsischen geodätischen Instituts, hat bereits für einen Theil des Harzes den Verlauf des Geoids gegen ein Bezugsellipsoid feststellen können.

Auch in geologischer Beziehung ist der Harz wegen des daselbst sich entfaltenden Bergbaues von der geologischen Landesaufnahme erschlossen worden. Nun ist es interessant zu hören, dafs Bergrath Prof. Lossen die Lothabweichungen mit den Lagerungsverhältnissen der dortigen Gebirgsformationen verglichen hat[*]) und eine augenscheinliche Abhängigkeit der geologischen Massenvertheilung von der durch astronomische Beobachtungen, eben durch Lothablenkungen, ermittelten hat feststellen können.

Ohne Uebertreibung läfst sich hiernach aussprechen, dafs Beobachtungen am Himmel, wie sie die Geodäten anstellen, im stande sind, uns Aufschlufs zu geben, ob an dieser oder jener Stelle eines Gebirges ein gröfseres Eisen- oder Kupferlager unter dem Erdboden verborgen ist; denn zwischen der sogenannten Muthung des Bergmanns und den Lothabweichungen der Geodäten besteht ja ein innerer Zusammenhang.

Auch in ganz ebenem Gelände hat man in dieser Weise auf Massendefekte unterhalb des Erdbodens oder wenigstens auf die Existenz erheblich leichterer, in der Tiefe angehäufter Gesteinsmassen zurückgeschlossen. Mit grofser Wahrscheinlichkeit konnte Schweizer das Vorhandensein einer grofsen Aushöhlung für den Boden nachweisen, auf welchem Moskau steht, und aus der Vertheilung der Lothabstofsungen in der Umgebung von Berlin hat Prof. A. Fischer sehr interessante Anhaltspunkte über die Möglichkeit der Ausdehnung des riesigen Steinsalzstockes, welcher etwa 40 km südlich von Berlin bei Sperenberg erschlossen worden ist, unterhalb des märkischen Bodens gewonnen.[**])

Diese Beispiele seien nur erwähnt, um zu zeigen, wie in den Naturwissenschaften anscheinend ganz entfernt liegende Forschungszweige sich einander nähern und unterstützen können.

Sich ein generelles Bild von dem Geoid zu verschaffen, ist zur Zeit noch nicht möglich. Das eine steht aber fest, dafs sich die wahre Niveaufläche der Erde, die auf allen wirklichen Lothrichtungen senkrecht steht, in Wellenform um ein jedes ideale Erdellipsoid, mag es das Clarkesche oder Besselsche oder sonst eins sein, herum-

---
[*]) Lossen, Ueber den Zusammenhang der Lothablenkungswerthe auf und vor dem Harz mit dem geologischen Bau des Gebirges. Verhandl. der Gesellschaft der naturw. Freunde zu Berlin, 1881, S. 19.
[**]) Vergl. Himmel und Erde Bd. 2, 303 und 353.

windet, und zwar so, dafs sie unter allen Umständen nach aufsen hin eine konvexe bleibt, die das Zentrum ihrer Krümmung in der Nähe des Erdmittelpunktes zu liegen hat. Wäre diese letzte Bedingung nicht erfüllt, so müfsten ungewöhnlich starke Lothstörungen auftreten, weit stärkere, als man sie bis jetzt irgendwo hat nachweisen können. Diese Geoidfläche erhebt sich bald über das Ellipsoid, bald senkt sie sich unter dasselbe, und ihre Wellen werden im allgemeinen den Konfigurationen der physischen Erdoberfläche folgen, derart, dafs ein grofses Festland zwischen zwei Weltmeeren wie ein ungeheurer Berg wirken und folglich eine Erhöhung der Niveauflächen herbeiführen mufs, sodafs diese von dem durch die Punkte der Küstenlinien gelegten Ellipsoid erheblich abweichen können.

Wir werden weiter unten von der Gröfse der Geoidwellen, also von dem Abstande sprechen, den die Geoidfläche von einer bestimmten Ellipsoidfläche erreichen kann; vorher wird es jedoch gut sein, auf einen anderen Punkt aufmerksam zu machen.

Der Plurals „Niveauflächen der Erde" an Stelle der Bezeichnung „Geoid", könnte geeignet sein, Verwirrung bei demjenigen hervorzurufen, dem die Grundlagen der mathematischen Physik nicht recht geläufig sind.

Es giebt selbstverständlich unendlich viele Niveauflächen, welche im Innern der Erde geschlossen verlaufen und die Eigenschaft besitzen, alle Schwerrichtungen senkrecht zu durchschneiden; ja auch aufserhalb des Erdballs können wir uns diese Niveauflächen fortgesetzt denken.

Die Bezeichnung „Geoid" kommt nun vorzüglich derjenigen aller Niveauflächen zu, welche zum Theil von der ruhenden Meeresfläche gebildet wird; man mufs sich dieselbe unterhalb der Kontinente und Inseln fortgesetzt denken.

Wir in Berlin befinden uns in einer gewissen Meereshöhe; wir können sagen, dafs wir uns auf einer aufserhalb des oben gekennzeichneten Geoids liegenden Niveaufläche der Erde aufhalten, und so hat denn jeder Ort auf der physischen Erdoberfläche seine ganz bestimmte Niveaufläche, die je nach der Meereshöhe eine andere sein kann.

Die Meeresfläche selbst mufs, wenn man von den temporären Störungen derselben, von den Gezeiten, von den Winden und den Veränderungen, die der wechselnde Luftdruck hervorbringt, absieht, wenn man also das Mittelwasser ins Auge fafst, von dem Ellipsoid mehr oder minder stark abweichen, indem an den Rändern der Weltmeere das leicht bewegliche Wasser von den Kontinentalmassen angezogen wird (Küstengewelle) und daselbst den Höhenverhältnissen der Küstengestaltung folgt. Es ist natürlich, dafs die Anziehung der einzelnen Festländer eine verschiedene ist. Die massigen krystallinischen Bergsockel der skandinavischen Halbinsel ziehen die Wassermassen des atlantischen Ozeans höher hinauf, als die sandige, mit Diluvium bedeckte Tiefebene dies bei dem Wasser der Nord- und Ostsee vermag, und an der Westküste Süd-Amerikas, wo das Felsengebirge der Anden sich aufthürmt, steht der Meeresspiegel von dem Erdmittelpunkt weiter ab als an der wesentlich flacheren Ostküste. Könnte die Kontinentalanziehung plötzlich aufgehoben werden, so würden bei der Bildung einer neuen Gleichgewichtsfläche der Weltmeere wohl alle Inseln von den Fluthen bedeckt werden.

Wir wollen uns nun darüber äufsern, wie grofs die Hebungen und Senkungen etwa sein können, welche die Wellen des Geoids gegen die gebräuchlichen Beziehungsflächen, gegen das Hesselsche oder Clarkesche Ellipsoid, erreichen.

Um sich dieser schwierigen Frage zu nähern, hat man zwei Wege eingeschlagen, nämlich den der mathematischen Berechnung unter Voraussetzung einer idealen Vertheilung der Kontinente und eine mehr direkte Methode durch Schweremessungen.

Den ersten Weg hat zunächst Bruns verfolgt.[10] Er geht von der Annahme aus, dafs ein tafelförmiges Festland von durchgehend 300 m Meereshöhe in Form eines Kugelzweiecks aus einem die ganze Erde bedeckenden Meere hervorrage. Die Längenausdehnung dieses Kontinents (siehe die Fig. 2), der etwa Amerika entsprechen dürfte, wird unter dem Aequator zu 45°, die Meerestiefe durchgehend zu 3000 m angenommen. Bruns berechnet dann den Unterschied zwischen der gröfsten Hebung der Geoidfläche im Innern des hypothetischen Kontinentes und der gröfsten Senkung derselben unterhalb des Wasserraumes und findet diese Differenz zu 550 m. Da indefs auf dem Erdball viel gröfsere Unterschiede zwischen den kontinentalen Erhebungen und den Meereseinsenkungen vorkommen, so vertritt Bruns die Ansicht, dafs die Unterschiede zwischen den thatsächlichen Ein- und Ausbiegungen des Geoids wohl bis auf 1000 m anwachsen dürften.

Prof. Helmert hat derartige Berechnungen in etwas strengerer Form durchgeführt,[11] indem er die fünf grofsen Festländermassive der

---

[10] Bruns. Die Figur der Erde.
[11] Lehrbuch der höheren Geodäsie, Bd. II.

Erde: Nord- und Südamerika, Europa, Asien, Afrika und Australien durch fünf kreisförmige Massen, richtiger durch fünf cylinderartige Platten ersetzt, die auf einem kugelförmigen Erdball ruhen. Die Höhen dieser Platten sind den mittleren Höhen der Kontinente über dem Meeresboden entsprechend angepafst, so dafs das ganze geometrische Gebilde der Konfiguration der wahren Erdoberfläche einigermafsen gleichkommt. Als Resultat dieser, vermittelst der Kondensationsmethode durchgeführten Berechnung ergiebt sich, dafs die Geoidfläche unterhalb der Kontinente bis 400 m über ein mittleres

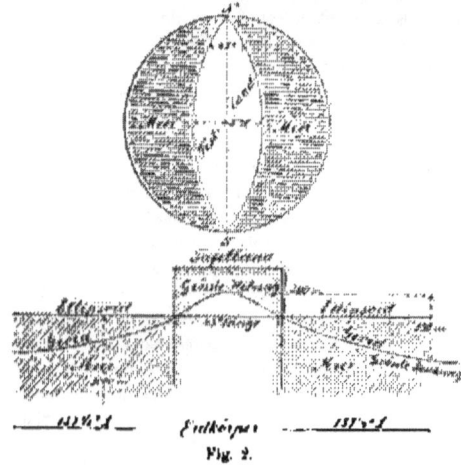

Fig. 2.

Meeresniveau ansteigen und sich unterhalb der Ozeane um genau soviel herabsenken kann. Also auch hier ergeben sich Wellen bis zu 800 m Höhe, d. h. um diesen Betrag kann die Geoidfläche in Bezug auf ihren Abstand vom Erdmittelpunkt schwanken.

Dies sind indefs nur theoretische Ueberlegungen auf Grund der Anziehungs- oder Potentialtheorie, die wohl geeignet sind, uns einen Einblick in die betreffenden Gröfsenverhältnisse zu gewähren, denen jedoch der Mangel anhaftet, dafs sie von idealen Voraussetzungen ausgehen, die in der Natur wohl näherungsweise, niemals aber strenge erfüllt sind.

Wenn aber solche Schwankungen der Niveauflächen vom Erdmittelpunkte existiren, so müssen sie sich doch auf dem Wege direkter Messung nachweisen lassen.

Auf dem festen Lande kann in der That das Studium der Lothabweichungen dazu führen, wenn erst ausgedehnte Gebiete nach dieser Richtung hin erforscht sein werden; auf dem Meere dagegen ist diese Möglichkeit nicht mehr vorhanden, weil man füglich nicht gut astronomische Präzisionsmessungen daselbst ausführen kann. Man könnte höchstens bei Bestimmung der Neigung der Meeresfläche an Nivellements denken, mit deren Hülfe wir ja Höhenunterschiede auf der Erdoberfläche ermitteln. Allein eine einfache Ueberlegung zeigt, dafs innerhalb ein und derselben Niveaufläche Nivellements vollkommen nutzlos sind. Wir können durch dieselben eben nur den Abstand, den Höhenunterschied zweier verschiedener Niveauflächen feststellen, niemals aber die Aus- und Einbiegungen ein und derselben Niveaufläche vom Erdmittelpunkt. Denn die Wasserwaage, welche die Visirlinie des Nivellements bestimmt, mufs ja bei jedem Fortschreiten der Niveaufläche folgen, welche nach der Definition alle Lotbrichtungen des Erdballs senkrecht treffen soll. Aus diesem Grunde können wir auf der Meeresfläche hunderte von Metern auf- oder abwärts steigen, d. h. uns um ebensoviel dem Mittelpunkte der Erde nähern oder von demselben entfernen, wie dies thatsächlich die die fernen Weltinseln aufsuchenden Schiffer thun, ohne auch nur das Geringste davon zu merken. Aus gleichem Grunde werden auch gröfsere Deformationen der Meeresoberfläche sich am Barometerstande nicht verrathen können. Denn ebenso wie das Meer unterliegen auch die Luftschichten einer Verbiegung durch die Festlandsmassen, und die Flächen gleichen Luftdrucks werden folglich zur Gooidfläche nahezu parallel verlaufen. Die erwähnten, den Zwecken der Höhenmessung dienenden Instrumente können also bei Ergründung der Undulationen des Geoids keine Verwendung finden.

Da bleibt endlich noch das Pendel übrig, dieser schwingende Zauberstab, welcher zweifellos zu den wichtigsten geodätischen Instrumenten gezählt werden mufs.

Die mathematische Physik lehrt uns, dafs auf den Hebungen der Geoidfläche die Schwerkraft verringert, in den Einsenkungen vergröfsert wird.

Die Anzahl der täglichen Schwingungen des Sekundenpendels an einem Orte giebt uns nun aber einen Mafsstab für die Gröfse der Schwerkraft. Findet nämlich ein mehr oder weniger an Schwingungen statt, als die normale, leicht zu berechnende Schwingungszahl unter gleicher Breite auf dem Referenzellipsoid beträgt, so deutet dies eben darauf hin, dafs an dieser Stelle Senkungen bezw. Hebungen des Geoids gegen die Referenzfläche vorhanden sind. Aus den festgestellten Abweichungen läfst sich dann der Betrag der geoidischen Undulation vermittelst eines wichtigen, von Bruns und Stokes aufgestellten Theorems berechnen.

Ueberall, wohin man das Pendel nach isolirten Weltinseln getragen hat, hat man die Thatsache bestätigt gefunden, dafs die tägliche Schwingungszahl desselben dort eine gröfsere ist, als an den Küsten des Festlandes und im Festlande selbst unter gleicher geographischer Breite. So macht das Sekundenpendel auf den Boninlnseln 11,8, auf Ualäu 12,6, auf St. Helena 10,3, auf Ile de France 9,9 Schläge mehr, als man nach der geographischen Lage erwarten sollte, während an kontinentalen Küstenstationen die Zahl der Schläge unter dem zu erwartenden Betrage bleibt.

Man hat aus diesem Verhalten der Schwerkraft auf oceanischen Gebieten auf bedeutende geoidische Depressionen der Meeresoberfläche geschlossen, indem man die Vergröfserung der Schwerkraft mit einer tieferen Lage der Inseln, näher dem Erdmittelpunkte, im Zusammenhang brachte.[12]) Wie der französische Astronom Faye gezeigt hat, dürfte aber noch ein anderer Umstand hierbei im Spiele sein. Danach ist das schnellere Schwingen des Pendels auf den oceanischen Inseln nicht allein eine Folge der daselbst stattfindenden geoidischen Senkung, sondern wird zum Theil auch durch die gröfsere Anziehung der unterseeischen Erdrinde verursacht, die dichter und stärker sein soll als die unter den Kontinenten.[13])

Recht übersichtlich lassen sich die geoidischen Verbiegungen und ihre Beziehungen zu der Anordnung der Festlandsmassen aus einer Reihe von Pendelabweichungen erkennen, welche Stokes in seiner Abhandlung „On the variation of Gravity at the Surface of the Earth" zusammengestellt hat.

Diese Abweichungen betragen:

für Spitzbergen . . . + 4."3 (unter normal)
„ Hammerfest . . . — 0. 4 (ein wenig über)
„ Drontheim . . . . — 2. 7 (bedeutend über).

[12]) Die von Lisling und Hann aus Pendelbeobachtungen berechnete Depression in der Nähe der Bonin-Inseln im Betrage von 1300 bis 1400 m dürfte wohl kaum zu hoch sein, doch ist nach Helmert die Methode der Berechnung nicht einwandsfrei.

[13]) Dafür sprechen auch die neueren Storneckschen Pendelbeobachtungen, auf welche wir weiter unten zurückkommen.

Man erkennt hieraus deutlich das Ansteigen der Geoidfläche gegen das Zentrum der skandinavischen Halbinsel als eine Folge der Anziehung des schwedisch-norwegischen Granitmassivs. Und weiter:

für Dünkirchen . . . . —0."1 (etwas über normal)
„ Paris . . . . —1, 9 (über)
„ Clermont . . . . —3. 9 (bedeutend über)
„ Toulon . . . . . . —0. 1 (etwas über).

Also auch hier zeigt sich ganz offenbar das Ansteigen der Geoidfläche unterhalb Frankreichs, am stärksten in der Gegend von Clermont, wo sich der Anziehungseinfluſs der krystallinischen und eruptiven Gesteine des centralen Hochplateaus von Frankreich geltend macht, ferner die Senkung gegen die begrenzenden Meere hin.

Während man früher das Pendel für Erdmessungszwecke nur auf den ozeanischen Inseln in Anwendung brachte, auf dem festen Lande dagegen durch Feststellung der Lothabweichungen die Sonderheiten der Erdgestalt zu ergründen suchte, hat man neuerdings auch angefangen, durch Schweremessungen namentlich in der Nähe von Gebirgen unsere Kenntniſs von der Massenanordnung und Dichtevertheilung in der Erdkruste zu ergänzen.

Mit einem Pendelapparat, der bei groſser Einfachheit und leichter Transportabilität doch genaue Schwerebestimmungen in relativ kurzer Zeit auszuführen gestattet, hat der Leiter des geographischen Instituts in Wien, Oberstlieutenant R. von Sterneck, kürzlich auf 46 Stationen in Tyrol und 84 Stationen in Böhmen einschlägige Arbeiten ausgeführt, die zu sehr überraschenden Resultaten bezüglich der Massenvertheilung unterhalb der Gebirgszüge geführt haben und bei weiterer Ausdehnung vielleicht zu generellen Aufschlüssen über die Konstitution der Erdrinde unterhalb der Kontinente und Meeresbecken führen dürften.

Schon bevor man zu Schweremessungen schritt, konnte man feststellen, daſs die Lothabweichungen nicht immer im Verhältniſs zu den sichtbaren Massenanhäufungen stehen, sondern diesen gegenüber in der Regel viel zu gering sind. Dies traf beim Himalaya, beim Kaukasus und den Pyrenäen zu, wo man keine den äuſseren Massenanhäufungen entsprechende Lothabweichung zum Gebirge hin fand, bestätigte sich unter anderem auch in der Nähe von München, wo ungeachtet der gewaltigen Alpen fast gar keine Lothabweichung sich zeigt. In Nizza sollte nach den Berechnungen von Hatt wegen der nördlich gelegenen Alpenkette und der relativ geringeren Dichte des im Süden liegenden Meeres eine Lothabweichung von 63" stattfinden, beobachtet sind jedoch nur 20″. Bei Pisa und Florenz bekundet das Massiv der Apenninen gar eine abstofsende Wirkung auf das Bleiloth.[14])

Die Sterneckschen Pendelbeobachtungen haben nun in Uebereinstimmung mit diesen auffallenden Erscheinungen erwiesen, dafs auch die Gröfse der Schwerkraft in Gebirgen hinter dem zu erwartenden Betrage zurückbleibt.

Durch rechnerische Ueberlegungen konnte Prof. Helmert[15]) hieraus schliefsen, dafs unter den Tiroler Alpen eine geringere Masse, als sie bei normalen Verhältnissen vorhanden wäre, sich befinden müsse. Es ist somit neuerdings ein Massendefekt unter den Gebirgen konstatirt worden, der nach den Berechnungen Helmerts ebenso nach aufsen wirkt, wie eine auf das Meeresniveau kondensirte Erdschicht von 1200 m Mächtigkeit.

Mit Rücksicht auf dieses Resultat liegt der Analogieschlufs durchaus nicht fern, dafs ebenso wie unter den Gebirgen, auch unterhalb der Kontinente sich Massendefekte vorfinden dürften; ja diese Annahme würde durch manche Thatsachen eine Stütze finden, z. B. durch die früher erwähnte gröfsere Schwerkraft auf den ozeanischen Inseln, welche auf eine relativ gröfsere Massenanhäufung unter dem Meeresboden im Vergleich zu dem Festlande im Sinne der Fayeschen und Prattschen Vorstellung hinweist.[16])

Aus dem Vorstehenden folgt, dafs die Geoidfläche oder die in das Land hinein fortgesetzte Meeres- oder Niveaufläche gar keine Fläche von determinirbarem, mathematischem Charakter ist. Sie läfst sich nicht etwa, wie das Ellipsoid, durch zwei von einander unabhängige Abmessungen, durch die grofse und kleine Axe, mathematisch darstellen. Mathematisch würde sie erst werden, wenn es möglich sein würde, die thatsächliche Vertheilung der Erdmaterie unter gesetzmäfsige Gesichtspunkte zu bringen. Dazu wäre es aber erforderlich, dafs wir nicht nur die horizontale Gliederung der Festlandemassen, also die Umrisse der Kontinente und den Verlauf der Gebirgszüge

---

[14]) Vergl. R. von Sterneck, „Ueber Schwerestörungen und Lothabweichungen, Verhdlg. des IX. Deutschen Geographentages, Berlin 1891.

[15]) Helmert, „Die Schwerkraft im Hochgebirge, insbesondere in den Tiroler Alpen, in geodätischer und geologischer Beziehung". Berlin 1890.

[16]) Pratt meint, die sichtbaren Bodenerhebungen des Erdballs seien durch unterirdische Massendefekte derart kompensirt, dafs jeder prismatische Querschnitt in der Richtung des Erdhalbmessers die ursprüngliche normale, dem Ellipsoid zukommende Masse enthalte, nur soi dieselbe räumlich übereinander verschieden vertheilt.

in mathematische Abhängigkeit von der Breite und Länge bringen können — ein Gegenstand, an dem sich Alex. von Humboldt, Elie de Beaumont und manche andere vergeblich versucht haben —, sondern es wäre auch nöthig, die vertikale Gliederung in gesetzmäßige Formen zu kleiden. Nun, wir sind hiervon noch weit entfernt, und es liegt, da wir über den physischen Wandel der Erdmaterie vom Anbeginn nur sehr wenig wissen, auch wohl keine Hoffnung vor, dafs wir jemals dieses Ziel erreichen werden. Und weil die Massenvertheilung in der Erdrinde nicht von einheitlichem Bildungsgesetze ist, so kann das Endergebnifs der geodätischen Operationen auch nicht in analytischer Form erwartet werden; es kann vielmehr zunächst nur in einem Verzeichnifs der Koordinaten von möglichst vielen Punkten des Geoids nebst den dazu gehörigen Werthen der Schwere bestehen.

Die Schwerorichtungen besitzen in Bezug auf den Erdmittelpunkt, den Aequator und die Umdrehungsaxe der Erde eine Anordnung, die der Hauptsache nach durch die Normale gekennzeichnet wird, welche dem Ellipsoid zukommt. Aus diesem Grunde benutzt man das Ellipsoid in der Geodäsie als eine Bezugs- oder Referenzfläche, um gewissermafsen den regulären Theil der Schwerrichtung und Schwereintensität von dem irregulären abgesondert zu erhalten. Es geschieht dies aus rechnerischen und theoretischen Rücksichten; denn sollte sich in der Verbreitung und Ausdehnung der Loth- und Schwerestörungen, wie beispielsweise bei den regionalen Lothabweichungen, noch etwas Gesetzmäfsiges auffinden lassen, so müfste es in dieser Weise leicht zu Tage treten. Der Natur der Sache nach ist es gleichgültig, ob man dieses oder jenes Ellipsoid zur Bezugs- oder Referenzfläche wählt, da man sie stets aufeinander reduziren kann.

Vielleicht wird das Endziel der Geodäsie einmal darin bestehen, dafs man dasjenige Ellipsoid ermittelt, für welches die Quadrate der Lothabweichungen ein Minimum ergeben, und das mit dem Geoid gleichen Inhalt hat. Ein derart bestimmtes Ellipsoid wird wieder mathematisch darstellbar sein und vor allen übrigen Repräsentanten der Erdform den Vorzug besitzen, dafs es sich der wirklichen Gestalt unseres Weltkörpers am engsten anpafst.

Der Nutzen und die Einsicht, welche der erdkundlichen Wissenschaft aus der Ergründung der Erdform erwachsen, liegt klar auf der Hand. Namentlich der Geologe, der den Wandel der Materie auf der Erddecke über Millionen von Jahren hinaus in die ältesten Perioden verfolgt, hat an der Feststellung der Aenderungen, die das Geoid im Laufe der Zeiten erfahren kann, das regste Interesse.

Aus der Höhe der Eisberge, die vom Nordpol in den atlantischen Ozean treiben, hat man erschlossen, dafs die Calotte des Inlandseises, welches den grönländischen Kontinent überlagert, 2000—3000 m, ja in den zentralen Theilen des Nordpols nach Wyville Thomson 13 km Dicke erreicht. Und diese enorme Eisdecke der Pole kann säkularen Schwankungen unterworfen sein, Schwankungen, die sich vielleicht innerhalb der grofsen astronomischen Weltperioden vollziehen, auf welche Adhémar und Croll hingewiesen haben.

Mehrfach ist von den Geophysikern ausgesprochen worden, dafs das gewaltige Attraktionsvermögen dieser Eismassen, falls in der That periodische Vergletscherungen in der Erdgeschichte stattfanden, formverändernd auf die Niveaufläche des Meeres hat einwirken müssen; namentlich sollen dadurch den polaren Meeren zeitweise Wassermassen zugeführt und wieder entzogen worden sein.

Und weiter hat man mit den Oscillationen des Wasserspiegels der Weltmeere die Bewegungen der Kontinentalgebiete des hohen Nordens in Beziehung gebracht, wo bekanntlich die Strandlinien sich zu Gunsten des Landes seit der Eiszeit verschoben haben.

Man darf garnicht zweifeln, dafs die durch meteorologische Vorgänge veranlafsten geoidischen Deformationen des Meeres bei den Säkularschwankungen der Kontinente ihre Schuldigkeit gethan haben;[1]) sicherlich spielen hier aber auch Bewegungen im festen Erdmantel mit, und die Verschiebungen der Strandlinien sind überhaupt aufzufassen als das Endergebnifs eines grofsen Komplexes eingreifender Faktoren. Die kleinen Schwankungen des Erdkörpers um seine Rotationsaxe, insoweit sie säkularer Natur sind, bringen fortdauernd Veränderungen an den Trennungslinien des Festen und Flüssigen hervor, die kleine, durch Fluthreibung verursachte Verzögerung der Erdumdrehung greift ebenfalls ein, indem sie formverändernd auf unseren Weltkörper wirkt. Dazu kommen die Verschiebungen der Niveauflächen, wie sie durch die Sedimentausfüllung der Meere — worauf Zöpperitz hingewiesen hat — nothwendig entstehen müssen. Und nun die vielen Möglichkeiten, welche bewirken können, dafs die Erdschollen sich dem Mittelpunkte der Erde nähern oder entfernen, als da sind: die Säkularabkühlung und die daraus resultirenden Faltungsprozesse, die tausend Kubikmeilen Wasser, welche alljährlich den Weg durch die Atmosphäre nehmen und im Laufe der

---

[1]) Nach E. von Drygalski und Hergesell sind die eisseitlichen Deformationen des Wasserspiegels zu gering, um allein die veränderte Höhenlage der Strandlinien des hohen Nordens erklären zu können.

Jahrtausende eine Nivellirung des Festlandes durch Abtragung der Gebirge hervorbringen müssen. Alle diese Umstände greifen wechselseitig ein und bewirken in geologischen Zeitläuften Formänderungen des Geoids.

Mit der Aufdeckung aller dieser Verhältnisse wird die erdkundliche Wissenschaft aber immer komplizirter, ihre Messungen werden gewissermafsen mikroskopischer Natur, und es kann nicht wunder nehmen, dafs sie wohl Gesichtspunkte nach allen Seiten hin eröffnet, bezüglich ihrer Ausbeutung aber nur wenig zu leisten vermag.

Unsere grofsen theoretischen Denker, ein Newton, Galilei, Kepler, Laplace und Poisson, haben den Makrokosmos ausgebaut und durch ihre glänzenden Entdeckungen sich Ruhm erworben; sie überliefsen es ihren Epigonen, den Mikrokosmos im Erd- und Weltganzen zu verfolgen, eine höhere Stufe der Annäherung an die Wahrheit zu erklimmen.

Die Form des Geoids, die wir zu ergründen suchen, wird vielleicht späteren Geschlechtern, wenn sie eben diese Form von neuem verfolgen, abermals messen und wägen, Aufklärung über die Schwankungen der Niveauflächen des Erdballs geben, und damit ein geologisches Räthsel dem Verständnifs näher bringen, ebenso wie die Volumina starrer Zahlen, welche die Astronomen anhäufen, dazu bestimmt sind, durch Vergleich mit späteren Beobachtungen das Bleibende und Gesetzmäfsige in dem Getriebe der Himmelsmechanik aufzudecken.

Der Weltkongreſs für Mathematik, Astronomie und Astrophysik, welcher in der Zeit vom 21. bis 26. August d. J. in Chicago getagt hat, war von einer grofsen Zahl hervorragender Gelehrter aus aller Herren Länder besucht und dürfte bei der grofsen Zahl interessanter Vorträge, in welchen über die wichtigsten neuesten Forschungen berichtet wurde, mit allseitiger Befriedigung auseinander gegangen sein. Nur die bedeutsamsten Ereignisse des Kongresses können wir hier kurz berichten, indem wir uns die Veröffentlichung einzelner der gehaltenen Vorträge in deutscher Uebersetzung für die nächsten Hefte vorbehalten.

Am ersten Tage bildete der magnetische Zustand der Sonne und sein vermuthlicher Einflufs auf den Erdmagnetismus das Hauptthema der Debatte, indem Frank H. Bigelow zum ersten Mal die Resultate seiner diesbezüglichen, seit zwei Jahren mit grofser Energie fortgesetzten Ermittlungen bekannt gab, worauf H. Ebert (Erlangen) ebenfalls eine elektromagnetische Theorie der Corona entwickelte.

Der zweite Tag war vornehmlich den Doppelsternen gewidmet, indem ein Vortrag von See eine Debatte über die erfolgreichste Methode der Doppelsternbahnbestimmung hervorrief, an der sich vor allem Burnham, Leuschner und Glasenapp betheiligten. Aufserdem wurde an diesem Tage von Alvan Clark und Brashear über die neuesten Fortschritte der Präcisionsmechanik berichtet. Im Anschlufs daran besichtigten die Theilnehmer das in der Ausstellung aufgestellte 40zöllige Yerkes-Teleskop unter Führung der Erbauer Warner und Swasey, sowie die Ausstellung der deutschen Universitäten unter Führung von Prof. F. Klein (Göttingen).

Am Donnerstag, den 24. August, wurden spektralanalytische Themata behandelt. Gelegentlich der Debatte über Prof. Keelers Bestimmungen der Wellenlänge der beiden Haupt-Nebellinien wurde die durch den Gebrauch verschiedener Wellenlängensysteme[1]) ent-

---

[1]) Die einzelnen, bisher ausgeführten Fundamentalbestimmungen der Wellenlängen Fraunhoferscher Linien welchen unter einander infolge gewisser

stundene Konfusion beklagt, und es ward zur Abstellung dieses Mifsstandes ein Comité ernannt, das sich die Einführung eines internationalen Systems der Wellenlängen zur Aufgabe stellen soll. — Im weiteren Verlauf der Sitzung gab Prof. Hale eine zusammenhängende Darstellung seiner epochemachenden spektrographischen Methode zur vollständigeren Beobachtung der Sonnenfackeln. Bei der sich daran anschliefsenden Debatte wurde bemerkt, dafs für die Sternwarte in Poona in Indien ein Hale scher Spektroheliograph konstruirt werden wird, und dafs es wünschenswerth sei, es möchten auch andere, möglichst weit von einander entfernte Institute sich dieser neuen Beobachtungsmethode bedienen. Von weiteren Vorträgen dieses Tages sei erwähnt, dafs die Professoren Kayser und Runge über ihre Forschungen bezüglich der Spektra der Elemente sprachen, während Prof. Campbell über die sogenannten Wolf-Rayet-Sterne und über das Spektrum der Nova Aurigae Mittheilungen machte.

Am vierten Tage berichtete Prof. Max Wolf (Heidelberg) über die durch ihn so erheblich geförderte photographische Beobachtungsmethode kleiner Planeten, Prof. Langley hielt einen Vortrag über das infrarothe Spektrum, Thomé berichtete über die neuesten Unternehmungen der Sternwarte in Cordoba (Argentinien), und Mrs. Fleming hielt eine demnächst von uns zum Abdruck zu bringende Ansprache über die Astronomie als Arbeitsfeld der Frauen. Die Ausführungen dieser Dame erhielten autoritative Bestätigung durch Prof. W. H. Pickering und Brashear, die ausdrücklich betonten, wie werthvoll für die Wissenschaft die in Amerika bereits von Frauen geleistete Arbeit sei.

Der letzte Versammlungstag brachte aufser mehreren kleineren Vorträgen einen Ueberblick über die Konstitution der Fixsterne von E. C. Pickering, sowie die Auseinandersetzung einer Reihe von Hypothesen über die Sonnenphysik von Faye, E. v. Oppolzer und Broster. Schliefslich taufte man, wie bei solchen Gelegenheiten üblich, einen jüngst von Prof. Wolf entdeckten Planetoiden zur Erinnerung an den denkwürdigen Kongrefs mit dem Namen „Chicago".

F. Kbr.

Fehlerquellen um ein Geringes ab. Bisher sind hauptsächlich die Systeme von Angström, Müller-Kempf und Rowland in allgemeinerem Gebrauch, von denen jedoch das erste sicherlich von der Wahrheit am meisten abweicht.

Die Temperaturen und die Gasdichten in der Sonnenhülle.[1])

Bekanntlich gehen die Angaben, welche die Physiker über das Maſs der Hitze im Sonnenball gemacht haben, sehr wesentlich auseinander. Man kann da von mehreren Millionen Graden lesen, während andere Forscher sich mit ein paar Tausenden bescheiden. Wir haben in Band IV. S. 219 eine der neueren Beantwortungen der Frage besprochen, welche aber auch einen weiten Spielraum läſst, je nach dem Werthe, den man dem Emissionsvermögen des Sonnenkörpers und der sogenannten Solarkonstante beimiſst. Die letztere besonders dürfte noch viel gröſser sein, als Langleys schon verhältniſsmäſsig beträchtlicher Werth. Nimmt man an, daſs das Ausstrahlungsvermögen der Sonne geringer als das des Messings ($^1/_{10}$) ist, und daſs die Hülle der Sonne etwa 40 % aller ausgestrahlten Wärme absorbirt, was mit Langleys Ansichten übereinstimmt, so kommt man auf eine Temperatur von mindestens 20000 ° C., während die obere Grenze auf etwa 100000 ° C. zu beziffern wäre. Nun zeigt es sich, daſs in der Höhe der Chromosphäre, 8000 km über der Grenze der Photosphäre, noch eine Temperatur herrscht, bei welcher der Wasserstoff glüht und das Calcium gasförmig ist. Es kann also nicht daran gedacht werden, daſs chemische Verbindungen dort noch sich bilden können, und alle darauf beruhenden Sonnenfleckentheorien sind hinfällig. Nach welchem Gesetze wird dann wohl die Temperatur beim Erheben in die Chromosphäre abnehmen? Bekanntlich hat die Ergründung eines entsprechenden Gesetzes selbst für die irdische Atmosphäre ihre Schwierigkeit, und die exakte Lösung der Frage ist wohl erst von einer immer eingehenderen Verwerthung der Ergebnisse der astronomischen Strahlenbrechung zu erwarten. Und nun soll gar ein Gesetz für die Temperaturabnahme in der Chromosphäre eruirt werden? Natürlich wird man dabei über die Druckverhältnisse, die in den Gashüllen der Sonne herrschen, Annahmen machen müssen. An der Grenze der Photosphäre steht aber nach Zöllner der Wasserstoff unter einem Druck, der sich auf nicht mehr als 160 Billiontel Millimeter beimiſst. Unter diesen Umständen gelten dort sicherlich die Gesetze der Gastheorie. Nimmt man aber an, daſs die Vertheilung der Temperatur in der Chromosphäre die des adiabatischen Gleichgewichtszustandes ist, d. h. daſs jede Gasmasse, die dort in eine andere Höhenschicht verschoben wird, unter dem veränderten Druck die

---

[1]) Nach Egon von Oppolzer, Ursache der Sonnenflecken. Wiener Ak. Ber. 1893.

gerade dort herrschende Temperatur annimmt, so kommt man zu dem Schlusse, dafs ein Aufsteigen um 1 km eine Temperaturabnahme von 19° im Gefolge haben müfste. Das ist aber schon um deswillen unmöglich, weil dann in der Höhe von 6000 km eine 114000° niedrigere Temperatur als an der Grenze der Atmosphäre herrschen müfste, was unseren obigen Auseinandersetzungen widerspricht. Die Abnahme mufs vielmehr weit langsamer erfolgen. Es wird also ein Gesetz wahrscheinlich gemacht, bei welchem die Druckabnahme für die verschiedenen Gase eine verschiedene ist — das isothermische Gesetz. Es zeigt sich dann z. B., dafs das Sauerstoffgas in einer Tiefe von 6000 km unter der Photosphäre trillionmal dichter sein könnte als der vorhandene Wasserstoff, und trotzdem würde an der Oberfläche der Photosphäre der Wasserstoff etwa 10 Quintillionen mal so dicht sein als jener — eine Temperatur von 50000° an dieser Stelle vorausgesetzt. Die Schlufsfolgerung, die sich hieraus ergiebt, ist bereits von Zöllner gezogen worden. Wenn nämlich die Sauerstoff- und Stickstofflinien im Spektrum der Sonne fehlen, so ist damit nicht gesagt, dafs diese Stoffe in dem Sonnenball nicht vorhanden sind. Sie können sogar im Innern in gewaltigen Massen vorhanden sein, sind aber an der Oberfläche der Photosphäre viel zu dünn, um absorbirende Wirkungen auszuüben, durch welche ja die Spektrallinien zustande kommen. Ebenso erklärt sich damit auch das Auftreten neuer, im gewöhnlichen Sonnenlichte nicht vorhandener Linien im Spektrum der Sonnenflecke. Man braucht nur anzunehmen, dafs die Bildungen — wie auch von den meisten Beobachtern jetzt angenommen wird — etwas tiefer als die Grenze der Photosphäre liegen, so läfst sich dieses Vorkommen neuer absorbirender Gasschichten erklären. Sm.

Die Ursache der Sonnenflecke.[1]) Auf der hellen Sonnenscheibe treten zu jeder Zeit gröfsere und kleinere Flecken auf, welche gegen das Uebrige betrachtet dunkel erscheinen. An sich sind sie deshalb keinesweges nichtleuchtende Objekte. Ihr Licht tritt nur gegen das der heller strahlenden Umgebung bedeutend zurück. Man hat angenommen, dafs jene Regionen aus festen und weniger gewaltig glühenden Theilen sich zusammensetzen, aus Schlacken, die durch chemische Verbindungen oder Erkaltung von Gasen entstehen sollen.

[1]) Vergl. Egon von Oppolzer, Wiener Akad. Ber. 1893.

Aber diese Ansicht mufs verworfen werden, weil die Temperatur der Sonnenphotosphäre jedenfalls so hoch anzunehmen ist, dafs bei derselben weder chemische Verbindungen noch Kondensationen in einer andern Form möglich sind, wie derjenigen eines ganz dünnen Dunstnebels, eines viel dünneren jedenfalls als desjenigen, welchen unsere Cirruswolken darstellen. Die Granulationen, welche die Sonnenoberfläche in starken Fernrohren aufweist, können nicht anders als durch solche ganz dünne Nebelschleier erklärt werden. Ingleichen mufs aus demselben Grunde jene Hypothese beseitigt werden, welche in den Sonnenflecken die Folgen eines aus der Chromosphäre in den Sonnenball herabstürzenden Hagels sieht. Soviel ist gewifs, dafs die relative Dunkelheit nur aus dem Umstande erklärt werden kann, dafs die Flecken vergleichsweise mehr Lichtstrahlen absorbiren als aussenden, und dies wieder kann nur durch eine kühlere Temperatur jener Gegenden erklärt werden. Das war bereits Kirchhoffs Ansicht, eine einfache Folge des nach ihm benannten Gesetzes. Wie aber läfst sich in diesen Regionen eine kühlere Temperatur als in anderen erklären? Ein aufsteigender Gasstrom mufs offenbar in höheren Schichten der Photosphäre bei dem geringeren Drucke sich stark abkühlen, und zwar in dem Grade, dafs er Kondensationen herbeiführen würde. Die Annahme eines irgend erheblichen aufsteigenden Stromes mit seiner kühlen Temperatur ist jedoch schon deshalb auszuschliefsen, weil neuere Untersuchungen gerade über den Sonnenflecken eine höhere Temperatur anzunehmen nöthigen. Wie sollte man sich sonst die Verdünnung und das Verschwinden gewisser Linien des Wasserstoffs erklären, wie dieses gerade hier sich zeigt. Soll man an Wirbelstürme denken, die Reye für die Ursachen der Sonnenflecks hält, und die allerdings mit der Ausdehnung der Gase auch eine Abkühlung hervorbringen würden? Der Augenschein hat nur in zwei bis drei Prozent aller Fälle einen wirbelartigen Charakter der Sonnenflecke gelehrt. Während bei diesen der sogenannte Halbschatten sich in spiralige Strahlen auflösen liefs, sind in den meisten Fällen nur geradlinige Strahlen beobachtet worden. So bleibt für die Erklärung der Fleckenkälte nichts übrig, als an eine vermehrte Ausstrahlung zu denken, wie sie die Temperatur auf Erden in den klaren, kalten Nächten so gewaltig erniedrigt und z. B. die furchtbaren Winterkälten in Sibirien hervorruft. Bei uns sind diese Ausstrahlungen gewöhnlich mit hohem Barometerstande begleitet, sie sind eine Erscheinung, die jeder Winter in den Gebieten der barometrischen Maxima zeigt. Die neueren Untersuchungen von Hann (vergl. II. u. E. Bd. IV. S. 264 f.) zeigen deutlich, dafs in einem solchen Gebiete ein absteigender Luftstrom stattfindet. Wir sollten erwarten, dafs ein solcher, in die tieferen Schichten der Lufthülle herabsteigend, uns Wärme bringt, da die Luft beim Zusammendrücken sich erwärmen mufs. Und das ist auch bis zu einem gewissen Grade der Fall. Die Kälte ist erst eine mittelbare Folge der hohen Trockenheit, welche dem absteigenden Strome infolge der Erwärmung eignen mufs, denn die trockenen dunstlosen Schichten der Atmosphäre werden der Ausstrahlung der Wärme in den Weltraum das geringste Hindernifs entgegen setzen. Diese Ausstrahlung aber ist die unmittelbare Ursache der starken Erkaltung. Dafs die Sache bei den Sonnenflecken ganz ähnlich liegt, wird durch viele Umstände wahrscheinlich gemacht. Die höhere Temperatur in den über den Flocken befindlichen photosphärischen Schichten erklärt sich leicht durch einen absteigenden Strom, der aber nicht tief in das Innere der Photosphäre eindringen kann, weil die Strömung bald durch den ihr entgegenwirkenden Auftrieb wieder aufgehoben wird. Die Sonnenflecken liegen in der That allem Augenschein nach tiefer als die sichtbare Grenze der Photosphäre. Ihre kühlere Temperatur, die freilich Kondensationen nur in Form eines ganz dünnen Nebels zur Folge haben kann, erklärt sich dann aber durch die starke Ausstrahlung, die naturgemäfs durch die darüber schwebenden heifsen und dunstfreien Schichten begünstigt wird. Wir haben aber keineswegs uns zu denken, dafs etwa der absteigende Strom die Gewalten eines Sturmes in den tieferen photosphärischen Schichten entfesselt — wie z. B. Faye meint, der in den Sonnenflecken barometrische Depressionen sieht —; es geht vielmehr alles mit verhältnismäfsiger Ruhe von statten, so dafs die Sonnenflecke sich auch sehr lange in ihrer Lage und Gestalt erhalten können. Auch die Erscheinungen der Rotation, welche bekanntlich mit der heliographischen Breite der verschiedenen photosphärischen Schichten sich ändert, sowie die der Fackeln und Protuberanzen erfahren im Zusammenhange mit dieser geistreichen Hypothese eine probable Erklärung.   Sm.

Neuer Stern. Von Mrs. Fleming in Cambridge Mass. ist am 26. Oktober ein neuer Stern in dem Sternbilde Norma, an einer ziemlich dichten Stelle der Milchstrafse, aufgefunden worden; seine Position ist $\alpha = 15^h\ 22^m\ 16^s$ und $\delta = -50^\circ\ 14'$, er kann sonach nur in südlicheren Breiten beobachtet werden. In der Entdeckungsanzeige wird die Größe für den 10. Juli als 7.0 angegeben; es scheint mithin, daß auf einer photographischen Aufnahme der betreffenden Gegend des Himmels das Gestirn in der bezeichneten Helligkeit aufgefunden und als neu erkannt wurde, während auf früheren Aufnahmen noch keine Spur von ihm zu erkennen ist. Ob diese Annahme zutrifft, bleibt abzuwarten, bis weitere Einzelheiten vorliegen.

Daß der Stern übrigens schon geraume Zeit vor der Entdeckung sichtbar gewesen ist, bestätigt eine Mittheilung von J. C. Kapteyn in Groningen. In dem dort befindlichen Manuskript der photographischen Durchmusterung des Himmels existiren 5 Aufnahmen der betreffenden Stelle, von denen die beiden letzten (aufgenommen am 29. April und 2. Mai 1889) den Stern sicher zeigen; die Helligkeit liegt nahe bei 9ᵐ.2. Vor dem 2. August 1887 kann nach Ausweis der übrigen Platten der Stern keinesfalls heller als 9ᵐ.2 gewesen sein. (G. W.

Das sinkende Frankreich.

Zwei französische Ingenieure, die Herren Hugo und Lallemand, welche die Küsten von Frankreich abmußen, haben gefunden, an den Pyrenäen sei die Küste in stetem Steigen begriffen; bei Lille in Flandern fanden sie jedoch eine merkbare Senkung und zu Paris gar schon ein jährliches Niedergehen von 1 Centimeter oder, gewissenhaft zu reden, von 9 Millimeter. Deutsche Gelehrte haben daraus schon den Untergang der Kathedrale von Notre-Dame, den Eintritt des von den Franzosen erstrebten Pariser Seehafens und den allgemeinen Niedergang des nördlichen Frankreichs berechnet.

Die Prophezeihung von einem Niedergange Frankreichs und einem danach folgenden Einsinken vom deutschen Niederland und dem allmählichen Ersäufen des ganzen europäischen Kulturlandes ist nicht neu. In den vierziger Jahren hatte der französische Geologe Adhémar schon berechnet, daß auf der Südhälfte der Erde mehr Wasser, mehr Kälte, mehr Eis sei, als auf der Nordhälfte, daß Wasser und Eis die Erdaxe schief drückten, bis die ganze Südhälfte überschwemmt werde. Danach würde eine Umwandelung eintreten, und die Nordhälfte gerade so den Niedergang erleiden.

Zum Glück hatte der hoch verdiente deutsche Geologe Hermann Burmeister, bevor er aus Europa schied, in seiner „Geschichte der Schöpfung" seinen Landsleuten noch den beruhigenden Beweis geliefert, daß Herrn Adhémars Beobachtungen auf einer Täuschung

beruhten. So wird es auch der deutschen Geologie gelingen, den
Beweis gegen die Herren Hugo und Lallemand zu finden.

Nach der Lehre der älteren Vulkanisten wollte man das Heben
und Senken des Landes aus einem allgemeinen Einschrumpfen der
Erdkruste erklären. Die Rippen und Falten sollten die Zeichen der
Hebung und Senkung sein. Nach einer späteren Lehre der Neptunisten
suchte man die Ursache in einem Aufquellen einzelner Gestein-Massen,
wie des Gneifs, des Glimmer- und Thon-Schiefers, sowie in dem Einsinken von ausgehöhlten Kalk- und Dolomit-Felsen.

Die neuere Geologie, die nicht nach vorgefafster Meinung, son-
dern nach beobachteten Thatsachen urtheilt, kommt aber zu anderem
Ergebnifs. Wir zitiren hier nur das Werk eines rheinländischen
Geologen, Professor Karl Vogt zu Genf, das „Lehrbuch der Geologie"
(Verlag von F. Vieweg u. Sohn zu Braunschweig); dann ein kleineres,
für den Laien bestimmtes von Professor David Brauns in Halle,
die „Einleitung in das Studium der Geologie" (Stuttgart, Verlag von
F. Enke).

Herr Brauns, der auf der Wiesbadener Naturforscher-Versamm-
lung in einem Vortrag über die Hebung und Senkung des Landes
die Aufmerksamkeit der Geologen erregte, hat in diesem Buche nachgewiesen, dafs ganz Süd-Italien und Sicilien mit Korallen- und Muschel-
bänken unlagert seien, an denen eine Hebung bis zu 20 Meter
gefunden wurde. So zeigt sich auch eine Hebung der Küste an den
Mauern von Sidon, Tyrus, Jaffa, an den Pyramiden von Memphis und
anderen alten Bauwerken. Andere gröfsere Hebungen, bis zu 100 m
und darüber, fand man an den Küsten von Schottland, Norwegen
und Schweden.

An den Küsten von Amerika fand schon A. von Humboldt
Korallen-Bänke, die bis zu 100 m über das Meer sich erheben. Ganz
West-Indien, die beiden Küsten von Süd-Amerika, die West-Küste von
Nord-Amerika bis zu dem Bering-Meer, die Ost-Küste von Kamtschatka
Japan, China, bis nach Ost-Indien hin zeigen ein gleichmäfsiges Heben
der ganzen Küsten vom Atlantischen und Stillen Ocean.

Diesen Hebungen gegenüber erscheinen die Senkungen des
Landes gering. Man fand solche an der Südost-Küste von Schweden,
wo die Flüsse lockeres Geröll ansetzen und das Meer fort und fort
am Gestade nagt. Man fand sie in Holland, wo der Rhein, die
Maas und Schelde einen feinen Sand und Schlamm ablegten, der vieler
Jahrhunderte zum Festsetzen bedarf, der aber fort und fort durch die
Fluthen des Golfstromes losgerissen und weggeschwemmt wird. Man

(and andere Senkungen an der Mündung des Po, des Nil, des Ganges und anderer größerer Ströme, die ein schwankendes, erst nach Jahrhunderten vor Meerfluthen gesichertes Delta auflösen.

Suchen wir nun die Ursache der großen Landhebung, dann finden wir Aufschluß in den Tiefseeforschungen im Atlantischen Ocean. Die großen Küsten-Staaten, die Union und England, ließen seit dreißig Jahren den Boden des Atlantischen Oceans erforschen. Ihnen gesellte sich vor zwanzig Jahren die deutsche Marine zu. Freiherr von Schleinitz, Contre-Admiral der deutschen Flotte, hat das große Verdienst, nicht nur die ganze Nordsee, sondern auch den dritten Theil des Atlantischen Oceans durchforscht und gemessen zu haben.

Von der Nordsee sahen wir bei der Hamburger geographischen Ausstellung eine Karte, die zwei Säle füllte, mit dem Konterfei von Riffen und Sandbänken, die über den Meeresboden sich erheben und tausend eingeschriebenen Zahlen, welche die Tiefe des Meeres andeuteten. Von dem Atlantischen Ocean hat die Deutsche Seewarte (Direktor Neumayer) nach den amerikanischen, englischen und deutschen Messungen einen großen Atlas herausgegeben, auf dem in reizenden Karten die Tiefen des Meeres in Farben dargestellt und mit Zahlen erklärt sind.[1])

Aus diesen Forschungen ergiebt sich, daß der Boden der Nordsee bei England noch 100 Faden (200 Meter) tief ist, bei Helgoland, wie bei der Küste von Schleswig nur noch 2—4 Faden mißt. In gleichmäßiger Ebene steigt der Boden bis zur Küste von Schleswig der Art, daß heute schon zu berechnen ist, in welcher Zeit die Inseln bei Schleswig, sowie Helgoland, mit dem Festland zusammen wachsen, ja — wem es auf ein paar tausend Jahre nicht ankommt — bis wann unsere Nachkommen trocknen Fußes nach England marschiren können.

Von dem Atlantischen Ocean zeigt der Atlas einen schmalen Streifen von 10—20 Meilen, in welchem der Boden bis zu 200 m sich senkt; danach einen breiteren bis zu 40—60 Meilen, in dem der Boden bis zu 1000 m, bis zu 2000, 3000 und 4000 m abfällt. Dieser Streifen geht wie ein Gürtel um den ganzen Ocean; von den Ost- und West-Küsten senkt sich der Boden in gleicher Weise bei 40-50 geographischen Meilen Entfernung auf 4000 m hinab.

Dann aber beginnen, rasch abfallend, tiefe Rinnen und Kessel

[1] „Atlas von dem Atlantischen Ocean", sowie ein denselben begleitendes „Segel-Handbuch", herausgegeben von der Deutschen Seewarte. (Hamburg, Verlag von W. Friedrichsen & Co.)

von 5—6000 m Senkung. Sie gehen in 1—200 Meilen Breite in einem Zirkel durch den Süd- und Nordatlantischen Ocean: von Süd-Afrika nach Brasilien und nach Süd-Afrika zurück; dann durch das Golf-Meer, längs Nord-Amerika und Europa und zum Golf-Meere zurück. Inmitten dieser Zirkel aber liegen Plateaux, die nur 8—4000 m unter die Oberfläche sich senken, gleich dem Küsten-Rand.

Die Rinnen bezeichnen genau den Lauf des Meeresstromes, des Guinea- und des Golf-Stromes, die in ewigem Kreisel die Küsten benagen und in den Boden des Meeres sich einwühlen. 2000 m tief hat dieser Strom in den flachen Meeresboden sich eingegraben. Das ist so viel, wie der Kamm von Pyrenäen, Alpen, Karpathen, Balkan in die Luft ragt. Die sämtlichen Gebirge von Europa, wollte man sie in diese Kessel tauchen, würden wie Nürnberger Spielwaaren in einem Wasserbecken verschwinden, und nur ein paar Alpenhörner würden wie bunte Holzkirchthürmchen über die Fläche ragen. Wollte man die Gebirge über Europa ausbreiten, so würden sie ein Gebiet, so groß wie Rußland, kaum um 1—2 m erhöhen; in den Golfstrom-Kesseln aber würden sie nicht mehr auffüllen, als etwa die Höhe der zerscharrten Maulwurfshaufen auf einer Wiese beträgt.

Braucht man unter diesen Umständen noch den Millimeterstab anzulegen? Am Rhein hat der Verfasser eine Senkung der Strom-Rinnen seit der Römerzeit von 15—20 m berechnet. Basel, Strafsburg, Hagenau waren vor 500 Jahren noch ganz vom Rhein umflossen; Speier, Worms, Mainz lagen mit ihren Burgen noch dicht am Rhein. Zu Frankfurt ragen heute noch die Ringe für die Anker-Ketten an dem vor 500 Jahren gebauten „Rententhurme" 6—8 m über den heutigen Wasserstand des Main.

Was kann also eine Senkung des Bodens der Stadt Paris für Gefahr bringen? Wir dürfen wohl an die frühere Berechnung des Physikers Ehrenberg erinnern. Er fand den Boden von Berlin von Millionen von Kreidethierchen durchsetzt, die mit der Zeit verwittern, dann aber, ausgelaugt, zerbrechliche Höhlungen bilden. Solche sind auch zu Paris; sie können eine Senkung des Bodens hervorbringen. Die allgemeine Hebung des Bodens ist aber stärker; das beweist die 50—60 Meilen breite Vergröfserung des Landes im Westen von Paris, die durch allmähliches Senken des Meeres entstand. Das beweist auch die Zone der „Gründe", d. h. des nur 200 m tiefen Anker-Grundes, der im Westen von dem „Canal la manche", vom Cap Landsend wie vom Cap Ouessant, 40 bis 50 Meilen weit in den Ocean sich erstreckt.

Die Stadt Lille nennt der alte Geograph Johann Hübner (1737) noch mit dem flandrischen Namen Ryssel, zugleich auch „Insulae" oder „Lille". Sie liege an dem schiffbaren Flusse Deule, der durch und um die Stadt fliefst. „Insulae" heifst „die Inseln"; die Stadt lag also zwischen den Deule-Armen auf Inseln. Die Inseln müssen durch Austrocknung des Flusses zu einem Eiland zusammen gewachsen sein; daher der Name „L'isle" oder „L'île" („die Insel"), was in veränderter Schreibart in „Lille" gewandelt wurde.[2]) Heute sieht ein Canal an der Deule her, weil diese nicht mehr schiffbar ist, während sie doch früher, als wasserreiche Niederung, „die Dölle" (das Thal) genannt wurde. So zeigt also die Geschichte von zweihundert Jahren schon eine Austrocknung des Landes, d. h. Erhebung aus dem Meere.

Dann erzählt Herr Hübner noch ein Kuriosum. „Das Terrain um Ryssel herum ist weit und breit unter der Erde hohl, weil man viel weifse Quadrat-Steine daraus gebrochen, und können die Einwohner in Kriegszeiten ihre Sachen darin verbergen." Die Höhlen sind wohl heute nicht mehr zu finden, weil die modernen Festungswerke sie zerstörten; deshalb glaubt man nicht daran. Wem es aber bekannt ist, dafs der König Salomo auf der Ebene Rephaïm bei Jerusalem die Quadern für den Tempel und die Mauern der Stadt aus unterirdischen — heute noch sichtbaren — Höhlen sägen liefs, der wird an dem gleichen Ausbruch zu Lille nicht zweifeln. Ob diese Höhlen eine Senkung des Bodens bei Lille bewirkten, vermögen wir nicht zu errathen. In jedem Fall aber sind diese „Erdfälle" nur winzig gegen die gigantische Hebung, mit der die Felsen-Nase der Bretagne, die Normandie, ja die ganze Küste von Frankreich aus dem Meere emporsteigt. H. Becker.

[1]) Hübner nennt ein halbes Dutzend Städte von der Provence bis nach Holland, die von Flüssen umgeben waren und deshalb „Lille" hiefsen. Auch heute noch nennen die Franzosen die grofse flandrische Festung „L'île".

Berichtigung. In dem Aufsatz: „Elektricität in der Natur" mufs es S. 87, Zeile 9 „Aequator" anstatt „Ekliptik" heifsen.

J. L. E. Dreyer: Tycho Brahe. Ein Bild wissenschaftlichen Lebens und Arbeitens im sechzehnten Jahrhundert. Autorisirte deutsche Uebersetzung von M. Bruhns. Karlsruhe 1894. Braunsche Hofbuchhandlung. XII. 434 S. 8°. Preis 10 M.

Das vorliegende Werk ist unseren Lesern bereits aus einer früheren Besprechung (Jahrgang III S. 789) bekannt. Es erscheint hier in deutscher Bearbeitung, zwar in enger Anlehnung an das Original, diesem gegenüber aber durch werthvolle Zusätze und Verbesserungen des Verfassers, der persönlich die Uebersetzung durchgesehen hat, noch erheblich bereichert. Die günstige Aufnahme, welche bereits beim ersten Erscheinen dieser hochinteressanten, vor allem modernen, Tychobiographie allseitig bereitet worden ist, überhebt den Referenten der Mühe, noch weitere Worte zur Empfehlung des Werkes sagen zu müssen. An einzelnen Stellen möchte man vielleicht wünschen, dass sich der Uebersetzer etwas weniger genau an den englischen Ausdruck des Originals gehalten hätte. Die Ausstattung ist im übrigen gediegen, der Preis mäfsig, sodafs zu hoffen steht, dafs zu den zahlreichen Freunden des Dreyerschen Werkes noch eine stattliche Reihe neuer hinzukommen und sich an dem gediegenen Inhalt desselben erfreuen wird. G. W.

Weltkarte zur Uebersicht der Meerestiefen mit Angabe der unterseeischen Telegraphen-Kabel und Ueberlands-Telegraphen, sowie der Kohlenstationen und Docks, herausg. von dem Reichs-Marine-Amt; Nautische Abtheilung. Ausgabe mit Meerestiefen 1893. Berlin, Geographische Verlagsbuchhandlung von Dietrich Reimer. 3 Bl. Preis in Umschlag 12 M., aufgezogen in Mappe 16 M., mit Stäben 18 M., mit Stäben und lackirt 20 M.

Während die bisherigen Karten die Linien gleicher Meerestiefen durch blofse Zahlenangaben charakterisirten, sind auf der vorliegenden Blättern diese Tiefen in 5-facher blauer Färbung wiedergegeben worden. Das submarine Bodenrelief tritt so als ein plastisches Bild hervor und kann, ohne dafs ein Wirrsal von Tiefenzahlen den Eindruck stört, leicht mit dem physischen Auge überblickt werden.

Neben dem nautisch-praktischen Interesse bieten diese Karten auch in geophysischer Hinsicht ein treffliches Anschauungsmittel, da auf ihnen das Verhältnifs der tiefen Ozeanbecken zu den Kontinentalsockeln, zu der sogenannten Kontinentalstufe, recht deutlich hervortritt. Durch die Kontinentalstufen werden bekanntlich Inseln und Festländer mit einander vereinigt, die auf den gewöhnlichen Landkarten getrennt erscheinen. Man sieht unter anderm auf diesen Karten, dafs Irland, England und Schottland bis zu den Shetlandsinseln zu dem Kontinentalsockel Europas gehören, und dafs selbst Nowaja-Semlja eng mit dem russischen Festlande verbunden ist. Ein Blick auf die Karte genügt ferner, um zu erkennen, dafs im Gebiete der Bering-Strafse zwischen der alten und neuen Welt eine unterseeische Verbindung besteht, sodaß eine daselbst stattfindende Hebung des Meeresbodens um einige hundert Meter in der That eine trockene Verbindung beider Welttheile hervorbringen würde. Aber diese Karten übermitteln uns nicht nur einen richtigen Begriff der Gestaltung der Meeresbecken, sondern bringen auch die physikalische Begründung der Entstehung der Weltverkehrslinien recht anschaulich zur Darstellung. Sie zeigen alle diejenigen Häfen der Erde, welche für die Schiffahrt und besonders den Dampferverkehr zur Einnahme von Kohlen und zur Ausbesserung von Schäden wichtig sind; sie geben ferner eine genaue Uebersicht der unterseeischen und hauptsächlichsten Ueberland-Telegraphen, die durch verschiedene Signaturen als deutsche, englische u. s. w. kenntlich gemacht worden sind.

Unter anderm sehen wir, daß England an der Spitze des internationalen Telegraphenverkehrs steht; von den zehn Kabelverbindungen, welche den Gedankenaustausch zwischen Europa und Amerika vermitteln, stehen nicht weniger als fünf unter englischer Verwaltung. Die mächtige Kabelverbindung, welche den ganzen afrikanischen Kontinent umgürtet, die drei Stränge, welche durch das Mittel-Meer, durch das Rothe Meer und den indischen Ozean nach Vorder- und Hinter-Indien und von dort weiter nach China, Japan, Australien, Neuseeland und den Südseeinseln führen, sowie diejenigen, welche eine Vermittelung zwischen Europa und Südamerika herstellen, sind ebenfalls Schöpfungen englischen Kapitals. Im Besitze Deutschlands sind dagegen nur fünf unterseeische Verbindungen; zwei davon durchqueren die Ostsee zwischen Warnemünde und Ojedser, Rügen und Malmö, die drei übrigen laufen durch die Nordsee und unterhalten den Gedankenverkehr zwischen Schleswig-Holstein und Arendal in Norwegen, zwischen Wilhelmshaven und Lowestoft in England und Valentia Cork auf Irland; dazu kommt ferner noch der Kabelstrang zwischen Cuxhaven und Helgoland.

Die Hauptausgangpunkte für den elektrischen Verkehr zwischen Europa und Nordamerika sind Valentia Cork auf Irland, von wo aus sechs Kabelverbindungen nach der neuen Welt hinüber führen, Kap Landsend und Brest, die mit je zwei Leitungen betheiligt sind. Von Kap Landsend laufen drei Verbindungen nach Lissabon, von hier aus zwei über Madeira nach den Kap Verde-Inseln, die einerseits mit Pernambuko in Südamerika durch zwei Stränge, andererseits mit den afrikanischen Kolonien in Verbindung stehen.

Um nach Indien, China, Japan und Australien zu gelangen, muß der elektrische Funke entweder um Spanien laufen und wird dann über Malta, Alexandrien, Aden nach Bombay geführt, oder er geht von Marseille nach Bona in Algier und von dort aus über Malta weiter, oder endlich von Triest über Zante, Kreta nach Alexandrien u. s. w.

Ueberlands-Telegraphen, die nicht direkt an Eisenbahnlinien geknüpft sind, unterhalten den Verkehr nur durch unwirthschaftliche Gegenden, beispielsweise durch Rußland und Sibirien, durch Norwegen, Südamerika und Australien, und besitzen nicht zum mindesten die Bedeutung, welche die unterseeischen Kabelverbindungen für den Weltverkehr gewonnen haben.

Man ersieht aus dem Vorstehenden, daß durch das Erscheinen dieser Blätter die Reihe der amtlichen „deutschen Admiralitäts-Karten" um oft verlangte, nicht nur für Schulzwecke verwendbare, sondern auch für das allgemeinere Publikum hochinteressante Karten bereichert worden ist. Erwähnung finde auch noch, daß ein Vorzug dieser Karten andern gegenüber darin besteht, daß durch die Wiederholung von Europa und Afrika der atlantische und der große Ozean in geschlossener Weise zur Darstellung gebracht werden.

Schw.

Franz Schütt: Das Pflanzenleben der Hochsee. Mit 33 Textabbildungen und einer Karte des Nordatlantischen Oceans. Kiel und Leipzig. Verlag von Lipsius u. Tischer, 1893. 4°, 76 S.

In der vorliegenden Abhandlung begegnet uns eines der Ergebnisse der Planktonexpedition, jener der Erforschung des Lebens im nordatlantischen Ocean gewidmeten wissenschaftlichen Meerfahrt. Wir haben die vorliegende Arbeit aus mehrfachen Gründen mit Freuden zu begrüssen. Das Pflanzenleben der Oceane ist uns kaum für die Küstenstriche bekannt, die Hochsee blieb botanisch bisher fast völlig unbeachtet. Grund hierfür ist der Mangel der Hochsee an mikroskopisch auffälligen Pflanzen. Bekanntlich gedeiht das „lichtfreudige Pflanzenvolk" höchstens noch bei 100 m Tiefe, über welche Grenze hinaus die ewige Finsternifs der Vegetation eine Schranke setzt. Alle Hochseepflanzen gehören in das Reich der allein mit dem Mikroskope erkennbaren Organismen. Ein zweiter Grund für unsere bisherige Unkenntnifs des Pflanzenlebens der Hochsee liegt aber ganz in der Art der früheren Forschung: Bisher hatte man bei wissenschaftlichen Expeditionen zur Erforschung der Meere die Botanik kaum je berücksichtigt, wie der Verfasser treffend bemerkt, sie als „Aschenputtel" behandelt, obgleich die Fragen, welche die Botanik für die Biologie der Hochsee zu lösen hat, ebenso wichtig sind, wie die Fragen der Zoologie. Erst mit der Plankton-Expedition tritt die Botanik als gleichberechtigtes Glied der Forschung in die Schranken. Wir begrüfsen deshalb die Schüttsche Arbeit besonders freudig, umsomehr, als ihr Verfasser es verstanden hat, in ihr den Beweis für die Gleichberechtigung beider Schwesterwissenschaften zu liefern.

Betreffs der speciellen Ergebnisse ist zu beachten, dafs fast alle Pflanzen der Hochsee Haplophyten, d. h. Pflanzen von einfachstem, meist einzelligem Bau sind. Höher organisirte, komplizirte Pflanzen, „Symphyten", sind nur in verschwindender Zahl vertreten.[1]) Es spricht sich hierin ein wichtiges biologisches Gesetz aus: Es ist für das Leben der oft mächtig bewegten Hochsee von gröfstem Nutzen, wenn die komplizirten, schon wegen ihrer Masse leicht verletzbaren Organismen durch ein- oder wenigzellige, dafür aber in unbegrenzter Zahl in den oberflächlichen Schichten flottirende Lebewesen von mikroskopischer Kleinheit ersetzt werden. So entfaltet sich denn auf dem freien Ocean eine eigene Art des Pflanzenlebens, das „Planktonleben".

In den Vordergrund treten hierbei die als Diatomeen oder Bacillariaceen bezeichneten Kieselalgen, denen sich eine zweite Gruppe einzelliger Algen, die Peridineen (Dinoflagellaten) anschliefst, deren Vertreter — wenigstens zum Theil — das Meerleuchten hervorrufen. Weniger artenreich sind Flagellaten, Oscillariaceen, Nostocaceen, Rivulariaceen und andere Gruppen vertreten.

In Bezug auf die Planktonorganismen entwickelt der Verfasser nun eine Reihe besonderer biologischer Gesetze, insbesondere durch die Betrachtung der Hochseediatomeen. Er theilt die Diatomeen überhaupt in Grunddiatomeen und Planktondiatomeen. Erstere leben auf dem Boden unserer Flüsse und Binnengewässer, auch wohl auf dem Brackwasserboden besw. an Wasserpflanzen, entweder durch Kriechen sich fortbewegend oder an Gallertstielen sitzend. Sie zeigen fast ausnahmslos auf ihrer Schalenseite die bekannte „Nahtlinie". Die Planktondiatomeen treiben freischwebend im Wasser. Dieser Eigenheit entsprechen eine ganze Reihe morphologischer

---

[1]) Die Tangmassen der Sargassomeere sind bekanntlich nur von den Meeresströmungen zusammengetragene Vertreter weit entfernter Vegetationsgebiete.

Charaktere. Sie entbehren fast ausnahmslos der Nabt auf der Schalenseite, sodann sind sie mit die Schwebfähigkeit bedingenden bezw. erhöhenden Mitteln ausgerüstet. Als solche erklärt sich das Streben nach möglichster Volumenvergrösserung, womit eine Annäherung des spezifischen Gewichtes dieser Organismen an das des Hochseewassers herbeigeführt wird.[1]) In diesem Sinne wirkt auch bei der Assimilation die Abscheidung von Fetttropfen. Diese bilden ein Auftriebsmittel an Stelle der bei Landpflanzen gewöhnlich auftretenden spezifisch schwereren Stärke, welche bei Planktonorganismen ein Untersinken bedingen müsste. Mit der Volumenvergrösserung kombinirt sich gewöhnlich die Ausbildung grosser Flächen als Widerstandsmittel gegen schnelles Sinken. Es erklärt sich hieraus das Vorkommen vieler flachen Formen, wie etwa der Coscinodisken. Die Gattung Gosseleriella ist dadurch ausgezeichnet, dass die scheibenförmigen Schalen am Rande einen dichten Kranz zierlicher Radialstacheln führen, während bei der in den kobaltblauen Fluthen des Golfstromes schwebenden Planktoniella flache Schalen, mit wunderbar zierlichen Sechsecken gezeichnet, vorliegen, deren Rand flache, durch Radialstrahlen verstärkte Flügelmembranen trägt, sodass der ganze Organismus etwa der Flügelfrucht einer Ulme verglichen werden kann. Auch die langen Hornfortsätze bei Chaetoceras sind als Schwebapparate zu deuten, wie solche auch an fällig an einander gereihten Formen, wie bei Bacteriastrum vorkommen. Uns begegnen hier ähnliche Fallschirmvorrichtungen, wie sie die Kompositenfrüchte auf dem Lande zur Schau tragen. Auch die Nadel- und Fadenformen der Hochseeorganismen sind, namentlich bei vorhandener Biegung oder schraubiger Krümmung, als Schwebvorrichtungen zu deuten. Geradegestreckte Nadel-, Haar- und Kettenformen sind ausserdem ein Schutzmittel gegen Verschlucktwerden. Man denke nur an die eigene Erfahrung, wenn uns ein langer Haar unvermuthet in den Mund geräth. Entweder bewirkt die vorangehend verschluckte Haarspitze unangenehmen Gaumenreiz, oder das von der Seite her in die Mundhöhle gelangende Haar wirkt wegen seiner Länge wie eine Sperrvorrichtung.

Man sieht, wie viele biologische Eigenthümlichkeiten durch die Planktonforschung ihre Erklärung gefunden haben. Von hohem Interesse erscheint uns auch der Abschnitt über die Vegetationsfarben. Jedermann weiss, dass die grosse Menge der Landpflanzen grün erscheint. Die „Vegetationsfarbe" der Planktonorganismen ist durchweg gelb, grüngelb oder braungelb. Diese Eigenthümlichkeit zielt dahin, die blaue Eigenfarbe des Seewassers nach der gelben Seite des Spektrums zu verschieben, was mit den Bedingungen der Assimilation in engem Zusammenhang stehen dürfte.

Es mögen diese Andeutungen genügen, um den reichen Inhalt der Schüttschen Abhandlung und damit zugleich den Werth wissenschaftlich-biologischer Expeditionen im allgemeinen wie im besonderen zu beleuchten.

C. M.

Smithsonian Meteorological Tables (based on Guyot's Meteorological and Physical Tables). City of Washington 1893. LIX. 266 S. 8°. Preis 12 M.

Das 1852 in erster Auflage erschienene Tabellenwerk von Guyot ist einer vollständigen Neubearbeitung unterzogen, die sich äusserlich durch die Zerlegung in drei Theile — meteorologische, geographische und physikalische Tabellen — kennzeichnet. Bisher sind nur die meteorologischen Tabellen, um

---

[1]) Die Rhizodiatomee Antelminellia gigas ist eine mehr als 1½ mm Durchmesser haltende Trommelform. Da das Protoplasma nur den Wandbeleg der Schale ausmacht, so enthält jedes Individuum mehrere Cmm Zellwasser.

deren Zusammenstellung sich namentlich Prof. Curtis verdient gemacht hat, veröffentlicht.

Wenn man von ganz unbedeutenden Einzelheiten absieht, kann wohl keine Meinungsverschiedenheit über die sorgfältige und praktische Anordnung der Tafeln aufkommen; als haben vor den „Tables météorologiques internationales" ausser dem erheblich billigeren Preise und dem handlicheren Format nach den Vorzug eines reicheren Inhalts voraus. Besonders gilt dies von der Hygrometrie, die in den internationalen Tabellen mit Rücksicht auf die Verschiedenheit der Ansichten sehr kurz und für den praktischen Gebrauch ungenügend behandelt ist. — Ueber die den Tabellen zu Grunde gelegten Formeln und Konstanten wird in der Einleitung ausführlich Aufschluß gegeben.

Sg..

Meyers Konversations-Lexikon. 5. Aufl. Bd. II. Leipzig und Wien 1893, Bibliogr. Institut. Preis 10 M.

Auch für den vorliegenden zweiten Band der neuen Auflage des Meyerschen Lexikons gilt, was wir bereits über den ersten sagten, daß die Naturwissenschaften außerordentlich gut davon gekommen sind. Nicht nur der Text ist, wie der Vergleich irgendwelcher Artikel mit denen der vierten Auflage ergiebt, durchgehends einer gründlichen Revision unterzogen worden, sondern es ist namentlich auch das für diese Wissenszweige so unvergleichlich wichtige anschauliche Element durch Einfügung sehr vieler neuer Tafelbeilagen in erfreulicher Weise gefordert. Einer näheren Durchsicht haben wir die astronomischen Artikel unterzogen. Es zeigt sich überall eine wesentliche Vervollständigung, und es sind stets die allerneuesten Fortschritte berücksichtigt, zugleich ist aber auch ein sehr löbliches Streben nach Kürzung aller etwas breit gerathenen oder unwesentlicheren Stellen der früheren Auflage deutlich erkennbar. Diese Prägnanz ist nicht bloß deshalb für ein derartiges Werk nothwendig, weil man sich meist möglichst schnell mit Hilfe desselben über irgend einen Gegenstand orientiren will, sondern das Streben nach Kürzung wird auch darum löblich, weil sonst bei der beständigen Vermehrung des Inhalts der Umfang des ganzen Werkes ja über alle Grenzen hinaus wachsen müßte, was seine Verbreitung nur erschweren könnte. — Der Literaturnachweis über Astronomie ist wesentlich verbessert, die wichtigeren astronomischen Instrumente, die bisher auf einer Tafel in kleinem Maßstab abgebildet waren, haben jede eine besondere Tafel erhalten, und es sind Abbildungen etlicher neuerer Instrumente, wie z. B. des photographischen Doppelrefraktors, hinzugefügt worden. Vortreffliche, umfangreiche Artikel über Astrophotographie und Astrophotometrie sind an die Stelle ganz kurzer Erklärungen in der früheren Auflage getreten. Kurz, es zeigt sich überall eine solche Sorgfalt der Neubearbeitung, daß wohl niemand dem Werke seine unbedingte Anerkennung versagen dürfte.

F. Kbr.

Verwerfung bei Midori.

Ueber die Ursache des großen Erdbebens in Mittel-Japan im Jahre 1891 nach B. Kotô.

Von Dr. R. Berk in Leipzig.

Japan ist außerordentlich häufig von Erdbeben heimgesucht. Die Gelehrten seines für Naturwissenschaft so trefflich beanlagten Volkes haben sich darum schon aus praktischem Interesse mit großem Eifer dem Studium dieser Erscheinungen zugewandt. Gegen 700 seismische Beobachtungsstationen mit ausgezeichneten, registrirenden Instrumenten sind über das ganze Kaiserreich vertheilt, und an der Universität Tôkyô besteht ein eigener Lehrstuhl für Erdbebenkunde. Das heftigste Erdbeben seit sehr langer Zeit war dasjenige vom 28. Oktober 1891, welches besonders die Provinzen Mino, Owari und Echizen in der Mitte der Hauptinsel Japans verwüstete. Bei dieser Katastrophe wurde eine Erscheinung beobachtet, welche für Geologie und physikalische Geographie von sehr großer Bedeutung ist: es trat der äußerst seltene Fall ein, daß vor den Augen der Menschen eine große Verschiebung in der Erdkruste, eine Verwerfung von über 40 Meilen Erstreckung stattfand, welche zugleich die einzige oder wenigstens die hauptsächliche Ursache der Erschütterung war. Noch vor 35 Jahren wäre dies Ereigniß für die Wissenschaft verloren gewesen. Jetzt jedoch blüht die von Europa dorthin verpflanzte Wissenschaft derart im fernen Inselreiche, daß solches nicht mehr zu befürchten war. Der in Leipzig vorgebildete japanische Professor der Geologie an der Universität zu Tôkyô, Dr. B. Kotô, dem wir schon manche tüchtige Arbeit verdanken, bereiste unmittelbar nach dem Erdbeben die betroffenen Provinzen und legte seine Beobachtungen und

Schlufsfolgerungen in einer für die Geologie höchst bedeutenden Denkschrift[1]) nieder, auf welcher die folgende Darstellung beruht.

Werfen wir zunächst einen Blick auf den Schauplatz des Ereignisses. Zwar wurde das grofse Erdbeben von 1891 fast in ganz Japan, von Kyûshû bis hinauf nach Sendai im nördlichen Theil der Hauptinsel verspürt, in einem Gebiet von gegen 343000 Qkm Inhalt, so grofs wie Grofsbritannien, Holland und Dänemark zusammengenommen, aber der eigentliche Schauplatz, auf welchem die Stöfse wirklich verheerend auftraten, ist nur ein von Nordwest nach Südost sich hinziehender schmaler Landstreif. Er erstreckt sich zwischen Fukui, nahe am Japanischen Meer und dem Meerbusen von Isé am Stillen Ocean. Nur in der Ebene von Mino und Owari dehnt er sich zu grölserer Breite aus. Von den hauptsächlich in Mitleidenschaft gezogenen Provinzen liegen Echizen im Nordwesten, Mino in der Mitte, Owari und Mikawa im südöstlichen Theile dieses Streifens, den wir auf einer Karte von Japan etwa in der Mitte zwischen dem bekannten Hafen Kôbe und der Hauptstadt Tôkyô zu suchen haben. Nordwestlich vom Meerbusen von Isé zieht von Süd nach Nord ein Gebirge hin, welches vorwiegend aus paläozoischen Gesteinen, aus **Arkosesandsteinen**, Thonschiefern, Hornsteinen und Radiolarienschiefern besteht, hier und dort auch Kalksteinbänke mit Fusulinen und anderen Petrefacten der Steinkohlenzeit eingeschaltet enthält. Die zum Theil steil aufgerichteten Schichten der einzelnen Ketten fallen nach West ein. Dieses Gebirge trennt in seinem Verlauf nach Nord den bekannten, wegen seiner landschaftlichen Schönheit viel besuchten Biwa-See im Osten von Kyôto und die von den Provinzen Mino und Owari eingenommene breite Ebene nördlich von der Isó-Hai. Der Tôkaidô, die grofse japanische Heerstrafse, welche das Bergland im Passe von Suzuka in vielen Windungen überschreitet, stellt die Verbindung für den Verkehr zwischen den beiden dicht besiedelten Gebieten her. Nordöstlich vom Biwa-See beginnen sich die Gebirgsketten allmählich nach Osten umzubiegen und nehmen die Richtung von West nach Ost, schliefslich von Südwest nach Nordost an. Hierbei behält das Einfallen der paläozoischen Schichten immer die Richtung nach Nord bei. Die Ebene von Mino und Owari wird infolge dieser Umbiegung der Ketten im Westen und Norden halbkreisförmig von Gebirgszügen umgeben und durch dieselben von der im Norden am Japanischen Meer gelegenen

---

[1] B. Kotô, The Cause of the Great Earthquake in Central Japan, 1891. Journ. of the College of Science, Imper. University Tôkyô Vol. V. Pt. IV. 1893.

Provinz Kohizen getrennt. B. Kotō vermuthet, dafs die in ihrem Verlauf auffällig geradlinigen Paralleltbäler, welche dieses Horgland nach dem Japanischen Meere hin entwässern, die Thäler des Tokuno-yama, Neo, Mugi und Itatori-Flusses, in ihrer ersten Anlage durch nordwestlich streichende Transversalspalten hervorgerufen wurden. Diese würden sich als Sprünge, entstanden bei jener Gebirgsumbiegung, als Paraklasen im Sinne Daubrées erklären lassen. Freilich aus dem Laufe von Flüssen allein in einer geologisch noch minder durchforschten Gegend ein Spaltensystem abzuleiten, hat immer etwas Gewagtes. Doch

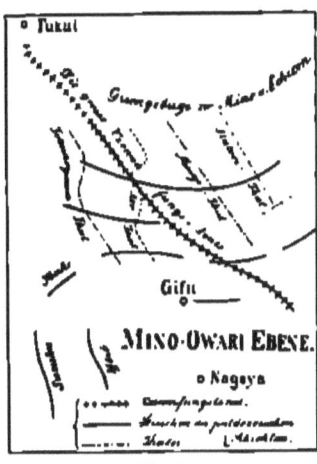

Fig. 1.

wie dem auch sei, thatsächlich besitzt das streifenförmige Erschütterungsgebiet von 1891 dort, wo es das bereits westöstlich streichende Horgland durchzieht, entschieden eine solche transversale Richtung, und thatsächlich ist jener seismische Streifen bedingt durch eine während des Erdbebens aufgerissene, ausgezeichnete Transversalspalte. Man vergleiche hierbei die vorstehende Situationszeichnung Fig. 1, die wie alle folgenden Abbildungen dem Werke von B. Kotō entnommen ist.

Das am meisten betroffene Tiefland von Mino und Owari besteht aus Alluvialboden. Im Gebiete des Kiso-Flusses, der aus einem Granitgebiet kommt und alsdann die gröfsere östliche Hälfte des Tieflandes durchfliefst, walten lockere, unzusammenhängende, sandige, nur schwach

thonige Ablagerungen vor. Dagegen haben die im Schiefergebirge
entspringenden Flüsse Nagara und Ibi im westlichen Theile mehr
thonige, schwerere und zähere Massen abgesetzt. Diese Verschiedenheit in der Beschaffenheit des Bodens scheint von grofsem Einflusse
auf die Wirkung der Erdstöfse gewesen zu sein, denn die Verheerung
im Gebiete der mehr lockeren Bodenarten ist eine weit gröfsere, als
im Bezirk der festeren. Die Ebene von Mino und Owari ist einer der
„Gärten Japans," dicht bevölkert und bebaut. Ihren Hauptreichthum
macht die sehr ertragsreiche Reiskultur aus, für welche die Städte
Nagoya und Ozaki als Hauptorte gelten. Die alterthümlichen Schlösser

Fig. 2.

dieser Ortschaften erheben sich malerisch über die mit verstreuten
Baumgruppen und zahlreichen Weilern und Dorfschaften übersäten
Gefilde, welche 304 Menschen auf dem Qkm zu ernähren vermögen.
Da der Reis zu seinem Gedeihen sehr starke Bewässerung erfordert,
so hat man seit alter Zeit das Land mit einem Netzwerk von Kanälen
und Gräben überzogen, welche zumeist in den Kiso-Flufs münden.
Gerade dieses Bewässerungssystem sollte schwere Schädigung erleiden.

Die Hauptziffern der Verluste, welche das Erdbeben herbeiführte,
mögen sogleich hier vorausgeschickt werden. Es wurden nach den
offiziellen Berichten[2]) 7279 Menschen getödtet, 17393 verwundet,

[1] J. Milne and W. K. Burton, The Great Earthquake in Japan, 1891.
Journ. of the College of Science, Imper. University, Tōkyō.

197 530 Häuser völlig, 78 296 halb zerstört, 445 infolge der zugleich
entstehenden Feuersbrünste verbrannt, 5 984 durch die Stöfse umge-
worfen und alsdann durch Feuer verbrannt. Der direkte und indirekte
Schaden, den allein Handel und Industrie von Nagoya erlitten, wird
auf 1 776 693 Yen[)] geschätzt.

Die Verluste waren um so furchtbarer, als die Bevölkerung nicht
durch vorangehende schwächere Stöfse gewarnt worden war. Der
erste Stofs vom 28. Oktober war zugleich der heftigste. Zahlreiche
Risse zeigten sich nach ihm im Alluvialboden, Erdschlipfe und Fels-

Fig. 3.

stürze fanden statt. Die Steilufer des Shonai-Flusses brachen auf
meilenweiter Strecke längs Parallelrissen ab, wie es unser Bild (Fig. 2)
zeigt. Kleine Schlammvulkane entstanden dort, wo das Grundwasser
aus Spalten herausgeprefst wurde. Ganze Ortschaften wurden vernichtet. Zwischen Nogaya und Gifu drängte sich vor dem Unglück
ein blühendes Dorf an das andere. Jetzt führt die Strafse zwischen
jenen beiden Städten als eine enge Gasse 20 Meilen lang zwischen zwei
wüsten Trümmerhaufen dahin. Das vorstehende Bild (Fig. 3) giebt eine
photographische Aufnahme eines solchen zerstörten Dorfes an jener
Landstrafse wieder. Die Städte Gifu, Ogaki, Kasamatsu und Takegahana
wurden durch Einsturz und Feuer beinahe dem Erdboden gleich ge-

[)] 1 Yen ungefähr gleich 4 Mark.

macht. Das Bergland im Norden litt namentlich unter den massenhaften Felsstürzen im Gefolge des Stofses. Selbst bei den fürchterlichen Erdbeben in der von den japanischen Seismologen Ansei-Periode genannten Zeit während der Jahre 1854—55, welche Shikoku und die Hauptinsel verwüsteten, kamen so heftige Stöfse, wie 1891, nicht vor. Dem ersten Stofse folgten später noch eine Reihe anderer von weit schwächerer Beschaffenheit nach.

Das wichtigste, wenn auch zunächst nicht übersehbare und erklärbare Ereignifs während des Erdbebens war indessen die Entstehung der grofsen Verwerfung. Schon beim Erdbeben von Kumamoto auf Kyûshû am 28. Juli 1889, welches B. Kotô an Ort und Stelle mit erlebte, hatte er die Beobachtung gemacht, dafs die Zerstörung sich nicht in seismischen Kreisflächen gleichmäfsig stark zu erkennen gab, sondern in gestreckten seismischen Zonen, die durch Verschiebungen im Gebirge längs tektonischer Linien verursacht schienen. Beim Erdbeben von 1891 gelang es ihm, eine tektonische Linie selbst nicht nur aufzufinden, sondern auch als eine echte Verwerfungsspalte nachzuweisen, und den vertikalen und horizontalen Betrag der Verschiebung an vielen Punkten zu messen.

Diese merkwürdige Spalte liefs sich von Katabira in der Provinz Owari aus auf eine Entfernung von mehr als 40 Meilen hin in nordwestlicher Richtung durch das Neo-Thal bis zum Haku-san und von hier bis Fukui in der Provinz Echizen verfolgen. Sie durchschneidet in gleicher Weise weichen und lockeren Alluvialboden wie festes Felsenland, setzt, ohne ihre Richtung wesentlich zu verändern, gleichmäfsig durch Ebene und Gebirge hindurch. Nicht überall ist die Verschiebung der beiderseitigen Massen der Erdkruste längs dieser Kluft eine so bedeutende, dafs diese sich ohne weiteres oberflächlich bemerkbar macht. Auf weitere Strecken ist die Spalte auf der Erdoberfläche mit abgestofsenen und wie mit einer riesigen Pflugschar aufgeworfenen Erdschollen bedeckt. Sie erscheint alsdann als niedriger, nur 30—60 cm hoher, schmaler Rücken, der in seiner zerrissenen Form ganz den Eindruck eines riesenhaften Maulwurfsganges oder einer auf Feld- oder Wiesenboden flach unter der obersten Narbe hinziehenden Spur einer mächtig grofsen Wühlmaus macht. B. Kotô wurde beim Anblick dieser Erscheinung an eine alte Sage seiner Landsleute erinnert, welche erzählt, dafs ein ungeheurer Haifisch unter dem Boden des Japanischen Reiches lebe, der von Zeit zu Zeit sich bewege und dadurch die Erdbeben verursache. Dieser Mythus hat nachweisbar Wandlungen durchgemacht. Eine Zeichnung des

Unthieres auf einem Kalender des 11. Jahrhunderts stellt es mehr in Gestalt eines wunderlichen Insektes dar, welches auf seinem Rücken die Karte Japans trägt. Vielleicht waren es ursprünglich solche, den Gängen eines wühlenden Thieres gleichende Erdspalten, welche die alten Japaner nach einem Erdbeben sahen, und durch welche ihre geschäftige Phantasie zu jener abergläubischen Vorstellung angeregt wurde. Kotô erklärt sich die aufgeworfenen Schollen an der Erdoberfläche auf der Spalte als kleines Abbild einer einseitswendigen Schichtenbeugung (monoklinen Flexur) in den obersten lockeren Schichten des Alluvialbodens. Wie nämlich später zu zeigen sein wird, hat gewöhnlich das nordöstlich an die Spalte anstofsende Gebirge, der nordöstliche „Flügel" der Verwerfung, wie man zu sagen pflegt, eine Senkung erlitten. Als nun hier die feste Unterlage nach unten hin auswich, legten sich die obersten Alluvialschichten, deren Widerhalt nun entfernt war, in einzelnen, längs zahlreicher Parallelrisse abblätternden Schollen nach jener Seite hin um. Um Raum zu gewinnen, wichen sie hierbei auch nach oben hin aus, und so überragt der niedrige Erdwall um einen geringen Betrag auch die Oberfläche des stehengebliebenen Flügels.

Auf anderen Strecken, wo die Verschiebungen der beiderseitigen Gebirgstheile an der Spalte beträchtlicher waren, liegt ihre Verwerfungsnatur offen zu Tage. Am überzeugendsten war in dieser Hinsicht vor allem die Gegend bei Midori im Neo-Thal, welche unser nach einer Photographie von K. Ogawa ausgeführtes Titelbild darstellt. Der flache, von ausgedehnten Reisfeldern bedeckte Thalboden wurde hier durch die Verwerfung der Länge nach aufgerissen. Längs der entstandenen Spalte erscheint die eine Thalseite derart gehoben, dafs eine 5,5—6 m hohe Stufe entstand. Da die lockeren Erdmassen unmittelbar nachher ihren natürlichen Böschungswinkel einzunehmen suchten, so ist diese Stufe keine Steilwand geblieben, sondern macht auf den von der gesunkenen Thalseite herkommenden Beobachter den Eindruck eines Eisenbahndammes.

Wenn wir von „gehoben" und „gesunken" sprechen, so ist das vorläufig nur im relativen Sinne aufzufassen. Wahrscheinlich war nur ausnahmsweise und zwar gerade hier bei Midori eine Hebung im Spiel. Im allgemeinen ist auf der ganzen Strecke, wo immer eine Verschiebung in vertikaler Richtung zu Tage tritt, dieselbe in der Weise vor sich gegangen, dafs der nordöstliche Flügel der Verwerfung gesunken erscheint. Nur gerade bei Midori ist es umgekehrt. Ob nun wirklich nur der nordöstliche Flügel diese im allgemeinen abwärts, lokal einmal aufwärts gerichtete Bewegung ausführte, oder ob vielleicht beide durch die Spalte getrennte Gebirgstheile in einander entgegengesetzten Sinne sich bewegten, dies konnte nicht sicher entschieden werden. Bei Midori allerdings scheint die aktive, hier aufwärts gerichtete Bewegung des nordöstlichen Flügels unabweisbar, da das Gefälle des Neo-Flusses auf der nordöstlichen Seite an einer etwas oberhalb von der Spalte gelegenen Stelle ganz bedeutend sich verändert und sein Bett sich zu einem kleinen See erweitert hatte.

Aber nicht nur eine Gleitbewegung in der Vertikalebene hatte bei Midori und anderwärts an der Grossen Spalte statt, es wurde

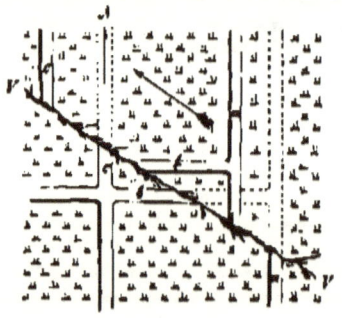

Fig. 4.

auch in der horizontalen Richtung der nordöstliche Flügel um ein paar Meter, hier bei Midori um ungefähr 4 m, gegen den südwestlichen verschoben und zwar nach Nordwest hin gerückt. An der Stelle, welche unser Titelbild zeigt, ist dies sehr deutlich an der Richtungsänderung der durch die Verwerfung quer durchschnittenen Strafse zu erkennen. Ganz unsicher ist es, ob nur schmale Landstreifen zu beiden Seiten der Spalte an den Bewegungen sich betheiligten oder ausgedehntere Gebiete.

Die Verschiebung in horizontaler Richtung liefs sich namentlich deutlich in der Gegend von Nishi-Katabira in der Provinz Mino beweisen. Hier waren die einzelnen Abtheilungen der Reisfelder (Fig. 4) von der Verwerfung schräg durchschnitten worden. Die nordöstliche der beiden so getrennten Partieen der Felder hatte sich hierbei um einen geringen Betrag gesenkt, war zugleich aber um

1—1,2 m nach Nordwest hin gerückt worden. Jetzt passen die abgerissenen Stücken der erhöhten, zwischen den einzelnen Feldern befindlichen, dammartigen Raine nur noch aneinander, wenn sie um jenen Betrag wiederum verschoben und in ihre alte Lage zurückgebracht gedacht werden.

Ganz wunderbar und räthselhaft mufsten solche horizontale Verschiebungen dem Landvolke und überhaupt jedem mit dem Mechanismus einer Verwerfung nicht vertrauten Beobachter dort erscheinen, wo nicht zugleich eine vertikale Bewegung stattfand, und wo die Spalte, begünstigt durch festere Bodenbeschaffenheit, an der Oberfläche nur als einfache Linie sich verrieth. So sah ein Bauer im Weiler Jubara verwundert im Garten vor seinem Hause zwei Kakibäume (Diospyros kaki) nach dem Erdbeben gegen einander verrückt, obwohl sie sonst ganz unberührt geblieben waren. Seit Menschengedenken hatten sie in einer von West nach Ost verlaufenden Linie gestanden, jetzt bildeten sie eine von Nord nach Süd gerichtete Reihe. Es ging nämlich die nordwestlich streichende Verwerfung gerade zwischen den Bäumen durch den Garten hindurch.

Aber nicht nur im lockeren Alluvialboden der Ebene und im weichen Gartenland der Gehänge zeigte sich die Spalte, auch im festen Felsgerüst des Gebirges liefs sie sich auffinden. So setzte sie z. B. durch den aus Hornsteinschiefer bestehenden Berg Daitenjin, südwestlich von Tsuchida hindurch, wobei dessen östliche Seite ein wenig abwärts glitt. Ihre vertikal aufsteigende Linie ist besonders deutlich am felsigen Steilhang der Hügel zu erblicken, an deren Fufs der Kino-Flufs über ein felsiges Bett dahinschäumt.

Furchtbar waren die Verheerungen dort, wo die Verwerfung nahe bei Ortschaften vorüberging, wie im Dorf Kutsu-yama, oder wo sie Orte kreuzte, wie zu Toba. An manchen Plätzen hatte man den Eindruck, als ob in der Nähe der Spalte der gesamte lockere Schuttboden der Erdoberfläche mit allem, was darauf stand, infolge eines ungeheuren Stofses von unten her von seinem festen, felsigen Untergrund emporgeschleudert sei. Seiner unglücklichen Lage, dicht an der Verwerfung, fiel unter anderen Gebäuden der alterthümliche, schon 717 gegründete, 1678 wieder errichtete Holztempel des Gongen zu Nôgo am Neo-Flufs zum Opfer. Seit Jahrhunderten also schien an dieser Stelle kein so starker Erdbebenstofs stattgefunden zu haben.

Mehr sekundäre Erscheinungen in der Nähe der Verwerfungslinie waren Abdämmungen von Wasserläufen und furchtbare Felsstürze. Was die ersteren betrifft, so füllten sich im Gebiete der

Dörfer Nishifukase und Higashifukase weite Feldstrecken auf dem gesunkenen Flügel der Verwerfung mit Wasser. Denn die nördliche Strecke des Toba-Flusses war zugleich mit dem ganzen Land ebenfalls in ein tieferes Niveau versetzt, und sein Wasser staute sich an dem natürlichen Damm der Dislokation. Ehe ein Kanal gegraben war, um diesen neu entstandenen Sumpf zu entwässern, mufsten die Landleute Ende Oktober die Reisernte auf Kähnen einbringen. Aehnliches wird noch von einigen anderen Punkten berichtet, so auch das Absaugen der Zuflüsse eines Teiches durch die Verwerfungskluft bei Ishiwara. Felsstürze fanden namentlich im Gebirge nördlich von Mino in erschreckender Menge statt. Im engen, felsigen Konokana-Thal, welches von der Spalte durchzogen wird, wurde durch zahlreiche Bergstürze der ganze landschaftliche Charakter verändert. Die Flanken des Thales waren auf weite Strecken herabgeglitten, der darauf befindliche Wald zeigte ein chaotisches Aussehen, der kleine Bergstrom war zu einem neuen See eingedämmt. Die Verwerfungskluft war immer nur einfach. Ausschliefslich am nördlichen Ende der furchtbar zerstörten Stadt Takatomi spaltete sie sich in zwei jedoch bald wieder sich vereinende Zweige. Die Oberfläche des zwischen diesen beiden Aesten befindlichen Gebirgskeiles war früher ganz horizontal. Seit dem Erdbeben bildeten indessen die dortigen Reisfelder einen nach Nord geneigten Abhang. Kotô selbst verfolgte die Spalte von Katabira bis an den Hakusan. Hier in diesem unwirthlichen Gebirge setzte der hereinbrechende Winter seinen mühevollen Untersuchungen ein Ende. Aber aus den Berichten anderer Beobachter läfst sich schliefsen, dafs die Kluft in der auf der Skizze auf S. 155 angegebenen Weise sich bis Fukui in Echizen fortsetzt.

Gleichzeitig mit dem grossen Erdbeben in der Ebene von Mino und Owari wurde die Umgegend von Hikoné am östlichen Gestade des Biwa-Sees stark erschüttert, obwohl der ganze breite Landstreif zwischen den beiden Gebieten nur ganz schwach in Mitleidenschaft gezogen wurde. Kotô hält dieses Erdbeben von Hikoné für ein sogenanntes Wiederhall- oder Relaisbeben im Sinne von Kluge und A. v. Lasaulx. Unter dieser Bezeichnung denkt man sich, dafs in einem gewissen Gebiete eine auf einer selbständigen, örtlichen Ursache beruhende Disposition zu einer Erderschütterung vorhanden ist, welche erst durch die wenn auch nur schwachen Wellen eines in der Ferne stattfindenden anderen Erdbebens erweckt werden mufs. Irgend eine Spannung im Felsgerüst der Erde mag dort am Biwa-See bestanden haben, zu deren Auslösung in Form einer gewaltsamen, ruckweisen Verschiebung das Echo des Stofses in Mino und Owari genügte.

Die Geologie kennt nur noch einen ganz sicher nachgewiesenen Fall der Entstehung einer Verwerfung bei einem grofsen Erdbeben. Wie Lyell in seinen Principles of Geology berichtet, wurde nämlich bei einem furchtbaren Erdbeben im Jahre 1855 auf der Nordinsel von Neuseeland in der Nähe von Wellington ein 4600 Quadratmeilen grofser Streifen Land um 1—9 Fufs gehoben. Die Verwerfungslinie, längs welcher seine Abtrennung von der übrigen Umgebung erfolgt war, konnte namentlich an der Küste zwischen dem scheinbar gehobenen älteren Gebirge und dem gesunkenen Tertiär der Ebene von Wairarapa deutlich festgestellt werden. Sie liefs sich entlang der Remutaka-Berge in der Richtung von Süd nach Nord angeblich gegen 90 Meilen weit in das Innere der Insel hinein verfolgen. Kotô erinnert auch an den besonders durch E. Suefs bekannt gewordenen Ullah-Bund, den Gottes-Damm im Ran von Kachh im Indusdelta. Diese Terrainstufe, welche die Bewohner von Sindree als einen mächtigen Damm während eines grofsen Erdbebens sich erheben sahen, erklärt indessen Suefs nicht durch Annahme einer Verwerfung, sondern aus dem Nachsitzen eines scharf abgesetzten Theiles des schlammigen Bodens nach massenhaftem Hervordringen des Grundwassers infolge der Erdstöfse. In ähnlicher Weise entstanden nach demselben Gelehrten die Senkungen bei der Selenga-Mündung am Baikal-See im Jahre 1862. An der Verwerfungsnatur der Grofsen Spalte vom Jahre 1891 in Mittel-Japan besteht indessen nach allem Gesagten nicht der geringste Zweifel. Somit wird jenes Erdbeben, welches durch die gewaltsamen Verschiebungen in der Erdkruste längs jener Kluft verursacht wurde, für alle Zeiten als ein klassisches Beispiel eines tektonischen Erdbebens gelten, bei dem die Ursache selbst mit Händen zu greifen war.

Wirken und Schaffen der Pflanzenwelt.
Gemeinverständlicher Vortrag über die wichtigsten Lebensvorgänge
in der Pflanze, gehalten in der Urania zu Berlin
von Privatdocent Dr. Carl Müller.

Einer der hervorragendsten Botaniker aus der Mitte unseres Jahrhunderts, Professor Schleiden in Jena, leitete einmal seine Betrachtungen über das Leben, insbesondere über die Ernährungserscheinungen in der Pflanzenwelt, mit einem uns merkwürdig widerspruchsvoll erscheinenden Satze ein. Er drückte sich etwa so aus:

„Wenn wir den Gelehrten fragen, was ihn dazu treibt, daſs er allen Genüssen des Lebens fern auf seinem einsamen Stübchen über den abstraktesten und verwickeltsten Problemen brütet, den regsamen Kaufmann, zu welchem Endzweck er von früh bis spät, Jahr aus Jahr ein, in nervös sich steigernder Thätigkeit Reichthum und Ueberfluſs auf der einen Seite, Bedürfniſs auf der anderen Seite auf der Erde auszugleichen sucht, den Tagelöhner, was ihn treibt, im Schweiſse seines Angesichtes sein hartes Tagewerk zu vollbringen, ja wenn wir selbst beim Verbrecher darnach forschen, was ihn auf die schimpfliche Laufbahn und den Weg des Lasters geführt hat, so werden wir von allen im wesentlichen eine und dieselbe Antwort erhalten, deren Kern nach Abzug der einkleidenden Redensarten etwa lauten würde: „Was soll man machen? Man muſs wohl. Der Mensch kann nun einmal nicht von der Luft leben."

Diese Antwort scheint nun auch jedermann einleuchtend.

„Da kommt aber" — so fährt Schleiden fort — „der Gelehrte und Naturforscher, vielen ein unbequemer oder gar sonderbar erscheinender Mensch, der an keine Autorität glaubt, der überhaupt an nichts glaubt, als was er mit den Händen greifen oder mit den Augen sehen kann, oder was ihm durch die Logik seines Verstandes unwiderleglich bewiesen wird, schüttelt den Kopf und spricht:

„Ihr närrischen Leute, der Mensch kann allerdings von der Luft leben, ja noch mehr, er mufs von der Luft leben!"[1]

Das scheint uns denn nun allen mit den Erfahrungen des alltäglichen Lebens im krassesten Widerspruch zu stehen und soll erst bewiesen werden. Wir werden aber doch von vorn herein nicht annehmen dürfen, dafs ein so hervorragender Gelehrter, wie Schleiden, seine Zuhörer mit eitlen Worten abgespeist haben wird. Es wird also wohl etwas, wenn nicht vieles oder am Ende gar alles an seinen Worten wahr sein. In wie weit das nun in der That zutrifft, hoffe ich durch die nachfolgenden Betrachtungen zeigen zu können.

Um die Antwort auf die Frage zu erhalten, ob der Mensch wirklich von der Luft leben mufs, fragen wir den Botaniker, der überhaupt vom wirklichen Leben in der Welt mehr sieht und kennen lernt, als man es in den weitesten Kreisen der Gebildeten, ja selbst in den Kreisen der nicht Botanik treibenden Gelehrten vermuthet, von dem wir auch verrathen können, dafs er mit Hilfe des Mikroskopes die allerintimsten Verhältnisse und die allergeheimnifsvollsten Vorgänge zu belauschen und zu verfolgen allein im Stande ist.[2]

Im Gegensatz zum Botaniker weifs nun die grofse Welt zunächst wenig von dem Leben und Schaffen der Pflanzenwelt — woraus übrigens niemandem ein Vorwurf erwachsen soll, da wir doch einmal nicht alle Botaniker sein können. Etwas aber weifs jeder von dem Leben der Pflanzenwelt — dafs sie lebt. Das ist etwas, im Grunde genommen sogar schon sehr viel.

Da singt man schon auf der Schulbank, noch ehe man recht schreiben und lesen gelernt hat: „Der Mai ist gekommen, die Bäume schlagen aus" — und begrüfst damit das wieder erwachende Leben der Pflanzenwelt, eine Erscheinung, die sich jedem Gemüthe nach der Winterruhe der Natur so unmittelbar und so mächtig als eine erfreuliche Wendung aufdrängt, dafs sich niemand ihrem Einflusse zu entziehen

[1] Ich citire die Worte Schleidens absichtlich frei. Wer dieselben in ursprünglicher Form kennen lernen will, sei auf das noch heute schätzenswerthe Werk Schleidens, Die Pflanze, verwiesen. Die angeführten Worte findet man daselbst auf S. 191.

[2] Es mag hier eingeschaltet werden, dafs die wunderbaren Vorgänge der Zeugung, die Vereinigung der männlichen und weiblichen Protoplasmakörper, ausschliefslich von Botanikern wirklich gesehen worden sind. Unsere Kenntnisse von dem Zeugungsvorgange bei den Thieren, besonders bei den höher organisirten und damit auch bei dem Menschen, beruhen in dem letzten und wichtigsten Punkte auf einem Analogieschlufs, dessen Beweiskraft nur auf der wirklichen Beobachtung der analogen Vorgänge im Pflanzenreiche beruht.

vermag. In wenigen Tagen prangt die Natur im herrlichen Frühlingsgrün, Jung und Alt erfreut sich am „Schmuck der grünen Blätter". Und dann treibt es und sproßt es an allen Orten, hier Blüthen, dort Blüthen, Blumen oben am Gezweig und in den Lüften, Blumen am Boden — eine unendliche Fülle des Schönen belebt die fühllose Decke des Erdballs und verwandelt dieselbe in den farbenreichsten und kunstvollsten, in einen lebendigen Blüthenteppich.

Mit den Blüthen des Lenzes ist aber auch der Liebeszauber über alles gekommen, was Leben in sich birgt. Liebesboten im wahren Sinne des Wortes umgaukeln die Blüthen, der Liebesrausch der Blüthenwelt ergreift auch die Thierwelt, und auch das Herz des Menschen, selbst des an Gemüth armen, vermag sich dem bezaubernden Einflusse nicht zu entziehen. Man singt „von Lenz und Liebe, und sel'ger, gold'ner Zeit"!

Leider geht aber die sel'ge Zeit, die Zeit der Rosen, die ja auch manchen Dorn erwachsen läßt, nur gar zu schnell vorüber. Die Sonne, die ihre Kinder schuf, bringt sie auch bald zum Welken. Nur wenige Monde — und der Herbstwind fegt über die Stoppeln oder säuselt durch die dürren Blätter, die noch einmal in dem Reichthum der herbstlichen Farben wehmuthsvoll aufleuchten, um dann losgerüttelt in die Lüfte gewirbelt zu werden — welke Blätter, welke Blätter senken sich dann auf den Boden nieder. Da ruhen sie nun, die Kinder des Frühlings, bis der Winter sein Todtengewand, die Schneedecke, über sie ausbreitet. „Ueber allen Wipfeln ist Ruh." der Todesschlaf der Natur hat begonnen.

Die hier in aller Kürze angedeuteten Lebenserscheinungen der Pflanzenwelt in Abhängigkeit von den Jahreszeiten sind gewiß jedermann geläufige Dinge. Es ist nun eine merkwürdige Thatsache, daß, trotz des gewaltigen Eindruckes, welchen der Rhythmus des Werdens und Vergehens auf Geist und Gemüth ausübt, hier wie überall auf dem Wege der Erfahrung die Gemüthseindrücke fast ausschließlich zur Herrschaft gelangen. Wir sind gewöhnt, alle Erscheinungen des Pflanzenlebens von der poetischen Seite anzusehen, ohne die viel ernstere Frage in Erwägung zu ziehen: „Sind denn die Pflanzen wirklich nur der Schmuck in der Natur, der uns Sterblichen mit poetischen Träumereien über die Härten des Daseins hinweghelfen soll?" So, wie wir die Pflanzenwelt bisher kennen gelernt haben, sollte man ja fast glauben, daß ihr das Privilegium, das Vorrecht des Müßiggangs in der Natur zu theil geworden sei!

Hier setzt nun die Wissenschaft ein, welcher es immer so geht, daſs sie zunächst der Poesie rücksichtslos den verhüllenden Schleier entreifsen muſs, um die unverhüllte Wahrheit zu schauen. Für uns heiſst das, wir wollen uns von der Aesthetik, dem Schönheitsbegriff der Pflanzenwelt lossagen und uns mit den von der Allgemeinheit gar nicht in Betracht gezogenen Fragen beschäftigen:

Wie leben die Pflanzen?
Wovon leben die Pflanzen?
Wozu leben die Pflanzen?

Um diesen Fragen einigermaſsen näher treten zu können, wird es sich jedoch empfehlen, erst einige der einfachsten Erscheinungen aus dem Entwickelungsgange der höheren Pflanzen, auf welche allein unsere Aufmerksamkeit gerichtet ist, der Erinnerung nahe zu bringen, um an das Werden der Pflanze zugleich die Besprechung der Lebensvorgänge in ihr anzuknüpfen.

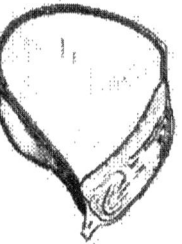

Fig. 1.

Es ist uns allen bekannt und geläufig, daſs die Pflanze als Same dem Schofse der Erde anvertraut wird, das heiſst, es wird ein von der Mutterpflanze erzeugter, von der mehr oder minder festen Samenschale umschlossener Trieb, der Keimling, seiner selbstständigen Fortentwickelung überlassen. Das vor uns erscheinende Bild eines längs durchschnittenen Maiskornes mag uns dies erläutern. (Vgl. Fig. 1).

Hier wie in vielen anderen Fällen bildet der Keimling — im Bilde die dunkler gehaltene Partie zur Rechten — nur die bei weitem kleinere Masse des Samens. Wir können aber bereits am Keimling im ruhenden Samen ein Würzelchen und eine aus zusammengelegten, sich in einander schachtelnden Blättern gebildete Knospe unterscheiden. Die gröſsere Masse des Samens — in der Figur 2 mit end. bezeichnet — ist ein von der fürsorglichen Mutterpflanze dem Keimlinge als Zehrung mit auf den Weg gegebener, an Nährstoffen, namentlich an Stärke reicher Körper, das sogenannte Nährgewebe oder Endosperm.

Sobald der Same im Boden durchfeuchtet und von den Strahlen der Sonne erwärmt worden ist, beginnt er zu keimen, d. h. das Würzelchen des Keimlings beginnt sich zu strecken und sprengt dabei die Samenschale, um ins Freie zu gelangen, wie es im folgenden Bilde (Fig. 2) zur Darstellung gebracht ist. Hierin spricht sich bereits ein höchst wichtiges Prinzip aus: Immer tritt aus dem keimenden Samen zuerst das Keimwürzelchen heraus, das, abwärts dringend, sich mit einer besonderen Kraft — man nennt sie den Geotropismus — in den Boden eingräbt. Damit erwirbt sich die Pflanze die erste und nothwendigste Vorbedingung für ihr Fortkommen in der Welt — den Platz, gleichsam bringt sie damit die Thatsache zum Ausdruck: Hier bin ich!

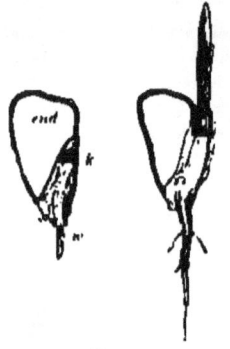

Erst nachdem die gedeihliche Fortentwickelung des Keimpflänzchens durch die tiefer und tiefer in den Boden eindringende Wurzel und die dadurch vollzogene Ansiedelung gesichert ist, durchbricht auch die Keimknospe die Samenschale und erscheint über dem Boden, wobei sie ihre zarten Blätter ergrünen läfst. Im Verlaufe der weiteren Entwickelung werden von der Knospe stetig neue Blätter erzeugt, die nun von dem senkrecht aufsteigenden Stamme in die Höhe gehoben werden, nach nichts anderem, als nach Luft und Licht strebend.

Fig. 2.

Mit dieser Betrachtung haben wir bereits alle Glieder des Pflanzenleibes kennen gelernt: Jede höhere Pflanze besteht aus einer in den Boden eindringenden, in ihm sich mehr oder minder reich verzweigenden, stets blattlosen Wurzel, einem gewöhnlich sich aufrecht in die Luft erhebenden Stamme, welcher die von ihm erzeugten grünen Blätter trägt. Wurzel, Stamm und Blatt sind die einzigen Glieder des Pflanzenleibes.[1])

Bei dieser Betrachtung drängt sich uns zugleich eine Erörterung auf. Schon der Keimungsprozefs zeigt uns, dafs im Gegensatz zu der Entwickelung eines Thieres bei den Pflanzen alle Glieder nach einander und je nach den jeweiligen Bedürfnissen zur Entfaltung bezw. zur Bildung gelangen. Ein Kind, welches eben erst geboren worden ist, hat bereits alle seine Organe mit auf die Welt gebracht, es hat

---

[1]) Der Leser wird hier vielleicht den Begriff der Blüthe vermissen. Es wird aber daran erinnert, dafs die Blüthe nichts anderes, als ein Stammabschnitt (Sprofs) ist, dessen Blätter zu dem Zwecke der Erzeugung der Geschlechtsorgane eine von der Gestalt der grünen Blätter abweichende Ausgestaltung erfahren haben, ohne dadurch aufzuhören, Blätter zu sein.

seinen Leib, seine Arme, seine Hände, seine Finger, seine Beine und seine Füfschen, seinen Kopf mit Augen, Ohren, Nase und Mund, es hat auch seine inneren Organe, seinen Magen, seine Lunge, ja selbst ein Herz! Alle Organe bedürfen nur noch der harmonischen Vergröfserung und der damit Hand in Hand gehenden Kräftigung. Anders die Pflanze. Sie entwickelt während der Erstarkung hier ein Würzelchen, dort ein Würzelchen, hier ein Blatt, dort ein Blatt, und während vielleicht die ersten Blätter längst untergegangen und abgefallen sind, erzeugt sie an der Spitze ihres Stammes von neuem Blatt auf Blatt. Aber alle Neubildungen gehen nur an ganz bestimmten Punkten vor sich. Die Wurzel wächst nur an ihrer äufsersten Spitze durch wirkliche Neubildung ihrer Substanz, und nur kurz hinter der fortwachsenden Spitze vermag sie neue Wurzeln, Nebenwurzeln, aus ihrem Innern hervorzutreiben. Ebenso wächst der Stamm nur an seinem äufsersten

 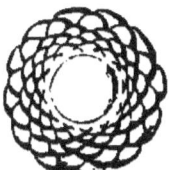

Fig. 3. Fig. 4.

Endpunkte unter Neubildung von Blättern, wie es die Fig. 3 uns veranschaulicht. Sie zeigt uns das äufserste Ende des Stammes als nackte Kuppe von parabolischem Umrifs, den sogenannten Stammscheitel, an dessen Grunde dicht gedrängt Höcker hervorwachsen. Diese Höcker sind die eben entstehenden, ganz jungen Blätter, die Blattanlagen, welche allmählich an Gröfse zunehmen und sich dann schützend über dem Scheitel zusammenneigen und die Stamm- oder Scheitelknospe bilden.

Wir sehen es dabei dem Bilde unmittelbar an, dafs die Blattanlagen bereits in einer bestimmten Ordnung am Scheitel hervorsprossen: Je jünger ein Blatt ist, um so näher sitzt es dem Scheitel. Kein Blatt vermag diese Ordnung zu durchbrechen, niemals entsteht nachträglich eine neue Blattanlage mitten unter älteren. Dem entsprechend zeigt auch der Scheitel, von oben her betrachtet, dieselbe Ordnung und Regelmäfsigkeit der Blattanlagen, welche uns Fig. 4 vergegenwärtigt.

Wer aber ist nun der unübertreffliche Baumeister, welcher die geordnete Anlage und den späteren Ausbau aller Organe des Pflanzenleibes anordnet, überwacht und leitet? Mit anderen Worten: Wo ist der Sitz der Schöpfungskraft? Diese Frage ist längst von Botanikern gelöst worden. Schon seit mehr als 200 Jahren weifs man, dafs feine, mit dem Rasirmesser aus Pflanzentheilen entnommene Schnitte, mit starken Vergröfserungsgläsern betrachtet, ein eigenartiges Bild liefern: Man sieht die Bausteine des Pflanzenleibes wie die Zellen einer Bienenwabe sich aneinander reihen. Man hat deshalb jene Bausteine auch mit dem Namen Zellen belegt.[1]) Das Bild eines solchen Bausteines zeigt uns Fig. 5.

Wenden wir ein Mikroskop mit beträchtlich starker Vergröfserung an, so unterscheiden wir an der lebenden Pflanzenzelle eine ringsum

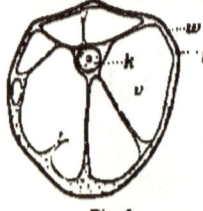

Fig. 5.

geschlossene, aus einem festen Stoffe, dem Zellstoffe bestehende, durchsichtige Haut (w), die Zellwand,[2]) einen die Innenseite der Zellwand lückenlos wie eine Tapete auskleidenden, den Innenraum der Zelle in Strängen und Bändern durchsetzenden, farblosen Schleimkörper (p), das Protoplasma, und gewöhnlich kugelig gerundete, scheinbar inhaltslose, in Wirklichkeit von Wasser erfüllte Hohlräume, die Vacuolen.

Von höchster Wichtigkeit ist nun die Kenntnifs des gewöhnlich die geringste Masse der Zelle ausmachenden Schleimkörpers. Seinen Namen Protoplasma, d. h. Urbildungsstoff, Urzeugungsstoff, hat er von dem Botaniker Hugo von Mohl erhalten. Jetzt wissen wir von ihm, dafs er der Träger des Lebens, der Sitz aller schöpferischen und gestaltenden Kräfte ist. Und wie unendlich einfach erscheint dieser räthselhafteste aller Körper, auf welchen alle Probleme, die in der Erforschung der lebenden Wesen auftauchen, hinführen. Dem Physiker ist er ein form-

---

[1]) Die ersten Untersuchungen dieser Art verdanken wir Marcellus Malpighi, der seine Beobachtungen in dem im Jahre 1687 in Leyden erschienenen Buche „De Anatome Plantarum" zur Veröffentlichung brachte. Fast gleichzeitig stellte Nehemia Grew, ein Engländer, Untersuchungen in gleicher Richtung an.

[2]) Zellwände und damit der Zellstoff (die Cellulose) sind jedermann bekannte Dinge. Die Leinenfasern, aus welchen unsere gebräuchlichsten Gewebe gefertigt werden, die Baumwollenfasern sind pflanzliche Zellwände aus fast reinem Zellstoff. Wolle und Seide, also Gewebefasern thierischen Ursprungs, bestehen dagegen nicht aus Zellstoff.

loser, gewöhnlich von zahlreichen undurchsichtigen Pünktchen, den
Mikrosomen, getrübter, zähflüssiger Körper, eine in steter Bewegung
befindliche Anhäufung kleinster Massentheilchen, dem Chemiker
erscheint er als eine Mischung zahlreicher, in steter Zersetzung und
Neubildung begriffener Verbindungen, die sich alle aus den 5 Grundstoffen Kohlenstoff, Wasserstoff, Sauerstoff, Stickstoff und Schwefel
zusammensetzen. Dem Naturforscher aber, dessen Forschung über
die todte Masse des Weltalls hinaus geht, der das Leben und die
unendliche Mannigfaltigkeit seiner Produkte und seiner Erscheinungen
zum Gegenstande der Beobachtung macht, dem Physiologen ist das
Protoplasma das Räthsel aller Räthsel. Wo immer eine Spur eines
Lebens sich äufsert, ist Protoplasma vorhanden; was auch von lebenden
Wesen erzeugt wird, es ist eine Kraftäufserung, eine Schöpfung des
Protoplasmas; das Protoplasma erzeugt den Leib der Pflanze, es erzeugt
die Pracht und den lieblichen Duft der Blume, das Protoplasma erzeugt
den Leib des Thieres und den Leib des Menschen, ja in ihm liegt die
Quelle unseres Fühlens und Empfindens, unseres Denkens und Wollens,
es giebt uns unsere Gesetze und läfst sie uns übertreten, es gebietet
über Krieg und Frieden, es ist der Irdische Leib des unerforschlichen
Geistes.

Wie aber verräth sich denn nun dieses Protoplasma als die einzige
lebendige Substanz? Zunächst in der Bewegung, sodann aber darin,
dafs nur da, wo Protoplasma vorhanden ist, Neubildung organisirter
Substanz stattfindet. Gewöhnlich spielt hierbei ein in der Zelle deutlich
sich abhebendes Protoplasmagebilde (Fig. 5, k) der sogenannte Zellkern, eine hervorragende Rolle, doch mufs ich es mir versagen, an
dieser Stelle auf die Bedeutung desselben einzugehen.[c])

Führt man nun mitten durch ein erwachsenes Pflanzenorgan,
etwa quer durch eine Wurzel, einen Schnitt von mikroskopischer
Zartheit, so erkennt man schon bei mäfsig starker Vergröfserung, dafs
am Aufbau desselben zahlreiche, mithin am ganzen Pflanzenkörper
Milliarden jener Bausteine, der besprochenen Zellen, betheiligt sind,
zugleich aber sind die Zellen verschieden gestaltet, von verschiedener
Gröfse, mit verschiedener Wandstärke, kurz mit verschiedenen Eigenschaften ausgestattet. Anders erscheinen die Zellen, welche die Haut
eines Pflanzenkörpers bilden, ihn nach aufsen hin abschliefsen, anders
die Zellen der saftigen Rinde, anders die Zellen des sogenannten

---

[c]) Der Zellkern leitet alle Vermehrungs- und Fortpflanzungsprozesse ge-
schlechtlicher und ungeschlechtlicher Art ein. Man sieht ihn deshalb als den
Träger der Vererbungserscheinungen an.

Zentralzylinders, in welchem wir zartwandige, die Mitte einnehmende Markzellen und um diese herum starkwandige Röhren, Holzzellen, beobachten. (Vgl. Fig. 8).

Diese Formverschiedenheiten stehen in engster Wechselbeziehung zu den Lebensaufgaben, welche den einzelnen Zellen im Organismus zufallen. Es ist das Prinzip der Arbeitstheilung, welches den gesammten Zellenstaat beherrscht, der sich uns in der fertigen Pflanze

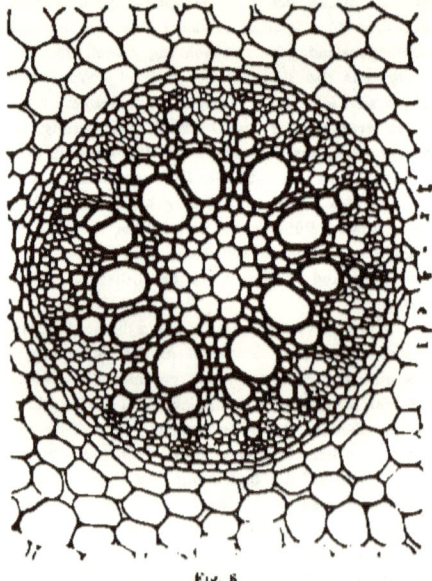

Fig. 8.

als eine höhere Lebenseinheit darstellt. Die Milliarden der Zellen eines Leibes verwirklichen in ihrem gemeinsamen Zusammenwirken das Dichterwort:

> Immer strebe zum Ganzen, und kannst du selber kein Ganzes
> Werden, als dienendes Glied schliefs' an ein Ganzes dich an.

Nur an denjenigen Punkten, welche wir schon als die Orte der Neubildung kennen gelernt haben, an den Wachsthumspunkten, die wir auch als Scheitelpunkte oder Vegetationspunkte bezeichnen, sind die jugendlichen Zellen wesentlich von gleicher Gestalt, auch strotzen sie vor Reichthum an Protoplasma, dem alles erzeugenden Bildungsstoffe. Wir schalten deshalb an dieser Stelle das Bild eines der schon oben erwähnten Stammscheitel ein, wie er im Mikroskope sich von aufsen, bezw. längs durchschnitten darstellt. (Vergl. Fig. 7). Wiederum sehen wir die nackte Kuppe (a) des Scheitels, am Rande die in Form von Höckern hervorsprossenden Blattanlagen (b).

Anders erscheint dagegen der Wurzelscheitel im mikroskopischen Bilde. Hier sehen wir den eigentlichen Bildungsherd überdeckt von älteren Zellen, welche in ihrer Gesamtheit einer Kappe, einem Mützchen entsprechen, welchem man den treffenden Namen Wurzelhaube gegeben hat. Es liegt hier eine unendlich weise Einrichtung vor.

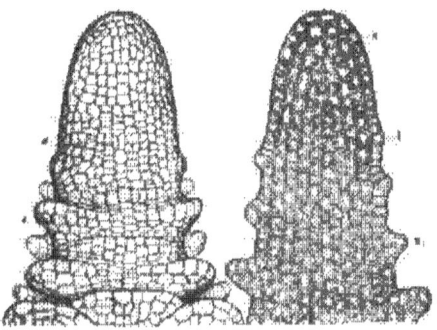

Fig. 7.

Die zarte, leicht verletzbare Wurzelspitze erfreut sich niemals des Schutzes, welcher der Stammspitze durch die zur Knospe sich über ihr zusammenlegenden Blätter zu theil wird, und doch mufs die zarte Wurzelspitze in den harten Boden eindringen, die Gesteinstrümmer vor sich her zur Seite drängen, um sich den Weg zu bahnen. Hierbei kommt ihr nun die Wurzelhaube wie ein Sturmhut zu statten. Mögen auch die äufsersten Zellschichten der Haube dabei zu Grunde gehen, sie erneuert sich von innen heraus an der Stelle, wo das Bildungszentrum zu suchen ist. Allgemein erwächst aber dem zarten Wurzelscheitel durch die Haube ein weiterer Vortheil durch die Erscheinung, dass die der Vernichtung anheimfallenden äufsersten Zellen verschleimen, und der von ihnen gebildete Schleim ermöglicht natürlich ein leichteres Eindringen des Wurzelkörpers in den Widerstand bietenden Erdboden.

Nach diesen Betrachtungen über Bau und Entwickelung der Glieder des Pflanzenkörpers wenden wir uns den Lebenserscheinungen selbst zu, indem wir vorerst noch einen Punkt von allgemeinster Wichtigkeit erledigen.

Es ist uns allen bekannt, dafs die Thiere, wenigstens die höher entwickelten, sich der Nahrung auf mechanischem Wege bemächtigen: Die Thiere haben einen Mund, einen Magen und einen Verdauungskanal. Nicht so die Pflanzen. Ihnen fehlt jede einem Munde vergleichbare Oeffnung, jegliche Andeutung eines Magens oder eines Verdauungskanales. Zellwände schliefsen den Pflanzenkörper nach allen Richtungen hin nach aufsen ab. Daraus geht allein schon hervor: Die Pflanzen sind niemals im stande, feste Nahrung in irgend welcher Form aufzunehmen; was sie geniefsen, muss ihnen in flüssiger Form, als Wasser, oder in Gasform, als Luft, dargeboten werden.

Diesen beiden Möglichkeiten entspricht nun die ganze Gliederung, welche wir kennen gelernt haben, die Bildung der Wurzeln, die in den Boden eindringen, und die Bildung der von den Stämmen und Zweigen in die Lüfte erhobenen Blätter. Mit Hilfe der Wurzeln werden den Pflanzen das Wasser und die in ihm gelösten Nährstoffe zugeführt, mit Hilfe der Blätter erwirbt die Pflanze diejenigen Nährstoffe, welche ihr das Luftmeer, die Atmosphäre zu bieten vermag.

Dieser Thatsache entspricht nun auch äufserlich die Abgrenzung der Abschnitte dieses Vortrages. Wir wenden uns zunächst einer besonderen Betrachtung der Aufgaben der Wurzel zu.

Schon aus unseren einleitenden Betrachtungen geht hervor, dafs eine der hervorragendsten Aufgaben der Wurzeln in der rein mechanischen Beziehung liegt: Die Wurzel befestigt die Pflanze im Boden. Diese Aufgabe erfüllt die aus dem Samen zuerst austretende Hauptwurzel, welche sich bei vielen Gewächsen als eine kräftige „Pfahlwurzel" ausbildet, diese Aufgabe erfüllen die zahlreichen Nebenwurzeln, welche von der Hauptwurzel aus in schiefer Richtung in den Boden dringen. Dabei ist noch die merkwürdige Thatsache zu erwähnen, dafs die Zellen, welche unmittelbar hinter dem Bildungspunkte, dem Wurzelscheitel belegen sind, sich vornehmlich in die Länge strecken, oft das 5—10fache ihrer ursprünglichen Länge erreichend. Durch die Zellstreckung wird die jüngste, von der Haube bedeckte Spitze wie ein Pfriem im Boden vorwärts getrieben. Sobald aber die

Streckungsperiode beendet ist, tritt wieder eine gewisse Verkürzung derselben Zellen ein. Haben sich nun kurz vor dem Eintritt dieser Verkürzung, wie es gewöhnlich der Fall ist, Nebenwurzeln gebildet, dann bewirkt die Verkürzung ein Straffwerden der Wurzelabschnitte zwischen aufeinanderfolgenden Nebenwurzeln, an welchen sich übrigens der gleiche Vorgang wiederholt. Die Wurzeln sind deshalb geradezu einem unterirdischen Tauwerk vergleichbar. Erst legt man die Taue spannungslos in den Boden, um sie dann durch Verkürzung in sich selbst anzuspannen, wie man mit einem Ankertaue in nahezu entsprechender Weise zu verfahren pflegt. Die ausgebildeten, in den Dauerzustand übergegangenen Wurzeln können geradezu als der Anker bezeichnet werden, welcher die Pflanze an die Scholle kettet.

Jedermann weifs aber, dafs der Wurzel eine zweite, viel allgemeinere und nicht minder wichtige Aufgabe für die Erhaltung der Pflanze zufällt. Wer wüfste nicht, dafs man Pflanzen in Töpfen mit Wasser versorgen mufs, so lange die oberirdischen Triebe Blätter tragen? Und wer möchte daran zweifeln, dafs von den Pflanzen das zum Leben nothwendige Wasser durch die im Boden verzweigten Wurzeln aufgenommen wird? Hier erhebt sich aber die weitergehende Frage, ob denn die Wurzel nur Wasser und nicht mehr aus dem Boden aufnimmt?

Die Antwort ergiebt sich leicht, wenn man erwägt, dafs, sofern Wasser allein aufgenommen würde, die grofse Mehrzahl der Pflanzen das Wasser, nicht aber den Boden bewohnen würde, und aufserdem lehrt die Erfahrung, dafs Pflanzen mit reichlich entwickeltem Wurzelsysteme doch nicht gedeihen, wenn man sie in reinem Wasser zu erziehen versucht. Es ist nun eine alte Erfahrung, das alles in den Boden eindringende Wasser, besonders aber Wasser im Zustande chemischer Reinheit, das beste Lösungsmittel, selbst für die Mehrzahl der härtesten Gesteine ist, wenn auch nur Tausendstel oder Millionstel der Gesteinsmassen in Lösung gehen. Diese in Lösung gegangenen, aufserordentlich geringen Mengen der den Boden zusammensetzenden Gesteinstrümmer bilden die sogenannte mineralische Nahrung der Pflanzenwelt, sie bilden mit dem Wasser die sogenannte Nährstoff- oder abgekürzt die Nährlösung.

Will man sich Gewifsheit darüber verschaffen, dafs mineralische Bestandtheile wirklich in die Pflanze übergehen, dann genügt ein einfacher Verbrennungsversuch. Wir erfahren dabei, dafs die frische Pflanze zunächst ihren reichen Wassergehalt verliert, bis sie uns ihr

Trockengewicht anzeigt.[1]) Am Ende des Verbrennungsprozesses bleibt uns nur ein winziger Bruchtheil des ursprünglichen Gewichtes als **Asche** zurück. Diese unverbrennliche Asche entstammt dem Boden und wurde im Laufe der Entwickelung der Pflanze mit dem Bodenwasser in den Pflanzenleib eingeführt.

Uebergeben wir nun die Pflanzenasche dem Chemiker, so wird er uns mit Leichtigkeit sagen, welche Stoffe dieselbe enthält, und dabei werden wir finden, dafs es nur unverhältnifsmäfsig wenige Mineralstoffe sind. Eine Frage aber bleibt der Chemiker dem Botaniker schuldig: Sind denn alle in der Pflanzenasche auffindbaren Stoffe auch wirklich nothwendig für die Pflanze gewesen, also im eigentlichen Sinne Nährstoffe?

Diese Frage ist von den Botanikern auf eine einfache Weise gelöst worden. Man hat Wasser mit den verschiedenen mineralischen Bestandtheilen unter Weglassung bestimmter derselben versetzt und versucht, Pflanzen in diesen „künstlichen Nährlösungen" vom Samen bis zur Fruchtreife zu erziehen. Auf Grund solcher „Culturversuche" hat man die der Pflanze zuträglichen und für ihre Entwickelung völlig ausreichenden mineralischen Bestandtheile bestimmt. Es hat sich dabei herausgestellt, dafs die Pflanzen aufserordentlich genügsame Geschöpfe sind. **Auf einen Liter, also 1000 Gramm reines Wasser dürfen insgesamt nicht mehr als höchstens 2 Gramm lösliche Mineralbestandtheile gegeben werden.** Enthält das Wasser im Boden mehr Bestandtheile gelöst, dann leiden die Wurzeln bereits, und die Pflanzen beginnen zu kränkeln. Viel leichter ertragen es die Pflanzen, wenn das Wasser noch weniger mineralische Bestandtheile gelöst enthält.

Nunmehr wird uns auch eine andere bekannte Thatsache recht einleuchten. Warum sind denn die Wurzeln unserer Pflanzen so aufserordentlich reich verzweigt, und warum lösen sie sich denn in so aufserordentlich feine Wurzelfasern (Saugwurzeln sagt der Botaniker) auf? Sehr einfach: Es steht ihnen ja nur die denkbar verdünnteste Wassersuppe zur Verfügung; auf ein Liter, also ein Kilo Wasser im Boden kommt noch kaum ein Gramm der nothwendigen Nährstoffe mineralischer Art, und gewöhnlich ist der Boden noch arm an Wasser, und das, was er enthält, giebt er noch obenein aus physikalischen Gründen nur schwer her, die Pflanze mufs dem Boden das Wasser abkämpfen.

---

[1]) Der Wasserreichthum frischer Pflanzen schwankt in weiten Grenzen. Saftige Pflanzen enthalten mindestens 60—75%, ihres Gewichts an Wasser, sehr saftreiche, wie Pilze, können bis 98, ja 99%, Wasser enthalten.

In dem Kampfe geht nun die Pflanzenwurzel wirklich als Angreifer vor. Schon durch die reichliche Verzweigung ist eine Vergröfserung der das Bodenwasser aufsaugenden Wurzelfläche bedingt. Diese Flächenvergröfserung wird aber noch durch ein Hilfsmittel vermehrt. Zieht man eine eingewurzelte Pflanze aus dem Erdboden heraus, so wird man kaum jemals die feinen Würzelchen ganz nackt herausbringen. Fast ausnahmslos sieht man die Würzelchen bis nahe an der fortwachsenden Spitze mit Bodentheilchen überkleidet, welche sich auch im Wasser nicht abspülen lassen. Die Wurzeln haben „Gesteinshöschen" angelegt. (Fig. 8) Dafs ihnen diese Hosen kein Schutz gegen Kälte sein sollen, braucht freilich nicht betont werden.

Untersucht man aber die Ursache dieses Festhaftens der Bodenkörnchen, so findet man, dafs die die Wurzeln überkleidende Haut ihre Zellen wie mikroskopische Handschuhfinger ausgestülpt hat, die Wurzel ist mit feinen Wurzelhaaren sammetartig überdeckt, und diese Haare sind nun im stande, in die feinsten, mikroskopisch kleinen Lücken des Erdbodens einzudringen, um das in diesen befindliche Bodenwasser an sich zu reifsen.

Wird die Pflanze schon hierdurch die Siegerin über den starren und hartnäckigen Boden, so ist sie doch noch im Besitze einer anderen Waffe. Das in Fig. 9 dargestellte Bild eines einzelnen Wurzelhaares zeigt uns zunächst, wie dasselbe die einzelnen Gesteinssplitter gleichsam umklammert, von allen Seiten zu umgreifen sucht. Das könnte

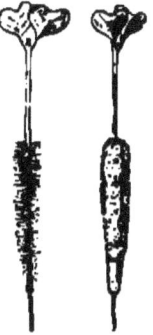

Fig. 9.

dem spröden Stein vielleicht keinen Schaden bringen. Wir wissen aber, dafs die Wurzelhaare gleichzeitig eine ätzende, schleimige Flüssigkeit absondern, in welcher Spuren von Säuren enthalten sind, welche wir etwa mit der Weinsäure oder der Citronensäure vergleichen dürfen. Diese Säurespuren wirken energisch zersetzend auf die Gesteinsmasse und erhöhen die Löslichkeit derselben im Wasser.[*]

Welche Bestandtheile chemischer Art nimmt nun die Pflanze in und mit dem Wasser in sich auf?

[*] Der Botaniker Julius von Sachs hat zuerst gezeigt, dafs auf polirten Marmorplatten hinwachsende Pflanzenwurzeln den Marmor angreifen. Entfernt man die Wurzeln, wäscht die Marmorplatte ab und trocknet die spiegelnde Fläche ab, so sieht man die Zeichnung des Wurzelnetzes in Form matter Linien auf der glatten Fläche.

Die Elektrolyse des Wassers, d. h. die Zerlegung desselben mit Hilfe des elektrischen Stromes zeigt uns bekanntlich, dafs das Wasser aus zwei farblosen Gasarten besteht, dem leichtesten aller Gase, dem **Wasserstoff**, der an der Luft entzündet mit kaum leuchtender, bläulicher Flamme verbrennt, und einem schweren Gase, dem **Sauerstoff**, welcher die Eigenschaft zeigt, einen glimmenden Holzspahn zu hellem Brennen anzufachen oder gelben Schwefel mit prachtvoll blauem Lichte, Phosphor mit sonnenhellem Glanze zu verbrennen.*)

Mit dem Wasser an sich nimmt also die Pflanze **Wasserstoff** und **Sauerstoff** auf.

Fig. 9.

Die nothwendigen mineralischen Bestandtheile der Nährlösungen enthalten nun die chemischen Verbindungen von vier Metallen, des **Kalium**, **Magnesium**, **Calcium** und **Eisen**.

Es mag hier erläuternd eingeschaltet werden, dafs das Kalium zwar vielen als Metall unbekannt sein wird, dafs dasselbe aber einen chemischen Bestandtheil der Pottasche und des bei der Schiefspulverbereitung benutzten Salpeters ausmacht. Das Kaliummetall gleicht im Aussehen dem Silber, läfst sich aber wie Wachs schneiden. An der Luft verbindet es sich mit dem Sauerstoff derselben zu einem weifsen Körper, und auf Wasser geworfen, bringt es dasselbe scheinbar zum Brennen. Es entwickelt aus ihm Wasserstoff, indem es sich selbst mit dem Sauerstoff des Wassers verbindet. Kalium wird deshalb unter Petroleum aufbewahrt.

Das Magnesium ist ein grauweifses, sehr leichtes Metall, das neuerdings zu photographischen Aufnahmen und zur Herstellung sogenannter Magnesiumfackeln Anwendung findet. Es verbrennt an der Luft unter Verbreitung blendenden Glanzes zu einem weifsen, äufserst leichten Pulver, zu „gebrannter Magnesia". Es bildet einen chemischen Bestandtheil des bekannten Bittersalzes.

Das Calcium oder Kalkmetall bildet, wie der Name andeutet, einen Bestandtheil des Kalkes, mit welchem wir unsere Mauerwerke aufführen, einen Bestandtheil der Kreide, des Marmors und Gypses. Es ist ein schwer erhältliches Metall von gelblich-weifser Farbe.

Das Eisen ist jedermann bekannt. Der Pflanze ist es nur in

*) Wie denn überhaupt „verbrennen" nichts anderes bedeutet, als einen Körper mit Sauerstoff chemisch verbinden, vereinigen.

Spuren zuzuführen. Fehlt es aber den Nährlösungen, so werden die Pflanzen bleichsüchtig, sie vermögen nicht zu ergrünen.

Dafs die vier Metalle Kalium, Magnesium, Calcium und Eisen der Pflanze nicht direkt als solche zugeführt werden können, bedarf wohl kaum einer Erwähnung. Wir wissen ja, dafs feste Körper nicht in den Pflanzenleib aufgenommen werden. Löslich sind aber jene Metalle in ihrer chemischen Verbindung mit der aus der Verbrennung des Schwefels sich ergebenden Schwefelsäure, der aus der Verbrennung des Phosphors sich ergebenden Phosphorsäure, der aus der Vereinigung von Wasserstoff mit dem als Chlor bekannten Gase sich ergebenden Chlorwasserstoffsäure [10]) und der durch Verbrennung des Stickstoffes der atmosphärischen Luft sich bildenden Salpetersäure.

Will man nun eine Pflanze unter Ausschlufs festen Bodens mit Hilfe einer künstlichen Nährlösung, man sagt gewöhnlich in Wassercultur erziehen, so stellt man ihr Wasser zur Verfügung, in welchem pro Liter gelöst werden:

Chlorkalium [11]) $1/4$ Gramm
Kalisalpeter [12]) $1/4$ „
Phosphorsaures Kalium [13]) $1/4$ „
Bittersalz [14]) $1/4$ „
Kalksalpeter [15]) $1/2$ „

Dieser Lösung werden einige Tropfen einer in Wasser löslichen Eisenverbindung zugesetzt. In derartigen Nährlösungen lassen sich unter Anwendung gewisser Vorsichtsmafsregeln [16]) Pflanzen zu üppiger Entfaltung bringen. Sie treiben Blüthen und setzen Früchte mit ausreifenden Samen an.

Eine Thatsache bedarf aber hier noch ganz besonders scharfer Betonung: Die Wurzeln der Pflanzen nehmen mit dem Wasser

[10]) Dieselbe ist bekannter unter dem Namen Salzsäure.
[11]) Dieses „Salz" besteht, wie der Name andeutet, aus Chlor und dem erwähnten Kalium-Metall. Man könnte es aus Kalium und Salzsäure hergestellt denken.
[12]) Kalisalpeter ist das „Salz", welches aus Kalium und Salpetersäure entstehen würde („salpetersaures Kalium").
[13]) Das „Salz", welches aus Kalium und Phosphorsäure entstehen würde
[14]) Das „Salz", welches aus Magnesium und Schwefelsäure entstehen würde („schwefelsaure Magnesia").
[15]) Kalksalpeter ist das „Salz", welches aus dem Kalkmetall und Salpetersäure hervorgehen würde („salpetersaures Calcium").
[16]) Die Wurzeln sind verdunkelt zu halten, auch mufs öfter atmosphärische Luft durch das Wasser hindurchgeblasen werden.

zugleich eine kleine Menge mineralischer Bodenbestandtheile in sich auf, nicht aber Körper, welche Kohlenstoff enthalten.

Da nun aber die Hauptmasse der verbrennlichen Substanz und damit überhaupt die Hauptmasse des Trockengewichtes aller Pflanzen Kohlenstoff ist, so folgt schon hieraus mit logischer Nothwendigkeit, dafs die Aufnahme des Kohlenstoffes in die Pflanze mit Hilfe der Blätter und damit zugleich aus der Luft geschehen mufs. Wir könnten deshalb schon hier zum zweiten Theile unserer Betrachtungen übergehen, doch treibt uns die Wifsbegierde, zunächst erst einen kurzen Einblick in das Arbeitsgetriebe des Pflanzenleibes zu gewinnen, den Ort und die Ursache der Wasserbewegung in der Pflanze kennen zu lernen.

(Schlufs folgt).

Ein Arbeitsfeld für Frauen in der Astronomie.
Vortrag, gehalten auf dem Kongrefs für Astronomie und Astrophysik in Chicago
von Mrs. W. Fleming.*)

In den frühesten Berichten der alten griechischen Geschichte können wir grofses Interesse für die Himmelskörper und die Astronomie, die erhabenste aller Wissenschaften, bemerken, aber bis zu einer verhältnifsmäfsig wenig zurückliegenden Zeit finden wir nirgends, dafs Frauen diesem Studium obgelegen hätten. Caroline Herschel, Mary Sommerville und Maria Mitschell waren die ersten ihres Geschlechts auf diesem Arbeitsfeld. Man kann nicht behaupten, dafs sie die einzigen Frauen ihrer Zeit gewesen sind, welche die Fähigkeiten besafsen, sich dieser Arbeit mit Erfolg zu widmen und unsere Kenntnifs von den Himmelskörpern und den sie regierenden Gesetzen zu vergröfsern. Für Caroline Herschel und Maria Mitschell boten sich eben viele Gelegenheiten, ersterer dadurch, dafs ihr Bruder ganz in dieser Arbeit aufging; wahrscheinlich ist durch ihn ihr Interesse erregt, und sie hatte in ihm einen Beistand und unermüdlichen Gefährten bei ihren Forschungen. Maria Mitschell gewann in ganz ähnlicher Weise durch ihren Vater ein besonderes Interesse für die Astronomie, und ihre hohe Bedeutung als Astronom kennen alle, die sich dem Studium dieser Wissenschaft widmen. Auch eine grofse Anzahl unserer heutigen Frauen haben sicher ähnliche Fähigkeiten und Vorliebe für die Astronomie und würden, wenn ihnen Gelegenheit und Anregung geboten wäre, sich zweifellos dieser Arbeit mit demselben unermüdlichen Eifer widmen und so unsere Kenntnisse über die physikalische Beschaffenheit und die Vertheilung der Sterne bedeutend vermehren. —

Die Vereinigten Staaten Amerikas sind ein grofses Land mit einem grofsherzigen und freisinnigen Volk. Hier hat man Angehörigen aller Länder Raum gegeben, hat sie bewillkommnet und ihnen ein schönes, offenes Arbeitsfeld und allen gleiche Vortheile zur Fort-

---
*) Aus dem Englischen übersetzt.

setzung und Erweiterung ihrer Forschungen und Studien geboten. In keinem anderen Lande der Erde haben die Frauen, nicht als Individuen, sondern als Gesellschaftsklasse, so rapide Fortschritte gemacht wie in Amerika, und in keinem anderen Lande geniefsen sie dieselbe unbegrenzte Freiheit in ihrem Thun, welche ihnen Gelegenheit giebt, ihrer eigenen Neigung zu folgen. Bei ihrem Studium stofsen sie selten auf Engherzigkeit oder Eifersucht ihrer studentischen Kommilitonen oder ihrer Mitarbeiter auf demselben Forschungsgebiet; im allgemeinen werden sie mit der gröfsten Höflichkeit behandelt und in liebenswürdiger Weise unterstützt. Daher brauchen sich Frauen, welche irgend einen Zweig der Wissenschaft oder überhaupt irgendwelche Arbeit ergriffen haben, nicht entmutbigen zu lassen, selbst wenn einer oder der andere der grofsen vorurtheilsvollen Masse sich weigert, ihrem Streben Werth beizumessen. Arbeiten sie ehrlich, gewissenhaft und standhaft, dann müssen Anerkennung und Erfolg am Ende ihre Mühe krönen.

Die Anwendung der Photographie in der Astronomie ist einer der gröfsten Fortschritte dieser ältesten aller Wissenschaften, und gerade durch ihn wurde weiblicher Thätigkeit auf diesem Gebiet ein weites Feld eröffnet. Dr. Henry Draper aus New-York war der erste Gelehrte, der mit Erfolg die Linien eines Stern-Spektrums photographirte. Seine Gattin, Mrs. Anna Palmer Draper, war seine beständige Gefährtin bei all seinen Forschungen und Studien. Bei der Unterbrechung dieser wichtigen Untersuchungen durch seinen plötzlichen Tod im Jahre 1882 bestimmte Mrs. Draper eine namhafte Summe Geldes zur Fortsetzung dieser angefangenen Arbeit unter der Leitung des Professors Edward C. Pickering am Harvard College Observatory und gründete so die als „Henry Draper Memorial" bekannte Abtheilung dieses Instituts. Im Jahre 1886 waren hier drei weibliche Berechner angestellt; heut sind dort 12 Frauen mit dieser oder ähnlicher Arbeit beschäftigt. Miss Catherine W. Bruce aus New-York hat ihre Anerkennung und ihr Interesse für die photographische Arbeit am Harvard College Observatory durch die grofsmüthige Stiftung von 50 000 Dollars zum Bau eines photographischen Refraktors gröfster Gattung bewiesen. Das Observatorium hat über 40 Assistenten, darunter 17 Frauen, von denen 12, wie oben erwähnt, mehr oder weniger mit der Himmels-Photographie beschäftigt sind.

Die Photographien, welche man mit den verschiedenen, jetzt im Gebrauch befindlichen Fernrohren auf dem Harvard College Observatory in Cambridge und der Hilfs-Station bei Arequipa in Peru erhielt, sind verschiedener Art; die wichtigsten sind Platten für die photographische Karte des Himmels mit einer Expositionsdauer von 10 bis 60 oder mehr Minuten, Platten für Sternspektra mit 10 bis 60 Min. Expositionszeit und Platten für Sternbahnen, welche mehrmals einige Sekunden lang belichtet werden. Die weiblichen Assistenten sind während der Nacht bei der Aufnahme dieser Photographien nicht beschäftigt; ihre Zeit ist am Tage reichlich in Anspruch genommen durch Prüfung, Messung und Vergleich derselben und durch die verschiedenen erforderlichen Berechnungen. So müssen z. B. Kataloge von den mit jedem Instrument an den verschiedenen Daten aufgenommenen Platten geführt werden, die Platten müssen mit den Sternkarten derjenigen Himmelstheile, die sie abbilden sollen, verglichen werden, damit die Richtigkeit der Aufzeichnungen des Beobachters in Bezug auf die eingestellte Gegend des Himmels gewährleistet ist. Die Karten-Platten werden dann sorgfältig geordnet aufbewahrt und zur Bestimmung der Veränderlichkeit der Sterne und zu anderen interessanten Untersuchungen benutzt.

Die wichtigste, augenblicklich in Angriff genommene Arbeit ist die Helligkeitsbestimmung der als Norm für die Sterngrößen dienenden schwachen Sterne, auf Grund der Platten, die mit dem 8 zölligen Draper-Teleskop in Cambridge und mit dem 8 zölligen Bache-Teleskop in Peru aufgenommen wurden. Diese Messungen an etwa 40 000 Sternen werden jetzt von Miss Eva F. Leland ausgeführt, einer Dame, die sich auch mit Helligkeitsbestimmungen der in Sternhaufen zusammengedrängten Sterne beschäftigt. Miss Louisa D. Wells und Miss Mabel C. Stevens haben große Geschicklichkeit und Genauigkeit bewiesen bei der Identifizirung der photographisch aufgenommenen Sterne mit den in den vorhandenen Katalogen registrirten. Sämtliche Photographien von Sternspektren werden sorgfältig geprüft zum Zweck der Auffindung neuer interessanter Objekte wie z. B. von planetarischen Nebeln, Veränderlichen und von Sternen des 3., 4. oder 5. Typus[1]) oder solcher, deren Spektra hauptsächlich aus hellen Linien bestehen und welche also den von Wolf und Rayet im Schwan aufgefundenen Sternen ähnlich sind. Alle diese verschiedenen Klassen unterscheiden sich von der großen Masse der Sternspektra so deutlich, daß ein geübtes Auge sie ohne Schwierigkeit aus den photographischen Platten herausfindet, obgleich die betreffenden Objekte mitunter nur 9. Größe sind. Wenn auf einer der Photographien ein Objekt entdeckt wird, welches ein Spektrum des dritten Typus

---

[1]) Unter dem 5. Typus versteht Verf. vermutblich die wenigen Sterne mit einem Spektrum, das dem der Nova Aurigae ähnlich ist.

mit hellen Wasserstofflinien zeigt, vermuthet man sogleich dessen Veränderlichkeit, denn nur Veränderliche mit langer Periode besitzen diese Eigenthümlichkeit. Nun werden die Kataloge der mit den verschiedenen Instrumenten aufgenommenen Platten durchgesehen und eine Liste zusammengestellt von allen, welche die Region darstellen, in der man den veränderlichen Stern vermuthet. Auf diese Weise hat man stets zu sofortigem Gebrauch alles Beobachtungsmaterial zur Hand, auf welches man bei Okularbeobachtung wenn nicht Jahre, so doch sicher Monate lang warten müfste. Diese Beobachtungen verdienen auch mehr Vertrauen, denn bei Okularbeobachtung hat man nur des betreffenden Beobachters Angabe, wie ihm das Objekt zu einer gegebenen Zeit erschien, während bei der Photographie jeder Stern sich selbst bemerklich macht, und man dieselbe zu jeder Zeit noch nach Jahren mit anderen Photographien derselben Himmelsgegend vergleichen kann.

Viele interessante Entdeckungen sind durch das Studium dieser Photographien von Stern-Spektren gemacht worden; eine der wichtigsten ist die Entdeckung, dafs ζ Ursae Majoris ein enger Doppelstern ist, dessen zwei Komponenten mit einer Geschwindigkeit von über 100 Meilen in der Sekunde bei einer Periode von über 52 Tagen um einander kreisen. Diese Entdeckung wurde von Professor Edward C. Pickering gemacht; seine Aufmerksamkeit wurde zuerst durch die Thatsache erregt, dafs die Linien in dem Spektrum dieses Sterns auf den Photographien bald doppelt, bald einfach erschienen. Diese Entdeckung führte zur Auffindung eines zweiten Objekts derselben Art: von β Aurigae durch Miss Antonia C. Maury. Der letztere Stern hat die allgemeine Aufmerksamkeit weit mehr auf sich gelenkt als ζ Ursae Majoris und mag für interessanter gelten, da die Umlaufszeit der beiden Komponenten nur 8 Tage 28 Stunden und 86,7 Minuten beträgt. ζ Ursae Majoris und β Aurigae sind so enge Doppelsterne, dafs sie in den gröfsten, jetzt gebräuchlichen Fernrohren unmöglich getrennt erscheinen können. Ein drittes Objekt dieser Art vermuthet man in β Lyrae, welcher Stern einen ähnlichen Wechsel zeigt, oder besser gesagt eine Aenderung in der Stellung der hellen Linien zu den dunklen im Spektrum, d. h. dieselben scheinen einander wiederholt zu begegnen. Dies hängt zweifellos mit dem Helligkeitswechsel dieses Sternes zusammen, da die Periode für beide Erscheinungen gleich ist. — Die Prüfung der Photographien der helleren Sterne wurde von Miss Maury ausgeführt, welche auch mit deren

Klassifikation betraut war. Die mikrometrischen Messungen der Linien im photographischen Spektrum der helleren Sterne sind von Miss Florence Cushman ausgeführt worden.

Bei der Prüfung der Sternspektrum-Photographien sind 38 Sterne mit Spektren des 5. Typus den schon bekannten 16 dieser Art zugefügt worden, so dafs ihre Zahl nun auf 54 erhöht ist. Drei dieser Sterne sind erst vor wenigen Tagen entdeckt und bis jetzt noch nirgend veröffentlicht. Bei dieser selben Prüfung der Photographien fand man 28 neue veränderliche Sterne, welche vor der Veröffentlichung alle von Professor Pickering bestätigt wurden; zwei von ihnen sind bis jetzt noch garnicht veröffentlicht, da der eine erst gestern entdeckt wurde. Dieser Stern steht in dem wundervollen Sternhaufen ω Centauri, dem schönsten am Himmel, und würde bei dieser Stellung ohne Hilfe der Photographie jedenfalls nie entdeckt worden sein. Der andere Stern steht im Sternbild der Taube und ist der erste Veränderliche, den man hier entdeckt hat. Seine Stellung für 1875 ist in R. A. $= 5^h\ 45^m\ 41^s.9$, in Dekl. $= -29°\ 18'.7$.

Will man eine Sache zum Abschlufs bringen, so darf man nicht immer bei der ersten Methode stehen bleiben und annehmen, dafs sie, weil sie die erste war, die Jahrhunderte lang ihr Scepter geschwungen hat, nun auch die einzige und beste sein müsse. Wo wären wir heute, wenn wir in allem nicht stetig vorwärts schritten? Nehmen wir z. B. das Licht. Zuerst hatte man kunstlose Fackeln und Kienenlicht, dann Kerzen, an denen man den Tag nach Stunden mafs; diesen folgte das Lampenlicht, später das Gaslicht, bis wir heutzutage die Elektrizität zur Erleuchtung unserer Strafsen und Wohnungen verwenden. Und so mächtig die Elektrizität an sich ist für alle Zwecke, zu denen man sie verwendet, so kann doch niemand behaupten, dafs wir durch sie die höchste Vollkommenheit der Beleuchtung erreicht hätten. So geht's mit allem, was wir beginnen, so auch mit der Astronomie. Und während der Astronom der alten Zeit hartnäckig an seinem Teleskop für Okular-Beobachtung festhält, überflügelt ihn die astronomische Photographie bei weitem in vielen Untersuchungen, die er nichtsdestoweniger in seiner alten Weise fortsetzt, indem er die Meinung aufrecht zu erhalten sucht, dafs dies der einzige und der beste Weg sei. Wenn die sogenannten Astronomen der alten Schule die Photographie vollkommen ignoriren, indem sie, wie sie selbst sagen, nichts davon verstehen und auch nichts davon wissen wollen, weil ihnen die erforderlichen Mittel dazu fehlen, was sollte dann aus den geplanten und begonnenen Untersuchungen des astro-photographischen

Kongresse zu Paris werden, auf welchem sich Astronomen aller Länder vereinigt haben? Man kann mit Sicherheit behaupten, dafs die jüngere Generation die Anwendung der Photographie in der Astronomie und bei anderen wissenschaftlichen Untersuchungen aufrecht erhalten wird. — Vor einiger Zeit wurde durch die Photographie ein neuer veränderlicher Stern im Sternbild des Delphin entdeckt und in „The Sidereal Messenger" (Vol X, p. 106) veröffentlicht. Zwei geübte Beobachter unternahmen es, ihn zu beobachten, um seine Veränderlichkeit zu bestätigen oder sie zu verneinen. Der Eine gelangte zu dem Schlufs, dafs der Stern nicht veränderlich wäre, sondern stets ungefähr neunter Gröfse; der Andere fand den Stern zwar auch unveränderlich, doch war derselbe seinen Beobachtungen zufolge stets ungefähr elfter Gröfse. Als sie zusammen über diesen Gröfsenunterschied diskutirten, stellte es sich heraus, dafs jeder einen anderen Stern beobachtet hatte und keiner den Veränderlichen. Solch' ein Irrthum wäre bei Vergleichung der photographischen Karten unmöglich gewesen. — Im Gegensatz zu den teleskopischen Beobachtungen sind die Photographien zu jeder Tages- und Nachtzeit zum Prüfen und Vergleichen von Nutzen. Während der Beobachter mit dem Teleskop, und wäre es selbst das kräftigste, das je gebaut werden kann, bei seinen Beobachtungen stets vom Wetter abhängig ist, geht die Vergleichung der Photographien ununterbrochen fort und ist unzweifelhaft bei weitem zuverlässiger, als die Arbeit des menschlichen Auges; denn sowie nur der Schein eines Irrthums der Beobachtung vorliegt, kann man diese jederzeit einer unabhängigen Prüfung durch die Photographie unterziehen. Wenn man die erforderlichen Instrumente und Materialien besitzt und mit deren Handhabung vertraut ist, kann man in einer Nacht ein Material erhalten, wozu bei Okularbeobachtung und der dabei nöthigen Berechnung und Aufzeichnung Jahre angestrengter Arbeit erforderlich wären. Selbst nach der Fertigstellung kann eine auf Augenbeobachtung beruhende Karte mancherlei Irrthümer in den Stellungen oder in der Helligkeit der Sterne enthalten, während die Photographie unbedingt ein getreues und unanfechtbares Bild der Wirklichkeit ist, das noch nach Jahren befragt und mit anderen verglichen werden kann und so dazu dient, festzustellen, ob Veränderungen in der Helligkeit, Verrückungen in der Stellung oder, bei Spektral-Aufnahmen, ob Aenderungen in der Konstitution der Sterne eingetreten sind. So haben wir auf einer photographischen Platte, welche nur wenige Minuten exponirt war, ein treues Bild der Sterne zur Zeit der Aufnahme, denn die Gröfsenklasse der schwächsten abgebildeten Sterne hängt nur von der Belichtungsdauer und der Platten-Empfindlichkeit ab.

Ein kürzlich veröffentlichter Katalog veränderlicher Sterne führt den Titel: „Zweiter Katalog veränderlicher Sterne;" es sollte richtiger heifsen: „Zweiter Katalog der mit dem Auge entdeckten veränderlichen Sterne," denn es ist in diesem Werk den photographischen Beobachtungen nicht mehr Gewicht beigelegt, als nöthig war, um die Zahl der mit dem Auge entdeckten Veränderlichen zu vergröfsern. Sterne, die nur auf photographischem Wege als veränderlich erkannt, veröffentlicht und aufser Zweifel gestellt sind, werden nämlich dort nur als „vermuthlich veränderlich" bezeichnet.

Kurzum, denn ich bin schon weit genug abgeschweift von dem Gegenstand, über welchen ich vor Ihnen sprechen wollte, die oben beschriebenen Forschungen sind derart, dafs Frauen in ihnen sehr wohl wirken können, da sie sich dafür durchaus interessiren und bereits geübte und fähige Gehülfen geworden sind.

Während wir nicht behaupten können, dafs das Weib in allen Dingen dem Manne ebenbürtig sei, ist es doch in vielen durch Geduld, Ausdauer und Methode ihm überlegen. Darum wollen wir hoffen, dafs die Frauen in der Astronomie, welche gegenwärtig ihrer Arbeitsamkeit und Geschicklichkeit ein grofses Feld eröffnet, sich wenigstens, wie bereits in mehreren anderen Wissenschaften, dem Manne als gleichwerthig erweisen werden.

Harvard College Observatory, Cambridge Mass., 4. August 1893.

Dr. Adolph Steinheil †.

Am 4. November vorigen Jahres verschied in München Dr. Adolph Steinheil; der Zweiundsechzigjährige erlag nach kurzem, schwerem Krankenlager einem Leiden, das schon längere Zeit sein reges, dem Wohle der Wissenschaft und der Technik gewidmetes Wirken hemmte. Das Hauptfeld seiner Wirksamkeit war die praktische Optik, der er als Chef und Inhaber der weltbekannten Firma C. A. Steinheil Söhne in München hervorragende Dienste leistete.

Am 12. April 1832 als Sohn des Physikers, Astronomen und Mathematikers Carl August Steinheil zu Perlachseck, dem Familiengute, geboren, wurde er väterlicherseits schon frühzeitig mit seiner späteren Laufbahn vertraut gemacht. Infolge der 1832 erfolgten Berufung seines Vaters als Professor der Mathematik und Physik an die Universität München erhielt er seine Erziehung und fachmännische Ausbildung zunächst in Bayerns Hauptstadt und später in Wien, wo er 1851 an der Universität Assistent im Telegraphenfach wurde, während sein Vater als Vorstand der telegraphischen Abtheilung des österreichischen Handelsministeriums wirkte. Durch Fleifs und Klarheit des Geistes wurde er bald zur unentbehrlichen Stütze des Vaters bei dessen vielseitigen, namentlich telegraphischen Unternehmungen. 1851 fiel nämlich dem älteren Steinheil die Aufgabe zu, die ersten Telegraphenanlagen in der Schweiz einzurichten, mit deren Lösung er seinen erst 19jährigen Sohn in ihren Hauptheilen betraute. — Hiermit begann die öffentliche Wirksamkeit des aufstrebenden jungen Mannes, welcher nach Fertigstellung der Anlagen auch die ersten 80 schweizerischen Telegraphenbeamten technisch auszubilden hatte. Im Jahre 1854 begründete Professor Steinheil auf besonderen Wunsch des Königs Max II. von Bayern, welcher seinem Lande die durch Fraunhofer auf dem Gebiete der praktischen Optik errungene Bedeutung zu erhalten wünschte, in München eine optisch-astronomische Anstalt, deren Leitung Adolph Steinheil mit seinem Bruder Eduard schon 1862 vom Vater übernahm. Der Verstorbene hatte die wissenschaftliche Abtheilung des Instituts zu leiten, — und hier liegen die Hauptmomente seiner erfolgreichen Wirksamkeit. Schon bei der Einrichtung hatte er die meisten erforderlichen Berechnungen für den Vater auszuführen, und bald war — nicht zum mindesten durch seine Thätigkeit — der Ruf der Werkstätte sicher begründet, namentlich wegen der vorzüglichen Fernrohrobjektive, der mit Kirchhoff und Bunsen zusammen konstruirten Spektralapparate, der Okularheliometer u. s. w. — In den Jahren 1865/66 fertigte Adolph Steinheil nach ganz neuen Prinzipien ein aplanatisches Objektiv für photographische Zwecke, das für alle späteren Konstruktionen vorbildlich geworden ist und einen enormen Fortschritt in der praktischen Optik darstellt. Aufser einer grofsen Zahl von ähnlich erdachten photographischen Linsenkombinationen, die besonderen Zwecken dienten, entstammen eine Reihe gröfserer Fernrohr-Objektive der Münchener Werkstätte, z. B. diejenigen der 13- und 14-zölligen Refraktoren der Sternwarten in Potsdam, Catania, Upsala u. a. w. Um die Beschaffung von geeigneten Objektiven, welche dem Zweck der Herstellung einer photographischen Himmelskarte dienen sollten, hat sich der Verstorbene besonders verdient gemacht, und so konnte im Jahre 1890 das 30000. Objektiv die Werkstätte verlassen und damit einen deutlichen Beweis für die Blüthe des Münchener Betriebes geben. Der Ruf und das Ansehen, dessen sich der Inhaber erfreute, rechtfertigte auf das glänzendste das Vertrauen, welches die Bayrische Regierung dem Unternehmen von Anfang an zugewendet hatte.

Zum 100jährigen Geburtstage Fraunhofers im Jahre 1887 durfte Steinheil am Münchener Polytechnikum eine optische Prüfungsstation ins Leben rufen, welche 1891 feierlich eröffnet wurde. Die Leitung derselben übernahm Professor E. Voit; mit diesem zusammen gab Steinheil im selben Jahre auch noch den ersten Band eines „Handbuches der angewandten Optik" heraus.

In Anerkennung so vieler Verdienste ernannte 1888 die Bayrische Akademie der Wissenschaften Steinheil zum aufserordentlichen Mitglied, für einen Mann, der sich hauptsächlich auf praktischem Gebiete bethätigte, eine besonders hohe Auszeichnung. Die Reichsregierung berief ihn ebenfalls 1888 bei Begründung der „Physikalisch-Technischen Reichsanstalt" in das Kuratorium derselben, dem er bis zu seinem Tode angehörte. Im Jahre 1887 war er der einzige Optiker, welcher zur Theilnahme an dem Pariser astrophotographischen Kongrefs aufgefordert wurde. G. W.

Rudolf Wolf †.

Am 6. Dezember 1893 starb zu Zürich im 78. Lebensjahre Prof. Dr. Rudolf Wolf, Direktor der eidgenössischen Sternwarte. Wir geben hier vorläufig das Bildnifs des Verstorbenen und behalten uns vor, im

nächsten Hefte auf seinen Lebensgang und seine hohen Verdienste um die Forschung, namentlich im Gebiete der Sonnenphysik, zurückzukommen.

Die Kantsche Kosmogonie.

Es ist sehr erfreulich, dafs die auf die Entstehung unseres Sonnensystems abzieleuden Fragen in neuerer Zeit eine lebhaftere Diskussion seitens der astronomischen und mathematischen Fachleute erfahren. Hierdurch wird am besten dem Wuste von Hypothesen entgegengewirkt, der auf diesem Gebiete zumeist als das Resultat unzureichender Kenntnisse alljährlich auf dem Büchermarkte erscheint. Nur durch strenge, namentlich mathematische Untersuchungen der einzelnen Fragen über die Bildungsphasen werden brauchbare Grundlagen geschaffen und die Forschungswege der Kosmogonie sicher gestellt werden. Es ist auf diesem schwierigen Gebiete schon ein Erfolg zu nennen, wenn gezeigt wird, welche Grundannahmen haltbar für die Durchführung einer Theorie sind und welche nicht. Beispielsweise ist speziell bezüglich der Laplaceschen Weltbildungshypothese erst durch die Arbeiten von Roche, Ritter, Darwin u. A.[1]) eine tiefere Einsicht erreicht, und hierdurch sind die wissenschaft-

---

[1]) Man vergleiche hierüber die Aufsätze über „Die Entstehung der Welt nach den Ansichten von Kant bis auf die Gegenwart" im vorigen Jahrgange dieser Zeitschrift.

lichen Möglichkeiten von den Unmöglichkeiten besser geschieden worden. Eine uns vorliegende, eben erschienene Schrift von Dr. G. Eberhard (Die Kosmogonie von Kant, Wien 1893) macht den Versuch, in streng wissenschaftlicher Weise die Vorstellungen zu analysiren, welche Kant in seiner „Naturgeschichte des Himmels" über die Entstehung des Sonnensystems aufgebaut hat. Obwohl man gewöhnlich (es ist mit der Zeit so Usus geworden) den Namen Kant mit jenem von Laplace verflicht und von einer Kant-Laplaceschen Nebelhypothese spricht, ist es doch unzweifelhaft, dafs heutzutage von Kants Ideen höchstens nur noch deren Grundvoraussetzungen annehmbar sind, und der gröfsere wissenschaftliche Werth nicht in seiner Hypothese, sondern in jener von Laplace liegt. Die Folgerungen nämlich, welche Kant aus seiner Hauptannahme, der Voraussetzung eines zerstreut vertheilten feinen Stoffes, zieht, enthalten mancherlei Widersprüche mit den Gesetzen der Mechanik. Die genannte Eberhardsche Schrift bringt nun in sachgemüfser Art den Nachweis, an welchen Stellen sich Kants Vernunftschlüsse als Fehler erweisen. Schon die Entstehung von Zentralbewegungen in dem Haufen der dicht und dünn vertheilten Partikel, ihre Versammlung in einzelnen Zentren, wie sie Kant nachzuweisen sucht, und die folgende Bildung einer die Sonne umgebenden dicken Nebelscheibe ist mechanisch unmöglich. In einem Schwarme von Partikeln würde es vielmehr, wie Darwin bei Untersuchung der Grundlagen der Lockyerschen Meteoritentheorie gefunden hat, nicht zur Bildung von Zentren und dem Auftreten von Parallelbewegungen gekommen sein, sondern der Schwarm würde sich nach und nach in einen Ball, bei steigender Erhitzung, verwandelt haben, aus welchem erst sich Planeten hätten bilden können, nicht aber, wie Kant es für möglich hielt, schon aus den noch schwebenden Partikeln. Kant würde also, wenn ihm die Erkenntnisse der mechanischen Wärmetheorie zu Gebote gestanden hätten, im richtigen Verfolge seiner Grundannahmen auf die Basis der Laplaceschen Hypothese, d. h. den glühenden Gasball, gelangt sein. Dr. Eberhard zeigt mittelst mathematischen Beweises ferner, dafs auch die Idee Kants, wie sich die Monde der Planeten gebildet haben, verfehlt ist; die Theilchen, welche für die Entstehung von Monden in Betracht kommen, beschreiben nämlich Hyperbeln, und selbst, wenn sie Ellipsen beschrieben hätten, würde ihr Resultat die Bildung rückläufiger, also dem Sinne der Planetenbewegung entgegengesetzt kreisender Monde gewesen sein; ebenso würde eine rückläufige Rotation der Planeten selbst folgen. Die Entstehung des Saturnringes hat Kant auf eine besondere kühne Weise zu erklären versucht[1]), die Eberhard sche Untersuchung macht indessen jenen Erklärungsversuch sehr hinfällig. Es bleiben somit, da man bei der Kant schen Hypothese auf zu viele mechanische Unmöglichkeiten stöfst, eigentlich nur einige Hauptgedanken des grofsen Philosophen für die Kosmogonie von dauerndem Werthe, namentlich sein Hinweis auf den einheitlichen Ursprung des Sonnensystems aus einer gemeinsamen Materie. Der Verfasser hält die Aufstellungen von Laplace, wenn sie durch die anderweitigen neueren Arbeiten ergänzt werden, für hinreichend zu den hauptsächlichsten kosmogonischen Erklärungen. Einen weiteren Fortschritt erhofft er aus der Ausbildung der Untersuchungen über die Gleichgewichtsfiguren rotirender Gasmassen, sowie aus der Erweiterung unserer Kenntnisse der Mechanik des Sonnensystems, namentlich der Verhältnisse in dem Schwarme der kleinen Planeten.

Die Atmosphäre des Weltenraumes. — Die von Sir R. Ball aufgestellte Hypothese über den Luftmangel des Mondes (H. u. E. Bd. V. S. 577), welche zuerst wohl von Johnstone Storey vor vielen Jahren vorgebracht wurde, ist zwar von einigen Forschern angegriffen worden, hat aber auch vielfache Anerkennung gefunden, u. a. diejenige des Physikers Liveing in Cambridge. (Science 1893 Aug. 18.) Es spricht für dieselbe 1) der Umstand, dafs unter den bekannten Himmelskörpern der Mond der einzige ist, der keine beträchtliche Atmosphäre hat, 2) dafs die Erde keinen freien Wasserstoff besitzt, der doch 3) auf der Sonne und an den grofsen Körpern, wie dem Sirius, eine grofse Rolle spielt. Die Angriffe stützten sich auf die Bemerkung, dafs die Geschwindigkeit, welche durchschnittlich den Luftmolekülen zukommt, nicht grofs genug ist, um ihr Entweichen in den Weltraum möglich zu machen. Aber es kommt auch auf die Durchschnittsgeschwindigkeit weniger an, da man leicht zeigen kann, dafs einzelne Moleküle immer eine hinreichende Geschwindigkeit erlangen werden. Nehmen wir dazu mit Lord Kelvin an, dafs in einem Kubikcentimeter atmosphärischer Luft bei mittlerem Drucke und gewöhnlicher Temperatur eine Trillion Moleküle enthalten sei, eine Zahl, die von Maxwell noch für zu klein gehalten wird, so würde nach der kinetischen Gastheorie — da jedes Theilchen sich nur um ein zehntausendtel Millimeter bewegen kann, ohne auf ein anderes

[1] Man vergleiche hierüber S. 366 des vorigen Jahrganges dieser Zeitschrift.

zu stofsen — jedes Molekül in einer Sekunde fünf Milliarden von Zusammenstöfsen erfahren. Nach einem Stofse wird aber die Geschwindigkeit der einzelnen Moleküle nicht mehr dieselbe sein. Im günstigsten Falle kann sich dabei die Schnelligkeit des einen beim Zusammenstofs mit einem anderen gleich geschwinden um das $\sqrt{2}$-fache steigern, ebenso kann die Geschwindigkeit wieder um ein Geringes wachsen, wenn dieses Theilchen auf ein drittes stöfst, und so ist eine Vermehrung der Geschwindigkeit bei einer im Verhältnifs zur Anzahl aller Moleküle immerhin geringen Zahl von Theilchen derart möglich, dafs sie selbst aus der Lufthülle der Erde herausdringen. Beim Monde ist es ebenso. Denn nehmen wir selbst an, dafs seine Atmosphäre nur ein Milliontel der Dichtigkeit der irdischen besitzt, so wird 1 kcm Luft dort oben noch immer eine Billion Moleküle enthalten, deren jedes in der Sekunde noch viele Tausende von Zusammenstöfsen mit anderen durchmachen wird. Prof. Bryan hat nach einem auf der Brit. Ass. gehaltenen Vortrage gefunden, dafs unter drei Millionen Molekülen von Sauerstoff bei $0°$ C. immer nur eines sich schnell genug bewegt, um vom Monde weg zu kommen, auf der Erde aber nur eins unter 23×10^{32}, auf der Sonne nur eines unter 2×10^{640} Molekülen, die zum Verlassen des Himmelskörpers nöthige Geschwindigkeit besitzt. Nichts hält uns ab, anzunehmen, dafs in dem Raume zwischen den Planeten sich eine Atmosphäre befindet, die sich von den Atmosphären der Wandelsterne abgelöst hat und etwa noch ein Billiontel von der Dichtigkeit der irdischen Lufthülle besitzt. Sie wird dann immer noch eine Million Moleküle in 1 kcm enthalten können. Da die Theilchen mit so grofsen Geschwindigkeiten in den interplanetaren Raum gelangen, so mufs dieser vergleichsweise wärmer sein, als die äufseren Schichten der Planetenhüllen. Freilich wird die Dissipation der Wärme in den Weltraum allmählich auch eine Herabminderung der Geschwindigkeiten zur Folge haben. Welche Zusammensetzung wird nun die interplanetare Atmosphäre besitzen? Die irdische besteht bekanntlich zum guten Theil aus Stickstoff, zum andern aus Sauerstoff. Der letztere ist der spezifisch schwerere, wird also schon deshalb mehr in den Tiefen der Atmosphäre bleiben, seine Theilchen haben aber auch eine etwas geringere Geschwindigkeit, und das ist der andere Grund, warum jedenfalls der Weltraum verhältnifsmäfsig reicher an Stickstoff sein wird, als die Erdhülle. Der Wasserdampf, dessen Theilchen eine um ein Drittel gröfsere Durchschnittsgeschwindigkeit als die des Sauerstoffs besitzen, würde ebenfalls in reicherem Mafse im interplanetaren Raume vorhanden sein, wenn er nicht kondensirt würde. Schliefslich dürfte der Wasserstoff, dessen die unteren Schichten der Atmosphäre schon wegen seiner Leichtigkeit entbehren, der aber viermal schneller als der Sauerstoff ist, im Weltraum nicht fehlen, da er ja zuerst die Planetenhüllen verlassen haben wird. Es fragt sich nun, ob wir annehmen dürfen, dafs dasjenige, was die Planeten noch an Lufthüllen besitzen, ihnen auch in Zukunft erhalten bleiben wird? Die Spektralanalyse lehrt uns, dafs den andern Planeten auch Atmosphären eignen. Sie zeigt nämlich, dafs gewisse Spektrallinion, die man zuerst als der Sonne angehörig auffafste, in Wahrheit der irdischen Lufthülle angehören, denn — wie Brewster gezeigt hat — werden sie breiter, wenn die Sonne zum Horizont herabsinkt. Dieselben atmosphärischen Linien aber zeigen wenigstens die sonnennahen Planeten, und dafs sie den gewaltig grofsen Massen der äufseren Sonnenkinder fremd sind, ist wohl eine Folge ihrer gröfseren inneren Wärme sowie der Dichte ihrer Hülle, die zu starken Wolkenbildungen führen mag. Es scheint also, dafs der Besitz einer Atmosphäre — einer dichteren oder dünneren — gemeinsame Eigenschaft aller Wandelsterne ist, obgleich sie nach dem Obigen immer an den Planetenraum Luft abgeben. Das läfst sich nun dadurch erklären, dafs diese Körper bei ihrem Herumschweifen durch den Raum auf ihrer Vorderseite fortwährend wieder Lufttheilchen aufsammeln, und dafs somit zwischen Abgabe und Aufnahme eine Art Gleichgewicht hergestellt ist. Dieses Gleichgewicht bleibt auch erhalten, während die Sonne mit ihren Begleitern in den Weltenraum hinausschwärmt, denn es ist anzunehmen, dafs die anderen Sterne in gleicher Weise den Weltraum mit Materie nähren. Alle Welten sind, wie das Spektroskop lehrt, aus ziemlich denselben Stoffen aufgebaut; die wenigen Sterne von besonderem Spektraltypus verdanken diesen wohl mehr ihrer physikalischen Natur als ihrem chemischen Aufbau. Also läfst sich vermuthen, dafs der Weltenraum im ganzen von einer Atmosphäre mit ähnlicher Zusammensetzung erfüllt ist, wie der interplanetare Raum, aber freilich einer Luft von solcher Dünne, dafs sie den Lauf der Gestirne nicht in einem Mafse hemmen kann, welches die Beobachtungen offenbaren würden. Sm.

Beobachtung des Venusdurchganges 1874 in Australien.

An der Observirung des Vorüberganges der Venus vor der Sonnenscheibe am 9. Dezember 1874 haben bekanntlich eine Reihe von Beobachtern hervorragenden Antheil, welche in Neusüdwales, vornehmlich in den Orten Sydney, Eden, Woodford und Goulburn stationirt waren. Aus den Kontakt-Beobachtungen dieser dreizehn Beobachter konnte später Kapitän Tupman, welcher die Resultate der englischen Expeditionen zur Ableitung der Sonnenparallaxe zusammengefafst hat, den sehr verläfslichen Werth von 8,846 Bogensekunden ziehen. Zur vollständigen wissenschaftlichen Schätzung der einzelnen Beobachtungen sind indessen die blofsen Zeitangaben der beobachteten Ränderberührungen von Sonne und Venus, sowie die aufgenommenen Photographien nicht hinreichend; es bedarf hierzu noch der Spezialberichterstattung jedes Beobachters über sämtliche mitspielende Nebenumstände. Diese Berichte, im Druck durch mannigfache Hindernisse verzögert, sind erst jetzt erschienen.[1]) Aus denselben geht hervor, dafs dem Hauptobservatorium zu Sydney und den in Eden, Goulburn und Woodford errichteten Feldobservatorien vier grössere Instrumente, nämlich drei Refraktoren von $11\frac{1}{2}$, $7\frac{1}{4}$ und 6 Zoll, und ein Reflektor von 10 Zoll Oeffnung, sowie aufserdem sieben kleinere Refraktoren und ein Photoheliograph zur Verfügung gestanden haben. Die am schwierigsten zu beobachtende Zeit des ersten Kontaktes (Berührung des äufseren Randes) haben drei Beobachter erhalten, den zweiten Kontakt sechs Beobachter, der innere Austritt ist von sieben, der letzte, äufsere, von drei Observatoren notirt. Von allgemeinerem Interesse sind nun die physischen Phänomene, welche während des Vorüberganges auftraten und über welche die einzelnen Theilnehmer in ihren Reports berichten. Dazu mufs noch vorbemerkt werden, dafs der Sternwartendirektor Russell seinen Stab von Beobachtern zum Theil aus dem Grunde, weil sich einige Nichtfachleute unter demselben befanden, vorher gehörig eingeschult, unter anderen durch Beobachtungen an zwei künstlich hergestellten Planeten-Vorübergängen auf die Phasen der Erscheinung präparirt hatte. Das für die richtige Auffassung der Kontakte sehr hinderliche Gespenst des „schwarzen Tropfens", nämlich der eigenthümlichen birnenförmigen Verlängerungen der kreisrunden Venusscheibe beim Passiren des Sonnenrandes (man vergleiche hierüber unsere Bemerkungen zum Merkurdurchgange von 1891 im III. Jahrg. dieser Zeitschr. Seite 333) haben nur zwei Beobachter gesehen, welche mit kleineren Instrumenten beobachteten, und Russell stimmt in Beziehung auf die Erklärung dieser Erscheinung mit Stone überein, dafs die Ursache in der Un-

[1]) Observations on the transit of Venus 9. Dec. 1874, made at stations in New South Wales. Under the direction of H. C. Russell, Government Astronomer. Sydney 1892.

vollkommenheit der Fernrohre und in den angewendeten schwachen Vergrößerungen liege. Dagegen beschreiben mehrere Beobachter übereinstimmend eine andere, bei beiden Kontakten wahrgenommene Störung. Es erschien während der Berührung der Ränder durch längere Zeit hindurch eine Wolke oder ein Nebel an den Tangirungsstellen, welcher die Ränder verwaschen machte und die Zeitbeobachtung der faktischen Berührung erschwerte. Dieses Phänomen möchte Russell als eine besondere, von dem Auftreten der „schwarzen Tropfen" völlig verschiedene Erscheinung bezeichnen, da das Verschwinden des Nebelschattens keineswegs plötzlich, wie es beim Zerreißen der „schwarzen Tropfen" der Fall ist, erfolgte, sondern allmählich in sanfter Auflösung geschah; auch konnten die Beobachter (darunter Russell selbst) den Nebelschatten durch 4 Minuten hindurch wahrnehmen, was bei der „Tropfenbildung" ganz ausgeschlossen ist, da nach Stone diese theoretisch kaum über 18 Sekunden dauern kann. Zwei Beobachter beschreiben ferner ein Zittern oder Wallen des Venusrandes, das in den Augenblicken störend auftrat, als sich der Planet dicht am Rande der Sonne, nur noch wenige Bogensekunden davon entfernt, befand. Russell, der diese Eigenthümlichkeit ebenfalls und zwar beim Venusaustritt konstatirte, findet ihre Ursache in Unbeständigkeiten der Erdatmosphäre. Sehr zahlreich sind die Notirungen der Beobachter über gesehene Lichtstreifen, welche den Venusplaneten umgaben. Diese Halos traten in den großen, wie in den kleineren Instrumenten zu Tage; sie erschienen hauptsächlich, als Venus bereits mit einem Theile ihrer Fläche in die Sonne eingerückt war, und zwar an dem Theile des Venusrandes, der von der Sonne abseits lag, kamen aber auch zum Vorschein, als die Kontakte schon vorüber waren und die schwarze kreisförmige Fläche des Planeten sich klar von dem glänzenden Sonnenkörper abhob. Einige Beobachter beschreiben den Halo als breiten glänzenden Ring, der die Planetenscheibe umfaßte. Russell ist der Meinung, dafs es sich hier um Kontrasterscheinungen und keineswegs um die muthmaßliche Atmosphäre des Venusplaneten handelt, als welche man den beobachteten Halo hinzustellen vielleicht geneigt sein könnte. Verzerrungen der Venusscheibe, meist sich darstellend in elförmigen Verlängerungen gegen den Sonnenrand hin, die bei Gelegenheit des zweiten und dritten Kontaktes hervortraten, sind schon bei früheren Venusdurchgängen beobachtet worden und fehlen auch nicht in einigen Berichten der Beobachter in Neusüdwales. Mehrere Reports gedenken auch einer besonderen Färbung, welche der Planet zeigte, als er völlig in die Sonne eingetreten war. In der Schwärze der Planetenscheibe konnte eine Nuance zum schwachen Kupferroth hin wahrgenommen werden, so dafs es schien, als sei die Venuskugel zum Theil von solchem Lichte erleuchtet. Sonderbar ist die Beobachtung eines Lichtfleckes am Venusrande, der von Russel und seinem Assistenten nach dem dritten Kontakte bemerkt wurde. Der Fleck erschien deutlich fast eine viertel Stunde lang an einem der Pole der Venusscheibe und zwar an jenem Theile des Randes, der bereits aus der Sonne ausgetreten war. Es ist wohl kaum zu bezweifeln, dafs wir es bei diesen und einigen anderen Erscheinungen, von welchen die australischen Beobachter Nachricht geben, z. B. den zeitweise auffallend blauen Färbungen und dunklen Schatten auf der Venusscheibe, nicht mit reellen, sondern optischen Phänomenen zu thun haben. Zur befriedigenden Aufklärung der ihnen zu Grunde liegenden Ursachen ist ein vergleichendes Studium der verschiedenen, bei diversen Durchgängen der unteren Planeten vor der Sonne gemachten Erfahrungen nothwendig, und in dieser Beziehung verliert die späte Veröffentlichung der australischen Detailberichte keineswegs den ihr innewohnenden Werth.

Webers Naturwissenschaftliche Bibliothek. Allgemeine Meereskunde von Johannes Walter. Leipzig, Verlag von J. J. Weber, 1893. Preis 5 Mark.

Dem Binnenländer, der am Meer Erholung sucht, oder dem Naturfreunde, der eine Seereise unternimmt, soll dieses Werkchen des bekannten Jenenser Geologen ein freundlicher Begleiter sein. Und es wird seinen Zweck erfüllen; denn jeder Blick auf das unendliche, vielgestaltige Meer muss ja den denkenden Menschen mit Ahnungen erfüllen von den gebeimnifsvollen Kräften, von den rastlosen Bewegungen, von der tiefgreifenden Bedeutung, welche das Meer im Haushalte der Natur hat. Die Gedankenkette läuft schliefslich in die Frage aus: Welche räthselhaften Vorgänge es sind, die das flüssige Element regieren, und wie sich dessen Erscheinungen einordnen lassen unter dem grofsen Naturgesetze.

Was die junge Wissenschaft der Meereskunde nach dieser Seite hin hat entschleiern können, welche Strecken das Tiefseeloth durchmessen, welche wunderbare Lebewelt das Schleppnetz aus dem Reiche der Oceaniden zu Tage gefördert hat, und was der Geologe uns über den Aufbau der Festlandsmassen, die am Meeresgrunde geruht und dort ihre Zusammensetzung und Form erhalten haben, erzählen kann, das alles finden wir in diesem Büchlein an der Hand leicht zu beobachtender Beispiele erläutert. Eine grofse Reihe von Abbildungen, 72 an der Zahl, erhöhen noch den Reiz der überall gefälligen und blühenden Darstellung. Schw.

G. Pizzighelli, Handbuch der Photographie für Amateure und Touristen. 2. Aufl. 3 Bände. Halle a. S. 1891—92.
Band I. Die photographischen Apparate. 465 S. Preis Mk. 8,—.
Band II. Die photographischen Prozesse. 518 S. Preis Mk. 8,—.

Der im Titel benutzte Ausdruck „Amateur" ist in ziemlich weitem Sinne zu verstehen. Jeder, der sich nicht speziellen photographischen Studien widmet, aber andererseits die Photographie auch nicht allein der Unterhaltung und des Vergnügens halber treibt, wird alles Wissenswerthe hier finden und vielfach zu weiteren photographischen Versuchen angeregt werden. Infolge der Beschränkung des Leserkreises auf Amateure ist es dem Verfasser gelungen, ein im Vergleiche zu andern Handbüchern recht kompendiöses Werk zu schaffen.

Der dritte Band — Die Anwendungen der Photographie — ist bereits bald nach seinem Erscheinen in dieser Zeitschrift, Jahrg. V. S. 704, besprochen. Zur Ergänzung sei daher hier noch kurz auf den Inhalt der beiden anderen Bände aufmerksam gemacht. Der erste behandelt die Objektive, die Kamera, die Wahl der Objektive und Kamera, die Stereoskop-Apparate, die Apparate zum Vergröfsern und Verkleinern photographischer Bilder und die Magnesium-

Blitzlicht-Apparate. Die Bearbeitung des Stoffes ist etwas ungleich; bei der Besprechung der Objektive beschränkt sich Verf. auf das Allernothwendigste, dagegen ist die Beschreibung namentlich kleinerer Kameras mit einer Ausführlichkeit gegeben, wie man sie auch in größeren Lehrbüchern nicht breiter findet.

Im zweiten Bande werden die photographischen Prozesse mit allen wissenswerthen Einzelheiten geschildert. Hieran schließen sich Abschnitte über die photographische Retouche und über die Bestimmung der Belichtungsdauer bei Moment- und bei Daueraufnahmen. Hg.

Gänzel, Die Ortsbewegungen der Thiere. Programm der K. Realschule in Berlin. Ostern 1893. Berlin 1893. R. Gärtner.

Marey, die Chronophotographie. Bd. II. der Photographischen Bibliothek, herausgeg. von Dr. F. Stolze. Berlin 1893. Mayer und Müller.

Mannigfaltig wie die Thierwelt selbst sind auch ihre Bewegungen. Leicht erkennt man, daß zwischen den Haupttypen derselben, die wir als Gehen, Schwimmen und Fliegen bezeichnen können, soviele Uebergänge vorhanden sind, wie sie nicht einmal der Paläontologe zwischen den verschiedenen Thiertypen aufzufinden wußte. Wer nicht zu größeren Werken, wie Pettigrew, greifen möchte und sich eine kurze Uebersicht über die nicht leicht zu ordnende Fülle der Bewegungen verschaffen will, dem können wir die erstgenannte Schrift empfehlen. Er wird dort weiter belehrt werden, wie die Form des Körpers und der einzelnen Organe sich jeder besonderen Nuance dieser Bewegungen in jener ausgezeichneten Weise anzupassen wußte, welche der harte Kampf ums Dasein allen Formen der organischen Welt aufprägte; wie hier in besonderem die leidige Magenfrage und die Furcht vor Feinden auf die Formen bestimmend wirkte, und wie die letztere bei den unvollkommener bewegten Gestalten auf die Ausbildung von Schutzeinrichtungen hinwirkte. Die physikalischen Prinzipien, auf denen der Gebrauch jener Werkzeuge beruht, und welche der Mensch bereits auf einer tiefen Kulturstufe durch Naturbeobachtung erkannte und in seinen künstlichen Werkzeugen zur praktischen Verwerthung brachte, sind in Kürze zusammengestellt; auch der Ausblick, den der Verfasser am Schlusse auf die Frage des lenkbaren Luftschiffes werfen läßt, wird sicherlich nicht verfehlen, das Interesse für das lehrreiche Gebiet in weitere Kreise zu tragen.

Bei der Fixirung der so flüchtigen Bewegungen der Thierwelt hat in neuester Zeit die Momentphotographie sich unersetzlich gemacht. Sie ist es ja, die den Augenblick zum Verweilen zwingt, die den Unwiederbringlichen vom Verlorengehen rettet. Die größten Fortschritte auf diesem Gebiete verdanken wir Marey, der durch die Konstruktion besonderer Apparate — chronophotographische nannte sie der Photographen-Kongreß zu Paris — und durch geschickte Anordnung der nothwendigen Aufnahmen hier geradezu als Entdecker vorging. Der französische Staat und die Stadt Paris haben ihm dafür auch ein Laboratorium zur Verfügung gestellt, das einzig dasteht. Es besteht aus einem Circus von $\frac{1}{2}$ km Umfang mit zwei Wänden von je 11 m Breite und 4 m Höhe, einer weißen und einer schwarzen, auf welchen die abzubildenden Bewegungen sich projiziren. Eine Fülle von wissenschaftlichen Meßapparaten und besondere Räume zum Züchten der verschiedenen Thierarten, deren Fortbewegung studirt werden soll, gehören dem Institut. Die Aufnahmen geschehen auf zwei verschiedene Weisen, nämlich entweder mit ruhender Platte, oder indem diese rasch fortbewegt wird. Wie rasch die Aufnahmen auf einander folgen müssen, das wird im Voraus nach der Geschwindigkeit der zu untersuchenden Bewegung zu berechnen sein. Der Boerstern im

Aquarium, der in aller Gemüthlichkeit, wenn er umgedreht worden ist, sich wieder auf die Beine hilft, wird nur nach je einer Minute photographirt werden müssen, wobei die Exposition wohl eine Sekunde dauern darf, die Insekten, welche in der Sekunde bis 300 Flügelschläge machen, müssen in einer Expositionszeit von $^1/_{1000}$ Sekunde immer nach Zeiträumen, die auch nur Tausendstel der Zeiteinheit messen, aufgenommen werden. Bei den bisherigen Untersuchungen war übrigens das Hauptobjekt, das höchststehende auf der Stufenleiter der Organismen, der Mensch, zugleich das „Mafs aller Dinge". Sein Gang, sein Sprung-Hoch-, Weit- und Stabsprung ward genau aufgezeichnet, und die erhaltenen Bilder zeigten so recht, wie wenig unser Auge geeignet ist, die schnell vergehenden Stadien der Bewegungen aufzufassen, und um wie viel es hierin von der lichtempfindlichen Platte übertroffen wird. Den an sich äufserst instruktiven Resultate können noch diejenigen eines Dynamographen beigeordnet werden, wodurch man z. B. die für die einzelnen Momente beim gewöhnlichen Gange erforderliche Energie erhält. Aber ebenso gelingt es, die verschiedenen Gangarten des Pferdes zu fixiren, den leicht beflederten Seglern der Lüfte im Fluge zu folgen, die Schildkröte, den Aal und die Meduse auf ihren Schwimmübungen festzuhalten. Nicht einmal die mikroskopischen Bewohner des Wassers können sich dieser Verfolgung entziehen; die Photogramme lassen die Kontraktionen jenes spiraligen Drahtes verfolgen, durch welche das Glockenthierchen sich am Algenfaden schaukelt. Die Resultate sind, worauf Marey noch aufmerksam macht, sowohl für den Techniker wie für den Künstler von Wichtigkeit. Während jener jetzt mit grofser Mufse den Bewegungen der natürlichen Maschinen folgen kann, deren Studium ihn auf die Erfindung eines künstlichen Werkzeuges bringen soll, wird dieser aus der bunten Fülle der natürlichen Posen sich diejenigen heraussuchen können, die den geringsten Zwang, die gröfste Festigkeit zeigen.

Das Verfahren ist von Marey aufserdem auf physikalische Vorgänge, wie das Fallen eines Wassertropfens, und auf so flüchtig vergehende Erscheinungen, wie das Branden der Meereswogen, mit Erfolg angewandt worden. Leider ergab das in der oben citirten Schrift angewandte Reproduktionsverfahren nicht immer Bilder von der wünschenswerthen Deutlichkeit.   Sm.

Ueber Wolkenbildung.

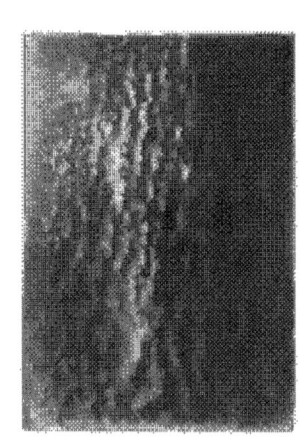

Fig. 5.

Fig. 6.

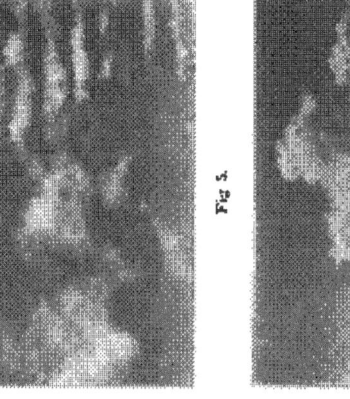

Fig. 7.

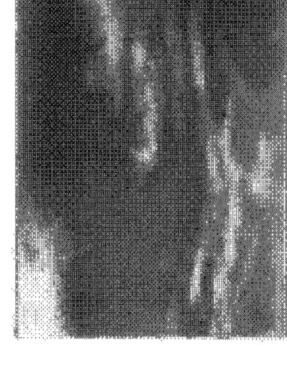

Fig. 8.

Ueber Wolkenbildung.

Vortrag, gehalten in der Urania am 29. November 1893
von **Wilhelm von Bezold**.

Es sind höchst alltägliche Erscheinungen, von denen ich im Folgenden sprechen will, denn es vergeht selten ein Tag, an welchem sich nicht wenigstens ein leichtes Wölkchen am Himmel zeigt, während mächtige Wolkenmassen uns nur zu oft das Antlitz der Sonne auf lange verhüllen.

Trotzdem hat man erst sehr spät damit begonnen, die ewig wechselnden Gestalten dieser luftigen Gebilde zum Gegenstande aufmerksamer wissenschaftlicher Beobachtung zu machen.

Ich sagte „trotzdem", während es vielleicht besser hiefse: „ebendeshalb."

Denn nichts stumpft das Interesse der Menschen so sehr ab als die Alltäglichkeit.

In wie hohem Grade diese Behauptung gilt, dafür liefert gerade die Geschichte der Meteorologie den schlagendsten Beweis.

Obwohl wir in der Atmosphäre leben, obwohl unser Wohlbefinden, unser ganzes Thun und Treiben, vor allem der Ertrag der Felder und Gärten und damit eine der wichtigsten Quellen nationalen Wohlstandes vom Wetter abhängen, so ist doch die Lehre von den Vorgängen in der Atmosphäre erst sehr spät in die Reihe der Wissenschaften eingetreten.

Die Anfänge der Astronomie reichen in vorgeschichtliche Zeiten zurück, die Meteorologie, die man so oft als Schwesterwissenschaft der Sternkunde bezeichnet, da auch sie den Blick nach oben richtet, zählt kaum nach wenigen Jahrhunderten.

Schon vor Beginn unserer Zeitrechnung verfügte man über einen reichen Schatz astronomischer Kenntnisse, während erst um die Mitte des siebzehnten Jahrhunderts die ersten meteorologischen Instrumente erfunden wurden und noch keine hundertundzwanzig Jahre vergangen sind, seitdem man damit begonnen hat, meteorologische Beobachtungen an verschiedenen Orten planmäfsig zu sammeln und zu verarbeiten.

Und daran trägt gerade die Alltäglichkeit der Witterungsvorgänge nicht wenig Schuld.

Dafs dem wirklich so sei, geht aus der Geschichte dieser Wissenschaft klar hervor.

Sie lehrt, dafs ungewöhnliche Erscheinungen, gewaltige Stürme, grofse Dürre oder Nässe, ein besonders heifser Sommer oder ein besonders kalter Winter, seltene optische Phänomene am Himmel von jeher die Aufmerksamkeit der Menschen erregt, und häufig einen mehr oder weniger kräftigen Anstofs zum Studium der atmosphärischen Vorgänge überhaupt gegeben haben, während man die allerhäufigsten Erscheinungen kaum der Beachtung würdigte.

Die Theorie des Regenbogens hatte längst schon einen hohen Grad der Vollkommenheit erreicht, lange schon konnte man die Höfe und Ringe um Sonne und Mond, die Lichtsäulen und Nebensonnen, wie sie dann und wann beobachtet werden, bis ins Einzelne scharf und ziffernmäfsig erklären, während man von den einfachen und doch so schönen Vorgängen, wie sie sich in einer normalen Dämmerung abspielen, noch nicht einmal eine vollständige, durch Beobachtung gewonnene Beschreibung besafs.

Und als der Schreiber dieser Zeilen vor dreifsig Jahren zum ersten Male eine solche gab, und darauf hinwies, wie die in den Lehrbüchern enthaltene mit den Beobachtungen in grellem Widerspruch stehe, blieb die betreffende Abhandlung gänzlich unbeachtet.

Erst zwanzig Jahre später, d. h. im Jahre 1883, als der Ausbruch des Vulkans Krakatau in der Sundastrafse fast auf der ganzen Erde jene merkwürdigen langandauernden Dämmerungen zur Folge hatte, deren sich wohl noch viele Leser erinnern, da wurde mit einem Male das Interesse für die Sache wach. Nun wurden überall die Dämmerungen beobachtet und nun wurde auch die alte Abhandlung aus dem Staube hervorgeholt, da sich den vielen Beobachtern der ungewöhnlichen Dämmerungen bald die Ueberzeugung aufdrängte, dafs sie nicht scharf angeben konnten, worin denn diese ungewöhnlichen Erscheinungen eigentlich von den normalen abweichen, da sie die letzteren nie genügend beachtet hatten.

Es wäre sehr leicht, die Zahl dieser Beispiele zu vermehren; hier kam es jedoch nur darauf an, die psychologisch merkwürdige Thatsache zu erklären, dafs man erst so spät angefangen hat, sich mit den Erscheinungen, von denen ich im Folgenden sprechen will, d. h. mit der Wolkenbildung, wissenschaftlich zu beschäftigen.

Denn thatsächlich währte es bis zum Anfange unseres Jahrhunderts, bis der erste Versuch gemacht wurde, die Wolken wenigstens nach ihrer äufseren Form zu klassifiziren und zweckmäfsige Benennungen dafür zu erfinden.

Dies Verdienst gebührt dem Londoner Kaufmann Luke Howard, der im Jahre 1802 diese Aufgabe zum Gegenstande dreier kleiner Abhandlungen machte und damit die Grundlage schuf, auf welcher sich seitdem jede weitere Forschung über Wolken aufbaute.

Vor allem that er einen sehr glücklichen Griff mit der Einführung der drei Haupttypen von Wolken, der „Schichtwolke" oder „Stratus", der „Haufwolke" oder „Cumulus", und der „Federwolke" oder „Cirrus", und mit der Wahl der lateinischen Namen für dieselben, da hierdurch die gewählte Eintheilung leicht zum Gemeingut aller Nationen wurde.

Dabei kam er jedoch nicht viel über eine reine Beschreibung hinaus, obwohl er sich selbst das Ziel weiter gesteckt hatte. Der Nachweis des Zusammenhanges zwischen den Wolkenformen und den sie bedingenden Ursachen konnte damals noch nicht mit Erfolg versucht werden, da die Meteorologie im allgemeinen zu jener Zeit noch auf viel zu tiefer Stufe stand.

Dies ist vielmehr eine Aufgabe, welche erst in allerneuester Zeit in den Vordergrund des Interesses getreten ist; besonders seitdem es gelungen ist, die Photographie in den Dienst dieses Forschungszweiges zu stellen, und damit die Formen dieser veränderlichen Gebilde festzuhalten, und, was beinahe noch wichtiger ist, ihre Ausdehnung, Höhe und Fortbewegung mit Schärfe zu ermessen.

Die Lösung der Aufgabe, die hiebei der Photographie gestellt wird, ist nämlich viel schwieriger, als es auf den ersten Blick scheinen möchte.

Der Grund liegt darin, dafs das Blau des Himmels auf die gewöhnlichen photographischen Platten beinahe eben so stark wirkt wie Weifs, so dafs bei Anwendung der gewöhnlichen photographischen Methoden viele Wolken, insbesondere die leichten Federwolken, gar nicht im Bilde erscheinen.

Es bedurfte deshalb ganz besonderer Kunstgriffe, als Einschalten gelber Gläser, Verwendung besonders empfindlicher Platten u. s. w., um diese Gebilde sichtbar zu machen.

Erst durch solche Hülfsmittel ist es den Bemühungen einiger Amateur-Photographen und Meteorologen gelungen, die Schwierigkeiten zu überwinden, mit denen die Wolkenphotographie früher zu kämpfen hatte und haben insbesondere Herr Dr. med. Neuhaufs in Berlin, sowie die Professoren Hildebrandt-Hildebrandsson in Upsala, Riggenbach in Basel und Sprung in Potsdam Ausgezeichnetes auf diesem Gebiete geleistet.

Hierdurch ist man aber nicht nur in den Stand gesetzt, die Wolkenformen als solche im Bilde festzuhalten, und sie somit genauer zu studiren und zu beschreiben, sondern indem man photographische Apparate nach Art der astronomischen Instrumente montirt, kann man auch durch gleichzeitige Aufnahme von verschiedenen Standpunkten aus die Abmessungen der Wolken, ihre Höhe u. s. w. mit gröfster Schärfe bestimmen.

Dies vorausgeschickt, wollen wir nun der Sache selber näher treten:

Ganz allgemein gesprochen entstehen Wolken oder Nebel, sobald der in der Atmosphäre jederzeit in gröfserer oder geringerer Menge enthaltene Wasserdampf in fein vertheiltem Zustande ausgeschieden wird.

Die ausgeschiedenen Theilchen können tropfbar flüssig oder fest sein, und je nachdem das eine oder andere der Fall ist, unterscheidet man zwischen Wasserwolken und Eiswolken.

Ob man es mit der einen oder anderen Art zu thun habe, läfst sich natürlich leicht entscheiden, wenn die Wolke erreichbar ist, wie dies auf Bergen oder mit Hülfe des Luftballons möglich ist.

Aber auch in dem weit häufigeren Falle der Unerreichbarkeit ist es nicht selten trotzdem möglich, hierüber Gewifsheit zu erlangen. Ein Mittel zur Entscheidung dieser Frage bietet sich nämlich, so oft man um Sonne oder Mond jene schönen Erscheinungen sieht, welche unter den Namen der Höfe oder Ringe, sowie der Nebensonnen, Nebenmonde, Lichtsäulen u. s. w. bekannt sind.

Man kann nämlich nachweisen, dafs die kleinen Ringe um Sonne und Mond, die man gewöhnlich kurzweg als Höfe bezeichnet, durch die Beugung des Lichtes an runden Nebelkörperchen entstehen, und mithin Kennzeichen der Wasserwolken sind, während die Sonnen- oder Mondringe, die in weiten, aber ganz bestimmten Entfernungen diese Gestirne umgeben, sowie die Nebensonnen u. s. w. der Brechung und Spiegelung des Lichtes an Eisnadeln ihre Entstehung verdanken.

Da sich nun die Wolken, welche die eine oder die andere Gruppe von Erscheinungen zeigen, meist schon in ihrem ganzen Aussehen nicht unwesentlich von einander unterscheiden, so kann man darüber, ob man eine Wasserwolke oder eine Eiswolke vor sich habe, bei einiger Uebung sehr häufig auch dann ein sicheres Urtheil fällen, wenn keine Gelegenheit geboten ist, die erwähnten optischen Phänomene zu beobachten.

Es ist selbstverständlich, dafs die Eiswolken vorzugsweise den höheren Regionen der Atmosphäre angehören, da es dort im allgemeinen, in ganz grofsen Höhen sogar immer, kühler ist, als in der Nähe der Erdoberfläche.

Man würde jedoch irre gehen, wenn man annehmen wollte, dafs bei Temperaturen unter dem Gefrierpunkte alle Wolken Eiswolken sein müfsten.

Es kommt vielmehr sehr häufig vor, dafs Wolken, deren Temperatur weit unter dem Gefrierpunkt liegt, dennoch nur aus flüssigen Theilchen bestehen, ähnlich wie man Wasser, das vorher durch Auskochen von aller Luft befreit ist, weit unter den Gefrierpunkt abkühlen kann, ohne dafs Erstarren eintritt, sofern man nur jede Erschütterung fern hält.

Erfolgt jedoch ein Anstofs von aufsen her, etwa durch das Hineinfallen eines Eisstückchens und sei es auch nur eines Schneekrystalles, so erstarrt die ganze Wassermasse mit einem Male und zugleich steigt die Temperatur plötzlich auf 0°.

Das unter den Gefrierpunkt abgekühlte und trotzdem noch flüssige Wasser nennt man überkaltet, und diese Ueberkaltung scheint besonders bei der Bildung der Gewitterwolken eine grofse Rolle zu spielen.

Was nun die Gröfse der Eisbläschen und Nebelkörperchen betrifft, so ist sie aufserordentlich schwankend. Während sie im allgemeinen mikroskopisch klein sind, und während insbesondere die Höfe um Sonne oder Mond häufig auf Körperchen deuten, deren Durchmesser nicht gröfser als 0,027 mm ist, so werden sie dennoch manchmal so grofs, dafs sie mit blofsem Auge sichtbar sind.

Sind doch die kleinen Tröpfchen, welche wir während eines Nebels als Nebelreifsen oder als Sprühregen bezeichnen, nichts anderes als ungewöhnlich grofse Nebelkörperchen, während andererseits die Schneewolke eben aus jenen Schneekrystallen besteht, die uns allen so wohl bekannt sind, und an deren schönen und zierlichen Formen wir uns schon so oft erfreut haben.

Soviel von den Formen, in denen der Wasserdampf aus der Atmosphäre ausgeschieden wird, und nun zur Untersuchung der Bedingungen, unter welchen diese Ausscheidung erfolgt.

Wenn man dieser Frage näher treten will, so mufs man sich vor allem an die Gesetze erinnern, welche bezüglich der Verwandlung des Wassers in Dampfform und umgekehrt von Dampf in Wasser überhaupt gültig sind.

In dieser Hinsicht lehrt nun die Physik, dafs die Wassermengen, welche in Dampfform in einem gegebenen Raume vorhanden sein können, ohne Rücksicht darauf, ob nebenher noch Luft da sei oder nicht, aufserordentlich verschiedene sind, je nach der Temperatur, mit welcher man es zu thun hat.

So können z. B. bei 0° in einem Kubikmeter nur 4,9 g Wasser in Dampfform vorhanden sein, bei 10° aber 9,3 g, bei 20° endlich 17,2 g.

Enthält die Luft bei der betreffenden Temperatur weniger als diese Zahlen angeben, und bringt man dann Wasser in den Raum, dann verdunstet soviel, bis jene Menge erreicht ist. Ist sie erreicht, so nennt man den Dampf gesättigt, oder auch die mit ihm gemischte Luft gesättigt, ist sie noch nicht erreicht, so nennt man sie mehr oder weniger trocken, je nachdem sie weiter oder weniger weit vom Sättigungspunkte entfernt ist.

Hat man gesättigte Luft von bestimmter Temperatur, und kühlt man sie ab, so kann nur mehr eine geringere Menge dampfförmig bleiben, der Rest mufs mithin herausfallen.

War z. B. die Luft bei 20° gesättigt, d. h. hatte sie bei 20° 17,2 g Wasserdampf im Kubikmeter, so müssen bei der Abkühlung auf 10° beinahe 8 g herausfallen, da bei 10° im Kubikmeter nur 9,3 g dampfförmig enthalten sein können, abgesehen von gewissen Ausnahmen, von denen später die Rede sein soll.

Nach dem eben Gesagten versteht man nun leicht, was eintritt, wenn feuchte Luft abgekühlt wird.

Sie gelangt nämlich hierbei, sofern nur die Abkühlung genügend ist, zuerst an den Sättigungspunkt, um bei weiterem Sinken der Temperatur schliefslich das Wasser auszuscheiden.

Erfolgt die Abkühlung durch Berührung mit festen Körpern, etwa an den Wandungen eines Gefäfses, so beschlägt sich dasselbe mit Wasser oder Eis, tritt sie durch die ganze Luftmasse hindurch ein, so bildet sich Nebel.

Dabei verhält es sich aber mit der Nebelbildung doch nicht ganz so einfach, als es hier dargestellt ist, und wie man es früher als allein maßgebend betrachtet hat.

Die Nebelbildung tritt nämlich nur ein, wenn die abgekühlte Luft neben dem Wasserdampf auch noch fein vertheilte feste Körperchen enthält, d. h. Staub oder Rauch.

Hat man Luft, welche sorgfältig von solchen Beimengungen befreit ist, so erfolgt auch nach Ueberschreiten des Sättigungspunktes keine Nebelbildung, es bleibt vielmehr eine gröfsere Menge von Dampf in dem Raume, als bei der einfachen Verdunstung bei dieser Temperatur gebildet werden könnte, die Luft ist „übersättigt".

Man hat es demnach unter diesen Bedingungen mit einer ähnlichen Erscheinung zu thun, wie wir sie oben unter dem Namen der Ueberkaltung kennen gelernt haben.

Es ist noch nicht sehr lange her, seitdem man nachgewiesen hat, dafs das Vorhandensein fester Ansatzkerne eine nothwendige Vorbedingung zur Bildung von Nebeln, also auch von Wolken ist, während doch diese Thatsache gerade für die hier zu betrachtenden Vorgänge von der allergröfsten Bedeutung ist.

So erklärt sich z. B. aus diesem Umstande die starke Neigung zur Nebelbildung über grofsen Städten, insbesondere über Städten mit hochentwickelter Industrie, und so versteht man, dafs das sprichwörtlich gewordene „London fog and London smoke" eine tiefe innere Bedeutung hat.

Wie eng dieser Zusammenhang ist, geht übrigens am besten daraus hervor, dafs, wie Hr. Auwers nachgewiesen hat, die Zahl der Tage, an denen man während eines Jahres auf der Sternwarte von Greenwich bei London um Mittag die Sonne beobachten konnte, seit der Mitte des vorigen Jahrhunderts bis zu den 80er Jahren unseres Jahrhunderts von 160 auf 115 gesunken ist, also um volle 45 Tage im Jahre.

Um eine Vorstellung davon zu geben, in wie reichem Mafse solche feste Körperchen selbst in anscheinend reiner Luft vorkommen, mag angeführt werden, dafs der Engländer Aitken, dem man in erster Linie diese Forschungen verdankt, sogar auf dem Rigi an einem heiteren Tage in der so reinen Alpenluft immerhin noch 700 feste Theilchen im Kubikcentimeter nachgewiesen hat, während ihre Zahl in einer den Gipfel bedeckenden Wolke 4200 betrug. Dagegen enthielt die Luft eines Zimmers, in welchem 4 Gasflammen 2 Stunden gebrannt hatten, unter der Decke nicht weniger als 16 Millionen Rauch- und Staubtheilchen im Kubikcentimeter.

Nach diesen Darlegungen spitzt sich nun die Frage nach der Wolkenbildung wesentlich darauf zu, die Bedingungen zu untersuchen, unter denen Abkühlung in der Atmosphäre eintritt.

Diese kann im wesentlichen auf drei verschiedenen Wegen erfolgen:

1. durch Wärmeabgabe an die kalte Erd- oder Meeresoberfläche,
2. durch Mischung ungleich warmer, gesättigter oder dem Sättigungspunkt näher Luftmengen,
3. durch Ausdehnung der Luft infolge von Druckänderung ohne gleichzeitige ausreichende Wärmezufuhr.

Fig. 1.

Von diesen verschiedenen Arten der Abkühlung ist die letztere die ausgiebigste, und sie ist es deshalb auch, der bei der Bildung der Wolken und vor allem der Niederschläge der Löwenantheil zufällt.

Man kann sich von der Wirkung dieser Ursachen durch einige einfache Versuche ein anschauliches Bild verschaffen:

Füllt man ein Becherglas etwa zu einem Drittheil mit Wasser und erwärmt man das letztere in einem Sandbade ungefähr auf 50 bis 60 Grade, während man es gleichzeitig mit einer Glasplatte bedeckt hat, so erfüllt sich der Raum über dem Wasser reichlich mit Dampf, der jedoch vollkommen unsichtbar bleibt, da sich die Wandungen des bedeckten Glases gleichzeitig erwärmen und deshalb nicht wohl Ausscheidung von Wasser, sei es als Beschlag oder als Nebel, eintreten kann. Sollte sich übrigens doch ein leichter Beschlag gebildet haben, so kann er durch geeignete Bewegung des Glases leicht weggespült werden.

Hebt man aber nun den Deckel ab, und bringt man in den mit Wasserdampf — Wassergas — gefüllten Raum ein kleineres Becherglas, das Eisstücke enthält, so beschlägt sich nicht nur das letztere sofort, sondern es bilden sich auch durch Mischung der an dem kalten Glase herabsinkenden abgekühlten Luft mit dem wärmeren Dampfe dichte Nebel, die auf das warme Wasser herabsinken (s. Fig. 1).

Dieser Versuch erläutert die Niederschlagsbildung sowohl durch Abkühlung der Luft an einem kalten festen Körper, als durch Mischung.

Die Nebelbildung durch Ausdehnung hingegen kann man nach

dem Vorgange von Hrn. Kiefsling in Hamburg in folgender Weise sichtbar machen:

Ein grofser Glasballon, der etwas Wasser enthält, ist mit einem durchbohrten Stöpsel verschlossen. Der letztere trägt ein mit einem Glashahne versehenes Rohr (s. Fig. 2).

Verdünnt man nun die Luft in dem Ballon durch Aussaugen mit dem Munde und öffnet dann den Hahn, den man unmittelbar nach dem Aussaugen geschlossen hat, so dringt Luft ein, und nimmt zugleich ein wenig Rauch eines vor die Oeffnung gebrachten Feuerschwammes mit, oder, was noch besser ist, eine Spur von Dampf brennenden Schwefels, wie ihn jedes gewöhnliche Zündhölzchen — kein Sicherheitszündholz — liefert. Prefst man hierauf, ebenfalls mit dem Munde, durch das Rohr Luft ein, so hat man nach Abschlufs durch den Hahn komprimirte feuchte Luft in dem Ballon.

Läfst man diese alsdann durch Aufdrehen des Hahnes rasch ausströmen, so dehnt sie sich aus und kühlt sich infolge dessen ab und der Ballon erfüllt sich mit Nebel.

Dies würde jedoch nicht eintreten, wenn man die Luft vorher durch Schütteln mit Wasser von allem Staube befreit hätte. Eben deshalb ist es, um sicheres Gelingen des Versuches verbürgen zu können, nothwendig, zuerst eine kleine Spur von Rauch oder Schwefeldampf in das Gefäfs zu bringen.

Fig. 2.

Dies vorausgeschickt soll nun untersucht werden, wie diese verschiedenen Arten der Abkühlung in der Natur zur Geltung kommen und wie sie sich in der Gestalt von Nebel und Wolke bemerkbar machen müssen.

Beginnen wir die Betrachtung mit der Abkühlung durch Berührung der Luft mit einem kälteren Körper. Dieser Erscheinung begegnet man, wenn sich der Erdboden oder eine Wasserfläche durch Ausstrahlung abkühlt, also in den Morgen-, Abend- und Nachtstunden, zur Winterszeit auch am Tage, wenn die Abwesenheit von Wolken, sowie ruhige Luft die Ausstrahlung begünstigen.

In solchen Fällen bedeckt sich zunächst die Erdoberfläche mit Nebel, dem sogenannten Bodennebel, der, wenn er einmal gebildet ist, bei Fortdauer der günstigen Bedingungen von unten nach oben an Mächtigkeit gewinnt, da sich, sowie die Bildung ihren Anfang genommen hat, die Ausstrahlung vorzugsweise an die oberste Grenze des Nebels verlegt, und so ein beständiges Wachsthum desselben von unten noch oben bedingt.

Erwärmt sich der Erdboden während des Tages unter dem Einflusse der, wenn auch spärlich, so doch immerhin noch durch den Nebel dringenden Sonnenstrahlen, so kann sich die unterste Schicht desselben wieder auflösen, und es bildet sich Hochnebel.

In anderen Fällen löst sich der Nebel von oben her auf und haben die untersten Schichten am längsten Bestand.

Was die Mächtigkeit dieser Schichten betrifft, so kann sie eine sehr bedeutende werden und je nachdem mehr als 1000 m erreichen, während sie in anderen Fällen als Bodennebel nach Centimetern zu messen ist.

Die Gestalt der hier beschriebenen Nebel ist meist eine sehr einfache, es sind horizontale Schichten, die nur bei dem Einfallen von Wind oder im letzten Stadium der Auflösung in Schwaden zerfallen.

Wenn jedoch über die obere Fläche einer solchen Schicht Luft von anderer Temperatur hinwegstreicht, dann treten höchst merkwürdige Erscheinungen ein, von denen später im Zusammenhang mit anderen gesprochen werden soll.

In solchen Fällen zeigt nämlich die obere Fläche der Nebelschicht förmliche Wogen und gewährt so einen ähnlichen Anblick wie die sturmbewegte See, wie man aus der beistehenden Wiedergabe (Fig. 8) einer von Professor Riggenbach auf dem Säntis gewonnenen Aufnahme ersieht.

Inwiefern die Abkühlung durch Ausstrahlung auch in höheren Atmosphärenschichten mit in Betracht zu ziehen ist, und inwieweit sie etwa das Wachsthum bereits gebildeter Wolken befördern kann, dies sind Fragen, die zur Zeit noch als vollkommen offene zu bezeichnen sind.

Weit mannigfaltiger als die eben besprochenen Formen sind die durch Mischung entstehenden. Da die Mischung entweder in Flächen vor sich gehen kann, wie bei der Uebereinanderlagerung ungleich warmer, und dementsprechend ungleich schwerer Schichten, oder in Fäden und Wirbeln, wie bei dem Durcheinanderrühren von Flüssigkeiten, so müssen die auf diese Weise entstandenen Wolken entweder ebenfalls horizontale Schichten bilden, wie der am Boden entstandene Nebel, oder sie müssen krause, vielgestaltige Formen zeigen.

Dabei hat es mit der Mischung eine ganz eigene Bewandtniss.

Fürs erste sind die Wassermengen, welche auf diesem Wege

ausgeschieden werden können, selbst wenn die beiden in Mischung
tretenden Mengen gesättigt und wenn aufserdem noch ihre Temperaturen
sehr verschieden sind, doch niemals sehr beträchtliche, und
kann demnach dieser Vorgang niemals die Bildung schwerer Wolken,
noch weniger aber ausgiebiger Niederschläge zur Folge haben.

Ferner aber tritt bei der Mischung nicht vollkommen gesättigter
Luftmengen nur Kondensation ein, so lange das Mischungsverhältnifs
innerhalb gewisser Grenzen bleibt.

Mischt man z. B. zu 95 pCt. gesättigte Luft von 0° mit solcher
von 10°, die ebenfalls zu 95 pCt. gesättigt ist, so tritt Wasserausscheidung

Fig. 3.

dung nur ein, so lange das Verhältnifs, in welchem die kühlere Luft
mit der wärmeren gemischt wird, nicht kleiner ist als 23:77, und nicht
gröfser als 61:39.

Dringt demnach eine Luftmenge von bestimmter Temperatur in
eine solche von anderer Temperatur ein, so wird es sehr häufig vorkommen,
dafs sich bei dem stets wechselnden Mischungsverhältnifs
nur ganz vorübergehend leichte Wolken bilden, die sich bei dem
weiteren Fortschreiten des Prozesses sofort wieder auflösen.

Auf diese Weise entstehen die leichten ausgefransten Wolkenfetzen,
die besonders bei lebhafter Luftbewegung so häufig auftreten,
und stets in raschester Veränderung begriffen sind.

Auch an den Rändern mächtiger, auf anderem, später zu betrachtenden
Wege entstandenen Haufwolken sieht man häufig ähnliche
Erscheinungen, die auch auf Mischung beruhen.

Ungemein lehrreiche Vorgänge der Art kann man dann und wann im Hochgebirge beobachten. Ich habe schon vor mehreren Jahren in dieser Zeitschrift (Himmel und Erde Bd. II, S. 15) einen solchen Fall beschrieben, auf den ich hier noch einmal zurückkommen mufs.

Unter den Bergen, welche das an der Brennerstrafse gelegene, von West nach Ost verlaufende Pflerschthal (Fig. 4) von Norden her begrenzen, nimmt die Pyramide des sogenannten Pflerscher Tribulauns die hervorragendste Stelle ein, östlich von ihr, also im Bilde weiter vorne, zeigt die Bergkette einen Jocheinschnitt, welcher einen Uebergang von dem nördlich gelegenen Obernbergerthal nach dem Pflerschthal gestattet.

Der Südabhang der genannten Kette, der in der Figur rechts erscheint, wird an heiteren Tagen vom Morgen bis zum Abend von der Sonne getroffen, so dafs sich, sofern sonst keine zu starke Luftbewegung herrscht, an diesem Abhang ein kräftiger aufsteigender Strom entwickeln mufs.

Ist nun die allgemeine Luftströmung eine nördliche, so tritt dieselbe durch den erwähnten Jocheinschnitt in den warmen Strom ein, und wird durch diesen nach oben aufgebogen, während zugleich bei geeigneten Feuchtigkeitsverhältnissen eine Mischungswolke entsteht, die ihre konvexe Seite dem Pflerschthal zukehrt.

Der höher in die Atmosphäre hineinragende Tribulaun hingegen führt aufsteigende Luftmassen in die obere nördliche Strömung hinein. Infolge dessen wird der aufsteigende Strom nach Süden abgelenkt und so eine Wolkenfahne gebildet, die ihre konkave Seite dem Thale zuwendet, also genau die entgegengesetzte Krümmung zeigt, wie die erstgenannte.

Derartige durch Mischung entstandene Wolken sind, wie leicht verständlich, höchst vergänglicher Natur; es sind zarte Schleier, die nur unter besonders günstigen Verhältnissen so wohl entwickelt auftreten, wie sie hier beschrieben und abgebildet wurden.

Weit beständiger sind jene Wolken, die durch Mischung an der Grenze zweier übereinanderlagernder Luftschichten entstehen, und die selbst den Charakter der horizontalen Schicht in schönster Ausbildung zeigen, und deshalb den Namen der Schichtwolke, lateinisch Stratus, in vollstem Mafse verdienen.

Sie erscheinen häufig als gleichförmige, über den ganzen Himmel ausgebreitete Decke, deren Mächtigkeit sich schwer beurtheilen läfst, es müfste denn sein, dafs sie gerade von Luftschiffern durchflogen werde.

Noch häufiger aber sind sie von einer anderen Erscheinung begleitet, deren Erklärung vor einigen Jahren auf Grund theoretischer Untersuchungen von Herrn von Helmholtz gegeben wurde, und welche uns die interessantesten Ausblicke eröffnet.

Herr von Helmholtz hat nämlich nachgewiesen, daß bei dem Hinstreichen einer Luftschicht über eine andere von verschiedener Dichtigkeit, d. h. von anderer Temperatur, Wellen entstehen müssen, ganz ähnlich, wie wenn der Wind über ein Kornfeld weht, oder über eine Wasserfläche.

Nur sind diese Wellen von ganz anderen Dimensionen wie die Wasserwellen oder jene eines Aehrenfeldes; die Entfernung zweier be-

Fig. 4.

nachbarter Wellenkämme oder, wie der Physiker sagt, die Wellenlänge ist, wie Herr von Helmholtz theoretisch gezeigt, und wie es die Erfahrung bestätigt hat, bei den hier zu betrachtenden Wellen unverhältnismäßig viel größer.

Während die Wellenlänge bei Wasserwellen nach Metern, wenn auch bei Meereswellen nach vielen Metern zählt, in einzelnen Fällen wohl sogar 100—200 m erreicht, so handelt es sich bei den Längen der atmosphärischen Wellen um Hunderte von Metern, meistens sogar um mehrere Kilometer.

Diese Wellen werden nun sichtbar, sowie die beiden Schichten genügende Feuchtigkeit besitzen. Es werden nämlich an jenen Stellen, welche den Wellenkämmen entsprechen, Massen der einen Schicht in die andere hineingetrieben; infolge dessen bilden sich Wolken, welche die Gestalt paralleler Wülste oder Streifen zeigen und für welche Herr von Helmholtz die treffende Bezeichnung der Wogenwolken eingeführt hat.

Die Figuren 5 und 6 unserer Wolkentafel, die beide nach Aufnahmen von Herrn Dr. Neuhaufs hergestellt sind, zeigen solche Wogenwolken, während Fig. 3 die entsprechende Erscheinung an dem Nebelmeere wiedergiebt. Wird an irgend einer Stelle der Trennungsschicht noch ein ähnliches Wellensystem durch einen aus anderer Richtung wehenden Wind erregt, so werden die bereits gebildeten Wolkenstreifen durch dieses zweite System abermals getheilt und die ganze Schicht zerfällt in rautenförmige Gebilde, es entstehen die sogenannten Schäfchen- oder Lämmerwolken.

Man legt ihnen jedoch diesen Namen gewöhnlich nur dann bei, wenn sie sich in solcher Höhe befinden, dafs man viele von ihnen auf einmal erblickt, so dafs sie in ihrer Gesammtheit den Eindruck einer Heerde machen.

In Wahrheit begegnet man den Wogenwolken in den verschiedensten Höhen, wenn sie auch im allgemeinen mehr den mittleren und höheren Regionen der Atmosphäre anzugehören scheinen, als den untersten.

Thatsächlich hat man aber nicht nur die obere Fläche des die Erde bedeckenden Nebelmeeres schon häufig von hohen Bergen und vom Luftballon aus in parallele Wellenzüge geordnet erblickt, sondern Herr Premierlieutenant Grofs und Herr Berson sahen sogar bei einer am 10. November v. J. ausgeführten Luftfahrt, dafs der kaum mehr als 100 m mächtige Nebel an der Erdoberfläche viele Hunderte genau paralleler Streifen bildete, welche sich an den Rändern grofser Waldkomplexe, die nebelfrei blieben, diesen anzuschmiegen suchten, wie die Kämme der Brandung den Formen des Ufers.

Herr Jesse in Steglitz aber, dem man so schöne Untersuchungen über die leuchtenden Nachtwolken verdankt, hat die gleiche Gliederung in parallele Streifen selbst bei jenen zarten Gebilden nachgewiesen und photographisch festgehalten, welche sich in Höhen von 60—80 km und mehr befinden, d. i. in Höhen, in welchen der Druck der Luft weniger als ein Zehntausendstel von dem an der Erdoberfläche herrschenden beträgt, und wo demnach die Luft dünner ist, als in dem sogenannten Vacuum unserer besten Luftpumpen.

Leider hat sich der Name der „Wogenwolken" bei den Meteorologen noch nicht eingebürgert, und legt man vielmehr bei der Bezeichnung der verschiedenen, unter diese Klasse fallenden Wolken, den Nachdruck auf andere Eigenthümlichkeiten derselben.

Ist die rautenförmige Theilung vorhanden, sind es mithin nach dem Volksausdruck Lämmerwolken, so bezeichnet man sie als Altocumuli, das sind hochschwebende Haufwolken, so lange sie noch ziemlich viel Masse besitzen, d. h. so lange sie den mittleren Regionen der Atmosphäre, also Höhen von 3000-5000 m angehören. In diesen Fällen werden sie meist aus Wassertheilchen oder aus Schneekrystallen bestehen.

Sind sie hingegen sehr zart, wie das bei den aus feinen Eisnädelchen bestehenden, in den höchsten Regionen schwebenden der Fall ist, dann nennt man sie Cirrocumuli oder fedrige Haufwolken.

Man hebt also in beiden Fällen den Umstand hervor, dafs die einzelnen Wolken, aus denen sich die ganze Schicht zusammensetzt, abgerundete Massen bilden und dadurch an die später eingehend zu betrachtenden Haufwolken erinnern. Ist noch keine doppelte, Rauten bildende Furchung vorhanden, sondern hat man es nur mit parallelen Wülsten oder Streifen zu thun, so sprach man früher von Wulstcumulus, so lange es sich um tiefergehende Wolken handelte, oder von Polarbanden, wenn man die parallele Anordnung hervorheben wollte, welche es bedingt, dafs sie perspektivisch nach einem Punkte, Pol genannt, zusammenzulaufen scheinen.

Gegenwärtig werden auch diese Gebilde häufig als Altocumuli oder Cirrocumuli bezeichnet, in Fällen, wo sie sehr hoch gehen, und die Streifen sehr schmal und sehr lang erscheinen, wohl auch kurzweg als Cirren oder Federwolken.

Geht man hingegen auf das Bildungsgesetz zurück und betrachtet man nicht die einzelnen Theile, aus denen sich eine solche Schicht von Wogenwolken zusammensetzt, dann mufs man den Nachdruck auf die grofse Erstreckung in horizontalem Sinne legen, und sie als „einfachgefurchte" oder „doppeltgefurchte" Schichtwolken bezeichnen, wobei man diese selbst immer noch Cumulostratus oder Altostratus oder Cirrostratus nennen mag, je nachdem sie sich in geringen, in mittleren oder in ganz grofsen Höhen befinden.

Wie wichtig die Einführung einer auf das Wesen der Sache gegründeten Bezeichnung gerade dieser Wolkenart für das Verständnifs der atmosphärischen Vorgänge ist, mögen die nachstehenden Betrachtungen lehren, denen jedoch vor allem der Beweis vorauszuschicken ist, dafs man es bei diesen Erscheinungen thatsächlich mit einer Wogenbildung zu thun hat.

Dass dem so sei, geht, abgesehen von den schwierigen mathematischen Betrachtungen, deren ich früher Erwähnung gethan, auch aus dem Folgenden hervor:

Zunächst haben diese regelmäfsig angeordneten Streifen die Eigenthümlichkeit, dafs sie auf grofse Erstreckung hin beinahe gleichzeitig, wie mit einem Schlage entstehen, sei es, dafs sich ein gröfserer Theil des vorher klaren Himmels plötzlich mit solchen Wolken bedeckt, sei es, dafs eine bereits vorhandene Wolkendecke sich mit einem Male mit Furchen durchzieht, während die Wolken selber nur langsam weiter schreiten.

Dieses momentane Entstehen paralleler Reihen von Wolken findet sein vollkommenes Analogon in dem Vorgange, der eintritt, wenn ein plötzlich einfallender Wind eine glatte Wasserfläche trifft und dadurch in einem Augenblicke die Fläche mit vielen hunderten von Wellen bedeckt.

Ueberdies haben die Luftschiffer nachgewiesen, dafs solche verhältnifsmäfsig dünne Wolkendecken thatsächlich die Grenze bilden zwischen Luftschichten von verschiedener Temperatur, und dafs die Furchungen auftreten, wenn die Schicht zugleich die Trennungsfläche zwischen zweierlei Strömen ist, die verschiedene Geschwindigkeit besitzen.

Hierdurch ist aber auch die Voraussetzung als richtig nachgewiesen, welche Herr von Helmholtz den Rechnungen zu Grunde gelegt hat, die ihn zu der Entdeckung der Luftwogen führten.

Betrachtet man diese Art der Wolkenbildung von den eben entwickelten Gesichtspunkten aus, dann enthüllt sie die merkwürdige Thatsache, dafs man es an diesen Stellen eben mit einer solchen Trennungsfläche zu thun habe, und dann lehrt die Häufigkeit des Vorkommens solcher Wogenwolken, dafs das Uebereinanderhinwegfliefsen verschiedener Luftströme einer der gewöhnlichsten Vorgänge ist.

Die genaue Beobachtung dieser Erscheinungen aber erweist sich von diesem Standpunkte aus als ein mächtiges Hülfsmittel zum Studium der atmosphärischen Bewegungen.

Bei allen bisher besprochenen Wolken handelte es sich um verhältnifsmäfsig leichte Gebilde, wohl im stande, die Sonne mehr oder weniger zu verhüllen, aber niemals geeignet, Quellen ausgiebiger ja auch nur nennenswerther Niederschläge zu werden.

Der glänzend weifsen Haufwolken, die sich an schönen Sommertagen gleich mächtigen Gebirgen aufthürmen, oder der drohend schwarzen Gewitterwolke, die sich noch viel gewaltiger erhebt, um nachher die Fluren mit erquickendem Regen oder mit verheerendem Hagel zu überschütten, wurde noch nicht mit einem Worte gedacht.

Diese Wolken, von denen Fig. 7 der Tafel eine Probe zeigt, und zwar nach einer Aufnahme von Herrn Riggenbach, entstehen aber auch unter ganz anderen Umständen als den bisher betrachteten.

Dies ergiebt sich schon aus oberflächlicher Ueberlegung, ganz abgesehen von strengerer mathematischer Untersuchung:

Abkühlung durch Berührung kälterer Körper oder durch direkte Ausstrahlung innerhalb der Atmosphäre sind als Bildungsursachen dieser Wolkenarten ohnehin schon ausgeschlossen, da sie gerade zur heifsesten Tages- und Jahreszeit am häufigsten sind.

Ebensowenig kann Mischung der Entstehungsgrund sein, da diese unmöglich durch grofse Massen hindurch wirksam sein könnte, sondern sich nur auf die Oberfläche beschränken würde, so dafs Gebilde von der äufseren Gestalt der Haufwolken, wenn sie durch Mischung entstanden wären, innen hohl sein müfsten.

Diese Wolken verdanken vielmehr ihre Entstehung der dritten der eingangs erwähnten Ursachen, nämlich der Abkühlung der Luft beim Aufsteigen.

Je höher man sich in die Atmosphäre erhebt, um so geringer wird der Luftdruck; Luft, die von unten aus aufsteigt, mufs sich demnach fortgesetzt ausdehnen, da Gase einen um so gröfseren Raum einnehmen, je geringer der Druck ist, der auf ihnen lastet.

Diese Ausdehnung ist sehr beträchtlich, so dafs die Luft schon bei einer Erhebung um 3250 m, d. i. etwas mehr als die Höhe des Hohen Sonnblicks in den Tauern, bisher die höchste meteorologische Station in den Alpen, das $1^1/_2$ fache, bei einer Erhebung auf 5800 m aber das Doppelte ihres ursprünglichen Volumens einnimmt.

Es sind demnach hier dieselben Bedingungen gegeben, wie bei dem oben beschriebenen Kiefslingschen Versuch, es müssen sich Wolken bilden, und zwar unter sehr reichlicher Ausscheidung von Wasser, so dafs sich aus diesem Vorgang, wie die Rechnung zeigt, auch die Entstehung der ausgiebigsten Niederschläge ungezwungen erklären läfst.

Dafs die sommerlichen Haufwolken auf die durch die Hitze begünstigten aufsteigenden Ströme zurückzuführen seien, hat man schon längst gewufst; die volle Bedeutung dieses Vorganges, der jetzt den Schlüssel abgiebt für die gesamte Theorie der Niederschlagsbildung, hat man erst bei dem Studium jener merkwürdigen Erscheinungen kennen gelernt, welche eine Eigenthümlichkeit hoher Gebirge sind, und die man in den Alpen mit dem Namen des warmen Windes oder des Föhns bezeichnet.

Ich habe schon früher einmal Gelegenheit gefunden, die Föhnerscheinungen in dieser Zeitschrift (Bd. II. S. 9 u. ff.) ausführlich zu besprechen und könnte mich daher mit einem blofsen Hinweis begnügen, halte es aber doch für gut, wenigstens das Wichtigste der damals gemachten Darlegungen in gedrängter Kürze zu wiederholen.

Es darf als bekannt vorausgesetzt werden, dafs dann und wann in die nördlichen Alpenthäler vom Alpenkamm aus ein Sturm herniederbraust, der sich durch Hitze und ganz ungewöhnliche Trockenheit auszeichnet.

Wegen dieser beiden Eigenschaften, Wärme und Trockenheit, glaubte man früher den Ursprung desselben in die Sahara verlegen zu müssen, bis man, gestützt auf zahlreichere meteorologische Beobachtungen, vor nicht ganz dreifsig Jahren zu der Erkenntnifs kam, dafs das Auftreten dieser Erscheinung in den Nordalpen immer mit starken Niederschlägen an dem Südabhange Hand in Hand ging, und dafs der Wind, der heifs und trocken unten ankommt, diese Eigenschaften erst im Herabsinken erhält, während er auf dem Kamm selbst noch kalt und feucht ist.

Man fand, dafs jedesmal Föhn weht, wenn die allgemeine Luftdruckvertheilung über Europa eine derartige ist, dafs massenhaft Luft von der Südseite her über die Alpen herüber gesogen oder geprefst wird; und als man dies erkannt hatte, bemerkte man bald, dafs ähnliche Erscheinungen überall eintreten, wo Luft gewaltige Gebirge zu übersteigen hat.

Nach dem oben Gesagten fällt die Erklärung nicht schwer.

Sowie Luft auf der einen Seite eines Gebirges in die Höhe steigt, dehnt sie sich aus und kühlt sich dementsprechend ab, ganz ähnlich wie die verdichtete Luft, die sich in dem oben beschriebenen Gefäfs ausdehnte, nachdem man den Hahn geöffnet hatte.

Hierbei wird nun bei bestimmter Höhe der Sättigungspunkt erreicht, es bilden sich Wolken, und Wasser fällt in Form von Regen oder Schnee heraus.

Die Luft ist demnach auf dem Kamme des Gebirges, obwohl gesättigt, doch an Wasser ärmer als vor dem Aufsteigen.

Sowie sie aber nun auf der andern Seite herabsinkt, erwärmt sie sich infolge der eintretenden Kompression, wird also sofort relativ trocken und ist schon in einer Höhe, bei welcher sie die gleiche Temperatur hat, wie vor dem Aufsteigen, viel trockener als ursprünglich, da sie Wasser abgegeben hat.

Da sie nun aus Gründen, wegen deren ich auf den älteren Aufsatz verweisen muſs, die Anfangstemperatur erreicht, noch ehe sie in das Ausgangsniveau gekommen ist, und da sie sich beim weiteren Abstieg auch noch weiter erwärmt, so kommt sie unten wärmer an, als sie ursprünglich in der gleichen Höhe war, und da sie jetzt bei der höheren Temperatur nicht einmal mehr den ursprünglichen Wassergehalt besitzt, auch aufserordentlich trocken.

Dieser Vorgang ist nun von einer ganz eigenen Art von Wolkenbildung begleitet.

Auf der Kammhöhe des Gebirges, wo der Luftstrom seinen Wendepunkt erreicht, und das Aufsteigen in Absteigen übergeht, thürmen sich Wolkenmassen zu einem mächtigen Walle auf, der trotz der Bewegungen, die er im einzelnen zeigt, doch im ganzen festzustehen scheint, und dem man deshalb den Namen der Föhnmauer gegeben hat.

Dies ist ein sehr interessantes Beispiel aus der Reihe von Fällen, wo eine Wolke scheinbar fest steht, während sie doch von einem gewaltigen Sturme durchbraust wird, zugleich eine ernste Mahnung, aus der Bewegung von Wolken nicht unmittelbar auf die der Luft schlieſsen zu wollen.

Es kommt häufig vor, daſs eine Wolke gleichzeitig in steter Bildung und Auflösung begriffen ist, daſs die Theilchen, aus denen sie besteht, mit grofser Geschwindigkeit fortgetragen, aber eben so rasch durch neue ersetzt werden.

Aehnlichen Verhältnissen, wie sie hier beschrieben wurden, begegnet man bei jedem aufsteigenden Luftstrome, sei es, daſs das Aufsteigen wie bei der sommerlichen Haufwolke durch lokale Erwärmung bedingt ist, sei es, daſs man sich im Gebiete einer barometrischen Depression befindet, nach welcher unten von allen Seiten Luft hinströmt, die dann natürlich oben abflieſsen und so einen aufsteigenden Strom über dem Gebiete erzeugen muſs.

In beiden Fällen bilden sich Wolken, welche massige gehäufte Gestalten zeigen müssen, da in diesem Falle die Kondensation durch die ganze Masse hindurch erfolgt, und da der aufsteigende Strom sich in die umgebenden Luftmassen hineindrängt, wodurch runde, stumpfe Begrenzungen entstehen.

Die sommerliche Haufwolke hat eine ebene Grundfläche, wie sie eben jener Höhe entspricht, in welcher die aufsteigende Luftmasse den Kondensationspunkt erreicht; die grofse Regenwolke dagegen, die im Grunde genommen auch nichts anderes ist als eine Haufwolke, deren obere Fläche uns jedoch für gewöhnlich verhüllt ist, zeigt unten meist eine unregelmäſsige fransige Begrenzung, eine Eigenthümlichkeit, die freilich meist nur im Gebirge deutlich hervortritt, da sich nur dort die genannte Begrenzung deutlich von ihrem Hintergrunde abhebt.

Es ist dies eine Folge der Mischungen, die hier neben der Hauptursache, der Wolkenbildung durch Aufsteigen eine gewisse, wenn auch nur nebensächliche Rolle spielen. Diese Franzen erscheinen besonders dann, wenn die Luftbewegung eine lebhaftere ist, und ihre Gestalt läfst erkennen, dafs in solchen Fällen das Aufsteigen in schiefen Linien erfolgt, wobei die Kondensation an den verschiedenen Stellen in etwas verschiedener Höhe beginnt, je nachdem die aufsteigenden Stromfäden sich an der Erdoberfläche mehr oder weniger mit Wasser sättigen konnten.

Die Haufwolken oder Cumuli weisen zuweilen ganz enorme Höhenentwicklung auf.

Schon die gewöhnlichen Regenwolken, deren Grundfläche sich nur wenige hundert Meter über den Erdboden bezw. über die Thalsohle erhebt, und nicht selten noch tiefer herabrückt, ragen häufig bis über die höchsten Alpengipfel hinauf, und noch gewaltigere Höhen zeigen manchmal die Gewitterwolken.

Professor Riggenbach hat z. B. einmal vom Säntis aus eine mächtige Gewitterwolke über den Algäuer Alpen beobachtet, deren Grundfläche nach von ihm angestellten Messungen eine Meereshöhe von 2800 m hatte, während die obersten Köpfe derselben bis in 18 000 m emporreichten, also in eine Höhe, die mehr als das zweieinhalbfache von jener des Montblanc (4810 m) beträgt.

Uebrigens spielen wahrscheinlich bei den Gewitterwolken noch ganz eigenartige Umstände mit, um dem aufsteigenden Luftstrom eine besondere Stärke zu verleihen, und damit die Wassertheilchen in ungewöhnlich bedeutende Höhen zu heben.

Solche Wolken enthalten nämlich häufig überkaltetes Wasser. Wird nun dieser Zustand durch irgend einen Anstofs, z. B. durch das Hineinfallen von Schneekrystallen aus noch höheren Schichten plötzlich gebrochen und tritt Erstarren ein, so hat dies momentane Erwärmung zur Folge, wodurch dann plötzlich ein neuer Auftrieb erfolgt.

Eine solche überkaltete Wolke trägt demnach in gewissem Sinne eine Kraftquelle in sich, und dürfte hierin der Grund zu suchen sein für die gewaltigen Gestaltsänderungen, welche die Gewitterwolken zeigen, für das Aufblähen derselben und für das Vorschiefsen neuer Cumulusköpfe, die sich oft innerhalb weniger Minuten hoch aufthürmen.

Sollte aufserdem gar noch übersättigter Dampf in der Luft

vorkommen, was zwar noch nicht direkt nachgewiesen, aber aus manchen Gründen nicht unwahrscheinlich ist, so müfsten all diese Vorgänge noch weitere Verstärkung erfahren und dürfte in ihnen die Ursache der sogenannten Wolkenbrüche zu suchen sein.

Im Vorstehenden wurde gezeigt, wie sich die Mehrzahl der häufiger vorkommenden Wolkenformen sehr wohl aus der Art ihrer Entstehung erklären lassen, und wie man oben aus ihrer Form auf ihren Ursprung schliefsen kann.

Fig. 9.

Dafs aus dem Zusammenwirken der aufgezählten Ursachen noch manche Zwischenformen entstehen müssen, ist naheliegend, doch wird es nicht allzuschwer sein, auch diese Formen auf die hier entwickelten Grundsätze zurückzuführen.

Eine einzige Form erübrigt noch, über deren Bildung ich zur Zeit noch nicht genauer Rechenschaft zu geben weifs, wenigstens nicht in allen Fällen.

Es sind dies die den höchsten Regionen der Atmosphäre angehörigen Windbäume und eigentlichen Federwolken, Cirrus oder Cirrostratus genannt.

Zwar steht es aufser Zweifel, dafs diese zarten Gebilde aus Eisnadeln bestehen, auch lassen sie sich dann und wann ebenfalls auf Wogenwolken zurückführen, aber immerhin scheint es mir wenigstens vorerst noch nicht möglich, ihre so verschiedenartigen und mannigfältigen Formen bis ins Einzelne zu erklären. Abbildungen solcher Wolken zeigen die Figuren 8 (Tafel) und 9, deren Originale ich den Herren Dr. Neuhaufs (Fig. 8) und Professor Sprung (Fig. 9) verdanke.

Dies ist demnach eine Aufgabe, deren Lösung der Zukunft vorbehalten bleiben mufs, eine Aufgabe, die der Bearbeitung um so würdiger scheint, als gerade diese Wolken uns Kunde bringen von Vorgängen, die sich in ganz grofsen Entfernungen abspielen und die deshalb ganz mit Recht als Vorboten kommender Witterung betrachtet werden.

Tritt es doch nicht selten ein, dafs eine über der irischen See erscheinende Depression solche Cirruswolken bis nach den Alpen hin entsendet, während sich in den tieferen Regionen ihre Wirkungen nur in viel engerem Umkreise geltend machen.

Aber trotz dieser Lücke und trotz des schon im Eingang betonten Umstandes, dafs es recht alltägliche Erscheinungen sind, von denen ich hier gesprochen habe, hoffe ich doch, dafs diese Zeilen für manchen Leser Veranlassung werden möchten, eben diese Erscheinungen mit etwas anderen Augen zu betrachten als bisher.

Sowie man aber einmal anfängt, sie mit Aufmerksamkeit zu verfolgen, und aus der Form der Wolken mit ihren steten Veränderungen die Geschichte ihres Entstehens und Vergehens herauszulesen, dann gewinnen diese alltäglichen Erscheinungen, ganz abgesehen von der malerischen Seite, doch einen gar eigenartigen, tiefer gehenden Reiz, und dann fühlen wir auch bei ihrem Anblick den Nachhall jener wunderbaren Worte, welche Goethe dem Weltgeist in den Mund legt:

> In Lebensfluthen, im Thatensturm
> Wall' ich auf und ab,
> Webe hin und her!
> Geburt und Grab
> Ein ewiges Meer,
> Ein wechselnd Weben
> Ein glühend Leben.
> So schaff' ich am sausenden Webstuhl der Zeit
> Und wirke der Gottheit lebendiges Kleid.

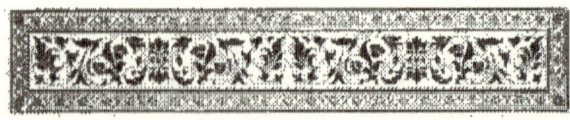

Wirken und Schaffen der Pflanzenwelt.

Gemeinverständlicher Vortrag über die wichtigsten Lebensvorgänge in der Pflanze, gehalten in der Urania zu Berlin
von Privatdocent Dr. Carl Müller.

(Fortsetzung)

Wir wissen nunmehr, dafs den Wurzeln aufser der Aufgabe, die Pflanze im Boden zu befestigen, die wichtige Funktion der Aufnahme von Wasser und den darin gelösten Nährstoffen zufällt. Wo aber bleibt das aufgenommene Wasser, welchen Weg schlägt es im Pflanzenkörper ein, mit anderen Worten: Wo ist der Ort der Wasserbewegung?

Wir können hiervon eine geeignete Vorstellung gewinnen, wenn wir das schematische Bild einer durchsichtig gedachten Pflanze betrachten (Fig. 10). Wir sehen hier jede Wurzel von einem schwarzen Streifen durchzogen, welcher dicht hinter dem Wurzelscheitel, nahe der Wurzelspitze einsetzt. Verfolgt man diese Streifen in den feinsten Wurzeln von der Spitze aus rückwärts gegen den Grund der Wurzeln, so erkennt man, dafs alle jene schwarzen Streifen sich wie Zuflüsse und Nebenflüsse zu einem Hauptstrome verhalten, welcher die Hauptwurzel in ihrer Mitte durchsetzt. Da aber, wo der Stamm sich an die Wurzel anfügt, spaltet sich der Hauptstrom in Zweigströme, welche nicht allzu fern von der Stammoberfläche unter der Rinde aufwärts verlaufen, um dicht unter dem Stammscheitel sich so zu verlieren, wie die Ströme nahe den Wurzelspitzen einsetzten. Wichtig ist aber die Beobachtung, dafs überall da, wo Blätter dem Stamme ansitzen, aus den Hauptströmen sich Seitenströme in die Blattstiele abzweigen. Wir sehen diese Seitenströme als Mittelrippen die Blattflächen durchsetzen, und von diesen aus verzweigt sich ein reiches Adernetz nach rechts und links, dessen letzte Ausläufer mitten im Blattfleische und mit Vorliebe in den Blattspitzen und Blattzähnen enden. Dieses Adernetz ist nun wieder jedermann bekannt. Wer wüfste nicht, dafs jedes grüne Blatt, gegen das Licht gehalten, die Adern (man nennt sie freilich oft fälschlich Nerven) als helle Linien durchscheinen läfst! Der Botaniker nennt alle jene, die Wurzeln, Stämme und Blätter wie ein System von Bahnlinien durchlaufenden Stränge die Leitbündel des Pflanzenkörpers. In ihrer Gesamtheit bilden sie nichts anderes als das System der Wasserleitungsbahnen, die, wie wir nun wissen, alle Organe des Pflanzenleibes durchsetzen und mit Wasser versorgen, ähnlich wie die Wasserleitungen dem Wasserbedürfnifs unserer Städte, unserer Anlagen, unserer Häuser, ja unseres Haushaltes angepafst sind. Dabei besteht aber doch ein gewaltiger Unterschied. Die künstlichen Wasserleitungen sind im Gegensatz zu denen, welche die Pflanze baut, unendlich kunstlos hergestellt. Wir bauen, dem lokalen Bedürfnifs angepafst, hier ein weites Leitungsrohr, dort ein enges. Das Rohr selbst aber ist kunstlos roh. Wie ganz anders baut die Pflanze oder richtiger ihr Protoplasma!

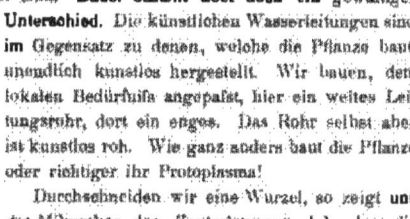

Fig. 10.

Durchschneiden wir eine Wurzel, so zeigt uns das Mikroskop den „Zentralstrang", d. h. eben die Leitungsbahn, wie es die Fig. 6 auf S. 172 darstellt. Alle dort schwarz gehaltenen, starkwandigen Zellgebilde sind mikroskopisch feine Wasserleitungsröhren, welche der Botaniker als Gefäfse bezeichnet. Gewöhnlich verlaufen viele derselben neben einander, die Hauptmasse jener im schematischen Bilde Fig. 10 schwarz gezeichneten Wasserleitungsbahnen ausmachend, weshalb diese auch als Gefäfsbündel bezeichnet zu werden pflegen.[1])
Schneiden wir einen Stamm quer durch, dann sieht man gewöhnlich die Querschnitte zahlreicher Leitbündel im mikroskopischen Bilde, wie ein solches in Fig. 11 aus dem Stamme einer Maispflanze dargestellt ist. Bei r, s und p sehen wir die grofsen wasserleitenden Gefäfsröhren durchschnitten.

Verwickelter werden alle Verhältnisse, wenn wir es mit aus-

---

[1]) Es mag hier betont werden, dafs der nicht aus Gefäfsen bestehende Theil der „Gefäfsbündel", das Phloëm der Botaniker, nicht minder wichtige Aufgaben für die Pflanze zu erfüllen hat. Das Phloëm leitet die weiterhin zu erwähnenden Baustoffe des Pflanzenleibes, besonders die Eiweifsstoffe. Der Bezeichnung „Gefäfsbündel" ist deshalb die Benennung „Leitbündel" vorzuziehen.

dauernden Gewächsen zu thun haben. In diesen schliefsen sich die Leitbündel gewöhnlich so eng aneinander, dafs ihre Abgrenzung nur dem mit der mikroskopischen Beobachtung vertrauten Forscher gelingt. Hier kann uns aber eine andere Thatsache das Verständnifs zugänglich machen. Alle wasserleitenden Elemente des Pflanzenkörpers, insbesondere also die in den Figuren 6 und 11 dargestellten Gefäfse, zeigen die Eigenthümlichkeit, dafs ihre ursprünglich wie die Membranen aller Pflanzenzellen aus Zellstoff bestehenden Wände sehr frühzeitig dem Verholzungsprozesse unterliegen, so dafs wir geradezu

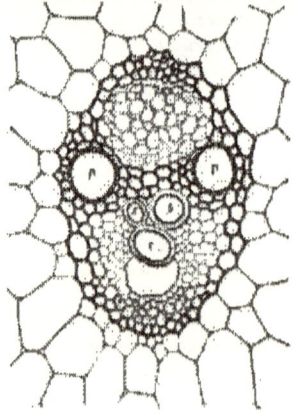

Fig. 11.

sagen müssen: In allen Pflanzen ist das Holz der Ort der Wasserbewegung.

An dieser wichtigen Thatsache ändert sich nichts, wenn im Holzkörper, namentlich unserer Bäume, aufser den oft mit blofsem Auge erkennbaren Gefäfsröhren[2]) noch andere Zellelemente vorhanden sind,

---

[1]) Am leichtesten erkennt man mit blofsem Auge die Gefäfse des Eichenholzes. Sie bilden die auffälligen, an Eichenmöbeln sichtbaren Linien, welche die „Maserung" des Holzes wie eingravirt erscheinen lassen. Sehr weite Gefäfse besitzen auch kletternde und schlingende Stämme. Man betrachte nur einmal den Querschnitt einer Weinrebe oder des als „Kulturpflanze" nicht minder schätzenswerthen Hohrstockes! Im letzteren sind die Gefäfse so weite Röhren, dafs findige Schulknaben wohl hin und wieder Rohrstockabschnitte zu vorzeitigen Rauchversuchen benutzen.

namentlich Zellen, die dem Festigungsbedürfnifs der Stämme entsprechen.

Hier können wir zugleich eine wichtige Frage streifen. Wenn unsere ausdauernden Pflanzen, vornehmlich also unsere Bäume, im Herbste ihre Blätter verlieren, dann gehen mit jedem Blatte die oberen Enden aus dem Stamme ausbiegender Wasserleitungsbahnen zu Grunde, und damit hat der im Stamme verbleibende Leitstrang ausgedient. Er veraltet, sein Holztheil wird allmählich aus der Wasserleitung ausgeschaltet. Dagegen schaffen alle im Frühling des folgenden Jahres austreibenden neuen Blätter neue Leitungsbahnen, neue Gefäfse, welche Stamm und Wurzeln durchziehen. Es bildet sich aus der Gesamtheit der neugebildeten Gefäfse und der sie begleitenden Holzelemente auf dem vorjährigen Holze eine neue Holzschicht aus. Auf dem Stammquerschnitt erscheint sie als ein neuer Jahresring, dessen wasserleitende Thätigkeit naturgemäfs wieder am Jahresschlusse erlischt oder doch merklich abnimmt, so dafs beim nächstjährigen Knospenaustriebe die Bildung eines neuen Jahresringes zur Nothwendigkeit wird.

Wollten wir aber noch die wasserleitenden Röhren selbst mit dem Mikroskop durchmustern, auf welche Fülle von Erscheinungen würden wir dann geführt werden. Wir fänden die Röhren bald ausgesteift durch Ringe oder ausziehbare Spiralbänder, oder ihre Wand skulptirt mit zierlichen Netzleisten, Tüpfelchen oder Spalten, deren Betrachtung von neuem die unendliche Fülle der schöpferischen Kräfte illustriren würde.

Wie steigt nun das Wasser in den Pflanzen auf? Welche Kräfte kommen zur Geltung, damit das Wasser innerhalb der Pflanze — und das kann nicht scharf genug betont werden — nicht blofs (entgegen seiner bekannten Neigung) bergauf, sondern geradezu der Schwerkraft entgegen, senkrecht in die Höhe steigt? Diese Frage bietet an sich schon für ganz niedrige Pflänzchen ein schwieriges Problem. Viel schwieriger aber wird die Frage, wenn wir bedenken, dafs das Wasser in den Bäumen ja mehr als hausboch gehoben werden mufs, um die Blätter in den Wipfeln mit dem nothwendigsten Lebens- und Betriebselement zu versorgen.[*]

Schon der Vorgang der Wasseraufnahme durch die oberflächlich gelegenen Zellen der Saugwurzeln erheischt eine Erklärung, da ja die Zellwände selbst bei mehr als 1000facher Vergröfserung keine Eintritts-

---

[*] Die Riesenbäume der californischen Sierra, die Wellingtonien, erreichen eine Höhe von 300 Fufs. Hier steigt das Wasser also bis zur Höhe des Berliner Rathhausthurmes aufwärts!

Öffnungen für das Wasser erkennen lassen. Wir haben es hier mit einer bekannten physikalischen Erscheinung, wie der Physiker sagt, mit einer Osmose zu thun, deren Prinzip sich leicht verständlich machen läfst.

Füllen wir eine Blase etwa mit einer Kochsalz-, Salpeter-, Zucker- oder Gummilösung völlig an, verschnüren wir ihre Oeffnung absolut dicht und legen die Blase nun in Wasser, so werden wir bald erkennen, dafs Wasser von aufsen her in die Blase eindringt. Wir erkennen dies an dem Strafferwerden derselben, das unter Umständen zum Platzen der Blasenhaut führt. Die in der Blase eingeschlossene Lösung übt mithin eine wasseranziehende Kraft aus, deren Gröfse einestheils von der Art des gelösten Körpers, anderentheils von der in Lösung gegangenen Menge desselben abhängt.

Die Menge des in einer bestimmten Zeit durch eine durchlässige Haut seitens einer Lösung aufgenommenen Wassers läfst sich übrigens durch einen äufserst einfachen und deshalb um so lehrreicheren Versuch feststellen. Wie in Fig. 12 angedeutet, füllen wir ein mit Schweinsblase überbundenes Trichterrohr mit einer wasseranziehenden, am besten durch irgend einen Farbstoff gefärbten Flüssigkeit[1]) und senken das Trichterrohr, die

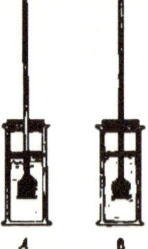
Fig. 12.

Blase nach unten gewandt, in ein mit Wasser gefülltes Gefäfs, so dafs beim Beginn des Versuchs das Niveau des Wassers mit dem Niveau der Lösung im Steigrohr übereinstimmt (Fig. 12, A). Nach einiger Zeit wird man die Flüssigkeit im Steigrohr um so viel aufsteigen sehen, als Wasser durch die Blasenhaut in das Innere des Trichterrohres gesogen wurde (Fig. 12, B).

Will man noch die Kraftgröfse bestimmen, welche der Wasseranziehung der Lösung gleichkommt, so wird man das Trichterrohr mit einem U-förmig gebogenen, mit Quecksilber gefüllten Glasrohr, einem Manometer, in Verbindung setzen (Fig. 13). Es wird nunmehr durch das in die Lösung eingesogene Wasser das Quecksilber in die Höhe getrieben, und der Quecksilberdruck ist dann unmittelbar der Ausdruck des von der Lösung ausgehenden „osmotischen Druckes."[2])

---

[1]) Als solche kann man der Einfachheit halber einen alkoholischen Alkannawurzel-Auszug wählen. Ebenso effektvoll wirkt eine mit Fuchsin gefärbte Zuckerlösung.

[2]) Der Druck einer Quecksilbersäule von 760 mm Höhe wird als eine Atmosphäre bezeichnet. Er entspricht einem Drucke von etwa 1 kg, welcher auf einer Fläche von einem Quadratcentimeter lastet.

Die osmotischen Drucke unverhältnifsmäfsig verdünnter Lösungen sind übrigens beträchtlich. Eine 1 prozentige Salpeterlösung erzeugt bereits einen Druck von mehr als 3 Atmosphären[*], d. h. in dem in Fig. 13 dargestellten Apparat würde das Queckailber rechts mindestens 3 × 76 = 228 cm in die Höhe getrieben werden, ehe die Salpeterlösung aufhören würde, weiteres Wasser durch die Blase aus dem Gefäfs A aufzusaugen. Da nun Wasser 13½ mal leichter ist als Quecksilber, so vermag die Salpeterlösung eine Wassersäule von etwa 13½ × 228 = 3078 cm, also rund 30 m in die Höhe zu treiben.

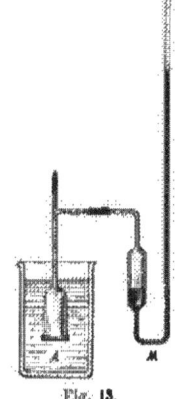

Fig. 13.

Wie sieht nun die Pflanze dieser Kraftleistung gegenüber? Wir wissen, dafs das in den lebenden Zellen enthaltene, vom Protoplasma umschlossene Wasser (der „Zellsaft") nicht reines Wasser ist, dafs dasselbe verschiedene Salze, Säuren, Zucker und noch andere Pflanzenstoffe gelöst enthält. Der in den geschlossenen Zellen enthaltene Zellsaft mufs also in ganz entsprechender Weise von aufsen her Wasser durch die Zellwand hindurch einsaugen, wie es der Versuch mit der Salpeterlösung veranschaulichte. Es hat sich nun durch sorgfältige Versuche ergeben, dafs der von dem Zellsafte ausgeübte osmotische Druck viel höher zu sein pflegt, als der einer 1 prozentigen Salpeterlösung, dafs er vielmehr einem Drucke von 12—15 Atmosphären entspricht.[1]

Mit diesem respektablen Drucke saugen alle die Tausende von oberflächlich gelegenen Wurzelzellen das ihnen zur Verfügung stehende Bodenwasser in den Pflanzenkörper und pressen es (geradeso, wio das Queckailber im Versuche Fig. 13 rechts in das Rohr gedrückt wurde) in die Gefäfse des Wurzelzentralzylinders, die sich als ununterbrochene Röhren in den oberirdischen Stamm und in die Blätter fortsetzen.

Hierbei geht freilich ein Theil der Druckkraft verloren, da jede Zellwand dem Wasserdurchtritt ein Hindernifs, einen Filtrationswiderstand, entgegensetzt. Es läfst sich aber doch der Gesamt-

[*] Nach neuester Messung 3,4 Atmosphären.
[1] Diese Druckerscheinung ist ganz erstaunlich. Die Lokomotiven der deutschen Eisenbahnen fahren jetzt durchschnittlich mit einem Dampfdruck von höchstens 10 Atmosphären.

druck, welchen das Wurzelsystem erzeugt, durch einen einfachen Versuch ermitteln.

Schneiden wir beispielsweise den Stamm einer gut eingewurzelten, in kräftiger Vegetation befindlichen Fuchsie etwa 5—10 cm über dem Boden quer ab, so wird, sofern wir den Boden feucht erhalten, in kurzer Zeit Wasser aus der Schnittfläche des Stumpfes hervortreten dessen Menge wir leicht bestimmen können, wenn wir dem Stumpfe mit Hilfe einer Kautschukhülse ein zweimal rechtwinkelig gebogenes Glasrohr aufsetzen, aus dessen abwärts gerichtetem, spitz ausgezogenen Schenkel man dann von Zeit zu Zeit (etwa alle 5 Minuten) einen Tropfen niederfallen sieht, wie es Fig. 14 andeutet. Der Versuch kann mehrere Wochen hindurch fortgesetzt werden.

Nicht mit Unrecht hat man das Austreten flüssigen Wassers aus solchen Schnittwunden als ein Bluten bezeichnet. Am längsten ist diese Erscheinung von dem Weinstock bekannt, dessen Triebe bekanntlich zur Erzielung möglichst saftreicher Trauben zu bestimmten Zeiten abgeschnitten werden. Man spricht dann wohl auch von „Thränen" mit Bezug auf die abtröpfelnden Säfte, die freilich zu den Tropfen des Lacrimae Christi[1]) genannten Weines nur in entfernter Beziehung stehen.

Fig. 14.

Daß aber das „Bluten" oder „Thränen" der Pflanzen auch wirklich wie in den einfachen physikalischen Versuchen unter einem gewissen Druck geschieht, läßt sich wiederum in einfacher Weise demonstriren, wenn man dem Stumpfe der geköpften Pflanze, entsprechend wie in Fig. 13, ein U-förmig gebogenes Manometerrohr ansetzt, in welchem Quecksilber durch das aus der Schnittfläche hervorgepreßte Wasser in die Höhe getrieben wird. Die Quecksilbersäule entspricht dann dem von dem Wurzelsystem ausgehenden „Wurzel-" oder „Blutungsdruck." Derselbe stellt uns die Summe aller von den wasseraufsaugenden Zellen ausgehenden osmotischen Druckkräfte vermindert um die Gesamtheit der die Wasserbewegung hindernden Widerstände dar.

Diese Thatsache macht es denn auch verständlich, daß der Blutungsdruck nicht mehr dem osmotischen Druck von 12—15 Atmosphären gleichkommt. Die Beobachtung stark blutender Weinstöcke

[1]) d. h. Thränen Christi.

zeigt höchstens einen Blutungsdruck von 2 Atmosphären, d. h. das Quecksilber wird im Manometer höchstens $2 \times 76 = 152$ cm oder $1\frac{1}{2}$ m hoch gedrückt. Es mag aber hier zum Vergleich angeführt werden, dafs ein kräftiger Mensch mit Hilfe seiner Lunge das Quecksilber nicht höher als 6—8 cm zu blasen vermag!

Eine einfache Ueberlegung läfst uns nun erkennen, dafs der Blutungsdruck nicht ausreicht, um die Wasserversorgung hoher Bäume zu erklären. Die $1\frac{1}{2}$ m hohe Quecksilbersäule würde ja nur einer $13\frac{1}{2}$ mal so hohen, d. h. einer ca. 20 m hohen Wassersäule entsprechen. Danach dürfte kein Baum höher als 20 m werden, und doch wissen wir, dafs die californischen Riesenbäume, die Wellingtonien, bis nahezu 100 m Höhe erreichen.

Der Wasserbewegung im Holze kommt jedoch ein anderer Umstand zu gute. Die Physik lehrt uns, dafs in haarfeinen Röhren, sogenannten Haarröhren oder Capillaren, Flüssigkeiten entgegen dem Gesetz der Schwere in die Höhe steigen, sofern ein Benetzen der Röhren, d. h. eine gewisse Anziehung zwischen der Flüssigkeit und dem Material der Röhren stattfindet. Wasser ist aber bekanntlich eine benetzende Flüssigkeit[*]). Die Physik lehrt hierzu ferner, dafs Flüssigkeiten um so höher in den Wasserröhren aufsteigen, je enger dieselben sind. Dies Gesetz macht sich in der Pflanze geltend. Wir wissen ja, dafs die wasserleitenden Gefäfse im Pflanzenkörper mikroskopisch enge Röhren sind. Es wird also das vom Blutungsdruck in die Gefäfse geprefste Wasser, gleichsam sein Gewicht verlierend, nach dem Gesetz der Haarröhrchen, man sagt, durch Capillarität, in seinem Auftrieb gefördert[10]).

Das fortdauernd in die Blätter getriebene Wasser mufs naturgemäfs, da es nur zum allergeringsten Theile von der Pflanze zum Aufbau ihrer Erzeugnisse chemisch verwerthet wird, in irgend einer Form seinen Abflufs finden. Es geschieht dies durch die Verdunstung, die sogenannte Transpiration. Die Ergiebigkeit derselben wird

---

[*]) Nur wenige, besonders fettige Substanzen werden vom Wasser nicht benetzt.

[**]) Es mag hier jedoch bemerkt werden, dafs das physikalische Gesetz der Capillarität nicht rein zur Geltung kommt. Die mikroskopische Betrachtung lebender Pflanzen zeigt uns, dafs die haarfeinen (capillaren) Wasserfäden im Innern der Gefäfse von Luftblasen unterbrochen sind. Es folgen also im Gefäfs aufeinander ein Wasserfaden, eine Luftblase, ein Wasserfaden, eine Luftblase u. s. f. Die Wasserfäden bilden im Wechsel mit den Luftblasen eine sogenannte Jaminsche Kette, für deren Verschiebbarkeit besondere Gesetze gelten. Die Luftblasen in den Gefäfsen der Pflanzen stehen überdies unter vermindertem Druck, d. h. sie bestehen aus verdünnter Luft.

natürlich von der Anzahl, der Größe und der Zartheit der Blätter, der Temperatur und dem Feuchtigkeitsgrade der Atmosphäre bedingt sein. Zu betonen ist aber an dieser Stelle, dafs das flüssig (liquid) emporgehobene Wasser aus den Blättern verdunstet, das heifst als Wasserdampf an die Atmosphäre abgegeben wird.

Setzt man nun die Verdunstung des Wassers künstlich herab, indem man transpirirende Pflanzen beispielsweise mit einer Glasglocke überdeckt, so wird das von der Pflanze in die Höhe gehobene Wasser an den Blattspitzen und Blattzähnen, an welchen die Wasserleitungsbahnen zu enden pflegen, in Form von Tropfen ausgeschieden werden. Es erscheinen künstliche Thauperlen. Dieselbe Erscheinung wird man unter geeigneten Umständen auch in der freien Natur beobachten können. Sobald nämlich an Sommerabenden, in Sommernächten oder am frühen Morgen die Temperatur stark sinkt, die Luft mithin nur weniger Wasser aufzunehmen im stande ist, wird das in die Blattspitzen getriebene Wasser nicht mehr so schnell verdunsten, als das nachdrängende Wasser aus dem Innern der Pflanze es erfordern müsste. Die Folge hiervon ist, dafs sich natürliche Thauperlen an allen Blattspitzen ausscheiden, die uns in den Strahlen der unter- oder aufgehenden Sonne wie Millionen glitzernder und funkelnder Diamanten entgegenleuchten[11]).

Für die Wasserbewegung in der Pflanze bleibt die Transpiration übrigens nicht ohne wichtige Bedeutung. Es ist einleuchtend, dafs in denjenigen Zellen, welche durch Verdunstung Wasser abgeben, der als eine verdünnte Salzlösung anzusehende Zellsaft an Konzentration zunimmt, er wird zu einer stärkeren Salzlösung. Damit steigt aber seine Wasser anziehende Kraft. Die betreffende Zelle wird also einer wasserreicheren, tiefer im Pflanzenkörper liegenden Nachbarzelle Wasser entreifsen, und diese wird das gleiche Spiel bezüglich einer noch tiefer liegenden Zelle wiederholen u. s. f. Es ergiebt sich auf diese Art eine von der osmotischen Kraftäufserung des Zellsaftes bedingte Saugung des Wassers, eine osmotische Transpirationssaugung, welche sich von dem Orte der Wasserverdunstung nach innen und abwärts in die Pflanze fortsetzt.

---

[11]) Das bei der verminderten Verdunstung in Form von Thautropfen mit einer gewissen Kraft aus den Blattspitzen ausgepreßte Wasser kann natürlich noch bei weiterem Sinken der Lufttemperatur durch Niederschlagen der Wasserdünste aus der Atmosphäre vermehrt werden. Die Thaubildung kann deshalb als der Effekt verschiedener, in gleichem Sinne zusammenwirkender Ursachen angesehen werden.

Jedoch auch ohne diese osmotische Wirkung wäre die Transpiration von Bedeutung für den Wasserauftrieb. Stellt man, wie es Fig. 15 veranschaulicht, ein mit Wasser gefülltes, zweimal rechtwinkelig gebogenes Trichterrohr, dessen Oeffnung mit Schweinsblase oder Pergamentpapier verschlossen ist, mit seinem längeren Scheukelrohre in Quecksilber, so steigt dieses trotz seiner Schwere in dem Maße im Glasrohre aufwärts, als das Wasser an der Oberfläche der den Trichter abschliefsenden Blase verdunstet. Die Verdunstung bewirkt also auch unmittelbar eine Saugung, welche freilich für sich allein die Wasserbewegung in der Pflanze nicht unterhalten könnte. Das

Fig. 15. Quecksilber würde in dem Glasrohre nämlich höchstens bis auf ca. 76 cm steigen, bis es dem Atmosphärendrucke das Gleichgewicht hält, d. h. die besprochene Saugung würde höchstens $76 \times 13^{1}/_{2}$, mithin etwa bis 10 m vom Gipfel der Pflanze abwärts zur Geltung kommen.

Ziehen wir nun das Resultat unserer Erörterungen über die Ursachen der Wasserbewegung, so müssen wir in erster Linie hervorheben, dafs hier ein verwickelter Vorgang sich abspielt. In den Gefäfsen des Pflanzenkörpers bewegt sich das Wasser in flüssiger Form, in „capillaren" Fäden, theils durch osmotische Kräfte aufgesogen, und durch den hieraus sich ergebenden Wurzel- oder Blutungsdruck wie von Druckpumpen in die Höhe getrieben, theils infolge der auf der Benetzbarkeit der Gefäfsröhren beruhenden Capillarität, theils infolge der bei der Wasserverdunstung entstehenden, von den Blättern aus abwärts wirkenden Saugphänomene. So klettern denn nun die Wasserfäden im Innern der Pflanze, theils durch Druck, theils durch Saugung geschoben, bis in die höchsten Wipfel aufwärts, wo nun die überschüssigen Wassermengen aus den grünenden Blattflächen an die Lufthülle des Erdballes abgegeben werden.[12])

Was aber in dieser Arbeitsleistung durch die Pflanzen in dem ewigen Kreislauf von Kraft und Stoff der Welt gegeben wird, mag uns ein flüchtiger Blick in die Statistik lehren. Hier sollen Zahlen beweisen.

Wir wählen als erstes Beispiel die uns allen bekannte Sonnen-

[12]) In der obigen Darstellung ist absichtlich die Geschwindigkeit der Wasserströmung in der Pflanze unberücksichtigt gelassen worden. Nach den Untersuchungen von Pfitzer kann bei günstigen Umständen das Wasser über 22 m pro Stunde, mithin etwa $^{1}/_{3}$ m pro Minute oder in 3 Minuten 1 m steigen. Gewöhnlich ist aber die Geschwindigkeit des Wasseraufstiegs bedeutend geringer. Es ist nach den gegebenen Erörterungen leicht verständlich, dafs höhere Temperatur und Trockenheit der Atmosphäre die Geschwindigkeit steigern.

blume. Durch Wägungen hat sich feststellen lassen, dafs eine mittelstarke Pflanze in einem Tage etwa 1½ Pfund Wasser zur Verdunstung aus dem Boden in die Atmosphäre bringt. Legt man diese Durchschnittszahl für die Berechnung zu Grunde, so würden sich für einen Morgen mit Sonnenblumen bepflanzten Landes im Laufe der etwa 4 Monate (Mai, Juni, Juli und August) umfassenden Wachsthumsperiode etwa 8 Millionen Pfund Wasser ergeben. In entsprechender Art würde sich für einen Morgen mit Kohl bepflanzten Landes innerhalb derselben Zeit die Wasserhebung auf etwa 5 Millionen, für die ihre Blätter freier entfaltenden Kletter- und Schlingpflanzen, wie Wein und Hopfen, auf etwa 6—7 Millionen Pfund Wasser belaufen. Nun vergleiche man in Gedanken hiermit die endlose Fülle von Blättern, die ein ganzer Wald in die Atmosphäre ausbreitet. Von jedem Blättchen ergiefst sich unausgesetzt in unsichtbarer Form, in Dampf verwandelt, ein Wasserstrom in das Luftmeer, dem auf diesem Wege Millionen und aber Millionen Pfund Wasser zugeführt werden. Und wenn wir nun diese Betrachtung völlig durchführen, wenn wir uns vergegenwärtigen, dafs in der freien Natur kaum ein Plätzchen ohne Pflanzendecke existirt, dafs überall, wo Pflanzen emporschiefsen, ihre Blätter sich häufen, sich zwischen- und übereinander drängen, dann müssen wir zugestehen, dafs die Pflanzendecke einem trockenen Ozean verglichen werden kann!

Man könnte vielleicht geneigt sein, zu glauben, dafs hier die Bedeutung der Pflanzenwelt überschätzt sei, da einerseits mehr als zwei Drittel der Oberfläche unseres Planeten vom Meere bedeckt sind, andererseits Vergleichsversuche ergeben haben, dafs von einer freien Wasserfläche unter im übrigen gleichen Umständen etwa dreimal so viel Wasser verdunstet, als von einer gleich grofsen Fläche grüner Blätter. Dem gegenüber steht aber die Erwägung, dafs die Blätter jedes mittelmäfsig belaubten Zweiges etwa die zehnfache Fläche des vom Zweige überdeckten Bodens einnehmen. Jedenfalls kann es keinem Zweifel unterliegen, dafs die Gesamtheit aller transpirirenden Flächen, wenn wir dieselben ohne Lücke nebeneinander legen würden, die Erdoberfläche mit einer mindestens zehnfachen Decke überkleiden würden.

Der Einflufs des von den Pflanzen in die Atmosphäre ausgehauchten Wassers ist denn auch in der That ein gewaltiger, die klimatischen Verhältnisse weiter Länderstrecken beeinflussender oder gar in erster Linie bestimmender. Wer hätte nicht schon aus eigener Erfahrung die erfrischende Kühle des Waldes kennen gelernt, wenn glühender Sonnenbrand die Luft über dem pflanzenarmen Boden flimmernd erzittern läfst?

Es mag genügen, diese Erwägungen angedeutet zu haben. Nur eine Betrachtung möchten wir im Hinblick auf den Ausspruch Schleidens, mit welchem wir unsere Erörterungen einleiteten, hier anknüpfen.

Die unermesslichen Mengen des von der Oberfläche der Ozeane und der freien Binnengewässer verdunstenden, und — wie wir jetzt hinzufügen dürfen — die ebenso unermesslichen Mengen des durch die Pflanzenwelt dem Schofse der Erde entführten, durch die Blätter der Erdatmosphäre in Gasform zugeführten Wassers — sie kehren aus den luftigen Regionen auf die Erde zurück, rieseln in den Tropfen des Sprühregens, prasseln im Gewittersturme hernieder oder umwirbeln in Krystallform als Schneeflocken im wilden Tanze die Berghäupter, um von neuem den Boden zu durchfeuchten, Tropfen auf Tropfen sich häufend, das murmelnde Bächlein zu bilden, als Strom dem Meere zuzufliefsen — auf dem Lande aber nicht nur am steinernen Antlitz der Erde zu arbeiten, sondern auch, um einem jährlich sich erneuernden und in verjüngter Kraft sich entfaltenden Pflanzenteppich die wichtigste, die unentbehrlichste Nahrung, das Wasser, aus der Luft zu liefern.

(Schlufs folgt.)

Rudolf Wolf.*)

Es soll nicht der Zweck dieser Zeilen sein, dem Geschichtsschreiber einen Nekrolog zu liefern, der ihm die Lebensdaten des berühmten Mannes giebt, sondern ein Charakterbild des allgeliebten Menschen zu entwerfen.

„Papa Wolf", so hiefs er bei allen, die ihn persönlich kannten, denn alle liebten und verehrten ihn wie ihren Vater. Und wie ein Vater sorgte er auch für alle, die ihm näher getreten waren. Ganz besonders auch ich selbst, der ich unter ihm studirte, promovirte Assistenten-Dienste leistete, dann mich an der Züricher Universität habilitirte, und endlich durch ihn meine erste Lebensversorgung als Assistent in Neuenburg fand, verdanke ihm meine ganze wissenschaftliche Karriere.

Mit wie vielen und namentlich vielartigen Menschen ich auch zusammengekommen bin, nie ist mir wieder eine solche ausgeglichene, stillzufriedene, heitere Seele begegnet. Wolf war am 7. Juli 1816 als Pfarrerssohn bei Zürich geboren und wirklich, er hätte so gut als Seelsorger dem Himmel Dienste leisten können, wie nun als Astronom. Sein ganzes Wesen hatte etwas vom toleranten, stillwirkenden Pfarrer, und auch seine einfache, behagliche, altmodische Junggesellenhäuslichkeit, die er mit seiner gleichgesinnten, ihm um einige Jahre in den Tod vorangegangenen Schwester theilte, athmete denselben freundlich stillen Geist. Nur ein einzigesmal habe ich Papa Wolf betrübt, ja beinahe böse gesehen, und daran war ich selbst schuld. Das ging folgendermafsen zu. Mir war der „grofse Refraktor", ein Sechszöller, also so grofs wie unser zweites Instrument in der Urania, zur Verfügung gestellt. Zur Fädenbeleuchtung im Instrumente dienten Lampen, welche mit Petroleum gespeist wurden. Als mir dieser eines Tages

---

*) Im Anschlufs an die nachfolgende Lebensbeschreibung geben wir das im vorigen Hefte erschienene Bild Rudolf Wolfs noch einmal.

ausgegangen war, und ich beim Kastellan neues bestellte, entfärbte sich plötzlich vor Schreck des letzteren Gesicht, indem er diese Petroleumflasche ganz entsetzt anstarrte. Es war mir nun sofort bewufst, dafs sich ein tragisches Geschick vorbereitete. Ich wurde feierlich zum „Alten" zitirt, der mich einem peinlichen Verhör über die Herkunft der Petroleumflasche unterzog und geradezu erschüttert darüber war, dafs mein Vorgänger ihn so böswillig hintergehen konnte, indem er Petroleum, das in den Augen des lieben Papa Wolf als eine Art von verdünntem Dynamit galt, auf der Sternwarte einzuführen wagte, wo ausschliefslich nur Brennöl benutzt wurde. Mein Vorgänger hatte es unglücklicherweise versäumt, mir mitzutheilen, dafs seit unvordenklichen Zeiten diese Petroleumflasche sorgfältig geheim gehalten wurde.

Aeufserlich spielte sich sein arbeitsreiches Leben in einem recht engen Kreise ab, innerhalb dessen er sich um so liebevoller in seinen Gegenstand vertiefte. In ganz jungen Jahren nur verliefs er auf längere Zeit die Schweiz, um zunächst in Wien bei Littrow, dann auch in Berlin bei Encke und Poggendorf zu studiren. Aber im Alter von 22 Jahren kehrte er bereits wieder in die schöne Heimath zurück, um sie während seiner nun folgenden 55 Lebensjahre nur ganz vorübergehend auf kurzen Reisen zu verlassen. Er war kein Freund von gröfseren Versammlungen oder gar Kongressen. Nur ein kleiner Kreis von alten Freunden sah ihn Abends zum „Stündli", beim Schoppen schlichten Landweins. Auch in dieser geringen Reiselust drückt sich schon die unendliche Liebe Wolfs zu seiner herrlichen Heimath aus, die er dafür um so besser kennen lernte, sowohl wie sie jetzt ist, als wie sie war; historische Studien über das Schweizerland und seine grofsen Männer waren sein Lieblingsgebiet, worin er sammelnd und klärend höchst Werthvolles geleistet hat.

Und ebenso aus eigener bescheidener Wahl eng umgrenzt wie das irdische Gebiet, das er sah, war auch sein himmlisches Arbeitsfeld: Es reichte kaum über die Sonne hinaus. Wie er hier durch ausdauerndes Beobachten, Sammeln, Ordnen, die erste Autorität in Bezug auf die Statistik der Sonnenfleckenhäufigkeit geworden ist, wie er die elfjährige Periode der Sonnenthätigkeit aus allen auftreibbaren Sonnenflecken-Beobachtungen bis in die ältesten Zeiten hinein, und ihren Zusammenhang mit den Schwankungen der erdmagnetischen Kraft nachwies, ist ja allgemein bekannt. Er hat dadurch seinen Namen populär gemacht. Um seinen Beitrag an eigenen Beobachtungen zu dieser Sonnenflecken-Statistik möglichst gleichartig zu erhalten,.

bediente er sich zur Zählung der Flecke von 1847 an, wo er die
Direktion der Berner Sternwarte erhielt, bis zu den letzten Tagen
seines Lebens stets nur demselben kleinen Handfernrohrs, das ihn auf
jeder Reise begleitete, und mit dem er an jedem heiteren Tage, den
er seit dieser Zeit erlebte, die Sonne durchmustert hat. Wohl war es
ihm bewusst, dass man inzwischen längst viel vollkommenere Methoden
zur Verfolgung dieser Statistik anwandte, ja, er förderte, seit er sich
die eidgenössische Sternwarte in Zürich erbaut hatte, deren Direktor
er seit 1864 war, selbst die in dieser Hinsicht von seinem Assistenten,
dem gegenwärtigen Professor Wolfer, unternommenen Arbeiten dieser
vollkommeneren Art; aber er meinte doch ganz mit Recht, dass solche

konsequent ein ganzes Menschenalter in genau dorselben Weise durchgeführte Sammelarbeit trotzdem einen gewissen Werth zu beanspruchen habe. Wohlerwogenes, konsequent in immer gleichmässigem
Tempo ruhig fortgeführtes Arbeiten und Sammeln, das von jeder nervösen Uebereilung, welche unsere junge Zeit leider charakterisirt,
himmelweit entfernt blieb, zeichnete ihn in allen Lebenslagen aus. Da
vergnügte er sich beispielsweise Abends, wenn er einmal nicht in sein
„Bündli" ging, dabei, mit seiner lieben Schwester Würfel zu spielen.
Aber er überlegte sich alsbald, dass auch dieses unschuldige Würfel-
spiel, wenn es konsequent und lange genug in genau gleicher Weise
durchgeführt würde, einen wissenschaftlichen Werth als eine Kontrole
der Prinzipien der Wahrscheinlichkeitsrechnung gewinnen könnte, welche
letztere ja bekanntlich der Astronomie eine so unendlich wichtige
Stütze bei der Ausmerzung zufälliger Beobachtungsfehler bietet. Er

notirte sich also jeden herauskommenden Wurf, und als er deren 20000 beisammen hatte, unterwarf er sie nach allen Seiten hin recht interessanten rechnerischen Untersuchungen, die, wie das zu erwarten war, eine völlige praktische Bestätigung jener theoretisch gefundenen Prinzipien ergaben. Sehr lehrreich war es dabei, dafs er aus dem Umstande, dafs eine gewisse Zahl häufiger erschien, als es die Wahrscheinlichkeit vermuthen liefs, die gegenüberliegende aber um ebensoviel seltener, auf die Abweichung des angewandten Würfels von der normalen Form schliefsen konnte, und zwar bestimmter, als es die direkte Messung ermöglicht hätte, die übrigens das Rechnungsresultat völlig bestätigte. Nicht anders bestimmen die Astronomen durch möglichste Vervielfältigung ihrer Beobachtungen die Fehler ihres Instrumentes, die des eigenen Auges inbegriffen, Fehler, welche auf direktem Wege niemals entdeckt werden könnten. Noch ein ähnliches Kunststück führte Wolf durch seine unermüdliche Ausdauer aus. Er ermittelte die Zahl π, das bekannte Verhältnifs des Radius zum Kreisumfange, durch nichts anderes, als dafs er 5000mal eine Stricknadel willkürlich auf eine Tafel warf, welche mit Parallellinien überzogen war und notirte, wie oft sie dabei mit einer dieser Linien koinzidirte. Wie dies zur Zahl π führen kann, ist hier nicht der Ort, näher zu verfolgen.

Das Sammeln von Daten, Gegenständen, litterarischem Material, war überhaupt sein gröfstes Vergnügen. Die Züricher Sternwarte ist dadurch zu einem historischen Museum der Himmelswissenschaft geworden, das in der Welt einzig dasteht.

Das werthvollste Resultat aber dieses Sammeltalentes und ein dauerndes Monument für den seltenen Mann ist sein „Handbuch der Mathematik, Physik, Geodäsie und Astronomie" geworden, dessen neue, sich auf die astronomischen Gebiete beschränkende Bearbeitung erst kurz vor seinem Hinscheiden als „Handbuch der Astronomie, ihrer Geschichte und Litteratur" vollendet wurde. Dieses Werk ist ein Unikum der Weltlitteratur. Eine unerschöpfliche Fundgrube für alle Quellen unserer Fachlitteratur, für alles astronomische Wissen, soweit es in seinen allgemeinen Zügen bleibt, von absoluter Sicherheit, Zuverlässigkeit und Treue, dabei übersichtlich, ist es dennoch nicht, wie sonst andere kompilatorische Werke, ein blofses Nachschlage- oder Lehrbuch; es liest sich fast auf jeder Seite, trotz der Sprödigkeit des Stoffes, interessant; überall sind charakteristische Aussprüche, die den Gegenstand betreffen, wie geistvolle Aperçues eingestreut, und nicht nur solche von Astronomen, selbst Fritz Reuter wird gelegentlich zitirt. Wir kommen auf dieses schöne Werk noch einmal an anderer Stelle ausführlicher zurück.

Alles in allem genommen ist hier ein Mann zu Grabe getragen voll soviel Reinheit, Herzensgüte und Seelenheiterkeit, soviel Einfachheit und eben deshalb auch voll soviel stiller Lebensfreude, wie es deren in unserer hastenden, qualvoll nach innerer Ruhe ringenden Welt unter denen, die „etwas geworden" sind, nur noch sehr wenige giebt. In die Trauer um ihn mischt sich beruhigend die Ueberzeugung, dafs dieser Mann, der auf der Staffel des Glückes, so wie es die gemeine Welt kennt, nicht eben sehr hoch emporklomm, so viel glückliche Tage zählte, als sein 77jähriges Leben umfing.

Dr. M. Wilhelm Meyer.

Eberts elektromagnetische Theorie der Sonnencorona. Einem Vortrag, den der bekannte Erlanger Physiker auf dem Weltkongrefs in Chicago gehalten hat, entnehmen wir die folgende, kurze Darstellung der hochinteressanten Versuche, welche derselbe zum Zweck der experimentellen Nachahmung der Corona in Gemeinschaft mit E. Wiedemann ausgeführt hat.

Die Anregung zu diesen Versuchen ging von don in unserer Zeitschrift bereits mehrfach besprochenen, für die Anerkennung der elektromagnetischen Lichttheorie epochemachend gewordenen Hertzschen Experimenten aus. Ebert betrachtet die Sonne als einen Heerd elektromagnetischer Gleichgewichtsstörungen, die sich als Wellen elektrischer Kraft in einem feinen, die Sonne umgebenden, materiellen Medium durch dielektrische Polarisation in den Weltraum ausbreiten. Auf Grund experimentell sichergestellter Thatsachen weifs man nun aber, dafs derartige elektrische Ausgleiche in oscillatorischer Weise von statten gehen, und zwar beträgt die Dauer einer Schwingung bei der Sonne speziell rechnungsmäfsig 6½ Sekunden. Andererseits fanden Ebert und Wiedemann, dafs bei Entladungen in sehr verdünnten Gasen an denjenigen Stellen, wo die Energie am stärksten variirt, eine Lichterscheinung auftritt. Mit Rücksicht auf diese Thatsachen kam nun Ebert zu der Hypothese: Die Corona ist die sichtbare Reaktion der fein vertheilten Materie in der Sonnenumgebung auf die von den verschiedenen Punkten der Sonne ausgehenden dielektrischen Polarisationen. Diese Theorie unterscheidet sich also von der Bigolowschen[1]) dadurch, dafs eine Fortbewegung materieller Theilchen von der Sonne aus nicht angenommen zu werden braucht. Es gelang nun Ebert, indem er einer Messingkugel von 1,5 cm Durchmesser, die sich in einem luftverdünnten Raum befand, vermittelst der Lechersohen Anordnung von Erreger-Apparaten elektrische Oscillationen zuführte, Lichterscheinungen zu erzeugen, die in der That eine aufserordentliche Aehnlichkeit mit der Corona aufwiesen. Bei geringeren elektrischen Störungen zeigte sich die Aureole klein und unbedeutend, während sie bei stärkeren Ladungen eine aufserordentliche Ausdehnung annahm. Dies würde den der Sonnenfleckenhäufigkeit parallel gehenden Veränderungen im Aussehen der Corona entsprechen. Die Annäherung leitender Körper an die Miniatursonne lenkte grofse Strahlenbündel nach der betreffenden Richtung hin zusammen, sodafs sich die mitunter beobachteten aufsergewöhnlich langen Strahlen vielleicht durch das Vorhandensein kosmischer Staubmassen auf jener Seite der Sonne erklären lassen könnten. Durch Diskontinuitäten der Oberfläche, z. B. durch Befestigung kleiner Stückchen Zinnfolie, werden dunkle, bis zur Oberfläche herabreichende Spalten in der Lichthülle erzeugt, genau wie wir sie in der Umgebung der Corona-Pole wahrnehmen. Befand sich die Kugel in einer verdünnten Wasserstoffatmosphäre, dann war das Licht nicht röthlich, wie bei Luft, sondern silbergrau und das Spektrum war kontinuirlich. Da man nun bekanntlich bei der Corona neben hellen Linien stets ein schwaches kontinuirliches Spektrum festgestellt hat, so dürfte daraus folgen, dafs die hier leuchtende Materie wesentlich Wasserstoff ist, der ja schon in den Protuberanzen eine so hervorragende Rolle spielt.

Bemerkenswerth ist endlich, dafs sich bei Annäherung eines nicht leitenden Körpers (Wachskugel) ein vollständiges Analogon zu einem Kometenschweif zeigte. Demnach würde das Leuchten der feinen Materie, die nach Zöllners Hypothese sich in der Umgebung der Kometenkerne entwickelt, nunmehr nicht mehr räthselhaft erscheinen, und der Zusammenhang zwischen der Helligkeit von Kometenschweifen und der Sonnenaktivität würde gleichzeitig völlig verständlich sein. Am Schlufs seines Vortrags bemerkt Ebert noch, dafs auch auf die Beeinflussung des Erdmagnetismus durch die Sonne, an deren Realität trotz Lord Kelvin nicht gezweifelt werden kann, durch die hier dargestellte Theorie neues Licht fallen wird. F. Kbr.

[1]) Vgl. H. u. E. II. 479; IV, 132.

Der fünfte Jupitermond hat, wie die neueste östliche Elongations-
beobachtung von Barnard am 15. Sept. 1893 (17ʰ 36ᵐ 9 Pac. Zt.) in
Verbindung mit einer solchen vom 10. Sept. 1892 ergab, eine Umlaufszeit von 11 Stunden 57 Minuten 22,56 Sekunden. Da sich dieser
Werth auf ein Intervall von 743 Umläufen stützt, dürfte er als sehr
genau zu bezeichnen sein. — Uebrigens wurde neuerdings von
Parkhurst die Vermuthung ausgesprochen, dafs der neuentdeckte
Miniaturweltkörper vielleicht ein abgesprengter und dauernd an Jupiter
gefesselter Theil des Kometen 1889 V sein könnte, der nach der
Rechnung von Lane Poor am 20. Juli 1886 in einer Entfernung von
nur 150000 km[1]) bei Jupiter vorübergegangen sein mufs und über
2½ Tage lang, einen Bogen von 313° Länge um Jupiter beschreibend,
innerhalb des Trabantensystems dieses gewaltigen Planeten zuge-
bracht hat.   F. Kbr.

Die Doppelsternnatur von β Lyrae ist nunmehr durch Belopolsky
in Pulkowa auf demselben Wege, der seinerzeit H. C. Vogel zur
Entdeckung der Duplicität von Algol[2]) führte, sicher festgestellt worden.
β Lyrae gehört bekanntlich zu den regelmäfsigsten veränderlichen
Sternen, die wir kennen. Der Lichtwechsel, der allerdings nur eine
Gröfsenklasse beträgt, vollzieht sich nach Schönfeld in 12,913 Tagen
und weist in diesem Cyklus zwei ziemlich gleiche Maxima und zwei
sehr verschieden tiefe Minima auf. Schon Pickering hatte nun
auf seinen Spektralphotogrammen dieses Sterns die Wahrnehmung
einer mit der Helligkeitsperiode im Zusammenhang stehenden Spektrum-
änderung gemacht. Genaue Messungen hierüber verdanken wir aber
erst dem oben genannten Pulkowaer Astronomen Belopolsky. Derselbe nahm das Spektrum des Sterns mit einem nach dem Prinzip des
Potsdamer Spektrographen gebauten Apparate im Herbst 1892 wiederholt fast in seiner ganzen Ausdehnung (von den Linien D bis Hγ) mit
Hilfe orthochromatischer Platten auf. Unsere Abbildung zeigt eine
Reproduktion derjenigen Aufnahmen, welche Belopolsky selbst in
den „Memorie degli spettroscopisti italiani" veröffentlicht hat. Wir
erkennen hier wegen der hellen Wasserstoff- und Heliumlinien (F, D₃)
ein Spektrum vom Vogelschen Typus Ia, in welchem jedoch die Helium-
linie D₃ zeitweise (Sept. 30, Okt. 19) verdoppelt erscheint, und zu anderen

---

[1]) Der Abstand des 5. Satelliten beträgt 170000 km
[2]) Siehe Jahrg. 11, S. 239.

Zeiten (Nov. 25) verschwindet. Während indessen eine Gesetzmäfsigkeit bei den Veränderungen dieser Linie noch nicht festgestellt werden konnte, gelang dies vorzüglich bei der Wasserstofflinie F, die ebenfalls mitunter verdoppelt erscheint. Die Ursache dieser Verdoppelung erblickt Belopolsky in der Ueberlagerung zweier Spektra, deren Linien infolge von Bewegungen der beiden Lichtquellen im Visionsradius periodisch geringe Verschiebungen gegeneinander erfahren. Das eine dieser Spektra weist nun aber dunkle Linien auf, und zwar zum Theil genau an denselben Stellen, wo das andere Spektrum helle Linien besitzt. Darum er-

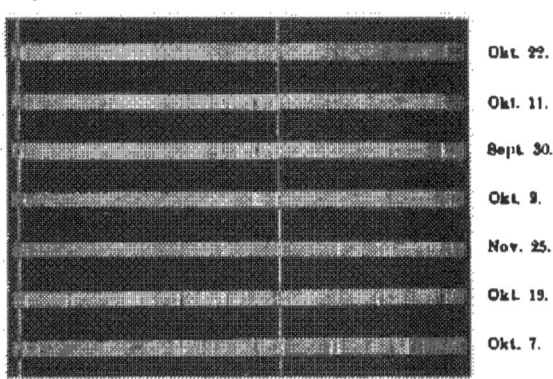

Das Spektrum von β Lyrae.

scheint die helle F-Linie doppelt, wenn die schmalere, dunkle F-Linie des zweiten Spektrum genau mit ihrer Mitte zusammenfällt; rückt dagegen die dunkle Linie an den Rand der hellen, dann stellt diese nur ein einziges, breites Band dar. Der letztere Fall, wie ihn das oberste, am 22. Oktober aufgenommene Spektrum zeigt, trifft nun genau zur Zeit des Hauptminimums der Helligkeit ein und dies deutet bestimmt auf eine Bahnbewegung der beiden Körper, deren Periode mit der des Helligkeitswechsels übereinstimmt. Indem nun Belopolsky die Gröfse der Verschiebungen der hellen F-Linie gegen die künstliche, helle F-Linie für alle vorliegenden Aufnahmen mafs, zeigte sich eine deutliche, oscillirende Bewegung des Sterns. Die Bahngeschwindigkeit ergab sich unter Voraussetzung der Kreisform zu ungefähr 12 geogr. Meilen in der Sekunde, und eine mit diesem Werthe berechnete Ephemeride stimme mit den Beobachtungen so gut überein, als es der Genauigkeitsgrad der Messungen nur erwarten liefs. Unter der Annahme, dafs die Summe der Massen beider Sterne der Sonnenmasse gleich ist, würde sich der Durchmesser der Bahn auf 426000 geogr. Meilen belaufen.

Schliefslich sei noch bemerkt, dafs die dunkle F-Linie aus noch unbekannter Ursache nicht mit gleicher Deutlichkeit auf eine oscillirende Bewegung hinweist und dafs Belopolsky der Meinung ist, das Hauptminimum des Glanzes von β Lyrae entstehe durch eine partielle Verfinsterung des die dunklen Linien erzeugenden Sterns durch den die hellen Linien aussendenden, da zu dieser Zeit das kontinuirliche, von dunklen Linien durchzogene Spektrum bei unverändertem Glanz der hellen Linien geschwächt erscheint. F. Kbr.

Aus Lord Kelvins Präsidential-Adresse. Eine der letzten Ehrenbezeugungen für Prof. Hertz, dessen allzufrüher Tod für die physikalische Wissenschaft einen unersetzlichen Verlust bedeutet*), war die Präsidential-Adresse, welche Lord Kelvin (Sir W. Thomson) an die kgl. Gesellschaft der Wissenschaften in London bei Gelegenheit ihrer Jahresfeier am 30. Nov. gerichtet hat. Er verfolgte die Geschichte der elektrischen Lehren und der Ansichten über den Aether, den man heute für Licht, Wärme, Elektrizität und Magnetismus, ja für die Gravitation als gemeinsamen Träger ansehen darf, zurück bis auf den Vater der modernen Naturlehre, auf Isaac Newton. Man hat ihn fälschlich bezichtigt, dafs er die Idee gehabt habe, ein Körper könne dort wirken, wo er nicht ist, weil sein Gravitationsgesetz von der Erklärung dieser Naturkraft völlig absieht. Doch hat er es ausgesprochen, dafs die Schwerkraft keine angeborene und wesentliche Eigenschaft der Materie ist, und dafs kein Körper auf einen entfernten durch den leeren Raum wirken könne ohne die Vermittelung eines Etwas, durch welches ihre Richtung und Kraft von einem zum andern getragen wird. Voltaire war es, der die Newtonsche Lehre von der allgemeinen Massenanziehung 1728 nach dem europäischen Festlande trug, wo dann die Anhänger des Cartesius, zu denen sich sonderbarerweise auch der Mathematiker Euler gesellte, der später Newtons Lehre so sehr

*) Wir werden in der nächsten Nummer unseren Lesern ein Bildnifs und eine kurze Lebensbeschreibung dieses Forschers bringen, den wir zu den Mitarbeitern von „Himmel und Erde" zählen zu dürfen die Vergünstigung hatten.

fruktifizirte, mit den Schülern dieses, wie Daniel Bernoulli, sich in den Haaren lagen. Die Theorie des gelehrten Jesuitenpaters R. J. Boscovich (1763), welche alle Eigenschaften der Materie auf eine gegenseitige Anziehung ihrer Theilchen ohne Vermittelung eines Mediums gründete und nur die Wärme durch „eine sulphurose gährende Essenz" erklärte, beherrschte mit Newtons Ansicht die letzten Jahrzehnte des 18. Jahrhunderts und wurde erst im laufenden von Faraday fallen gelassen. Letzterem gelang es, bis zu seinem 1867 erfolgten Tode einer Generation der wissenschaftlichen Welt Vertrauen an der Ansicht einzuflöfsen, dafs die elektrische Kraft wie das Licht durch den Aether fortgepflanzt wird, dessen Querschwingungen — wie die Physiker seit Jahrzehnten glaubten — das Licht und die strahlende Wärme hervorbrachten. War die Theorie durch Faraday und Maxwell fest gegründet, so war die experimentelle Bestätigung, nach einigen vorgängigen Versuchen von Henry und Prof. v. Bezold, doch Prof. Hertz vorbehalten. Er war es, der für die elektromagnetische Wirkung durch den Raum eine endliche Geschwindigkeit fand und dieselben Prozesse, welche in der Nachbarschaft eines Fresnelschen Spiegels oder bei der Bildung der Newtonschen Ringe sich abspielen, auch millionenfach vergröfsert beim Durchgang elektrischer Wellen durch die Luft nachweisen konnte. Ist so die Lehre von der Erfüllung des Raumes durch einen Aether fest begründet, so bleibt doch der Zukunft in der elektrischen Wissenschaft noch manche Eroberung vorbehalten. Noch ist die specielle Form der elektro-magnetischen Wellen zu entdecken, sind die besonderen Arten jener Bewegungen zu bestimmen, die der Aether senkrecht zu seiner Fortpflanzungsrichtung durch den Raum ausführt, um die elektrischen Erscheinungen hervorzubringen. Ist es ferner nicht sonderbar, dafs der qualitative Unterschied zwischen Glas- und Harzelektrizität von den mathematischen Theoricen bisher vernachlässigt wird? Dieser wesentliche und fundamentale Unterschied ist in der Reibungselektrizität, in der Elektrochemie, bei der Thermoelektrizität und in anderen Gebieten, z. B. bei den bekannten Versuchen des elektrischen Glühens, bei den Funken an Spitzen der Konduktoren gewöhnlicher Elektrisirmaschinen und an den ausgepumpten Rezipienten von Luftpumpen, wenn die Elektrizität dieselben durchströmt, längst beobachtet worden. Ebenso kennt man lange den grofsen Unterschied zwischen dem positiven und dem negativen Pol einer elektrischen Bogenlampe. Faraday sah bereits klar, dafs die Resultate, die man unter verschiedenen Bedingungen mit positiven Entladungen erhält, auf die Philosophie der elektrischen Wissenschaft einen weit gröfseren Einflufs haben, als man sich zu seiner Zeit vorstellte. Seine „dunkle Entladung" durch den Raum um oder gegen eine negative Elektrode war der erste Spatenstofs auf einem heute von vielen geschickten Experimentatoren sehr kultivirten Felde wissenschaftlicher Forschung, aus welchem die Beziehungen zwischen dem Aether und der wägbaren Materie hervorwachsen sollen. Die Verbesserungen, die man beim Auspumpen von Glasröhren seitdem angebracht hat, gestalten heute den Durchgang des Funkens durch ein Gas, dessen Druck nur noch den 190000. Theil eines Millimeters beträgt. Varley hat 1871 zuerst den Molekularstrom vom negativen Pol untersucht, seinen Lauf mit Hülfe eines Magneten verfolgt und auch den Schatten gefunden, den er von einer eingeschalteten Metallscheibe erzeugt. Unabhängig von ihm machte Crookes dieselben Entdeckungen, auf die er durch eine sorgfältige und planvolle Untersuchung geführt wurde. Beim Abwägen des Thalliums wurde er durch gewisse Unregelmäfsigkeiten gestört; das veranlafste ihn, Cavendish's Messungen der Schwerkraft zu verbessern. Die scheinbare Anziehung durch die Wärme fand sich dabei nur in Luft, deren Dichte gröfser als ein tausendstel der gewöhnlichen ist; sie verwandelte sich bei weiter abnehmender Dichte in eine Abstofsung, die bei einem Drucke von 0,027 mm ihr Maximum erreichte und dann wieder bis zu Null abnahm, sobald man die Verdünnung bis auf 0,000036 mm trieb. Diese Entdeckung führte Crookes auf sein Radiometer mit und ohne Elektrisirung, wobei Stokes ihn unterstützte. Die kinetische Gastheorie liefs ihn gleich die richtige Erklärung für den von ihm entdeckten Molekularstrom finden, welcher durch die restirenden Moleküle der eingeschlossenen Gase zu stande kommt, wenn diese mit grofsen Geschwindigkeiten (wahrscheinlich zwei bis drei Kilometer) durch elektrische Abstofsung von der negativen Elektrode weggeschleudert werden. Durch eine Unzahl glänzender Experimente hat Crookes seine Lehre vom Molekularstrom begründet und gegen Angriffe vertheidigt und damit der Lehre von dem molekularen Aufbau der Materie und dem Ursprung der Wärmestrahlung feste Füfse gegeben. Bei diesen Experimenten wird eben das wesentliche von den Restmolekülen von Luft, Gas oder Dampf geleistet. Dasselbe ist der Fall bei späteren Versuchen von Schuster und — wie es scheint — bei den schönen Experimenten J. J. Thomsons, bei denen Ströme in vollkommen pollosen Stromkreisen durch elektromagnetische Induktion erzeugt wurden. Aber die Anwesenheit der Moleküle ist nicht das einzig wesentliche bei diesen Erscheinungen, der Aether hat dabei sicher mehr zu thun, als blos unsern Augen die Kunde von den durch Moleküle und Atome bewirkten Phänomenen zu übermitteln. Thomson meint, dafs die Versuche über das Verhalten der Elektrizität in Vakuumröhren mit hoher Verdünnung eine Grundlage für das Verständnifs der Beziehungen zwischen dem Aether und der ponderablen Materie bilden werden, und dafs die geschickten und ausdauernden Experimentatoren, die in den letzten vierzig Jahren hier gearbeitet haben, den gröfsten Dank verdienen. Hoffen wir, dafs das Dunkel, welches augenblicklich noch die gegenseitigen Wirkungen von Aether und Materie bedeckt, durch die Arbeit der auf diesem Gebiete gegenwärtig thätigen und der zukünftigen Forscher zerstreut werde. —r.

Henri Gadeau de Kerville, Die leuchtenden Thiere und Pflanzen. Aus dem Französischen übersetzt von W. Marshall. Mit 27 in den Text gedruckten Abbildungen. Leipzig, J. J. Weber, 1893. 8°. 242 S. In Original-Leinenband 3 Mk.

Mit der Herausgabe dieses Bändchens, das als 7. Band von Webers „Naturwissenschaftlicher Bibliothek" allen Naturfreunden eine willkommene Gabe sein wird, haben sich Verfasser und Verleger in gleicher Weise verdient gemacht. In durchaus gemeinverständlicher und doch an keiner Stelle zu leichter Lektüre herabsinkender Darstellung werden im ersten Theile des Buches alle Organismen des Pflanzen- und Thierreiches kurz gekennzeichnet, denen die merkwürdige Eigenschaft zukommt, auf gewisse Reize hin oder spontan in mehr oder minder intensivem, an das Leuchten des Phosphors erinnernden Lichte zu erglänzen. Schon dieser Theil des Buches ist von hohem Interesse, da den meisten Lesern kaum mehr in Erinnerung sein wird, als dafs das Johannis-würmchen, einige brasilianische Insekten und die das Meerleuchten bedingenden Mikroorganismen Licht zu produziren im stande sind. Das Buch lehrt uns aber, dafs kaum eine gröfsere Gruppe des Thier- bezw. Pflanzenreiches existirt, innerhalb welcher nicht „erleuchtete" Geschöpfe angetroffen werden. Nicht minder werthvoll sind auch die den zweiten Theil füllenden Darstellungen über Anatomie und Physiologie der Leuchtorgane, über die Bedeutung der Licht-ausstrahlung vom biologischen Standpunkte aus betrachtet und ähnliches. Wir sind überzeugt, dafs jeder Leser das Buch nicht nur mit Befriedigung wieder aus der Hand legen, sondern gern in Mufsestunden einzelne Abschnitte wiederholt durchlesen wird. — Wir haben nur eine kleine Ausstellung auf dem Herzen, die wir bei einer Neuauflage gern verschwinden sehen möchten. Bezüglich der „Algen" erfahren wir, dafs „die zur Zeit gekannten leuchtenden Algen sämmtlich zur Familie der Bakterien gehören". Wer wüfste nicht, dafs Bakterien Pilze sind, die freilich unter den Algen ihre Parallelformen finden. Der Fehler wäre vermieden, wenn das Kapitel einfach und treffend überschrieben wäre: „Leuchtende Bakterien." C. M.

E. Hammer: Ueber die geographisch wichtigsten Kartenprojektionen, insbesondere die zenithalen Entwürfe. Nebst Tafeln zur Verwandlung von geographischen Koordinaten in azimutale. — Stuttgart 1889, J. B. Metzler-scher Verlag. Gr. 8°. X und 148 Seiten, 23 Zahlentafeln. — Preis 5 Mk.

Bekanntlich ist, wenn man von der für die Zwecke der Kartographie im allgemeinen zu vernachlässigenden Abweichung des Erdkörpers von der Kugelgestalt absieht, der Globus das einzig getreue Abbild der Erdoberfläche; alle anderen Abbildungen — es kommen hier selbstredend nur diejenigen in der Ebene in Betracht — leiden je nach den dabei zu Grunde gelegten Prinzipien an den verschiedensten Mängeln. Um das Problem wenigstens andeutungsweise zu charakterisiren, sei hier bemerkt, dafs man etwa die Forderung stellen kann, es solle die Abbildung in den kleinsten Theilen der wirklichen Konfiguration ähnlich sein (konforme Abbildung); für einen anderen Zweck würde man einer Projektion den Vorzug geben, in welcher die von zwei bestimmten Richtungen eingeschlossenen Winkel erhalten bleiben (winkeltreue Abbildungen) oder gewisse Richtungen in ihrer Länge unverkürzt (abgesehen von dem Mafsstabe der Verkleinerung) erscheinen.

Während man sich früher im grofsen und ganzen mit den auf solche Forderungen basirten Lösungen des Problems der Erdabbildung begnügen zu können glaubte, ist im letzten Jahrzehnt durch die bedeutsamen Untersuchungen des Franzosen Tissot und des Niederländers Schols eingehend dargelegt worden, dafs es in der Mehrzahl der Fälle aus praktischen Gesichtspunkten geboten sei, den sogenannten vermittelnden Projektionen den Vorzug zu geben, bei denen gleichzeitig die verschiedenen Forderungen, wenngleich nach der Eigenart der Aufgabe nicht mehr in aller Strenge, Erfüllung finden. Neben den praktischen Zwecken, welchen eine zu konstruirende Karte vorwiegend dienen soll, kommt für die bevorzugte Berücksichtigung der einen oder anderen Bedingung namentlich die Anordnung und die Ausdehnung des abzubildenden Länderkomplexes in Betracht. So ist einleuchtend — und das vorliegende Werk enthält dafür sehr lehrreiche Beispiele —, dafs man für ein Gebiet wie Japan, dessen Ausdehnung längs der Parallelkreise gegenüber der beträchtlichen meridionalen Erstreckung als gering anzusehen ist, und das seiner Lage nach fast in der Richtung der Diagonale eines von Meridian und Parallel begrenzten Viereckes angeordnet erscheint, eine Kartenprojektion wählen wird, welche für das Gebiet von Australien gänzlich unzulässige Verzerrungen einführen würde. Sieht man daraufhin die verschiedenen Atlanten durch, so wird man nur zu häufig Projektionsarten gewählt finden, bei welchen die modernen kartographischen Rücksichten und Erfahrungen gänzlich aufser acht gelassen sind.

Tissot selbst hat bereits in einem Werke über die Netzentwürfe geographischer Karten*) an den verschiedenen Projektionsarten in der angedeuteten Richtung Kritik geübt, ohne indessen überall die für die Praxis daraus sich ergebenden Folgerungen ausdrücklich zu betonen. In dieser Beziehung beansprucht das vorliegende Werk eine, jedenfalls sehr erwünschte, Vervollständigung zu geben, die um so nothwendiger erscheint, als in Deutschland Tissots Arbeiten immer noch nicht die genügende Beachtung gefunden zu haben scheinen. Es kann leider hier der Inhalt der Hammerschen Schrift nicht näher angegeben werden, da die Darlegungen für einen mehr mathematisch vorgebildeten Leserkreis bestimmt sind, wenngleich rein theoretische Untersuchungen, wie sie Tissot's Werk enthält, möglichst vermieden wurden. Es genüge die Anführung, dafs überall die praktischen Bedürfnisse in den Vordergrund gestellt sind, und dafs die generelleren so gut wie die besonderen Ergebnisse auch in weiteren Kreisen Beachtung zu finden verdienen. Dies bezieht sich namentlich auch auf das Streben des Verfassers, die gänzlich unzulängliche und willkürliche Nomenklatur durch Einführung planmäfsiger Bezeichnungen, welche die Art und den Charakter einer Projektionsart unzweideutig erkennen lassen, umzugestalten.   O. W.

*) In deutscher Bearbeitung herausgegeben von E. Hammer.

Die Aufhebung
des kirchlichen Verbotes der kopernikanischen Lehre.
Von Prof. Treutlein in Karlsruhe.

Im Jahre 1543 starb Kopernikus, und im gleichen Jahre erschien sein grofses Werk, welches die durch Sinnestäuschung eingegebene und altüberkommene Lehre vom Bau unseres Sonnensystems durch die Vereinigung der folgenden drei Sätze ersetzte: 1. die Erde dreht sich von West nach Ost um eine feste Axe; 2. die Erde läuft unter Beibehaltung ihrer Axenstellung je in einem Jahre rings um die Sonne; 3. wie die Erde, so laufen auch die übrigen Planeten in verschiedenen Abständen um die Sonne.

Die Vereinigung dieser drei Sätze bildet die kopernikanische Lehre. Und da gegenwärtig drei und ein halbes Jahrhundert seit ihrer Aufstellung verflossen ist, ziemt es sich wohl, der Schicksale dieser Lehre zu gedenken. Hier insbesondere soll auf Grund neuerer Forschungen erzählt werden, wie schliefslich sogar die Kirche sich dazu bequemte, sich bequemen mufste, die freie Verkündigung dieser Lehre zu gestatten.

Es ist ja bekannt, dafs die katholische Kirche über zwei Jahrhunderte diese Lehre verboten hatte, dafs aber in gleicher Weise auch Männer wie Melanchthon jene Lehre für so gottlos hielten, dafs sie deren Unterdrückung mit allen Mitteln als Pflicht der Obrigkeit verlangten; ebenso ist bekannt, dafs selbst in der Mitte unseres Jahrhunderts noch einige Vertreter der evangelischen Kirche gegen das kopernikanische Weltsystem geeifert haben. Man kann nicht leugnen, dafs die Kirche von ihrem dogmatischen Standpunkte aus völlig dazu berechtigt, ja dazu verpflichtet war. Setzte sich doch die Lehre des

Frauenburger Domherrn in schärfsten Widerspruch mit klaren, durchaus nicht umdeutbaren Worten und Aussprüchen der libell Wie aber — so fragt man mit Recht — wie konnte die gleiche Kirche dazu kommen, was sie früher verworfen, nach Verlauf von zwanzig Jahrzehnten für erlaubt zu erklären, als zulässig hinzustellen, was früher als mit dem Glauben unvereinbar, als dem Seelenheile schädlich, in der denkbar schärfsten Form verurtheilt worden war? Die Aufhellung dieses Widerspruches verdient in der That unser Interesse.

Wir müssen zur vollen Klarlegung der Sache die Entstehung des Verbotes kurz in die Erinnerung zurückrufen.

Die kopernikanische Lehre, 1543 veröffentlicht, gewann lange Zeit selbst bei den Astronomen nur wenige Anhänger, und der Beurtheilung der öffentlichen Meinung und der kirchlichen Gewalten ward sie erst dann unterstellt, als der berühmt gewordene und vom Hofe der Medici bevorzugte Galilei sich öffentlich für sie aussprach (1613). Jetzt erst (Februar 1616) ward diese Lehre kirchlich geprüft und als „thöricht und absurd vom philosophischen Standpunkt und für theilweise formell ketzerisch" befunden. Diese Entscheidung ward im Auftrag des Papstes dem in Rom anwesenden Galilei mitgetheilt, und dieser versprach, ihr zu gehorchen. Der hieraus sich entwickelnde berühmte Prozefs des Galilei spielte übrigens erst 17 Jahre später und kann hier aufser acht bleiben.

Jener Entscheidung entsprechend ward dann am 5. März 1616 das Werk des Kopernikus verboten, „bis es verbessert würde" (donec corrigatur), und ebenso wurden „alle anderen Bücher, welche in gleicher Weise dasselbe lehren", verboten und in das berühmte Verzeichnifs verbotener Bücher („Index librorum prohibitorum") aufgenommen. Und vier Jahre später (15. Mai 1620) ward von der Index-Kongregation ein eigener Erlafs veröffentlicht, in welchem die Aenderungen angegeben waren, welche in dem Werke des Kopernikus vorzunehmen wären, bevor es wieder neu gedruckt werden dürfte: die Aenderungsvorschläge betreffen zehn Stellen und bezweckten eine Umgestaltung des Werkes in dem Sinne, dafs Kopernikus seine Lehre nicht als begründet, sondern nur als eine Hypothese vortrage.

Da niemand eine Neuausgabe veranlafste, unterblieben die gewünschten Aenderungen, und so blieb es auch bei dem Verbot von Werk und Lehre des Kopernikus. Demgemäfs enthalten alle römischen Indices bis 1758 herab dieses Verbot. So z. B. führt der Index von 1752 auf S. 801 das Hauptwerk des Kopernikus als verboten auf, ebenso aber auch S. 227 Keplers Epitome, S. 108 Galileis berühmten Dialog über die Weltsysteme, S. 105 u. 248 aus gleichem Grunde die Schriften von Stunica und Foscarini, endlich S. 264 überhaupt „alle Bücher, welche die Beweglichkeit der Erde und die Unbeweglichkeit der Sonne lehren" (Libri omnes docentes mobilitatem Terrae et immobilitatem Solis).

Praktisch hatte aber der römische Stuhl doch schon eine gewisse Duldung der kopernikanischen Lehre gewährt, freilich mit einer eigenthümlichen Einschränkung. Als z. B. Toaldo 1744 Galileis Dialog herausgab, wurde er zu der Erklärung genöthigt, dafs auch er, der Astronom, der gleichen Meinung sei wie Galilei, dafs nämlich jene Lehre nur zuzulassen sei als reine mathematische Hypothese, welche nur dazu diene, gewisse Erscheinungen leichter zu erklären.

Schon in den letzten Jahren des 17. Jahrhunderts hatte sich Leibniz bemüht, eine Aufhebung der Zensuren gegen das kopernikanische System zu erwirken — vorerst umsonst. Erst am 10. Mai 1757 beschlofs die Index-Kongregation auf Anregung und mit Genehmigung des Papstes, das allgemeine Verbot zu unterdrücken: und so enthält die Index-Ausgabe von 1758 nicht mehr das Verbot all der Bücher „docentes mobilitatem terrae", wohl aber das Verbot der einzelnen, vorhin namhaft gemachten Schriften.

Und wenn auch die Bemühungen (1765) des französischen Astronomen Lalande, die Streichung von Galileis Werk aus dem Index zu erlangen, vergeblich waren, so liefs man in Rom doch in der zweiten Hälfte des vorigen und im Anfang unseres Jahrhunderts betreffs der kopernikanischen Lehre eine mildere Praxis walten: so legte Guglielmini 1789 zu Rom die Versuche dar, durch welche die Umdrehungsbewegung der Erde bewiesen wird, ebenso 1797 Tiraboschi, 1808 Calandrelli u. a.

Aber aufgehoben war das formelle Verbot von Kopernikus', Galileis und Keplers Schriften immer noch nicht — dazu kam es erst gelegentlich eines besonderen Vorfalles, den ich hier nach den Ergebnissen neuerer Forschung etwas ausführlicher erzählen möchte.

Ein gewisser Professor Settele in Rom hatte ein zweibändiges Werk verfafst unter dem Titel „Elemento der Optik und Astronomie". Der erste Band, die Optik enthaltend, war 1816 erschienen; der zweite sollte auch die Bewegung der Erde behandeln. Bevor aber Settele den betreffenden Theil niederschrieb, befragte er sich bei dem kenntnifsreichen und vorurtheilsfreien P. Olivieri, einem Dominikaner, welcher Professor an der Sapienza und der Inquisition zugetheilt war, ob er offen die Erdbewegung behaupten dürfe. Auf dessen Zustimmung hin schrieb nun Settele seinen zweiten Band. Als dieser dann aber behufs Druckerlaubnifs vorgelegt wurde, ward sie vom Palastmeister P. Anfossi verweigert mit Berufung auf das Dekret von 1616, nach welchem die Bewegung der Erde zu lehren irrig und ketzerisch sei; und als der Drucker meinte, dies Dekret sei über 200 Jahre alt und habe sich überlebt, da sprach der zum Urtheilen berufene P. Anfossi seine Meinung dahin aus, die Religion ändere sich nicht, und die Bibel sei immer dieselbe.

Prof. Settele wandte sich daraufhin an seinen früheren Berather Olivieri: der rieth, nicht nachzugeben und durch eine Eingabe an den Papst die Druckerlaubnifs zu erlangen — er selbst wolle vermitteln und glaube dies zu können, weil ja der Index seit 1758 das formelle Verbot der bewufsten Bücher nicht mehr enthalte.

So reichte Settele am 1. März 1820 seine Eingabe an den Papst selbst ein und führte darin Folgendes aus: das jetzt gelehrte kopernikanische System sei nicht mehr dasselbe, welches zu Galileis Zeiten verurtheilt worden sei; die Erde sei und bleibe das Zentrum der Dinge, die um sie her seien; jetzt nach Entdeckung der Schwere der Luft seien nicht mehr die thörichten Dinge zu befürchten, an die man damals als Folgen der Erdbewegung glauben mufste; die Sonne stehe ja auch nicht im Zentrum der Welt, sondern im Brennpunkt der von den Planeten durchlaufenen Ellipsen; die Sonne werde jetzt auch nicht mehr für unbeweglich gehalten, da sie ja eine Umdrehungsbewegung und vielleicht auch eine fortschreitende Bewegung besitze. Weiterhin beruft sich Settele in seiner Eingabe auf seine bekannten litterarischen Vorgänger, denen Druckerlaubnifs geworden sei, und auf die Auslassung des Allgemeinverbots im Index seit 1758; seit anderthalb Jahrhunderten haben die Päpste den sog. Irrthum ohne Widerrede sich einbürgern lassen, und überdies seien die Ostabweichung fallender Körper, die jährliche Parallaxe der Fixsterne, die Aberration des Lichtes und die Nutation ebensoviele Beweise für die Richtigkeit der kopernikanischen Lehre.

Auf diese Eingabe folgte keine Antwort. So machte Professor Settele am 1. August 1820 eine zweite Eingabe im gleichen Sinne, und diese wies der Papst sofort der Kongregation del S. Offizio zu. Und rasch kam diese zu einem Beschlufs, vielleicht auf Mitbetreiben des bekannten Erzbischofs und Kardinals Wiseman: nichts stehe dem entgegen, das kopernikanische System so zu lehren und zu vertheidigen, wie man es heute lehre; jedoch solle dem Prof. Settele beigebracht werden (insinuetur), seinem Buch eine Stelle einzufügen, welche darthue, dafs das kopernikanische System so, wie man es heute vertheidige, verschieden sei von dem, welches in Galilei verdammt wurde, d. h. dafs es nicht mehr jenen philosophischen Thorheiten unterworfen sei, wie man sie damals geglaubt habe. Dieser Beschlufs der Kongregation ward durch deren Sekretär Turiozzi am 17. August 1820 Settele mitgetheilt und letzterem wurde zugleich gesagt, dafs er die betreffende, seinem Buch einzuschiebende Stelle mit Wissen oder Beihilfe des P. Barnabita und des P. Olivieri abfassen solle. Am selben Abend noch ward dann der nachfolgende Wortlaut der betreffenden Stelle vereinbart und von Turiozzi gebilligt:

„Wenn das kopernikanische System in dem berühmten Galileischen Prozefs als falsch und der hl. Schrift zuwiderlaufend erklärt wurde, so geschah dies, weil nach den naturphilosophischen Kenntnissen jener Zeit die Umdrehung der Erde um ihre Axe schwere Störungen auf sie hätte ausüben müssen: in der That mufste ja wegen dieser Umdrehung die Luft zurückbleiben, und deshalb hätte fortwährend ein gewaltiger Wind von Ost nach West wehen müssen, welcher nicht nur die zarten Pflanzenstengel, sondern auch die kräftigsten Baumstämme daran gehindert haben würde, zu wachsen und sich von der Erdoberfläche zu erheben, und kein Thier hätte sich auf den Beinen halten oder frei nach irgend welcher Richtung hin gehen können. Kopernikus und Galilei, welche die Stärke dieses Einwandes kannten, wufsten dafür keine glückliche Auskunft zu geben. Ein System also, welches im Widerspruch erschien mit dem wörtlichen Sinn der hl. Schrift und welches überdies nicht nur keinen thatsächlichen Beweis zu seinen Gunsten besafs, sondern sogar schwere Störungen in sich schlofs, konnte sicherlich nicht bei den Katholiken zugelassen werden . . . . . Die Verurtheilung dieses Systems war demnach gegründet auf philosophische Irrthümer. Aber letztere verschwanden allmählich. Als nach der Entdeckung der Luftschwere durch Torricelli i. J. 1645 die genannten Störungen auf der Erde, welche deren Umdrehung hervorrufen mufste, verschwanden, da wurde . . . erlaubt, jenes System als eine Hypothese anzunehmen. Ueberdies haben aber auch die späteren Entdeckungen . . . . ebensoviele leuchtende Beweise für die Wahrheit des streitigen Systemes beigebracht. Da somit die philosophischen Irrthümer weggefallen sind und da auch überzeugende thatsächliche Beweise aufgefunden worden sind, so erscheint das kopernikanische System, wie es heute von den Astronomen vertheidigt wird, in recht verschiedenem Aussehen im Vergleich zu dem, wie es sich zu Galileis Zeiten zeigte. Also weit entfernt davon, gegen das Verfahren der römischen Inquisition loszuziehen . . . ., sehe ich voll Vertrauen in meinen Tagen auch die Einschränkung auf die Natur einer Hypothese verlassen und sehe es in jedem Lande der Christenheit erlaubt, die Umdrehung der Erdkugel als These zu behaupten."

Dies war der Wortlaut der vereinbarten Stelle, welche in sein Werk aufzunehmen, Prof. Settele sich bereit erklärte, und nach deren Aufnahme er, entsprechend der gleichen Meinung des heiligen Offiziums, die Druckerlaubnis von Seiten des Palastmeisters P. Anfossi sicher glaubte erwarten zu dürfen. Aber Settele wie auch das hl. Offizium sahen sich in ihrer Erwartung getäuscht: P. Anfossi bestand auf seiner Weigerung, das Imprimatur zu geben, und verlangte das unmittelbare Eingreifen des hl. Vaters, um, besiegt, wie er sagte, aber nicht überzeugt, dahin gebracht zu werden, auf Setteles zweiten Band das Imprimatur zu setzen.

P. Anfossi erhielt, was er gewünscht: ein Billet des Papstes vom 27. August 1820 sprach ihm dessen Mifsfallen aus über die bewiesene Hartnäckigkeit in der Verweigerung der Druckerlaubnifs und gab ihm davon Nachricht, dafs S. Heiligkeit nicht blofs selbst schon die Angelegenheit geprüft, sondern auch Befehl gegeben habe, dafs das heilige Offizium sie untersuche und dafs er letzterem zu gehorchen habe, wenn dieses die Sache als recht befunden.

Man sollte meinen, dafs solch unmittelbarem Befehl P. Anfossi sich gefügt habe — und dennoch, er that es nicht, er war päpstlicher als der Papst. Er schickte zwar Setteles Manuskript und den ihm gewordenen Erlafs der Inquisition an den Drucker, und beide waren mit dem Imprimatur versehen; aber es war nicht Anfossis Imprimatur, wie dies der erste Band gezeigt hatte, sondern zwei andere Kleriker finden sich im gedruckten Werke als Unterzeichner der Druckerlaubnifs.

Und P. Anfossi selbst hat dafür gesorgt, dafs man seine Gründe der Druckverweigerung kenne. Er hat — freilich ohne seinen Namen, aber nachweisbar er — um jene Zeit ein Schriftchen veröffentlicht unter dem Titel: „Ob man vertheidigen und lehren könne, nicht als einfache Hypothese, sondern als völlig wahr und als These die Beweglichkeit der Erde und das Stillstehen der Sonne. Eine theologisch-moralische Streitfrage." Hierin wendet er sich geradezu gegen Prof. Settele: dieser möge sich nicht wundern darüber, dafs der zweite

Rand seines Werkes nicht das gewohnte Imprimatur des Palastmeisters, d. i. Anfossis, trage; letzterer habe es gegeben gehabt, habe es aber nach besserer Ueberlegung wieder zurückgezogen, nicht aus irgendwelcher Privatmeinung oder weil er etwas gegen Prof. Settele gehabt habe, sondern aus einem für beide genügend wichtigen Grunde. Denn sie beide hätten geschworen, nicht abzuweichen vom Sinne der Schrift, wie ihn die Kirche stets festgehalten habe, und die Meinung von der Bewegung der Erde sei eben früher amtlich als der göttlichen Schrift widersprechend erklärt worden. So habe er, Anfossi, nicht erlauben können, dafs eine derartige Lehre zum Druck befördert werde.

Man sieht, P. Anfossi liefs sich auf keine Abmachungen und Anderedeutungen ein, er bestand auf seinem Scheine und blieb beim Dekret von 1616. Die amtliche Kirche aber mochte solch halsstarrigen Standpunkt doch nicht beibehalten, sie gab ihn auch formell auf.

Mit dem am 10. Januar 1821 fertigen Druck von Setteles zweitem Bande und mit der darin enthaltenen, auf unmittelbaren päpstlichen Befehl ertheilten Druckerlaubnifs war Prof. Setteles Privatsache erledigt, die allgemeine Angelegenheit aber und die Streitfrage zwischen Wissenschaft und Kirche war damit formell noch nicht beigelegt. Darum beriethen die betreffenden Kardinäle erneut diese Sache und den Widerspruch P. Anfossis und kamen am 11. September 1822 zu dem Beschlufs, dafs künftighin erlaubt sein solle die Veröffentlichung und der Druck aller „Werke, welche gemäfs der allgemeinen Ansicht der modernen Astronomen von der Beweglichkeit der Erde und von der Unbeweglichkeit der Sonne handeln" (operum tractantium de mobilitate terrae et immobilitate solis, juxta communem modernorum astronomorum sententiam), und am 25. September 1822 bestätigte der Papst diesen Beschlufs.

Wie man also zwei Jahre zuvor in dem dem Prof. Settele „insinuirten" Artikel deutlich gesagt hatte, so liefs man jetzt, unter Betonung der Meinung der „modernen" Astronomen, zwischen den Zeilen lesen, dafs das heute gelehrte kopernikanische System ein anderes sei als das von seinem Verfasser und von Galilei vorgetragene, und auf solche Begründung gestützt ward es möglich gemacht, das vor zweihundert Jahren erlassene und seitdem aufrecht erhaltene, wenn auch allmählich milder gehandhabte Verbot der kopernikanischen Lehre zu widerrufen.

Zur vollen Freigebung dieser Lehre fehlte nun noch die Zurücknahme der Aechtung unserer grofsen Klassiker der Naturforschung, die Streichung ihrer Werke aus dem römischen Index. Diese scheint P. Olivieri ausgewirkt zu haben. Denn als ihn Prof. Settele am 14. November 1823 besuchte, theilte er ihm unter Hinweis auf die vor ihm liegenden Werke Keplers mit, dafs er gerade damit beschäftigt sei, die Ausmerzung der die kopernikanische Lehre vertretenden Werke aus dem Index zu beantragen. Diesem Antrag ward stattgegeben, und so erscheinen denn die noch in der Indexausgabe von 1819 namentlich aufgeführten Schriften von Kopernikus, von Galilei und Kepler, von Stunica und Foscarini in der Indexausgabe von 1835 nicht mehr — ein interessanter, ein denkwürdiger, ein kennzeichnender Beitrag zur Geschichte der menschlichen Kultur war beendet.

Lange Jahre hat Dunkel geherrscht über die näheren Einzelheiten der Aufhebung des kirchlichen Verbotes der kopernikanischen Lehre; Thiersch und Reusch haben dieses Dunkel zum Theil aufgehellt; volle Klarheit haben erst die Veröffentlichungen Favaros gebracht, des bekannten Galileiforschers. Er entnahm die oben mitgetheilten Einzelheiten einem Tagebuch des mehrerwähnten Prof. Settele, welches dieser nach seinem Tode seinem Freunde Sarti hinterliefs, von dem es dessen Schüler Prof. Pellicioni erhielt, in dessen Besitz es noch ist. Favaro hat sich um und durch die Aufhellung des vorgetragenen Stückes Wissenschafts- und Kulturgeschichte verdient gemacht — aber auch er konnte nicht finden, dafs das kopernikanische System des 19. Jahrhunderts in irgend Wesentlichem ein anderes sei als das kopernikanische System des Kopernikus.

Wirken und Schaffen der Pflanzenwelt.

Gemeinverständlicher Vortrag über die wichtigsten Lebensvorgänge
in der Pflanze, gehalten in der Urania zu Berlin
von Privatdocent Dr. Carl Müller.

(Schluſs.)

Nachdem wir im ersten Theile unserer Betrachtungen die Thätigkeit der Wurzel kennen gelernt haben, nachdem wir nunmehr wissen, daſs ihre vornehmliche Aufgabe in der Aufnahme von Wasser und den darin gelösten mineralischen Bodenbestandtheilen besteht, wenden wir uns der Erörterung der Thätigkeit der oberirdischen Organe des Pflanzenkörpers zu. Ueber die Bedeutung des Stammes und seiner Auszweigungen können wir uns dabei kurz fassen. Wir haben schon angedeutet, daſs diesen in erster Linie ja nur die mechanische Arbeitsleistung zukommt, die Laubmassen emporzuheben, den grünen Blättern die möglichst günstige Position für die ihnen zuertheilten Aufgaben zu verschaffen. Daſs den Stämmen und Zweigen hierbei die Rolle zugewiesen ist, die Vermittler des Wassertransportes mit Hilfe der sie durchsetzenden Leitbündel bezw. des Holzkörpers zu werden, ist uns jetzt bereits eine geläufige Sache geworden. Es bleibt uns mithin nur noch übrig, das Blatt und seine Thätigkeit kennen zu lernen. Es wird sich dabei auch hier empfehlen, zunächst wieder einmal das Mikroskop zu benützen und den anatomischen Aufbau der Blätter, wenigstens in seinen Grundzügen, kennen zu lernen. Es wird uns dies ein feiner, durch die Blattfläche senkrecht von der Oberseite zur Unterseite geführter Querschnitt leisten, wie ihn Fig. 18 veranschaulicht.

Als Grenzschicht finden wir ober- und unterseits (wie übrigens bei allen jugendlichen Organen) die grüne Blattfläche abgeschlossen durch wasserreiche Zellen, welche in ihrer Gesamtheit die Oberhaut ausmachen. Da ihr Inhalt fast ausschliefslich Wasser ist, so bieten sie der allseitig von Luft umspülten Blattfläche einen wirksamen Schutz gegen das Austrocknen. Die Oberhaut ist ein „Wassergewebe", das nach Art eines Mantels das tiefer liegende Gewebe umhüllt. Damit nun der Schutz des Blattgewebes ein ausreichender wird, zeigen die Oberhautzellen ihre nach der Aufsenseite des Blattes, also die mit der Luft in unmittelbarer Berührung stehende Wand stärker verdickt als die Seiten- und Innenwände, und überdies spannt sich eine äuserst zarte Korkhaut (eine „Cuticula") über ihnen aus, welche, wie alles Korkgewebe, für Wasser so gut wie undurchlässig ist. Wird das Blatt dem Welken ausgesetzt, so wird mithin den Oberhautzellen zwar Wasser entzogen, aber nur von den unter ihnen liegenden Zellen.

Die zwischen den beiden Oberhäuten liegenden Zellen bilden das sogenannte Blattfleisch. Auf der Blattoberseite sind sie gewöhnlich wie zylindrische Schläuche dicht neben einander gestellt, die Pallisadenschicht bildend, während sie unter dieser Schicht ein schwammiges, von zahlreichen Luftlücken durchsetztes Gewebe ausmachen, welches man bezeichnend als Schwammgewebe unterschieden hat. Auch die Pallisadenzellen lassen zahlreiche, obwohl weniger auffällige, lufterfüllte Lücken zwischen sich. Die zwischen den Oberhäuten liegenden Zellen werden mithin fast allseitig von Luft umhüllt. Durchmustert man übri-

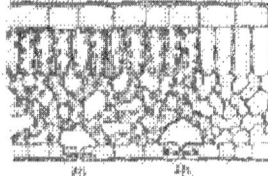

Fig. 16.

gens die Gewebe irgend eines Pflanzentheiles mit einiger Aufmerksamkeit, so wird man stets an den Ecken und Kanten, an welchen je drei Nachbarzellen zusammenstofsen, einen lufterfüllten Hohlraum, einen Intercellular-Raum, beobachten, der dem Zwecke der Durchlüftung des Pflanzentheiles dient. Alle Intercellular-Räume stehen dabei untereinander in Kommunikation.

Wo tritt nun die Luft in das Blatt und damit in den Pflanzenkörper ein? Prüfen wir die Oberhaut der Blätter, so werden wir stets auf Stellen treffen, an welchen je zwei Zellen durch einen Spalt von einander getrennt sind, durch welchen die atmosphärische Luft ungehindert in das Blatt, zunächst gewöhnlich in einen weiten Intercellularraum der Schicht des Schwammgewebes eintritt. Die beiden durch den Spalt getrennten, durch eigenartigen Bau ausgezeichneten Oberhautzellen bilden eine sogenannte Spaltöffnung (Fig. 16 bei sp.); der über ihnen liegende Hohlraum heifst die Athemhöhle[1]).

*) Die Vertheilung der Spaltöffnungen auf den Blattflächen ist eine wechselnde. In der Mehrzahl der Fälle ist die Blattuberseite, auf welcher

Spaltöffnungen in der Blattoberhaut aufzufinden, ist, nebenbei bemerkt, keine schwierige Aufgabe, besonders wenn man die Haut in der Richtung der Blattfläche abzieht oder mit dem Rasirmesser abschneidet und sie nun von der Fläche aus betrachtet. In der Mehrzahl der Fälle drängen sich 400—500 Spaltöffnungen auf eine 1 Quadratmillimeter umfassende Fläche, mithin entfallen auf ein mäfsig grofses Blatt, etwa ein Weinblatt, 1—1½ Million Spaltöffnungen. Dieselben sind befähigt, sich je nach dem Bedürfnifs der Pflanze durch Verengung ihres Spaltes zu schliefsen, den aus der Verdunstung des Wassers sich ergebenden Feuchtigkeitsverlust also herabzusetzen, oder sich durch Erweiterung des Spaltes zu öffnen.

Im Gegensatz zu den wasserführenden Oberhautzellen sind die Spaltöffnungszellen sowie alle übrigen Zellen des Blattfleisches, namentlich die Zellen der Pallisadenschicht, dadurch ausgezeichnet, dafs ihr Protoplasma prachtvoll grün gefärbte Körperchen von kugeliger oder ellipsoidischer Gestalt umschliefst. Jedes dieser Körperchen besteht aus einer Protoplasmagrundlage, die einem Schwamme verglichen werden könnte. Der Protoplasmaschwamm ist durchtränkt von einem öligen, grünen Farbstoffe. Dieser Farbstoff, Blattgrün oder Chlorophyll genannt, verleiht allen grünen Pflanzen ihr grünes Kleid, ihm verdankt der bunte Teppich der prangenden Erde sein Grundkolorit, ihm verdankt der Fichten- und Tannenwald sein dunkles Schwarzgrün, die Luft des Buchenwaldes ihren hellgrünen Schimmer, der Rasen seine dem Auge so unendlich wohlthuende Färbung.

Bedeutungsvoller aber als alle solche subjektiven Empfindungen, welche das leuchtende Grün in uns wachruft, ist die Rolle, welche diesem Farbstoffe für die Erhaltung des organischen Lebens zugefallen ist. Man darf wohl behaupten, dafs das Blattgrün der wichtigste Farbstoff in der ganzen Natur ist, wichtiger als das zarte Roth der Wangen, wichtiger als die prächtigen Farben der Gemälde, als die Farben der Edelsteine — denn wir werden bald zeigen, dafs nur bei Gegenwart dieses Farbstoffes die Pflanzenwelt ihre lebenerhaltende Aufgabe zu lösen vermag!

Aus diesem Grunde allein ist es schon wünschenswerth, dafs wir versuchen, eine etwas genauere Bekanntschaft mit dem Grün des lichtfreudigen Pflanzenvolkes zu machen.

sich Staub und Schmutz absetzt und welche vom niederfallenden Regen getroffen wird, spaltöffnungsfrei, während sich die Spaltöffnungen auf der Blattunterseite entsprechend dem hier ausgebildeten lückenreichen Schwammgewebe aufserordentlich mehren.

Zu diesem Zwecke empfiehlt es sich, das Blattgrün aus der Pflanze auszuziehen. Es gelingt uns dies mit Leichtigkeit, wenn wir grüne Pflanzentheile mit Alkohol übergiefsen[14]). In kurzer Zeit nimmt der Alkohol eine prachtvoll grüne Farbe an, während die Blattgrünkörperchen in den Zellen natürlich verblassen. Würden wir nun den Alkohol verdunsten lassen, so würden wir einen harzig-öligen, schwarzgrünen Rückstand erhalten, dessen Hauptmasse der grüne Pflanzenfarbstoff ist, dessen Reindarstellung freilich noch nicht gelungen ist. Wir wissen aber doch, dafs er nur aus wenigen Grundstoffen besteht, aus Wasserstoff, Sauerstoff, Kohlenstoff und Stickstoff[15]). Diese Elemente scheinen aber im Blattgrün nur wenig dauerhafte Freundschaft geschlossen zu haben. Läfst man die Blattgrünlösung nur kurze Zeit im Sonnenlichte oder einige Stunden im zerstreuten Tageslichte stehen, so zersetzt sie sich unter Verfärbung. Sie wird braungrün und endlich gelbbraun.

Diese leichte Zersetzbarkeit unter dem Einflusse des Lichtes legt von vornherein den Gedanken nahe, dafs auch das im Innern der lebenden Zelle vom Sonnenlichte getroffene Blattgrün chemische Veränderungen erfahren wird, die für das Leben der Pflanze von hoher Bedeutung sein müssen. Da nun aber das Blattgrün hierbei in enge Wechselbeziehung zum Sonnenlicht tritt, so werden wir gut thun, diese Wechselbeziehung an der Blattgrünlösung zu studiren.

Es ist allbekannt, dafs das Sonnenlicht, welches durch einen schmalen Spalt auf ein dreikantig geschliffenes Glas, ein sogenanntes Glasprisma fällt, zu einem breiten Lichtstreifen wird, in welchem in prachtvoller Reinheit die Farben des Regenbogens sich neben einander ordnen. Der Physiker nennt den bunten Lichtstreifen das Spektrum, seine einzelnen Farben die Spektralfarben. Sie beginnen auf der einen Seite mit Roth, gehen durch Orange in Gelb, über dieses hinaus in Grün, Blau, Indigo und Violett über[16]).

---

[14]) Am besten wird man die Pflanzentheile (Blätter) vorher mehrmals mit Wasser auskochen. Im Wasser ist das Blattgrün nicht löslich.

[15]) Das Blattgrün ist ein wenigstens aus zwei Farbstoffen bestehender chemischer Körper. Aus seiner alkoholischen Lösung läfst sich durch Benzin und gewisse andere Lösungsmittel ein dunkelgrüner, fast bläulich grüner Farbstoff ausziehen, während in der alkoholischen Lösung ein gelber Farbstoff zurückbleibt.

[16]) Jedermann kennt diese Spektralfarben aus dem Regenbogen, aufserdem aber aus den Lichteffekten, welche an den mit Vorliebe zur Zierde unserer Kronleuchter verwendeten Glasprismen erzeugt werden. Hält man ein solches Prisma quer vor die Augen, so sieht man alle Gegenstände mit bunten Säumen, den Spektralfarben, umrandet.

Woher erscheinen diese Farben? Der Physiker wird uns antworten: „Das weiſse Licht wird beim Durchgang durch das Prisma gebrochen und dabei in seine einzelnen Farben zerlegt." Wollen wir uns von diesem Vorgange ein anschauliches Bild verschaffen, so denken wir uns ein mäſsig starkes Buch, welches wir nach einer uns verloren gegangenen Stelle schnell durchblättern wollen. Wir nehmen dann gewohnheitsmäſsig ein Quantum Blätter zwischen Daumen und Zeigefinger und „brechen" den ergriffenen Stofs von Blättern, um sie einzeln am Daumen vorbeigleiten zu lassen. Hierbei verschieben sich alle Blattränder ein wenig gegen einander, am meisten diejenigen Blätter, welche am stärksten gebrochen wurden. Würden wir unser Buch wieder zuschlagen, so sehen wir nicht mehr die Ränder einzelner Blätter, sondern nur den einfarbigen Schnitt des ganzen Buches. Ganz ähnlich ergeht es nun dem weiſsen Sonnenlicht, welches aus dem Spalt auf das Glasprisma trifft. Das Prisma hat das aus unendlich vielen Strahlen bestehende weiſse Licht „gebrochen", und dabei sehen wir die verschieden stark abgelenkten Strahlen in verschiedener Farbe. Die wenigst abgelenkten sind die rothen, die stärkst abgelenkten die violetten Strahlen. Zwischen ihnen liegen die „Strahlen mittlerer Brechbarkeit", die orangefarbigen, die gelben, die grünen, die blauen. Könnten wir das ganze Spektrum, all die bunten Farben vom Violett aus mit den Fingern zusammenschieben, so daſs sie schlieſslich alle auf die rothen Strahlen gedrängt würden, dann würden wir aus dem Spektrum wiederum einen Strahl weiſsen Sonnenlichtes erhalten.

Jetzt wollen wir in den Gang des weiſsen Lichtstrahles einmal ein Quantum unserer Blattgrünlösung einschalten, das heiſst, wir wollen diese Lösung in einem greigneten Glasgefäſs wie einen Fensterschirm zur Milderung der Helligkeit vor den Spalt stellen, durch welchen das weiſse Licht auf das Glasprisma fällt. Dann beobachten wir eine merkwürdige Erscheinung am bunten Spektrum. Es wird nicht etwa seine Helligkeit, im ganzen und gleichmäſsig alle Farben treffend, herabgesetzt, sondern wir sehen, daſs ein Theil der herrlichen Farben ganz verschwunden, der Physiker sagt „ausgelöscht" oder „absorbirt" ist. Es verschwindet durch die Blattgrünlösung vor allem ein breiter Lichtstreif im Roth des Spektrums, auſserdem, aber in viel weniger auffälliger Weise, ein Theil des Violett, des Indigoblauen, eventuell auch des Blauen. War die Blattgrünlösung stark genug, so wird wohl auch ein Theil der gelben Farben verschwinden, an deren Stelle das Spektrum dann zwei dunkle Streifen durchsetzen.

Die Thatsache, daſs das Blattgrün einen Theil der farbigen

Strahlen des Sonnenlichtes aus dem Spektrum vernichtet, gleichsam verschluckt, fordert natürlich eine Deutung. Denn wenn man mit Recht behauptet, aus nichts werde nichts, so darf man mit gleichem Rechte behaupten, aus einem Etwas kann kein Nichts werden, oder aus Etwas muſs Etwas werden. Diese einfache Logik ist ja der wesentliche Inhalt des vielbesprochenen Gesetzes von der Erhaltung der Kraft. Verschwindet also ein Theil des Sonnenlichtes im Spektrum des Blattgrüns, so muſs die sonst in dem Auge als Empfindung sich geltend machende Kraftäufserung des Lichtes zu einer anderen Kraftäufserung werden. Mit anderen Worten: Das vom Blattgrün gefesselte Sonnenlicht, d. h. die verschluckten Strahlen im Roth, im Blau und Violett müssen der Pflanze irgend welche Arbeit leisten — und die Gröfse dieser Arbeit muſs genau der Menge des verschluckten Lichtes entsprechen.

Gewöhnlich findet nun die Arbeitsleistung des Lichtes in chemischen Vorgängen ihren Ausdruck. Würden wir beispielsweise das vom Prisma entworfene vielfarbige Spektrum auf einen mit Silberlösung getränkten Papierstreifen (d. h. photographisch empfindliches Papier) auffallen lassen, so würden wir sehr bald eine Schwärzung des Papieres beobachten. Es findet also eine chemische Zersetzung der Silberlösung statt, eine Erscheinung, welche bekanntlich das Prinzip der Photographie bildet. Wir würden aber zugleich an dem Papierstreifen die Beobachtung machen, dafs gerade die violette Hälfte des Spektrums, ja sogar noch der dunkle Streif jenseits des Violetten die chemische Wirkung am heftigsten hervorrufen, während die hellen Strahlen des Spektrums, besonders die gelben und in noch höherem Mafse die rothen Strahlen — und diese letzteren werden in auffälliger Weise von der Blattgrünlösung verschluckt — der Fähigkeit entbehren, chemische Zersetzungen hervorzurufen. Die Bedeutung der Fesselung des Sonnenlichtes durch das Blattgrün ist daher in den Einzelheiten nicht leicht auszumitteln, jedenfalls deckt sie sich nicht genau mit den Erscheinungen des photographisch lichtempfindlichen Papiers. Eine Thatsache aber steht unumstöfslich fest: Nur die Blattgrün führenden, unserem Auge grün erscheinenden Pflanzen und Pflanzenorgane fesseln einen Theil des Sonnenlichtes und zwingen das Sonnenlicht zu einer chemischen Arbeitsleistung — zur Zersetzung der Kohlensäure der Luft vermittelst des Protoplasmas im Innern der lebenden Zellen!

Es entspinnt sich also, ohne dafs die grofse Welt es gewahr wird, ein Kampf fast der gesammten Pflanzenwelt gegen die Zusammensetzung der Lufthülle des Erdballes, ein gigantisches Ringen der Tripelallianz Sonnenlicht, Blattgrün und Protoplasma gegen die Kohlensäure. Und dieser Kampf enthrennt alltäglich mit dem ersten Sonnenstrahl, welcher über dem Horizont erscheint, währt ununterbrochen den ganzen lichten Tag hindurch, bis der letzte Strahl der sinkenden Sonne im Westen verschwunden ist. Dann gebietet die Dunkelheit der Nacht einen Waffenstillstand, bis der erste Strahl des neuen Morgens den Kampf von neuem anfacht. Diesen jedoch in seinen Hauptepisoden und namentlich in seinen weitgehenden Folgen zu überblicken, setzt eine Bekanntschaft mit dem Gegner, mit der Kohlensäure voraus.

Kohlensäure kennt wiederum jedermann. Die Luft, die den Schaum des Bieres erfüllt, die Gasmasse, welche beim Oeffnen der Selterserflasche ungestüm die Freiheit sucht — es ist Kohlensäure. Und wer an kostspieligere Genüsse gewöhnt ist, kennt die Kohlensäure aus den Perlen des Champagners. Wir kennen also alle die Kohlensäure, wenn auch nicht alle aus dem Champagner. Der Forscher aber muſs seine eigenen Wege einschlagen, wenn er die Kohlensäure studiren will. Es steht ihm ein einfacher Vorgang zur Verfügung. Leitet man über bis zum Glühen erhitzte Kohle den früher besprochenen Sauerstoff, so tritt ein sichtbares Erglühen der Kohle ein, die Kohle verbrennt, und die sich entwickelnde Luftart, eben nur aus Kohle und Sauerstoff bestehend, ist Kohlensäure.

An der Kohlensäure selbst ist nun freilich nicht viel zu sehen, sie gleicht der uns umgebenden Luft. Leiten wir aber den aus der verbrennenden Kohle entstehenden Luftstrom durch ein mit Kalkwasser gefülltes Gefäſs, so sehen wir die Flüsigkeit vor unseren Augen sich trüben und in wenigen Minuten milchweiſs werden. Der im Wasser gelöste Kalk vereinigt sich mit der Kohlensäure zu kohlensaurem Kalk, zu Kreide, wie sie uns die Natur bietet, zu demselben Stoff, welcher krystallinisch als Marmor bezeichnet wird.

Wollten wir unsere milchig gewordene Flüssigkeit wieder wasserklar aufhellen, dann brauchten wir dieselbe nur mit einigen Tropfen einer Säure, etwa der Salzsäure, zu versetzen. Es würde sich dann die Kohlensäure nach der flüchtigen Vereinigung mit dem Kalke wieder in Bläschen entfernen, in der „saueren Gesellschaft" ist ihres Bleibens nicht. Diese Thatsache macht sich natürlich der sparsamo Chemiker zu Nutzen, er stellt sich gewöhnlich die Kohlensäure durch Uebergieſsen von Marmorabfallstücken mit Salzsäure her. Daſs die hierbei sich entwickelnde Luftart in der That Kohlensäure ist, also wirklich schwarzen Kohlenstoff enthält, kann ein weiterer, lehrreicher Versuch zeigen. Wir leiten die Kohlensäure durch ein in der Mitte kugelförmig erweitertes Rohr (ein „Kugelrohr"). In dessen Kugel wir ein etwa erbsengrofses Stück des uns bereits bekannt gewordenen Kalium-Metalles zum Glühen erhitzen. Das Kalium entreisst dann (wie in dem früheren Versuche dem Wasser) jetzt der Kohlensäure ihren Sauerstoff, und die Kohle erfüllt als ein rufsartiger Beschlag die Innenwände des Kugelrohres.[17])

Eine ganz analoge Zersetzung geht mit der in der Atmosphäre enthaltenen Kohlensäure vor sich. **Unter dem Einflufs des Sonnenlichtes zersetzen die Blattgrün führenden Pflanzentheile** (und nur diese!), **also vor allen Dingen die grünen Blätter, durch ihr Protoplasma die Kohlensäure in ihre Bestandtheile, in Kohlenstoff und Sauerstoff.** Die bei der Spaltung der Kohlensäure entstehenden Producte sind aber ganz anderer Art, als in dem vorangehend besprochenen Versuches. **Bei der Zersetzung der Kohlensäure durch die grünen Pflanzen wird der gesamte Sauerstoff der Kohlensäure in Freiheit gesetzt und der Atmosphäre zurückgegeben, während der gesamte Kohlenstoff der Kohlensäure der Pflanze einverleibt wird.**

Diese Thatsache wird erst dadurch in das rechte Licht gestellt, dafs wir uns einen Einblick in die Verhältnisse verschaffen, welche die Zusammensetzung der Erdatmosphäre bedingen.

Es ist bekannt, dafs die uns umgebende Luft ein Gemisch von Gasen ist, das wesentlich aus Sauerstoff und Stickstoff besteht, und zwar ist in einem beliebig gewählten Volumen fast genau $1/5$ des Raumes Sauerstoff, während die gröfsere Menge, $4/5$ des Raumes, Stickstoff ausmacht. Genauer gesprochen kommen auf je 21 Raumeinheiten Sauerstoff je 79 Raumeinheiten Stickstoff[18]). Ausser den beiden genannten Gasen enthält die Luft geringe Mengen Wasserdampf, wie dies aus unserer früheren Betrachtung ja hervorgeht, und

---

[17]) Dieser höchst lehrreiche Versuch empfiehlt sich für Vorträge vor Studirenden nicht minder wie vor Schülern. Man achte aber darauf, dafs das Kaliummetall sorgfältig von anhaftendem Petroleum und der es überziehenden Kruste gereinigt zur Anwendung gebracht wird.

[18]) Zur Bestimmung dieses Verhältnisses sperrt man in einem etwa 60 cm langen, cylindrischen Glasrohre (einem sogenannten Eudiometerrohre) ein beliebiges Volumen atmosphärische Luft ab und läfst den Sauerstoff derselben durch in Kalilauge vom spec. Gew. 1,05 gelöste Pyrogallussäure (auf 100 ccm Lauge $2^1/_2$ gr) aufsaugen. Es bleibt dann $4/_5$ des ursprünglichen Volumens, der Stickstoff, übrig.

daneben — und das ist für uns besonders wichtig — ein wenig Kohlensäure, auf 100 Raumtheile etwa $3/_{100}$, d. h. auf je 10000 Raumtheile 3 Raumtheile Kohlensäure. Der Pflanze steht also die Kohlensäure, welche sie verarbeiten soll, wieder nur in aufserordentlicher Verdünnung zur Verfügung, gerade so, wie ja auch den Wurzeln die Nährsalze nur in aufserordentlich verdünnter Lösung dargeboten werden.

Diese Thatsache erklärt nun auch die Erscheinung, dafs die Pflanzen sich nicht damit begnügen, nur ein oder zwei grüne Blätter zu erzeugen. Wenn sie einigermafsen erfolgreich arbeiten sollen, so müssen sie die so spärlich ihnen gebotene Kohlensäure dadurch zu erlangen suchen, dafs sie eine möglichst grofse Luftfläche berühren, denn es ist eine allgemein gültige Lebenserfahrung, dafs man wenig zu essen braucht, wenn die Kost sehr nahrhaft ist, dafs man aber grofse Mengen verzehren mufs, wenn die Kost mager ist. Und die $3/_{100}$ Procent Kohlensäure sind gewifs eine kärgliche Kost. Daher die Myriaden von grünen Blättern, welche die Pflanzenwelt in den Luftocean tauchen läfst, daher die Entwickelung der Blätter zu gewöhnlich papierdünnen, flächenförmigen Gebilden, die allseitig von der Luft umspült werden, in welche sogar die Luft durch Millionen und aber Millionen Oeffnungen, durch die Spaltöffnungen, in das Innere eindringt, daher die Erscheinung, dafs die Stämme sich über den Boden erheben, dafs sie sich verzweigen, um nach allen Richtungen hin die Blätter wie nach aussen gekehrte Lungen entfalten zu können.

Woher stammt nun die der Pflanze bezw. ihren Blättern allein zur Nahrung dienende Kohlensäure? Dafs die Kohlensäure des Champagners für die Atmosphäre in Betracht käme, wird ja niemand glauben. Ebenso wenig kommt die von den Chemikern erzeugte Kohlensäure in Betracht, wenngleich wir heutzutage bereits eine Kohlensäure-Industrie haben. Etwas mehr schaffen schon die Vulkane und gewisse Quellen, die beständig kohlensäurereiches Wasser sprudeln lassen. Viel gewaltiger ist aber die Massenproduktion der Kohlensäure durch die lebenden Organismen.

Es ist eine bekannte Thatsache, dafs alle Thiere — und nicht minder der Mensch — athmen, d. h. wir saugen Luft ein und verzehren mit jedem Athemzuge einen Theil des in ihr enthaltenen Sauerstoffes. Dafür geben wir aber mit dem nicht verathmungsfähigen Stickstoff Kohlensäure durch Aushauchen an die Atmosphäre, wie wir leicht mit der Kalkwassermethode nachweisen können. Ja, wir müssen sogar so sagen: Athmen ist nichts anderes, als auf chemischem Wege mit Hilfe des Sauerstoffes der Luft kohlenstoffhaltige

Bestandtheile des Blutes bezw. des Protoplasmas zu Kohlensäure verbrennen, welche letztere natürlich beim Ausathmen in die Atmosphäre ausgehaucht wird.

Was leisten wir Menschen nun damit bezüglich des Kohlensäuregehaltes der Luft? Ein Mensch athmet in 24 Stunden, also während eines vollen Tages, nicht weniger als 500 Liter Kohlensäure aus. Diese 500 Liter wiegen fast genau 1 Kilogramm, und davon sind 270 gr (also über ½ Pfund) reiner schwarzer Kohlenstoff![*] Wir verathmen also in 100 Tagen etwa einen halben Centner Kohle zu Kohlensäure. Schätzen wir nun die ganze Menschheit auf 15 Milliarden (= 15000 Millionen) Menschen, so ergiebt sich pro Jahr die erkleckliche Summe von etwa 5 Billionen Kilo Kohlensäure, die durch Athmung in die Atmosphäre ausgehaucht werden, und darin stecken etwa 1$\frac{1}{3}$ Billion Kilo Kohlenstoff, zu dessen Verbrennung 4$\frac{2}{3}$ Billion Kilo Sauerstoff aus der Luft durch Einathmen verbraucht werden.

Nun athmen ja nicht nur wir Menschen Jahr aus, Jahr ein, seit Jahrtausenden, auch jedes Thier, das gröfste wie das kleinste, athmet. Welche ungeheuren Mengen von Kohlensäure müsste demnach die Erdatmosphäre allmählich aufspeichern!

Aber auch alle künstlich eingeleiteten Verbrennungsprozesse, das Feuer im heimischen Herd, wie das Feuer unter dem Kessel der Dampfmaschine oder im Glühofen des Eisenwerkes — sie laufen ja auf ein und dasselbe hinaus: Sie erzeugen Wärme, indem Kohle durch den Sauerstoff der Luft zu Kohlensäure verwandelt wird.

Um uns hier eine Vorstellung von der Kohlensäureproduktion zu bilden, wollen wir einen flüchtigen Blick in eines unserer Industriewerke werfen. Das Kruppsche Werk braucht durchschnittlich[**]) pro Tag 2 800 000 Kilo Kohlen. Veranschlagt man, dafs in diesen nur 85 % chemisch reiner Kohlenstoff neben den unverbrennlichen Aschen und Schlacken enthalten ist, so verbrennt Krupp allein täglich gegen 2 Millionen Kilo Kohlenstoff zu 7 Millionen Kilo Kohlensäure, wobei rund 5$\frac{1}{3}$ Millionen Kilo Sauerstoff aus der Atmosphäre verbraucht werden!

Nun versuche man selbst einmal zu ergründen, wie viel Kohlensäure aus den Millionen feuriger Schlünde und Schlote in die Luft

---

[*] Man weifs, dafs auf je 44 Gewichtstheile Kohlensäure 12 Theile (nahezu $\frac{1}{4}$) Kohlenstoff und 32 Theile (mehr als 2$\frac{1}{2}$ mal so viel) Sauerstoff entfallen.

[**] Ich entnehme diese Angaben dem vortrefflichen Buche von A. Hasses.

aufsteigt. Es giebt ja kaum ein Titelchen lebendiger Energie, das nicht mit Kohlensäure-Produktion erkauft worden ist!

Nichtsdestoweniger weifs man, dafs die gesammte Erdatmosphäre, trotzdem die Erde Jahrtausende alt ist, nicht mehr als 60 Millionen Centner, gleich 8000 Millionen Kilo, Kohlensäure enthält. Was aber noch wichtiger ist: Seit den etwa 100 Jahren, seitdem die Wissenschaft im stande ist, die Kohlensäure in einem gegebenen Volumen Luft zu bestimmen, findet man in der freien Atmosphäre immer dieselbe Kohlensäure, immer die erwähnten $3/100\%$. Diese Thatsache erklärt sich nur aus der Arbeitsleistung der Pflanzenwelt; denn es giebt in der freien Natur keinen Vorgang, durch welchen die ungeheuren Mengen der täglich und jährlich erzeugten Kohlensäure aus der Luft wieder entfernt werden, insbesondere ist keine Macht bekannt, welche die bei der Kohlensäurebildung verbrauchten, unendlich grofsen Mengen Sauerstoff wieder in Freiheit zu setzen, der Atmosphäre wieder zuzuführen vermöchte. Nur die bescheidenen, die anspruchlosesten Geschöpfe, die Pflanzen, arbeiten still an dem grofsen Werke, sie allein vermögen den Bund, den des Feuers Macht zwischen Sauerstoff und Kohlenstoff geschlossen hat, zu lösen.

Die hohe Bedeutung, welche dieser Thatsache für das auf unserem Erdkörper zur Entfaltung gelangte Leben beigemessen werden mufs, erhellt jedoch erst aus der Kenntnifs der Wirkungen, welche die Kohlensäure auf den lebenden Organismus, insbesondere auf das lebende Protoplasma ausübt.

Wir wissen aus der eigenen Erfahrung, dafs wir uns in der frischen, d. h. in der normal zusammengesetzten Luft am wohlsten fühlen, und diese Luft enthält nur $3/100$ ihres Volumens Kohlensäure. Befinden wir uns aber in einem von vielen Menschen erfüllten Raume, in welchem infolge des Athmens die Sauerstoffmenge abnimmt, der Kohlensäuregehalt steigt, dann empfinden wir eine trockene Hitze, die jedem Theaterbesucher bekannt ist. Und dabei ist der Kohlensäuregehalt der Luft noch keineswegs beträchtlich geworden. Nach Pettenkofer macht sich schon bei einem Kohlensäuregehalt von $1/10\%$ das Bedürfnifs nach Lüftung der Räume geltend. Steigt der Kohlensäuregehalt auf 1-5% des Luftraumes, so empfindet man schon Kopfschmerz. Schon hieraus wird man entnehmen, dafs die Kohlensäure, in relativ gröfserer Menge eingeathmet, ein Gift ist. Leider hat das schon mancher Unglückliche erfahren müssen. Die Kohlensäure ist etwa $1\frac{1}{2}$ mal schwerer als die uns umgebende Luft. Sammelt sie sich in Kellern oder Brunnen, so ist das Betreten derselben mit Erstickungsgefahr verknüpft. Der Erstickungstod wäre nun zweifellos allen irdischen Geschöpfen gewifs, wenn die Erdatmosphäre durch die oben geschilderte Kohlensäure-Erzeugung mehr und mehr vergiftet werden würde, um so mehr, als ja zur Bildung der Kohlensäure auf je 12 Kilo Kohlenstoff 32 Kilo Sauerstoff verbraucht werden. Die Verschlechterung der Atmosphäre schreitet also in doppeltem Sinne fort: durch Bereicherung an Kohlensäure und durch gleichzeitige Verarmung an Sauerstoff. Hier erweisen sich die grünen Pflanzen nun als die Lebensretter im vollen Sinne des Wortes. Nun erkennen wir auch die hohe Bedeutung ihrer grünen Farbe, des Blattgrüns. Wäre kein Blattgrün in der Welt, so könnte keine Kohlensäure der Atmosphäre zersetzt, der zur Athmung benöthigte Sauerstoff nicht wieder in Freiheit gesetzt werden — das Schicksal der Lebewelt wäre ein ewiger Tod!

Aber können wir denn, nachdem wir diese Kenntnisse gewonnen haben, nicht einmal sehen, wie die grünen Pflanzen arbeiten, wie sie Kohlensäure zersetzen und Sauerstoff abgeben? Gewifs. Wir bringen eine Wasserpflanze, wie wir sie in unseren Aquarien lieben, die sogenannte „Wasserpest", in ein Glasgefäfs mit Wasser, in welches wir Kohlensäure eingeleitet haben, schneiden den Stamm der Pflanze mit einem scharfen Rasirmesser glatt durch und sorgen dafür, dafs die Schnittfläche unter dem Wasserspiegel liegt. Nun beleuchten wir die Pflanze, wenn möglich mit Sonnenlicht, sonst aber mit starkem elektrischen Licht — und in wenigen Minuten sehen wir aus der Schnittfläche in regelmäfsigen Intervallen Blase auf Blase aufsteigen. Jede Blase ist in Freiheit gesetzter Sauerstoff, ist Lebensluft.[1]) Wir könnten ihn in einem Sammelglas auffangen, ihn entzünden und alle die lichtvollen Experimente anstellen, von welchen wir früher gesprochen haben. Und wenn wir nach streng wissenschaftlicher Methode messend verfahren würden, so könnten wir sogar feststellen, dafs jeder in Freiheit gesetzten Blase von Sauerstoff eine genau ebenso grofse Blase der Zerlegung anheimgefallener Kohlensäure entspricht. Es entsteht dies mit einem chemisch-physikalischen Gesetze in Uebereinstimmung, dem zufolge der aus einem Liter Kohlensäure abgeschiedene Sauerstoff eben genau wieder ein Liter füllen muss.

Wo bleibt denn aber der Kohlenstoff aus der Kohlensäure? Die Pflanze giebt ja kein Atom desselben wieder an die Atmosphäre zu-

[1]) Dieser Versuch wurde im Vortrage bei elektrischer Beleuchtung gezeigt.

rück, und doch wird sie nicht im mindesten rußig oder schwarz? Hier lernen wir nun die Pflanze als den besten Chemiker kennen. Was bisher noch keinem Chemiker gelungen ist, leistet sie, wie es scheint, ohne Apparate: Sie kettet den Kohlenstoff, der früher durch Feuer an den Sauerstoff geschmiedet war, — seltsamer Gegensatz — an Wasser. Aus Kohlenstoff und Wasser entsteht ein „Kohlenhydrat." Wo? Im Blattgrün. Es ist die Stärke, die als Weizen- oder Roggenmehl oder in dem Mehl der Kartoffel den wesentlichsten Theil unseres täglichen Brotes ausmacht. Im Mikroskop zeigt sie sich in Form rundlicher oder eckiger Körnchen, also als fester Körper.

Wie gelangt nun aber die im grünen Blatt erzeugte Stärke in die Samenkörner, die doch keine Blätter sind, oder aus der oberirdischen Welt in die unterirdischen Kartoffelknollen, die im vollsten Sinne des Wortes mit Stärke zum Platzen voll gestopft sind? Hier erweist sich die Pflanze wieder als der beste Chemiker. Sie vermag die Stärke in Zucker zu verwandeln, welcher vom wässerigen Zellsaft natürlich aufgelöst wird. Dieses Experiment vermag ihr der Chemiker zwar mit Leichtigkeit nachzumachen, er braucht nur Stärke im Kolben mit verdünnter Säure (etwa mit Salzsäure) zu kochen. Nur schade, daß sich der Chemiker die Stärke erst von der Pflanze geben lassen muss, da die Pflanze der alleinige Stärkefabrikant auf dem weiten Erdenrund ist. Der im Zellsaft gelöste Zucker wandert nun im Körper der Pflanze von Zelle zu Zelle, nach Bedarf auch in die reifenden Samen oder in die unterirdischen Knollen oder, wie der Botaniker sagt, in die Reservespeicher. Hier wird dann mit derselben Eleganz, wie von einem Zauberkünstler, ohne daß wir einen Einblick in den Vorgang gewinnen können, der Zucker in feste Stärke zurückverwandelt — und dieses Experiment kann nun wieder kein Chemiker der Pflanze nachmachen!

Die Zauberkünste der Pflanze sind freilich mit der Erzeugung der Stärke und des Zuckers nicht zu Ende. Vor allem baut sie aus diesen Kohlenhydraten ein anderes, das sie zur Errichtung ihres eigenen Hauses, zur Heimstätte ihres lebendigen Protoplasmas verwendet, den Zellstoff, aus dem alle Zellwände bestehen, der alle dem Pflanzenreiche entstammenden Gewebefasern, die Leinen-, die Baumwollen-, die Hanf-, die Nesselfaser, und durch weitere Veränderungen das Holz bildet. Der Umwandlungsprodukte anderer Art, welche der mit dem Wasser vereinte Kohlenstoff erfährt, sind aber Legion. Sie anzuführen, würde uns zu endlosen Betrachtungen führen. Da entstehen Säuren (wie die Apfelsäure, die Weinsäure, die Bernsteinsäure), Gerbstoffe, Gummiarten, Schleime, Fette, Oele, Harze, Kautschuk und die übrigen „Spezialitäten", die alle in einem Punkte übereinstimmen: Sie sind Abkömmlinge des aus der Kohlensäure gewonnenen Kohlenstoffes.

Haben wir nunmehr das Wirken der Pflanzenwelt kennen gelernt, so drängt sich wieder die Frage nach ihrem Schaffen auf. Was leistet die Pflanze durch Verarbeitung des Kohlenstoffes, was schafft sie an Stoffen für sich und die Welt?

Wir wählen als Beispiel wieder eine Sonnenrose. Denken wir uns mit ihren grünen Blättern eine Fläche von einem Quadratmeter bedeckt, und erforschen wir, was diese Blattfläche aus der Zersetzung der Kohlensäure gewinnt. Es ergiebt sich dann, dafs in einem Tage, d. h. aber nur während der Zeit, wo die Sonnenstrahlen das Blattgrün treffen, also in etwa 10 Stunden, nahezu 10 Gramm Stärke gewonnen werden. Diese Stärkemenge ist aber nur der Ueberschufs, der Reingewinn jener einen Quadratmeter bedeckenden Blattfläche. Zu ihrer eigenen Erhaltung verzehrt diese Fläche am Tage pro Stunde auch etwa 1 Gramm Stärke. Man mufs deshalb annehmen — und das bestätigt die Forschung — ein Quadratmeter grüne Blattfläche produziert täglich etwa 25 Gramm Stärke durch Verarbeitung des in der Kohlensäure der Luft dargebotenen Kohlenstoffes. Das macht in 10 Tagen schon ½ Pfund Stärke, in 100 Tagen einen halben Zentner.

Würden wir diese Zahlen einer Berechnung zu Grunde legen, in welcher wir die Flächenausdehnung aller grünen Blätter, welche die Erde schmücken, berücksichtigen, zu welchen ungeheueren Zahlen müssten wir da gelangen. Wir wollen uns deshalb weise beschränken und nur einmal einen kleinen Bruchtheil der gesammten Produktion der Pflanzenwelt für einen einzigen Staat, die Ernte des Deutschen Reiches, in Betracht ziehen. Nach den statistischen Erhebungen wurden in einem Jahre geerntet:

Roggen	rund	6½	Millionen Tonnen (à 1000 Kilo).
Weizen	„	2½	„ „
Gerste	„	2¼	„ „
Hafer	„	4¼	„ „
Kartoffeln	„	24	„ „
Wiesenheu	„	17	„ „

in Summa rund 56 Millionen Tonnen (à 1000 Kilo).

Und diese gewaltige Menge organischer Substanz, diese 56000

Millionen Kilo sind fast ausschliefslich aus der Zersetzung der Kohlensäure der Luft mit Zuhilfenahme des Wassers und des Lichtes gewonnen worden, obenein nur im Verlaufe von 3—4 Monaten, da ja die Ernte im August eingesammelt wird, die Vegetation aber erst mit dem Anfang Mai beginnt. In den geernteten 50000 Millionen Kilo Substanz stecken rund 13500 Millionen Kilo Kohlenstoff, zu dessen Erlangung die Pflanzen nicht weniger als 50000 Millionen Kilo Kohlensäure unter Abgabe von mehr als 36½ Millionen Kilo Sauerstoff zersetzt haben. Diese günstige Bilanz ergiebt sich aber eben auch nur aus dem rastlosen Fleifs, mit dem die Pflanze arbeitet. Der Ackersmann steht ja schon frühe auf und geht erst bei sinkender Sonne heim. Die Pflanze aber beginnt ihre Arbeit der Kohlensäurezersetzung mit dem ersten Strahle der aufgehenden Sonne und endet sie erst mit dem letzten Strahle des scheidenden Gestirns.

Und ruht sie denn während der Nacht? Nein, keineswegs; dann erst verarbeitet sie all' die gewonnenen Stoffe zu jener Mannigfaltigkeit von Produkten, deren Aufzählung wir uns versagen müssen.

Hier bedarf es noch einer Ergänzung unserer Betrachtungen. Die Stoffe, welche die Pflanze aus Kohle und Wasser zu erzeugen vermag, können natürlich nur die wechselnden Verbindungen der drei Grundstoffe Kohlenstoff, Wasserstoff und Sauerstoff darstellen, da das Wasser ja nur aus den beiden letzteren, aus Wasserstoff- und Sauerstoffgas besteht. Die Pflanze enthält aber, wie wir schon früher kennen gelernt haben, noch Substanzen, welche den Stickstoff als Bestandtheil in sich führen. Zu solchen Substanzen gehört vor allen Dingen das Blattgrün, dessen hervorragende Bedeutung wir ja bereits schätzen gelernt haben. Stickstoff führende Pflanzenstoffe treten uns aber in den viel bekannteren Genufsmitteln entgegen. Der Kaffee, den wir zum Morgenimbifs geniefsen, der Thee, der uns am Winterabend zur Unterhaltung anregt — sie beide enthalten als wirksames Prinzip einen in seidenglänzenden Nadeln darstellbaren Körper, das Coffeïn. Der Tabak, den der Bauer aus seiner Pfeife schmaucht, und die duftende Havanacigarre, die dem vom Geschäfte ermüdeten Gatten die Sorgen mit den Wirbeln der Rauchwölkchen davonträgt — sie verdanken ihre sorgenbrechende Kraft dem in der Tabakspflanze entstehenden Nicotin.

Freilich sind die wohlthätigen Wirkungen des Coffeïns und des Nicotins nur so lange vorhanden, als ihr Genufs mit Maafs und Ziel geschieht. Aehnlich verhält es sich mit den bekannteren Pflanzengiften, wie dem Augen verschönenden Atropin, dem schlafbringenden und phantastische Wunderträumereien hervorzaubernden Morphium, dem Fieber besänftigenden Chinin, dem schmerzbetäubenden Cocaïn. Alle diese — gewissenhaft in Anwendung gebracht — wohlthätigen Gifte und ebenso die verderblichen Gifte, wie das Strychnin und das Pfeilgift der Wilden — alle diese Gifte, welche der Chemiker als Alkaloide zusammenzufassen pflegt, enthalten Stickstoff — und werden von Pflanzen erzeugt!

Und selbst unser täglich Brot enthält ausser der das Mehl wesentlich ausmachenden Stärke mikroskopische Körnchen, die neben Kohlenstoff, Wasserstoff und Sauerstoff noch Stickstoff enthalten. Der Chemiker nennt diese Körnchen Kleber, der Botaniker Aleuron. Mit Wasser in Berührung gebracht, geben sie eine gummiartig zähe Masse. Diese allein ermöglicht es, das Mehl zum Teig anzurühren, das Mehl also backfähig zu machen.[?]

Und nun last not least — wir haben ja erfahren, dafs der räthselhafteste aller Körper, der Träger des Lebens, das Protoplasma, aus Kohlenstoff, Wasserstoff, Sauerstoff, wenig Schwefel und — Stickstoff besteht, so dafs wir frei nach unserem grofsen Dichter sagen müssen: Fünf Elemente innig gesellt, bilden das Leben, bilden die Welt.

Die Pflanze mufs also Stickstoff in sich aufnehmen. Aber wie? Das ist immerhin noch jetzt ein dunkles Gebiet der Forschung. Man weifs, dafs der Stickstoff der Luft — er bildet ja ⁴/₅ des von ihr eingenommenen Raumes — eingeathmet, aber unverändert wieder ausgeathmet wird, dafs er überhaupt ein träger Körper ist, der sich nur schwer an andere Grundstoffe ketten läfst. Man hat deshalb bis in die neueste Zeit die Meinung vertreten, dafs auch die Pflanzen nur indirect Stickstoff verarbeiten können. Deshalb reichen wir ihnen in der Nährlösung stickstoffhaltige Salze — Kali- und Kalksalpeter — deren Bildung auf Fäulnifsvorgänge im Boden zurückgeführt werden mufs. Erst neuerdings ist durch sorgfältige Forschungen erwiesen worden, dafs auch die grünen Pflanzen, besonders aus gewissen Gruppen des Gewächsreiches, befähigt sind, den freien Stickstoff der Luft, wenn auch nur in geringer Menge, zu verarbeiten.

Wir haben bisher immer neue Gesichtspunkte aufgedeckt, welche, wie wir hoffen, das Wirken und Schaffen der Pflanze, in das rechte Licht gesetzt haben. Wir haben die Arbeitsfreudigkeit der Pflanzenwelt bewundern, die Fülle des von der Pflanze Geschaffenen anstaunen gelernt, und fast möchte es so scheinen, als seien die Pflanzen so genügsam, dafs sie für ihr eigenes Leben als Lohn für ihre Arbeit auf

---

[?] Kartoffelmehl enthält nur Stärke, keinen Kleber. Die Hausfrauen wissen sehr wohl, dafs man aus diesem Mehl keinen Teig herstellen kann.

gar nichts Anspruch machen. Dies wäre nun freilich das Guten zu viel. Wir haben deshalb auch bei der Besprechung der Stärkeproduktion bereits angedeutet, dafs von 25 Gramm erzeugter Stärke etwa nur 10 Gramm gespeichert werden, während der Rest zum Aufbau des Pflanzenleibes und zur Unterhaltung des Lebens der Pflanze selbst benutzt wird.

Was bedeutet nun „zur Unterhaltung des Lebens benutzen?" In erster Linie nichts anderes wie bei den Thieren: Athmen! Ohne Athmung kein Leben. In Wirklichkeit athmen auch die Pflanzen Tag ein, Tag aus, ohne Unterlafs. Sie athmen auch ganz wie die Thiere, d. h. sie verbrauchen Sauerstoff zur Verbrennung kohlenstoffhaltiger Körper, die sie im vollen Sinne des Wortes in Wasser und Kohlensäure aufgehen lassen! Und wenn man diesen Vorgang genauer studirt, findet man sogar, dafs die Pflanzen rechte Feinschmecker sind, sie nähren sich von Zucker, den sie sich freilich aus der selbsterzeugten Stärke machen. Sie „verathmen" Zucker zu Wasser und Kohlensäure, also gerade zu denjenigen beiden Stoffen, aus welchen sie im Lichte bei Gegenwart des Blattgrüns allen Besitz schöpften. Hier sind wir nun scheinbar auf einen argen Widerspruch gestofsen: Der Athmungsprozefs verläuft genau umgekehrt, wie der Prozefs der Kohlensäurezersetzung! Also — so würde der vorschnelle Rechner sagen — thut die Pflanze nichts! Wird denn aber der Crösus, der jährlich eine Million „verdient", zum Bettler, wenn er jährlich 10000 Mark verzehrt? Bei der Bilanz kommt es ja doch nur darauf an, dafs die Einnahme gröfser ist als die Ausgabe. Und so ist es bei den Pflanzen. Sie athmen zwar den ganzen Tag, auch die ganze Nacht, aber sie verbrennen dabei nur den kleinsten Theil von dem, was sie in den Stunden der Arbeit — so lange die Sonne scheint — aus Kohlensäure erworben haben.

Nachdem wir nunmehr das Leben der Pflanzenwelt in seinen Grundzügen kennen gelernt haben, nachdem wir jetzt der poetischen Träumerei entsagen, die uns die Pflanzen nur als den Schmuck unserer irdischen Heimstätte besingen liefs, kehren wir zum Ausgangspunkt unserer Betrachtungen, zu dem Schleidenschen Widerspruch zurück: Der Mensch soll, nein, mufs von der Luft leben! Wovon lebt er denn eigentlich? Von Brot und Fleisch! Oder besser, von gemischter Kost, von Pflanzennahrung einerseits und — sofern er nicht strenger Vegetarianer ist — von thierischer Kost andererseits. Woher stammen denn aber die Fleisch liefernden Thiere! Es wird Fleisch vom Fleisch geboren, aber ernährt: nur von Pflanzen.

Da scheinen wir nun wieder auf einen Widerspruch zu gerathen. Es giebt ja fleischfressende Thiere genug in der Welt, die sich nicht von Pflanzen ernähren! Schon recht. Aber die Thiere, welche als Fleisch gefressen werden, müssen erst da sein, und diese ernähren sich in letzter Instanz immer wieder nur von Pflanzen!

Gehen wir also auf den letzten Quell unserer direkt mit dem Munde aufgenommenen Nahrung zurück, so werden wir immer auf die Pflanzenwelt geführt. Nun gehen wir nur einen Schritt consequent weiter. Die Pflanzenwelt lebt von Wasser — und das wurde ihr ja auf Umwegen, aber immer durch die Luft zugeführt — und ausserdem lebt sie nur von Kohlensäure und Stickstoff, also von der Luft. Darum leben auch alle Thiere und ebenso wir Menschen — freilich mittelbar — von der Luft.

Wir können diese Betrachtung nicht schliessen, ohne auf einige weitere Folgerungen von immenseater Tragweite hinzuweisen. Wir erkannten die Pflanzen als die Erretter alles Lebenden, weil sie die Erdatmosphäre sozusagen zu einer stabilen Mischung machen. Sie sind der eine der Faktoren, welcher den ewigen Kreislauf des Kohlenstoffes unterhält und den hierdurch der Schwankung preisgegebenen Sauerstoff immer wieder mit dem Erfordernifs der lebenden Welt in's Gleichgewicht setzt.

Die Pflanzen sind aber weiterhin die Erhalter, die Ernährer alles Lebenden. Ihre Devise ist: Wachsthum und Ueberproduktion über den eigenen Bedarf hinaus. Dabei ist die Ueberproduktion an Stoffen so unendlich grofs, dafs die gesammte Thier- und Menschenwelt — direkt oder indirekt — von der Pflanzenwelt ernährt wird. Daher sind denn auch die Pflanzen die einzigen Quellen des Reichthums. Was ein Land an Reichthümern besitzt, was eine Nation an materiellen Gütern erwirbt, liegt im Schofse der Erde, aus dem es die Pflanzen an's Licht ziehen, liegt in dem Gewinn, der sich in der Arbeit der Pflanzenwelt verkörpert. Aller andere Gewinn ist nur ein scheinbarer, ein Umsatz, eine Verschiebung der Goldberge von einem Ort zum anderen, von der einen Tasche in die andere.

Was ist aber Reichthum ohne Leben! Ein Hirngespinst. Und wo ist der Weg zum Leben? Nur in der Pflanze kann er gesucht werden. Die Pflanzen sind die einzigen Geschöpfe, welchen die Fähigkeit gegeben ist, aus der leblosen Materie, aus

Wasser, aus Kohlenstoff, der todten Kohlensäure und aus dem Stickstoff der Luft lebendige Substanz zu erzeugen.

Wo aber ist der Urquell aller Kraft zu suchen? Wer giebt der Pflanze die Macht, die leblose Materie so zu verketten, dafs sie jenen unerforschlichen Hauch, das Leben, in sich trägt? Wir sehen zunächst auf zur Sonne, welche ja ihre Strahlen in die grüne Fluth der Blätter taucht, damit alle jene Erzeugnisse des Pflanzenleibes geschaffen werden können. Wer aber gab der Sonne ihre Kraft? Hier schweigt der Naturforscher, der sich die Erforschung des Zugänglichen, des Irdischen zum Ziel gesetzt hat. Hier beginnt der Glaube, ein Gebiet, auf welches sich zu wagen, uns hier wohl erlassen bleibt!

Heinrich Rudolf Hertz. †

Wir haben bereits im vorigen Hefte unsern Lesern von dem schweren Verluste Kenntnifs gegeben, der die Wissenschaft durch den am 1. Januar d. Js. erfolgten Tod des Prof. Hertz getroffen hat, und bringen nun heute ein Bildnifs, sowie einige Mittheilungen über das Leben des Verstorbenen.

Noch nicht 37 Lebensjahre hatte er vollendet! Man hat bei diesem vorzeitigen Ende des so schnell zu unsterblichem Ruhme Gelangten wohl darauf hingewiesen, dafs auch heute noch die Ansicht zu Recht bestehe, nach welcher der Tod auf der Höhe eines glorreichen Lebens einem langen und unrühmlichen Leben vorzuziehen sei. Daran ist kein Zweifel. Wenn man aber bedenkt, dafs das Gelingen von Untersuchungen, wie es die Hertzschen waren, verhältnifsmäfsig wenig von glücklichen Zufällen abhängt, vielmehr fast ausschliefslich an das Vorhandensein von gewissen Eigenschaften des Geistes und auch des Charakters geknüpft ist, die sich recht selten in einer Person vereinigt finden, so wird man den Hingang eines solchen Forschers als einen besonders schmerzlichen Schlag für die Entwicklung der Wissenschaft ansehen müssen. Wie viel Grofses durfte man noch von ihm erwarten!

Hertz wurde am 22. Februar 1857 als Sohn des Dr. jur. Gustav Hertz in Hamburg geboren. Nach Erlangung des Reifezeugnisses auf einem Gymnasium seiner Vaterstadt begab er sich nach Frankfurt a. M., um sich dem Baufach zu widmen, und studirte späterhin auf den polytechnischen Schulen zu Dresden und Berlin. Allmählich vollzog sich in ihm der Umschwung nach den Naturwissenschaften hin. Nur eine Zeit lang hielt er sich gewissermafsen auf einer mittleren Station, nämlich bei dem Studium der Ingenieur-Wissenschaften auf, um dann in München und endlich in Berlin, diesmal aber in dem von Herrn von Helmholtz geleiteten physikalischen Institute der Universität Physik zu studiren. Nachdem er im Jahre 1879 für eine seiner Erstlingsarbeiten „Ueber die Grösse von Extraströmen" mit einem Preise bedacht worden war, erwarb er im folgenden Jahre mit einer Arbeit über „Induktion in rotirenden Kugeln" den Doktorgrad. Nach einer etwa dreijährigen Assistentenzeit bei Helmholtz habilitirte er sich an der Universität Kiel, um schon nach weiteren zwei Jahren, also 1885, einem Rufe an die technische Hochschule in Karlsruhe zu folgen. Das Karlsruher Laboratorium sollte nun etwa vier

Prof. Heinrich Hertz.

Jahre lang die Stätte der erfolgreichsten physikalischen Untersuchungen der Neuzeit werden. Die berühmteste unter den von hier ausgehenden Publikationen ist die Abhandlung „Ueber Strahlen elektrischer Kraft", welche am 13. Dezember 1888 der Berliner Akademie der Wissenschaften vorgelegt worden ist. Die letzte Veröffentlichung aus Karlsruhe „Ueber elektrische Wellen in Drähten", datirt vom März 1889. Um diese Zeit folgte Hertz dem ehrenvollsten Rufe, welcher damals wohl überhaupt an einen Physiker gerichtet werden konnte, indem er den durch Clausius' Tod frei gewordenen Lehrstuhl der Physik in Bonn einnahm — leider nur für wenige Jahre. Eine Gesamtausgabe der wichtigeren Veröffentlichungen von Hertz ist im Jahre 1892 erschienen unter dem Titel „Untersuchungen über die Ausbreitung der elektrischen und magnetischen Kraft". —

Die Bedeutung der Hertzschen Forschungen ist in unserer Zeitschrift mehr als einmal[1]) nicht nur hervorgehoben, sondern auch eingehender dargelegt worden, und wir wollen hier nur noch einmal aussprechen, dafs ihr Hauptverdienst in der Herstellung von Beziehungen zwischen den Gebieten der Elektrizität und des Magnetismus einerseits und der Wärme und des Lichtes andrerseits zu suchen ist. Hat Hertz auch nicht, wie ihm wohl nachgesagt worden ist, bewiesen, dafs „die Elektrizität aus Schwingungen bestehe", so hat er doch gezeigt, dafs die elektrischen Schwingungen, die man vordem kaum als etwas anderes, denn als eine besondere Form elektrischer Funkenentladungen kannte und untersuchte, ihre Wirkung durch den freien Raum hindurch fortpflanzen und an ziemlich weit entfernten Punkten äufsern können, und ferner, dafs die Fortpflanzungsgeschwindigkeit hierbei die nämliche ist, wie die des Lichtes. Diese weittragenden Entdeckungen wurden vervollständigt durch den Nachweis, dafs auch gewisse optische Gesetze, z. B. das der Spiegelung, der Brechung, ferner verschiedene bei der Polarisation auftretende Erscheinungen sich auf dem Gebiete dieser elektrischen Schwingungen wiederfinden, und in dieser Gestalt bildeten die Hertzschen Experimente den glänzendsten Beweis für die Wesensgleichheit der elektrischen und der Lichtschwingungen. Freilich ist diese Verwandtschaft selbst schon vor Hertz von Faraday und seinem Schüler Maxwell aus theoretischen Gründen erschlossen worden. Das Verdienst von Hertz liegt also in erster Linie in der Durchführung der überaus schwierigen und kühnen Experimente, obwohl, wie hier gleich hinzugefügt sei, die Hertzschen Untersuchungen über elektrische Schwingungen zum grofsen Theile auch theoretischer Art sind. Diese Verbindung theoretischer Erkenntnifs mit einer weit über das gewöhnliche Mafs hinausgehenden Geschicklichkeit, instrumentelle Kombinationen zu ersinnen, bildete eben jene seltene Vereinigung geistiger Gaben, von welcher im Eingange die Rede war.

Gar manche Frage auf dem Grenzgebiete jener vorbenannten Kapitel der Physik ist noch unbeantwortet geblieben, ja, wie das immer

---

[1]) Vgl. den Vortrag von Hertz „Ueber die Beziehungen zwischen Licht und Elektrizität", Jahrg. II, S. 72, sowie Sohncke „Die Umwälzung unserer Anschauungen vom Wesen der elektrischen Wirkungen", Jahrg. III, S. 157, und Spies „Ueber Wellen und Strahlen in ihrer Bedeutung für die neuere Naturforschung", Jahrg. III, S. 347.

zu sein pflegt, auch hier haben sich infolge der tief einschneidenden
Entdeckungen die Fragen erst recht gehäuft. Hertz wird nicht mehr
selbst an der Bewältigung der durch ihn eröffneten Probleme mit-
arbeiten; er hat die Hauptfrage gelöst und überläfst nun das Feld
Anderen. Aber die Anregung, welche er gegeben hat, ist in ihrer
Bedeutung noch kaum übersehbar, und wenn sich das jetzt auf dem
Gebiete der neueren physikalischen Litteratur dadurch bemerkbar
macht, dafs kaum ein neues Werk veröffentlicht wird, welches nicht
auf Hertz Bezug nähme, dafs sogar kaum eine Nummer der periodischen Fachzeitschriften erscheint, in welcher nicht die eine oder
andere Arbeit einen der von Hertz berührten Punkte weiter behandelt,
so wird die Nachwelt, welche diesen Gang der wissenschaftlichen Entwicklung in einem Gesamtbilde vor sich hat, zweifellos den Namen
Hertz dem eines Newton, Huyghens und Faraday an die Seite
stellen. Sp.

Die wahre Rotationsdauer und der Nullmeridian der Sonne.
Streitigkeiten um den Anfangsmeridian der Längenzählung sind nicht
nur bei Geographen, sondern auch, und zwar mit gröfserem Rechte,
bei den Sonnenforschern an der Tagesordnung. Während auf der
Erde die Wahl des Anfangsmeridians eine sehr unwichtige Angelegenheit
ist, welche nur durch die menschliche Eitelkeit eine „cause célèbre"
werden konnte, gilt es, bei der Sonne zunächst überhaupt einen
einigermafsen festen Punkt ausfindig zu machen, auf den man die
Lage der Flecken, Fackeln etc. beziehen kann. Alle im Fernrohr
sichtbaren Gebilde der Sonnenoberfläche sind ja bekanntlich schnell
vergänglich, und so schien es einem Carrington geboten, irgend
einen beliebigen Sonnenmeridian, dessen Durchgangszeit durch die Mitte
der Sonnenscheibe willkürlich festgestellt wurde, als Anfangsmeridian
zu wählen. Um nun spätere Messungen auf diesen Meridian beziehen
zu können, mufste man die Umdrehungszeit der Sonne kennen, sodafs die Lage des Anfangsmeridians zu einer beliebigen späteren Zeit
mit Leichtigkeit zu berechnen war. Hier lag aber gerade die Schwierigkeit, denn bekanntlich rotiren die Sonnenflecken höherer Breiten
wesentlich langsamer, als die der äquatorialen Zone. Carrington
und Spörer nahmen nun als Rotationsgeschwindigkeit des Nullmeridians einen mittleren Werth (täglich 851') an, der der Bewegung
eines Flecks in etwa 13° Breite entsprach. Hiergegen lehnt sich nun
aber neuerdings Bigelow auf, indem er den Vorschlag macht, als

Nullmeridian denjenigen zu wählen, welcher durch den südlichen magnetischen oder Corona-Pol der Sonne gelegt werden kann. Als synodische Rotationszeit für die magnetischen Pole hat Bigelow aus dem Gesamtmateriale magnetischer Beobachtungen von Europa und Amerika die Periode von 26,68 Tagen abgeleitet und mit dieser Zahl, die er für die wahre Umdrehungszeit des Sonnenkörpers hält, hat er eine bis zum Schlufs des Jahrhunderts reichende Ephemeride seines Nullmeridians berechnet.[1]) Dafs mit der angegebenen Zahl in der That die wahre Rotationsdauer der Sonne gefunden ist, wird auch dadurch wahrscheinlich gemacht, dafs die aus ihr folgende siderische mittlere tägliche Bewegung von 868',756 ziemlich genau mit dem Mittel der von Carrington, Spörer, Faye und Tisserand gefundenen Werthe für äquatoriale Flecken übereinstimmt. Es ist aber aus theoretischen Gründen nach Ferrel, Helmholtz u. a. zu erwarten, dafs ein von einer beweglichen Hülle umgebener rotirender Weltkörper in dieser Hülle Strömungen erzeugen wird, die beiderseits vom Aequator der Rotationsrichtung entgegenlaufen, während am Aequator selbst die Hülle die Winkelgeschwindigkeit des Kerns annehmen wird, sodafs also auch Carrington bereits richtiger den aus Aequatorflecken gefundenen Werth als Rotationsperiode benutzt haben würde. — Zweifellos werden durch diese von Bigelow vorgeschlagene Reform die Untersuchungen über die magnetischen Beziehungen der Sonne und Erde wesentlich gefördert und erleichtert werden. F. Kbr.

Farbige Sterne und ihre Spektra.

Die Kenntnifs jener Sterne unseres nördlichen Himmels, welche durch bestimmte Färbungen, namentlich vom Gelb zum Roth, ausgezeichnet sind, hat sich in den letzten dreifsig Jahren aufserordentlich ausgebildet. Während der erste Katalog farbiger Sterne von Schjellerup nur 280 rothe Sterne aufzählt (1866), enthält die letzte ähnliche Zusammenfassung von Espin (1888) bereits gegen 1400 rothe oder röthliche Sterne. Die Farbenunterschiede der Sterne sind schon bei der Durchmusterung des Himmels mit einem schwachen Fernrohre auffällig. Eines der hellsten Objekte, Aldebaran (α Tauri), erscheint röthlichgelb im Gegensatze zu den reingelben Farben von β Andromedae oder α Ceti. Die Sterne ν Hydrae (8. Gröfse) und ν Boötis

---

[1]) Siehe „Astronomy and Astrophysics" No. 119, Nov. 1893.

(5. Größe) sind stark roth; ε Hydrae (variabel) wird schon von den Arabern als rother Stern genannt und heißt bei den Chinesen „der rothe Vogel"; einer der intensivst rothen Sterne ist der „Granatstern" Herschels, μ Cephei (bei Rectasc. $21^h 40^m 17^s$, Dekl. $+ 58° 18'$) Wie wir einem neuen, die bisherigen Beobachtungen sorgfältig registrirenden und nahe 2300 Sterne umfassenden Kataloge von Friedrich Krüger[1]) entnehmen, können ungefähr 80 bis 100 Sterne unseres Nordhimmels als ganz besonders tiefroth bezeichnet werden. Dieser eben genannte Katalog verfolgt neben der Sammlung des verläßlichsten Beobachtungsmaterials noch die sehr zweckmäßige Absicht der Beschreibung der spektroskopischen Eigenthümlichkeiten der farbigen Sterne. Wir benützen diese Gelegenheit, um die Freunde des Himmels auf die Spektra einer Reihe von Sternen besonders aufmerksam zu machen, indem wir wünschen, daß sie diese Sternspektra selbst in Augenschein nehmen möchten, was durch Fernrohre mittlerer Größe, die mit guten Sternspektroskopen verbunden sind, geschehen kann[2]); es sind dies durchaus Spektra von besonderer Schönheit oder Intensität einzelner Farben, oder charakterisirt durch spezielle Erscheinungen. Die im Folgenden beigesetzten Positionen der Sterne gelten für 1894.

Name	Größe	Rectascension	Deklination	Name	Größe	Rectascension	Deklination
Mira Ceti..	var.	$2^h 14^m 0^s$	$- 3° 27'$	Anonym...	6	$18^h 34^m 36^s$	$+ 39° 85'$
s Ceti....	7	2 56 65	$+ 3$ 40	β^1 Lyrae...	4	18 50 47	$+36$ 46
τ Tauri...	1	4 29 50	$+16$ 18	γ Cygni...	var.	19 46 31	$+32$ 39
Anonym...	6	5 6 26	-11 58	V Cygni...	"	20 37 54	$+47$ 46
ε Hydrae..	7	9 22 23	$- 8$ 12	W Cygni...	"	21 32 1	$+44$ 54
μ Urs. maj..	3	10 16 1	$+42$ 2	Anonym...	7	21 41 8	$- 2$ 42
72 Leonis..	5	11 9 34	$+23$ 40	Anonym...	6	22 54 27	$+56$ 15
Anonym...	8	12 19 49	$+ 1$ 21	λ Aquaril.	4	22 47 5	$- 8$ 6
3 Virginis..	3	12 50 18	$+ 3$ 58	β Pegasi..	2—3	22 56 38	$+27$ 30
Anonym...	7	13 52 16	$+66$ 34	ψ Aquarii..	5	23 8 50	$- 23$ 45
Anonym...	5	14 3 42	$+44$ 21	71 Pegasi..	6	23 28 11	$+21$ 56
7 Herculis.	var.	16 25 9	$+42$ 7	19 Piscium.	5	23 40 59	$+ 2$ 54
s Herculis.	3—4	17 9 49	$+14$ 31				

[1]) Katalog der farbigen Sterne zwischen dem Nordpol und 23. Grad südlicher Deklination mit besonderer Berücksichtigung des Spektraltypus. (Publik. d. Sternwarte Kiel. VIII. 1893.)

[2]) Vielleicht darf hier der Wunsch ausgesprochen werden, daß die Sternwarte der „Urania" in die Lage versetzt werden möchte, an ihrem großen Fernrohre die Schönheit der Sternspektra den Besuchern zugänglich machen zu können.

Nachtrag zu dem Aufsatz von Mrs. Fleming.

In Bezug auf die Seite 186 von Mrs. Fleming erwähnte Verwechslung bei der Okular-Beobachtung des Veränderlichen im Delphin giebt uns von einem der beiden betheiligten Beobachter, Herrn Yendell in Dorchester, eine berichtigende Klarstellung des Sachverhalts zu, wonach im vorliegenden Fall die Schuld an der Verwechslung allerdings nicht sowohl auf die Unzulänglichkeit von Okular-Beobachtungen, als vielmehr auf eine zu wenig genaue Angabe der Position des neuen Veränderlichen seitens der Entdeckerin geschoben werden mufs. Wir glauben, die Feststellung dieses Thatbestandes unseren Lesern gegenüber Herrn Yendell schuldig zu sein, sehen uns aber dadurch nicht veranlasst, die bezüglichen allgemeinen Auseinandersetzungen von Mrs. Fleming zu modifiziren. Die Redaktion.

Ueber die Natur der Kometen. Eine geistreiche Hypothese über die geschweiften Sterne, die zwar nicht verfehlen wird, Widerspruch herauszufordern, hat C. Puschl aufgestellt (Wiener Akad. Berichte 1898). Veranlafst mag dieselbe wohl durch die beim Kometen Holmes im November 1892 beobachteten Erscheinungen sein. Nachdem dieser damals längst seine Sonnennähe überschritten hatte, nahm sein Schweif schnell an Ausdehnung zu und zeigte ein zusammenhängendes Spektrum, während das gewöhnliche Linienspektrum der Kometen nur schwach angedeutet war. Dann kam eine Zeit, wo die äufseren Theile der Nebelhülle sich bis zur Unsichtbarkeit verdünnten, während nur ein stark verkleinerter Schweif an dem kaum mehr sichtbaren Kerne zurückblieb. Aber schon vier Tage später erstrahlte dieser wieder in auffallendem Glanze, während gleichzeitig der Schweif an Ausdehnung rapid zunahm. Damals war der Komet bereits wieder 400 Millionen Kilometer von der Sonne entfernt. Aehnliche Beobachtungen sind des öfteren an diesen räthselhaften Weltenwanderern gemacht worden: dafs nämlich mit ihrer Entfernung von der Sonne plötzlich ihre Leuchtkraft sich steigerte und ihre Dunsthülle gewaltig an Ausdehnung zunahm, während doch die Erwärmung durch die Sonne im Abnehmen begriffen war.

Die Erklärung mufs dieser sonderbaren Erscheinung samt den damit zusammenhängenden, welche die spektroskopische Untersuchung enthüllt, gerecht werden. Puschl sieht als die Ursache derselben ein eigenthümliches Verhalten des sicher in den Kometen vorkommenden

Kohlenstoffs an, welches er durch eine theoretische Betrachtung wahrscheinlich macht. Bekanntlich dehnt das Wasser sich bei seiner Erkaltung zwischen 4° und 0° aus. Man erklärt dies, indem man annimmt, dafs dabei eine immer wachsende Zahl fester Eistheilchen im Wasser auftrete. Aehnlich hat Fizeau gezeigt, dafs der Diamant, also reiner Kohlenstoff, bei einer Temperatur von — 40° durch Erkalten sich auszudehnen anfängt, so dafs er sich beim Erkalten bei so niedriger Temperatur verhält wie ein gewöhnlicher fester Körper bei seiner Erwärmung. Freilich bleibt es fraglich, ob der Graphit und die anderen Formen des Kohlenstoffs dasselbe Verhalten wie der Diamant zeigen. Beachtet man ferner, dafs die Erwärmung des Diamants und des Graphits um einen Grad bei so starker Kälte weniger als $1/7$ derjenigen Wärme erfordert, welche diese Stoffe bei sehr hohen Temperaturen nöthig haben (die sog. spez. Wärme beträgt 0,003 gegen 0,46), so legen jene theoretischen Erwägungen den allerdings höchst sonderbaren Schlufs nahe, dafs der Kohlenstoff bei sehr niedriger Temperatur verdampft und dafs die erwähnte Ausdehnung durch bereits auftretende Gastheilchen herbeigeführt wird.

Diese Hypothese hebt in der That die Schwierigkeiten des Problems auf. Denn bei der gewaltigen Kälte des Weltraums müfste ein Komet, dessen Kern auf der Oberfläche auch Kohlenstoff enthält, in der noch kälteren Hülle, welche sich aus äufserst verdünnten Gasen zusammensetzt, auch den Dampf des Kohlenstoffs enthalten. Das gewöhnliche Bandenspektrum des Kohlenstoffs, welches die meisten Kometen in grofser Entfernung von der Sonne aufweisen, wird dann leicht erklärt unter der Annahme, dafs diese kalten Dämpfe sich nicht anders wie sehr heifse verhalten. Bei Annäherung des Kometen an die Sonne werden sich Kern und Dunsthülle erwärmen, aber die letztere wird sich dabei nicht ausdehnen, sondern nach der aufgestellten Theorie zusammenziehen, was viele Beobachtungen bestätigen. Zugleich wird sich wohl Kohlenstoff dabei kondensiren, und dies wird sich in dem Wechsel des Spektrums zeigen, welches nunmehr kontinuirlich ist. Bei zunehmender Entfernung aber wird der Verlauf dieser Erscheinungen wieder der umgekehrte. Freilich liefs der Komet Holmes sich nicht so lange beobachten, bis das gewöhnliche Bandenspektrum wieder erschien. Aber bei anderen Schweifsternen ist diese Beobachtung gemacht worden. Dieser sehr einfache Verlauf der Dinge kann komplizirt werden durch einen dem Siedeverzug analogen Vorgang, sodafs die Verdampfung des Kohlenstoffs bei der Erkaltung plötzlich und mit Vehemenz erfolgt. Gerade dies scheint beim Kometen

Holmes am 16. Januar beobachtet worden zu sein. Dabei wird, immer nach der Theorie, eine plötzliche Erwärmung stattfinden, die wiederum eine Kondensation und damit ein Aufleuchten des Kernes zur Folge hat — also ganz die Erscheinungen, die man an jenem Tage beobachtete. Der Referent glaubt, dafs man dieser immerhin gekünstelten Hypothese nicht bedarf, um jene Lichtausbrüche nach dem Periheldurchgange zu erklären. Man braucht nur anzunehmen, dafs Stoffe, die bei der Sonnennähe im Zustande der Dissoziation sich befanden, nachher bei der kühleren Temperatur die Bedingungen für ihre Wiedervereinigung finden. Damit würde aber zugleich eine starke plötzliche Erwärmung erfolgen, und diese kann ein Aufleuchten und eine starke Entwickelung von Gasmassen ermöglichen. Die ihm bekannt gewordenen spektroskopischen Beobachtungen stehen mit dieser Hypothese im Einklange. Mit Puechls Theorie läfst sich auch die Schweifsbildung selbst erklären. Wenn ein Komet ursprünglich kreisrunde Form hat, so wird bei der Annäherung an die Sonne die dieser zugekehrte Seite des Kerns stärker als die hintere erwärmt, womit vorn eine Kondensation des Kohlenstoffs garantirt ist. Damit ist die Asymmetrie eingeleitet. Da vorn eine gröfsere Dichte herrscht, so werden nun die Gasmassen nach der Hinterseite abströmen und zur Bildung eines Schweifes führen. Sm.

Astronomische Preise der Pariser Akademie.

Unter den von der Pariser Akademie durch Verleihung eines Preises ausgezeichneten Gelehrten befindet sich wiederum ein deutscher Astronom.

Seitdem durch Zuhilfenahme der bequemen photographischen Methode die Zahl der neuentdeckten kleinen Planeten so unerwartet schnell angewachsen ist, hat es sich als unmöglich herausgestellt, für jeden einzelnen die zur genauen Bahnbestimmung unbedingt erforderlichen, über einen gröfseren Zeitraum sich erstreckenden Ortsbestimmungen zu sichern; desgleichen hat man davon absehen müssen, die rechnerische Verfolgung dieser neuen Glieder unseres Sonnensystems in der früheren Ausdehnung zu bewirken. Andererseits ist aber, ohne dafs damit späteren exakten Untersuchungen der Boden entzogen würde, die ehedem zur Wiederauffindung unerläfsliche höchste Genauigkeit der Vorausberechnung nahezu entbehrlich geworden, da mit Hilfe der Photographie bei einer einzigen Aufnahme ein viele Quadratgrade umspannendes Areal des Himmels durchforscht werden kann, während die direkten Nachsuchungen immer auf ein verhältnifsmäfsig sehr enges Gebiet beschränkt werden müssen. Gleichwohl bedingen die mehr orientirenden Rechnungen, welche die Wiederauffindung eines kleinen Planeten in einer der folgenden Oppositionen sicherstellen sollen, wegen der grofsen Zahl der Neuentdeckungen immer noch eine ganz bedeutende Arbeit, zu deren Bewältigung durch einen einzigen Rechner eiserner Fleifs und seltene Geschicklichkeit erfordert wird.

Während der letzten drei Jahre hat sich A. Berberich, Astronom am Recheninstitut der Königlichen Sternwarte zu Berlin, den die Pariser Akademie soeben durch Zuerkennung des Valzschen Preises geehrt hat, dieser grofsen Mühe unterzogen und, fast ohne Konkurrenz, provisorische Bahnelemente und Ephemeriden für die meisten photographisch entdeckten kleinen Planeten berechnet; einzelne unter ihnen, welche durch grofse Neigungen oder Exzentrizitäten sich auszeichnen oder aus anderen Gründen ein besonderes Interesse beanspruchen können, sind nach wie vor in aller Strenge bearbeitet worden.

Neben diesen sehr wichtigen und ausgedehnten Arbeiten hat A. Berberich noch Zeit gefunden, auch den neu erscheinenden Kometen, für die er in den letzten 10 Jahren sehr häufig Bahnbestimmungen unternommen und Ephemeriden geliefert hat, seine Aufmerksamkeit zuzuwenden; für mehrere derselben verdanken wir ihm die umfassende Diskussion des gesamten Beobachtungsmaterials und die definitive Bahnbestimmung. Aufser interessanten Untersuchungen über die Zahl und Gesammtmasse der kleinen, zwischen Mars und Jupiter sich bewegenden Himmelskörper beschäftigte den unermüdlichen Rechner besonders die Bestimmung interessanter Doppelsternbahnen.

Der Preis Lalande wurde Herrn Schulhof in Paris namentlich mit Rücksicht auf seine wichtigen Arbeiten über periodische Kometen zuertheilt, während dem früheren Direktor des Allegheny-Observatoriums, Samuel Langley, in Anerkennung seiner Verdienste um die Förderung der Astrophysik der von Professor Janssen gestiftete Preis zugesprochen wurde. G. W.

Einige Neuigkeiten aus der Physik der Erde. Im Dezemberheft ist der Einflufs, den die Messungen der Schwerkraft auf unsere Ansichten über die Gestalt und die Massenvertheilung im Erdball haben müssen, von Dr. Schwahn ausführlich erörtert worden (vergl. insbes. S. 131—133).

Beleuchtet wird diese Erörterung wiederum durch neue von Defforges ausgeführte Messungen, durch welche die Länge des einfachen Sekundenpendels an 85 verschiedenen Stationen bestimmt wurde. Das Instrument war ein abgeändertes Reversionspendel, bei welchem der aus dem Gleiten der Schneiden entstehende Fehler fortfällt, und mit dem eine Genauigkeit bis zu $1/180000$ des zu messenden Werthes zu erreichen ist. Die Stationen vertheilen sich auf Spitzbergen, Schottland, England, Frankreich, Corsica und Algier und ergeben wieder gewisse Anomalien, die durch die Ungenauigkeit der Beobachtungen nicht erklärbar sind und auf eine Unregelmäfsigkeit in der Gestalt und der Vertheilung der Massen im Innern der Erde schliefsen lassen. An den Küsten zeigt die Schwerkraft nur geringe Anomalien, die an derselben Küste konstant und für sie charakteristisch sind. Inseln weisen dagegen einen beträchtlichen Ueberschufs an Anziehungskraft auf, während für die Kontinente das Entgegengesetzte gilt und das Manko mit der Höhe über dem Meeresniveau und dem Abstande von der See zuzunehmen scheint. Da die wirkliche Oberfläche des Erd-Ellipsoids nach Clarke von der theoretischen zwischen den Shetlands-Inseln und dem Mittelmeer um nicht mehr als 6 m abweichen kann, so lassen sich diese Abweichungen nicht aus dem einen der angeführten Gründe allein erklären. Man wird in der Hauptsache geologische Gründe ins Feld führen müssen. Als ein solcher, welcher die Schwierigkeiten hebt, kann die Hypothese von Faye dienen, nach welcher die Inseln sich oberhalb gewisser gaserfüllter Räume des Erdballs befinden, eine Ansicht, die Rateau in der Sitzung der frz. Akademie v. 4. Sept. auf die Kontinente ausgedehnt hat. Zwischen dem Erdinnern, dessen flüssiger Zustand freilich keineswegs erwiesen ist, und der festen Erdkruste haben wir hiernach eine Masse stark geprefsten Gases anzunehmen. Die Kontinente stellen flache Glocken dar, die von Gas getragen werden, während der Grund der Weltmeere dem feurigen Gestein direkt aufliegt. Danach liefse sich die Hebung der Kontinente, welcher ein Sinken der Ozeanbetten entspricht, durch die blähende Wirkung des geprefsten Gases erklären; während ein Sinken des Landes durch ein allmähliches Entweichen der Gase entsteht, denen die Spalten der Erdkruste einen Ausweg freilassen. Wenn dann gar der Gasdruck ungenügend wird, um die Kontinente länger zu tragen, so müssen sie zusammenbrechen und die Spalten, an denen die Gase ihren Ausweg suchen, werden an geeigneten Stellen zu kraterartigen Bildungen sich erweitern. In der That sind heute schon die grofsen Spalten der Erdkruste mit Vulkanen besetzt.

Das Ende der Entwickelung aber zeigt uns der Mond. Rateau berechnet — die Dicke der Erdkruste zu 30 km vorausgesetzt — den Druck der Gasmassen auf 650 Atmosphären und ihre Temperatur auf 900°. Unterstützt wird die Ansicht durch das Verhalten der irdischen Vulkane, von denen die im Innern der Kontinente befindlichen niemals Lava, sondern nur Gase auswerfen, während die Reihenvulkane an den Küsten, in dem Mafse als das Meer eingriff, vom Lande sich zurückzogen.

Wenn sich die Dinge auch nicht genau so verhalten: daran dürfen wir kaum zweifeln, dafs das Erdinnere gaserfüllte Hohlräume von gewaltigen Dimensionen enthält. Wenn dann einige anlagernde feste Theile der Erde sich lockern, so werden sie in den Höhlen Gelegenheit haben, ihren Ort zu verändern, und Zusammenstöfse sowie Massenumlagerungen, deren Art und Gröfse sich auf der Erdoberfläche nicht taxiren läfst, werden dort unten eintreten können. Die Schweremessungen sind wohl weder feinfühlig noch ausgedehnt genug, um uns ein Urtheil über diese Vorgänge zu verschaffen. Aber andere Beobachtungen deuten vielleicht darauf hin.

Gyldén hat (Astronom. Nachr. Bd. 182) darauf als einen der möglichen Anlässe zu den periodischen Aenderungen hingewiesen, welche die geographische Breite unzweifelhaft erfährt. Wir setzen diese Schwankungen als unsern Lesern bekannt voraus, und verweisen auf H. u. E., Bd. I, S. 110 ff., wo Dr. Schwahn einige der möglichen Ursachen derselben in Betracht gezogen hat. Der strenge Nachweis, dafs solche Aenderungen der Drehungsachse wirklich in Beziehung auf bestimmte Punkte der Erdoberfläche eintreten und nicht blofse Schwankungen im Himmelsraume sind, ist freilich erst später erbracht worden (vergl. Bd. V, S. 198). Aber die Bestimmung der Periode, innerhalb welcher die Drehachse der Erde wieder in ihre alte Lage zurückkehrt, ist erst in den letzten zwei Jahren erfolgreich angegriffen worden. Lange hatte man aus theoretischen Gründen geglaubt, dafs diese Zeit zehn Monate betragen müsse, und Prof. Albrecht (vergl. ebenda) war bei seinem Vortrage in Brüssel zu einer solchen von 386 Tagen gelangt. Um die Frage genauer zu entscheiden, benutzte Prof. Chandler das ganze brauchbare Material, also die Beobachtungen, die genau genug waren. Sie beginnen mit Bradleys Messungen im vorigen Jahrhundert und wurden an einigen Sternwarten bis heute fortgesetzt. Die Art, wie er dem Problem auf den Leib ging, hat er in den folgenden Worten ausgesprochen: „Bedachtsam sah ich von allen Lehren der Theorie ab, weil es mir hohe Zeit zu sein schien, die Thatsachen rein induktiv zu prüfen; denn die schlechten Ergebnisse aller Versuche, die Existenz der zehnmonatlichen Periode zu beweisen, schrieben sich wahrscheinlich von einem Mangel der Theorie selbst her, und der verwickelte Zustand des Problems erforderte es, unbeeinflufst durch irgend welche vorgefafsten Meinungen zu prüfen. So stellte ich mir also die Aufgabe, ob es nicht möglich wäre, die zahlreichen Spottgeister zu bannen, die bisher in der Gestalt verschiedener, widersprechender Fehlerreste bei den Bestimmungen der Aberration, der Parallaxen, der geographischen Breiten u. dgl. die Präzisions-Astronomie dieses Jahrhunderts umflattert hatten oder sie durch eine einfache Hypothese in eine greifbare Form zu bringen. Erst nachdem dies geschehen wäre — sagte ich mir — könnte ein Studium der Natur der Kräfte, welche die Erddrehung beeinflussen, zu ihrer physikalischen Erklärung führen."

Die Periode und Gröfse jener Aenderungen zeigten sich nun im Laufe des Jahrhunderts durchaus verschieden. Bradleys Beobachtungen allein deuten auf 348 Tage und auf eine Aenderung von etwa einer Bogensekunde, entsprechend 31 m Polverschiebung auf der Erdoberfläche, während die Periode nach den 1890er Beobachtungen 443 Tage beträgt. Nicht weniger als 33000 Beobachtungen, die zwischen 1837 und 1891 lagen, wurden diskutirt. Das definitive Resultat war, dafs die Erdachse nicht eine, sondern zwei verschiedene periodische Schwankungen durchmacht, von denen die erste im allgemeinen die beträchtlichere ist und eine Periode von 431 Tagen mit einer Maximaländerung von 0",24, entsprechend 7,4 m Polverschiebung, aufweist, während die zweite eine jährliche Periode hat und Schwankungen von 0,"08 bis 0,"40, entsprechend 2,5 m bis 12,8 m im Maximo, in den letzten 54 Jahre zeigt. Das Maximum resp. Minimum dieser jährlichen Schwankung tritt für den Greenwicher Meridian ungefähr zehn Tage vor der Frühlings- resp. der Herbst- Tag- und Nachtgleiche ein, und sie wird um die Sonnenwenden Null. Diese beiden Schwankungen können einander verstärken oder schwächen; nach sieben Jahren etwa wiederholt sich ungefähr der Verlauf. Die Richtung der Bewegung des Poles ist übrigens von Westen nach Osten bei beiden Theilen der Schwankung.

Eine Erklärung der Erscheinung sieht Prof. Newcomb in Washington, abweichend von Gyldén, darin, dafs die Erde als Ganzes kein starrer Körper ist; denn einerseits ist der Ozean unter dem Einflufs der Gezeiten ewig bewegt, andererseits dürfen wir vielleicht dem starr erscheinenden Erdball selbst Elastizität genug zutrauen, dafs er äufseren Kräften nachgiebt. Unter dieser Annahme läfst sich die frühere mathematische Theorie der Erddrehung soweit modifiziren, dafs aus der zehnmonatlichen Periode eine solche von 431 Tagen werden kann. Lord Kelvin meint sogar, dafs hieraus eine neue Methode sich ergebe, das Mafs für die Starrheit des Erdkörpers zu bestimmen. Genau wird wohl die Antwort, ob eine dieser Hypothesen richtig sei, erst ertheilt werden können, wenn fernere Beobachtungen vorliegen werden, also sicher kaum vor dem Verlaufe noch einiger Jahrzehnte. Der zweite Theil der Schwankung, die jährliche, erfährt seine Begründung leicht aus meteorologischen Ursachen; aber die besonderen dabei thätigen Kräfte zu ermitteln, mufs auch der Zukunft vorbehalten sein; durch fortgesetzte Beobachtung an einer Anzahl ausgewählter Punkte wird es erst möglich sein, alle systematischen Fehler zu entfernen. Diese Aufgaben hat die internationale Gradmessungs-Kommission bereits in Angriff genommen.

Zum Schlufs sei kurz derjenigen Versuche gedacht, welche die Abnahme der Schwerkraft beim Aufsteigen in die Atmosphäre betreffen. Dr. Richarz und Dr. Krigar-Menzel haben in einer erdbedeckten Kasematte zu Spandau derartige Messungen ausgeführt, wobei sie sich der von Jolly angegebenen Methode bedienten. An jeder Schale einer gewöhnlichen Waage hängt etwa 2 m tiefer eine andere. Zwei möglichst gleiche Gewichte werden resp. auf die linke obere und die rechte untere Schale gestellt; die Schwerkraft wirkt auf das letztere etwas mehr ein. Wenn man aber das linke Gewicht nach unten, das rechte nach oben bringt, so wirkt der Unterschied in dem entgegengesetzten Sinne, und das halbe Mittel aus den beiden Unterschieden ergiebt die Abnahme der Schwerkraft mit der Höhe. Natürlich versprechen derartige schwierige Messungen nur dann ein Ergebnifs, wenn sie mit Vermeidung aller möglichen Fehlerquellen ausgeführt werden. Die sechs Jahre lang fortgesetzten Bemühungen führten zu dem Resultate, dafs die Differenz zwischen den Werthen der Konstante g (9,809 m) an zwei um 2,26 m an Höhe verschiedenen Punkten 0,006523 mm ist, während die Theorie 0,006970 mm ergiebt. Der Unterschied kann eine Folge der verhältnifsmäfsig geringen Dichtigkeit der Erdschichten unterhalb der Beobachtungsstation sein. Durch eine folgende Reihe von Versuchen soll der Einflufs, den die Anziehung eines ungefähr hundert Tonnen schweren Bleiblocks auf die Gewichte ausübt, wenn er zwischen die Wagschalen gestellt wird, konstatirt werden. Daraus werden sich später Schlüsse auf die Dichte und das Gewicht des Erdkörpers ziehen lassen. Vorläufig schien die Anwesenheit des Bleiblocks dahin zu wirken, dafs die Differenz, welche die Gewichte zeigten, je nachdem sie oben oder unten lagen, aufgehoben wird. Sm.

Ungewöhnliche vertikale Windvertheilung im Gebiete niederen Luftdruckes.

Da die Luftströmungen durch Reibung an der Erdoberfläche beträchtlich gehemmt werden, so nimmt — ganz abgesehen von den Einflüssen der verschiedenen Luftdichte und dynamischen Ursachen — im allgemeinen die Windgeschwindigkeit mit der Höhe zu. Ausnahmen von dieser Regel sind bisher fast garnicht verzeichnet, zum grofsen Theil, weil es an Beobachtungen fehlt. Aus dem spärlichen, hierüber vorliegenden Material seien zunächst zwei Fälle erwähnt. Am 14. Oktober 1881 wurde Schottland von einer rasch ziehenden Depression durchschritten, die auch in England von stürmischen Winden begleitet war und am folgenden Tage an der deutschen Nordseeküste eine der höchsten dort beobachteten Sturmfluthen erregte. Nach den Mittheilungen von Scott, des Direktors des meteorologischen Amtes in London, wurde in England auf mehreren Hügeln von nur etwa 300 m Höhe vom Sturme fast nichts bemerkt. Genauere Daten liegen für die Depression vom 1. Februar 1892 vor, die von R. C. Mofsmann im „Journal of the Scottish Meteorological Society" besprochen ist. Auf dem Ben Nevis in Schottland (1843 m) flaute der Wind unmittelbar nach dem Vorübergange eines sekundären Minimums rasch ab und drehte nach Nordost, während an den Küsten Schottlands überall Südweststürme andauerten. Im selben Sinne, wenn auch in schwächerem Mafse, blieb diese Anomalie auf dem Ben Nevis vom 1. bis zum 6. Februar bestehen. In dieser Zeit wehten hier die Winde mit einer durchschnittlichen Geschwindigkeit von 6 m. in der Sekunde, dagegen an den Stationen im Meeresniveau mit 10 bis 15 m. in der Sekunde.

Bei der ungeheuren horizontalen Erstreckung der erwähnten Depressionen mufs die geringe vertikale Intensität böchliche überraschen. Besonders deutlich zeigt diese Erscheinung, wie falsch es ist, sich die Depressionen unserer Breiten als Wirbel mit annähernd vertikaler Axe vorzustellen. Es handelt sich hier vielmehr — wie dies namentlich Köppen betont hat — um eine Aufeinanderfolge von unendlich dünnen, sehr nahe horizontalen Schichten, deren Axen nicht zusammenfallen, sondern von denen jede gegen diejenige der darunterliegenden Schicht ein wenig nach der kälteren Seite verschoben ist. Zur Deutung der genannten Fälle müssen wir nun erstens annehmen, dafs Grofsbritannien sich im äufsersten Grenzgebiete der Cyklone befunden hat, und zweitens, dafs die Verschiebung der höheren Schichten der Depression nach Nord eine sehr beträchtliche gewesen ist. In dem zweiten der angeführten Beispiele hat sich also der Ben Nevis gewiesermafsen schon im Bereiche des im Süden gelegenen Maximums befunden. Es verdient noch hervorgehoben zu werden, dafs die horizontale und vertikale Temperaturvertheilung nichts Ungewöhnliches darbot.

Bei der Betrachtung solcher Erscheinungen drängt sich heutzutage stets die Frage auf: Wie verhält sich dieses Phänomen zu den Theorien über die Entstehung atmosphärischer Zirkulationen? Stützt es die sogenannte Konvektionstheorie, welche die wirkenden Kräfte ganz innerhalb der Cyklone und den Ursprung des Sturmes in der im Zentrum entwickelten Kondensationswärme sucht, oder spricht es für die dynamische Theorie, welche die allgemeine Bewegung der Atmosphäre als das Ausschlaggebende für die Entstehung und Fortbewegung der Cyklone ansieht? Da es sich hier nur um Ausnahmen handelt, so lassen sich weitgehende Schlüsse nicht ziehen, doch läfst sich die Bewegung gegen den Gradienten, mit welcher wir es speziell im zweiten Falle offenkundig zu thun haben, durch die Konvektionstheorie kaum erklären. Aehnliche Beobachtungen vom Säntis und Sonnblick hat auch Hann zur Stütze seiner dynamischen Theorie angeführt. Für die weitere Untersuchung solcher abnormen Windverhältnisse dürften namentlich niedrigere isolirte Berge in der Nähe der Zugstrafsen barometrischer Minima, wie der Ben Nevis, der Brocken oder der Blue Hill bei Boston geeignet sein. Sg.

Hellmann, Prof. Dr.: Schneekrystalle. Berlin 1893, Verlag von R. Mückenberger. Preis 6 M.

Die vorliegenden „Beobachtungen und Studien" umfassen alles, was sich über den Gegenstand sagen läßt. Sie vereinigen mehrere Vorzüge, die auch anderen Arbeiten des Autors eigenthümlich sind: genaue Berücksichtigung der Geschichte unserer Kenntnisse, wissenschaftliche Gründlichkeit und volle Allgemeinverständlichkeit. Das prachtvoll ausgestattete Werkchen kann mit demselben Recht auf dem Salontisch jedes Gebildeten, wie in der Bibliothek des Fachgelehrten einen Platz beanspruchen. Wir sehen eine Zusammenstellung der Abbildungen von Schneekrystallen seit Olaus Magnus (1555) bis zur Gegenwart. Die vollkommensten Zeichnungen wurden von Scoresby (1820) und Glaisher (1855) geliefert. An ihre Stelle sind im vergangenen Jahre die vorzüglich gelungenen mikrophotographischen Aufnahmen von Dr. Neuhauss getreten, die auf Anregung des Autors entstanden. In sieben Lichtdrucktafeln und einer Photogravure werden diese ersten völlig naturgetreuen, und nicht wie die Zeichnungen schematischen Abbildungen dem Leser vor Augen gestellt. In dem diesem Hefte beigegebenen Titelbild geben wir eine zinkographische Copie einer der Lichtdrucktafeln. Wir sehen hier wirkliche Naturgestalten mit allen, uns gerade besonders interessirenden Unregelmäßigkeiten und Asymmetrien. — In wissenschaftlicher Hinsicht ist als wichtigstes Ergebniss des Studiums der Photogramme, das übrigens auch durch direkte mikroskopische Beobachtung ergänzt wurde, der Nachweis des Vorkommens feiner, kapillarer Hohlräume in allen Schneekrystallen zu bezeichnen. Durch diese Hohlräume unterscheiden sich die Schneekrystalle von anderen Eisbildungen, z. B. den Eisblumen an Fensterscheiben und dem Rauhreif. Die plättchenförmigen Krystalle lassen häufig eine Facettirung an den Kanten erkennen, was darum hervorgehoben zu werden verdient, weil schon Galle derartige Formen zur Erklärung der bekannten Ringe um Sonne und Mond anzunehmen gezwungen war. Hellmann stellt auf Grund seiner Studien eine neue Eintheilung der Schneekrystalle auf, die hier wiedergegeben sei:

I. Tafelförmige Schneekrystalle.
 1. Strahlige Sterne.
 2. Plättchen.
 3. Kombinationen von beiden.
II. Säulenförmige Schneekrystalle.
 1. Prismen.
 2. Pyramiden.
 3. Kombinationen von tafel- und säulenförmigen Krystallen.

Was schließlich die Entstehung der Schneekrystalle betrifft, so steht eigentlich nur soviel fest, daß sie sich unmittelbar aus dem Wasserdampf der Luft mit Ueberspringung des flüssigen Uebergangsstadiums bilden. Die schon von Kepler aufgeworfene Frage „cur autem sexangula" läßt sich auch heute noch nicht befriedigend beantworten.   F. Khr.

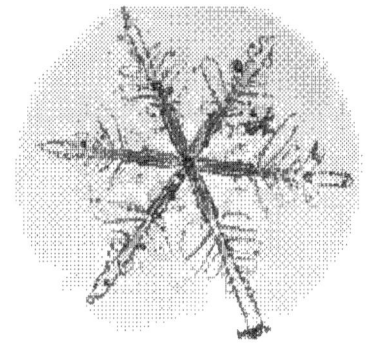

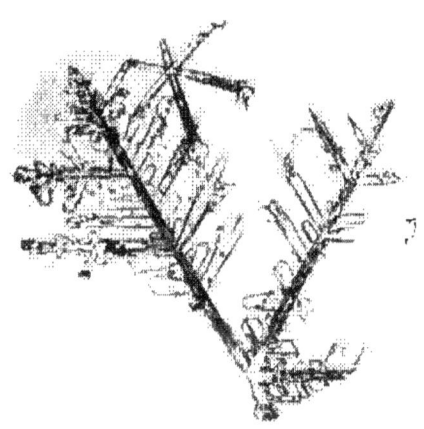

Schneekrystalle.
Nach photographischen Aufnahmen von Dr. Neuhauss
in Berlin.

Krümmel, Otto: Die Reisebeschreibung der Plankton-Expedition, nebst Einleitung von Dr. Hensen und Vorberichten von Drr. Dahl, Apstein, Lohmann, Borgert, Schütt und Brandt. Mit 100 Figuren im Text, sowie 5 Karten, 2 Tafeln und einer Photogravure. Kiel und Leipzig, Lipsius und Fischer. Gr. 4°, 370 S.

Es muſs als eine glückliche Idee bezeichnet werden, daſs die Leiter der auch in dieser Zeitschrift wiederholt erwähnten bezw. bezüglich einzelner Ergebnisse mehrfach besprochenen Plankton-Expedition in dem vorliegenden umfangreichen Bande nicht nur einen Vorläufer für die zum gröſseren Theile erst im Laufe der folgenden Jahre zu einem gewissen Abschlusse kommenden Spezialarbeiten einem weiten Leserkreise unterbreiten, sondern daſs dieser Vorläufer die Aufgaben, Ziele und Grundlinien der bisher gewonnenen wissenschaftlichen Resultate der ersten deutschen Expedition zur Erforschung des Hochseelebens in fast populärer Form den weitesten Kreisen des gebildeten Publikums zugänglich macht.

Die von Hensen (bekanntlich dem Urheber des ganzen Expeditionsunternehmens) gegebene Einleitung bringt einen historischen Ueberblick über die Entwickelung des Reiseplanes, dessen Grundidee darin lag, daſs es sich bei dem ganzen Werke in erster Linie um die Feststellung von Thatsachen handeln sollte, die dem Verständniſs der Lebensverhältnisse der Thier- und Pflanzenwelt der Weltmeere eine sichere empirische Basis geben sollen. Insbesondere sollten die Lebewesen der Ozeane nicht nur bezüglich ihrer Formenmannigfaltigkeit beobachtet werden, sondern es wurde das Hauptgewicht auf die Massenvertheilung derselben und die biologischen Wechselbeziehungen gelegt. Dank der hochherzigen Protektion, welche Seine Majestät der Kaiser, die höchsten Staatsbehörden, die königlich preuſsische Akademie der Wissenschaften, die Kaiserliche Marine und die Deutsche Seewarte dem Unternehmen zuwandten, konnte die Expedition am 6. Juli 1889 mit dem Dampfer „National" von Kiel aus ihren Anfang nehmen und einen Stab tüchtiger und zugleich für die Sache begeisterter Gelehrten einem reichen Arbeitsfelde zuführen. Die Rückkunft in Kiel fand in den ersten Novembertagen desselben Jahres statt. Ueber die Art der Durchquerung und der Durchkreuzung des Atlantischen Oceans durch das der Expedition dienende Schiff, den „National", ist schon an anderer Stelle berichtet worden. In dem vorliegenden Bande läſst uns nun der Oceanograph Krümmel in anziehenden Schilderungen, bei denen die sonst so leicht sich einschleichende trockene „Tagebuch-Ausarbeitung" glücklich vermieden ist, die Fahrt im Geiste miterleben. Wir begleiten unsere Forscher durch den nordatlantischen Ozean zu den Bermudas-Inseln, durchkreuzen mit ihnen die Sargassosee, um nach den Capverden zu gelangen und den Aequator passirend der Insel Ascension unseren Besuch abzustatten. Wir dampfen im Geiste, als gehörten wir selbst zur Expedition, hinüber bis in die Mündung des Amazonenstromes, um dann in fast unveränderter Fahrtrichtung den Weg über die Azoren nach der Heimath — quer durch den Ozean — wieder einzuschlagen. Es wäre nicht angebracht, wollten wir hier auch nur einen Versuch wagen, die Reisebeschreibung in ihren Hauptmomenten wiederzugeben. Wir müssen in diesem Punkte auf das mit schönen Karten ausgestattete Originalwerk verweisen. Nur eines möchten wir betonen.

Es wird niemand daran zweifeln, daſs ein Gelehrtenleben ein Leben voll Arbeit ist. Müſsiggang und Gelehrtenthum sind zwei Begriffe, die in contradiktorischem Widerspruch zu einander stehen. Und so erfahren wir denn auch, daſs die Gelehrten der Plankton-Expedition ein Leben voll Arbeit während der ganzen Fahrt durchgemacht haben. Selbst die „Erholungsstunden" am

Lande, auf den Bermudas, den Capverden, den Azoren etc. waren Erholungen durch Arbeit", die von der Arbeit auf der See nur durch den Reiz der Veränderung unterschieden ist. Dafs hiermit aber nicht nur für die strenge Wissenschaft Dienste geleistet werden sind, welche von der wissenschaftlichen Welt gewürdigt werden und dem deutschen Forschergebiete auch in Zukunft Lorbeeren eintragen werden, beweisen die mit den Krümmelschen Reisebeschreibungen abwechselnden „Vorberichte" der Spezialforscher. Jeder dieser Berichte ist ein für die gebildete Welt geschriebener „Essay", der für den Leser, der die Natur und ihre Schöpfungen liebt, eine genufsreiche Lektüre bieten wird. Betreffs der Art dieser „Essays" verweisen wir auf die früher von uns gelieferte Besprechung der Schüttschen Mittheilung „Ueber das Pflanzenleben der Hochsee" (vergl. Jahrg. VI dieser Zeitschrift, S. 150). C. M.

Verzeichnifs der vom 1. August 1893 bis 1. Februar 1894 der Redaktion zur Besprechung eingesandten Bücher.

Balbis Allgemeine Erdbeschreibung. Lieferung 31—45. Achte Auflage. Vollkommen neu bearbeitet von Dr. F. Heiderich, Wien, A. Hartleben, 1894.

Bechhold's Handlexikon der Naturwissenschaften und Medizin. Bearbeitet von Dr. W. Schauf, Dr. O. Pulvermacher, Dr. L. Mebler, Dr. V. Löwenthal, Dr. C. Eckstein, Dr. J. Bechhold und O. Arends. Frankfurt a. M., H. Bechhold, 1894.

Berthelot, M., Praktische Anleitung zur Ausführung thermochemischer Messungen. Uebersetzt von Prof. O. Siebert. Leipzig, J. A. Barth, 1893.

Beyrich, C., Stoff- und Weltäther. Warmbrunn, M. Leipelt, 1894.

Boltzmann, L., Vorlesungen über Maxwells Theorie der Elektrizität und des Lichtes. II. Theil. Leipzig, J. A. Barth, 1893.

Brauns, R., Mineralogie. Mit 130 Abbildungen. Stuttgart, G. J. Göschen, 1893.

Bureau des Longitudes, Annuaire pour l'an 1894. Paris, Gauthier-Villars et fils, 1894.

Cantor, M., Vorlesungen über Geschichte der Mathematik, I. Band, Zweite Auflage. Mit 114 Figuren im Text und 1 lithogr. Tafel. Leipzig, B. G. Teubner, 1894.

Carus, P., The Philosophy of the Tool. Chicago, Open Court Publishing Company, 1893.

Chandler, S. C., Second Catalogue of variable Stars. From the Astronomical Journal No. 300.

Das akademische Berlin, Winterhalbjahr 1893/94. Berlin, Mayer & Müller.

David, L., Rathgeber für Anfänger im Photographiren. Zweite Auflage. Mit 65 Holzschnitten und 2 Tafeln. Halle a. S., W. Knapp, 1893.

Deter, C. J., Repetitorium der Differential- und Integralrechnung. 3. Auflage. Berlin, M. Rockenstein, 1894.

Dreyer, J. L., Tycho Brahe. Ein Bild wissenschaftlichen Lebens und Arbeitens im 16. Jahrhundert. Uebersetzt von M. Bruhns. Karlsruhe, G. Braun, 1894.

Easton, C., La voie lactée dans l'hémisphère boréal. Paris, Gauthier-Villars et fils, 1894.

Epstein, J., Ueberblick über die Elektrotechnik. Zweite vermehrte Auflage. Mit 36 Abbildungen. Frankfurt a. M., J. Alt, 1894.

Fabry, M. L., Thèses présentées à la faculté des Sciences de Paris, pour
obtenir le grade de Docteur ès-Sciences Mathématiques. I. Thèse: Etude
sur la probabilité des Comètes hyperboliques et l'origine des Comètes.
2. Thèse: Propositions données par la Faculté. Marseille, Barlatier et
Barthelet, 1893.
Faulmann, K., Im Reiche des Geistes. Illustrirte Geschichte der Wissenschaft.
Lief. 16—30. Wien, A. Hartleben, 1893.
Fletcher, L., Die optische Indicatrix. Eine geometrische Darstellung der
Lichtbewegung in Krystallen. Uebersetzt von H. Ambronn und W.
König. Leipzig, J. A. Barth, 1893.
Fortin, A., Sécheresse 1893 et ses Causes. Principes généraux de Météorologie.
Vio et Amat, Paris 1893.
Gelcich, E., und F. Sauter, Kartenkunde. Mit gegen 100 Abbildungen.
Stuttgart, G. J. Göschen, 1894.
Hammer, E., Ueber die geographisch wichtigsten Kartenprojektionen, ins-
besondere die zenitalen Entwürfe, nebst Tafeln zur Verwandlung von
geographischen Coordinaten in azimutale. Stuttgart, J. B. Metzler, 1889.
Hecht, R., Anleitung zur Krystallberechnung. Leipzig, J. A. Barth, 1898.
Hellmann, G., Schneekrystalle. Mit 11 Abbildungen im Text und 8 Tafeln.
Berlin, R. Mückenberger, 1893.
Hirts Bilderschatz zur Länder- und Völkerkunde. Mit 431 Abbildungen nebst
einem kurzen erläuternden Text. Leipzig, F. Hirt & Sohn, 1894.
Höfler, A., und F. Maifs, Naturlehre für die unteren Klassen der Mittel-
schulen. Wien, C. Geroids Sohn, 1893.
Huguenel, Beitrag zur Erklärung der Erdbeben und der schlagenden Wetter.
Potsdam, R. Hachfeld, 1893.
Keeler, J. E., Physical Observations of Mars made at the Allegheny Obser-
vatory in 1892. London, 1893.
Kerville, H., Gadeau de, Die leuchtenden Thiere und Pflanzen. Uebersetzt
von W. Marschall. Mit 27 in den Text gedruckten Abbildungen und
1 Titelbild. Leipzig, J. J. Weber, 1893.
Koken, J., Die Vorwelt und ihre Entwickelungsgeschichte. Mit 117 Ab-
bildungen im Text und 2 Uebersichtskarten. Leipzig, Weigels Nach-
folger, 1893.
Krüger, Fr., Katalog der farbigen Sterne zwischen dem Nordpol und 23 Grad
südlicher Deklination mit besonderer Berücksichtigung des Spektraltypus.
Publikation der Sternwarte in Kiel, VII. Kiel, C. Schaidt, 1893.
Löwl, F., Die gebirgsbildenden Felsarten. Eine Gesteinskunde für Geographen.
Mit 25 in den Text gedruckten Abbildungen. Stuttgart, F. Encke, 1893.
Manaira, A., Effemeridi del Sole e della Luna per l'orizzone di Torino e per
l'anno 1894. Torino, C. Clausen, 1893.
Marth, A., Ephemeris for physical Observations of Jupiter 1893/94.
Meyer's Konversations-Lexikon. Fünfte Auflage, 3. Band. Leipzig,
Bibliographisches Institut, 1893.
Muybridge, E., Zoopraxography or the Science of Animal Locomotion. Uni-
versity of Pennsylvania, 1893.
Ostwald, W., Hand- und Hilfsbuch zur Ausführung physiko-chemischer
Messungen. Mit 188 Textfiguren und 6 Tabellen. Leipzig, W. Engel-
mann, 1893.
Paulsen, A., Annales de l'Observatoire magnétique de Copenhague. Année
1892. Copenhague, G. E. C. Gad, 1893.

Pizzighelli, G., Handbuch der Photographie für Amateure und Touristen. 1. Band: Die photographischen Apparate. 2. Band: Die photographischen Prozesse für Amateure und Touristen. Halle a. S., W. Knapp, 1891/92.

Report of the Superintendent of the U. S. Naval Observatory for the year ending June 30, 1893. Washington 1893.

Rizzo, G. B., Osservazioni meteorologiche fatte nell'anno 1892 all'Osservatorio della R. Università di Torino. Torino, C. Clausen, 1893.

Schollmeyer, Was muss der Gebildete von der Elektrizität wissen? Mit vielen in den Text gedruckten Abbildungen. Neuwied, Heuser, 1894.

Smithsonian Meteorological Tables. Washington, Smithsonian Institution, 1893.

Steinen, K. von den, Unter den Naturvölkern Zentral-Brasiliens, Reiseschilderungen und Ergebnisse der zweiten Schingú-Expedition 1887—88. Mit 30 Tafeln sowie 160 Textabbildungen nebst einer Karte. Berlin, D. Reimer, 1894.

Stone, Publications of the Leander Mc Cormick Observatory of the University of Virginia, Vol. I, Part 7: Southern Nebulae. Charlottesville, 1893.

Violle, J., Lehrbuch der Physik. Zweiter Theil: Akustik und Optik. 1. Band: Akustik. Mit 163 Textfiguren. Deutsche Ausgabe von Gumlich, Hollborn, Jaeger und Lindeck. Berlin, J. Springer, 1893.

Weiler, W., Die Spannungs-Elektrizität. Eine Anleitung zur Anfertigung und Behandlung der zur Spannungs-Elektrizität gehörigen Apparate, zur Anstellung der damit vorzunehmenden Versuche und zur Ableitung der folgenden Regeln und Gesetze. Mit 179 Abbildungen und einer Figurentafel. Magdeburg, A. & R. Faber, 1893.

Weltkarte zur Uebersicht der Meerestiefen mit Angabe der unterseeischen Telegraphenkabel und Ueberlandtelegraphen, sowie der Kohlenstationen und Docks. Herausgegeben vom Reichs-Marineamt. Ausgabe mit Meerestiefen. Berlin, D. Reimer, 1893.

Wiesengrund, B., Die Elektrizität, ihre Erzeugung, praktische Verwendung und Messung. Mit 44 Abbildungen. Frankfurt a. M., H. Bechhold, 1894.

Wilk, F., Grundbegriffe der Meteorologie, für höhere Schulen und zum Selbstunterricht zusammengestellt. 2. Auflage. Mit 5 Karten und 8 in den Text gedruckten Figuren. Leipzig, J. Baedeker, 1892.

Ueber die Bedeutung des Studiums der Bodentemperaturen.
Ein Beispiel wissenschaftlicher Methodik.
Von Prof. Dr. P. Volkmann in Königsberg i. Pr.

I.

Der Gegenstand, von dem ich im Folgenden berichten will, ist naturwissenschaftlich von keineswegs untergeordnetem Interesse. Wie es so häufig in den Naturwissenschaften geschieht, mag er zunächst nicht sehr einladend aussehen; er führt über eine Reihe scheinbar weit abliegender Erörterungen, denen der Laie unter Umständen sein Interesse zu versagen bereit sein kann. Wie bei einer Bergwanderung mag der Anstieg oft beschwerlich, die Hoffnung auf weite Fernsicht zweifelhaft erscheinen; ist aber der Gipfel einmal erklommen, dann blickt man ebenso gern rückwärts wie vorwärts. So, hoffe ich, wird es dem Leser auch auf der Wanderung ergehen, zu der ich jetzt einlade. Der Leser soll nicht nur wie bei einer Reisebeschreibung hören von dem, was andere erblickt, er soll selbst einen Einblick in naturwissenschaftliche Behandlung bekommen, er soll sehen, wie es möglich ist, Fragen, welche die Entwicklungsgeschichte unseres Erdballs mitbestimmen, zu beantworten, er soll mit einigen Grundzügen naturwissenschaftlichen Denkens vertraut gemacht werden.

Die Vorgänge, welche zum Studium der Bodentemperaturen auffordern, sind sehr einfacher Art. Auf den Boden in der Nähe der Erdoberfläche wirken beständig Temperatureinflüsse ein, solche Einwirkungen finden von innen und von aussen statt; mit einer gewissen Geschwindigkeit durchwandern diese Wirkungen das Innere in der Nähe der Erdoberfläche und weisen in jedem Moment ihre Spuren in einem verhältnifsmäfsig dicht zusammengedrängten Raume auf. Die Einwirkungen von aufsen interessiren hauptsächlich die Meteorologie, die von innen hauptsächlich die Geologie.

Die Natur, so können wir es auffassen, zeichnet ihre Erlebnisse in einer ihr eigenen Schrift selbst auf, sie gewährt uns die Möglichkeit, in jedem Augenblick Kenntnifs von vergangenen und wirklich wesentlichen Episoden zu nehmen, die wir entweder überhaupt nicht erlebt haben, oder deren Aufzeichnung uns, wenn wir sie mit Bewufstsein erlebt hätten, die gröfste Mühe gemacht hätte; aber wir müssen es verstehen, ihre Schrift zu entziffern.

Theoretisch sind uns drei Arten bekannt, auf welche Wärmewanderungen und damit Temperaturänderungen vor sich gehen: Wärmestrahlung, Wärmeleitung und Wärmekonvektion. Wärmestrahlung ist eine Uebertragung der Wärme in die Ferne von einem Körper zu einem anderen, ohne dafs daran der dazwischenliegende Raum sichtlich Antheil nimmt. Wärmeleitung ist eine stetige, wirklich wahrnehmbare Uebertragung der Wärme von Ort zu Ort, ohne dafs die Materia, an welche die Wärme gebunden ist, an dieser Bewegung theilnimmt. Unter Wärmekonvektion versteht man die mechanische Fortführung von Wärme samt der Materie, an der die Wärme haftet. Alle drei Arten werden für das Studium der Bodentemperaturen in der Nähe der Erdoberfläche in Betracht zu ziehen sein.

Die Einwirkungen auf die Oberfläche der Erde selbst sind zunächst bedingt durch Strahlungs- und Konvektions-Erscheinungen. Wir haben einmal der Wärmestrahlung zu gedenken, die wir der Sonne verdanken, wie sie sich nicht nur durch die verschiedene Stellung der Sonne nach den Tages- und Jahreszeiten, sondern vor allem je nach dem Bewölkungszustand der Atmosphäre in der mannigfaltigsten Weise gestaltet; wir haben weiter der Wärmeausstrahlung der Erdoberfläche zu gedenken, wie sie in der Differenz der Erdtemperatur überhaupt und dem Weltenraume ihre Ursache hat. Auch diese Wärmestrahlung ist in hervorragendem Grade durch den Bewölkungszustand der Atmosphäre bedingt; es ist bekannt, dafs klare, wolkenlose Nächte bedeutende Abkühlung der Atmosphäre zur Folge haben, während Nebel und Wolkenbildung wie ein Kleid die Atmosphäre warm halten. — Die Konvektions-Erscheinungen, welche auf die Erdoberfläche einwirken, sind die Niederschläge, wie wir sie in Form von Regen und Schnee in Betracht zu ziehen haben; auch Winde und Luftströmungen wirken im Sinne einer Konvektion.

Die Einwirkungen auf die unterhalb der Erdoberfläche gelegenen

Schichten setzen sich aus Leitungs- und Konvektions-Erscheinungen zusammen. Wärmeleitung findet sowohl von der Oberfläche nach dem Innern, wie aus dem Innern nach der Oberfläche statt. Wärmekonvektion findet infolge des Eindringens von atmosphärischen Niederschlägen von der Oberfläche aus und infolge der Aenderungen des Grundwasserstandes von unten aus statt. Wasser von gewisser Temperatur dringt von der Erdoberfläche in das Innere mehr oder weniger tief, schneller oder langsamer ein, je nachdem der Erdboden mehr durchlässig ist, wie bei Sand, oder weniger durchlässig, wie bei Thon und Lehm. Eine auf der Oberfläche lastende Schneemasse wirkt zunächst für die tieferen Schichten nicht konvektiv, sie thut es erst beim Schmelzen im Frühjahr.

Um ganz vollständig zu sein, haben wir endlich noch des Eindringens des Frostes in das Erdreich zu gedenken, welches die Wärmewanderungen vorübergehend modifizirt.

Unser Hauptinteresse wendet sich beim Studium der Erdtemperaturen den Wärmeleitungs-Vorgängen im Erdinnern zu. Eine Theorie der Wärmeleitung hat Fourier begründet; nach dem von ihm aufgestellten Grundgesetz steht die durch ein Flächenstück im Innern eines ungleich temperirten Leiters hindurchströmende Wärmemenge im einfachen Verhältnifs zur Gröfse des Flächenstücks, zur Zeit, in der die Wärmeströmung andauert, und zum Temperaturgefälle in der Richtung der Normale des Flächenstücks, d. h. zur Aenderung der Temperatur, bezogen auf die Längeneinheit der Normale. Auſserdem ist die Wärmeleitung nur noch abhängig von einer für jede Substanz einzeln zu bestimmenden charakteristischen Gröfse, der Wärmeleitungskonstanten. Die Wärmebewegung findet statt in der Richtung von Orten höherer zu solchen niederer Temperatur.

Wenden wir die Aufmerksamkeit einem Volumstück im Innern eines von Wärme durchströmten Leiters zu, welches wir uns durch eine geschlossene Fläche von der Umgebung abgegrenzt denken, dann wird durch diese Fläche ein gewisses Quantum Wärme einströmen, ein anderes Quantum ausströmen. Strömt ebensoviel Wärme ein wie aus, dann wird sich die Temperatur des Volumstücks nicht ändern; strömt aber z. B. mehr Wärme ein wie aus, dann nimmt das Wärmequantum im Innern des Volumstücks zu, es findet ein Temperaturanstieg statt, welcher im umgekehrten Verhältnifs zur Wärmekapazität — dem Wärmefassungsvermögen — des umgrenzten materiellen Stückes steht.

Wir werden so veranlafst, zwischen Wärmeleitungs- und Temperaturleitungs-Fähigkeit eines Körpers zu unterscheiden. Bei dem Studium der Bodentemperaturen kommt in erster Linie die Temperaturleitungs-Fähigkeit, also das Verhältnifs der Wärmeleitungskonstanten zur Wärmekapazität in Betracht. Während gut leitende Substanzen schnell eine Temperaturänderung verbreiten, und zeitliche Temperatureinwirkungen sich in ihnen über einen verhältnifsmäfsig grofsen Raum vertheilen, verbreiten schlecht leitende Substanzen langsam Temperaturänderungen, und zeitliche Temperatureinwirkungen vertheilen sich in ihnen nur über einen verhältnifsmäfsig kleinen Raum. Die Erde ist ein verhältnifsmäfsig schlechter Wärme- und Temperatur-Leiter; damit hängt zusammen, dafs für das Studium der Bodentemperaturen schon eine verhältnifsmäfsig kleine Tiefe unter der Erdoberfläche genügt.

Nächst den Wärmeleitungsvorgängen im Innern der Erde nehmen die Strahlungsvorgänge an der Erdoberfläche das Interesse in Anspruch. Die Sonnenstrahlung in ihrer Einwirkung auf die Atmosphäre und auf die Erdoberfläche hat besonders Pouillet mit Hülfe eines eigens konstruirten Instruments, des Aktinometer, studirt. Bei heiterem Himmel und senkrechtem Auffall der Sonne fand er, dafs etwa $^3/_4$ der Strahlenwärme der Sonne die Erde erreicht, $^1/_4$ von der Atmosphäre absorbirt wird.

Bei bedecktem Himmel gestaltet sich natürlich das Zahlenverhältnifs ganz anders. In der Mannigfaltigkeit und dem steten Wechsel der Bedingungen, unter denen die Sonnenstrahlung auf die Erdoberfläche einwirkt, liegt die Schwierigkeit eines diesbezüglichen Studiums, für welches hauptsächlich die oberen Erdschichten in Betracht kommen. Man hat thatsächlich versucht, Beobachtungen von Bodentemperaturen nach der Richtung zu verwerthen, um für das Klima der Beobachtungsorte einen exakten Ausdruck des mittleren Bewölkungszustandes zu finden; gegenwärtig sind indefs solche Versuche als doch wohl zu weitgehend aufgegeben worden. Die Wärmebewegung durch Konvektion infolge Eindringens der Niederschläge bildet ein besonders störendes Element für derartige Studien.

Für uns sind im Folgenden die Strahlungsvorgänge nur insofern von Bedeutung, als sie die vor allem interessirenden Erscheinungen der Wärmeleitung veranlassen.

II.

Ich will Gesichtspunkte mittheilen, welche bei Wahl und Anlage von Erdthermometerstationen mafsgebend gewesen sind:

Will man die durch die Jahres- und Tageszeiten bedingten Tempenatureinwirkungen auf das Innere der Erde studiren, dann wird man diese auch mit möglichster Intensität auf die Station einwirken lassen müssen; man wird die Station nicht im Schatten von Bäumen anlegen, man wird eine möglichst freie, der Sonnenstrahlung ausgesetzte Stelle zur Anlage der Station wählen.

Weitere Gesichtspunkte sind dadurch gegeben, dafs Erdthermometer-Stationen meteorologischen und geologischen Zwecken dienen sollen. Man wird also für die Erdoberfläche in erster Linie solche Bedingungen wählen oder schaffen, wie sie für den gröfsten Theil der Landoberfläche der Erde in Betracht kommen. Das Terrain wird im Sommer mit Vegetation (Rasen), im Winter mit Schnee bedeckt zu belassen sein, es wird ebensowenig wie vor Sonnenschein vor Regen und Schnee zu schützen sein. Es wird eben mit einem Wort in alle natürlichen Bedingungen der Station nicht einzugreifen sein.

Gestatten die Mittel die Anlage einer zweiten Station neben der ersten, dann wird es sich allerdings gerade empfehlen, die Einwirkung der natürlichen Bedingungen dadurch zu studiren, dafs man willkürlich in dieselben eingreift, dafs man auf der Nebenstation die Einwirkung auf eine vegetationslose Erdoberfläche studirt, welche man Sommer und Winter in gleicher Beschaffenheit erhält. Man wird also z. B. unter Umständen auf der Nebenstation im Winter nach jedem Schneefall den Schnee wegfegen, um auch diesen Einflufs auf meteorologische und geologische Faktoren gesondert zu studiren.

Aber in erster Linie werden wir bei wissenschaftlichen Fragen, wie sie in das Gebiet der Meteorologie und Geologie einschlagen, gar nicht den Wunsch haben, in die Vorgänge der Natur einzugreifen; wir wollen hier eben die Natur in ihrer eigenen Werkstätte belauschen, wir wollen die Natur rein in sich wirken lassen und darum beschränken wir uns auf die Beobachtung und verzichten auf das Experiment.

Da das Hauptinteresse dem Studium der Wärmeleitungsvorgänge im Erdinnern zugewandt ist, wird atmosphärischen Niederschlägen gegenüber möglichst wenig durchlässiger Boden mit Vortheil gewählt werden müssen, sehr durchlässiger Sandboden nur vergleichungsweise heranzuziehen sein. Die Wärmekonvektion wird dann nur für die obersten Schichten in Betracht kommen, bis in eine Tiefe von höchstens einem Meter.

Was weiter die Wahl des Bodens betrifft, so wird ein möglichst gleiches thermisches Verhalten für verschiedene Tiefen unter der Erdoberfläche zwar wünschenswerth, in erster Linie aber ein solches innerhalb horizontaler Schichten von mäfsiger Ausdehnung geboten sein.

Unter den nicht sehr zahlreichen Stationen erscheinen besonders werthvoll zwei Stationen in Königsberg, die ich im Folgenden die ältere (1836—89) und die jüngere (1872—82) nennen will, und drei Stationen in Edinburg (1837—42, an einer von diesen sind die Beobachtungen noch bis zum Jahre 1854 fortgesetzt worden). Die Königsberger Stationen knüpfen an die Namen F. E. Neumann und E. Dorn, die Edinburger Stationen an die Namen Forbes und W. Thomson (jetzt Lord Kelvin) an.

Die beiden Königsberger Stationen befanden sich an gleicher Stelle im botanischen Garten der Universität; der Boden ist unten diluvial, oben aufgefüllt. Die älteren Beobachtungen erwiesen Lage und Wahl der Station als durchaus geeignet und zweckmäfsig und ermuthigten so zur Anlage der jüngeren Station an derselben Stelle; überdies konnten die bei der älteren Station gesammelten Erfahrungen in der vortheilhaftesten Weise für die Anlage der jüngeren Station verwerthet werden. Der Vergleich der Resultate beider Stationen gestattete zu entscheiden, inwieweit Abänderungen, welche bei Anlage der jüngeren Station aus sekundären, technischen Gründen für nothwendig erachtet waren, sich von Einflufs auf die Temperaturangaben der Thermometer erwiesen.

Die drei Edinburger Stationen befanden sich an verschiedenen Stellen. Bei ihrer Anlage war auf gröfste Mannigfaltigkeit des Bodens gesehen worden. Die Station, an der die Beobachtungen bis 1854 fortgesetzt wurden, befand sich in Trapp, die zweite in Sand, die dritte in Sandstein.

Die Thermometer der erwähnten fünf Stationen waren sogenannte durchgehende, die längsten gingen 24 Fufs tief, alle Thermometer ragten über die Erdoberfläche hinaus, an der die Ablesung vorgenommen wurde. Die Königsberger Stationen hatten Quecksilber-Thermometer, die Edinburger Stationen Weingeist-Thermometer. Quecksilber-Thermometer zeigen einen regelmäfsigeren Gang als Weingeist-Thermometer, aber bei so langen Thermometern, wie sie auf den erwähnten Stationen in Betracht kamen, übt der Quecksilberfaden schon einen bedeutenden Druck auf das Thermometergefäfs; es scheint mit auf den grofsen Druck des 24 füfsigen Quecksilberfadens (10 Atmosphären) zurückzuführen zu sein, dafs das Quecksilbergefäfs des längsten Thermometers der jüngeren Königsberger Station 1879 einen Sprung erhielt, welcher weitere Beobachtungen unmöglich machte.

Bei der älteren Königsberger Station sowie bei den drei Edinburger Stationen wurden die Thermometer ohne Schutzrohr einfach in

Bohrlöcher von bestimmter Tiefe gestellt und dann die Bohrlöcher mit Sand ausgefüllt, in der jüngeren Königsberger Station. Für welche ein längerer Bestand in Aussicht genommen wurde, befanden sich die Thermometerrohre in besonderen Schutzröhren von Kupfer; auch hier waren sämtliche leeren Räume mit Sand ausgefüllt — Kupfer war trotz seiner grofsen Leitungsfähigkeit mit Rücksicht auf längere Konservirung als Schutzmaterial gewählt worden.

Als 1892 die Königsberger Station aufgehoben werden mufste, weil sie im botanischen Garten nicht länger geduldet wurde, gelang es Dank der Kupferröhren die Thermometer in tadellosem Zustand auszugraben; die obersten Meter der Kupferröhren waren mit einer grünen Patina überzogen, die tieferen Theile zeigten die unveränderte blanke Oberfläche. Gleichzeitig fanden sich in verschiedenen Tiefen des ausgegrabenen Erdreichs einzelne vertikal stehende Thonröhren mit einem Stein als Bodenabschlufs; wahrscheinlich dienten diese als Schutz für die Thermometergefäfse der älteren Station.

Die Justirung so langer Thermometer, wie sie bei den erwähnten Stationen in Anwendung gebracht wurden, ist eine aufserordentlich schwierige Arbeit; ebenso ist die Berechnung der Temperatur aus der Ablesung sehr umständlich, da ja das Thermometerrohr in seiner ganzen Länge Schichten von der mannigfaltigsten Temperatur durchsetzt, es aber immer nur auf die Temperatur ankommt, in der sich das Thermometergefäfs befindet. Man hat aus diesem Grunde in neuerer Zeit eine von Lamont herrührende Methode vielfach in Anwendung gebracht: Ein möglichst dünnes Holzrohr durchsetzt den Boden vertikal, eine verschiebbare Holzplatte füllt den inneren Hohlraum ganz aus und enthält in einer Reihe von Ausschnitten, die in bestimmten Abständen von einander folgen, kurze Thermometer, die bei aller Empfindlichkeit äufseren Einwirkungen nur langsam folgen. Für die kurze Zeit der Beobachtung werden die kurzen Erdthermometer an der Latte herausgezogen und die Ablesungen gemacht.

Die grössere Bequemlichkeit der Lamontschen Methode kann nicht bestritten werden, aber für genaue wissenschaftliche Messungen darf gerade Bequemlichkeit nicht als oberstes Prinzip hingestellt werden. Die Thermometergefäfse befinden sich bei der Lamontschen Methode in einem relativ zum umgebenden Erdreich schlechten Wärme- und Temperatur-Leiter eingebettet — darauf beruht mit ihre erwähnte Eigenschaft, äufseren Temperatureinwirkungen nur langsam zu folgen, welche eben eine vorübergehende Herausnahme zur Beobachtung gestattet. Es erscheint fraglich, ob Thermometer, welche in Material eingebettet sind, das näherungsweise schon als Wärmeisolator bezeichnet werden kann, ein wahres Bild von der Temperaturvertheilung des umliegenden Erdreichs liefern können, selbst wenn, wie das bei der Lamontschen Methode vorgesehen ist, die Stellen des Holzrohres, welche den Thermometergefäfsen gegenüber liegen, durch Kupferplatten unterbrochen sind.

Es erscheinen jedenfalls die Bedenken, welche sich an die Lamontsche Methode knüpfen lassen, viel gröfser als die, welche man gegen die Anwendung gut leitender Schutzröhren bei durchgehenden Thermometern erheben kann. Einmal widerlegt die vollkommen befriedigende Uebereinstimmung der Resultate der älteren Königsberger Station ohne Schutzröhren und der jüngeren Station mit Schutzröhren diese Bedenken; sodann läfst sich aber auch theoretisch übersehen, dafs ein guter Leiter bei geringer Dickendimension nicht im stande ist, die Temperaturvertheilung des umgebenden Erdreichs wesentlich zu stören. Man darf die Vorstellungen über gute Temperaturleitung, welche man sich an geometrischen Formen mit im wesentlichen gleichmäfsiger Ausdehnung nach allen drei Dimensionen gebildet hat, nicht ohne weiteres auf Formen übertragen, welche im wesentlichen nur nach zwei Dimensionen ausgedehnt sind. Die Temperaturvertheilung in einer dünnen Kupferplatte, welche in das Erdreich gesenkt ist, wird im wesentlichen bedingt durch die Berührungsfläche mit dem umgebenden Erdreich. Die Wärmeströmung parallel zur Berührungsfläche hat eine zu geringe Angriffsfläche, als dafs sie Einflufs gewönne. Die Schutzrohre der jüngeren Königsberger Station sind nun solche Kupferplatten, die zu einer Cylindermantelfläche gebogen sind. Ein störender Einflufs kann ihnen höchstens für ganz geringe Tiefen unter der Erdoberfläche zugestanden werden, für welche das Temperaturgefälle ein bedeutendes ist; die geringeren Tiefen kommen für die theoretische Verwerthung der Beobachtung der störenden Konvektions-Erscheinungen wegen aber ohnehin wenig in Betracht.

III.

Gaben die unter I. entwickelten theoretischen Vorstellungen über Wärme- und Temperatur-Bewegung uns die Gesichtspunkte, welche für die Anlage einer Erdthermometer-Station mafsgebend sind, so geben sie uns jetzt weiter die Gesichtspunkte, nach denen das an Erdthermometern gewonnene empirische Material zu verarbeiten sein wird.

Man mag über den Werth einer Theorie im Gegensatz zur Praxis und Wirklichkeit noch so gering denken, man wird zugeben müssen, dafs eine gute Theorie nicht nur Beziehungen zur Wirklichkeit haben, sondern auch zu weiteren Gedanken anregen will, dafs eine Theorie die Wirklichkeit nicht nur unter gewissen Gesichtspunkten begreifen, sondern schliefslich zu Zwecken verwerthen will. Eine gute Theorie wird Dissonanzen mit der Wirklichkeit nicht aus dem Wege gehen, sie wird sie gerade mit Vorliebe aufsuchen, um sich an ihnen zu vertiefen oder zu berichtigen. Im letzten Grunde, das kann man allen reinen Praktikern entgegenhalten, wird sich der Werth einer Theorie nuch der Fruchtbarkeit der Ideen bemessen, zu denen sie Anregung bietet; unter einer Fülle von Gedanken und Anregungen stellt sich aber die Wahrheit viel schneller und leichter fest, als wenn es daran fehlt. Die richtigen, der Wahrheit am nächsten kommenden Theorien sind auch die fruchtbarsten.

So ist es denn auch keineswegs zufällig, sondern in der Natur der Sache begründet, dafs es theoretische Arbeiten waren, welche die erste Anregung zum Studium der Bodentemperaturen und zur Anlage von Stationen gaben: die Arbeiten von Fourier und Poisson, am Anfange dieses Jahrhunderts.

Die theoretische Durchforschung eines Gebiets hat zunächst die Aufgabe, die Erscheinungen, wie solche die Natur oder die Wirklichkeit darbietet, in ihre naturgemäfsen Elemente zu zerlegen, die Mehrzahl der Erscheinungen als zusammengesetzt aufzufassen, die Theilerscheinungen als solche zu isoliren und in sich zu studiren.

Die experimentelle Forschung ist in erster Linie dazu berufen, diese Isolation mit Erfolg durchzuführen, Erscheinungen in ihrer Reinheit und Einfachheit darzustellen. Das ist dadurch möglich, dafs der Forscher die Vorgänge im Laboratorium beim Experiment vollkommen in der Hand hat, im Gegensatz zu denjenigen Vorgängen in der äufseren Natur, auf deren Beobachtung er lediglich beschränkt bleibt.

Die theoretische Forschung hat dann die weitere Aufgabe, diese reinen Erscheinungen in ihrer gröfsten Einfachheit auf gewisse Grundsätze und Gesetze zurückzuführen. Sind solche Gesetze erst durch Behandlung besonders einfacher Fälle festgestellt, dann ist es Sache der Geschicklichkeit, komplizirtere Erscheinungen derselben Art theoretisch und experimentell zu erfassen. Die Hauptaufgabe für das Laboratorium bleibt dann die Prüfung der Theorie und Hand in Hand damit die Bestimmung fundamentaler Konstanten. Die Aufgaben des Experimentators und Theoretikers lassen sich nicht immer scharf sondern, sie durchdringen und befruchten sich gegenseitig. Die Geschichte der Wissenschaft bietet genug Fälle, in welchen der Forscher in einer Person beide Aufgaben zu vereinen verstand. Das ist in grofsen Zügen angedeutet die Vorbereitung, mit welcher der Mensch es im allgemeinen erst wagen kann, den Naturgesetzen, auf welche ihm ein Eingriff versagt ist, entgegenzutreten, um sie in ihrem Walten mit Erfolg zu beobachten und kennen zu lernen. Hier gilt es nun, sich durch den bunten Wechsel, der nun einmal der Wirklichkeit eigen ist, nicht abhalten zu lassen, die im Laboratorium theoretisch klar gestellten Vorgänge auch in der Wirklichkeit da wiederzuerkennen, wo sie sich verhältnifsmäfsig rein darbieten.

Ich will die Gefahr nicht verkennen, welche darin liegt, sagen wir der Theorie zu Liebe, die Komplikation der Verhältnisse, wie sie die Wirklichkeit bietet, zu unterschätzen; ich will auch zugeben, dafs Fälle vorgekommen sind, in welchen man in den Irrthum verfiel, die Verhältnisse in Wirklichkeit für unveränderlicher und einfacher zu halten. Aber die Geschichte der Wissenschaft liefert wohl noch mehr Beispiele für den entgegengesetzten Fall, in welchem die in der Natur vorliegenden Verhältnisse sich schliefslich als einfacher herausstellten, wie man es sich vorgestellt. Fundamentale Gedanken grofser Forscher haben sich in der Regel in der Gestalt überaus grofser Einfachheit den theilnehmenden Zeitgenossen dargestellt und gerade darum zunächst Einwendungen erfahren. Wer die Theorie wirklich beherrscht, der wird auch wissen, wo und wieweit er sie auf die Wirklichkeit anzuwenden hat; verfehlte Anwendung und ebenso der Argwohn gegen eine solche wird meist da vorliegen, wo die Theorie erst sehr unvollkommen erfafst ist — zur Beherrschung der Theorie gehört natürlich vor allem die Kenntnifs der Bedingungen, unter denen sie gültig und anwendbar ist.

Wärmeleitung, Wärmestrahlung und Wärmekonvektion haben wir nun als die wesentlichsten Isolationselemente erkannt, welche für das Studium der Bodentemperaturen in Betracht kommen. Lagern sich in der Natur die Wirkungen dieser elementaren Vorgänge übereinander, so haben wir doch schon hervorgehoben, dafs von einer Tiefe von circa 1 m an, die Wärmebewegungen nur in reinen Leitungsvorgängen bestehen; auf diese konzentrirt sich unser Interesse, von ihnen wollen wir uns im Folgenden ein Bild machen. Es ist dabei an und für sich gleichgültig, ob wir uns von der Theorie oder von der Beobachtung leiten lassen. Die Theorie gestattet eine übersichtliche Darstellung, die Beobachtung giebt Anschauung von den in Betracht kommenden Gröfsenverhältnissen.

Es findet nun die gewifs bemerkenswerthe Thatsache statt, dafs die verschiedenen, thatsächlich nachweisbaren Leitungsvorgänge der Wärme sich gegenseitig nicht stören, dafs sie sich unter einander nicht verdecken, sondern überdecken. Es ist damit ein **physikalisch aufserordentlich fruchtbares Prinzip** ausgesprochen: das der **Superposition**, welches erkenntnifs-theoretisch über die Physik hinaus seine noch nicht genügend gewürdigte Bedeutung hat. Auf dieser Thatsache der Superposition beruht rückwärts die Möglichkeit, die gesamte, der Beobachtung zugängliche Wärmeleitung in ihre naturgemäfsen Bestandtheile zu zerlegen und jeden einzeln für sich zu durchforschen.

Wir fassen so zunächst die Wärmebewegung, welche in der Richtung von der Oberfläche nach dem Zentrum stattfindet, für sich ins Auge; sie wird durch die Strahlung der Sonne auf die Erdoberfläche eingeleitet und trägt daher insofern einen besonderen Charakter, als sie periodisch mit der Zeit vor sich geht. Wir können die strahlende Einwirkung der Sonne einmal vom Standpunkt der Jahresperiode, dann vom Standpunkt der Tagesperiode auffassen. Beobachtung und Theorie der Wärmeleitung lehren nun, dafs eine solche periodisch stattfindende Wärmewirkung um so schwächer aber zugleich um so schneller eindringt, jo kürzer die Periode ist, um so stärker aber zugleich um so langsamer eindringt, je länger die Periode ist — und je länger die Periode, um so nachhaltiger die Wirkung.

Es mögen zur Anschauung die aus den Beobachtungen in Königsberg und Edinburg folgenden Resultate über mittlere Stärke und Schnelligkeit des Vordringens der Jahreszeiten in das Erdinnere folgen:

1. **Königsberger Beobachtungen (1878—1886).**

Tiefe	Jahres-Schwankung	Eintritt des Maximums
2'	17,5° C.	2. August
4'	13,9	15. August
8'	9,0	8. September
16'	3,0	26. Oktober
24'	1,7	14. Dezember.

In der ersten vertikalen Reihe befinden sich in preufsischen Fufs (1 preufs. Fufs = 0,314 Meter) die Tiefen, für welche die Angaben in jeder horizontalen Reihe gelten; in der zweiten vertikalen Reihe die Gröfse der Jahresschwankung in Celsiusgraden, also die Differenz zwischen den gröfsten und kleinsten Temperaturangaben; in der dritten vertikalen Reihe die Angabe des Tages, an dem im Mittel die höchste Jahrestemperatur eintritt.

2. Edinburger Beobachtungen (1837—1842).

Tiefe	1. Bodenart Trapp		2. Bodenart Sand		3. Bodenart Sandstein	
3'	8,2° C.	19. Aug.	10,1° C.	13. Aug.	9,0° C.	14. Aug.
6'	5,6	6. Sept.	7,4	31. Aug.	6,6	26. Aug.
12'	2,7	19. Okt.	3,8	18. Okt.	4,7	17. Sept.
24'	0,7	6. Jan.	1,0	27. Dez.	2,0	7. Nov.

Die Anlage dieser Tabelle ist die gleiche wie vorhin; die Tiefenangaben beziehen sich aber auf französische Fufs (1 französischer Fufs = 0,325 Meter). Die Edinburger Beobachtungen veranschaulichen sehr schön das verschiedene Verhalten der Bodenarten: Trapp, Sand, Sandstein.

Der Vergleich der Königsberger und Edinburger Beobachtungen läfst unter Rücksicht auf den Unterschied zwischen preufsischem und französischem Fufs aus der Schnelligkeit des Eindringens der Jahreszeiten (des Temperaturmaximums) darauf schliefsen, dafs die Leitungsverhältnisse des Erdreichs der Königsberger Station und der beiden zuerst aufgeführten Edinburger Stationen nicht allzu verschieden sind. Die Jahresschwankungen sind entsprechend dem mehr kontinentalen Klima Königsbergs auf der Königsberger Station gröfser, als auf den beiden zuerst aufgeführten Edinburger Stationen. Die dritte Edinburger Station in Sandstein weist dem schnelleren Eindringen des Temperaturmaximums entsprechend gröfsere Leitungsfähigkeit auf, daher fallen hier auch die Jahresschwankungen in gröfseren Tiefen gröfser aus.

Bei gleichem thermischen Verhalten des Bodens der einzelnen Station für alle Tiefen würden die Jahresschwankungen in geometrischer Reihe abnehmen, wenn man in arithmetischer Reihe in die Tiefe fortschreitet, ebenso würde das Temperaturmaximum dann mit gleicher Geschwindigkeit in das Erdinnere fortschreiten. Die Beobachtungen in Königsberg und Edinburg zeigen, dafs die Amplituden mit der Tiefe etwas langsamer abnehmen, und dafs das Temperaturmaximum mit zunehmender Tiefe etwas schneller fortschreitet; das deutet auf eine bessere Leitungsfähigkeit mit zunehmender Tiefe.

Diese Bemerkungen gestatten, aus den Beobachtungen zu entnehmen, dafs für Königsberg die jährliche Schwankung von $1/10$° C. etwa in der Tiefe von 16 m, die jährliche Schwankung von $1/100$° C. etwa in der Tiefe von 22 m vorliegen wird. Wir können danach sagen, von der Tiefe von ca. 20 m an besteht in Königsberg für alle Jahreszeiten so gut wie gleichförmig dieselbe Temperatur. Die Jahresperiode rückt mit einer Geschwindigkeit von 5 cm pro Tag oder von 18,7 m pro Jahr in die Tiefe. Wir können also sagen, dafs sich im Erinnern der Temperaturverlauf einer Jahresperiode gerade noch nachweisen läfst.

Das Eindringen der Tagesperiode befolgt ganz gleiche Gesetze, wie das Eindringen der Jahresperiode; es geht, wie wir schon oben bemerkt, schneller aber weniger intensiv vor sich. Für Königsberg rückt die Tagesperiode mit einer Geschwindigkeit von 4 cm pro Stunde, also ca. 1 m pro Tag vor, in dieser Tiefe wird aber bereits die tägliche Schwankung unmerklich.

Die mitgetheilten Tabellen und Angaben enthalten nicht direkt der Beobachtung entnommene Werthe, sie stellen vielmehr schon die Resultate einer unter dem Gesichtspunkt einer regelmäfsig wiederkehrenden Jahresperiode ausgeführten Berechnung der Beobachtungswerthe dar. Der Temperaturverlauf während eines einzelnen Jahres ist bekanntlich kein so regelmäfsiger, dafs er als eine reine, regelmäfsig wiederkehrende Jahresperiode oder genauer als eine Ueberdeckung einer reinen Jahresperiode und einer reinen Tagesperiode aufgefafst werden könnte. Erst der aus einer langen Reihe von Jahren entnommene Mittelwerth des Temperaturverlaufs wird die Regelmäfsigkeiten aufweisen, welche die Auffassung als reine Jahresperiode zuläfst.

An diese so aus Mittelwerthen mehrerer Jahre erhaltenen Resultate knüpfen sich ebenso wie in der Meteorologie unsere ersten Anschauungen; erst wenn diese gewonnen sind, können wir an die weitere Aufgabe gehen, den Verlauf eines einzelnen Jahres mit all seinen — sagen wir zufälligen — Unregelmäfsigkeiten zu studiren. Der Anfang zu diesen Einzelstudien ist noch kaum begonnen, die dazu nothwendigen numerischen Rechnungen könnten ihres Umfangs wegen nur von eigens dazu konstruirten Rechenmaschinen — und solche sind nach Art der Planimeter konstruirt — ausgeführt werden. Der Verzicht auf solche Maschinen wäre eine zu starke Zumuthung an den menschlichen Geist, der sich nicht zur Maschine degradiren läfst oder, wenn er sich dazu hergiebt, sich selbst degradirt.

Das erwähnte Prinzip der Superposition würde uns auch hier an die Hand geben, wie wir das Eindringen des wirklichen Temperaturverlaufs mit allen seinen Unregelmäfsigkeiten der Erkenntnifs zugänglich zu machen haben: Die vom Standpunkt der reinen Jahres- und Tagesschwankung aufgefafsten Wärmebewegungen scheinen überdeckt durch nicht periodische unregelmäfsige Wärmebewegungen, wie sie als Störung und Abweichung von der mittleren Jahresschwankung aufzufassen sind.

IV.

Ueber die Wärmebewegungen, welche wir im vorigen Abschnitt vornehmlich behandelt haben, welche mit abnehmender Stärke dem Erdinnern zuwandern, lagert sich nach dem Prinzip der Superposition, gesondert erkennbar, eine Wärmebewegung in entgegengesetzter Richtung.

Es ist bekannt, dafs die Temperatur des Erdinnern viel höher, wie die in der Nähe der Erdoberfläche ist. Die mit der Tiefe zunehmende Temperatur ist es, welche dem Vordringen des Menschen in die Tiefe — beim Bergbau — eine Grenze setzt, sie deutet auf eine Wärmebewegung in der Richtung vom Zentrum nach der Oberfläche, sie tritt in ihrer Reinheit besonders in gröfseren Tiefen (gröfser als 20 m) deutlich auf und beträgt im Durchschnitt auf etwa 30 m 1° C; als ihre Wirkung haben wir die durch Ausstrahlung in den Weltenraum bedingte säkulare Abkühlung der Erde anzusehen.

Man spricht in diesem Sinne kurz von einer geothermischen Tiefenstufe und versteht darunter die Tiefe, für welche die Temperaturzunahme 1° C. beträgt. Es ist bei allen Beobachtungs- und Rechnungs-Ergebnissen werthvoll, nach dem Grade der Genauigkeit zu fragen; so mag denn auch hier hervorgehoben werden, dafs aus den an Erdthermometer-Stationen gemachten Beobachtungen für die Ableitung der geothermischen Tiefenstufe eine verhältnifsmäfsig geringe Genauigkeit schon darum folgt, weil die Erdthermometer nicht tief genug reichen — sind doch Erdthermometer-Stationen in erster Linie dazu geschaffen, das Eindringen der Jahreszeiten zu beobachten. Hier können nun die an Bohrlöchern und artesischen Brunnen gewonnenen Resultate eine willkommene Ergänzung bilden.

Die langsame Abnahme der Temperatur aus dem Erdinnern nach der Oberfläche ist eine Thatsache, welche einen aufserordentlich tiefen und interessanten Einblick in den Haushalt der Natur und in die Entwicklungsgeschichte des Erdballs gestattet. Sie liefert das Ergebnifs, dafs die Erde in der Gesamtheit durch Ausstrahlung mehr Wärme verliert, als sie durch Einstrahlung von der Sonne gewinnt.

Wie grofs der jährliche Wärmeverlust für ein gewisses Stück der Erdoberfläche ist, kann einfach aus dem Temperaturgefälle — der Tiefenstufe in Verbindung mit der Leitungsfähigkeit des Erdreichs — in Zahlen angegeben werden. Wenn dieser jährliche Wärmeverlust für die Erde auch gering ist, er ist vorhanden, und damit sind Mittel gewonnen, in die fernste Vergangenheit zurück- und in die ferne Zukunft auszublicken. Um irrthümliche Auffassungen auszuschließen, möge hier von vornherein eine Bemerkung über Werth, Genauigkeit und Bedeutung derartiger Spekulationen folgen. Dieselbe wird um so weniger überflüssig sein, als sie für die Beantwortung aller geophysikalischen Fragen in Betracht kommt.

Ich will hervorheben, dafs in der Geophysik selbstverständlich nur von einer schätzenden Behandlung des Gegenstandes die Rede sein kann. Wenn — um bei unserem Beispiel zu bleiben — schon innerhalb eines nicht allzu ausgedehnten Areals die Eigenschaften des Bodens und der Erdoberfläche in der mannigfaltigsten Weise wechseln; wenn wir andererseits durch rein äußerliche Mittel gezwungen sind, unsere Aufmerksamkeit auf das sehr kleine Areal der Erdthermometer-Stationen einzuschränken, dann werden wir natürlich zur Beantwortung solcher Fragen, wie sie aufgeworfen, den an Erdthermometer-Stationen gewonnenen Resultaten, selbst wenn sie in sich exakten Werth zu beanspruchen hätten, keine andere wissenschaftliche Bedeutung beilegen, als dafs wir dadurch eine Anschauung von Größenverhältnissen gewonnen haben.

Dabei ist zu betonen, dafs eine schätzende Behandlung des Gegenstandes noch nicht Exaktheit der Behandlung ausschließt. Die Exaktheit besteht hier darin, wenn möglich, Grenzwerthe aufzustellen, zwischen welchen der wahre gesuchte Werth liegt. Der Unterschied zwischen schätzender und messender Behandlung besteht streng genommen dann nur darin, dafs bei schätzender Behandlung die Grenzwerthe weiter auseinander liegen als bei messender Behandlung. Auch wenn bei schätzender Behandlung die gesuchte Größe zwischen dem einfachen und zehnfachen Werth schwankt, wir haben doch eine Anschauung gewonnen. Die Aufsuchung eines Grenzwerthes ist Sache einer vollkommen exakten Rechnung, für welche die Daten sicher so gewählt sind, dafs sie auf der einen Seite der Wirklichkeit liegen. Es gelingt nicht immer, Grenzwerthe zu finden, zwischen denen die Wirklichkeit liegt, in vielen Fällen muß man sich mit einer oberen oder unteren Grenze allein bescheiden.

Wenn die Erde fortdauernd Wärme abgiebt, dann war die Erde früher wärmer. Es entstehen dann Fragen, wie die: Wie lange ist es her, dafs thermisch die Bedingungen für eine gedeihliche Entwicklung organischen Lebens an der Erdoberfläche vorlagen? In welcher Richtung die Beantwortung dieser Frage zu versuchen ist, wird durch eine andere Frage nahegelegt, die wir hier gleich mit aufwerfen wollen, die Frage: Welchen Antheil nimmt die innere Erdwärme an dem Klima eines Erdorts?

Letztere Frage beantwortet sich sehr schnell. Dieselbe geringe Wärmemenge, welche jährlich die Erde gegen den Weltenraum frei durch Ausstrahlung abgiebt, ist es, welche auch der Erdoberfläche aus dem Erdinnern zuströmt. Eben weil diese Wärmemenge so gering ist, kann sie unmöglich das Klima eines Orts wesentlich bedingen — es kommt etwa ein Temperaturbetrag von $1/_{10}°$ C. auf der Erdoberfläche auf Kosten der inneren Erdwärme.

Es ist im wesentlichen die geringe Leitungsfähigkeit der Erdoberfläche, welche das Klima eines Erdortes unabhängig von der inneren Erdwärme macht, und darum können wir sehr weit in die Entwicklungsgeschichte des Erdballs zurückgehen, wir haben also mit sehr grofsen Zeiten zu rechnen, in denen die Verhältnisse andere waren. Wir müssen unsern Blick zurückwenden in die fernen Zeiten, da die Erdoberfläche erstarrte, — das wird naturgemäfs der Anfangspunkt der Zeitrechnung für das organische Leben sein müssen — oder da wir gerade diesen Anfangspunkt suchen, die Schmelztemperatur der Erdoberfläche wird einen Anknüpfungspunkt für unsere darauhin angestellten Berechnungen sein müssen.

Kurze Zeit nach Erstarrung der äufsersten Erdoberfläche — diese Anschauung machen wir zu der unsrigen — waren die Bedingungen gegeben, unter denen organisches Leben gedeihen konnte, durfte man bereits — das ist der Ausdruck Sir W. Thomsons, des Meisters in der Beantwortung dieser Fragen — ungestraft auf der Erdoberfläche wandern.

Man könnte vielleicht meinen, dafs die Beantwortung der Frage nach dem Beginn des organischen Lebens (genauer nach dem Beginn der Bedingungen, unter denen organisches Leben möglich war) nicht allein von der Abkühlung der Erde, sondern auch von der Abkühlung der Sonne abhing; indes ist hier darauf hinzuweisen, dafs die Geschwindigkeit der Abkühlungsvorgänge durch das Verhältnifs der Masse, welche die Wärme hält, zu der Oberfläche, welche sie ausstrahlt, bedingt ist; je gröfser dieses Verhältnifs ist, desto langsamer erfolgt die Abkühlung. Es kann danach kein Zweifel sein, dafs die Erde die durch Abkühlung bedingten Entwicklungsvorgänge viel schneller wie die Sonne vollzieht; wir müssen beide mit einem ganz anderen Mafsstab messen; das giebt den wesentlichen Ausschlag gegen das erhobene Bedenken. Gewifs ist die Thatsache, zumal für den gegenwärtigen Bestand, unbestreitbar, dafs ohne Sonne kein organisches

Leben möglich, ja denkbar sei. Die Sonne mit ihrem sehr viel langsameren Abkühlungsprozefs, mit ihrer infolge dessen sehr langsam an Intensität abnehmenden Wärmestrahlung bedingt das in weiter Ferne liegende Ende organischen Lebens; zur Feststellung des Beginns desselben kann ihre Entwicklungsgeschichte nicht in Betracht kommen.

Es liegt auf der Hand, dafs zur Beantwortung der angeregten Fragen, Gröfse und Kugelgestalt der Erde in Rechnung zu ziehen sind. Die Studien über das Eindringen der Jahres- und Tageszeiten in das Erdinnere beschränkten das Interesse auf eine so geringe Tiefe unter der Erdoberfläche, dafs die Kugelgestalt der Erde als solche nicht in Betracht kam; aber schon, wenn wir die Frage nach der geothermischen Tiefenstufe für gröfsere Tiefen aufwerfen, ist es nothwendig, die Kugelgestalt der Erde zu berücksichtigen. Mit gröfserer Tiefe nimmt darum die Temperatur langsamer zu.

Wir gedenken kurz der Thomsonschen Resultate, welche die uns interessirenden Anschauungen gewähren. Wenn wir die Erstarrungstemperatur von Felsmassen zu ca. 4000° C. ansetzen, dann ergiebt die unter gewissen Bedingungen nach den Prinzipien der Wärmeleitung durchgeführte Rechnung, dafs es ca. 100 Millionen Jahre her sind, dafs die Erdoberfläche erstarrte. Die geothermische Tiefenstufe betrug für die Nähe der Erdoberfläche dann

```
   40 Tausend Jahre nach der Erstarrung 0,6 Meter
  160      „        „     „    -     „    1,2  „
    4 Millionen -   „     „    „          6    „
  100      „        „     -    „    „    60    „
```

auf 1° C. Da aber die Bedingungen, unter denen die Rechnung angestellt ist, der Natur der Sache entsprechend nur annähernd zutreffen, genügt man allen exakten Anforderungen, wenn man sich bescheidet, Grenzwerthe aufzustellen, zwischen denen sicher die Wirklichkeit liegt. Dieser Forderung entspricht Thomson, wenn er angiebt, dafs es jedenfalls länger als 20 Millionen Jahre, aber kürzer als 400 Millionen Jahre her ist, dafs die Erdoberfläche erstarrte.

Dafs in der That für die Feststellung wirklich exakter Grenzwerthe auf die mannigfaltigsten Möglichkeiten Rücksicht genommen werden mufste, kann hier nur kurz angedeutet werden. Die Erstarrung konnte von der Erdoberfläche, sie konnte, was wahrscheinlicher ist, vom Zentrum der Erde aus erfolgen. Es waren für die Leitungsfähigkeit der Erde extreme Werthe in Ansatz zu bringen, es war, endlich zu berücksichtigen, dafs bei den abnormen Druckverhältnissen unter denen sich das Erdinnere befindet, nicht unmittelbar Anschauungen von der Erdoberfläche auf das Erdinnere übertragen werden durften.

V.

Während es die streng wissenschaftliche Behandlung eines Gegenstandes verbietet, zu allgemeineren Thematen abzuschweifen, scheint mir gerade für populäre Darstellungen, wie es die hinter uns liegenden Abschnitte sein sollten, ein Bedürfnifs vorzuliegen, solche Exkursionen aufzusuchen. Aufgabe der Popularisirung der Naturwissenschaften kann es nicht nur sein, für naturwissenschaftliche Gegenstände als solche zu interessiren. Wäre dies die einzige Aufgabe, so wäre Popularisirung für den Gelehrten ein untergeordnetes Geschäft; dasselbe findet aber seine Vertiefung, sobald der Nachweis gelingt, dafs Naturwissenschaft fähig ist, zu einem eigenen Erkenntnifs-Standpunkt zu erziehen, der in seiner Grofsartigkeit erst von wenigen erkannt, doch dazu berufen sein dürfte, das Denken und Handeln der Menschheit in höherem Grade zu beherrschen, als es bisher der Fall war. Das höchste Ziel der Popularisirung der Naturwissenschaften mufs die Vermittlung naturwissenschaftlichen Denkens sein.

Noch gilt für die Mehrzahl der Menschheit die Anschauung, dafs der Mensch der Lehrmeister des Menschen ist, und so bewegt sich zum grofsen Theil die Schulung und Bildung der Menschheit im Kreise. Nicht, was das Objekt menschlichen Denkens gewesen ist, wird in erster Linie für bildungsfähig angesehen, sondern wie Menschen über die Objekte gedacht haben — das antiquarische Interesse überwiegt.

Kein Wunder, dafs es so ist. Die Naturwissenschaften, die so recht dazu berufen sind, das Interesse für das Objekt in den Vordergrund zu stellen, befinden sich noch in einer jugendlichen Altersstufe. Aber es kann jetzt nur noch eine Frage der Zeit sein, wann sie den Einflufs auf das allgemeine Denken in allen Verhältnissen des Lebens gewinnen, der ihnen zukommt. Die Beschäftigung mit der Natur scheint dazu berufen, — darin liegt wohl ihre tiefere, noch wenig zu Tage getretene kulturelle Aufgabe — ein Lehrmeister der Menschheit zu werden, den menschlichen Geist in Schule zu nehmen.

Die höchsten Bethätigungen des menschlichen Geistes, welche die nachdauerndsten Wirkungen ausüben, erblicken wir da, wo es dem Menschen gelingt, dem Objekt seines Problems als einem rein äufseren gegenüberzutreten, frei von Hoffnung und Furcht, frei von jeder Leidenschaft. Welche Wissenschaft hat es leichter, sich in diesem Sinne ihrem Objekt als einem rein äufseren entgegenzustellen, wie die Naturwissenschaft? Darin liegt mit ihr Vorzug, ihre Stärke, die Möglichkeit, vorbildlich dienen zu können.

Ich möchte in einigen Zügen, welche die früheren Abschnitte nahelegen, ausführen, wie diese Andeutungen gemeint sind: Auch im Leben, in der Wirklichkeit, treten uns Erscheinungen gegenüber, welche wir vielleicht nicht gleich übersehen, aber wir müssen Stellung ihnen gegenüber einnehmen. Wie wir die Wärmebewegungen in der Nähe der Erdoberfläche in ihre naturgemäfsen Bestandtheile zerlegten, um sie für sich zu erforschen, so werden wir auch die in der Wirklichkeit uns entgegentretenden Erscheinungen vor allem als zusammengesetzt aufzufassen haben, um sie nicht nur theilweise, sondern in der Gesamtheit zu erfassen.

Es sind zwei Fähigkeiten, welche naturwissenschaftliches Denken übt, und welchen eine allgemeine logische Bedeutung über die Naturwissenschaft hinaus zukommen dürfte: die Fähigkeit, zusammengesetzte Erscheinungen richtig und logisch erlaubt zerlegt zu denken bezw. zu zerlegen, und die Fähigkeit, einfache Wirkungen richtig und logisch erlaubt zusammengesetzt zu denken bezw. zusammenzusetzen. In Ermangelung einer besseren Bezeichnung bringe ich dafür die kurze Ausdrucksweise in Vorschlag: die Fähigkeit, zu isoliren und zu superponiren. Ich lege auf die Bezeichnungsweise nicht allzu grofsen Werth, aber ich finde sie z. B. passender als Analyse und Synthese, zumal darüber schon anders verfügt ist.

Beide logische Begriffe, die der Isolation und Superposition, bedingen sich gegenseitig, sie stehen zu einander in einem gewissen Gegensatz und können vollständig erst im Zusammenhang mit einander erfafst werden. Sie sind die vornehmlichsten Denkformen, unter denen sich die Begreifbarkeit der Natur darstellt; was von zusammengesetzten Erscheinungen unter diesen Denkformen nicht aufgefafst werden kann, ist noch nicht begriffen. An naturwissenschaftlichen Gegenständen geübt, gestatten diese allgemeinen Denkformen, nach naturwissenschaftlichem Vorbild in allen Gebieten der Wissenschaft und des Lebens eine schnelle Orientirung anzubahnen, ungeordnetes und komplizirtes Erscheinungsmaterial beherrschen zu lernen und anderen geordnet und verständlich zu vermitteln, ohne dafs dabei die Gefahr vorläge, welche die Naturwissenschaften so unpopulär machen kann, andere Wissenschaften naturwissenschaftlich behandeln oder zu Naturwissenschaften degradiren zu wollen.

Wir wollen an einem Beispiel zeigen, welchen Charakter unter

Umständen diese fördernden Denkformen der Isolation und Superposition annehmen können, wir wollen eines alten Streites gedenken, der in der Welt vielleicht nie ausgefochten werden wird, des Streites zwischen Theorie und Praxis, zwischen Lehre und Erfahrung, zwischen Schule und Leben.

Es liegt in der Natur der Sache begründet, dafs die bildenden Einwirkungen durch Schule und Leben einander gegenüberstehen, ohne sich immer Verständnifs entgegenbringen zu können. Die Schule drängt unwillkürlich die Mittel und Wege in den Hintergrund, auf welchen das zu stande gekommen ist, was sie lehrt, sie überliefert und beschränkt sich darauf. Das Leben hat beständig mit Mitteln und Wegen zu thun, um etwas zu stande zu bringen; in der Mehrzahl der Fälle ergiebt sich, dafs die Wirklichkeit es anders gestaltet, als sich theoretisch voraussehen liefs; was Wunder, wenn der Praktiker mifstrauisch der Theorie und ihren Folgerungen gegenübersteht.

An diesem Verhältnifs wird in der Regel dadurch nichts geändert, dafs der Weg zum Leben durch die Schule führt. Wer reflektirt gleich über die Dissonanzen, die ihm im Leben entgegentreten, wer geht ihnen nicht lieber aus dem Wege, oder setzt sich nicht möglichst bald über sie hinweg, schnell für das Eine oder Andere die Entscheidung ergreifend.

Aber indem die Mehrzahl der Menschen verabsäumt, gerade bei diesen Dissonanzen länger zu verweilen, läfst sie sich das Moment entgehen, welches geeignet ist, so erzieblich und fördernd zu wirken. Disharmonieen sollen nicht gemieden, sondern aufgelöst werden; worin anders kann hier die Auflösung bestehen, als in der Harmonie, die zwischen Lehre und Wirklichkeit, zwischen Denken und Sein zu walten hat.

Die Möglichkeit prinzipieller Irrthümer der Theorie soll nicht geleugnet werden, aber in der Mahrzahl der Fälle ist ein Irrthum doch nur ein theilweiser; die Isolationselemente sind meist richtig erkannt, aber ein Faktor in dem Superpositionsprozesse ist entweder überhaupt übersehen, oder in seiner Stärke auf die Gesamterscheinung über- oder unterschätzt. Im naturwissenschaftlichen Denken hat für ein schon hinlänglich tief durchgearbeitetes Gebiet ein Irrthum in den meisten Fällen gegenwärtig nur eine Korrektur, eine Aenderung zur Folge, die sich nach dem Schema der Superposition geräuschlos vollziehen kann. Diese Auffassung nimmt zugleich den Stachel, der so leicht dem Vorwurf und Eingeständnifs des Irrthums anhaftet, und darin liegt ein sehr förderliches Moment.

Dem aufmerksamen Leser wird der innere Zusammenhang dieser allgemeinen Erörterungen mit den naturwissenschaftlichen Auseinandersetzungen der drei ersten Abschnitte nicht entgangen sein. Der vierte Abschnitt wendete den Gedanken der fernsten Vergangenheit und der fernsten Zukunft zu, in welche beide wir die menschliche Phantasie aus der Gegenwart so gerne flüchten sehen; dies mag zu einigen Bemerkungen über das Verhältnifs von Geschichts- und Naturwissenschaft Veranlassung geben.

Natur und Geschichte, das scheinen mir die Centra zu sein, an welche die allgemeine Bildung der Zukunft immer mehr anknüpfen wird, und ich möchte die selbständige Entwicklung der um beide Centren sich gruppirenden Wissenschaften um keinen Preis missen.

Man hat — vielleicht mit von naturwissenschaftlicher Seite — der historischen Geistesbildung den Vorwurf gemacht, dafs sie den Blick von der Gegenwart allzusehr auf die ferne Vergangenheit ablenke und so allzuwenig den Forderungen des Lebens und der Wirklichkeit Rechnung trage. Auch die Naturwissenschaft gestattet, wie wir an dem Beispiel im vierten Abschnitt sahen, in ihrer Weise einen Einblick in Vergangenheit und Zukunft, allerdings von der Gegenwart aus — und darin liegt ihr gesunder Realismus. Die Gegenwart, die Erforschung dessen, was da ist, steht im Vordergrund des Interesses.

Für die Geschichtswissenschaft kann die Gegenwart die hervortretende Bedeutung nicht haben, wie für die Naturwissenschaft. Streng genommen ist indefs die Trennung der Fragen nach Vergangenheit, Gegenwart und Zukunft wissenschaftlich weder berechtigt noch erwünscht. Die Vergangenheit und die Zukunft geben uns die Mittel, die Tragweite der Spekulationen auf eine willkommene Probe zu stellen, welche wir der Gegenwart entnehmen zu dürfen glauben.

Darin besteht die gewaltige Schule, in welche die Naturwissenschaft ihren Jünger in jedem Augenblick nimmt, dafs sie ihn beständig zur Beantwortung von Fragen veranlafst, deren Richtigkeit oder Unrichtigkeit die Natur selbst sofort entscheiden kann. Wer eine solche Schule durchgemacht hat, der kommt sich eher klein als grofs vor, der wägt seine Worte mit ganz anderer Vorsicht ab, als einer, der nicht daran gewöhnt ist, in seinen Aeufserungen beständig kontrolirt oder berichtigt zu werden, oder einer, der sich nicht gern kontroliren läfst. Wer Naturforscher ist, mufs und soll sich gern kontroliren lassen.

Die Quellen des Mississippi.
Von Dr. Emil Deckert in Charlottesville, Va.

Das Quellgebiet des Mississippi gehörte trotz der hohen Bedeutung, die der mächtige Strom bei der Gestaltung der amerikanischen Kulturverhältnisse gehabt hat, bis in die allerneueste Zeit zu den wenigst bekannten und betretenen Gegenden der Union. Ungestört durften daselbst die Chippewas in ihrer Väter Weise hausen und jagen, und von weifsen Männern drang in die unermefslichen Waldwildnisse, die das Land bedeckten, gelegentlich nur ein Holzläufer („cruiser") ein, der die schlagwürdigen Baumbestände auszukundschaften suchte, oder ein Händler, der mit den Indianern Tauschbeziehungen anknüpfen wollte.

Der Klasse der Händler gehörte namentlich auch William Morrison an, der in den Jahren 1804, 1811 und 1812 an den Ufern des Itasca-Sees weilte, und der als der erste Weifse betrachtet werden mufs, welcher diesen Sammelbecken der Mississippiquellen aus eigener Anschauung kennen lernte. Erst 1832 unternahm dann Henry R. Schoolcraft eine Forschungsreise nach den Mississippiquellen, und erst 1836 Jean N. Nicollet, und diesen beiden Männern verdanken wir die ersten kartographischen Darstellungen von dem Gebiete, sowie eine Beschreibung desselben im Einzelnen. Sie gelten also allgemein als die eigentlichen Entdecker der Mississippiquellen, und ihre Angaben wurden allen geographischen Darstellungen, die auf dieselben Bezug hatten, zu Grunde gelegt.[1])

Eine genauere Erforschung des Gebietes, als Nicollet sie vorgenommen hatte, erfolgte in dem halben Jahrhundert nach 1836 in keiner Weise, und nur das Allgemeine Landamt der Vereinigten Staaten bewirkte in den Jahren 1875 bis 1877 durch Edwin S. Hall eine neue Kartierung desselben im Mafsstabe von 2 Zoll auf die englische Meile. 1872 besuchte aufserdem noch Julius Chambers, von dem „New-York Herald", den Itasca-See und seine Zuflüsse auf einer

---

[1]) Von Schoolcraft erhielt der Itasca-See auch seinen Namen („verITAS CAput" = „wahre Quelle!")

Mündung des Nicollet Creek in den Itaska-See.

Mündung des Elk-See-Abflusses.

flüchtigen Canoe-Fahrt, und 1879 ebenso A. H. Siegfried, von dem „Louisville Courier-Journal".

Man darf sich hiernach nicht wundern, wenn um Anfang der achtziger Jahre ein weiterer Besucher der Gegend, Kapitain Willard Glazier, mit der Prätension auftrat, den Entdeckerruhm Schoolcrafts und Nicollets überstrahlen und neuere und richtigere Auskunft über den Ursprung des Riesenstromes ertheilen zu können, und dafs dieser Mann mit seinen Darstellungen nicht blofs bei den gewöhnlichen amerikanischen Journalisten und Landkartenverfertigern, sondern auch selbst bei der hochangesehenen Königlichen Geographischen Gesellschaft zu London Anklang und Zustimmung fand.

Was Glazier behauptete, war vor allen Dingen: dafs nicht der Itasca-See, sondern ein See südlich von demselben, den die erwähnte Karte des Allgemeinen Landamtes (1877) unter dem Namen Elk-See eingetragen hatte (Siehe Karte), und den Glazier nach seinem eigenen Namen benannte, das Sammelbecken der Mississippiquellen sei. Dieser „Lake Glazier" nehme nicht nur oberhalb des Itasca-Sees eine nahezu ebenso stattliche Fläche ein wie letzterer, sondern sein Hauptzuflufs — von Glazier „Excelsior Creek" genannt — übertreffe auch an Lauflänge sämtliche Zuflüsse des Itasca-Sees, insbesondere den von Nicollet als „Infant Mississippi" bezeichneten und nach seinem Entdecker benannten „Nicollet-Creek", um ein beträchtliches.

Natürlich konnte eine kritische Prüfung der Behauptungen und Ansprüche Glaziers nicht ausbleiben, und so energisch sich derselbe auch bemüht hat, sie zu vertheidigen und zu stützen, sind sie doch allgemach in ein Nichts zusammengesunken, und wofür man dem Pseudo-Entdecker Dank wissen mufs, ist eigentlich nur, dafs er jene kritische Prüfung herausgefordert und die allgemeinere Aufmerksamkeit auf das Gebiet gelenkt hat.

Die Zahl der Besucher der Gegend, die bis Anfang der achtziger Jahre kaum ein halbes Dutzend überstiegen hatte, mehrte sich seither bedeutend; namentlich wurden auch behufs genauerer Feststellung der hydrologischen und orographischen Verhältnisse in der Umgebung des Itasca-Sees eine Reihe von wohlausgerüsteten Expeditionen ausgesandt, deren ausführliche Berichte hinreichende Grundlagen zur Beurtheilung der von Glazier angeregten Frage bieten. Auch Glazier selbst unternahm im Jahre 1891 eine zweite Fahrt in das Gebiet. Indem wir aber seinen neuerlichen Bericht mit denjenigen der anderen Beobachter zusammenhalten[7]), können wir

[7]) Willard Glazier, Headwaters of the Mississippi, Chicago a. New-York 1893. — The Source of the Mississippi (Science, 24. December 1886).

zu keinem anderen Schlusse kommen, als zu dem: dafs Schoolcrafts und Nicollets Entdeckerruhm unerschüttert geblieben ist, und dafs Kapitain Glazier sich mit seiner angeblichen Entdeckerthat einer groben Selbsttäuschung hingegeben hat. Dafs Glazier, ähnlich wie andere falsche Propheten auch, eine beträchtliche Zahl von Gläubigen gefunden hat, und dafs er in seinem neuen Buche eine lange Reihe sachunkundiger Gutachten zu seinen Gunsten veröffentlicht, kann uns dabei nicht beirren.

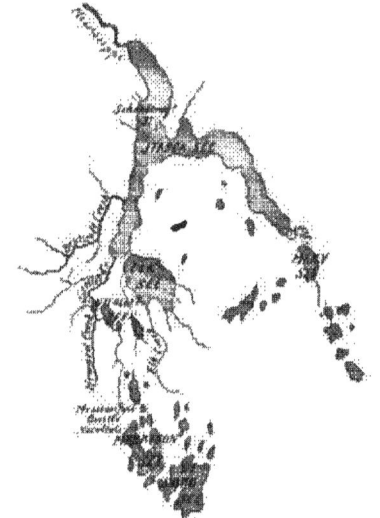

Das Quellgebiet des Mississippi.

Was zuerst den See betrifft, in dem Glazier seinen Namen verewigt sehen möchte, so ergiebt sich aus der Thatsache, dafs derselbe auf der Landamts-Karte von 1877 als Elk-See eingetragen ist, von selbst, dafs dieser letztere Name der allein richtige ist und nicht ohne weiteres geändert werden darf. Und im übrigen ist die Rolle, welche derselbe als Quellsammelbecken spielt, unzweifelhaft nur eine sekundäre. Mag der betreffende See immerhin der statt-

— J. V. Brower, The Mississippi River and its Source (Minnesota Historical Collections, Vol. VII. Minneapolis 1893).

lichste von den sechzig oder siebzig Seen sein, die die Thalsenkungen der Moränenlandschaft im Süden des Itasca-Sees einnehmen, und mag der „Excelsior Creek" Glaziers, der den See speist, immerhin eine reichliche englische Meile länger sein, als der Nicollet Creek, so ist damit noch keineswegs bewiesen, dafs er das Hauptquellbecken des Mississippi sei. Für diese Frage ist vom rein physikalisch-geographischen Standpunkte aus allein entscheidend: die Wasserführung seines Abflusses, und diese ist — das geht aus den Glazie rschen Darlegungen und Abbildungen ebenso unzweifelhaft hervor, wie aus den Darlegungen und Abbildungen seiner Widersacher — eine viel unbedeutendere, als bei dem Nicollet Creek, ja sogar auch eine unbedeutendere als bei dem Mary Creek, der in den Südostarm des Itasca-Sees mündet. Der Abflufs des Elk-Sees läfst sich durch die Sumpfgrasvegetation des jungen Schwemmlandes vor seiner Mündung beinahe gänzlich zurückdämmen und stellt im allgemeinen nur ein schleichendes Bächlein von 3 bis 5 Fufs Breite und 1 bis 6 Zoll Tiefe dar. Der Nicollet Creek dagegen hat eine Breite von 6 bis 9 Fufs und eine Tiefe von 2 bis 3 Fufs, und seine Mündung wird durch den starken Abflufs, der jahraus jahrein mindestens doppelt so bedeutend ist als der Abflufs des Elk-Sees, vollkommen offen gehalten.

Die kleineren Seen, welche südlich von dem Itasca-See liegen (der De Soto-See, der Morrison-See, die Nicollet-Seen etc.), fallen durch ihre grofse Zahl bei dem hydrologischen Regime des Mississippiquellen-Gebietes eben auch ins Gewicht, und nicht minder thun es die vielen grofsen und kleinen Waldsümpfe der Gegend, die als Quellflufsspeiser unter Umständen den Seen gleichwerthig sind. Diese Seen und Sümpfe wirken aber augenscheinlich im Einklange mit der äufseren und inneren Bodenconfiguration durch ihre Abflüsse — gleichviel ob dieselben am Tage oder unterirdisch liegen — viel mehr nach den Thälern des Nicollet Creek und des Mary Creek hin, als nach demjenigen des Elk-Sees. Liegen doch jene Thäler auch viel strenger in der Richtung der Hauptachsen der beiden grofsen Arme des Itasca-Sees.

Will man daher einen von den Zuflüssen des Itasca-Sees als den eigentlichen Quellflufs des Mississippi — als „Infant Mississippi" — bezeichnen, so wird man nicht umhin können, diesen Rang dem Nicollet Creek zuzugestehen. Am ehesten wäre demselben noch ebenbürtig der Mary Creek, dessen Bedeutung sich unter anderem auch dadurch bekundet, dafs der Südostarm des Itasca-Sees, in den er sich ergiefst, in Breite, Tiefe und Länge dem Südwestarme voransteht. Erst in dritter Reihe käme dann der Elk-See-Abfluſs (der Chambers Creek Browers, der „Infant Mississippi" Glasiers) in Betracht, und neben demselben der Boutwell Creek, der von linksher in den südwestlichen Itasca-Arm mündet.

Noch rationeller ist es aber zweifellos, wenn man von einer Mehrheit von Mississippiquellen redet — wie man ja auch mehrere Missouri- und Ohioquellen oder Rhein- und Donauquellen annimmt —, und wenn man nach dem Vorgange von Schoolcraft und Nicollet den Itasca-See als das allgemeine Sammelbecken dieser Quellen ansieht. Auch der Nicollet Creek führt ja diesem See kaum mehr als ein Viertel oder Fünftel von dem Wasservolumen zu, welches derselbe an seinem Nordende abgiebt, und die langgestreckte und gegen Süden hin verzweigte, flufsartige Gestalt des Sees bringt es mit sich, dafs derselbe aufser von seinen vier namhaft gemachten gröfseren Tributären auch noch von zahlreichen anderen, theils permanenten, theils periodischen oder spasmodischen Gewässern gespeist wird. Aufserdem ist das gesamte Quellensystem des Mississippi bei der ungemeinen Energie, welche die meteorodynamischen Agentien in Nordamerika besitzen, sicherlich auch bereits in kurzen geologischen Zeiträumen sehr mannigfaltigen und durchgreifenden Veränderungen unterworfen, und das geringfügige Mafs von Uebergewicht, welches ein Tributär gegenüber dem anderen geltend macht, kann füglich innerhalb eines einzigen Jahrzehntes schwinden. Was sich seit Schoolcraft und Nicollet an der Lauflänge und Tiefe und Breite der Itasca-Zuflüsse oder an der Ausdehnung und dem Kubikinhalte der Seen der Itasca-Gegend geändert hat, wird sich schwerlich jemals genau feststellen lassen. Dagegen wäre es zu wünschen, dafs die Beobachtungen, welche seit einigen Jahren im Auftrage der Staatsregierung von Minnesota in dem „Itasca-Parke" angestellt worden sind, sich in Zukunft auch auf diese Frage erstrecken möchten.

Dafs der Elk-See bis vor kurzem ein Theil des Itasca-Sees war und erst durch Alluvionen von demselben getrennt worden ist, unterliegt keinem Zweifel, und dafs Nicollets Mississippiquelle zu der Zeit, als Nicollet sie kennen lernte, einen ununterbrochenen oberflächlichen Abfluſs besafs, der erst später zwischen dem oberen und mittleren Nicollet-See eine Lücke bekam, ist mindestens sehr wahrscheinlich. Diese Thatsachen haben aber für die Frage, ob der Nicollet-Creek oder der Elk-Creek der wahre „Infant Mississippi" sei, nur eine nebensächliche Bedeutung.

Neues vom Grenzgebiete des Lichtes und der Elektrizität.

In dem weiten Reiche der Physik wird das Grenzland par excellence durch das von Hertz erschlossene Gebiet gebildet. Die Aetherwellen, um welche es sich hier handelt, verhalten sich zu den nun schon seit vielen Jahrzehnten bekannten Aetherschwingungen des Lichtes und der Wärme etwa so, wie die grofsen Wellen des Oceans, zwischen deren gewaltigen Bergen die gröfsten Dampfer zu verschwinden drohen, zu dem feinsten Gekräusel, welches ein leichter Lufthauch über die zuvor spiegelglatte Fläche eines Weihers zieht.

Es fehlt noch viel daran, dafs die drei Kapitel Licht, Wärme und Elektrizität mit einander so vollständig zu einem einzigen verknüpft wären, wie es die beiden ersteren unter ihnen sind, obwohl die Unterschiede, wie es jenes Bild andeutet, eben nur quantitativ sind. — Vor allem fehlt zwischen den Erscheinungen der kontinuirliche Uebergang, und der Gedanke, dafs er vorhanden sein müsse, dafs auch an dieser Stelle die Natur keinen Sprung gemacht haben könne, würde uns nur recht wenig befriedigen, wenn er nicht glücklicherweise fortwährend durch neue Experimentaluntersuchungen seine Bestätigung fände, sei es in der Weise, dafs die quantitativen Unterschiede sich nachweisbar verringern, sei es, dafs durch analoge Phänomene auf beiden Gebieten ihre Wesensgleichheit wieder einmal hervortritt.

Eine Untersuchung der letzteren Art ist von den Herren Du Bois und Rubens im physikalischen Institute der Universität Berlin erfolgreich durchgeführt worden.[1]) Es handelt sich darum, zu dem Hertzschen Versuche der Polarisation elektrischer Wellen an Drahtgittern[2]) das optische Analogon aufzusuchen, also diesmal den umgekehrten Weg zu gehen wie Hertz und andere Forscher, welche von der

---

[1]) Wiedem. Ann. Bd. 49, S. 593.
[2]) Vgl. H. u. E. Jahrg. III, S. 413.

optischen Erscheinung ausgingen. Kann man erwarten, so lautet die Frage, dafs auch Lichtwellen sich verschieden verhalten, je nachdem man sie durch ein Gitter mit senkrecht oder mit wagerecht stehenden Drähten hindurchsendet? Es ist selbstverständlich, dafs diese Verschiedenheiten nur auftreten können, wenn man einen Lichtstrahl benutzt, in welchem die Schwingungen bereits eine Vorzugsrichtung haben, also einen polarisirten Strahl. Die Versuchsanordnung der Verfasser war also derartig, dafs Strahlen, welche von einem Zirkonbrenner (eine Modifikation des Kalklichtes) ausgingen, zunächst durch Reflexion an einem Satze von Glasplatten polarisirt wurden, und zwar so, dafs die Polarisationsebene wagerecht lag; dies würde bekanntlich nach der Fresnelschen Auffassung bedeuten, dafs die Schwingungen in dem Strahl sich in einer senkrechten Ebene vollzogen.

Auf den Gang der Strahlen wurde nunmehr ein Drahtgitter gestellt. Von vornherein war nur Erfolg zu erwarten, wenn man ein sehr feines Gitter benutzte. Zur Untersuchung der Hertzschen Wellen von etwa 60 cm Länge pflegt man Gitter zu benutzen, bei welchen der Abstand zweier benachbarten Drähte einige Centimeter beträgt. Wenn man nun alle Dimensionen entsprechend der viel kleineren Länge der Lichtwellen reduziren will, kommt man für die etwa 0,00006 cm betragende Wellenlänge des Natriumlichtes auf Gitter mit Oeffnungen von einigen Zehntausendsteln eines Millimeters. Derartige Drahtgitter lassen sich nicht herstellen. Deshalb entschlossen sich die Verfasser nicht mit den sichtbaren Strahlen, sondern mit den dem infrarothen Gebiete angehörenden, also mit Wärmestrahlen zu arbeiten. Der Uebelstand, dafs man unter diesen Umständen die Wirkung nicht sehen, sondern nur mittelst eines sehr empfindlichen Strahlungsmessers beobachten kann, fällt nicht schwer ins Gewicht, da es heutzutage möglich ist, mittelst des Bolometers[2]) den hunderttausendsten Theil eines Celsiusgrades noch mit Sicherheit abzulesen. In Betracht gezogen wurden Wellen von etwa der 10fachen Wellenlänge des Natriumlichtes. Die Linsen, welche zur Erzielung eines zweckmäfsigen Strahlenganges, und das Prisma, welches zum Zwecke der Beobachtung einer bestimmten Wellenlänge eingeschaltet werden mufsten, bestanden aus Materialien, welche diese Substanzen gut durchlassen, also aus Steinsalz oder Flufsspath. Was nun ferner die Gitter angeht, so gelang es, dieselben aus Drähten von einigen Hundertstel Millimetern Dicke in der gewünschten Weise herzustellen. Die Zwi-

---

[1]) Siehe Jahrg. V, S. 147.

schenräume hatten genau dieselbe Weite wie die Drahtdicke, was sich dadurch erreichen liefs, dafs man nach einer besonderen Methode zunächst Draht an Draht legte und dann den zweiten, vierten, sechsten Draht u. s. w. fortnahm. Wenn man durch ein solches Gitter nicht quer hindurchblickt, sondern es zuvor noch um den mittleren Draht als Axe dreht, also schräg hindurchblickt, wird die scheinbare Gröfse der Zwischenräume noch weiter reduzirt, so dafs sie etwa ein Hundertstel Millimeter beträgt.

Die Beobachtung der Strahlenmengen, welche bei senkrecht und bei wagerecht stehenden Drähten hindurchgelassen wurden, ergab nun bei Drähten aus den verschiedensten Metallen eine im allgemeinen gleichartig verlaufende Kurve, der zufolge jenes Verhältnifs der Strahlenmenge gröfser als eins ist (d. h. die senkrechten Spalten lassen mehr hindurch als die wagerechten) für kurze Wellenlängen, nämlich für ultraviolette, sichtbare und die ersten Wärmeschwingungen; bei den längeren Wärmewellen hingegen sinkt der Quotient stark unter den Werth 1. In diesem letzteren Strahlungsbereiche werden also die wagerecht polarisirten Strahlen von dem Gitter mit senkrechten Spalten zum gröfsten Theile aufgehalten.

Wie ist nun dieses Resultat zu deuten? Bei jeder Fortpflanzung einer elektrischen Schwingung pflanzt sich bekanntlich gleichzeitig in einer zur elektrischen Schwingungsebene senkrechten Ebene ein magnetischer Impuls fort. Hierdurch wird die Frage nach der Richtigkeit der obigen Fresnelschen Annahme gegenstandslos; oder man müfste wenigstens hinzufügen, ob unter der Schwingungsebene der Lichtwellen die Ebene der elektrischen oder die der magnetischen Impulse verstanden werden soll, und nunmehr fragen, ob die ersteren oder die letzteren sich in der Polarisationsebene vollziehen. Durch verschiedene Versuche, so besonders durch die von uns besprochenen Wienerschen Experimente[1]), kann man es als erwiesen ansehen, dafs die elektrischen Schwingungen senkrecht zur Polarisationsebene verlaufen. Es würden sich also die besprochenen feinen Gitter den langen Wärmewellen gegenüber wie ein ziemlich undurchlässiger Schirm verhalten, wenn die elektrische Schwingung der Wärmebewegung sich den Drähten parallel vollzieht, d. h. wir hätten dasselbe Verhalten wie bei den elektrischen Wellen der Hertzschen Versuche, nur mit dem quantitativen Unterschiede, dafs hier wegen der verhältnifsmäfsig zu grofsen Gitteröffnungen die Auslöschung keine vollkommene ist.

---
[1]) Siehe Jahrg. III, S. 39.

Diese Experimente liefern somit wiederum einen Beitrag zu jener Kontinuität der Physik des Aethers, und zwar in der speziellen Weise, dafs eine Eigenschaft der elektrischen Wellen auf dem Gebiete der längsten Wärmewellen wiedergefunden wird.

In Bezug auf eine direkte Ausdehnung des Gebietes der elektrischen Schwingungen hat in der letzten Zeit Herr Righi[1]) in Bologna Erfolge erzielt, und zwar speziell in der Weise, dafs die Schwingungsperiode, also auch die Wellenlänge wesentlich verkürzt wurde. Die benutzten Vorrichtungen waren ziemlich einfach, ein Umstand, der sehr wichtig ist, da ja die Hertzschen Apparate gröfstentheils unbequem grofse Dimensionen haben. Die primäre Schwingung vollzog sich zwischen zwei kleinen Messingkugeln, deren Durchmesser in einem Falle 1,36 cm betrug; der Funke hatte eine Länge von 0,2 cm und sprang, wie das ja neuerdings zur Erzielung lebhafterer Schwingungen üblich geworden ist, in einem Oelbade über.

Die Elektrizitätszufuhr erfolgte von einer Influenzmaschine aus. Diese letztere ist übrigens schon von Toepler zu demselben Zwecke benutzt worden, und beide Autoren legen auf einen wichtigen Nebenumstand Werth, nämlich darauf, dafs die Elektrizität nicht durch metallene Verbindungen an die Kugeln geführt wird; derartige Zuleitungen nehmen an den Schwingungen Theil, während bei Benutzung von schlecht leitenden Flüssigkeitszuleitungen (Toepler) oder, wenn man wie Righi die Elektrizität durch längere vorgelagte Funkenstrecken auf die kleinen Kugeln gelangen läfst, sich die Schwingungen auf diese letzteren beschränken. Die von dem Kugelpaare als Erreger ausgehenden Wellen treffen einen Resonator, also einen ebenfalls aus zwei Theilen bestehenden Metallkörper. Soll zum Beweise des Mitschwingens an der Unterbrechungsstelle dieses Körpers ein Fünkchen auftreten, so mufs die Lücke sehr klein sein. Righi benutzt deshalb Stücke aus Spiegelglas, von welchen die Silberbelegung bis auf einen im obigen Falle 0,2 cm breiten und 3,9 cm langen Streifen abgelöst wurde. Dieser Silberstreifen wurde in der Mitte mit einem feinen Diamanten quer durchschnitten, so dafs eine Lücke von ein bis zwei Tausendstel mm entstand. Dies die ganzen Vorrichtungen. Die Wellenlänge betrug in diesem Falle, wie immer, ungefähr das Doppelte des gradlinigen Resonators, nämlich 7,5 cm; sie ist also rund 10000 Mal so grofs wie die der oben besprochenen Wärmewellen.

[1]) A. Righi, Atti della R. Academia dei Lincei. Rendiconti 1893, S. 3. Vol. II. pag. 505.

Das im Resonator entstehende Fünkchen ist bei 5 m Entfernung vom Oscillator noch gut zu sehen, ohne daſs Hohlspiegel angewendet werden. Will man solche zur Verstärkung der Wirkung benutzen, so kann man sich an die Dimensionen halten, welche für Wärmespiegel üblich sind; es genügen also 40 bis 50 cm Höhe.

Ebenso kann man Linsen, wie man sie bei einem gröſseren Scioptikon zur Konzentration des Lichtes anwendet, also Linsen von 20 bis 25 cm Durchmesser, mit bestem Erfolge benutzen. Die Reflexion und Polarisation zeigt sich unter Benutzung von Drahtgittern, welche so groſs sind wie eine Hand. Mit einem Paraffinprisma, dessen Querschnitt ein rechtwinkliges Dreieck war, konnte Herr Righi das Phänomen der totalen Reflexion an der Hypotenusenfläche zeigen.

Von ganz neuen Erscheinungen, welche mit dem Apparaten nachgewiesen wurden, ist besonders die in verschiedenen Substanzen verschiedene Gröſse der Absorption von Interesse. So zeigt sich z. B., daſs Steinsalz und Ebonit für elektrische Wellen von allen Substanzen am durchlässigsten sind, während Glas diese Wellen erheblich schwächt. Etwas Aehnliches gilt bekanntlich für die längeren Wärmewellen.

Es ist zu hoffen, daſs diese sinnreiche Beobachtungsmethode noch viele interessante Resultate fördern wird. Sp.

Der neue Stern in der Norma.

Bezüglich des von Mrs. Fleming am 20. Oktober vorigen Jahres entdeckten neuen Sternes*) ist zunächst berichtigend nachzutragen dafs die von Professor Kapteyn in Groningen auf Grund der Aufnahmen der südlichen photographischen Durchmusterung vorgenommene Identifizirung mit einem seit mehreren Jahren sicher am Himmel existirenden Stern sich als unzutreffend erwiesen hat; der Irrthum ist durch eine nicht hinreichend genaue Angabe des Ortes des neuen Sternes bedingt gewesen.

Nach den Erfahrungen und Wahrnehmungen, welche man während der Sichtbarkeitsdauer der Nova Aurigae gemacht hatte, ist es unzweifelhaft von höchstem Werthe festzustellen, ob die bei jenem Stern beobachteten Lichtschwankungen und Helligkeitszuckungen allgemeine Eigenschaften der neuen Sterne und somit mafsgebend für die mechanischen Erklärungsversuche dieser räthselhaften Erscheinungen sind, oder ob jeder neu auftauchende Weltkörper ein ihm eigenthümliches Verhalten zeigt. Es sprechen einige Gründe dafür, dafs die erstere Annahme die zutreffendere sein wird, und diese Ansicht wird, wenn auch nicht bestätigt, so doch mindestens gestützt durch die von Campbell auf der Licksternwarte nachgewiesene Aehnlichkeit des Spektrums der Nova Normae mit demjenigen der Nova im Fuhrmann. Hiernach wäre der Stern der Mrs. Fleming, dessen Helligkeit nach Campbell am 13. Februar d. J. bis zu 9.5 Gröfsenklasse herabgesunken war, ebenfalls als ein von einer Nebelhülle umschlossener Weltkörper anzusehen. Vielleicht gelingt es, wie bei der Nova Aurigae, so auch hier in unseren Riesenteleskopen Spuren dieser Nebehülle nachzuweisen und derart einen Schritt weiter in der Erkenntnis des Weltgeschehens zu thun.   G. W.

---

*) Vergl. S. 142 des laufenden Jahrgangs.

Ueber die Messung kleiner Gestirnsdurchmesser.

Bekanntlich erscheint selbst in dem vollkommensten Fernrohr das Bild eines hellen Fixsternes nicht als ein Lichtpunkt von verschwindenden Dimensionen, sondern als eine kleine leuchtende Scheibe, welche überdies von abwechselnd hellen und dunklen, nach aussen an Intensität schnell abnehmenden Ringen umgeben ist (cf. Figur 1, a). Letztere sind wesentlich eine Folge der an den Rändern des Objektivs bezw. der im Innern des Rohres angebrachten Blenden auftretenden Lichtbeugungswirkungen, während die Scheibenform ihren Ursprung darin hat, dafs bei den üblichen Objektivkonstruktionen die Beseitigung der sphärischen Aberration und der Farbenabweichung nicht in aller Strenge erreicht werden kann. Bei kleinen Fernrohren hat es in der Regel keine Schwierigkeiten, die scharf gegen den dunklen Himmelsgrund kontrastirenden Beugungsringe wahrzunehmen; gröfsere

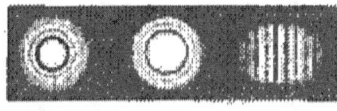

a   b   c
Fig. 1.

Objektive müssen dagegen weit abgeblendet werden, eho sie dieselben zum Vorschein kommen lassen.

Ganz analoge Erscheinungen zeigen sich auch bei solchen Objekten, welche einen mefsbaren scheinbaren Durchmesser besitzen (z. B. bei den Trabanten des Jupiter und den helleren des Saturn), nur dafs hier die Scheibchen etwas gröfser, die Beugungsringe verwaschener sind, und dafs meistens der innerste hellste Ring mit der Scheibe selbst zusammenfliefst (cf. Figur 1, b). Bei dem Versuch, den Durchmesser zu bestimmen, entsteht mithin die kaum zu umgehende Schwierigkeit, dafs das Auge ein derartiges Objekt ausgedehnter wahrnimmt, als es in Wirklichkeit ist; es erhellt daraus, dafs Messungen nach diesem Verfahren aller Wahrscheinlichkeit nach zu grofse Resultate ergeben werden. Hierzu kommt, dafs die kombinirten Ungenauigkeiten der Abbildung durch das Objektiv für verschiedene Instrumente wechseln und bei den einzelnen Beobachtern auch noch die subjektive Auffassung der Beugungserscheinungen, namentlich infolge der Unruhe der Luft, sich verschiedenartig gestaltet; in aller Strenge können hiernach eigentlich nur Messungen verglichen werden, die an einem und demselben Fernrohr ausgeführt wurden. Umsomehr verdient eine

Methode Beachtung, welche Resultate liefert, die von dem Instrument selber gänzlich unabhängig sind.

Verdeckt man das Objektiv eines Fernrohres durch eine Kappe, in welcher sich, symmetrisch zur Mitte der Linsenkombination, zwei übereinstimmende schmale rechteckige Schlitze befinden, deren Längenausdehnung im übrigen keiner besonderen Beschränkung unterliegt, so entsteht im allgemeinen von einem hellen Objekt überhaupt kein Bild mehr im gewöhnlichen Sinne, wie es oben geschildert wurde; dafür beobachtet man eine Folge sehr schmaler, abwechselnd heller und dunkler Interferenzstreifen, welche parallel zur Längsrichtung der Spaltöffnungen angeordnet erscheinen (cf. Figur 1, c). Schon Fizeau hatte darauf hingewiesen, dafs die Breitenausdehnung der Streifen von dem Winkel, unter welchem die Lichtquelle dem Beobachter erscheint, mit anderen Worten also von dem scheinbaren Durchmesser abhängig sei. Dieses Prinzip allein wäre indessen nicht hinreichend, um darauf eine verläfsliche Methode der exakten Winkelmessung gründen zu können, denn der Ausmessung der Streifenbreite, etwa mit dem Fadenmikrometer, würden sich wegen der Unbestimmtheit der Erscheinung grofse Schwierigkeiten entgegenstellen.

In Anlehnung an Fizeaus Idee fand dann Stephan, dafs bei wachsendem gegenseitigen Abstande der beiden Spaltöffnungen unter Umständen die Streifen sich zu vermischen beginnen und endlich gänzlich verschwinden, wenn nämlich das Objekt einen merklichen scheinbaren Durchmesser besitzt. Nimmt der Abstand der Schlitze noch weiter zu, so treten die Interferenzstreifen erneut in die Erscheinung, wenngleich in so verminderter Intensität, dafs sie leicht der Wahrnehmung entgehen können. Wäre der Moment des Verschwindens der Interferenzfigur mit Sicherheit zu beobachten, so läge hierin unzweifelhaft ein denkbar einfaches Verfahren, um kleine Gestirnsdurchmesser mit Sicherheit zu messen. Aus theoretischen Erwägungen ergiebt sich nämlich, dafs in dem bezeichneten Moment der Abstand der beiden Oeffnungen (l), von Mitte zu Mitte gerechnet, von dem scheinbaren Durchmesser (d) des Objektes abhängig ist, und dafs letzterer somit aus der Messung der Gröfse l sich ableiten lassen mufs. Wenn l in Millimetern ausgedrückt wird, so lautet die einfache Formel für den Winkeldurchmesser[*]):
$$d = \frac{103''.1}{l}.$$

Die kleinste Winkelgröfse, welche man mit einem Fernrohr von bekannter Objektivöffnung D auf Grund des geschilderten Verfahrens

---

[*]) Auf die Herleitung dieser Formel mufs hier verzichtet werden.

höchstens noch messen könnte, ist hiernach theoretisch durch den Ausdruck $\frac{108".1}{D}$ bestimmt, den man passend als „trennende Kraft des Instrumentes" bezeichnet; bei der praktischen Durchführung kann selbstverständlich diese Grenze nicht erreicht werden.

Nach diesen Gesichtspunkten hat Stephan mit dem grofsen Aequatoreal des Observatoriums in Marseille, dessen trennende Kraft bei einem Objektivdurchmesser $D = 800$ mm augenscheinlich den Werth $0".13$ hat, eine gröfsere Zahl von Fixsternen bis zur dritten Gröfsenklasse, darunter auch Sirius, auf ihren Durchmesser hin untersucht. Die kleinste mefsbare Gröfse war $0".16$, da im äufsersten Falle die beiden Schlitze einen Mittelabstand von 650 mm haben durften. Aus den Beobachtungen ergab sich, was vorauszusehen war, dafs kein einziger von den in die Untersuchung einbezogenen Fixsternen einen scheinbaren Durchmesser aufwies, welcher den Betrag von $0".16$ erreicht. Da überdies selbst bei Anwendung der stärksten Okularvergröfserungen auch nicht die geringste Andeutung einer beginnenden Verwaschenheit der Interferenzfigur sich erkennen liefs, so war damit sogar der Beweis erbracht, dafs in Wirklichkeit die scheinbaren Durchmesser der untersuchten Fixsterne nur einen geringen Bruchtheil des obigen Betrages ausmachen konnten; eine genauere Grenzbestimmung war auf diese Wahrnehmungen hin allerdings nicht angängig.

Unlängst hat nun der bekannte amerikanische Physiker Albert Michelson, dem die Wissenschaft eine grofse Zahl von theoretischen und experimentellen Untersuchungen auch über Interferenzerscheinungen verdankt, auf eine Einladung Professor Holdens hin eine Ausmessung der scheinbaren Durchmesser der Jupitersatelliten nach dem geschilderten Prinzip an dem 12zölligen Refraktor der Licksternwarte unternommen. Es gelang zwar mit diesem Instrument nicht, das Wiederauftreten der Interferenzfigur bei zunehmendem Spaltabstande wahrzunehmen; immerhin liefs sich aber der Moment des ersten Verschwindens der Streifen im allgemeinen mit einer recht beträchtlichen Sicherheit feststellen, wie ein Blick auf die nachfolgende Tabelle der in erfreulicher Uebereinstimmung stehenden Messungsergebnisse lehren wird.

Satellit.	I.	II.	III.	IV.	
1891 August 2.	1".29	1".19	1".88	1".08	
„ 3.	1.29	—	1.59	1.68	mäfsige Bilder.
„ 6.	1.30	1.21	1.89	1.56	
„ 7.	1.30	1.18	1.77	1.71	Bilder gut.

Werden die Mittelwerthe aus diesen Messungsergebnissen auf die mittlere Entfernung Jupiters reduzirt, so ergeben sich für die Winkeldurchmesser seiner Satelliten die in nachfolgender Zusammenstellung enthaltenen Zahlen, denen zum Vergleich noch einige frühere, sehr sorgfältige Bestimmungen gegenübergestellt sind. Von letzteren wird bei dieser Gelegenheit namentlich die Werthreihe, welche Burnham am 36zölligen Refraktor der Licksternwarte gleichzeitig (am 7. August) mit Michelson durch die gewöhnliche Methode der mikrometrischen Messung erhielt, besonderes Interesse zu beanspruchen haben.

No. des Trabanten.	Michelson.	Engelmann.	Struve.	Hough.	Burnham.
I.	1".02	1".08	1".02	1".11	1".11
II.	0.94	0.91	0.91	0.98	1.00
III.	1.37	1.54	1.40	1.78	1.78
IV.	1.31	1.28	1.27	1.48	1.61

Wenn man bei der Vergleichung dieser Ergebnisse berücksichtigt, dafs der gegenseitige Abstand der Spalte rund 10 cm oder 4 Zoll betrug, so wird man bestätigt finden, dafs nach der Interferenzmethode schon mit einem Refraktor von etwa 6 Zoll Oeffnung Resultate erhalten werden könnten, die an Genauigkeit mit den Messungsergebnissen selbst an den gröfsten Instrumenten sehr wohl zu konkurriren vermögen.

Mit Rücksicht auf die grofse Einfachheit und Bequemlichkeit und die unbestreitbare Ueberlegenheit des dargestellten Verfahrens ist beschlossen worden, den 36zölligen Refraktor der Licksternwarte mit einer geeigneten Einrichtung zu versehen und das gewaltige Instrument, dessen trennende Kraft ca. 0".1 beträgt, für die Ausmessung der scheinbaren Durchmesser der Jupiters- und Saturnstrabanten, vor allem aber der kleinen Planeten, soweit sie im Sichtbarkeitsbereich desselben liegen, verfügbar zu machen. Da augenscheinlich der weitaus gröfste Theil des Objektivs verdeckt ist, — im Moment des Verschwindens der Interferenzstreifen darf die Breite eines jeden Spaltes etwa den zehnten Theil ihres gegenseitigen Abstandes betragen, mufs sich überdies zur Erreichung der erforderlichen Bildschärfe etwas verändern lassen — so wird nämlich im allgemeinen die Methode der Interferenzen nur bei helleren Objekten Anwendung finden können. Es ist übrigens leicht, da die Länge der Schlitze keiner bestimmten Beschränkung unterliegt, im gegebenen Fall die unverdeckte Fläche des Objektivs zu berechnen und hiernach die Sichtbarkeitsgrenze festzustellen.

Wie nützlich namentlich für die kleinen Planeten eine dahinzielende Untersuchung wäre, erhellt schon daraus, dafs die direkten Messungen selbst für die hellsten derselben ganz unzulängliche, vielfach äufserst stark von einander abweichende Resultate ergeben, und dafs andererseits die aus den Oppositionshelligkeiten — nach einer von Argelander in Bonn angegebenen Formel — abgeleiteten Schätzungen der wahren Gröfsen mit den Messungsergebnissen wenig harmoniren. Für die Entscheidung dieser sehr wichtigen Frage bieten noch besonders günstige Aussichten die fortgesetzten Versuche, welche Michelson darüber angestellt hat, wie die Verhältnisse sich gestalten, wenn man Objekte unter verschiedenen Bedingungen, in verschiedenen Beleuchtungsphasen u. s. w. nach dem Fizeauschen Prinzip mit einem Fernrohr untersucht. Hierher gehören auch die mit der Theorie durchaus in Einklang stehenden experimentellen Untersuchungen einer aus mehreren Komponenten zusammengesetzten Lichtquelle, weil man auf Grund derselben im stande wäre, die Distanz der Glieder eines engen Doppelsternsystems, wenn sie hinreichend hell sind, mit grofser Genauigkeit zu messen. In den vorstehend angedeuteten Fällen gelten ähnlich einfache Formeln, wie die früher mitgetheilte.

Durch eine sinnreiche Anordnung hat endlich Michelson, dessen Versuche von Cornu in Nizza mit bestem

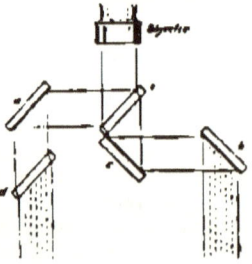

Fig. 2.

Erfolge unter Benutzung der Sonne als Lichtquelle wiederholt wurden, die Möglichkeit gegeben, unabhängig von der wirklichen Oeffnung des Fernrohrs beliebig kleine Winkelgröfsen zu messen. Die Herrichtung des ganzen Apparates ist im wesentlichen ein sogenanntes Refraktometer (Fig. 2). Das von einem sehr weit entfernten Objekt — etwa einem Fixstern — ausgesandte Licht fällt in parallelen Strahlen auf den Spiegel b, wird von diesem nach dem Spiegel c geworfen und geht endlich parallel zur ursprünglichen Richtung von c aus weiter. Beim Auftreffen auf die planparallele Glasplatte e wird das Strahlenbündel infolge der an beiden Flächen entgegengesetzten Brechung ohne Ablenkung ein wenig seitlich verschoben und gelangt schliefslich in das Fernrohr. Der Spiegel a reflektirt das Licht desselben Objektes, nachdem es die planparallele Glasplatte d passirt und ebenfalls eine, nicht mit Ablenkung verbundene, seitliche Verschiebung erlitten hat, auf die dem Fernrohrobjektiv zugekehrte, als Spiegel wirkende Fläche der

Glasplatte e, von wo aus die Strahlen gleichfalls in das Fernrohr gelangen. Bei geeigneter Lage der verschiedenen spiegelnden Flächen entsteht dann die früher beschriebene Interferenzfigur. Für das Verschwinden derselben ist nur der gegenseitige Mittelabstand der Spiegel a und b mafsgebend; diese Gröfse vertritt also den Spaltabstand in derjenigen Anordnung, in welcher Michelson beispielsweise die Jupitertrabanten ausgemessen hat, da die gegebene Formel unverändert bleibt, allerdings nur unter Voraussetzung eines gleichmäfsig beleuchteten Objektes. Es könnten durch diesen Kunstgriff, dessen Anwendung allerdings schliefslich mit Schwierigkeiten verbunden sein dürfte, noch Winkelgröfsen bis zu dem hundertsten Theil der Bogensekunde herab gemessen werden, und dieser Betrag würde etwa der scheinbare Durchmesser unserer Sonne in der Entfernung des nächsten Fixsternes α Centauri haben, von dem das Licht $8\frac{1}{2}$ Jahre gebraucht, um zu uns zu gelangen. Man hätte nur nöthig, den gegenseitigen Abstand der Spiegel bis auf 10 m zu steigern, was nach Michelson wohl noch als praktisch ausführbar erscheinen möchte. O. W.

Die Spektra der Elemente, von deren genauerer Ermittlung, wie Scheiner in seiner „Spektralanalyse der Gestirne" betont, der Fortschritt unserer Kenntnisse über die chemische Zusammensetzung der Himmelskörper bedingt ist, sind in den letzten Jahren von Kayser und Runge mit Hülfe der genauen Methoden und Instrumente Rowlands aufs neue mit gröfster Sorgfalt untersucht worden. Die bemerkenswerthesten Ergebnisse dieser Messungen haben die genannten Autoren auf dem Weltkongrefs in Chicago bekannt gemacht und in 7 Thesen formulirt, deren Hauptinhalt wir hier nach „Astronomy and Astrophysics" (Nov. 1893) wiedergeben.

1. Ein grofser Theil der Linien eines jeden Spektrums läfst sich in Reihensysteme zusammenfassen, welche mit der von Huggins für die Wasserstofflinien entdeckten Reihe Aehnlichkeit haben. Die Wellenlängen der einzelnen Linien einer solchen Reihe lassen sich nach der Balmerschen Formel:

$$\lambda^{-1} = A - Bn^{-2} - Cn^{-4}$$

berechnen, in welcher A, B, C positive Konstanten sind und n die Reihe der ganzen Zahlen von 3 an durchläuft.

2. Mit Ausnahme des Wasserstoffs und Lithiums bestehen alle Reihen aus doppelten oder dreifachen Linien. Unter den doppelt-

linigen Reihen kommen bei Alkalien solche vor, bei denen die Paare in den brechbareren Theilen des Spektrums enger werden. Bei den übrigen doppellinigen, sowie allen beobachteten dreifachen Reihen bleibt die Differenz der Schwingungszahlen der zusammenstehenden Linien durch das ganze Spektrum dieselbe, sodafs man das erste Liniensystem durch einfache Verschiebung mit dem zweiten resp. dritten zur Deckung bringen kann. Dies kann auch so ausgesprochen werden, dafs in den Formeln für die einzelnen Linienreihen bei dem ersterwähnten Falle A und B, bei dem zuletzt genannten aber B und C die gleichen Werthe besitzen.

3. B hat in allen Fällen nahezu denselben Werth.

4. Wenn die Elemente nach dem natürlichen System Mendelejoffs geordnet sind, zeigen sich die Reihen in jeder Familie nach einem gemeinsamen Plan gebildet. Für ein Element von höherem Atomgewicht sind die Reihen nach der weniger brechbaren Seite des Spektrums hin verschoben.

5. In jeder Gruppe chemisch ähnlicher Elemente erweitern sich die Zwischenräume der Komponenten doppelter resp. dreifacher Linien mit wachsendem Atomgewicht, in der Alkaligruppe sogar fast genau proportional dem Quadrat des Atomgewichts.

6. Die Zahl der vereinzelten Linien, welche sich nicht in Reihen bringen lassen, ist nur bei Elementen mit hohem Schmelzpunkt bedeutend.

7. Nur die ersten drei Gruppen des natürlichen Systems von Mendelejeff sind bis jetzt untersucht worden. Danach scheinen die Linienreihen von Gruppe zu Gruppe weiter nach dem brechbaren Ende des Spektrums zu wandern. Möglicherweise befinden sich demgemäfs die Reihen für die noch nicht untersuchten Elementengruppen bei Wellenlängen, für welche die photographische Platte nicht mehr empfindlich ist.

Dies ist gewifs eine Reihe hochinteressanter Ergebnisse, die uns dem Ziele einer mathematischen Spektralanalyse ein gutes Stück näher führen. Nach der Meinung der Vortragenden können die gewonnenen Resultate aber auch jetzt schon praktischen Nutzen gewähren bei der Identifizirung Fraunhoferscher Linien eines Sternspektrums. Denn wenn auch aus dem Fehlen einer einzelnen Linie eines Elements noch nicht auf die Abwesenheit aller geschlossen werden kann, da wir nicht wissen, wie sich die Elemente unter so veränderten Umständen verhalten mögen, so dürfte doch wenigstens auf die Abwesenheit der Linienreihe, der die vermifste Linie angehört, mit Sicherheit zu folgern sein, da die Linien einer Reihe den Schwingungen einer und derselben Klasse von Molekeln angehören werden, sodafs eine schwächere Linie der Reihe nicht ohne die stärkere auftreten dürfte. Wird also eine schwächere Linie der Reihe beobachtet, während stärkere fehlen, so wird man berechtigt sein, hier eine nur zufällige Coincidenz zu vermuthen. F. Kbr.

Die Wirkung des Lichtes auf die Gestaltung der Pflanzen.[1])

Wer immer mit offenem Auge die Erscheinungen der Pflanzenwelt verfolgt hat, dem wird die Verschiedenheit nicht entgangen sein, welche dieselbe Pflanzenart je nach ihrem Standorte aufweist. Während unsere Waldbäume mit der Erhebung in die luftigen Regionen der Berge verkümmern und schliefslich zu Grunde gehen, wuchert zwar das in die Ebene versetzte Edelweifs viel üppiger als auf den Höhen, aber nichts erinnert an die zarte weifse Färbung, die ihm dort oben eigen ist. Feuchte und trockene, warme und kalte, sowie lichte und schattige Standpunkte können sehr wohl die Anpflanzung derselben Spezies ermöglichen, aber schnell pafst sich die Farbe und Form der verschiedenen Pflanzenorgane der Besonderheit der Umgebung an, während andererseits gewifse Spezies eben nur bei ganz bestimmten klimatischen Verhältnissen gedeihen. Während es längst gelungen ist, den Vegetationscharakter der verschiedenen Erdzonen, d. h. die den besonderen Bedingungen derselben gerade angepassten Pflanzenformen festzustellen, hat man sich erst neuerdings die Aufgabe gestellt, den Einflufs der verschiedenen klimatischen Elemente auf die Entwickelung einer und derselben Spezies ins einzelne zu verfolgen. Natürlich waren es diejenigen Faktoren, welche sich uns als par excellence wettererzeugende darstellen, deren Einflufs man durch genaue Messungen zu erkunden suchte; nämlich die Temperatur und die Feuchtigkeit der Luft. Eine recht kategorisch vorgetragene Ansicht Alex. von Humboldts[2]), dafs auch der Druck des Luftoceans, der nicht nur von Ort zu Ort wechselt, sondern auch im Verlaufe geologischer Zeitepochen mannigfache Aenderungen durchgemacht hat, auf die Gestaltung der Pflanzen nicht unwesentlich eingewirkt habe, harrt dagegen noch immer der experimentellen oder messenden Bestätigung. Diejenigen Variationen, welche darauf hinzudeuten scheinen, indem sie mit der gröfseren

---

[1]) Vgl. Wiesner in den Ber. der K. K. Akad. zu Wien 1893.
[2]) Ansichten der Natur. Stuttgart, 1871, II., S. 150—152.

Erhebung in die Athmosphäre eintreten, lassen sich viel eher deuten durch die dort oben herrschenden Temperatur- und Beleuchtungsverhältnisse. Diese letzteren sind es, deren Antheilnahme an der Wetterbildung ganz neuerdings erst ins gehörige Licht gerückt wurde. Indem die ultravioletten Lichtstrahlen aus dem Erdboden die demselben eigene negative Elektrizität aussaugen, haben sie an den elektrischen Vorgängen im Luftkreise wahrscheinlich einen hervorragenden Antheil.[3]) Dieselben ultravioletten Strahlen sind es — wie man lange glaubte — auch, die bei der Pflanze den Assimilationsprozess befördern, d. h. die atmosphärische Kohlensäure in der Pflanzenzelle zu Stärke umwandeln. Aber Wolkoff hat gezeigt, dafs die Gasausscheidung aus den grünen Wasserpflanzen in keinem nachweisbaren Verhältnifs zu diesem sog. chemischen Strahlen des Spektrums allein steht, sondern der Intensität des Lichtes überhaupt proportional ist. Wenn nun auch nach Reinke dieses Gesetz für solches Licht, das an Stärke demjenigen des Sonnenlichts nahekommt, nicht mehr richtig bleibt, indem eine weitere Steigerung der Lichtstärke dann keine Aenderung der ausgeschiedenen Gasmengen zur Folge hat, so darf man doch im allgemeinen behaupten, dafs es gerade die unser Gesichtsorgan wesentlich beeinflussenden, schwächer brechbaren — gelben und rothen — Strahlen sind, welche in der Pflanze die Umwandlung der organischen Stoffe hervorbringen. Dagegen kommt den ultravioletten, d. h. den am stärksten brechbaren Strahlen eine andere Eigenschaft zu, die für das Wachsthum der Pflanze kaum weniger wichtig ist. „Die Pflanze selbst kehrt freudig sich zum Lichte," heifst es bei unserem Dichter, und die Forscher sprechen davon, dafs das Licht auf die Pflanze einen heliotropischen Effekt ausübt. Dieses Streben nach dem Lichte hat auf die Gestaltung des Pflanzenleibes den wesentlichsten Einfluss. Wiesner hat schon früher erkannt, in welcher Weise die Lichtstärke der hier wesentlich in Betracht kommenden, stark brechbaren Strahlen die einzelnen Pflanzen heliotropisch beeinflufst. Für jede Pflanze giebt es zwei bestimmte heliotropische Nullpunkte, nämlich einen stärkeren und einen schwächern Werth der Lichtintensität, bei welchem kein heliotropischer Effekt vorhanden ist; dazwischen liegt eine solche Lichtstärke, bei der diese Wirkung ihren höchsten Grad erreicht. Nun werden freilich die heliotropische und die chemische Wirkung des Lichtes nicht ganz genau auseinander gehalten werden können, vielmehr wird der Gestaltungsprozefs der Pflanze wahrscheinlich auch von der Art und Menge chemischer Umsetzungen mit bedingt sein. Aber man wird doch in

[3]) Vgl. u. a. H. u. E. Bd. V, S. 189 ff.

erster Näherung diese Trennung durchzuführen dürfen. Es wird späteren, vorläufig noch nicht absehbaren Zeiten vorbehalten sein, den exakten Einfluss der verschiedenen Strahlengattungen auf beide Arten von Lebenserscheinungen messend festzustellen, und dann wird das genaueste geeignete Instrument, das Bolometer, auch in die Botanik eingeführt werden. Ebenso wird es zu einer sicheren Begründung der Pflanzengeographie einen wesentlichen Beitrag liefern, wenn für die verschiedenen Orte der Erde besonders eine Größe ermittelt wird: nämlich die obere Grenze der Energie der Sonnenstrahlung. Vorläufig werden die Fragen in diesem Gebiete enger zu begrenzen sein.

Wiesner, der sich besonders mit der Frage der Abhängigkeit der Gestalten von der Stärke des eingestrahlten Lichts beschäftigte, musste zunächst nach einer Messmethode suchen, welche die Energie der stark brechbaren Sonnenstrahlen genau festzustellen erlaubt. Eine solche bot sich ihm in der von Bunsen und Roscoe erfundenen Mefsart. Man benutzt einfach lichtempfindliches Papier und bestimmt die Zeit, in welcher dasselbe einen als normal festgestellten Grad der Schwärzung erreicht; es wird diejenige Intensität als Einheit genommen, welche im Laufe einer Sekunde diese Schwärzung herbeiführt, und angenommen, dass die fragliche Lichtstärke der gemessenen Zeit umgekehrt proportional ist. Setzt man derartige Beobachtungen an demselben Erdorte längere Zeit fort, so gelingt es, damit einen sehr wichtigen klimatischen Faktor für denselben zu bestimmen, den man „das photochemische Klima" genannt hat, und der im grofsen und ganzen ein Mafs für die mittlere Intensität des gesamten Tageslichtes daselbst ist. Höchst eigenthümlich sind die Ergebnisse, welche Wiesner über das photochemische Klima verschiedener Stellen der Umgegend von Wien erhalten hat. Die chemische Intensität kann sehr schwach werden, während das Auge noch keine bedeutende Abnahme der Helligkeit bemerkt. Dieselbe wird bereits um die Hälfte geringer, wenn man sich einem Walde auf der Sonnenseite auch nur bis auf 100 Schritte nähert, während sie im Schatten noch ganz laubloser Bäume weniger als ein Viertel des an frei exponirten Stellen vorhandenen Lichtes ausmacht. Im Innern eines Gewächshauses, das doppelt verglast war, betrug die Intensität vor den Gewächsen nur noch ein Fünftel, mitten im Hause ein Zehntel und im Schatten $1/_{16}$ der draufsen herrschenden Lichtstärke. Wer photographirt, der hat sicher diese Sonderbarkeiten der chemischen Strahlung bereits wahrgenommen, und der Anfänger wird oft genug unterexponirt haben, weil das Auge für die Feststellung der chemischen Intensität ein sehr unzuverlässiges Organ ist.

Nach diesen Präliminarien ging Wiesner an die Untersuchung des Lichteinflusses auf die einzelnen Pflanzenorgane. Die Stengel wuchsen desto schneller, je schwächer die chemische Intensität des wirksamen Lichtes war, am schnellsten im Finstern. Die Blätter dagegen wachsen meist stärker bei zunehmender Lichtstärke, aber nur bis zu einem gewissen Werthe derselben, um mit weiter wachsendem Lichte wieder abzunehmen. Indefs giebt es Ausnahmen; dahin gehören die Keimblätter mancher Pflanzen, wie die der Fichte, die sich wie die Stengel verhalten; sie haben mit diesen auch die Eigenschaft gemein, dafs sie dem Lichte zuwachsen, während die der Kiefer sich vom Lichte fortkehren oder eine neutrale Richtung einschlagen und sich auch im allgemeinen wie die Laubblätter verhalten. Sodann gelang es, eine auch vorher schon bekannte merkwürdige Erscheinung auf Grund der neuen Lichtmessungen zu erklären. Die immergrünen Bäume (Nadelhölzer) bilden nämlich Knospen nur auf der Aussenseite ihrer Kronen aus, während die sommergrünen Gewächse, wie unsere Laubbäume, und von den Nadelhölzern die Lärche, auch im Innern der Krone solche zur Ausbildung bringen. Die Erklärung liegt darin, dafs in der Krone belaubter Bäume die Lichtstärke von aussen nach innen sehr schnell abnimmt; die zur Entfaltung der Knospen nöthige Lichtmenge ist also in der Tiefe der Krone nicht vorhanden, wenn diese belaubt ist; aber die zuletzt angeführten Bäume besitzen zur Zeit der Knospenbildung keine Blätter, und somit ist der Schauplatz dieser auf das Aeufsere und Innere der Krone vertheilt. Aehnlichen Gründen haben[1]) die Nadelhölzer offenbar ihren eigenthümlichen Habitus zu verdanken, da selbst in weniger dichten Beständen die unteren Zweige aus Lichtmangel zu Grunde gehen müssen. Hiermit hängt es auch zusammen, dafs die Sträucher und Kräuter des Waldes ihr Laub bereits vor der Belaubung der sie überragenden Bäume ausbilden müssen, und nur für die wenigen, die sich einem geringen Lichtbedürfnifs angepasst haben, die Möglichkeit vorliegt, ihre Blätter auch nach der Belaubung der Waldbäume zu entwickeln. Von Wurzelorganen sind diejenigen der Mistelpflanze, welche auf unseren Laubbäumen schmarotzt, näher geprüft worden. Auch zu ihrem Hervorbrechen ist Tageslicht erforderlich, nämlich eine mittlere tägliche Maximalintensität von 0,015, während ihr Weiterwachsen bei etwas geringerer Lichtstärke erfolgen kann. Höchst eigenthümlich wirkt das Licht auf eine bekannte Fettpflanze, die Hauswurz, ein, deren zwiebelartige Blattrosetten dort vollständig durch Streckung der Internodien verloren gehen, wo der Pflanze kein

---
[1]) Wie Ref. hinzufügt.

ausreichendes Tageslicht mehr zu Gebote steht. Schon bei einem mittleren Tagesmaximum von 0,04 streckt sie sich in die Länge und ihre Blätter, deren Farbe natürlich weit bleicher ist, werden schmäler und kürzer. Ueberhaupt erweist sich die Blattform in höchst eigenthümlicher Weise, aufser von der Luftfeuchtigkeit, vom Lichte beeinflufst, so dafs bei einer gröfseren relativen Feuchtigkeit ein geringeres Licht für die Ausbildung desselben Blattes erforderlich ist, woraus zu schliefsen wäre, dafs die Nahrungsaufnahme für das Blatt durch beide Faktoren in gleicher Weise erleichtert wird. Das sind einige, aber nicht alle von den interessanten Resultaten, welche den Einflufs des Lichtes auf die Gestaltung der pflanzlichen Organe darstellen. Sm.

Neudrucke von Schriften und Karten über Meteorologie und Erdmagnetismus. Herausgegeben von Prof. Dr. G. Hellmann, Berlin, A. Asher & Co.
No. 1. Reynmann, Wetterbüchlein. (1510.) Preis 6 M.
No. 2. Pascal, Récit de la Grande Expérience de l'Équilibre des Liqueurs. (1648.) Preis 3 M.

Die beiden ersten Nummern der von Prof. Hellmann zu veröffentlichenden Neudrucke historisch wichtiger Werke sind in Facsimiledruck auf Büttenpapier mit allem nur möglichen Luxus hergestellt, so dafs der verhältnismäfsig niedrige Preis, der der Unterstützung des Unternehmens von Seiten der deutschen meteorologischen Gesellschaft zu danken ist, überrascht. Ueber Geschichte und Inhalt des „Wetterbüchleins" hat der Herausgeber bereits in dieser Zeitschrift (Band III S. 457 f.) in aller Ausführlichkeit berichtet, so dafs wir uns heut mit dem einfachen Hinweis auf die mit einer 41 Seiten langen Einleitung versehene Facsimile-Ausgabe begnügen können.

Der Pascal'schen Flugschrift kommt in wissenschaftlicher Hinsicht eine weit gröfsere Bedeutung zu, und der nach einem der Breslauer Bibliothek gehörigen Exemplare hergestellte Neudruck gewinnt noch dadurch an Werth, dafs sich überhaupt nur noch drei Exemplare des Büchleins haben auffinden lassen. Pascal machte durch diese Schrift endgültig der scholastischen Lehre vom „horror vacui" ein Ende, indem er darin berichtet, wie sein Schwager Périer am Puy de Dôme auf seine Veranlassung hin festgestellt hat, dafs die Höhe der Flüssigkeitssäule beim Torricelli'schen Versuch bei Erhebung in verticaler Richtung abnehme, was nur durch die Abnahme des Luftdrucks erklärt werden könne.
F. Kbr.

C. Easton: La Voie lactée dans l'hémisphère boréal. Cinq planches lithographiées, description détaillée, catalogue et notice historique. Avec une préface par H. G. van de Sande Bakhuyzen, Directeur de l'observatoire de Leyde. — Dordrecht, Blussé & Cie.; Paris, Gauthier Villars & Fils. 1893. Mk. 15,00.

Von den Zeichnungen der Milchstrafse, wie sie dem unbewaffneten Auge erscheint, können bisher die von Heis, Houzeau und Boeddicker[1]) veröffentlichten wohl als die besten gelten. Jede hat ihre eigenen Vorzüge, und wenn man hinzufügt, dafs auch jede ihre eigenen Fehler hat, so wäre es

---
[1]) Heis, Atlas coelestis novus, Coloniae 1872; Houzeau, Atlas de toutes les étoiles visibles à l'oeil nu, Mons 1878; Boeddicker, The Milky way, London 1892.

thöricht, wenn man damit aussprechen wollte, man würde es selbst besser gemacht haben. Lichtgebilde wie die Milchstrasse und das Zodiakallicht hängen sehr von der Auffassung der Beobachter ab, die hier zweifellos, in noch höherem Grade als bei Planetenoberflächen, auf rein anatomisch-physiologische Gründe, etwa auf das Gefüge der Netzhaut-Bestandtheile, zurückzuführen ist. Ferner bringt es die Natur dieser Lichtgebilde, und zwar der Milchstrasse noch mehr als des enger begrenzten Thierkreislichtes, nothwendig mit sich, dafs sich die Einflüsse von Dämmerung, Mondschein, irdischen Lichtquellen und dem wechselnden Luftzustande auf die verschiedenen Theile in sehr verschiedenem Mafse geltend machen und dafs kurzsichtige Augen, wenn sie auch am Fernrohr sehr wohl mit normalsichtigen konkurriren können, bei Beobachtungen dieser Art entschieden im Nachtheile sind. Weitere Fehlerquellen eröffnet der Stift des Zeichners und des Lithographen. Ein vergleichender Blick auf die 12 Karten der Milchstrasse von Heis lehrt zur Genüge, dafs es dem Lithographen trotz des ihm in der Vorrede gespendeten Lobes keineswegs gelungen ist, die fünf verschiedenen Nuancen des Lichtschimmers richtig wiederzugeben; eine und dieselbe Abstufung erscheint oft auf benachbarten Karten, die dieselben Theile darstellen, in ganz verschiedener Stärke. Wenn Houzeau fünf bestimmte, im Druck leicht wiederzugebende Farbentöne verwandte, so hat er jenen Fehler unmöglich gemacht, allerdings auch sich von der Natur weiter entfernt; beim Studium seiner Zeichnung hat man aber den grofsen Vortheil, über die gewählte Nuance niemals im Zweifel zu sein und darum das Bild in die Rechnung übersetzen zu können. Einen sehr bedeutenden technischen Fortschritt bezeichnet Hoeddickers Darstellung. Herrn Easton gebührt das Lob, dieselbe peinliche Genauigkeit bei der (eigenhändigen) lithographischen Wiedergabe seiner schönen Zeichnung innegehalten zu haben. Er ging so weit, dafs er die Generalkarte in jedem Exemplar besonders retouchirte. Mit Recht legt der Verfasser grofses Gewicht gerade auf diese Karte. Sie besteht aus 2 Stücken von $19 \times 6^{1/2}$ qcm Gröfse und läfst eine wichtige Thatsache, die in den bisherigen Darstellungen nur mangelhaft enthüllt ist, auf den ersten Blick hervortreten: es ist die gewaltige Lichtüberlegenheit des von Scutum bis Cassiopeia reichenden Theiles über den von hier bis Monoceros gehenden. Diese Feststellung, und überhaupt die Konstatirung der relativen Helligkeit aller Theile, nicht blofs bestimmter Partien untereinander, ist jedenfalls sehr mühsam gewesen, schon wegen der ungemein verschiedenen atmosphärischen Bedingungen, unter denen die einzelnen Abschnitte wahrgenommen werden. Nach eigener Angabe hat sich der Verfasser sorgfältig gehütet, vor der endgültigen Festlegung seines Bildes die Milchstrafsenzeichnungen anderer Astronomen einzusehen; eine sehr begründete Vorsicht, weil durch übereinstimmende Angaben anderer das Urteil zu leicht befangen worden wäre. An anderer Stelle[1]) haben wir auf eine interessante Uebereinstimmung der Eastonschen Milchstrafse mit den Sternzählungen hingewiesen. Wenn man auf Grundlage der Seeligerschen Abzählungen der Bonner Durchmusterungs-Sterne die Himmelskugel in grofse Trapeze theilt — also eigentlich den Weltraum in viereckige Pyramiden mit dem Sonnensystem als gemeinsamer Spitze — wenn man dann die gesamte Lichtfülle der Bonner Sterne in jedem Trapeze mit Rücksicht auf ihre Gröfsen ermittelt und die Logarithmen der mittleren Lichtfülle der Felder graphisch darstellt, so erhält man ein Bild, das in Anbetracht der Roheit seiner Grundlagen recht befriedi-

---

[1]) Mittheilungen der Vereinigung von Freunden der Astronomie und kosmischen Physik, III. Jahrgang (1893), Seite 112 ff.

gend mit Easton's Darstellung im ganzen stimmt. Es scheint daraus, mindestens für eine große Zahl von Einzelheiten, die auch in den anderen Atlanten stimmen, hervorzugehen, dafs bereits den Sternen bis zur 9. oder 10. Größe herab ein sehr wesentlicher Antheil am Zustandekommen des Milchstrafsenschimmers zuzuschreiben ist. Der Antheil der noch schwächeren Sterne ist, wie ein Vergleich mit der leider unvollendet gebliebenen Auszählung Epstein's vermuthen läfst, auch nicht gering; und diese beiden Thatsachen sind jedenfalls herauszusehen, wenn man über den wahren Aufbau unseres Weltsystems ein Urtheil gewinnen will.

Zu der Generalkarte gehören zwei Hülfskarten von derselben Größe. Die eine enthält die auf den Milchstrafsenzeichnungen selbst mit Absicht weggelassenen Grenzen, Namen und sonstigen Bezeichnungen der Sternbilder; neben die Hauptkarte gelegt, ermöglicht sie dem Unkundigen die Orientirung, ohne dafs sein Urteil über die Milchstrafse selbst durch nicht dazu gehörige Linien und Buchstaben befangen würde. Die zweite, auf Pauspapier gedruckte Hülfskarte enthält die Nummern der einzelnen galaktischen Gebilde; diese verweisen auf einen Katalog und auf Beschreibungen in dem beigegebenen werthvollen Textbuche.

Es folgen drei Einzelkarten der Milchstrafse in größerem Mafsstabe. Sie umfassen die Gebiete 1) Scutum bis Cepheus, 2) Cygnus bis Auriga, 3) Perseus bis Monoceros, so dafs die Grenzgebiete doppelt dargestellt sind. Diese Karten sind 23½ × 27 qcm groß und gleich der Generalkarte auf das System der galaktischen Längen und Breiten bezogen. Doch ist auch hier das galaktische Gradnetz so wenig wie das gewöhnliche wirklich gezeichnet; die Karten enthalten nur die Sterne und die Milchstrafse, nach dem verständigen Vorgehen Boeddicker's. Die Sterne sind auch hier als strahlenlose Scheiben dargestellt, was jedenfalls für vorzügliche Augen dem wahren Anblicke am besten entspricht, daher denn auch in den besten neueren Atlanten durchgeführt ist, obschon die älteren Zeichen für den einzelnen Stern ein schnelleres Ablesen der Helligkeit gestatteten.

Ueber die Einzelheiten der Easton'schen Zeichnung könnte eigentlich nur der urtheilen, welcher eine ähnliche Arbeit mit Glück fertiggestellt hätte, und dieser vielleicht doch noch mit besonderer Befangenheit. In der allgemeinen Lichtvertheilung erinnert das Easton'sche Bild an Heis, bei viel vollendeterer Wiedergabe; für meine Augen scheint es sich, soweit ich es geprüft habe, der Wahrheit sehr zu nähern. Manche Einzelzüge, wie in der Gegend zwischen Orion, Canis minor und Auriga, auch um Cassiopeia und Cepheus, weisen das strahlige Gefüge auf, das wohl zuerst Hr. Boeddicker entdeckt hat oder entdeckt zu haben glaubt. Würde diese Structur, die freilich bei Easton viel bescheidener hervortritt, noch von dritter Seite unabhängig an denselben Stellen nachgewiesen, so hätte man für die Erkenntnifs des Aufbaues unseres Weltgebäudes viel gewonnen. Dafs die mosaikähnliche Anordnung bei Heis und das reliefartige Gefüge bei Houzeau eine ganz andere Auffassung verrieth, haben wir anderwärts[1]) hervorgehoben.

Auch einen sehr schönen Text von 71 S. 1° hat Easton beigegeben, der eine ausführliche Beschreibung und geschichtliche Erörterung enthält. Freunden des gestirnten Himmels sei das vortrefflich ausgestattete Werk zum Studium und zur eigenen Nachprüfung bestens empfohlen.

J. Plafsmann.

---
[1]) a. a. O.

E. **Koken**: Die Vorwelt und ihre Entwickelungsgeschichte. 656 S. gr. 8°. Mit 117 Abbildungen im Text und 2 Uebersichtskarten. Leipzig, T. O. Weigel Nachf., 1893.

Mit Recht betont der Verfasser in den ersten Zeilen seines Vorwortes, es sei keine leichte Aufgabe, das in mühsamer Arbeit von Hunderten von Forschern zusammengetragene Material den gebildeten Kreisen, den Freunden der Natur und der Naturforschung, den Mitarbeitern auf anderen Gebieten der Wissenschaft in solcher Form zu bieten, dafs über die Einzelheiten hinweg der Blick frei auf das erstrebte Ziel fällt. Aber die schwere Aufgabe zu lösen ist nach unserem Urtheile dem Verfasser vollauf gelungen.

Wie schon aus den angeführten Worten des Verfassers hervorgeht, schwebte ihm nicht die Absicht vor, seinen Fachgenossen ein Hand- und Nachschlagebuch zu bieten, vielmehr ist das Buch den gebildeten Kreisen unseres Volkes gewidmet, um das mehr und mehr in den Hintergrund gedrängte Interesse für Geologie und Palaeontologie im Lichte der modernen Forschung anzufachen und zu fördern. Wir theilen dabei vollkommen den geltend gemachten Standpunkt, dafs die gebildeten Kreise, in welchen sich die Kulturhöhe einer Nation verkörpert und ihren Mafsstab findet, über die Schule hinaus an den Fortschritten derjenigen Lehren und Wissenschaften Antheil nehmen müssen, denen unter Umständen die gefälligen Formen der klassischen und schönen Wissenschaften fehlen. Andererseits hat aber auch die gebildete Welt Anspruch darauf, dafs ihr die Fortschritte auf den Gebieten des Geistes in geeigneter Form, nicht in der knappen oder in die subtilsten Einzelheiten eindringenden Stylisirung wissenschaftlicher Abhandlungen zugänglich gemacht werden, ohne dafs eine populäre Verflachung Platz greifen darf.

Von diesen allgemeinen Gesichtspunkten ausgehend und beherrscht öffnet sich der Verfasser sein eigenstes Gebiet der Palaeontologie, indem er im ersten Kapitel eine Betrachtung des Inneren der Erde und ihrer Erstarrungskruste durchführt, um in dem folgenden die Ursachen der Gebirgsbildung zu behandeln. Mit der Erörterung des Zeitbegriffes in der Geologie schliefst dann die breite Grundlage, gleichsam die Einleitung zu allen folgenden Darstellungen des Buches, ab.

Betreffs der letzteren bindet sich der Verfasser nicht an die bisher übliche, etwas schematisirend künstliche Gliederung in eine palaeozoische, mesozoische und kaenozoische Periode, er hält sich vielmehr an die den Beobachtungsthatsachen sich enger anschmiegende Gliederung, wenn er in besonderen Kapiteln das cambrische, silurische, devonische, carbonische, triassische, jurassische, cretaceische und tertiäre System bespricht. Von hohem Interesse wird vielen das Kapitel über die oft genannte und viel umstrittene Eiszeit sein, dem sich als Schlufs des Werkes die Betrachtung der Thierwelt des Quartärs anreiht, die uns im schnellen Fluge vom Mammuth, dem Nashorn der Eiszeit, dem Riesenhirsch und der Höhlenfauna zum quartären Menschen führt.

Fügen wir dem noch hinzu, dafs die Darstellung in allen Kapiteln durch ihre Klarheit und ihre vom Ernste der Wissenschaft getragene Ruhe wohlthätig und sympathisch wirkt, so dürfen wir das Werk der Benutzung aufs wärmste empfehlen. Wir erblicken in demselben eine dankenswerthe Bereicherung des geistigen Schatzes unseres Volkes. C. M.

Verlag von Hermann Pactel in Berlin. — Druck von Wilhelm Gronau's Buchdruckerei in Berlin
Für die Redaction verantwortlich: Dr. M. Wilhelm Meyer in Berlin.
Unberechtigter Nachdruck aus dem Inhalt dieser Zeitschrift untersagt.
Uebersetzungsrecht vorbehalten.

Ebbe und Fluth im Luftmeer der Erde.
Von Prof. Dr. J. Hann,
Direktor des K. K. Meteorol. Centralinstituts zu Wien.

Wer mit Interesse an den atmosphärischen Vorgängen begabt aus den höheren Breiten in die Tropengegenden kommt, wird dort neben so vielen anderen neuen und ungewohnten Eindrücken, welche die Aufmerksamkeit fesseln, auch betroffen sein von der Regelmäfsigkeit, mit der unter diesen Himmelsstrichen die meteorologischen Erscheinungen sich Tag für Tag in gleicher Weise abspielen. Im höchsten Mafse gilt dies aber von den Schwankungen des Luftdruckes, der täglich zweimal in auffallender Weise zu ganz bestimmten Stunden steigt und wieder fällt. „Die Regelmäfsigkeit der stündlichen Schwankungen des Barometers unter den Tropen", sagt A. v. Humboldt, „ist so grofs, dafs man besonders in den Tagesstunden die Zeit nach der Höhe der Quecksilbersäule bestimmen kann, ohne sich im Durchschnitte um 15—17 Minuten zu irren. In der heifsen Zone des Neuen Kontinentes an den Küsten wie auf Höhen von mehr als 12000 Fufs (3900 m), wo die mittlere Temperatur auf 7° herabsinkt, habe ich die Regelmäfsigkeit der Ebbe und Fluth des Luftmeeres weder durch Sturm noch durch Gewitter, Regen und Erdbeben gestört gefunden" (Kosmos I, 336). Tag für Tag erreicht das Barometer zwischen 9 und 10 Uhr Vormittags und Abends seine beiden höchsten und um 4 Uhr Morgens und Abends die beiden tiefsten Stände. Die Luftdruck-Unterschiede zwischen 9 Uhr Vormittags und 4 Uhr Nachmittags erreichen und überschreiten selbst 3 mm, sind also sehr in die Augen fallend. Die jetzt schon so vielfach in Anwendung gebrachten, kontinuirlich die Luftdruck-Aenderungen aufzeichnenden

Barographen liefern Tag für Tag die gleichen schönen Doppelwellen, so dafs es manchem fast langweilig und unnöthig erscheinen möchte, in solchen Gegenden den Luftdruck regelmäfsig aufzuzeichnen, der sich ja vom Wetter ganz unabhängig gemacht hat und keine Warnung mehr vor Witterungsänderungen zu geben vermag. In der That finden wir bei einem sorgfältigen Beobachter in Gambia (West-Afrika $18^{1}/_{2}°$ nördl. Br.) die von diesem Standpunkte aus erklärliche, sonst aber doch kuriose Bemerkung, „dafs daselbst die Luftdruckbeobachtungen wohl kein wissenschaftliches Interesse haben, weil die Barometerschwankungen bei jeder Witterung ganz gleichmäfsig vor sich gehen, und der heftigste Tornado nicht den geringsten Effekt darauf habe."

Colonel Sykes, der dem täglichen Gange des Barometers in Decoan seine besondere Aufmerksamkeit gewidmet hat, bemerkt, dafs auch hier unter vielen Tausenden von Beobachtungen, die er persönlich gemacht, er keinen einzigen Fall gefunden habe, in welchem die beiden täglichen Maxima und Minima des Barometerstandes nicht zum Vorschein gekommen wären, wie auch immer der Zustand des Wetters oder die Angaben des Thermometers oder Hygrometers gewesen sein mochten. Selbst auf dem Gipfel des Dodabetta (in Südindien $11^{1}/_{2}°$ nördl. Br., 2644 m), in der Höhe des Faulhorngipfels im Berner Oberland, findet sich im Laufe eines vollen Jahres nicht ein einziger Tag, an welchem das Barometer Nachmittags um 4 Uhr nicht tiefer gestanden wäre als Vormittags um 10 Uhr. Ja, was noch bemerkenswerther ist, selbst bei einem heftigen Sturm (am 17. und 18. April 1847), bei dem der Wind sich von Ost nach West drehte, und bei dem am 18. April 264 mm Regen fielen[1]), waren die täglichen atmosphärischen Gezeiten durchaus nicht unterdrückt, umgekehrt oder unterbrochen, sondern kaum verschieden von der normalen mittleren täglichen Oscillation.[2])

Selbst noch an der Grenze der Tropenzone in Calcutta sind die Fälle aufserordentlich selten, in welchen die tägliche Barometer-Oscillation unterdrückt ist. Im Jahre 1876 z. B. kamen nach Eliot blos zwei Fälle vor, wo im Gefolge der dort für die heifse Zeit (April und Mai) charakteristischen Gewitterböen aus Nordwest das Barometer um 4 Uhr Nachmittags höher stand als um 9 Uhr Vormittags.[3])

Unter solchen Umständen ist es begreiflich, dafs die regelmäfsige

---

[1] Das ist die halbe durchschnittliche Jahresmenge mancher Station in Mittel-Europa.
[2] Meteorolog. Observ. taken in India. Philosoph. Transactions 1850.
[3] Eliot, Storms in Bengal 1876. Indian Met. Memoirs, Vol I, 119.

tägliche Barometerschwankung in den Tropen bald die Aufmerksamkeit der wissenschaftlichen Reisenden auf sich gezogen hat. Nach A. v. Humboldt sind es jetzt über 200 Jahre, dafs man zum erstenmale die regelmäfsige Aenderung des Barometerstandes bei Tage bemerkt hat, und zwar auf Gorée (Capverdische Inseln) schon 1682 und zu Batavia und Pondichery um 1690. Der Astronom Richer, der 1672 von der Pariser Akademie nach Cayenne geschickt worden war, und bekanntlich dort die merkwürdige Entdeckung der Aenderung der Länge des Sekundenpendels gemacht hat, unterläfst dagegen sonderbarerweise jede Bemerkung über eine regelmäfsige tägliche Luftdruckschwankung, obgleich er ein Jahr hindurch ein Quecksilberbarometer beobachtete, um zu sehen, ob der Luftdruck jenem von Paris gleich sei oder nicht.

Die ersten bestimmten Angaben über die tägliche periodische Variation des Luftdruckes machte ein Beobachter in Holländisch Guyana, dessen Name unbekannt geblieben ist. Er sagt in einem Briefe an das litterarische Journal vom Haag, datirt aus Surinam 1722: Das Barometer steigt hier alle Tage regelmäfsig gegen 9 bis 11 Uhr Morgens ungefähr, hierauf geht es wieder herab bis 2 oder 3 Uhr Nachmittags und kehrt dann nach und nach wieder zu seiner früheren Höhe zurück.

Die französischen Akademiker, welche 1735 die erste Gradmessung unter dem Aequator in Südamerika ausführten, schrienen keine Kenntniss von diesen Beobachtungen in Surinam gehabt zu haben. Sie konstatirten gleichfalls die regelmäfsige tägliche Variation des Barometers, deren Entdeckung Bouguer und Condamine ihrem Begleiter Godin zuschrieben, der deshalb auch vielfach als der erste bezeichnet wird, der dieselbe aufgefunden hat. Thibaut de Chanvalot war es, der, indem er 1751 die tägliche Oscillation des Barometers auf Martinique beobachtete, zuerst die unstörbare Regelmäfsigkeit derselben hervorhob. „Die gröfsten Revolutionen in der Atmosphäre," sagt er, „stören nicht den periodischen Gang des Barometers, welcher zusammenfällt mit der stündlichen Variation der magnetischen Deklination. (Er, wie seine Vorgänger kannten nur den Barometergang bei Tage.) Mitten unter heftigem Regen, Stürmen, Gewittern, steigt und fällt das Barometer, wenn die Stunde zum Steigen und Fallen gekommen ist, ganz so, als wenn in der Atmosphäre volle Ruhe herrschen würde".

Der erste, welcher auch während der Nacht die regelmäfsige Variation des Luftdruckes verfolgte und das Morgen-Minimum um

3 oder 4 Uhr konstatirte, war der berühmte Botaniker Cölestino Mutis in Bogota. Bei seinen 1761 begonnenen Barometerbeobachtungen fand er, dafs das Barometer nach dem Abend-Maximum, das in Bogota gegen 11 Uhr Abends eintritt, wieder fällt und vor Sonnenaufgang seinen tiefsten Stand erreicht. Nach zweijährigen Beobachtungen war er überzeugt, dafs das nächtliche Fallen des Barometers und der tiefste Stand einige Stunden vor Sonnenaufgang eine normale Erscheinung sei.

Von 1784 an wurden die stündlichen Barometerbeobachtungen häufiger. Im Jahre 1790 begann Alex. v. Humboldt seine Untersuchungen über die tägliche Oscillation des Barometers im äquatorialen Südamerika, und die Publikation der Ergebnisse derselben

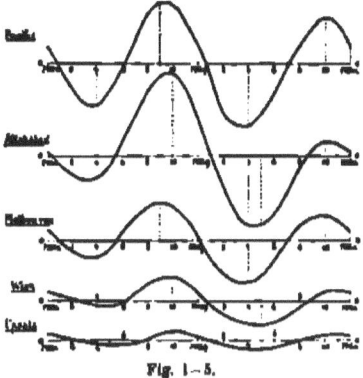

Fig. 1–5.

gab einen besonders starken Impuls zum weiteren Studium dieser merkwürdigen Erscheinung. Man fand in der Folge, dafs dieselbe auch aufserhalb der Wendekreise sich konstatiren läfst, wenngleich sie dort mit zunehmender Breite immer schwächer und unregelmäfsiger auftritt.

Wir müssen nun aber der doppelten täglichen Oscillation des Barometers auch etwas näher treten und den Verlauf derselben sowohl in der Nähe des Aequators wie in den mittleren und höheren Breiten unseren Lesern vor Augen führen. Das kann zunächst auf zweierlei Art geschehen, einerseits durch eine bildliche Darstellung, andererseits durch die Zahlenreihe der stündlichen Werthe des Luftdruckes. Auf einen dritten und zwar den kürzesten Ausdruck des täglichen Ganges durch eine mathematische Formel werden wir später noch zurückkommen. Als Repräsentanten der regelmäßigen täglichen Barometerschwankung an der Erdoberfläche unter den verschiedenen Breiten wollen wir gelten lassen: 1. für die Aequatorialregion den offenen stillen Ozean nach den stündlichen Beobachtungen an Bord der Novara (mittlere Breite 6°), 2. für die Grenze der Tropen in mehr kontinentaler Lage Allahabad in Nordindien unter $25\frac{1}{2}°$ Nordbreite, 3. für die subtropischen Zonen Melbourne unter circa 38° südl. Br., 4. für die mittlere gemäßigte Zone Wien unter 48° und endlich 5. für die hohen Breiten Upsala unter 60° nördl. Br. Die vorstehenden Figuren 1—5 stellen den täglichen Gang des Barometers an diesen fünf Oertlichkeiten vor, und zwar in gleichem Mafsstabe.

Es wird sich nützlich erweisen, die typische tägliche Oscillation des Barometers unter dem Aequator auf offenem Ozean nicht blos durch ein Diagramm, sondern auch durch die stündlichen Barometerstände selbst, nach denen die obige Curve gezeichnet worden ist, zur Darstellung zu bringen. Wenn man den täglichen Gang durch Ziffern ausdrücken will, so verfährt man weitaus am zweckmässigsten so, dafs man hierzu nicht die mittleren stündlichen Barometerstände selbst, sondern deren Abweichungen vom Tagesmittel verwendet.

Aus solchen Abweichungen entnimmt man am leichtesten alle für den täglichen Gang charakteristischen Erscheinungen, und zwar viel schärfer und bequemer, als aus der graphischen Darstellung.

Täglicher Gang des Barometers über dem äquatorialen Pacific.

Die Zahlen bedeuten Abweichungen des Luftdruckes vom Tagesmittel in Millimetern.

Stunde	1	2	3	4	5	6	7	8	9	10	11	12
Vorm.	—.04	—.45	—.77	—.81*	—.49	—.08	+.45	+.96	+1.18*	+1.13	+.84	+.35
Nachm.	—.31	—.91	—1.17	—1.20*	—.94	—.57	—.07	+.35	+.65	+.87*	+.72	+.34

Die Stunden, zu denen der Luftdruck täglich seine höchsten und tiefsten Stände erreicht, nennt man mit Humboldt gewöhnlich die „Wendestunden". Sie fallen, wie man sieht, ziemlich genau auf 10 Uhr Vormittags und Abends und auf 4 Uhr Morgens und Nachmittags.

Das Nachmittags-Minimum ist fast ausnahmslos stärker ausgeprägt als das Morgen-Minimum, auch dafs das Vormittags-Maximum stärker auftritt als jenes am Abend, ist ziemlich allgemein zu bemerken. Die Barometerschwankung bei Tage ist demnach stärker, als jene bei Nacht; im vorliegenden Falle beträgt erstere 2.4 mm, letztere nur

1.7 mm. Diese Differenzen, „Amplituden", nimmt man gewöhnlich als Mafs für die Gröfse der täglichen Oscillation des Barometers. Kämtz hat empfohlen, hierfür das Mittel aus der Amplitude bei Tage und bei Nacht zu nehmen, das wäre hier 2.0 mm. Schärfer ist jedenfalls der von Lamont empfohlene Vorgang, den Flächeninhalt der Tages-Curve als Mafs der Gröfse der täglichen Variation zu nehmen, oder was auf dasselbe hinauskommt, das Mittel aus den stündlichen Abweichungen ohne Rücksicht auf deren Zeichen. Für den äquatorialen Pacific beträgt dasselbe 0.665 mm. Eine ganz einseitige Vorstellung von der Gröfse der täglichen Barometerschwankung bekommt man aber, wenn, wie dies zumeist geschieht, nur die Amplitude der Tagesschwankung als Mafs derselben genommen wird.

Betrachten wir nun die wichtigsten allgemeinen Aenderungen, denen die tägliche Oscillation des Barometers mit zunehmender Breite unterliegt, mit Hilfe der vorstehenden Figuren.

Die Eintrittszeiten der täglichen Extreme des Barometerstandes, die „Wendestunden", bleiben sich bis gegen den Polarkreis hin fast ganz gleich. Das Vormittags-Minimum tritt überall um 9 oder 10 Uhr ein, das Nachmittags-Minimum verspätet sich etwas in den höheren Breiten, desgleichen auch das Abend-Maximum, das dort erst um 11 Uhr eintritt; das Morgen-Minimum fällt überall auf 4 bis 5 Uhr. Wir erkennen schon hieraus, dafs die tägliche doppelte Oscillation des Barometers einen universellen Charakter hat, wie dies bei keiner andern meteorologischen Erscheinung sonst in gleichem Mafse der Fall ist. Wir können sagen, dafs auf der ganzen Erde (denn die beiden Polarkappen kommen wegen ihrer geringen Gröfse kaum in Betracht) die Zeiten der „Ebbe und Fluth der Atmosphäre" dieselben sind. Zwei Wellenberge hohen Druckes laufen in Abständen von 180 Längengraden täglich von Ost nach West über die Erdoberfläche hin, in gleichen Abständen gefolgt von den entsprechenden Wellenthälern. Während wir unter demselben Meridian vom Aequator bis zum Polarkreis immer die gleichen Phasenzeiten der täglichen Doppelwelle antreffen, vielleicht mit Ausnahme einer kleinen Verspätung in den höheren Breiten, werden die Höhen dieser Luftwellen gegen die Pole hin immer kleiner; dieselben nehmen anfangs sehr langsam, dann rascher von beiden Seiten des Aequators gegen die höheren Breiten hin ab.

Die von uns als Repräsentanten der Erscheinung gewählten 5 Stationen zeigen folgende Aenderung der Wellenhöhen oder Amplituden der täglichen Barometer-Oscillation mit zunehmender Breite:

Ort	Pacific	Allahabad	Melbourne	Wien	Upsala
Breite	6°	25.4	37.9	48.2	60°.0
Amplitude in Millimetern					
bei Tag	2.4	2.9	1.5	0.9	0.3
bei Nacht	1.7	0.7	0.6	0.8	0.2
Mittel	2.0	1.8	1.1	0.8	0.3

Natürlich können diese Zahlen nur eine allgemeine Vorstellung von der Abnahme der „atmosphärischen Gezeiten" gegen die Pole hin geben. Eine schärfere Darstellung müfste sich auf das gesamte Beobachtungsmaterial stützen. Wir werden später noch darauf zurückkommen. Auf eine höchst charakteristische Erscheinung mufs aber schon hier hingewiesen werden. Wir sehen, dafs die Doppelwelle nicht ganz symmetrisch ist, selbst nicht auf dem offenen Ozean, am wenigsten aber an den kontinentalen Orten. Die nächtliche Luftdruckwelle ist viel flacher als die Tageswelle. Während die Sonne am Himmel steht, ist die atmosphärische Ebbe und Fluth stärker, als während sie sich unter dem Horizonte befindet. Das ist, wenige lokale Ausnahmen abgerechnet, von denen gleich gesprochen werden soll, überall der Fall. Die oben angegebene Gröfse der atmosphärischen Wellenberge ist durch die Höhe einer Quecksilbersäule gemessen, die dem Drucke derselben das Gleichgewicht hält. Nun ist aber das Quecksilber 10515 mal schwerer als die Luft; den täglichen Luftdruckänderungen würden demnach am Aequator atmosphärische Wellenberge von circa 21 Meter Höhe entsprechen. Diese Wellenberge laufen vor der Sonne her, hinter der Sonne liegen die Wellenthäler. Sir William Thomson (jetzt Lord Kelvin) hat auf eine höchst interessante Konsequenz dieser unsymmetrischen Vertheilung der Masse der Atmosphäre zum Meridian, in dem die Sonne steht, aufmerksam gemacht. Dieselbe bewirkt eine wenn auch minimale Beschleunigung der Erdrotation, also eine Verkürzung der Tageslänge. Es ist ein Gegenstück zur Wirkung der ozeanischen Fluthwelle. Diese bleibt stets hinter dem Mond zurück und wirkt daher wie ein Hemmschuh auf die Dauer der Erdrotation. Den Einflufs der Fluthreibung auf die Verlängerung der Tagesdauer hat schon Kant bemerkt. William Thomson berechnet ihn zu 25 Sekunden für ein Jahrhundert. Die vor der Sonne herlaufende Luftanhäufung bewirkt nach dessen Berechnung dagegen eine Beschleunigung der Erdrotation im Betrage von $2^{1}/_{2}$ Sekunden pro Jahrhundert. Das Endergebnifs ist daher eine Zunahme der Tagesdauer von $22^{1}/_{2}$ Sekunden im Jahrhundert, was mit dem Resultat, zu dem der englische Astronom

Adams auf Grund von Untersuchungen der Mondbewegung gelangt ist, übereinstimmen würde.[1]

Wir haben einen Blick auf die allgemeinsten Verhältnisse der doppelten täglichen Luftdruck - Oscillation geworfen. Wollten wir aber dabei stehen bleiben, so würden uns manche Eigenheiten dieser merkwürdigen Erscheinung entgehen, welche deutliche Fingerzeige auf die komplizirte Natur derselben geben und zu einem tieferen Verständniss derselben uns die Wege weisen. Wir müssen deshalb noch weiter schreiten zu einer kurzen Darlegung des Einflusses der Jahreszeiten, der Tageslänge auf die Wendestunden und Amplituden der täglichen Barometerschwankung, sowie namentlich einiger der bemerkenswerthesten örtlichen Modifikationen der täglichen Luftdruckwelle.

In den Tropen, zwischen den Wendekreisen, unterliegen im Laufe des Jahres die Epochen der zweimaligen täglichen Fluth und Ebbe kaum einer nennenswerthen Aenderung. Die Wendestunden bleiben das ganze Jahr hindurch die gleichen. Die Tages-Amplituden der regelmässigen Luftdruckschwankung sind wohl in der Regenzeit kleiner als in der Trockenzeit, die nächtliche Amplitude ist aber wenig verändert, wie folgende Beispiele zeigen:

Amplitude	Batavia 6° S.		Calcutta 22° 6 N.	
	Regenzeit	Trockenzeit	Regenzeit	Trockenzeit
bei Tag	2.6	2.9	2.5	3.3
bei Nacht	1.4	1.2	1.2	1.0
Mittel	2.0	2.1	1.8	2.1

Die Grösse der ganzen täglichen Luftdruckschwankung zeigt aber innerhalb der Wendekreise eine höchst bemerkenswerthe jährliche Periode. Wenn man zum Mass derselben, wie dies schon früher erörtert wurde, den Flächeninhalt der Curve nimmt, welche den täglichen Gang der Barometer-Oscillation darstellt, oder was auf dasselbe hinauskommt, die mittlere Abweichung der Stundenmittel des Barometerstandes vom Tagesmittel (die mittleren Ordinaten der Curve), so erhält man nachfolgende Zahlen. Ich habe dieselben aus dem Barometergang von 16 Stationen zwischen 22° Nord- und 22° Südbreite abgeleitet.[2]

Jährliche Periode der Grösse der täglichen Oscillation des Barometers in den Tropen.

Jan.	Febr.	März	April	Mai	Juni	Juli	Aug.	Sept.	Okt.	Nov.	Dez.
.598	.625	.647	.635	.586	.537	.524*	.555	.589	.620	.611	.594*

[1] On the Thermodynamic Acceleration of the Earth's Rotation. Proc. Royal Soc. Edinburgh. 1881-82 Vol XI. S. 396.

[2] Die Grundlage zu dieser Berechnung lieferten die Tabellen in meinen beiden Abhandlungen: „Untersuchungen über die tägliche Oscillation des Barometers." Denkschriften der Wiener Akademie. Wien 1889 und 1891.

Die tägliche Luftdruckschwankung erreicht somit ihre gröfsten Werthe zur Zeit der Aequinoctien, wenn die Sonne am Aequator steht. Zugleich bemerkt man, dafs dieselbe am kleinsten ist in unserem Sommer, im Juli; das zweite viel schwächere Minimum fällt auf December und Januar. Wenn man die obigen Gröfsen für die nördliche und südliche Hemisphäre getrennt ableitet oder den jährlichen Gang derselben an den einzelnen Stationen ins Auge fafst, so findet man, dafs auf der südlichen wie auf der nördlichen Hemisphäre die tägliche Luftdruckschwankung im Juli, also im gleichen Monate, aber in den entgegengesetzten Jahreszeiten der beiden Hemisphären, ihren kleinsten Werth erreicht. Da, wie wir später sehen werden, etwas Aehnliches auch noch für die gemäfsigten Zonen gilt, so stehen wir vor dem höchst wichtigen Ergebnifs, dafs die Gröfse der doppelten täglichen Barometer-Oscillation nicht so sehr von den irdischen Jahreszeiten abhängig ist, sondern vielmehr, wie es scheint, von der Stellung der Erde zur Sonne. Im Perihel ist auf der ganzen Erde (bis gegen die Polarkreise hin) die tägliche Barometer-Oscillation stärker als im Aphelium, dementsprechend ist auch das März-Maximum stärker als das Oktober-Maximum.

In den gemäfsigten Breiten zeigt sich auch in Bezug auf die Wendestunden ein bemerkenswerther Einflufs der Jahreszeiten. Morgen-Minimum und -Maximum treten mit zunehmender Tageslänge etwas früher auf, Nachmittags-Minimum und Abend-Maximum etwas später; das letztere verlagert sich, namentlich an den kontinentalen Stationen, auf 11 Uhr und selbst auf Mitternacht. Gleichzeitig wird die Tagesschwankung gröfser und die nächtliche Luftdruckschwankung kleiner. Wir finden z. B. in Wien:

	Morgen-Min.	Morgen-Max.	Nm.-Min.	Abend-Max.	Amplitude bei Tag	bei Nacht
Januar	6 Uhr	10 Uhr	2½ Uhr	10½ Uhr	.76	.53
Juli	3½ -	8½ -	5½ -	Mitt.	1.14	.14

Mit diesem kurzen Hinweis auf den Einflufs der Jahreszeiten auf die tägliche Barometerschwankung müssen wir uns hier begnügen und zu einem interessanteren Gegenstand übergehen, d. i. zu den örtlichen Modifikationen derselben.

Küsten- und Inland-Typus der täglichen Barometer-Oscillation. Henry Blanford und Fred. Chambers haben zuerst den charakteristischen Unterschied zwischen dem täglichen Barometergang an den Küsten und im Inlande aus den Beobachtungen dargelegt und den Zusammenhang dieses Unterschieds mit den Land- und Seewinden nachgewiesen, d. i. mit der täglichen periodischen Verlagerung von Luftmassen von dem Lande auf die See und umgekehrt. Blanford verglich die Luftdruckbeobachtungen bei den Sandheads (der Grenze der Sandbänke an der Mündung des Hugly) mit den korrespondirenden Beobachtungen in Calcutta. Die wesentlichsten Ergebnisse sind in folgenden Zahlen (Abweichungen in Millimetern vom Tagesmittel) enthalten:

	Morgen		Nachmittag		Amplitude bei	
	Minimum	Maximum	Minimum	Maximum	Tag	Nacht
Sandhead	—1.07	0.94	—0.41	0.61	1.35	1.68
Calcutta	—0.58	1.96	—1.35	0.28	3.34	0.86

Ueber dem Meere in der Nähe der Küste ist die nächtliche Schwankung gröfser als die Tagesschwankung, das Morgen-Minimum ist viel stärker entwickelt als das Nachmittags-Minimum, das Morgen-Maximum ist abgeschwächt, das Abend-Maximum dagegen verstärkt. In den Tropen, wo die Amplitude der täglichen Barometerschwankung so grofs ist, werden die Wendestunden von den Land-

Fig. 6.

und Seewinden nicht merklich beeinflufst; wohl nur in erheblichem Mafse aber in den gemäfsigten Zonen. Hier kann das Vormittags-Maximum an den Küsten bis auf Mittag und selbst auf den Nachmittag verschoben werden. In der vorstehenden Figur 6 ist der tägliche Gang des Barometers im Juni zu Valentia (Westküste von Irland) und zu Kew (England) dargestellt. Beide Stationen liegen fast unter gleicher Breite (Valentia 51.°9, Kew bei London 51.°5), erstere aber in ozeanischer Lage, letztere dagegen ist eine Inland-Station. Man wird finden, dafs die charakteristischen Unterschiede des täglichen Barometerganges auch unter 51° sehr markirt hervortreten. Das Vormittags-Maximum tritt in Valentia erst um 1 Uhr Mittags ein, in Kew schon zwischen 8 und 9 Uhr Vormittags. Das Morgen-Minimum in Valentia entspricht an Tiefe dem Nachmittags-Minimum zu Kew, und umgekehrt gleicht das Nachmittags-Minimum zu Valentia dem Morgen-Minimum zu Kew.

Bildet man die Luftdruck-Unterschiede Küste—Inland, so ergiebt sich, dafs von Mitternacht bis Mittag der Luftdruck an der Küste niedriger ist als im Inlande, von da an bis Mitternacht aber höher. Diese Druckunterschiede zeigen eine einfache tägliche Periode. Sie erreichen den gröfsten negativen Werth um 6 Uhr Morgens (zur Zeit des Temperatur-Minimums) und den gröfsten positiven Werth um $4\frac{1}{2}$ Uhr Nachmittags zur Zeit des Temperatur-Maximums.[6]) Wir sehen demnach sehr deutlich, dafs an den Küsten zu dem normalen doppelten täglichen Barometergang sich noch eine einmalige tägliche Luftdruckschwankung hinzuaddirt, welche durch den täglichen Temperaturgang, genauer durch den täglichen Gang des Temperaturunterschiedes zwischen Land und Wasser, hervorgerufen wird. Bei Tag ist das Land wärmer als die See, die Luft fliefst deshalb von Mittag an bis gegen Mitternacht in der Höhe gegen die See hin ab, wo infolge dessen der Druck steigt, und die normale Druckschwankung modifizirt wird; das Umgekehrte tritt in der Nacht und am Vormittag ein, wo das Meer wärmer ist als das Land. An der Erdoberfläche selbst entstehen dadurch die Landwinde (bei Nacht) und Seewinde (bei Tag); die primäre Ursache derselben liegt aber in den oberen Luftströmungen und den durch dieselben hervorgerufenen Druckdifferenzen an der Erdoberfläche.

Täglicher Gang des Barometers in Gebirgsthälern.

In den Gebirgsthälern wird der tägliche Gang des Barometers in höchst auffallender Weise modifizirt, und zwar namentlich in den Sommermonaten. Das Nachmittags-Minimum tritt sehr verstärkt auf, das nächtliche Minimum wird theilweise und selbst völlig unterdrückt, so dafs die tägliche Luftdruckschwankung nunmehr Ein Minimum am späteren Nachmittage und Ein Maximum um 8 Uhr oder selbst vor 6 Uhr Morgens zeigt. Der tägliche Barometergang gleicht dann völlig dem umgekehrten Temperaturgange. Diese extreme Modifikation der täglichen Barometer-Oscillation ist allerdings nur in selteneren Fällen und zwar in stark erwärmten, bergumschlossenen Thälern und auch hier nur im Sommer zu beobachten. Im schwächeren Grade ist sie aber allen Gebirgsthälern eigenthümlich.

Die folgende Figur 7 stellt den täglichen Gang des Barometers zu Bozen in Südtirol in $46\frac{1}{2}^0$ nördl. Br. und in Death Valley, Californien, unter $36\frac{1}{2}^0$ südl. Br. dar. Der letztere gehört wohl zu den extremsten derartigen Erscheinungen, die es auf der Erde giebt. Die Luftdruckcurven sind im Mittel der Monate Mai-August dargestellt. Die Amplitude beträgt zu Bozen 3.0, zu Death Valley 4.7 mm.

[*]) Die Unterschiede im täglichen Gange des Luftdruckes Valentia—Kew sind (im Juni) in hundertel des Millimeters

Mttn.	2	4	6	8	10	Mttg.	2	4	6	8	10
—12	—20	—37	—45	—38	—15	13	35	48	43	23	5

Das negative Zeichen zeigt an, dafs der Luftdruck über der See niedriger ist

Die Ursache dieser extremen Modifikation des täglichen Barometerganges ist gleichfalls eine durch den täglichen Gang der Erwärmung und der nächtlichen Abkühlung hervorgerufene tägliche Verlagerung der Luftmassen, und zwar bei Tage von dem Thale gegen die Bergabhänge (dementsprechend Druckabnahme über dem Thale) und bei Nacht von den Berghängen gegen die Thäler (dementsprechend Drucksteigerung daselbst, die das nächtliche Barometer-Minimum stark abschwächt oder ganz unterdrückt). Diese tägliche periodische Verlagerung der Luftmassen macht sich in den Gebirgsthälern sehr bemerklich in Form der Tag- und Nachtwinde, die für das Gebirge so charakteristisch sind. Bei Tage, etwa von 10 Uhr an oder später, macht sich der Thalwind (Unterwind) bemerkbar; er weht thalaufwärts und streicht die Bergabhänge hinauf. Nachts weht umgekehrt der Berg-

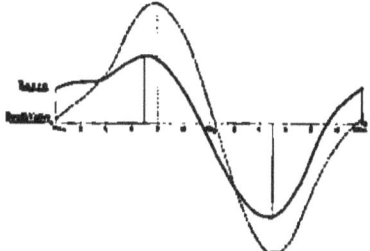

Fig. 7.

wind thalabwärts. Viele meteorologische Erscheinungen in den Gebirgen, die Wolkenhauben der Berggipfel am Nachmittage, die häufigen lokalen Nachmittags-Gewitter etc. hängen mit diesen bergaufwärts wehenden Thalwinden zusammen. Diese Verhältnisse und eine strengere Theorie der periodischen Gebirgswinde, die eine gewisse Analogie mit den Land- und Seewinden haben, wurden von mir an einem anderen Orte eingehender erörtert.[1]) Hier mag nur bemerkt werden, dafs durch die Erwärmung und dementsprechende Ausdehnung der Luft über dem Thale der Luftdruck in jeder Höhe über demselben steigt, was dagegen an den Bergabhängen, wo diese Veranlassung dazu fehlt, nicht statt hat. Deshalb bekommt die Luft über dem Thale ein Gefälle gegen die Bergabhänge hin und fliefst gegen dieselben ab; der Luftdruck sinkt deshalb über dem Thale und zwar sehr erheblich, da eine untere Kompensationsströmung (wie der Seewind

[1]) Handbuch der Klimatologie S. 201 etc.

an der Küste) fehlt. An den Bergabhängen steigt dagegen der Luftdruck, und der tägliche Gang des Barometers zeigt dort ein abgeschwächtes, verzögertes Nachmittags-Minimum. Bei Nacht konzentriren sich die Luftmassen wieder über der stark erkalteten Thalsohle und treiben den Luftdruck in die Höhe. An den Bergabhängen sinkt dagegen der Luftdruck, und das Morgen-Minimum erscheint deshalb sehr stark ausgeprägt. Der tägliche Gang des Barometers an Bergabhängen gleicht demnach völlig jenem an den Küsten oder jenem der ozeanischen Stationen. Die Modifikationen des täglichen Barometerganges in den Gebirgen entstehen somit gleichfalls durch das Hinzutreten einer einmaligen täglichen Luftdruckschwankung, hervorgerufen durch den täglichen Temperaturgang, zu der normalen doppelten täglichen Barometer-Oscillation.

Täglicher Gang des Barometers über der Erdoberfläche in der freien Atmosphäre und auf Berggipfeln. Der erstere ist aus Beobachtungen nur bekannt vom Eiffelthurm zu Paris, also nur aus einer geringen Höhe (279 m über dem Boden). Trotzdem zeigen sich schon sehr deutlich die charakteristischen Unterschiede im täglichen Barometergang in der Höhe gegenüber jenem an der Erdoberfläche. Wir denken, dafs es interessiren dürfte, diese Verschiedenheiten selbst für einen so geringen Höhenunterschied kennen zu lernen.

Täglicher Gang des Barometers (Mittel; Mai-August).
Abweichungen vom Tagesmittel, Mm.

Mn.	2	4	6	8	10 Mg.	2	4	6	8	10
Eiffelthurm 279.4 m.										
.30	.03	−.18	−.05	.17	.23	.07	−.18	−.31	−.34	−.01 .31
Paris.										
.34	.15	.01	.17	.31	.23	−.05	−.36	−.55	−.50	−.07 .30
Eiffelthurm - Paris.										
−.04	−.12	−.19	−.22	−.14	.00	.10	.18	.24	.16	.06 .01

Auf dem Eiffelthurm addirt sich demnach zu der täglichen Barometer-Oscillation, wie sie an der Erdoberfläche beobachtet wird, noch eine einmalige tägliche Schwankung, welche dieselben Wendestunden hat wie der tägliche Temperaturgang. Bei Nacht sinkt der Luftdruck in der Höhe, und es verstärkt sich dadurch das Morgen-Minimum, bei Tage steigt er und unterdrückt zum Theil das Nachmittags-Minimum. Auch die Wendestunden werden dabei etwas verschoben.

Diese Modifikation der täglichen Barometerschwankung in einiger Höhe über dem Erdboden ist eine leicht ersichtliche Folge der täglichen periodischen Erwärmung und Erkaltung der unterhalb liegenden Luftschichten. Durch die Erwärmung dehnen sich diese nach oben aus, und der Luftdruck in einer fixen Höhe muſs deshalb steigen, umgekehrt bei einer Erkaltung sinken. Für die zwischen dem Erdboden und dem Barometer auf dem Eiffelthurme befindliche Luftschicht von 279,4 m Mächtigkeit geben die stündlichen Temperatur-Aufzeichnungen oben und unten für 4 Uhr Nachmittags von Mai bis August eine Temperatursteigerung von $3^1/_2$° Celsius über das Tagesmittel, dagegen für 5 bis 6 Uhr Morgens eine Temperaturdepression unter dasselbe von circa 3°. Um 4 Uhr muſs infolge dessen das Barometer um 0.31 mm über das Tagesmittel steigen, dagegen um 5 und 6 Uhr Morgens um 0.26 mm unter dasselbe sinken. Dies stimmt fast genau überein mit der Abschwächung des Nachmittags-Minimums, die wir auf dem Eiffelthurm beobachten (0.24 mm), und der Verstärkung des Morgen-Minimums auf demselben (um 0.22 mm). Der kleine Mehrbetrag der berechneten Werthe erklärt sich vollkommen befriedigend dadurch, daſs die aus den beobachteten Temperaturen abgeleitete Lufttemperatur am Nachmittage etwas zu groſs, am frühen Morgen etwas zu klein gefunden wird, wie man dies stets vermuthet hat und es nun auch die Beobachtungen mit Aſsmanns Aspirations-Thermometer direkt zeigen.[*]

Der tägliche Barometergang in den Höhen der freien Atmosphäre läſst sich derart, vorausgesetzt die täglichen Aenderungen der mittleren Temperatur der unterhalb liegenden Luftschichten wären genau bekannt, leicht aus jenem an der Erdoberfläche berechnen.[**] Je gröſser die Seehöhe, desto gröſser wird auch die tägliche periodische Hebung und Senkung der Flächen gleichen Druckes und damit die Amplitude der einmaligen täglichen Luftdruckschwankung, die sich in dieser Höhe zu der unteren, an der Erdoberfläche beobachteten, hinzuaddirt.

Auf sehr hohen isolirten Berggipfeln wird die derart modifizirte tägliche Luftdruckschwankung sehr nahe übereinstimmen mit jener, die in gleicher Höhe in der freien Atmosphäre beobachtet würde. Gewisse kleinere Unterschiede können durch den Einfluſs des Berg-

---

[*] Die Beobachtungen geben für 4 Uhr Nachmittags 18.2, für 6 Uhr Morgens 11.8, Tages-Mittel 14.7. Luftdruck 735 mm. Man findet die Ausdehnung der Luftschicht d. i. b : dt = 279.4 × 0.00367 × 3.5 gleich 3,6 m. Eine Luftschicht von dieser Dicke wird über das Barometer gehoben, die entsprechende Luftdrucksteigerung wird erhalten durch Division mit dem Verhältniſs des spezifischen Gewichts des Quecksilbers zu dem der Luft (bei 18,20 und 735 mm), also durch 11642, das giebt dann 0.31 mm; in gleicher Weise findet man für 6 Uhr Morgens eine Senkung der Flächen gleichen Druckes um 2,97 m und eine Druckabnahme von 0,26 mm.

[**] Für gröſsere Höhen müſste auch auf die im Verhältniſs der Luftdruckabnahme sich verändernde Amplitude der Barometerschwankung Rücksicht genommen werden.

sockels hervorgerufen werden. Die über den Thälern infolge der Erwärmung sich nach oben ausdehnenden Luftschichten fliefsen dabei allseitig gegen die geneigten Bergabhänge hin ab. Sie finden dort gleichsam einen leeren Raum vor, weil daselbst nicht gleichfalls durch die Ausdehnung der unteren Luftschichten (die ja hier fehlen) eine Drucksteigerung eingetreten ist. Dieser Luftzuflufs und eine entsprechende kleine Luftdrucksteigerung mag auch noch die Berggipfel erreichen. Das Umgekehrte findet in der Nacht statt.

Ueber den Ebenen bewirkt die tägliche Erwärmung und Abkühlung der überlagernden Luftschichten an sich keine Druckänderungen, wohl aber aus den angegebenen Gründen in den Thälern.

Die folgende Figur 8 zeigt den täglichen Gang des Barometers auf dem Sonnblickgipfel in circa 3100 m Seehöhe und zugleich jenen nahe dem Fufse desselben in Salzburg in 440 m Höhe im Mittel der vier Monate Mai bis August. Während in Salzburg das Morgen-Maximum

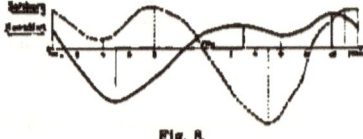

Fig. 8.

des Barometers um 8 Uhr eintritt, verspätet sich dasselbe auf dem Sonnblickgipfel bis gegen 3 Uhr Nachmittags, wo unten gleichzeitig schon die Epoche des Minimums nahe ist. Die Hebung der Flächen gleichen Druckes durch die Erwärmung der 2700 m mächtigen Luftschichten unterhalb dem Sonnblickgipfels und die dadurch bewirkte Drucksteigerung läfst das Barometer erst nach 4 Uhr zum Sinken kommen, und erst um 6 Uhr tritt dann noch ein schwach ausgeprägtes Nachmittags-Minimum des Luftdruckes ein. Die nächtliche Schwankung ist normal; auffallend ist aber der Gegensatz in der Gröfse des Morgen-Minimums zu jener in Salzburg.

Interessant ist es, die Vorspätung des Morgen-Maximums mit zunehmender Seehöhe zu verfolgen. Wir finden den Eintritt des Morgen-Maximums am Fufs des Gebirges um 8 Uhr Vormittags, in 1780 m (Schafberggipfel) nach 11 Uhr Vormittags, in 2050 m (Obir) um Mittag, in 2500 m (Säntisgipfel) um 1 Uhr Nachmittags und endlich in 3100 m um 2½ Uhr Nachmittags. Auf dem Montblancgipfel (4800 m) zeigt der beobachtete tägliche Barometergang im Sommer nur mehr eine Spur der doppelten täglichen Oscillation, das Maximum tritt erst um 3 Uhr Nachmittags ein, dann sinkt der Luftdruck bis 9 Uhr Abends und steigt dann wieder um ein halbes Zehntel mm bis 10 Uhr.

Eine regelmäfsige Aenderung der Gröfse der Amplituden der täglichen Luftdruckschwankung mit der Höhe ist nicht zu bemerken. Wohl aber zeigen die mittleren Ordinaten (Flächeninhalt der Tagescurve) zuerst eine Abnahme, dann wieder eine Zunahme. Für den Sommer z. B. sind sie: Salzburg 0.31, Schafberg 0.15, Obir 0.17, Säntis 0,20, Sonnblick 0.23, Montblanc 0.28.

Das sind die wesentlichsten örtlichen Abweichungen des täglichen Barometerganges von der normalen doppelten täglichen Oscillation. Wir haben gesehen, dafs dieselben ein Ergebnifs des Hinzutretens einer einmaligen täglichen Luftdruckschwankung zu der letzteren sind. Diese einmalige Schwankung aber ist eine Folge periodischer täglicher Verlagerungen von Luftmassen oder der täglichen Hebung und Senkung der Flächen gleichen Druckes in den höheren Schichten der Atmosphäre. Solche Störungen vermögen zwar die grofsartige Regelmäfsigkeit der atmosphärischen Ebbe und Fluth örtlich zu verhüllen, sie vermögen aber nicht das einsichtige Auge des Physikers über die ungestörte Fortexistenz derselben hinwegzutäuschen, und er besitzt, wie wir sehen werden, auch die Mittel, dieselbe direkt nachzuweisen.

In hohen Breiten am Polarkreise und jenseits desselben ist zwar immer noch eine regelmäfsige tägliche Luftdruckschwankung zu bemerken, aber die Amplituden sind sehr klein, und die Wendestunden unterliegen grofsen örtlichen Verschiedenheiten. Ueber den Oceanen hoher Breiten zeigt der tägliche Gang des Barometers im Sommer nur ein Maximum am Nachmittage und nur ein Minimum in den Morgenstunden, ganz wie die Temperatur. Es ist dies gleichsam der bis zum äufsersten Extrem ausgebildete Typus des täglichen Barometerganges an den Küsten (Valentia).[10] Ein flüchtiger Hinweis auf diese Verhältnisse mufs hier genügen. Für die Theorie der täglichen Barometerschwankung sind diese untergeordneten Anomalien, sowie auch das von Rykatchoff aufgefundene dritte nächtliche Barometermaximum[11]

[10] Auch der Ursache nach besteht vielleicht eine Analogie. So wie in der Höhe die Luft von dem stärker erwärmten Lande gegen die kühlere See hin abfliefst, so mag auch namentlich im Sommer ein Luftauflufs aus niedrigeren Breiten gegen die höheren stattfinden und dort den Druck derart erhöhen, dafs es örtlich sogar zu einer Umkehrung des normalen täglichen Ganges kommen kann, wo derselbe nur mehr schwach ist.

[11] In den Wintermonaten der mittleren Breiten macht sich um 2¼ Uhr Morgens ein gerade noch merkliches Maximum des Barometerstandes bemerkbar, dem dann das normale Morgenminimum folgt.

zunächst von keiner Bedeutung. Wenn wir berücksichtigen, dafs fast alle meteorologischen Erscheinungen mit ihren Unregelmäfsigkeiten mehr oder weniger den Luftdruck beeinflussen, so wird man es erstaunlich finden, dafs trotzdem noch in höheren Breiten die doppelte tägliche Barometerschwankung so klar und regelmäfsig sich äufsern kann.

Der geneigte Leser ist uns wohl schon mit steigendem Unwillen auf der letzten Wegstrecke gefolgt durch ein Gestrüpp von Erörterungen über die lokalen Modifikationen einer Erscheinung, die nicht durch die Grofsartigkeit ihres Auftretens oder ihr bedeutungsvolles Eingreifen in den grofsen Haushalt der Atmosphäre, sondern nur durch die stille Gröfse ihrer einfachen und strengen Gesetzmäfsigkeit unsere Aufmerksamkeit fesselt und den menschlichen Geist zum Nachdenken über ihre verborgenen Ursachen anregt. Aber nur dieser dornige Weg führt zur Klarheit. Wäre er stets beschritten worden von jenen, welche sich mit der Erklärung der täglichen Barometerschwankung beschäftigt haben, so würden gröfsere Erfolge erzielt und nicht so viele Theorien aufgestellt worden sein, die in sich zerfallen, sobald man mit ihnen an die Gesamtheit der Erscheinung herantritt. Wir haben dagegen die Einsicht erlangt, dafs man die lokalen Anomalien in der doppelten täglichen Oscillation des Barometers zunächst bei Seite lassen kann, ja mufs, wenn man daran gehen will, zu einer allgemeinen Theorie dieser Erscheinung vorzudringen.

Giebt es schon eine befriedigende Theorie der „atmosphärischen Ebbe und Fluth"? Trotzdem sich die hervorragendsten Physiker und Meteorologen seit mehr als hundert Jahren mit diesem Problem vielfach beschäftigt haben, ist die wahre Ursache der atmosphärischen Gezeiten noch immer nicht enthüllt worden. Der unbenannte Entdecker derselben hat sich die Sache wohl leichter vorgestellt, als er seinen Brief aus Surinam 1722 mit den Worten schlofs: „On désire que les philosophes d'Europe fassent leur conjecture là-dessus."

Es giebt wohl eine Menge Ansichten und Theorien über die Ursache der doppelten täglichen Barometer-Oscillation, aber keine einzige derselben erklärt die Gesamtheit der Erscheinungen in wirklich befriedigender Weise. Die meisten Erklärungsversuche nehmen einen viel zu beschränkten Standpunkt ein, indem sie sich ausschliefslich mit den Vorgängen an einer bestimmten Erdstelle befassen, oder sich nur mit der Tagesperiode allein beschäftigen und den universellen Charakter der Erscheinung aus den Augen verlieren.

Die tägliche Barometerschwankung mit ihren zwei Maximis

und Minimis hat auf den ersten Blick die gröfste Aehnlichkeit mit der Ebbe und Fluth des Meeres. Man nennt sie deshalb oft kurzweg eine „atmosphärische Ebbe und Fluth". So bezeichnend diese Ausdrucksweise für die Art des Auftretens der täglichen Luftdruckschwankung ist, so verfehlt wäre es, dabei auch an eine ähnliche Ursache zu denken. Die atmosphärischen Gezeiten können keine Gravitationserscheinung sein, denn sonst müfsten sie vor allem dem Mondtag folgen und nicht dem Sonnentag. Der Mond hat ja eine 2.2 mal gröfsere fluthzeugende Kraft als die Sonne, was auch für die Atmosphäre gültig ist. Die Gravitationsfluthen, die der Mond in der Atmosphäre erzeugt, sind aber sowohl nach der Theorie, wie auch nach dem Ergebnifs der Beobachtungen unmerklich klein und lassen sich gar nicht vergleichen mit der geschilderten täglichen Barometerschwankung, die in nicht mifszuverstehender Weise vom täglichen Laufe der Sonne abhängt.[12]) Wenn dieselbe aber eine Wärmeerscheinung ist, wie fast alle meteorologischen Vorgänge, warum hat sie wenigstens der Hauptsache nach nicht auch blos Ein Maximum und Minimum im Laufe des Tages, wie der Wärmegang, sondern deren je zwei? Das ist die grofse Schwierigkeit, mit welcher die Theorien der doppelten täglichen Barometeroscillation sich abzufinden haben.

Eine sehr natürlich und plausibel scheinende Ansicht über die Ursache der doppelten täglichen Barometerschwankung hat der verdiente Ramond schon im Jahre 1808 entwickelt. Diese Ansicht kann man gegenwärtig so fassen, dafs von dem Meridian der gröfsten Erwärmung, wo die Luft ausgedehnt und die Schichten gleichen Druckes gehoben werden, die Luft in der Höhe nach rechts und links gegen die kühleren Meridiane abfliefst, wodurch daselbst der Druck unten steigt, während er unter dem wärmsten Meridian natürlich gleichzeitig niedersinkt. So hätten wir einen Meridian niedrigsten Luftdruckes, sagen wir etwa 4 Stunden nach der Culmination der Sonne, beiderseits be-

---

[14]) Nach Laplace ist die Amplitude der atmosphärischen Mondfluth zu Paris nur $1/_{11}$ mm, d. i. nicht einmal der zehnte Theil der Amplitude der durch die Sonne erzeugten täglichen Barometerschwankung. Bouvard hat sogar eine noch kleinere Amplitude der Mondfluth gefunden, kaum 0.02. In Batavia, also nahe dem Aequator, sind die Wendestunden und Wellenhöhen der atmosphärischen Mondfluth in gewöhnlichem Luftdruckmafs, d. i. in mm Quecksilberhöhe ausgedrückt, folgende:

Mondstunde	1	7	13	19
Abweichung vom Mittel	+0.056	−0.053	+0.062	−0.060

Die mittlere Amplitude der Mondfluth ist demnach 0.058 mm, jene der der Sonne folgenden täglichen Luftdruckschwankung beträgt aber 2.0 mm, ist also 40 mal gröfser.

grenzt von zwei Meridianen hohen Druckes, und so wären das Nachmittags-Minimum des Luftdruckes sowie das vorausgehende Morgen- und das nachfolgende Abend-Maximum erklärt. Warum aber diese Maxima gerade in dem Abstande von 6 Stunden nach West und Ost von dem Minimum sich bilden, ist schwer einzusehen; natürlicher scheint es mit Rykatchef anzunehmen, daſs sich auf diese Weise wohl nur ein Maximum auf der Nachtseite der Erde, etwa um 4 Uhr Morgens, bilden würde. Die Existenz des nächtlichen Minimums, das gerade auf diese Stunde fällt, bildet die Hauptschwierigkeit aller auf den täglichen Gang der Erwärmung gegründeten Theorien der atmosphärischen Gezeiten. Renou nimmt an, daſs das Morgen-Minimum nur ein relatives Minimum ist, das nur deshalb als solches erscheint, weil es zwischen den beiden Meridianen mit gesteigertem Druck liegt; die geringe negative Abweichung des Druckes um einige hundertel Millimeter vom Tagesmittel um 3—4 Uhr Morgens meint er durch die Abnahme der Dampfspannung bei der nächtlichen Thaubildung und auch durch die Höhenlage mancher Stationen erklären zu können (d. h. durch die nächtliche Senkung der Flächen gleichen Druckes). Zugegeben, daſs sich für den Eintritt der beiden Maxima gerade 6 Stunden vor und nach der gröfsten Erwärmung genügende Gründe anführen liefsen, was bisher nicht geschehen ist, so paſst doch Renous Annahme durchaus nicht auf die doppelte tägliche Oscillation des Barometers in den Tropen; sie hat eben auch den schon oben erwähnten Mangel mancher der bezüglichen Theorien, daſs sie nur den örtlichen Erscheinungen (Paris) angepaſst ist. In den Tropen ist das nächtliche Minimum von derselben Gröfsen-Ordnung wie das Nachmittags-Minimum; die Abweichung vom Tagesmittel beträgt dort über den Ozeanen —0.6 bis —0.8 mm und muſs demnach unstreitig als ein reales 2. Minimum aufgefaſst werden.

Rykatchef versucht in seiner sehr verdienstlichen grofsen Arbeit[13]) über die tägliche Barometerschwankung auf Grund der Ramondschen Ansicht eine vollständige Erklärung der doppelten täglichen Maxima und Minima des Luftdruckes zu geben, indem er ein System von unteren und oberen Luftströmungen zwischen dem wärmsten und kältesten Meridian annimmt, wo die Luft aufsteigt und niedersinkt. Die Maxima und Minima des Druckes werden von den Aenderungen in den Geschwindigkeiten dieser Strömungen erzeugt. Es ist nicht möglich, auf das Wie hier näher einzugehen. Es mag

---

[13]) La Marche diurne du Baromètre en Russie. Repertorium für Meteorologie. B. VI. Petersburg 1879.

nur bemerkt werden, dafs die Beobachtungen der täglichen Windperioden gerade in den Tropen mit Hrn. Rykatchefs Annahmen nicht übereinstimmen, und dafs das Verhältnifs der Gröfse der Amplituden der täglichen Barometer-Oscillation zu jener der täglichen Wärmeschwankung nicht derart ist, wie es nach dieser und überhaupt nach Ramonds Theorie wohl sein müfste. Man kann mittelst derselben wohl eine einmalige tägliche Barometerschwankung erklären, aber nicht die Haupterscheinung, die doppelte tägliche Oscillation.

Nach einem andern Prinzip haben Espy, Kreil und Blanford dieselbe zu erklären versucht. Sie gehen davon aus, dafs das Morgen-Maximum des Barometers der Zeit nach zusammenfällt mit der raschesten Zunahme der Temperatur, die im Mittel zwischen 9 h und 10 h erfolgt. Diese Thatsache, die für mehrere Stationen namentlich von Blanford genauer nachgewiesen wurde, ist allerdings bemerkenswerth. Nach Kreil „stellt sich die Bewegung des unteren Theiles der Atmosphäre, welche die täglichen Aenderungen des Luftdruckes hervorbringt, als die Oscillation einer elastischen Masse zwischen zwei feststehenden Wänden dar, von denen die eine der Erdboden ist, die andere aus den höheren Luftschichten besteht, in welche die vertikalen Luftströmungen nicht mehr hineinreichen."

Der erste Effekt der Temperaturzunahme sowie der zunehmenden Verdampfung und Erhöhung der Spannkraft des atmosphärischen Wasserdampfes am Morgen ist nach Kreil und Blanford eine Zunahme der Ausdehnung der unteren Luftschichten, welche nicht sogleich auf die höheren Luftschichten übertragen wird, sondern dort einen Widerstand findet. Das Barometer steigt deshalb an der Erdoberfläche durch Zunahme der Expansivkraft der Luft, und das Morgenmaximum des Barometerstandes zur Zeit der raschesten Temperaturzunahme entspricht also nicht einer Vermehrung des Gewichtes der drückenden Luftsäule auf das Barometer, sondern nur dem Zuwachs der Spannkraft der gewissermafsen eingeschlossenen unteren Luftschichten. Mit der Zeit erst stellt sich dann ein aufsteigender Strom warmer Luft ein und erzeugt das Nachmittagsminimum. Kreil läfst den „aufsteigenden Strom" vermöge der Trägheit gleichsam über sein Ziel hinausschiefsen und dadurch das Minimum entstehen; hierauf dehnen sich dann die oberen zusammengeprefsten Luftschichten wieder nach unten aus, und es erfolgt eine Bewegung nach abwärts und damit eine Verdichtung der unteren Luftschichten, die so lange andauert, bis die unteren Schichten infolge der Pressung und des Zuwachses an Spannkraft die absteigende Bewegung wieder aufheben.

Diesem Zustande entspricht das Abendmaximum des Barometerstandes. Nun haben aber die unteren Luftschichten einen Ueberschufs an Spannkraft erlangt, der wieder zu einer nach aufwärts gerichteten Bewegung führt und eine Abnahme des Druckes hervorbringt, das ist das Morgen-Minimum des Barometerstandes.

Blanford schliefst sich im allgemeinen der Anschauung Kreils ziemlich nahe an. Er erklärt das Morgen-Maximum und das Abend-Maximum ganz wie Kreil durch das Niedersinken der sich abkühlenden und kontrahirenden atmosphärischen Schichten. Die Epoche des Barometer-Maximums fällt mit dem Stillstande dieses Vorganges zusammen. Die Abnahme der Bewölkung und der Regenmenge, die vielfach um die Zeit zwischen 6 und 10 Uhr Abends eintritt, führt er zu Gunsten seiner Ansicht an. Auch Buchan hat sich jüngst Kreils Erklärung des Morgen-Maximums angeschlossen. Das Abend-Maximum erklärt Buchan dadurch, dafs die Luftmassen des nachmittägigen aufsteigenden Luftstromes als obere Strömung vornehmlich nach Osten hin abfliefsen, weil unter diesen Meridianen die Temperatur schon erheblich gesunken ist. Das Morgen-Minimum wird nach Buchan veranlafst durch die Abnahme der Spannkraft des Wasserdampfes und der Luft infolge der nächtlichen Temperatur-Erniedrigung. Warum aber dann das Minimum schon um 3 oder 4 Uhr Morgens eintritt und nicht erst zur Zeit des Temperatur-Minimums und der kleinsten Dampfspannung um 6 Uhr, dafür wird kein Grund angegeben.

Die hier kurz dargelegten Ansichten von Kreil, Blanford und Buchan stofsen an sich schon auf erhebliche prinzipielle Schwierigkeiten vom rein physikalischen Standpunkte aus. Wir brauchen aber glücklicherweise auf dieselben nicht weiter einzugehen und können uns damit begnügen, blos einige durch die Beobachtungen gegebene Thatsachen anzuführen, die mit der Erklärung des Morgen-Maximums als einer Folge der rasch wachsenden Expansivkraft der unteren Luftschichten in direktem Widerspruch stehen.

Auf den offenen tropischen Oceanen ist das Morgen-Maximum des Barometerstandes ebenso grofs, wie auf dem Lande, und beträgt 1 mm und darüber. Die Temperaturzunahme der Luft ist aber ungemein gering, da die ganze tägliche Wärmeschwankung kaum $1\frac{1}{2}°$ überschreitet; auch die Zunahme der Dampfspannung ist sehr geringfügig (von 6—10 Uhr etwa 0.5 mm). Wenn nun das Morgen-Maximum des Luftdruckes durch die rasche Wärmezunahme der untersten Luftschichten und die damit verbundene rasche Zunahme der Expansivkraft derselben, der die oberen Schichten nicht rasch genug Raum schaffen können, entsteht, wie kommt es dann, dafs über den Ozeanen mit aufserordentlich kleiner Temperaturzunahme der Effekt derselbe ist wie auf dem Lande, wo die Wärmeänderung 5—10mal gröfser ist? Das ist einfach unbegreiflich. Gerade das Morgen-Maximum zeigt sich am unabhängigsten von der täglichen Temperaturänderung. Zu Nukufs auf den heifsen Ebenen von West-Turkestan ($42\frac{1}{2}°$ Br.) steigt die Temperatur in den Monaten Juni-August von 5 Uhr bis 10 Uhr um $12°$, das Morgen-Maximum um 9 Uhr beträgt $+ 0.7$ mm.[14]) Auf dem grofsen Ozean dagegen unter $6°$ Breite erreicht das Morgen-Maximum um 9 Uhr $+ 1.2$ mm. Die Temperatur steigt aber nur um $1.°6$ C. bis 10 Uhr. Die supponirte Ursache und deren Wirkung stehen demnach in gar keinem annehmbaren Verhältnifs. Nun ist die Erklärung des Morgen-Maximums der einzige Punkt in der Theorie von Kreil, Blanford und Buchan, der auf den ersten Blick einiges für sich zu haben scheint. Das Abend-Maximum und Morgen-Minimum machen dieser Theorie ohnehin die gröfsten, ja unüberwindliche Schwierigkeiten. Wenn wir nun sehen, dafs nach den Beobachtungen auch die Erklärung des Morgen-Maximums als unzulässig erscheint, so mufs man wohl die ganze Theorie fallen lassen. Damit sind aber zugleich alle Erklärungsversuche der doppelten täglichen Oscillation des Barometers erschöpft, die sich auf unmittelbare Wirkungen des täglichen Ganges der Erwärmung der unteren Luftschichten stützen. Die Dove'sche Annahme, dafs sich die doppelte tägliche Luftdruckschwankung durch das Zusammenwirken des täglichen Ganges des „Druckes der trockenen Luft" und des Ganges der Spannung der atmosphärischen Wasserdampfes erklären lasse, eine Annahme, die eine Zeit lang viele Anhänger hatte und eine dominirende Rolle spielte, kommt gegenwärtig nicht mehr in Betracht, da man einsehen gelernt hat, dafs sie auf einem physikalischen Mifsverständnifs beruht. Rykatchef hat überdies aus den Beobachtungen gezeigt, dafs durch die Einführung des „Druckes der trockenen Luft" der tägliche Gang des Barometers vielfach noch komplizirter und unerklärlicher wird als jener des Gesamtdruckes überhaupt.[15])

Die oben kurz skizzirten Ansichten über die doppelte tägliche Barometerschwankung haben das gemeinsam, dafs sie die Erscheinung,

---

[14]) Die rascheste Temperaturzunahme beträgt $3°$ pro Stunde und tritt schon von 6—7 Uhr ein, also nahe zwei Stunden vor dem Barometer-Maximum, auf dem Ozean beträgt sie nur $0.5°$ von 7—8 Uhr Morgens.

[15]) Der Druck der trockenen Luft ist der beobachtete Luftdruck vermindert um den Dampfdruck. Diese Differenz hat aber für die Atmosphäre keinen Sinn.

so wie sie ist, als Ganzes zu erklären versuchen, also eine gemeinsame einheitliche Ursache für dieselbe und die verschiedenen Modifikationen ihres Auftretens glauben annehmen zu dürfen.

Zu anderen Anschauungen sind diejenigen gekommen, welche die doppelte tägliche Barometer-Oscillation als eine zusammengesetzte Erscheinung betrachten zu müssen glauben. Die Haupterscheinung ist hiernach die doppelte tägliche Schwankung; zu derselben treten aber regelmäfsige tägliche Barometerschwankungen anderer Natur hinzu und modifiziren dieselbe örtlich wie zeitlich. Wenn man die tägliche Ebbe und Fluth der Atmosphäre erklären will, so mufs man dieselbe zuerst von den anhaftenden Nebenerscheinungen, die komplizirten und fremden Ursprungs sind, befreien und das Hauptphänomen an sich in seinem örtlichen und zeitlichen Auftreten genau untersuchen. Nur auf diesem Wege wird man zu einer wahren physikalischen Theorie desselben gelangen können.

Dafs diese Anschauung volle Berechtigung hat, ergiebt sich schon aus der allgemeinen Schilderung der täglichen Barometerschwankung, wie wir sie früher gegeben haben. Wir konnten nachweisen, dafs Luftdruckschwankungen ganz lokalen Ursprunges zu der allgemeinen Erscheinung der doppelten täglichen Oscillation hinzutreten und dieselben an manchen Orten derart modifiziren, dafs nur mehr eine einmalige tägliche Schwankung in den Beobachtungen zu Tage tritt. Es wird aber auch viele andere, nicht so leicht direkt ersichtliche Ursachen geben, welche die allgemeine Erscheinung mehr oder weniger verunstalten und die Erkenntnifs der Gesetze derselben erschweren. Auf den Luftdruck nehmen ja so viele meteorologische Vorgänge einen Einflufs, darunter sind gewifs manche periodischer Natur und erscheinen in dem aus den stündlichen Mittelwerthen erhaltenen täglichen Gange des Barometers. Aber fast alle diese Erscheinungen haben eine einmalige tägliche Periode, so wie der tägliche Wärmegang. Wenn wir demnach den beobachteten täglichen Barometergang in zwei Theile zerlegen könnten, in einen Theil, der alle einmaligen täglichen Luftdruckschwankungen enthält, und in einen zweiten Theil, der nur aus der zweimaligen täglichen Schwankung besteht, dann dürften wir erwarten, eine viel klarere Einsicht in diese noch räthselhafte Naturerscheinung zu gewinnen, und die Bausteine für eine künftige wahre Theorie liefern zu können.

Es giebt nun in der That einen Rechnungsvorgang von überdies sehr einfacher Natur, welcher gestattet, periodische Erscheinungen von noch so komplizirter Form in Theilperioden zu zerlegen, wenn nur die Dauer der Gesamtperiode (in unserem Falle ist das also der Sonnentag) bekannt ist. Bei dieser Zerlegung erhält man dann einen periodischen Theil, der alle Elemente der Erscheinung umfasst, welche einmal während dieser Periode alle Werthe durchlaufen (ein Maximum und ein Minimum haben), ferner einen anderen periodischen Theil, der alle Elemente umfasst, die in gleicher Zeitfrist zweimal alle Werthe durchlaufen (zwei Maxima und zwei Minima haben), also von halber Periodendauer sind u. s. w. Die Methode dieser Zerlegung periodischer Erscheinungen rührt in ihrer allgemeinen, für die theoretische Physik höchst wichtigen Form von dem berühmten Physiker Fourier her; einen eleganten Rechnungsmechanismus hat für diese Zerlegung in gewissen einfacheren Fällen der berühmte Astronom Bessel gegeben, daher man auch namentlich in Deutschland kurzweg von der „Bessel-schen Formel" spricht. Die englischen Physiker nennen eine derartige Darstellung periodischer Erscheinungen durch ihre Theilperioden die „harmonische Analyse" derselben. Dieselbe erweist sich für alle periodischen Naturerscheinungen als von grösstem Worthe, und kein Geringerer als Sir William Thomson (jetzt Lord Kelvin) hat dringend empfohlen, alle periodischen meteorologischen Erscheinungen der „harmonischen Analyse" zu unterwerfen, mit anderen Worten die harmonischen Konstituenten (Theilperioden) derselben zu berechnen. Auch Ferrel, der kürzlich verstorbene berühmte amerikanische Meteorologe, sprach die Ansicht aus, dass, wenn die doppelte tägliche Oscillation des Barometers überhaupt jemals eine Erklärung finden soll, dies nur durch die harmonische Analyse geschehen könne, durch welche die Amplituden und Epochen der doppelten täglichen Variation des Luftdruckes für sehr viele Orte bestimmt und mit einander verglichen werden können.[16])

[16]) Recent advances in Meteorology. Washington 1886. Ferrels Wunsch ist in Erfüllung gegangen durch meine und Hrn. Angots Arbeiten. Hann: Untersuchungen, und: Weitere Untersuchungen über die tägliche Oscillation des Barometers, LV. und LIX. Band der Denkschriften der Wiener Akademie. Wien 1889 und 1892. A. Angot: Etude sur la marche du Baromètre. Annales du Bureau Central Mét. Année 1887. I. Paris 1889. Diese Abhandlungen enthalten die harmonischen Konstituenten des täglichen Barometerganges für weit mehr als 100 Stationen, und zwar für das Jahr wie für die zwölf Monate.

(Schluss folgt.)

Das Wunderland der neuen Welt.

Reisebetrachtungen über die Entstehung eines Erdtheils.

Nach seinem Vortrage im wissenschaftlichen Theater der Urania
bearbeitet von Dr. M. Wilhelm Meyer.

Vor nicht gar langer Zeit machten die Besucher des wissenschaftlichen Theaters der Urania allabendlich im Geiste eine Vergnügungsreise nach Amerika. Auf einem prächtigen Lloyd-Schiffe durchquerten sie von Bremen bis New-York den weiten Ozean und lernten dann auf dem Wege nach Chicago noch schnell den gewaltigen Niagara-Fall kennen.

Schon beim Anblick dieser mächtigen Schlagader des Erdenkörpers mag man sich wohl gefragt haben, wie alle die Wirkungen der erdbildenden Mächte ineinander greifen müssen, um schliefslich das schöne Bild der irdischen Natur hervorzuzaubern, wie es heute lieblich und gewaltig vor uns steht. Wie ein Erdtheil in all seiner Vielgestaltigkeit, mit all den Wundern, die sein Inneres birgt, entsteht! Nun, wir haben darüber an dieser Stelle schon manches erfahren, und in der „Geschichte der Urwelt" sahen wir ja bereits die ganze Erde aus den Urnebeln sich loslösen. Heute jedoch wollen wir auf einer wiederum im Geiste unternommenen Rundreise durch das wildschöne Wunderland im nordamerikanischen Westen es versuchen, aus den Grundzügen der Landschaften, die wir miteinander durchwandern, zu erkennen, wie die Kräfte der Natur, im heifsen Wettstreit miteinander, aus chaotischem Gewirr diese wunderreiche Ordnung eines weiten Erdtheils auszugestalten vermochten. Wir werden dabei manche allgemeineren Gesichtspunkte gewinnen, welche uns auch wohlbekannte Landschaften unserer heimathlichen Umgebung besser verstehen und geniefsen lehren können.

Der amerikanische Kontinent bietet für unser Studium deshalb eine besonders günstige Gelegenheit, weil er nicht nur ein neu entdeckter, sondern auch ein in seinem Hauptmassiv wirklich neuer Erdtheil ist, der nach dem Riesenmafsstabe der Schöpfungsgeschichte vor nicht gar langer Zeit aus den Urmeeren seinen breiten Rücken ans lebenerweckende Licht des Tages emporhob. Der Zahn der Zeit hat hier also die Spuren vergangener Eingriffe der Naturgewalten noch nicht so sehr verwischen können, wie in älteren Erdstrichen. Wir entziffern die Lapidarschrift in den amerikanischen Archiven der Urgeschichte noch leichter, weil die jüngeren Entwicklungsstadien der wohlbekannten Gegenwart nothwendig verwandter sind und deshalb verständlicher für uns.

Aber machen wir uns auf den Weg!

In Chicago, wo wir uns seinerzeit von einander trennten, wollen wir heute die Wolterreise wieder aufnehmen.

Erinnern wir uns, dafs an derselben Stelle, an welcher die weifse Stadt der Ausstellungspaläste emporgezaubert wurde, vor einem Jahrhundert noch undurchdringlicher Urwald und Morast jedes weitere Vordringen unmöglich machte. Um so grofse Pläne so schnell zur Ausführung bringen zu können, und um so kostbare Schätze hier sicher geborgen zu wissen, mufste man davon überzeugt sein, dafs das Fundament unerschütterlich feststehen, die Erdscholle nicht wanken würde, kurz, dafs alles, was die Natur zu schaffen hatte, um menschlicher Kultur zum Schutze zu dienen, fertig sei. So erscheint uns dieses Riesenwerk von Menschenhand als eine Krönung des grofsen Naturwerkes, das wir heute als Aufbau eines Kontinentes näher verfolgen wollen.

Von dieser schönen Gegenwart ausgehend, wollen wir nun schrittweise in die Vergangenheit vordringen.

Nicht überall steht das Fundament des Erdtheils so fest wie hier und erfreulicherweise auch in unserer norddeutschen Tiefebene, welche geologisch viel Aehnlichkeit mit dieser grofsen Ostebene Nordamerikas aufweist, die wir nun zu durcheilen haben, um in das Wunderland des Felsengebirges eindringen zu können. Jenseits dieser grofsen Scheidewand, welche zwei in allen Zügen grundverschiedene Landschaften von einander trennt, ist es mit der Festigkeit des Bodens bei weitem nicht so gut bestellt. In San Francisco würde man es nie wagen, so fabelhaft hohe Häuser zu bauen wie in Chicago: Wie man in dieser letzteren Stadt wohl aus gutem Grunde zur Empfehlung eines Hauses hinzufügt, dafs es feuersicher gebaut sei, so empfehlen sich mit ebenso gutem Grunde in San Francisco „erdbebensichere" Hotels. Nun, wir kommen ja auf unserem Wege dorthin, um von diesen Verhältnissen an Ort und Stelle noch mehr erfahren zu können. Begeben wir uns deshalb auf die Reise!

Wir wählen die sogenannte „Rock-Island-Route", die uns von Chicago in anderthalb Tagen bis an den östlichen Fufs des Felsengebirges nach Denver führt. Die 28 meist sehr ausgedehnten Bahnlinien, welche in Chicago zusammenlaufen, verdanken mit dem Reichthum der Stadt ihre Existenz nicht zum geringsten Theile eben diesem einfachen continentalen Aufbau Nordamerikas, der seinen deutlichsten Ausdruck in der ungeheueren Ostebene findet, die von der atlantischen Küste bis zum Felsengebirge hin keine erheblichen Höhenzüge aufweist. Die Anlage von Eisenbahnverbindungen stiefs also, wenigstens bis gegen das Gebirge weit hinten im Westen, auf keinerlei Terrain-Schwierigkeiten, und es war deshalb leicht möglich, all die Schätze, welche der unerschöpflich fruchtbare Boden dieser von den vielverzweigten Nähradern des Mississippi nach allen Richtungen durchzogenen Ostebene hervorbringt, schnell nach dem zentralen Chicago zu transportiren und von hier aus verarbeitet wieder in alle Theile der Welt hinaus zu schicken.

Wir bedienen uns einer der Hauptverkehrsadern, die uns bald an den letzten elenden Bretterhäusern der allzu schnell aufgeblühten und deshalb noch an allen Ecken und Enden unfertigen Stadt vorüberführt. Gar schnell sinkt auf den allerersten Etappen unserer Reise das Niveau der Civilisation herab: Zwischen den Wunderbauten der Weifsen Stadt und diesen armseligsten Hütten liegen nur wenige Kilometer; von der hehrsten, grofsartigsten Blüthe der Architektur bis zu den primitivsten Anfängen gelangt man in wenigen Minuten. Wir sind in den wilden Westen eingetreten.

Zwar finden wir hier das Land noch wohl kultivirt vor. Der trefflich durchwässerte Boden ist ungemein fruchtbar, und reiche Farmen breiten sich über das endlose Flachland. Wir begegnen ganzen Kolonnen landwirthschaftlicher Maschinen, welche den Boden bearbeiten oder die Fülle des (ieernteten weiter zubereiten. Aber man könnte Tagereisen die Kreuz und Quer in diesen Gegenden machen, ohne Anzeichen anderer als dieser landwirthschaftlichen Interessen der Bevölkerung zu entdecken. Wenn immerhin auch die Errungenschaften der modernsten Kultur hier mehr als irgendwo sonst in den Dienst der Menschheit gestellt sind, so müssen wir doch diesen Erdstrich als noch in dem uralten Entwickelungsstadium begriffen ansehen, da der Mensch soeben aufhörte, gleich den Thieren des Waldes sich von den Ergebnissen seines Jagdglückes zu ernähren, um in friedlicherer

Thätigkeit sein Brod zu ernten. Noch nicht hundert Jahre ist es ja her, dafs hier nur jagende Indianervölker hausten.

Der Wasserreichthum des Gebietes drückt sich namentlich auch durch die grofse Anzahl von Landseen in allen Dimensionen aus, die sich hier verstreut befinden. Auch in dieser Hinsicht tritt eine merkwürdige Aehnlichkeit der nordamerikanischen Ostebene mit unserem norddeutschen Flachlande hervor. Jene Landseen könnte man ihrem landschaftlichen Charakter nach durchaus mit denen der nächsten Berliner Umgegend verwechseln; und selbst die Ostsee hat drüben ihr Analogon in dem grofsen Seengebiete von Canada. Es ist bekannt, dafs sich die skandinavische Halbinsel allmählig aus dem Meere erhebt. Die Verbindung zwischen Nord- und Ostsee mufs sich dadurch nothwendig mehr und mehr verengen, so dafs möglicherweise einstmals zwischen Dänemark und Schweden nur noch soviel Raum geblieben sein wird, dafs eben nur die Zuflüsse der Ostsee dadurch ihren Ausweg ins Meer finden können. Die Ostsee wird dann ihren ganzen Salzgehalt verlieren müssen, der ja bekanntlich auch heute schon bedeutend geringer ist als der des offenen Meeres, und dann völlig jenen grofsen Süfswasser-Seegebieten gleichen, welche dem amerikanischen Nordosten sein charakteristisches Gepräge geben. Hier hat sich also schon in älteren Entwickelungs-Epochen der Erde vollzogen, was wir bei uns heute erst vor sich gehen sehen: Das Land hob sich aus dem Meere allmählig empor, und zwar mufs dies, wie man aus den Ablagerungen ersehen kann, hier schon sehr früh geschehen sein. Der canadische Nordosten, welcher sich um die Hudson-Bay gruppirt, die sogenannte laulentische Schwelle, gehört zu den geologisch ältesten Gebieten des Kontinents und bestand wahrscheinlich schon, als das Leben auf dem Erdballe noch kaum begonnen hatte. Der uralte Granitboden ist auch jetzt noch dem Leben nicht günstig.

Aber die mittleren Breiten Nordamerikas hoben sich erst später empor und liefsen den Erdtheil langsam nach Süden hin wachsen, als sich auf seiner Oberfläche jene überaus üppige Vegetation entfaltete, welche wir in früheren Betrachtungen über die Geschichte der Urwelt als einen Steinkohlenwald kennen lernten. Wir wissen aus jenen Betrachtungen, dafs diese Schachtelhalm- und Bärlappmooswälder in morastigem Boden gediehen. Die ungeheueren Kohlenfelder Nordwest-Amerikas, über welche unser Weg hinführt, beweisen uns, dafs sich zu jener Steinkohlenzeit diese Gebiete eben über den Meeresspiegel erhoben hatten, wodurch die Moräste sich bildeten. Da über jenen Kohlenfeldern keine jüngeren Meeresablagerungen angetroffen werden, so müssen wir daraus schliefsen, dafs hier der Kontinent bereits seit der Steinkohlenzeit über das Meer emporragte.

Nicht weit hinter Omaha beginnt aber der landschaftliche Charakter des Landes sich wesentlich umzugestalten. Wir treten in Waldland ein, und zwar herrscht Nadelholz vor, wie fast überall in den mittleren Breiten von Amerika. Wir müssen uns überhaupt vergegenwärtigen, dafs Laubholz, wie es unsere Wälder bildet, ein auf der Erde recht wenig verbreitetes Gewächs ist. Kaum häufiger treffen wir es an, wie jene immergrünen Gebüsch- und Baumarten, welche uns Italien in so grofser Schönheit erscheinen lassen. Die meiste Flächenausdehnung nehmen auf der Erde immer noch die Nadelhölzer in Anspruch, die älteren Gewächse, denen unser schöner Laubwald, der erst ungefähr gleichzeitig mit den ersten Säugethieren auftrat, nur sehr langsam das altangestammte Terrain abzugewinnen vermag. Schätzen wir uns deshalb glücklich, dafs unser Deutschland zu jenen bevorzugten Erdstrichen gehört, in denen die Natur alljährlich ein neues, frühlingsgrünes Kleid anthut. In Amerika sehen wir namentlich Laubhölzer das Alleghany-Gebirge umkränzen, welches dadurch mit unserm Harz oder mit Thüringen eine grofse Aehnlichkeit gewinnt.

Aber was begegnet uns hier? Nachdem der Abend hereingebrochen ist, erhebt sich ein Gluthschein, den wir wohl anfangs für ein intensives Abendroth hätten halten können; jetzt aber bemerken wir, dafs uns die Lokomotive mitten durch einen brennenden Wald führt! Die Menschen in ihrer Kurzsichtigkeit, die nur auf augenblicklichen Erwerb gierig sind, haben diese Wälder in Brand gesteckt, um das Land schneller urbar zu machen. Sie bedenken nicht, dafs der Wald eine der nothwendigsten Quellen der Fruchtbarkeit für die umliegenden Gebiete ist, indem er ihnen Feuchtigkeit durch die Ausdünstungen seiner Myriaden von Blättern zuführt, so gut wie die hier spärlicher werdenden Quellen oder Flufsläufe. Zu der mangelnden Bewässerung tritt deshalb nun bald noch Regenarmuth; der Steppencharakter verwandelt sich in öde, tote Wüstenei.

Je mehr wir uns dem Felsengebirge nähern, in je jüngere Theile des Festlandes treten wir ein. Bald hinter Omaha fahren wir über einen Boden, der noch zur Jurazeit, als die ungeheuren Eidechsen-Geschlechter das junge Land unsicher machten, unter den Wogen ruhte. Das beweisen eben die Leiber dieser Lindwürmer, die man hier im erhärteten Meeresschlamm eingebettet findet. Noch weiter nach dem Felsengebirge hin stofsen wir dann auf den noch jüngeren Meeresboden der Kreidezeit, in dem wir schon Säugethierreste finden.

Wir sind während des Vordringens nach Westen immer höher emporgestiegen und befinden uns in Colorado-Springs, wo wir am Morgen plötzlich das mächtige Mittelgebirge des Kontinentes aus der Ebene aufragen sehen, bereits mehr als 1800 m über dem Meere, das ist 200 m höher, als die Schneekoppe sich erhebt. Dabei blieben wir doch auf unserer ganzen bisherigen Fahrt auf einer kaum einmal hügelig gewellten Ebene. Dieselbe hat sich also seit jenen ältesten Urzeiten ganz allmählig, ohne alle Katastrophen, ohne ein Zusammenfalten oder Verschieben der ungeheuren Erdscholle, aus den Meeren erhoben. Kein Vulkan deutet in dem ganzen weiten Ostgebiete darauf hin, dafs bei dieser ungeheuren Werdethätigkeit der Körper des Planeten eine Wunde erhalten habe, wie wir solchen im Westen so häufig begegnen werden. Wir haben hier das Resultat der normalen Geburt eines Erdtheiles vor uns.

Ganz unwillkürlich kommt uns, wenn wir dieses schroff die Ebene durchbrechende Gebirge mit jener langsam auf einer Strecke von 8000 km bis ins atlantische Meer abfallenden Scholle in Verbindung bringen, der Gedanke, das Felsengebirge möge wohl die Ursache dieser ganzen Konfiguration sein, indem irgend welcher Antrieb es aus der Tiefe des Erdkörpers emporhob und dabei die Erdscholle, welche zu eng mit ihm verwachsen war, mit emporzog. Und so war es in der That, wie genauere Untersuchungen erwiesen haben. Das Felsengebirge ist bis auf seinen Kern, wo die uralten Grundfesten als granitene Häupter in die Wolken ragen, ein junges Gebirge. Es ist in dieser Hinsicht sehr nahe mit unsern Alpen zu vergleichen, die ungefähr um dieselbe Zeit entstanden. Eigenthümlich auch ist es, dafs beide gewaltige Rücken zwei klimatisch deutlich geschiedene Gebiete von einander trennen. Das östliche Nordamerika kann mit den Landstrecken nördlich der Alpen, der Westen dagegen mit unserem Süden einigermafsen verglichen werden. Wir schreiten in Amerika, wenn wir auf demselben Parallelkreise bleiben, in immer wärmere Gebiete vor, je mehr wir nach Westen gehen. Wir kommen auf diese eigenthümlichen Verhältnisse später noch einmal zurück.

Am Fufse des Felsengebirges angelangt, gönnen wir uns einen Tag Aufenthalt, um den hier befindlichen Göttergarten zu besuchen (Siehe Titelbild).

Das ist nun die erste Seltsamkeit, mit der uns das Felsengebirge empfängt. Bisher sahen wir wohl manche Abweichungen von uns gewohnten Dingen in der neuen Welt; hier aber tritt uns ein ganz neuartiges, sonderbar kontrastvolles Landschaftsbild entgegen. Grellrothe Felsen erheben sich in den unmöglichsten Formen aus dem

Gottergarten mit Pike's Peak im Hintergrunde.
(Originalzeichnung von Wilhelm Kranz.)

freundlichen Grün der Umgebung, Bauten einer von Riesen bewohnten Stadt ähnlich; da sind Burgruinen, Kathedralen mit mächtigen Spitzthürmen, ragende Bildsäulen von übermenschlicher Gröfse, Götzenbilder von allerhand Thieren, auch gar komisch fratzenhafte Gebilde, alles wie aus rothen Ziegelsteinen künstlich aufgeführt. Es ist namentlich die Farbe des Gesteins, welche ganz unglaublich erscheint, denn ähnliche, wenn auch nicht so seltsame Formen kann man am Ende wohl auch anderswo und überall dort sehen, wo der nagenden Thätigkeit des Wassers sich verschieden widerstandsfähiges Gestein entgegenstellte, so dafs neben Stellen, wo das Erdreich leicht weggeschwemmt werden konnte, härtere Gesteinsschichten stehen blieben; die Bastei in der sächsischen Schweiz ist ein sehr naheliegendes Beispiel hierfür. Aber so ganz verblüffende Knalleffekte an Farbe, Form und Gröfse wie diese, sind die charakteristischen Eigenthümlichkeiten der amerikanischen Natur. Ihre Sensationslust haben die Yankees von ihrem Lande gelernt, wie denn die Menschen meistens die Hauptzüge der sie umgebenden Natur in ihrem Charakter wiederspiegeln.

Sehr begreiflich ist es wohl, dafs die Indianer einstmals zu diesen seltsamen Gestaltungen gebetet haben. Sie hielten dieselben für die steinernen Verkörperungen ihrer Götter, die eben nur von Götterhand geschaffen werden konnten. Ist es doch uns selbst schwer, diese wie viele andere Wunderlichkeiten, denen wir noch begegnen werden, ohne den Eingriff einer Intelligenz entstanden zu denken!

Dieser rothe Sandstein hatte sich aus den Meeren abgelagert, welche nach Beendigung der Steinkohlenzeit den Fufs des damals nur in seinem Hauptkerne vorhandenen Felsengebirges umspülten. Aehnliches Gestein finden wir noch an manchen anderen Orten der Erde, z. B. auf Helgoland. Nun hob sich das Gebirge weiter empor; mit ihm der erhärtete Meeresgrund und blieb an den sich soeben aus dem Schofse der Erde ringenden Bergen hängen, die schiefe Ebene dadurch bildend. Als dann eine regenreiche Zeit hereinbrach, und sich von den immer höher emporwachsenden Bergen Gletscher herabwälzten, brachten sie die von den granitenen Häuptern der Berge losgebröckelten Felsblöcke auf ihren eisigen Wogen mit ins Thal hinab. Diese Findlingsblöcke nun boten, als der Regen immer mächtiger fiel, und von den steilen Abhängen des Gebirges brausende Giefsbäche das lose Gestein abnagten, einen kräftigen Schutz, da sie eben vom Wasser kaum angegriffen werden konnten. Säulen, auf deren nadelscharfer Spitze solch ein Block noch eben balancirt, trifft man hier oft an; meistens ist allerdings der schirmende Granitstein schliefslich herabgestürzt.

Die **Regengüsse** und die Gletscherströme, von denen ich soeben sprach, **führen** unsere Betrachtungen zu jener räthselhaften Eiszeit, welche unserer blühenden Gegenwart bekanntlich unmittelbar voranging und einen grolsen Theil von Europa sowohl wie auch namentlich von Nordamerika mit einer über tausend Meter dicken Eisdecke überzog. Wir **haben** hiervon schon oft während unserer Wanderungen durch die Gefilde der Urwelt gesprochen und von kompetentester Seite ist darüber in dieser Zeitschrift geschrieben worden. Es wurde damals auch bereits betont, dafs die Ursachen der Eiszeit noch nicht genügend aufgeklärt sind; doch erkannte man, dafs eine Schwankung der Durchschnittstemperatur von nur 5 Grad genügen würde, um die konstatirten Erscheinungen zu erklären. Solche allgemeinen Temperatur-Schwankungen können nun durch die verschiedenartigsten Umstände hervorgerufen worden sein. Wir erhalten ja keineswegs **alle** Wärme von der Sonne allein. Auch die Sterne und der Weltraum ganz im allgemeinen tragen zur Heizung **unseres** irdischen Wohnsitzes bei. Vielleicht kamen wir zeitweilig durch ein kälteres Gebiet des Weltraumes. Vielleicht auch schwankte die Hauptwärmequelle, die Sonne, deren Licht ja periodisch durch die Sonnenflecke ab- und zunimmt; es ist auch möglich, dafs die Gesammttemperatur der Erde gar nicht verändert wurde, sondern nur die Lage der klimatischen Zonen, infolge von Verschiebungen der Land- und Wassermassen oder der Erdachse oder endlich von Veränderungen der Bahn, welche unser Planet um die Sonne beschreibt. All diese Fragen können, wie gesagt, heute noch nicht definitiv entschieden werden. Aber die Thatsache einer oder mehrerer allgemeinen Eiszeiten, an welchen sich mindestens eine ganze Hemisphäre zugleich betheiligte, steht heute völlig fest. Sie wird durch solche Landschaften, wie dieser Göttergarten, durch die weit über heutige Meeresgebiete hingetragenen Findlingsblöcke, durch Systeme von sogenannten Gletscherschrammen, wie man sie beispielsweise in den Rüdersdorfer Kalkbergen sehen kann[2]), und durch andere Anzeichen auf das unzweifelhafteste nachgewiesen.

Der Göttergarten befindet sich ganz hart am Fufse des Gebirges, und zum Pike's Peak, einem der höchsten Gipfel des mächtigen Felsstockes, kann man von hier aus mit einer Zahnradbahn in kaum zwei Stunden gelangen. Seine starre Granitkuppe gehört bereits zu jenen uralten Kernen des Gebirges, an welche die jüngeren sich im Laufe der Jahrhunderttausende allmählich anlehnten. So jäh erhebt sich hier das Gebirge aus der nach Osten hin endlosen Ebene, dafs man nach

---

*) Man vergleiche deswegen II. u. E. Band III S. 55.

einer Fahrt von kaum einer Stunde, die meist nur durch Hügelland
führt, sich ganz plötzlich in die wildeste Gebirgsnatur versetzt befindet.
Eine ungeheuere Felsspalte, durch welche wir in die eigentliche,
vom Arkansas durchströmte Klamm sehen, durcheilt unser Zug, sich
eng an die ragenden Wände drängend. Sie ist offenbar eine Wunde,
welche sich bei der Geburt dieser Bergriesen in die Haut des Planeten
rifs, während dagegen der Cañon des Arkansas selbst durch die langsam
wühlende Thätigkeit des Wassers ausgegraben worden ist.

Königsschlucht des Arkansas.

Und durch diese Felsenpässe, ganz baar aller Vegetation, —
denn selbst die waghalsigsten Tannen würden hier an den oft in
wahrhaft erschreckender Weise überhängenden, glatten Granitwänden
nicht Halt genug, und das dürftigste Moos nicht Nahrung finden —
drängt sich der tollkühne Mensch und findet zielbewufst seinen Weg!
Eben an dieser Stelle, wo sich der Arkansas zwischen 800 m hohen
Steilwänden aus härtestem Granit ein Riesenthor gebrochen hat, um
geraderen Weges in die grofse Mississippi-Ebene eintreten zu können,
drängen sich die Felsen so eng hüben und drüben aneinander, dafs

für den Schienenweg nicht anders Raum geschaffen werden konnte, als indem man durch Verspreizungen zwischen beiden Wänden eine Brücke aufhing, die längs des wildbrausenden Stromes die eingeleisige Bahn über ihm in der Schwebe hält.

Stundenlang noch fahren wir durch solche uns eng umschliefsende Steinwildnifs. Von Zeit zu Zeit nur öffnet sich ein etwas weiterer Thalkessel, wo die steintrümmervolle Gegend hier und da von Grasboden überdeckt ist, aus dem wie Inseln die Felsen emporragen. Kühe weiden dazwischen. Manche fremdartigen Strauchgewächse, namentlich grofse Cakteen, die sich wie kleine Tannenbäume verzweigen,

Cañonschlucht des Grand-River.

bekunden, dafs wir uns, obgleich schon bis gegen 2000 m hoch emporgeklettert, in südlichen Breiten befinden, ungefähr unter dem gleichen Parallel mit Palermo.

Aber immer noch höher schleppt uns die keuchende Lokomotive auf halsbrecherischen Wegen; bereits bis zu 3000 m sind wir nun hinangestiegen, das ist so hoch, wie die höchsten Spitzen des mächtigen Gotthard emporragen, und immer noch steigt die kühne Bahnlinie in Schlangenwegen auf, die man in der Schweiz wohl höchstens für Poststrafsen zulässig erachten würde.

Wir sind inzwischen in dem Hochgebirgsthal von Leadville angekommen, einer der höchstgelegenen Städte unserer Zone. Nur die Jagd nach dem Golde hält hier in öder, unwirthlicher Gebirgseinöde ein paar tausend Menschen bei einander, die den harten Boden gierig nach dem gleifsenden Metall durchwühlen.

In der Ferne erblicken wir nun die Kurven des Eisenbahnüberganges über den sogenannten Hagerman-Pafs, der uns in einer Höhe von 3500 m, das ist ungefähr auf dem gleichen Niveau mit den höchsten, ewig schneebedeckten Gipfeln der tiroler Alpen, in einem langen Tunnel die grofse kontinentale Wasserscheide überschreiten läfst. Gewöhnliche Spurbahnen führen hier so hoch hinauf, wie man bei uns keine Zahnradbahn zu leiten wagt!

Jenseits des Tunnels angelangt, befinden wir uns bereits im Flufsgebiete des Grofsen Ozeans; ein stilles Bächlein, das sich durch mooriges Erdreich windet, führt in den Grand-River, der, sich später mit dem Green River vereinigend, einen der Quellströme des mächtigen Rio Colorado bildet, dessen gigantische Thaten wir bald zu bewundern haben werden. So beginnt alles Grofse, das konsequent seinem Ziele entgegenstrebt.

Während wir bis jetzt auf der ganzen Reise immer nur stromaufwärts fuhren, sausen wir nun mit dem Wasser bergab unserm entferntesten Reiseziele, dem grofsen pacifischen Meeresbecken entgegen.

Abermals nehmen uns, nachdem in den tieferen Stufen des Gebirges die Ströme wieder mehr Kraft gewonnen haben, wilde Cañonschluchten auf, die des Grand-River, ein Vorgeschmack der ungeheuern Colorado-Cañons. Die Goldsucher haben sich hier auf Felsvorsprüngen hart am Rande des Abgrunds ihre Hütten gebaut, wo sie dürftig und einsam in nächster Nähe der Löcher wohnen, in denen sie nach ihrem Glücke suchen: Am Golde hängt doch alles! —

Bei einer günstigen Station wollen wir nun aussteigen, um auf Wegen, wo uns leider keine Eisenbahn mehr zu Gebote steht, dem Grand-River bis zu den grofsen Cañons zu folgen.

(Fortsetzung folgt.)

Grofser Sonnenfleck. Sonnenflecken, deren Flächenausdehnung diejenige der Oberfläche unserer Erde um ein mehrfaches übertrifft, sind nicht allzuselten. Ein solch gewaltiger Sonnenfleck konnte in der letzten Woche des verflossenen Februar mit freiem Auge wahrgenommen werden, besonders gut, wenn der Glanz der Sonne durch neblige Luft etwas gedämpft wurde. Der Fleck zeigte sich nach Greenwicher Meldungen zuerst am 18. Februar auf dem südöstlichen Quadranten der Sonne. Am 20. Februar wurde seine Fläche auf 1870 Millionen Quadrat-Miles geschätzt, das heifst, auf etwas mehr als die Hälfte der grofsen Februar-Fleckengruppe von 1892. Bald nach dem Erscheinen des Fleckes meldeten sich an den Instrumenten des magnetischen Observatoriums erhebliche Störungen. Die magnetischen Schwankungen begannen am Abend des 20. Februar und dauerten zunächst 27 Stunden; nach einer Pause von 24 Stunden kam die magnetische Bewegung heftiger wieder und währte bis zum 26. Februar, ihre Hauptintensität am 23. erreichend. Die Störungen waren im Vergleich zu den bei den grofsen Sonnenflecken vom April und November 1882 und Februar 1892 beobachteten Erscheinungen von zweiter Ordnung. Bemerkenswerth ist, dafs die magnetische Störung sich einstellte, bevor noch der Fleck den Hauptmeridian der Sonne erreicht hatte; 1892 kam die Störung nach dem Passiren des Fleckes durch den Centralmeridian.

Die von Hale spektrographisch entdeckten Sonnenfackeln[1] bilden zur Zeit einen Gegenstand der Controverse zwischen Hale, Sidgreaves und dem Pariser Astronomen Dealandres. Während nämlich die beiden letzteren Gelehrten die von Hale als „Fackeln" bezeichneten Gebilde für auf die Sonnenscheibe sich projizirende Protuberanzen halten, vertheidigt Hale, gegenwärtig auf einer Studienreise in Europa befindlich, in einem zu Berlin verfafsten Aufsatze der

---
[1] Vergl. „Himmel und Erde", Bd. V., S. 14.

„Astronomy and Astrophysics"[2]) seine frühere Ansicht, dafs die mit dem Auge in der Nähe des Sonnenrandes wahrnehmbaren Fackeln mit den auf der Photographie sich so ausgedehnt zeigenden hellen Flecken identisch sind. Nach Hale sind die Fackeln erhabene Stellen der Photosphäre, die die gesamte Sonnenoberfläche in Gestalt eines unregelmäfsigen Netzwerkes überziehen und in den Fleckenzonen zu unregelmäfsig gestalteten, hellen Gebieten von veränderlicher Ausdehnung zusammenfliefsen. Das Spektrum dieser Fackeln ist dem gewöhnlichen Sonnenspektrum ähnlich, enthält aber aufserdem die doppelt umgekehrten Calciumlinien H u. K.[3]) Eruptive Protuberanzen stehen mit diesen Fackeln in nahem Zusammenhang und erheben sich wahrscheinlich auf ihnen; dadurch, dafs diese Protuberanzen weifsglühende Partikel aus der Tiefe mit emporreifsen, wird ihr Spektrum oft kontinuirlich. Einige helle, eruptive Protuberanzen, die sich auf die Sonnenscheibe projizirten, sind auch zweifelsohne in Hales Photographien zum Vorschein gekommen. Aber nicht alle Fackeln sind von Protuberanzen überlagert, und die gewöhnlichen Protuberanzen, die man oft in der Umgebung der Sonnenpols beobachtet, bilden sich auf dem Spektro-Heliogramm gar nicht ab. Daraus geht also hervor, dafs Protuberanzen und Fackeln zweierlei verschiedene, wenn auch in nahem Zusammenhang stehende Gebilde sind. — Uebrigens hat Hale seinen genial erdachten Spektro-Heliographen neuerdings noch vervollkommnet und wird alsbald ein grofses Instrument neuester Konstruktion zum Gebrauch am neuen Yerkes-Teleskop fertigen lassen, mit dessen Hilfe die für unsere Kenntnisse vom Sonnenball hochwichtigen Forschungen demnächst in bedeutend erweiterter Form fortgesetzt werden sollen. F. Kbr.

Die Oberflächentemperatur der Fixsterne und der Sonne konnte jüngst von Prof. Scheiner auf Grund des Verhaltens zweier Magnesiumlinien in den zu Potsdam photographisch aufgenommenen Spektren angenähert bestimmt werden. Es handelt sich dabei um die Linien von der Wellenlänge 448,2 μμ und 435,2 μμ, die ein völlig entgegengesetztes Verhalten zeigen. Schon Liveing und Dewar hatten bemerkt, dafs die erstgenannte Linie im Spektrum des frei

---
[2]) Februar 1894.
[3]) Inmitten der hellen breiten Linien H u. K zeigen sich nämlich wieder dunkle Linien, sodafs die helle Linie in zwei getrennte Streifen getheilt erscheint.

brennenden Magnesiums und in demjenigen des mit Magnesiumdampf erfüllten elektrischen Bogenlichtes fehlt, dagegen sich sehr intensiv und breit im Funkenspektrum zeigt. Umgekehrt ist die zweite der oben genannten Linien im Bogenlicht sehr kräftig und breit, im Funkenspektrum aber kaum oder gar nicht zu erkennen. Ein ganz entsprechendes Verhalten dieser Linien bemerkte nun Scheiner in den von ihm untersuchten Spektralaufnahmen des Sonnen- und Fixsternlichtes. In den Spektren vom ersten Typus ist die Linie 448,2 $\mu\mu$ sehr deutlich, vielfach (in den linienarmen Spektren) sogar so breit wie die Wasserstofflinien, dagegen fehlt die Linie 435,2 in allen linienarmen Spektren vom ersten Typus und beginnt erst in linienreicheren Spektren dieser Klasse (Sirius) sichtbar zu werden. In dem Maße, in welchem nun beim zweiten Typus (Sonne, Capella) die erste Linie um so schwächer wird, je mehr das Spektrum sich dem dritten Typus nähert, nimmt die Intensität der zweiten Linie zu, die schließlich bei Beteigeuze (Typus IIIa) als eine der stärksten Linien des ganzen Spektrums erscheint. — Das eigenthümliche, entgegengesetzte Verhalten der beiden **Magnesiumlinien** beweist nun, daß die Verbreiterung **der einen im Spektrum der Sterne** vom ersten Typus nicht eine Folge erhöhten **Druckes, sondern** eine Wirkung der Temperatur sein muß, denn bei gesteigertem Druck müßten nach den Folgerungen aus Kirchhoffs Satz alle Magnesiumlinien in gleichem Maße verbreitert werden, wohl können aber bei Temperaturerhöhung, wie längst bekannt, einzelne Linien schwächer werden, während die Mehrzahl der übrigen kräftiger und breiter erscheint. Scheiner stellt darum in seinem am 8. März der Berliner Akademie vorgelegten Bericht folgenden, sehr bemerkenswerthen, die Vogelsche Deutung der Spektralklassen als Abkühlungsstufen bestätigenden Satz auf:

„Die Temperatur der sogenannten absorbirenden Schicht auf den Sternen der Spektralklasse IIIa ist annähernd gleich derjenigen des elektrischen Bogens (etwa 3000° bis 4000°); auf der Sonne und auf den Sternen der Klasse II a ist sie höher, erreicht aber nicht diejenige des Funkens der Leydener Flasche; auf den Sternen der Klasse Ia ist sie annähernd gleich der Temperatur dieses Funkens (obere Grenze circa 15000°)."

F. Kbr.

Nochmals das Spektrum von β Lyrae. Kurz nach dem Erscheinen unseres Berichts über Belopolskys Forschungen in Bezug auf β Lyrae legte Prof. H. C. Vogel der Berliner Akademie die Ergebnisse einer grofsen Reihe in Potsdam von Dr. Wilsing gewonnener Aufnahmen des violetten und ultravioletten Theils des Spektrums des nämlichen Sterns vor. Die eigenthümlichen Veränderungen in der relativen Lage heller und dunkler Wasserstofflinien, die Belopolsky bei der Linie Hβ entdeckt hat, konnten durch die Potsdamer Aufnahmen namentlich an der ultravioletten Linie Hγ bestätigt werden. Jedoch hält H. C. Vogel eine einigermafsen erschöpfende Erklärung der sehr komplizirten Erscheinung, deren Einzelheiten durch die Potsdamer Aufnahmen wesentlich genauer bekannt geworden sind, für zur Zeit entschieden noch nicht möglich. Insbesondere scheint die Annahme eines gewöhnlichen Doppelsternes, wie bei Algol, im vorliegenden Fall unzutreffend, da die Phasen der Helligkeitsperiode alsdann ein ganz anderes Verhalten der Spektrallinien erfordern würden. Die Minima, welche dann durch eine theilweise Bedeckung des einen Sterns durch den anderen zu erklären wären, würden nämlich das genaue Zusammenfallen der hellen und dunklen Linien verlangen, weil beide Bahnbewegungen dann senkrecht zur Gesichtslinie stattfänden. Umgekehrt müfsten die Linien zur Zeit der Maxima am stärksten gegeneinander, und zwar bei beiden Maxima in entgegengesetztem Sinne verschoben sein. Dies widerspricht den Beobachtungen aber direkt, indem die gegenseitige Verschiebung zur Zeit des Lichtminimums am gröfsten, während des zweiten Maximums aber nahezu Null ist. So schön sich also die Verhältnisse darstellen, so lange man, wie Belopolsky that, nur den die hellen Linien erregenden Stern ins Auge fafst, so unklar werden dieselben wieder bei gleicher Berücksichtigung des Absorptionsspektrums. F. Kbr.

Entdeckung einer periodischen Veränderlichkeit des Abstandes der Komponenten des Sternes 61 Cygni.

Im Sternbilde des Schwan befindet sich bekanntlich der durch Bessels Heliometer-Messungen berühmt gewordene Doppelstern 61, der eine sehr starke eigene Bewegung seiner beiden Komponenten (d. h. des Haupt- und Nebensterns) besitzt. Beide Sterne sind etwa sechster Gröfse, ihre Distanz gegenwärtig ungefähr 21 Bogensekunden. Ueber die Bahn, welche der eine Stern um den andern verfolgt, war sehr lange Zeit, obwohl eine grofse Menge Beobachtungen vorhanden sind, nichts Sicheres bekannt, weil nämlich der scheinbare Lauf des Begleitsternes nur wenig von der Richtung einer geraden Linie abweicht und nicht, wie die Mehrzahl der Doppelsterne, innerhalb einer Reihe von Jahren einen elliptischen Bogen erkennen läßt. Bessel hatte zwar gemuthmaßt, daß die Umlaufszeit des Nebensterns um den Hauptstern über 500 Jahre betragen dürfte, aber bis zur Mitte dieses Jahrhunderts reichten die Beobachtungen kaum hin, die faktische Abweichung der Bewegungsrichtung von der geraden Linie nachweisen zu können. Im Jahre 1885 bestimmte Prof. C. F. W. Peters aus den Messungen von 1828—78 die Bahn des Doppelsterns und fand eine Umlaufszeit von 783 Jahren. Nach seinen Rechnungen nimmt die Distanz beider Sterne (abgesehen von der langsamen Veränderung der Winkelstellung beider Himmelskörper) gegenwärtig jährlich um etwas mehr als eine Zehntelsekunde zu und beträgt

1885	20,60	Bogensekunden
1890	21,13	"
1895	21,65	"
1900	22,18	"

Diese jährliche Zunahme der Entfernung erfolgt ganz stetig, wie auch die älteren Messungen von Struve zeigen.

Der Observator der Potsdamer Sonnenwarte, Dr. J. Wilsing, hat nun nachgewiesen, daß dennoch diese stetige Zunahme gewissen periodischen Schwankungen unterworfen ist. Dieser Nachweis geschah auf photographischem Wege. Bekanntlich ist die Astrophotographie von hoher Brauchbarkeit auch bei der Bestimmung der Parallaxen der Sterne (namentlich nach den Erfolgen der Amerikaner). Wilsing verwandte nun den photographischen Refraktor des Observatoriums zu einer Neubestimmung der Parallaxe des in dieser Beziehung gut bekannten Sternes 61 Cygni. Da die aus den photographischen Platten entnommenen Distanzen der Hilfssterne, welche bei solchen Messungen gebraucht werden, in vorzüglichster Weise miteinander übereinstimmten, die abgeleiteten Parallaxenwerthe von 61 Cygni sich aber doch nicht so kongruent erwiesen, als man bei der Genauigkeit des Verfahrens erwarten durfte, so wurde das Augenmerk auf direkte Ermittelung der Distanz des Begleiters vom Hauptsterne gelenkt. Die photographischen Aufnahmen in dieser Hinsicht begannen im Oktober 1890 und wurden bis Mitte September 1898 fortgesetzt. Die Abstände beider Sterne wurden darauf sorgfältig gemessen und dabei die etwa möglichen Fehlerquellen eliminirt. Aus den 110 Platten ergab sich das sehr interessante Resultat, daß die Distanz der Sterne gewissen Schwankungen, die ungefähr eine Periode von 22 Monaten umfassen, unterliegt. Die nebenstehende Figur zeigt, wie die Schwankungen verlaufen sind. Die Messungsresultate erscheinen daselbst, auf 1891,0 reduzirt, in Form einer Kurve, je nachdem sich die Sterne während der drei Jahre einander näherten oder sich von einander entfernten. Anfänglich, bis April 1891, blieb der Abstand beider Sterne der gleiche, dann nahm die Distanz bis Ende Juni um 0″2 ab, wuchs in den folgenden 5 Monaten um mehr als 0″3 und erreichte ein Maximum im Dezember (man vergleiche den entsprechenden Höhenkamm der Kurve); dann nahm die Entfernung ab bis zum Juni 1892 um 0″15. Bis zum Anfang 1893 haben wahrscheinlich keine besonderen Schwankungen stattgefunden; vom Januar 1893 bis zum April erfolgte aber eine schnelle Abnahme um 0″2, worauf sich wieder eine Zunahme einstellte. — Die Ursache dieser merkwürdigen Erscheinung kann darin liegen, dafs in dem Doppelsternsysteme ein oder mehrere Körper existiren, welche durch die Gravitationswirkung ihrer Massen störend in die sonst regelmäfsig vorlaufende Vergröfserung der Entfernung

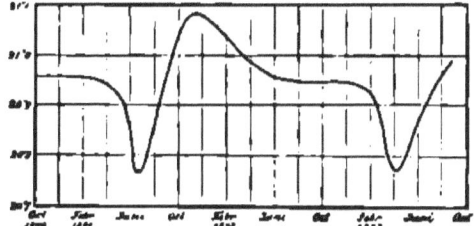

der beiden Sterne eingreifen. In der entdeckten periodischen Distanzveränderung kann auch der Grund liegen, warum die von verschiedenen Beobachtern ermittelten Parallaxen von 61 Cygni mehr von einander abweichen, als es sonst die bei diesem Sterne vorhandenen Unsicherheiten anscheinend mit sich bringen. —

Das von Wilsing erhaltene Resultat hat inzwischen bereits eine Bestätigung durch Messungen gefunden, welche Harold Jacoby an den vom verstorbenen Prof. Pritchard in Oxford über 61 Cygni aufgenommenen photographischen Platten gemacht hat. Aus Messungen, die vom Mai 1886 bis Mai 1887 entnommen sind, geht hervor, dafs regelmäfsige Annäherungen und Entfernungen der beiden Komponenten an zwei bestimmte Sterne vor sich gingen. Die Variationen repräsentiren sich, ähnlich wie im Wilsingschen Resultate, als eine Kurve, die zwei Minima und ein jäh ansteigendes Maximum enthält.

Jacoby schließt auf eine etwas größere Periode als Wilsing, auf 25 Monate und meint, diese Periode könne möglicherweise selbst noch veränderlich sein.

Nachrichten über Kometen.

Am 26. März wurde von Denning in Bristol mit seinem 10-zölligen Spiegelteleskop ein neuer, recht lichtschwacher Komet im Sternbild des kleinen Löwen aufgefunden; er bewegte sich in einem Tage um mehr als einen Grad in südöstlicher Richtung. Nach einer ersten Bahnberechnung durch L. Schulhof in Paris hatte der Komet bereits Mitte Februar die Sonnennähe erreicht; die Neigung der Bahnebene gegen die Ekliptik ist nur gering. Ueberhaupt zeigen die Bahnelemente große Aehnlichkeit mit den allerdings höchst unsicheren Elementen der Kometen von 1231 und 1746, sodaß der Komet vielleicht ein periodischer sein könnte.

Da der Komet sich schnell von der Sonne und von der Erde, welcher er sehr nahe gekommen sein muß, entfernt, so nimmt seine Helligkeit schnell ab; theoretisch beträgt sie am 20. April nur noch den dritten Theil der Entdeckungshelligkeit. Während an den ersten Tagen nach der Entdeckung der sehr lichtschwache Kern von einer deutlich nach Norden abgegrenzten Koma umgeben war, und der südlich sich anschließende Schweif in einer Ausdehnung von 2 bis 3 Bogenminuten wahrgenommen werden konnte, gleicht der Komet jetzt nur noch einem matten Nebelfleck mit geringer zentraler, granulirt erscheinender Verdichtung; in einem Refraktor von mindestens 5 Zoll Oeffnung war er Mitte April eben noch zu erkennen.

Ein zweiter Komet ist am 8. April von Gale in Sidney im Sternbilde Eridanus, etwa 15 Grad östlich von dem hellen Stern Achernar, aufgefunden worden; in dem Entdeckungstelegramm wird er als hell und rund bezeichnet, indessen schließt seine starke südliche Deklination vorläufig noch die Möglichkeit der Beobachtung in unseren Breiten aus.

Von periodischen Kometen wird in diesem Jahre der Wiederkehr des zweiten Tempelschen Kometen entgegengesehen, dessen Umlaufszeit 5,2 Jahre beträgt. Leider steht der Komet der Sonne ziemlich nahe und ist gleichzeitig so lichtschwach, daß wegen der schon im Monat Mai in unseren Breiten lange andauernden Dämmerungen die Aufsuchung den südlicher gelegenen Sternwarten überlassen bleiben muß.

G. W.

Langleys Bolometer[1]) hat in letzter Zeit insofern eine wesentliche Vervollkommnung erfahren, als eine photographische Registrirvorrichtung für die während der Wanderung des Holometerdrahts durch das Spektrum sich infolge der Wärme-Intensitätsschwankungen zeigenden Ausschläge der Galvanometernadel erfunden wurde. Dadurch ist sowohl die Schnelligkeit, als auch die Genauigkeit der Beobachtung erheblich vergrößert worden. Nach Langleys Angabe lassen sich mit dem neuen Apparat an einem Tage mehr Resultate erzielen, als mit der älteren Konstruktion in einem Jahre gewonnen werden konnten, und dabei ist die schon früher erstaunlich große Genauigkeit des im Prinzip so einfachen Instruments auf den hundertfachen Werth gestiegen. Demgemäß darf man den nächsten Publikationen des berühmten Astrophysikers über das infrarothe Sonnenspektrum, dessen Erforschung für die Sonnenphysik ebensowohl wie für die Meteorologie von fundamentaler Bedeutung ist, mit großer Spannung entgegensehen. F. Kbr.

Wellenlängen des Lichts als Naturmaße. Mit Rücksicht auf den im vorigen Jahrgang (Seite 849 f.) erschienenen Aufsatz über Maße und Messen wird unseren Lesern die Mittheilung willkommen sein, daß man gegenwärtig Messungen der Wellenlängen des Lichts mit solcher Genauigkeit auszuführen im stande ist, daß man in der That nunmehr die Grund-Längenmaße als ein Vielfaches der Wellenlänge einer bestimmten Farbe mit Sicherheit angeben und damit die Unveränderlichkeit der Normalmaßetalons mit derselben Genauigkeit zu prüfen in der Lage ist, mit der Maßstäbe im günstigsten Falle untereinander verglichen werden können. Wir verdanken diesen Fortschritt Mr. Michelson[2]. Derselbe hat mit Hilfe einer modifizirten Form des sogenannten Interferential-Refraktors ermittelt, daß bei 15° C. und einem Barometerstand von 760 mm in einem Meter Luft 1553164 + 0,5 Wellenlängen der rothen Cadmium-Linie enthalten sind. Mit Hilfe der Kenntniß dieser Zahl würden wir im stande sein, auch für den Fall einer Zerstörung aller vorhandenen Normalmeterstäbe neue Maßetalons herzustellen, die von den Originalen nicht mehr verschieden sein würden, als diese untereinander. Derselbe Apparat, der zu dieser genauen Wellenlängenbestimmung führte, hat Michelson auch die Dupliziät vieler bei den bis jetzt anwendbaren Dispersionen dem Auge als einfach erscheinender Linien erkennen lassen. So sind z. B. die

---

[1]) Vergl. „Himmel und Erde", Bd. IV. S. 197.
[2]) Vergl. „Himmel und Erde", Bd. IV. S. 534.

rothe Wasserstofflinie, jede der beiden Natrium-Linien und die Thallium-Linie als doppelt erkannt worden, obgleich die Abstände der Linienpaare nur den 50. bis 100. Theil des Zwischenraumes zwischen den beiden bekannten Natriumlinien betragen.   F. Kbr.

Photographischer Mondatlas.

Nachdem man erkannt hatte, dafs die schärfsten Mondaufnahmen der Lick-Sternwarte eine beträchtliche direkte Vergröfserung vertrugen, ohne in den Einzelheiten verwaschener und deshalb für wissenschaftliche Vergleichungen und Forschungen unbrauchbar zu werden, lag der Gedanke nahe, die kartographischen Hilfsmittel für das Studium der Mondtopographie nach dem photographischen Vergröfserungsverfahren um ein neues zu vermehren. Ein solches würde, ganz abgesehen von der Sicherheit und Genauigkeit, mit welcher die Photographie die Formen- und Gröfsenverhältnisse wiedergiebt, den besonderen Vortheil besitzen, ein anschauliches plastisches Bild, jenem am Fernrohr direkt vergleichbar, von den verschiedensten Konfigurationen in der ihnen jeweils günstigsten Beleuchtung zu zeigen. Bereits 1890 hatte Langley diesem Wunsche Ausdruck gegeben, ohne dafs es damals schon möglich gewesen wäre, den Vorschlag in die That umzusetzen. Trotz zahlreicher Versuche mangelte den Vergröfserungen die nothwendige, dem Original adaequate Schärfe, da das Plattenkorn — dieser bei allen Arbeiten, bei denen das Mikroskop oder die direkte Vergröfserung Verwendung findet, so ungemein störende Faktor — stets erheblicher vergröfsert erschien, als dies nach dem gewählten Vergröfserungsfaktor der Fall sein durfte.

Auf welchem Wege man diesem Uebelstande zu begegnen versucht hat, wie namentlich Professor Weinek in Prag zunächst die zeichnerische Reproduktion in vergröfsertem Mafse unter möglichster Sicherung aller Gestaltungen und relativen Dimensionen ausbildete, ist mehrfach an dieser Stelle Gegenstand eingehender Berichterstattung geworden. Der beträchtliche Zeitaufwand, welchen derlei Arbeiten erfordern, führte Professor Weinek schliefslich zu dem Versuch, selbst photographische Vergröfserungen anzufertigen, und diese Versuche sind, wie wir unseren Lesern bereits im ersten Hefte dieses Jahrganges mittheilen konnten, vom besten Erfolge begleitet gewesen. Indessen zeigten die ersten Proben dieser Thätigkeit noch den schwer ins Gewicht fallenden Uebelstand, dafs nur ein verhältnifsmäfsig kleines Gebiet scharf abgebildet werden konnte; in diesem waren dann aber auch alle Feinheiten des Originals mit Sicherheit wiedergegeben. Nachdem nun aber auch diese Schwierigkeit letzthin glücklich überwunden worden ist, sind diese photographischen Vergröfserungen fast in allen Punkten der zeichnerischen Reproduktion gleich zu setzen; es besteht nur der eine Unterschied, dafs nicht mit einer einzigen Exposition bei der Vergröfserung alle Details in gleicher Weise zum Vorschein kommen, ein Umstand, der bei verschiedenen Aufnahmen desselben Gebietes leicht durch die Wahl ungleich langer Expositionszeiten ausgeglichen werden kann. Die geschilderten Versuche an der Prager Sternwarte sind wesentlich durch Spendung eines Beitrages unterstützt worden, den Baron Albert Rothschild, der sich selbst erfolgreich in photographischen Vergröfserungen von Mondaufnahmen versucht hat, für diesen bedeutsamen Zweck zur Verfügung stellte.

Professor Weinek gedenkt nun, einen photographischen Mondatlas herauszugeben, der in einzelnen Heften zu je 10 Blättern erscheinen und sich insgesammt aus etwa 400 Blättern zusammensetzen soll. Der Mafsstab der einzelnen Blätter wird so gewählt sein, dafs sie in eine Karte von rund 3 m Durchmesser hineinpassen würden. Jede Mondgegend wird dann mindestens doppelt erscheinen, in den beiden entgegengesetzten Beleuchtungsphasen bei aufgehender und untergehender Sonne. Wenn man erwägt, welchen grofsen Zeitaufwand die Herstellung der Mondkarten von Nelson, Schmidt, Mädler und Lohrmann erfordert haben, während der Abschlufs des von Professor Weinek geplanten Werkes ohne zu grofse Mühe in 2 bis 3 Jahren erfolgen könnte, so wird man nur wünschen können, dafs die Inangriffnahme möglichst bald erfolgen und der Durchführung nicht etwa unerwartete Hindernifse sich in den Weg stellen möchten. Zunächst sind allerdings noch einige Vorfragen von wesentlicher Bedeutung zu erledigen. Denn da das Korn der Originalplatten bei den photographischen Vergröfserungen nicht umgangen werden kann, so wird es sich darum handeln, für die Fokalaufnahmen der Lick-Sternwarte Platten von feinerem Korn ausfindig zu machen. Weiter verhandelt Professor Weinek zur Zeit mit Professor Holden wegen leihweiser Ueberlassung der besten Originalaufnahmen des Mondes, welche zum Besitzstande der Lick-Sternwarte gehören, und endlich kommt auch die Beschaffung der für ein so ausgedehntes, kostbares Werk nicht ganz unbeträchtlichen Geldmittel noch in Betracht. — Hoffen wir, dafs diese Vorfragen sich in glücklicher und befriedigender Weise lösen lassen!   O. W.

Dr. Adolf Marcuse: Die Hawaiischen Inseln. Mit vier Karten und vierzig Abbildungen nach photographischen Original-Aufnahmen. 186 Seiten. Gr. 8°. Berlin 1894, R. Friedländer u. Sohn.

Da hinten, halbwegs um den Erdplaneten herum, versteckt inmitten der größesten Wasserwüste der Welt, wo die Schatten der Mitternacht über den Wogen lagern, wenn bei uns der sonnige Mittag vom Himmel leuchtet, dort liegt weltverlassen eine kleine Inselgruppe, die doch, alles in allem genommen, wohl der eigenartigste, vielseitigste Fleck Erde ist, den der Natur und Kultur beobachtende Weltreisende besuchen kann. Die Inseln sind das Resultat der gewaltigsten Thätigkeit der vulkanischen Gewalten in unserer Gegenwart. Nachdem sich der amerikanische Kontinent mit seinen beiden parallelen Gebirgsmauern, dem Felsengebirge und der Sierra, aufgeworfen hatte, brach nun halbwegs zwischen diesem und dem alten asiatischen Kontinente tief unter dem Meere eine dritte ungeheuere Parallelspalte auf und thürmte unter den Wogen eine gewaltige Bergkette, deren oberste Häupter diese Inselgruppe bilden. Es sind die Wellenkämme eines Sturmes, der die Erdkruste bewegt, auftauchend und wieder vergehend, wie andere Wogen. Und so wie das lustige Volk der Vögel sich gleich da niederläßt, wo etwas Festes über die Wasserfläche sich erhebt, so hat sich ein schöner, gutmüthiger, kluger, von Lebensfreuden erfüllter Menschenschlag hier angesiedelt, dem diese Pünktchen auf dem Erdglobus die ganze Welt bedeuteten, bis die weißen Männer kamen und das schöne Reich, welches zumeist von Königinnen regiert wurde, zu Grunde — civilisirten. Alle höchsten Berge dieses Inselreiches sind offene Vulkanschlote, — der größeste thätige Feuerberg der Erde befindet sich darunter — aber wenn auch oft aus ihnen Feuerfontainen von mehreren hundert Metern Höhe zum Himmel empordonnern, so richten diese imposanten Aeußerungen des lohenden Erdkerns doch selten hier große Verheerungen an, und dicht neben dem weltberühmten, einzig dastehenden See aus Feuer, der in dieser Zeitschrift noch an einer anderen Stelle ausführlicher geschildert wird, konnte man furchtlos ein bequemes Hotel errichten. Versöhnend umkränzen diese Feuerberge einen tropischen Garten aus Palmen und üppigen Blumen, welche von den sinnigen Ureinwohnern ganz besonders geliebt werden.

In diesem Paradiese ein Jahr lang zu weilen war dem Verfasser des obengenannten Werkes vergönnt. Dr. Marcuse wurde von der internationalen Erdmessungs-Commission dorthin geschickt, um Controlebeobachtungen zur Bestimmung der Erdaxen-Schwankungen vorzunehmen, welche, auf der Berliner Sternwarte zuerst unzweifelhaft erkannt, dort auf den Sandwich-Inseln gerade mit den umgekehrten Vorzeichen auftreten mußten, was sich bestätigt hat. Seine Mußestunden hat der Verfasser benutzt, um das reizvolle Inselreich näher kennen zu lernen, und in dem zitirten Buche trägt er nun alles zusammen, was eigene und fremde Betrachtungen darüber in den Hauptzügen ermittelt haben. In den ersten Kapiteln werden die einzelnen Inseln topographisch geschildert, ein anderes befaßt sich speziell mit der vulkanischen Thätigkeit derselben, die ein hohes wissenschaftliches Interesse in Anspruch nimmt. Hier versucht der Verfasser eine Periodizität gewisser Ausbruchserscheinungen nachzuweisen. Dann wird das Klima behandelt, von den Bewohnern, ihren Sitten und ihrer Sprache erzählt, die Flora und Fauna in großen Zügen dargestellt, endlich auch ein Abriß der Geschichte des Inselreiches gegeben, welche mit der im vergangenen Jahre bekanntlich erfolgten Abdankung der letzten Königin Liliuokalani ihr Ende fand. Auch einige der sinnigen, liebserfüllten Sagen der Kanaken werden wiedererzählt.

Das Buch, einfach und unmittelbar ansprechend geschrieben, wird alle Interessiren, welche von eigenartigen Zügen in Natur- und Menschenleben sich gern ein Bild entwerfen. Sie finden alle Elemente dazu in demselben, das auch mit charakteristischen Illustrationen reich geschmückt ist. M. W. M.

Encyklopaedie der Photographie. Heft 1—5. Halle a. S., Verlag von W. Knapp. Preis zusammen 14 M.

Die Verlagshandlung von W. Knapp hat sich mit dem eben begonnenen Unternehmen die Aufgabe gestellt, die verschiedenen Spezialgebiete der Photographie in einer Reihe besonderer, einzeln käuflicher Hefte durch die Feder hervorragender Kenner der betreffenden Zweige unter vornehmlicher Beziehung auf die allerneuesten Erfahrungen zur Darstellung bringen zu lassen.

Das erste der vorliegenden Hefte behandelt die juristische Frage eines Urheberrechtsschutzes, einen Gegenstand, auf den wir in dieser Zeitschrift nicht wohl eingehen können. — Bedeutend wichtiger, als Ergänzung jedes bereits einige Jahre alten Handbuchs geeignet, erscheint uns das zweite Heft, in welchem der Wiener Photochemiker Valenta über den gegenwärtigen Stand des Problems der farbigen Photographie berichtet. Bekanntlich wurde die theoretische Möglichkeit farbiger Lichtbilder durch Erzeugung stehender Lichtwellen mittelst Reflexion zuerst 1868 von W. Zenker dargethan. Indessen wurde die allgemeine Aufmerksamkeit auf diese Theorie erst vor wenigen Jahren durch die Experimente Wieners und die ersten farbigen Spektrum-Aufnahmen Lippmanns gelenkt. Das Lippmannsche Verfahren wird nun im vorliegenden Hefte eingehend geschildert, wobei wir jedoch den Abdruck der hier durchaus unverständlich wiedergegebenen mathematischen Theorie von Nievengłowski gern entbehren würden. Es schließen sich dann die wichtigen Methoden an, zu Farbenaufnahmen geeignete, kornlose Bromsilbergelatineplatten herzustellen, die vom Verfasser und von Lumière in Lyon ausgebildet wurden. Wir erfahren schließlich, daß man gegenwärtig bereits auch Mischfarben, sogar Porträts, Blumenstücke etc. in durchaus befriedigender Weise natürlich gefärbt aufzunehmen gelernt hat und daß Lippmann neuerdings ein entsprechendes Verfahren auch für Chromsalzplatten erfolgreich angewendet hat. Kurz, wir gewinnen durch das Studium des Heftes die frohe Ueberzeugung, daß nunmehr auch dieses früher so spröde und vielfach für unlösbar gehaltene Problem seiner definitiven, befriedigenden Lösung entgegen geht.

Im dritten Bändchen der Sammlung schildert Herr von Hübl die durch

Albert für gewisse Zwecke wieder in Aufnahme gekommene Kollodium-Emulsion und ihre Anwendung zur Aufnahme von Gemälden und dergleichen. Die Vorzüge der Collodium-Emulsion gegenüber der Gelatine-Emulsion beruht auf der Leichtigkeit, mit welcher dieselbe für die minder brechbaren Strahlen empfindlich gemacht werden kann. Dementsprechend bildet die Besprechung der farbenempfindlichen Verfahren die ganze zweite Hälfte der Studie, die eine empfindliche Lücke aller photographischen Handbücher auszufüllen bestrebt ist.

Das vierte Heft aus der Feder von A. Lainer behandelt das rein technische Verfahren der Photoxylographie, das fünfte enthält eine vortreffliche Abhandlung von Dr. Neuhaufs über die Photographie auf Forschungsreisen und die Wolkenphotographie. Der selbst in den Tropen viel gereiste Verfasser giebt darin zahlreiche wichtige, praktische Winke, deren Beachtung zum Theil auch dem Vergnügungsreisenden eine wesentlich reichere Ausbeute an gelungenen Aufnahmen gewährleisten würde. F. Kbr.

M. Cantor: Vorlesungen über Geschichte der Mathematik. I. Band, 2. Auflage. — Leipzig, Teubner. 1894.

Dem zweiten Bande dieses grossen, zur Zeit besten und vollständigsten Werkes über die Geschichte der Mathematik ist eine neue Auflage des ersten (schon vor Jahren erschienenen) Bandes schnell nachgefolgt. Bei der Sorgfalt, die der Verfasser in seinem Buche bezüglich der Anordnung und Kritik des historischen Materiales bisher geübt hat, ist es eigentlich selbstverständlich, dass auch die neue Auflage sich durch aufmerksame Verwerthung alles dessen, was inzwischen durch Spezialforschungen bekannt geworden ist, auszeichnet. Wir wünschen, dals es dem Verfasser vergönnt sein möge, bald auch den dritten Band seines Werkes, der uns die Entwickelungsgeschichte der Mathematik bis zum Anfang unseres Jahrhunderts verführen wird und dessen Herstellung bereits weit gediehen sein soll, erscheinen zu lassen. G.

Bechhold's Handlexikon der Naturwissenschaften und Medizin. Frankfurt a. M., Verlag von H. Bechhold. 1894. Gr. 8°. 1127 Seiten. Preis 14,00 M.

Das vorliegende Nachschlagewerk ermöglicht eine schnelle Orientirung über die zahlreichen Fachausdrücke, welche in den verschiedenen naturwissenschaftlichen Disziplinen gang und gäbe sind, dem Laien aber oft die Lektüre naturwissenschaftlicher Werke übermäßig erschweren. Referent hat sich durch Einsichtnahme einer größeren Anzahl von Erklärungen überzeugt, daß auf den Gebieten der exakten Naturwissenschaften möglichste Vollständigkeit angestrebt und mit seltenen Ausnahmen erreicht wurde. Die Erläuterungen der einzelnen Artikel sind kurz, aber zuverlässig und sachgemäß. G. W.

Die Vorarbeiten für den Bau der Gotthardbahn.
Absteckung und Durchschlag des Gotthard-Tunnels.
Von Professor Dr. C. Koppe am Polytechnikum in Braunschweig.

Am 29. Februar 1880 fand die Sprengung der letzten Scheidewand im Gotthardtunnel, welche die beiden von Göschenen und von Airolo aus gegen einander vorgetriebenen Stollen noch trennte, statt und führte die seit acht Jahren angestrebte Vereinigung von Nord und Süd herbei. Wenige Tage später, am 3. und 4. März, berichtete die in Locarno erscheinende Zeitung „Il Dovere" über dieses denkwürdige Ereignifs unter anderem Folgendes: Il Sig. Koppé, trovandosi allo avvanzamento all' opposto versante, mentre la sonda da Airolo era in azione, si fece dare per telegrafo l'indicazione precisa ove s'era iniziato il foro, misurò esattamente egli pure, basandosi sulla linea, e tracciò sulla parete un circolo di pochi centimetri. L'ultimo colpo di sonda gettò una scaglia, e su quella rimase impresso il circolo poco prima tracciato... Quella si può chiamare per davvero esattezza matematica. — L'illustre scienziato si affrettò a raccogliere, ed ora conserverà gelosamente quella rozza pietra, trofea perenne di meritata gloria. ...

Hiernach befand sich also der Signor Koppe vor Ort auf der Nordseite, während auf der Seite von Airolo der sondierende Bohrer in Thätigkeit war, liefs sich telegraphisch die Ansatzstelle des letzteren angeben und zeichnete darauf gestützt dann einen Kreis von wenigen Centimetern auf die trennende Felswand. Der letzte Schlag des Bohrers löste bei seinem Durchtritt ein kleines Felsstückchen, und auf diesem verblieb der eben zuvor gezeichnete kleine Kreis. Natürlich beeilte sich der Signor Koppe, dieses Felsstückchen aufzuheben, und er betrachtet es seither als kostbarste Trophäe. —

Leider ist dies merkwürdige Steinchen nicht mehr in meinem Besitze. Es fiel dem Sammeleifer der Züricher Geologen zum Opfer und befindet sich nunmehr im geologischen Museum der dortigen Universität. Das Merkwürdigste aber ist, dafs auf dem Stein einige Goldplättchen aufgewachsen sind, lauteres Gold aus dem Gotthardtunnel! — Hingegen ist von dem kleinen Kreise nichts mehr zu sehen!

Und die Erklärung dieses Wunders? Einige Jahre nach Beginn der Arbeiten am Gotthardtunnel wurde auf der Südseite eine goldführende Gesteins-Ader angebohrt. Auch ich erhielt ein Steinchen mit einigen aufgewachsenen Goldplättchen, deren es nur verhältnismäfsig wenige gab, und welches ich daher sorgfältig verwahrte, glücklicher als die grofse Menge der Tunnelarbeiter, die grofse Kisten voll des golben Minerals trotz allen Verbotes gesammelt hatten, und im Glauben unermefsliche Schätze aufzuhäufen, in den Besitz von mehreren Centnern Schwefelkies gekommen waren.

Also das Steinchen besafs ich und verwahrte es sorgfältig.

Wahr ist auch, dafs ich bei den Absteckungsarbeiten betheiligt und beim Durchschlage anwesend war. Nur das Geschichtchen mit dem kleinen Kreise hat der phantasievolle Berichterstatter des „Dovere" unter Vermischung von „Wahrheit" und „Dichtung" erfunden nach dem bekannten Grundsatze: „se non è vero, è ben trovato!"

Später hat man die Resultate des Durchschlages im Gotthardtunnel auch ganz anders dargestellt und beurtheilt. Man meinte, die beim Zusammentreffen gefundenen Abweichungen seien zu grofs gewesen und nur durch Massenanziehungen, bezw. Lothablenkungen zu erklären, ohne sich genau Rechenschaft darüber zu geben, wie grofs ihr Einflufs werden konnte. Auch hier wurde Wahres und Unrichtiges willkürlich vermischt, denn unzweifelhaft haben Lothablenkungen am Gotthard stattgefunden, aber ebenso sicher war ihr Betrag so gering, dafs man sich ihretwegen nicht in Unkosten zu stürzen, noch Hypothesen und Behauptungen aufzustellen brauchte, welche jeder Grundlage entbehren. Da nun derartige Bemerkungen neuerdings auch in wissenschaftliche Lehrbücher und Zeitschriften übergegangen sind, so will ich versuchen, den wahren Sachverhalt möglichst einfach und klar hier darzulegen, um zugleich die Grundlosigkeit des in ihnen liegenden direkten oder indirekten Vorwurfes in Bezug auf die Ausführung der Absteckungsarbeiten am Gotthardtunnel zu beweisen. Nur mufs ich, um nicht mifsverstanden zu werden, noch eine kurze Bemerkung vorauschicken.

Vom rein geometrischen Standpunkte aus betrachtet, unterscheiden

sich die Vermessungsarbeiten für die Gotthardbahn und namentlich
den Gotthardtunnel nicht von den Dreieckemessungen und Nivellements, wie sie heute jeder guten Landesaufnahme zu Grunde gelegt
werden. Nur die besonderen Umstände, unter denen diese Arbeiten
ausgeführt wurden, sowie der eigenthümliche Reiz, welcher darin liegt,
dafs beim Durchschlage des Tunnels eine unmittelbare Probe auf die
Richtigkeit der Berechnungen gemacht werden konnte, lassen sie in
wesentlich anderem Lichte erscheinen, wozu die Schwierigkeiten und
auch die Romantik des Hochgebirges der Alpen etwas beiträgt. Wollte
ich mich nun darauf beschränken, die Methode der Messungen, ihre
mathematische Berechnung und die Resultate der Absteckung vom
rein geometrischen Standpunkte aus mitzutheilen, so könnte nur ein
sehr unvollständiges Bild der genannten Arbeiten entstehen. Zu ihrer
richtigen Beurtheilung müssen dieselben im Zusammenhange mit Land
und Leuten sowie der ganzen Bahnanlage betrachtet werden, von
welcher der Gotthardtunnel nur einen Theil bildet, während die Absteckungsarbeiten selbst wieder nur einen sehr kleinen Theil der bei
der Bauausführung zu überwindenden Schwierigkeiten ausmachten.

Der Durchschlag des ersten grofsen Alpentunnels, des Mont-
Cenis-Tunnels, und seine Vollendung fielen in eine Zeit, in welcher
die Welt mit anderen Ereignissen und Gedanken vollauf beschäftigt
war, in die Kriegsjahre 1870 71. Die Gotthardbahn entstand durch
die friedliche Vereinigung dreier Völker und Länder: Deutschlands,
Italiens und der Schweiz zur Hebung des gegenseitigen Verkehrs und
des nationalen Wohlstandes. Auch die alte Sehnsucht der germanischen
Völker nach dem sonnigen Süden hat nicht wenig zu dem grofsen
Interesse an den Bauten dieser centralen Alpenbahn beigetragen, von
denen die Festschrift des Schweiz. Ingenieur- und Architekten-Vereins,
herausgegeben anläfslich der Haupt-Versammlung desselben im September 1893 in Luzern, auf S. 166 sagt: „Das hervorragendste technische Interesse, welches diese Bauten bieten, besteht in der Lösung,
welche die Tracirung gefunden hat, um bei Einhaltung einer Maximalsteigung von 25—27°/₀₀ die erforderliche Entwickelung in den steil
ansteigenden Thälern der Reufs und des Tessins zu schaffen. Dieser
Linienführung wird für immer die Anerkennung als einer der genialsten
Leistungen des menschlichen Geistes zu Theil werden."

I. Vorarbeiten für den Bahnbau.

Der Gotthardpafs wird als Alpenübergang erst im 13. Jahrhundert
erwähnt. Den Römern war er unbekannt. Der Bau der Gotthard-

strafse als fahrbarer Kunststrafse gilt in den Anfang dieses Jahrhunderts. Sie war die letzte der über die schweizerischen Alpenpässe angelegten grofsen Verkehrsstrafsen, gelangte aber sehr bald zu hervorragender Bedeutung, sowohl durch den rasch anwachsenden Waarentransport, wie auch als kürzester Weg zur Beförderung der indischenglischen Ueberlandspost.

Eine Fahrt über den Gotthard mit der schweizerischen Alpenpost (Fig. 1) bot zu jeder Jahreszeit des Eigenartigen eine reiche Fülle; im Sommer, wenn es in rasender Eile durch die scharfen

Fig. 1. Post über den St. Gotthard.[*]

Windungen der zahlreichen „Kehren" hinab ging; im Herbste, wenn nach dem ersten Schneefalle, der zur Schlittenfahrt nicht ausreicht, 8 bis 10 Pferde mit einem Vorreiter in der ersten Reihe erforderlich waren, den schweren Wagen mit gewohnter Schnelligkeit über den Berg zu schaffen, wobei man nicht genug die Geschicklichkeit der Rosselenker in den engen Windungen der Strafse bewundern konnte; im Winter, wenn 30 bis 40 offene und einspännige Schlitten in langer Reihe durch die Schneewüste der Hochalpen zogen, die Reisenden vor Kälte erstarrt und eingehüllt in Mäntel und Decken, dafs kaum noch die Nasen hervorschauten, die Postillone auf einer Hand voll Heu vorn auf dem Deckel des Schlittens hockend, unbekümmert um den eisigen Wind, lustig die „Santa Lucia" pfeifend. Wer

[*] Nach einem Oelgemälde von R. Koller. Verlag von R. Gaas in Zürich.

jetzt die Gotthardbahn befährt und in wenig mehr als einer Viertelstunde den grofsen Tunnel durcheilt, kann sich nur schwer eine Vorstellung davon machen, wie es über ihm zur Zeit der Lawinenstürze in den Schluchten der Schöllenen und der Tremula aussieht, durch welche die Gotthardstrafse führte.

Wenn die Schneeflocken in dichtem Wirbel unaufhörlich herabsinken und in unglaublich kurzer Zeit den Boden höher und höher bedecken, dann ist jeder Verkehr über den Berg unmöglich. Die Reisenden sammelten sich an den Endstationen der Zufahrtstrafsen in Airolo und Göschenen zu unfreiwilligem gemeinsamen Aufenthalte, zuerst meist sehr belustigt durch das Abenteuerliche der Situation, nach und nach aber gelangweilt und gähnend in den Ecken herumsitzend oder stumpf in das trostlose Schneegewirbel starrend, bis endlich nach mehreren Tagen, aus denen mitunter auch Wochen wurden, der Himmel sich aufhellte und, wenn die Lawinen zum gröfsten Theile gefallen, die Kraft des Sturmes gebrochen war, die Arbeit des Wegbahnens über den Schnee begonnen werden konnte. Die Schluchten waren ausgefüllt und haushoch bedeckt; von dem festungsartigen Aufbau der Strafse, den steilen Abstürzen des Flusses war dann nichts mehr zu sehen. Die Brücken über den Flufs waren unnöthig geworden, denn der Lawinenschnee ist meist fest wie Eis, und ohne eine Ahnung davon zu haben, dafs tief unter ihnen der Flufs dahin braust, folgten die Reisenden dem Wege, der über die alles bedeckenden Lawinen hinführte. Plötzlich machte der lange Schlittenzug Halt. Es galt eine Stelle zu passiren, welche nicht ohne Gefahr war, da die dort regelmäfsig fallende Lawine noch drohend oben hing und jeden Augenblick herabstürzen konnte, alles zermalmend, was sich ihr in den Weg stellte. Auf ein gegebenes Zeichen setzte sich allein der erste Schlitten in Bewegung und sauste in rasendem Galopp an der gefahrdrohenden Stelle vorbei. Dann folgte in gleicher Weise der zweite, der dritte und so fort, bis alle Schlitten sicher vorübergeführt waren und die Fahrt gemeinsam fortgesetzt werden konnte. Aber neue Hindernisse traten nicht selten in den Weg, und die Fortsetzung der Fahrt wurde unmöglich, wenn das Wetter plötzlich umschlug und die Reisenden zwang, in einer elenden Schirmhütte dicht gedrängt stehend zu übernachten, da kein Platz zum Liegen vorhanden war, froh, nur das Leben gerettet zu haben.

Aber auch grofsartig schön war oft der Anblick, den die majestätisch wilden Schluchten in ihrem Winterkleide darboten, unter

dem alles Leben zu Eis erstarrt schien. Wie winzig fühlt sich der
Mensch in dieser endlosen Schneewüste, die, soweit das Auge reicht,
in eisiger Jungfräulichkeit vor ihm liegt. Ein bewunderndes Staunen
ergreift ihn über die Neuheit und Grofsartigkeit seiner Umgebung,
vermischt mit einer Vorahnung des rettungslosen Unterganges, vor
dem weder eigene noch fremde Kraft ihn bewahren kann, wenn die
entfesselten Naturkräfte ihren Kampf von neuem beginnen und ihn
erfassen.

Von alledem sieht und empfindet der Reisende nur wenig, der
heute im wohleingerichteten Salonwagen der Gotthardbahn hoch über
Thäler und Schluchten auf gewaltigen Brücken und Viadukten (Fig. 2)

Fig. 2. Gotthardbahn. Kerstelenbach-Brücke.

oder durch tiefe Felseinschnitte und vielfach gewundene Tunnels
dahinfährt und sicher in wenigen Stunden aus der Schneewüste des
Hochgebirges zu den herrlichen Seen hinabgelangt, welche den Gotthard begrenzen.

Der Gedanke, Deutschland und Italien durch eine Eisenbahn über
und durch die Alpen zu verbinden, nahm zu Anfang der fünfziger
Jahre eine bestimmte Gestalt an, indem sich in der Schweiz eine
Gesellschaft bildete zum Zwecke von Aufnahmen für eine Gotthardbahn. Bis dahin hatte man verschiedene Möglichkeiten für die Verbindung des Nordens mit dem Süden durch eine Alpenbahn ins Auge
gefafst: über den Lukmanier, den Splügen oder den St. Gotthard.
Schon 1838 unternahm La Nicca, Oberingenieur des Kantons Graubünden, vergleichende Studien am Bernhardin, Splügen und Maloja,
um aus dem Rheinthale über einen dieser Alpenpässe einen Schienen-

weg zu projektiren. Wie wenig aber der Boden für solche Ideen damals vorbereitet war, geht aus dem Gutachten hervor, welches hervorragende Eisenbahntechniker, wie Stephenson und Swinburne, über die Pläne und Arbeiten La Nicca's abgaben. Nach der bereits erwähnten schweizerischen Festschrift besagte dasselbe: „Die Verlängerung der Transitlinie vom Bodensee nach Chur und durch die höchsten Alpen mit Hülfe von Arbeiten, welche alles überschritten, was bis jetzt in den industriellen und bevölkerten Gegenden geleistet wurde, ist auf so gewagte Berechnungen gegründet, dafs für jetzt wenigstens über dieses Projekt nicht viel Positives gesagt werden kann."

Heut zu Tage hört man so oft: „Der Technik ist nichts mehr unmöglich", aber nur wenige denken dabei, wieviel Scharfsinn und welche geistige Arbeit erforderlich waren und sind, um so weit zu gelangen. —

Der Vorgang beim Projektiren einer Bahnlinie ist im allgemeinen folgender: Nachdem die leitenden Grundsätze, wie Zweck der Bahnverbindung, Hauptorte, welche dieselbe berühren soll, u. dergl. aufgestellt worden sind, wird die Linie in eine Uebersichtskarte eingetragen und zunächst das Längenprofil ermittelt, um in Erfahrung zu bringen, welche Höhe die Bahn ersteigen mufs, ob dies mit den zulässigen Steigungen erreichbar erscheint, oder ob besondere Entwickelungen hierzu erforderlich sind, ob gröfsere Tunnels, Einschnitte, Dämme, Brücken etc. nothwendig werden u. dergl. So lange die Linie einem bestimmten Thallaufe folgt, liegt die Beantwortung dieser Fragen meist einfacher, als wenn Wasserscheiden zu überschreiten sind; um in letzterem Falle das Richtige zu treffen, werden oft sehr umfassende vergleichende Studien erforderlich. Es werden dann verschiedene Linien in die Pläne eingezeichnet, Kostenanschläge für alle aufgestellt und untereinander verglichen, um die bauwürdigste Linie zu ermitteln. Hat man sich unter den verschiedenen Möglichkeiten für eins der Projekte entschieden, so wird dies nun eingehender studirt, hierzu in der Natur die Linie abgesteckt, wie sie in die Pläne eingetragen war, genau gemessen, nivellirt und das Terrain zu beiden Seiten so weit aufgenommen, wie es für die Detailstudien erforderlich erscheint.

Während zu den allgemeinen Vorarbeiten meist die topographischen Karten des Generalstabes im Mafsstabe 1:25000 bis 1:100000 benutzt werden können, erfordern die speziellen Studien Pläne in grofsem Mafsstabe 1:2500 bis 1:500, um genau beurtheilen zu können, welchen Umfang die nöthigen Feld- und Erdarbeiten erhalten, welche Brücken, Viadukte und sonstigen Bauten auszuführen sind, wie grofs die von den betreffenden Besitzern für die Bahnanlage zu erwerbende Grundfläche ist, etc., und um einen zuverlässigen Anhalt zu gewinnen, das nach den Plänen ausgearbeitete, gesamte Bauprojekt dann auch in der Natur so ausführen zu können, wie es auf Grundlage der Pläne projektirt und in diese eingezeichnet worden ist. Je gröfser die zu überwindenden Terrainschwierigkeiten sind, um so höher sind naturgemäfs die Anforderungen, welche an den Scharfsinn und richtigen Blick des projektirenden Ingenieurs gestellt werden. Bei dem Charakter der Hochalpen, den sehr zahlreichen, verschiedenen Möglichkeiten der Linienführung, den im weitgehendsten Mafse nöthigen Rücksichten in Bezug auf Sicherung des Baues und Betriebes der Bahn gegen alle Unbilden und Gefährdungen des Hochgebirges, wie Felsstürze, Rutschungen, Wildbäche, Hochwasser, Eis und Schneeverwehungen, Lawinen u. dergl. wird wohl selten einer derartigen Gebirgsbahn eine solch allgemeine und ungetheilte Anerkennung richtiger Tracirung und Bahnanlage zu Theil werden, wie der Gotthardbahn, welche in ihrer heutigen Gestalt aus jahrelangen Vorarbeiten und eingehendsten Studien als Resultat hervorging.

Im Jahre 1852 bezeichnete zuerst der schweizerische Ingenieur Koller den Gotthard als den geeignetsten unter den für eine direkte Schienenverbindung zwischen Deutschland und Italien in Betracht kommenden Alpenpässen. Sein Projekt für eine Gotthardbahn bewerkstelligte den Höhenübergang durch einen 10 km langen Tunnel zwischen Hospenthal oberhalb Andermatt und Albinasca bei Airolo. Ein ähnliches Projekt wurde in der Mitte der fünfziger Jahre von Pressel ausgearbeitet, gestützt auf die ersten von der Centralbahn veranlafsten Aufnahmen zum Zwecke von Gotthardstudien. Zehn Jahre später liefs die oben genannte Gotthardvereinigung umfassendere Aufnahmen und nach diesen Pläne im Mafsstabe 1:10000 mit Höhenlinien von zehn zu zehn Metern Vertikalabstand für das Studium einer Bahn über den Gotthard ausführen, nach denen der Ingenieur Wetli das erste vollständige Projekt für eine solche Bahnlinie ausarbeitete, und zwar mit einem Gebirgstunnel von 15,4 km Länge zwischen Abfrut bei Göschenen und Airolo auf der Südseite. Dieses Wetlische Projekt wurde dann im Auftrage desselben Gotthard-Comités weiter ausgearbeitet durch die Experten Beck und Gerwig mit einem Tunnel von 14,9 km Länge zwischen Göschenen und Airolo; es bildete die Grundlage des internationalen Vertrages, welcher am 15. Oktober

1869 zwischen den drei subventionirenden Staaten Deutschland, Italien und der Schweiz abgeschlossen wurde, um durch eine Beihülfe à fond perdu einen sehr kostspieligen, aber im Interesse der betreffenden Länder liegenden Bahnbau zu ermöglichen.

Im Jahre 1871 konstituirte sich die Gotthardbahn-Gesellschaft und unternahm mit der vorerwähnten staatlichen Unterstützung den Ausbau des Gotthardnetzes, welches aufser der Hauptlinie von Goldau nach Fluelen und über den Gotthard nach Biasca und Bellinzona, die Strecken Luzern-Goldau und Zug-Goldau auf der Nordseite zum Anschlufs an die Schweizer Bahnen, sowie Bellinzona-Lugano-Chiasso und Bellinzona-Magadino-Dirinella zur Verbindung mit den italienischen Bahnen nach Mailand bezw. Genua vertragsmäfsig enthielt, in einer Gesamtlänge von 274 km. An die Spitze des ganzen Bauunternehmens wurde der badische Baurath Gerwig als leitender Ober-Ingenieur berufen, und im Jahre 1872 wurde mit den speziellen Aufnahmen im Mafsstabe 1:2500, mit Horizontalkurven in Höhenabständen von 5 zu 5 Metern, begonnen. Das nach diesen Plänen von Gerwig ausgearbeitete Bauprojekt wurde dann von Hellwag, nachdem er wenige Jahre später an Gerwigs Stelle Ober-Ingenieur der Gotthardbahn geworden war, zum Detailstudium in die Natur übertragen. Es stellte sich hierbei die Nothwendigkeit heraus, an den steilen Felswänden zunächst Fufswege einzusprengen, um den Ingenieuren überhaupt die Möglichkeit zu geben, die projektirte Linie in der Natur abstecken zu können, und für die wirkliche Bauausführung noch genauere und detaillirtere Aufnahmen zu machen. Diese Ergänzungen führten schliefslich zu Plänen und Darstellungen im Mafsstabe 1:500 und zu dem Bauprojekte von Hellwag, welches im wesentlichen der wirklichen Bauausführung zu Grunde gelegt worden ist.

Dieses Hellwagsche Schlufsprojekt stützt sich auf alles vorher gesammelte Material, fafst dasselbe zusammen und pafst nach eingehenden Detailstudien die Linie den durch die Natur gegebenen Terrainverhältnissen in solcher Weise an, dafs der Bau und Betrieb derselben alle ökonomischen Vorzüge mit hinreichender Sicherheit und leichter Zugänglichkeit verbindet.

Nachdem die beiden Mündungen des grofsen Gotthardtunnels in der Natur bezeichnet worden, und damit fest bestimmt war, wo derselbe beginnen und wo er endigen sollte, sowie gleichzeitig auch, welche Höhen die Zufahrtslinien zum Tunnel ersteigen mufsten, kam es weiter darauf an, die Richtung des grofsen Alpentunnels zu fixiren, um hiernach den Bau desselben ausführen zu können, sowie die Linienführung der Zufahrten den Terrainverhältnissen anzupassen, unter Vermeidung unzulässig starker Steigungen.

Werfen wir zunächst einen Blick auf diese so interessanten und genial tracirten Zufahrtslinien zu den beiden Seiten des Gotthardtunnels (Fig. 3). Bei Fluelen am Vierwaldstättersee tritt die Bahn in das Thal der Reufs und folgt ohne besondere Schwierigkeiten der nur schwach ansteigenden Sohle desselben bis zum Dorfe Erstfeld, einige Kilometer oberhalb Altdorf, wo die eigentliche Gebirgsbahn ihren Anfang nimmt. Die Station Erstfeld liegt 475 m über dem Meere, die

Fig. 3. Längenprofil der Bergbahn.

Station Göschenen am Tunneleingange hingegen auf 1109 m; der Höhenunterschied beider beträgt somit 634 m. Da die Länge der Reufs zwischen diesen beiden Stationen nahe 20 km beträgt, so haben Flufs und Thalsohle eine mittlere Steigung von rund 1 : 30, oder 33°/₀₀. Die gröfste zulässige Steigung bei Normalbahnen für durchgehenden Personen-Verkehr und grofsen Waarentransport beträgt rund 1 : 40 oder 25°/₀₀, da dieselben als sogenannte Adhäsionsbahnen nur die Reibung zwischen Rad und Schiene zur Ueberwindung von Steigungen benutzen können, nicht aber künstliche Mittel, wie Zahnrad und Drahtseil, welche wohl bedeutend stärkere Steigungen zulassen, aber für einen Verkehr wie auf der Gotthardbahn ungeeignet sind. Es war somit durch die zu starke Steigung des Reufsthales zwischen Erstfeld und Göschenen eine bedeutende Entwickelung der Bahnlinie zwischen diesen beiden Stationen nothwendig, und die Linie mußte gegenüber dem Flußlaufe und der Thalsohle um mehrere km verlängert werden, sodaß die Höhe von Göschenen ohne wesentliche Ueberschreitung der Maximalsteigung erstiegen werden konnte.

Ein bei Gebirgsbahnen, wie z. B. auch bei der Brenner-Bahn, mehrfach angewandtes Mittel, zur Verlängerung der Bahnlinie Seitenthäler auszufahren, konnte am Gotthard nicht benutzt werden, wegen

Fig. 4. Hebung der Bahn durch den Kehrtunnel am Pfaffensprung.

zu grofser Steilheit der engen Querthäler. Spitzkehren, in denen die Zugrichtung wie in Kopfstationen wechselt, sind nachtheilig für den Betrieb. Man wandte daher am Gotthard zum ersten Male eine neue Art der Linienentwicklung an mit Hülfe von Spiral- und Kehrtunneln. Die erste künstliche Hebung der Bahnlinie auf der Nordrampe erfolgt mittelst der Spirale des Pfaffensprung-Kehrtunnels (Fig. 4). Etwas oberhalb Station Gurtenellen liegt die Bahn nicht hoch über der in der Pfaffensprungschlucht stark ansteigenden Thalsohle. Sie wird dann durch einen 1476 m langen Spiraltunnel mit 23°/₀₀ Steigung und die sich anschliefsende offene Strecke von 654 m Länge mit 26°/₀₀ um 51 m gehoben, um dann in einer Höhe von nahe 60 m über der Thalsohle mit einer Steigung von 25 °/₀₀ nach Wasen weitergeführt zu werden. Dort beginnt eine zweite, infolge der günstigen Terrainverhältnisse ganz anders gestaltete, interessante Entwickelung der Bahnlinie, indem dieselbe auf eine Länge von 2—3 km dreimal in nahezu paralleler Richtung an dieser Station vorbeigeführt wird, mit einer Verlängerung der Linie von 5—6 km und einer entsprechenden Hebung der Bahn.

An den Wendestellen, den Kehren, liegen zwei grofse Tunnels, von 1084 m bezw. 1000 m Länge, und auf fünf gewaltigen Brücken überschreitet die Bahn zweimal die Gotthardreufs und dreimal die Mayenreufs, ein überraschender Anblick für den Reisenden, der bald nicht mehr weifs, wohin er bewundernd schauen soll, und der bei dem raschen Wechsel der Ausblicke sich nur schwer orientiren kann. Am Ende dieser grofsartigen Entwickelungsschleife befindet sich die Bahn oberhalb Wasen in einer Höhe von 130 m über der Thalsohle an der westlichen steilen Bergwand und wird, durch den 1570 m langen Naxbergtunnel geschützt vor den dort sehr gefährlichen Lawinengängen, mit 25 °/₀₀ Steigung nach Göschenen geführt, wo sie nach Ueberschreitung der vom Damma-Gletscher kommenden Göschenerreufs auf einer Brücke von 65 m Spannweite in 1109 m Meereshöhe den Tunneleingang erreicht.

Auf der Südseite des Gotthard von Biasca, 296 m über dem Meere gelegen, bis nach Airolo mit der Meereshöhe von 1145 m hätte die Höhendifferenz von 849 m bei einer Thallänge von 86 km ein direktes Tracé mit Einhaltung der vorgeschriebenen höchsten Steigung keineswegs ausgeschlossen. Die diesbezüglichen Versuche ergaben aber, dafs dann die Bahn auf eine gröfsere Strecke viel zu hoch über die Thalsohle zu liegen gekommen und zu schwer zugänglich geworden wäre; dieselbe hätte beständig an der linksseitigen Lehne gehalten werden müssen, während abwechselnd bald die linke, bald die rechte Thalseite für die Bahnanlage vortheilhaftere Bedingungen darbot.

Zuerst suchte Welli die Linie möglichst nahe der Thalsohle zu führen; die Höhenunterschiede der Thalstufen überwand er mittelst Spitzkehren und führte seine Linie vorzugsweise auf der linken Thalseite. Im gleichen Sinne wurde von Koller die Ueberwindung der Thalsätze durch Einschaltung schiefer Ebenen, Bahnstücken mit anormalem Betriebe bei 50 pCt. Steigung vorgeschlagen, welche Aufgabe nur die Zahnstange in ihrer vollkommensten Form hätte erfüllen können.

Hellwag gelang es, die ununterbrochene Adhäsionsbahn mit nicht gröfserer Steigung als 27⁰/₀₀ so der topographischen Gestalt des Thales anzupassen, dafs die Linie nirgends zu sehr vom Thal in die Höhe gerückt und abwechselnd an diejenige Thalseite gelegt wurde, welche den geringsten Aufwand an Baukosten erforderte und für die Sicherheit des Betriebes am günstigsten ist. In Bodio beginnt die nach seinem Projekte ausgeführte Bergbahn in 338 m Meereshöhe, folgt dem linken Tessinufer bis unterhalb Giornico, hierauf auf einige Kilometer Länge dem rechten, bessere Terrainverhältnisse bietenden Ufer bis zur Station Giornico, unterhalb der

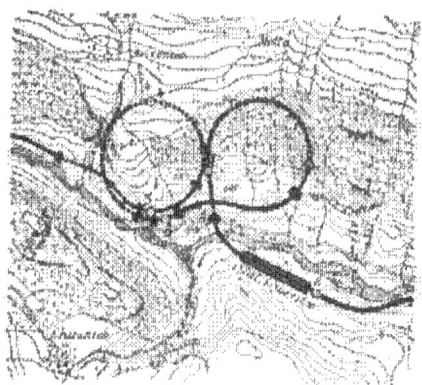

Fig. 5. Lageplan der beiden Kehrtunnels im untern Tessinthale.

Thalstufe des Biaschina. Hier tritt sie wieder auf das linke Ufer und überwindet die Thalstufe mittelst der beiden Spiraltunnel Travi und Piano-Tondo, welche unmittelbar neben einander liegen (Fig. 5).

Bei Lavorgo hat die Linie das mittlere Tessinthal erstiegen und bleibt, meist in der Thalsohle liegend, auf der linken Seite des Tessin bis Polmengo oberhalb Faido. Hier verläfst sie dieselbe und vermeidet damit die der Verwitterung und fortwährenden Gleichgewichtsstörungen ausgesetzte Osco-Lehne; zugleich beginnt hier die zweite künstliche Hebung behufs Ueberwindung der Dazio-Stufe, ein vom Tessin in den gewaltigen Monte-Piotino eingesägtes enges, steiles Thal. Die Bahn tritt zuerst in den Prato-Kehrtunnel und dann nach Ueberschreitung der Landstrafse und des Tessins in den Freggio-

Kehrtunnel. Nach Austritt aus demselben ist dem Reisenden noch ein Blick auf den zurückgelegten Weg, die herrlichen Bauten und das nach dem Süden sich absenkende Thal gestattet, dann führt die Linie durch den Dazio-Tunnel in das Hochthal des Tessins, welches sich bis Airolo erstreckt, und erreicht nach dem Uebergange auf die sonnigere linke Thalseite oberhalb Stalvedro die am Fusse des Dorfes gelegene Station Airolo und damit den südlichen Eingang des Gotthardtunnels.

Die im Vorstehenden kurz beschriebene Linienführung auf den beiden Zufahrtsrampen des Gotthardtunnels ist nach dem einstimmigen Urtheile aller Sachverständigen eine geradezu geniale Musterleistung, und der Ausbau derselben mit ihrer Verbindung durch den Gotthardtunnel das grofsartigste Eisenbahnbauwerk Europas.

(Fortsetzung folgt.)

Ebbe und Fluth im Luftmeer der Erde.
Von Prof. Dr. J. Hann,
Direktor des K. K. Meteorol. Centralinstituts zu Wien.

(Schluſs.)

Ich möchte nun versuchen, auch für jene Leser, welche nicht die Muſse und Lust haben, sich mit dem Gegenstande eingehender zu beschäftigen, kurz darzulegen, wie die harmonischen Konstituenten der täglichen Barometerschwankung aussehen. Es ist nicht thunlich, im Rahmen dieser kleinen Studie zu zeigen, wie man dieselben genau berechnet, aber es dürfte gelingen, auf rein empirischem Wege die Form dieser harmonischen Konstituenten zu finden. Mir scheint zudem, dass die Entwicklung des Gedankenganges, der zu denselben führt, auch noch einen weiteren Nutzen hat. Ich habe vielfach die Erfahrung gemacht, dass selbst manchen Fachkollegen die Darstellung der periodischen Erscheinungen durch ihre harmonischen Konstituenten (oder Theilperioden) nur als ein künstlicher Rechnungsmechanismus erscheint, ohne reellen Sinn und Bedeutung, gleichsam als ein Prokrustesbett, in das die lebendige Natur nutzlos eingezwängt wird.

Vielleicht gelingt es mir, durch die folgenden einfachen Ueberlegungen zu zeigen, dass diese Theilperioden aus der Natur der Erscheinung sich unmittelbar von selbst ergeben, sowie man einen mathematischen Ausdruck für die Erscheinung zu finden sucht. Die Aufstellung eines solchen ist aber doch die Vorbedingung jeder physikalischen Theorie derselben.

Betrachten wir die atmosphärische Ebbe und Fluth dort, wo sie am regelmäſsigsten auftritt, auf den äquatorialen Ozeanen, so sehen wir (Fig. 1 Seite 848), dass sie in Form zweier fast symmetrischer Wellen erscheint, deren jede innerhalb eines halben Tages abläuft. Die Gestalt dieser Welle findet ihr vollständiges Ebenbild in einer Sinuskurve. Errichtet man über einer Geraden in gleichen Abständen, den Stunden 1—12 entsprechend, die zu den Winkeln 30°, 60°, 90° etc. bis 360° gehörigen

Werthe des Sinus als positive und negative (dem Halbkreis 180° bis 360° entsprechende) Ordinaten und zieht durch die Endpunkte derselben eine Kurve, so entspricht dieselbe ihrer Form nach der täglichen Luftdruckwelle. Bezeichnen wir mit a die Amplitude derselben, d. i. den halben Abstand vom höchsten Punkte des Wellenberges zu dem tiefsten Punkte des Wellenthales, so haben wir als mathematischen Ausdruck der Luftdruckwelle: $a \cdot \sin (30° h)$, wenn h die Stunde bezeichnet, und letztere von einer der Tageszeiten aus gezählt wird, wo der Luftdruck den mittleren Werth erreicht (die Kurve den Nullwerth passirt). Es wäre aber sehr unbequem, den Zeitanfang immer auf den Kurvenanfang zu verlegen, da ja der Luftdruck im täglichen Gange nicht überall zu gleicher Zeit den mittleren Stand erreicht. Man müfste deshalb für jede Station und jede Jahreszeit speziell angeben, von welcher Tageszeit die Stunden h zu zählen sind. Das läfst sich aber leicht dadurch vermeiden, dafs wir zu dem veränderlichen Winkel 30° h noch einen konstanten Winkel hinzufügen, welcher der Phasenzeit der Welle entspricht. Im vorliegenden Falle können wir diesen konstanten Winkel leicht ermitteln. Wir dürfen nur beachten, dafs, wenn wir die Zeit wie üblich von Mitternacht an zählen, der tiefste Punkt des Wellenthales um $8\frac{1}{2}$ h Morgens eintritt. Es muss also um diese Zeit der Sinus seinen gröfsten negativen Werth erreichen, d. i. $30° \times 8\frac{1}{2}$ plus dem konstanten Winkel gleich 270° werden.[17]) ($C + 105 = 270°$). Daraus ergiebt sich der konstante Winkel zu 165°. Die Amplitude a dürfen wir nach Seite 849 gleich 1.01 mm. setzen, (d. i. Mittel aus $-0.81 + 1.18, -1.20,$ und $+0.87$). So erhalten wir als den mathematischen Ausdruck für die doppelte tägliche Oscillation des Barometers auf dem äquatorialen Pacific: $1.0 \sin (165° + 30° h)$.

Da aber die beiden täglichen Wellen nach der Beobachtung, wie die Figur 1 S. 848 zeigt, nicht ganz symmetrisch sind, so besteht die tägliche Luftdruckschwankung selbst über dem äquatorialen Ozean neben der doppelten täglichen Oscillation auch noch aus Oscillationen von anderen Perioden. Wir werden zu einer genäherten Kenntnifs derselben gelangen, wenn wir die stündlichen Werthe des Barometerstandes mittelst der obigen Formel berechnen und dieselben dann von den wirklich beobachteten Werthen abziehen. Der Rest enthält die Oscillationen von anderen Perioden als jener von der Dauer eines halben Tages.

---

[17]) Da die Maxima um $9\frac{1}{2}$ Uhr eintreten, so haben wir die Bedingung $285° + C - 360° = 90°$, das giebt desgleichen $C = 165$.

Die nachstehende Figur 9 stellt diesen Rest dar, d. i. den täglichen Gang der Luftdruckschwankung, soweit er nicht der doppelten täglichen Oscillation angehört. Man bemerkt alsbald, dass dieser Rest der Hauptsache nach einer einmaligen täglichen Luftdruckschwankung entspricht (der Luftdruck bleibt von Mittag bis 11 Uhr Abends unter dem Mittel, und von Mitternacht bis nach 11 Uhr Vormittags über dem Tagesmittel) mit einem Maximum circa um 7 Uhr Morgens und einem Minimum um 7 Uhr Abends. Die Amplitude ist etwa 0.29 mm. Wir finden den mathematischen Ausdruck für diese Luftdruckschwankung, wenn wir berücksichtigen, dafs wir, weil dieselbe erst in 24 Stunden abläuft, den veränderlichen Winkel gleich $(360:24) \cdot h$ zu setzen haben, d. i. also gleich 15 h. Den konstanten Winkel, der hinzukommt, um die Phasenzeiten zu fixiren, erhalten wir, wenn wir berücksichtigen, dafs das Maximum auf 7 Uhr Morgens fällt, somit $C + 15^0 \times 7 = C + 105^0 = 90^0$ sein muss. Dies giebt $C = -15^0$ oder 345^0. Wir erhalten somit als zweite harmonische Konstituente der täglichen Luftdruckschwankung den Ausdruck $0.29 \sin (345^0 + 15^0 h)$.

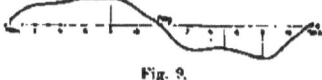

Fig. 9.

Man überzeugt sich durch Wiederholung des oben schon einmal angewendeten Vorganges, dafs der Rest, der jetzt noch übrig bleibt, und also weder einer einmaligen noch einer doppelten täglichen Schwankung angehört, so unbedeutend ist (nur mehr hundertel des mm beträgt), dafs er für den vorliegenden Zweck, der darin besteht, zu einer allgemeinen Uebersicht der Gesetze der Haupterscheinungen der täglichen Oscillationen zu gelangen, vernachlässigt werden darf. Wir haben derart gefunden, dafs der tägliche Barometergang auf dem äquatorialen Pacific mit fürs erste genügender Schärfe durch zwei harmonische Konstituenten ausgedrückt werden kann, von denen die eine einer einmaligen und die zweite einer doppelten täglichen Luftdruckwelle entspricht. Wir haben:

$0.29 \sin (345^0 + 15^0 h) + 1.01 \sin (165^0 + 30^0 h)$.

Es giebt nun einen einfachen Rechnungsmechanismus, der gestattet, unmittelbar aus den stündlichen oder zweistündlichen Luftdruckbeobachtungen die Amplituden und Phasenzeiten (konstanten Winkel) der harmonischen Konstituenten zu berechnen. Auch bei ganz gestörtem Barometergange, bei welchem natürlich der oben angewendete empirische Vorgang der Ableitung gar nicht mehr anwendbar wäre (z. B. jenem zu Lizzen oder Death Valley), gestattet dieser Rechnungsmechanismus, die einfache und die doppelte (oder auch des weiteren die dreifache) tägliche Welle gesondert zu erhalten, wodurch ein lehrreicher Einblick in die Natur dieser Störungen gewonnen wird, der sich sonst auf gar keinem anderen Wege erhalten läfst.

Für den äquatorialen pacifischen Ozean erhält man durch die genaue Rechnung den folgenden Ausdruck für den täglichen Gang des Barometers:

$$0.29 \sin(2^0 + 15^0 h) + 1.01 \sin(161^0 + 30^0 h) + 0.06 \sin(25^0 + 45^0 h).$$

Derselbe stimmt, wie man sieht, mit dem von uns empirisch abgeleiteten Gange fast vollkommen überein, nur tritt im einmaligen täglichen Gange das Maximum schon um 6 Uhr ein, statt erst um 7 Uhr. Zugleich erkennt man, dafs das dritte Glied in der That so klein ist, dafs es fürs erste ganz vernachlässigt werden kann. In der That beträgt die Amplitude desselben aller Orten im Maximum wenig über ein halbes Zehntel des Mm. Wir können also ganz allgemein den Satz aufstellen: Die tägliche Barometerschwankung besteht im wesentlichen aus zwei Theilen: 1. aus einer einmaligen täglichen Luftdruckschwankung und 2. aus einer doppelten täglichen Schwankung. Diese letztere ist überall, lokale Ausnahmen abgerechnet, die weitaus gröfsere. Sie stellt den Hauptheil der Erscheinung vor, und sie ist es, welche jene Regelmäfsigkeit aufweist, die wir bei meteorologischen Erscheinungen sonst nirgend in gleicher Weise antreffen. Dieses zweite Glied repräsentirt die wahre atmosphärische Ebbe und Fluth, während das erste Glied, das die einmaligen täglichen Luftdruckschwankungen umfafst und die gröfsten örtlichen und zeitlichen Modifikationen aufweist, anderer Natur ist und ersichtlich direkt von dem täglichen Wärmegange und seinen zeitlichen und örtlichen Verschiedenheiten abhängt.

Man wird nun leicht bemerken, dafs wir erst durch diese Zerlegung der komplizirten Gesamterscheinung der täglichen Luftdruckschwankung, wie sie unmittelbar in den Beobachtungen zu Tage tritt, die Basis gefunden haben, auf welcher sich eine physikalische Theorie der atmosphärischen Ebbe und Fluth aufbauen lassen wird.

Wenn wir mit Mach als das nächste Ziel der physikalischen Forschung den sparsamsten und einfachsten Ausdruck der Thatsachen anerkennen,[1] so haben wir dasselbe durch die Anwendung der harmoni-

---

[1] Die ökonomische Natur der physikalischen Forschung.

schen Analyse auf die tägliche Barometerschwankung erreicht. Zwei absolute Zahlen (die Amplitude der einmaligen und der doppelten Luftdruckwelle) und zwei Winkelgröfsen (den Phasenzeiten derselben entsprechend) enthalten mit grofser Genauigkeit das ganze komplizirte Phänomen der täglichen Barometerschwankung und machen einen ganzen Ballast von Ziffern entbehrlich. Wie aufserordentlich wird dadurch der Ueberblick über den Gang der Erscheinung an den verschiedenen Orten erleichtert, welch grofsen Vortheil gewährt es, dafs man dabei die Amplituden und die Phasenzeiten je für sich untersuchen kann.

In der That hat auch die Berechnung der harmonischen Konstituenten der täglichen Barometerschwankung für sehr viele Orte der Erde sogleich auf einige höchst bemerkenswerthe einfache Gesetze geführt, die wir unseren Lesern hier in aller Kürze vorlegen wollen.[19])

Betrachten wir vorerst die Haupterscheinung, die doppelte tägliche Oscillation des Barometers, d. i. die eigentliche atmosphärische Ebbe und Fluth, befreit von den täglichen Luftdruckschwankungen, die eine andere Periode haben.

Was bei derselben zunächst in die Augen fällt, das ist die grofse Uebereinstimmung des konstanten Winkels, der die Phasenzeit angiebt, an allen Orten bis über den 50. Breitegrad hinaus. Im Mittel zahlreicher Stationen beträgt derselbe in der Gegend des Aequators 150°, in 17° Nord- und Südbreite circa 157°, in 30° Breite etwa 156°, unter 41° circa 153° und unter 49° 149°.[20]) Da einer Abnahme des konstanten Winkels eine Vorspätung der Phasenzeit entspricht (30° = 1 Stunde, somit 1° blos 2 Minuten), so erhalten wir das Resultat, dafs die Eintrittszeiten der beiden täglichen Luftdruckmaxima sich vom Aequator gegen die höheren Breiten hinauf ein klein wenig verspäten. Die Luftdruckwelle scheint ein wenig zurückzubleiben mit zunehmender Breite. Am Aequator tritt die atmosphärische Hochfluth um 9 Uhr 42 Min. Morgens und Abends ein, unter 50° Breite circa um 10 Uhr, also 18 Minuten später. Auch die Jahreszeiten haben nur einen sehr geringen Einflufs auf die Phasenzeiten der doppelten täglichen Barometerschwankung.

Die Gröfse der doppelten täglichen Barometeroscillation nimmt ab mit der Seehöhe und mit der geographischen Breite. Die Ab-

---

[19]) Wer sich spezieller für den Gegenstand interessirt, den verweise ich auf meine vorhin zitirten beiden Abhandlungen über die tägliche Oscillation des Barometers.

[20]) 160° entsprechen dem Eintritt des Maximums um 9 Uhr 40 Min., 150° um 10 Uhr.

nahme mit der Höhe erfolgt im Verhältnifs zur Abnahme des Luftdruckes, so dafs man die Amplituden durch Multiplikation mit dem Quotienten (760 mm : Luftdruck) auf das Meeresniveau redusiren kann.[2])

Die Aenderung der Gröfse der doppelten täglichen Barometerschwankung mit der geographischen Breite ersieht man aus folgenden Zahlen (Amplitude in mm):

Breite	Aeq.	10	20	30	40	50	60°
Amplitude	0.96	0.92	0.81	0.65	0.46	0.27	0.09

Die Höhe der Luftdruckwelle scheint nach einem einfachen Gesetz mit der geographischen Breite abzunehmen. Aber erst wenn wir die wahre Ursache der Erscheinung kennen gelernt haben werden, werden wir auch in der Lage sein, die Form dieses Gesetzes angeben zu können.[3])

Die jährliche Periode der Amplitude der doppelten täglichen Oscillation nimmt den folgenden Verlauf, und zwar mit grofser Regelmäfsigkeit vom Aequator bis gegen die Polarkreise hin. Es treten zwei Maxima auf zu den Zeiten der Aequinoctien, also wenn die Sonne am Aequator steht; die Minima fallen auf Januar und Juli. Das Haupt-Minimum aber tritt auf der südlichen wie auf der nördlichen Hemisphäre im Juli ein, erweist sich also unabhängig von den irdischen Jahreszeiten und scheint sonach von der Entfernung der Erde von der Sonne abzuhängen. Die Amplitude der doppelten täglichen Barometer-Oscillation ist erheblich gröfser zur Zeit des Periheliums als zur Zeit des Apheliums. Der jährliche Gang der Amplituden in den Tropen wird durch die folgenden extremen Werthe charakterisirt: Januar 0.90, März 0.96, Juli 0.76, Oktober 0.95.

Dies sind die einfachen Gesetze, denen die atmosphärische Ebbe und Fluth vom Aequator bis gegen die Polarkreise hin unterliegt.

Wer die wunderbare Regelmäfsigkeit im Detail verfolgt hat, mit welcher diese Erscheinung, sobald man sie von den störenden Nebenperioden befreit hat, an allen Orten auftritt, der begreift es, dafs

---

[1] Z. B. Sonnblick 3100 m, Luftdruck 520 mm, Amplitude 0.187 mm. Salzburg 440 m, Luftdruck 724 mm, Amplitude 0.269 mm. Sonnblick redusirt auf Salzburg = 0.187 × (724 : 520) = 0.260 mm.

[2] Nach Analogie mit der statischen Theorie der Ebbe und Fluth des Meeres kann man vorläufig die Amplitude dem Quadrate des Cosinus der geograph. Breite proportional setzen; man mufs aber ein konstantes Glied beifügen, um den Beobachtungen völlig gerecht zu werden. Bis 60° Breite gilt dann die empirische Gleichung:
Amplitude = − 0.222 + 1 · 181 cos²φ.
Genauer noch entspricht den Beobachtungen und der Theorie der von Hr. Dr. Schmidt in Gotha berechnete Ausdruck (0.968 − 0.573 sin²φ) cos²φ.

Männer wie John Allan Broun und Lamont ihre Ursache in einer kosmischen Kraft gesucht haben. Lamont dachte zunächst an eine elektrische Wirkung der Sonne, eine Ansicht, die gewifs nicht schlechthin abgewiesen werden kann. Wenn aber diese Wirkung von einer ähnlichen Natur wäre, wie die magnetische Wirkung der Sonne auf unseren Erdkörper, dann möchte man glauben, dafs die Sonnenfleckenperiode auch in den Amplituden der atmosphärischen Ebbe und Fluth in analoger Weise sich wiederspiegeln sollte, wie dies unbestritten in den Amplituden der täglichen Variation der Deklination und der magnetischen Störungen zu erkennen ist. Das ist aber nicht der Fall. Ich habe die Amplituden und die Gröfse der täglichen Barometerschwankung überhaupt zu Batavia für die Jahre 1866/82 mit den Sonnenflecken-Relativzahlen zusammengestellt. Es zeigte sich dabei keinerlei Einflufs der Sonnenfleckenfrequenz auf die Amplituden der Barometerschwankung, während der Einflufs auf die tägliche Variation der Magnetnadel ganz auffallend zu Tage tritt.[73] Auch wenn man die doppelte tägliche Oscillation des Barometers als eine reine Wärmewirkung der Sonne ansieht, ist dieses Resultat wohl für diejenigen unerwartet, welche eine der Sonnenfleckenperiode parallel gehende Variation in der Intensität der Sonnenstrahlung annehmen. Hr. Henry F. Blanford, ein Anhänger dieser Ansicht, meinte, dafs diese Konsequenz wohl dadurch hinfällig werden könne, dafs die Variation in der Intensität der Sonnenstrahlung während der Fleckenperiode zu geringfügig sei, um die Amplituden der täglichen Barometerschwankung merklich zu beeinflussen.

Sir William Thomson hat an der hier früher schon zitirten Stelle eine andere Ansicht über die Natur der atmosphärischen Ebbe und Fluth geäufsert, die im wesentlichen auf Folgendem beruht. Wenn man die Oscillationen der Atmosphäre unter dem Einflusse der täglichen Variation der Erwärmung als Ganzes betrachtet, so lassen sich dieselben Formeln, welche Laplace in seiner Mécanique Céleste für den Ozean gegeben hat, auch auf diese Oscillationen der Atmosphäre anwenden, wenn statt des Einflusses der Gravitation jener der Wärme als die Fluth erzeugende Kraft eingeführt wird. Wenn dann die Arten der Oscillationen, die den täglichen und halbtägigen Gliedern des Wärmeeinflusses entsprechen, untersucht werden, dürfte es sich herausstellen, dafs die Perioden einer freien Oscillation, wie sie aus demselben hervorgehen, viel mehr mit einer Periode von 12 Stunden als

---

[73] Sitzungsber. der Wiener Akad. Maiheft 1886, Bemerkungen zur täglichen Oscillation des Barometers.

mit einer ganztägigen Periode übereinstimmen, und dafs deshalb, obgleich das halbtägige Glied der täglichen Wärmeperiode viel kleiner ist als das ganztägige Glied, doch die von ersterem erzeugte Oscillation erheblich gröfser ausfallen kann, als die einmalige tägliche Luftdruckschwankung, die dem letzteren gröfseren Gliede entspricht.[24])

Die Verhältnisse der Lufthülle der Erde könnten also derartige sein, dafs zur Anregung einer stehenden Schwingung von der Periode von 12 Stunden eine viel kleinere Kraft nöthig ist, als zu einer solchen von 24 Stunden. Die bezüglichen mathematischen Untersuchungen von M. Margules haben auch zu einem dieser Ansicht günstigen Resultate geführt.[25])

Wenn wir derart vielleicht die atmosphärische Ebbe und Fluth als eine durch die tägliche periodische Erwärmung der Lufthülle der Erde angeregte stehende Schwingung derselben ansehen können, bei welcher die doppelte Schwingung vermöge der Natur der Atmosphäre gröfser ausfällt, als die einfache, so müssen wir uns wohl die Anregung zu diesen Schwingungen zumeist von der schon in den oberen Schichten der Atmosphäre direkt absorbirten Sonnenstrahlung ausgehend vorstellen, und weniger von der Erwärmung der untersten Luftschichten, die örtlich so variabel ist und namentlich über den weiten Flächen der Ozeane ganz anders verläuft als über dem Festlande.

Werfen wir nun zuletzt noch einen flüchtigen Blick auf die Natur der einmaligen täglichen Luftdruckschwankung.

Die einmalige tägliche Luftdruckschwankung ist ein komplizirtes Phänomen. Da fast alle meteorologischen Vorgänge, welche auf die tägliche Luftdruckschwankung Einflufs nehmen, wenigstens der Hauptsache nach eine einmalige tägliche Periode haben,

---

[24]) Wenn man den täglichen Wärmegang an der Erdoberfläche in seine harmonischen Konstituenten zerlegt, so ist das erste Glied überall viel gröfser als das zweite, das die halbtägige Variation ausdrückt. Der tägliche Wärmegang im Sommer in der 279 m mächtigen Luftschichte zwischen Paris und der Spitze des Eiffelthurmes ist z. B. gegeben durch:

7.34 sin (228.5 + 15° h) + 0.37 sin (66°.2 + 30° h).

Die Amplitude der doppelten Oscillation ist sehnmal kleiner, als die der einfachen. In der nahe 1000 m mächtigen Luftschichte zwischen Obirgipfel und Sonnblickgipfel ist der tägliche Wärmegang im Sommer der folgende:

[1].33 sin (252.6 + 15° h) + 0.19 sin (20°.1 + 30° h].

Das Verhältnifs der beiden Amplituden ist ein ähnliches.

[25]) Ueber Schwingungen periodisch erwärmter Luft und Luftbewegungen in einer rotirenden Sphäroidschale. Sitzungsberichte der Wiener Akademie 1893.

so erscheint ein ganzer Komplex von meteorologischen Einflüssen in der einmaligen täglichen Luftdruckschwankung. Es ist daher nicht verwunderlich, dafs dieselbe sehr grofsen örtlichen und jahreszeitlichen Variationen unterliegt, wodurch sie sich eben wesentlich von der doppelten täglichen Luftdruckschwankung unterscheidet.

Es unterliegt aber keinem Zweifel, dafs es auch eine universelle einmalige tägliche Luftdruckschwankung giebt, eine stehende Schwingung der Atmosphäre mit der Schwingungs-Periode von 24 Stunden. Dieselbe wird zwar von erheblich kleinerer Amplitude als die doppelte tägliche Schwingung sein, aber wie diese einer einfachen Gesetzmäfsigkeit unterliegen, die jedoch durch die mancherlei örtlich und zeitlich ihr superponirten täglichen Luftdruck-Schwankungen anderer Natur so verdeckt wird, dafs wir sie nicht wiederzuerkennen vermögen. Ihre Amplituden und ihre Phasenzeiten werden sich wohl einmal aus der Theorie der allgemeinen täglichen Luftdruckschwankung ableiten lassen, wenn die wahre Ursache derselben klargelegt worden ist.

Am nächsten repräsentirt wohl die einmalige tägliche Luftdruckschwankung inmitten der grofsen Ozeane den universellen Charakter derselben. Nach den Beobachtungen an Bord der Novara und des Challenger im äquatorialen pacifischen Ozean (im Mittel von fast 8 Monaten) ist die gesamte tägliche Luftdruckschwankung am Aequator auf offenem Ozean gegeben durch den Ausdruck

$$0.30 \sin (0^h + 15^\circ \text{ h}) + 0.95 \sin (161^\circ + 30^\circ \text{ h}).$$

Die Amplitude der einmaligen täglichen Luftdruckschwankung ist hiernach kaum ein Drittel von der der doppelten täglichen Oscillation; das Maximum tritt um 0 Uhr Morgens ein und das Minimum um 6 Uhr Abends.

An den Küsten unter dem Einflufs der Land- und Seewinde, dann in den Gebirgsthälern der wärmeren Klimate mit ihren stark entwickelten Tag- und Nachtwinden, erleidet die einmalige tägliche Luftdruckschwankung die gröfsten Modifikationen.

An den Küsten verspätet sich das Maximum und Minimum sehr stark (der konstante Winkel geht aus dem 4. Quadranten in den 3. und selbst in den 2. zurück), die Amplitude kann dann sehr klein werden durch Interferenz mit jener der allgemeinen täglichen Schwankung. In den Gebirgsthälern sind dagegen die Amplituden sehr grofs und die Phasenzeiten ungeändert (daher addirt sich hier die lokale Amplitude zu der allgemeinen); das auffallendste Beispiel der letzteren Modifikation liefern Bozen und Death Valley in Kalifornien. Die tägliche Barometerschwankung dieser beiden Orte wird repräsentirt durch die Gleichungen:

Bozen 46½°, 1.39 sin (18.5 + 15° h) + 0.44 sin (154.8 + 30° h).
Death Valley 36½,° 2.01 sin (332.6 + 15° h) + 0.61 sin (131.0 + 30° h).

Die Amplitude der einmaligen täglichen Schwankung ist hier aufserordentlich grofs, so dafs letztere in den Beobachtungen die doppelte tägliche Schwankung gänzlich verdeckt (man vergleiche die Figur 7 auf Seite 356). Durch die harmonische Analyse kommt aber die normale doppelte tägliche Oscillation wieder voll zur Geltung und erweist sich nach Amplitude und Phasenzeiten der geographischen Breite entsprechend. Während die Phasenzeiten der allgemeinen einmaligen täglichen Luftdruckschwankung in den Gebirgsthälern kaum geändert werden, können die Amplituden daselbst wohl die zehnfache Gröfse erreichen. Sowohl an den Küsten wie in Thälern sind die störenden Ursachen so komplizirter Natur, dafs sie der Rechnung unzugänglich bleiben. Dagegen lassen sich für Berggipfel die Modifikationen der einmaligen täglichen Luftdruckschwankung leicht berechnen, was ich ja schon (Eiffel-Thurm) erörtert habe. Da eine Zunahme der Lufttemperatur einer Zunahme des Luftdruckes in den höheren Schichten der Atmosphäre entspricht und umgekehrt, so erzeugt die tägliche Temperaturwelle in der Höhe eine Luftdruckwelle von gleichen Phasenzeiten und mit einer Amplitude, die durch die Theorie gegeben ist.

Da ferner die Phasenzeiten dieser thermischen Druckwelle gegenüber jenen der allgemeinen einmaligen täglichen Luftdruckschwankung fast die entgegengesetzten sind, so nimmt mit der Höhe die Gröfse der einmaligen täglichen Luftdruckschwankung zuerst ab, und ihre normalen Phasenzeiten werden dabei verschoben. In grofsen Höhen dominirt endlich die „thermische Druckwelle", wie wir sie kurz nennen wollen, vollständig und verdeckt mehr und mehr auch die doppelte tägliche Schwankung, so dafs die tägliche Barometerkurve der Temperaturkurve recht ähnlich wird, wie dies auf dem Montblanc nach Vallot der Fall ist.

Amplitude der einmaligen täglichen Luftdruckschwankung im Sommer.

	Salzburg	Schafberg	Obir	Säntis	Sonnblick	Montblanc
Höhe	440	1780	2044	2500	3100	4800
Ampl.	0.12	0.12	0.14	0.27	0.32	0.43

In mittleren Höhen ist die einmalige tägliche Barometerschwankung am kleinsten (Wendelstein 1730 m, in der That blos .076) und nimmt dann mit der Höhe wieder zu, wie es der Theorie entspricht.

Auf ausgedehnten Hochebenen und in Hochthälern tritt diese Abnahme in der Gröfse der einmaligen täglichen Luftdruckschwankung nicht ein, weil die Ursache derselben nicht vorhanden ist.[26])

Die tägliche thermische Druckwelle hat aber auch auf das „Ebbe- und Fluth-Glied" der täglichen Barometerschwankung einen, wenngleich geringfügigen Einflufs, wie ich nachgewiesen habe.[27]) Die Phasenzeiten desselben verspäten sich ein wenig mit der Höhe (der konstante Winkel wird etwas kleiner), die Amplituden werden dabei wenig oder gar nicht verringert. Bei der grofsen Konstanz der Phasenzeiten der doppelten täglichen Oscillation erkennt man deshalb sogleich, ob eine Station auf einem Hügel liegt, und zwar an einer kleinen Verspätung der Phasenzeiten. Die Erkenntnifs dieses Einflusses bringt die aufserordentliche Gesetzmäfsigkeit der atmosphärischen Ebbe und Fluth noch mehr zur vollen Geltung.[28])

Auf ausgedehnten Hochebenen und in Hochthälern entfällt diese Verspätung der Phasenzeiten der doppelten täglichen Oscillation aus dem oben erwähnten Grunde. Sehr schön zeigt sich dieser Unterschied bei den indischen Stationen Simla und Leh. Ersteres liegt auf einem hohen Bergrücken, letzteres am Grunde eines Hochthales.

Breite Höhe
Simla Gebirgskamm 31° 2280 m 0.25 sin (280° + 15° h) + 0.54 sin (138.5 + 30° h).
Leh Hochthal 34° 3510 m 0.67 sin (1° + 15° h) + 0.49 sin (154.3 + 30° h).

In Simla: kleine einmalige tägliche Schwankung, Verspätung der Phasenzeiten, wie auf Berggipfeln; in Leh: trotz der grofsen Seehöhe sehr grofse Amplitude (wegen Thallage) und normale Phasenzeiten. Die doppelte tägliche Oscillation hat in Simla verspäteten Eintritt der Extreme, in Leh vollkommen normalen. Die Amplituden derselben sind an beiden Orten normal. Schon die geringe Höhe des Eiffelthurmes vermag den konstanten Winkel des zweiten Gliedes um 8° zurückzu-

---

[26]) Das ist die Hebung der unterhalb liegenden Luftschichten durch die Tageswärme und deren Senkung bei Nacht. Dieselbe kann sich nur an den Rändern der Plateaus fühlbar machen.

[27]) Weitere Untersuchungen über die tägliche Oscillation des Barometers S. 21 [317].

[28]) Es ist nicht unwahrscheinlich, dafs in der doppelten täglichen Oscillation überdies noch andere lokale Einflüsse enthalten sind, deren Natur wir noch nicht kennen, und die sich daher nicht in gleicher Weise von derselben abtrennen lassen, wie der obige Einflufs, um die allgemeine Erscheinung in ihrer Reinheit zu erhalten. Die aufserordentlich grofsen Amplituden des Ebbe- und Fluthgliedes in Indien einerseits und die abnorm kleinen Amplituden desselben in den Gebieten der subtropischen Barometermaxima andererseits scheinen darauf hinzuweisen.

drehen (Paris 150°, Eiffelthurm 142°), was einer Verspätung der Phasenzeiten oben um 16 Minuten entspricht.

Diese Verspätung der Phasenzeiten der doppelten täglichen Oscillation auf Berggipfeln entsteht dadurch, dafs der tägliche Wärmegang der Luftschichte unterhalb auch ein kleines Glied mit einer doppelten täglichen Oscillation enthält, dessen konstanter Winkel stets im ersten Quadranten liegt.[*]) Derart erzeugt die tägliche Temperaturwelle oben auch noch eine allerdings sehr kleine Luftdruckwelle, deren Periode der halbe Tag ist, und die sich deshalb zu der normalen doppelten täglichen Luftdruckschwankung hinzuaddirt. Da nun der konstante Winkel der letzteren stets im zweiten Quadranten liegt, so wird durch das Hinzutreten der thermischen Druckwelle dieser konstante Winkel etwas verkleinert (etwas gegen den ersten Quadranten hinübergezogen).

Der tägliche Wärmegang der Luftschichte unterhalb des Eiffelthurmes ist z. B. durch folgende harmonische Reihe gegeben:

$$2.47 \sin(225° + 15° h) + 0.50 \sin(53° + 37° h).$$

In der Höhe des Eiffelthurmes (Barometer 279,4 m) entspricht einer Temperaturänderung der Luftschichte unterhalb von 1° Cels., eine Luftdruckänderung oben im gleichen Sinne von 0.09 mm. Die tägliche Luftdruckschwankung auf dem Eiffelthurm infolge der täglichen Temperatur-Variation in der unterhalb liegenden Luftschichte ist demnach durch einen Ausdruck gegeben, den wir erhalten, wenn wir die Amplituden der oben stehenden täglichen Wärmewellen mit 0.09 multipliziren, so dafs wir haben:

$$0.225 \sin(225° + 15° h) + 0.046 \sin(53° + 30° h).$$

Diese thermische Druckwelle addirt sich auf dem Eiffelthurm zu der allgemeinen täglichen Barometerschwankung, die nach den Beobachtungen zu Paris ausgedrückt wird durch:

$$0.151 \sin(17° + 15° h) + 0.293 \sin(150° + 30° h).$$

Da die Phasenzeiten der einmaligen täglichen Luftdruckschwankung in den beiden Ausdrücken die entgegengesetzten sind, das Maximum der einen nahe auf das Minimum der anderen fällt etc., so erscheint die Amplitude der resultirenden einmaligen Druckschwankung verkleinert und ist nahezu gleich der Differenz beider. Im zweiten Gliede weichen die Phasenzeiten nicht so stark ab, und dasselbe ist zudem in der thermischen Druckwelle sehr klein, weshalb die Amplitude der resultirenden doppelten Schwankung nur wenig verringert, und der konstante Winkel nur ein wenig gegen den ersten Quadranten zurückgedreht wird (Verspätung der Phasenzeit). Die

[*] Siehe Anmerkung auf Seite 414.

beobachtete tägliche Luftdruckschwankung auf dem Eiffelthurm entspricht in der That dieser Superposition der täglichen thermischen Druckwelle auf die allgemeine tägliche Luftdruckschwankung an der Erdoberfläche. Sie ist:

Eiffelthurm $0.014 \sin(210° + 15° h) \quad 0.272 \sin(142° + 30° h)$.

Durch die Zerlegung der periodischen Erscheinungen in ihre harmonischen Konstituenten lassen sich die durch Superpositionen entstehenden Perioden einerseits, andererseits aber auch aus den complicirten Erscheinungen die sie konstituirenden einfachen Perioden auf ebenso einfache als elegante Weise erhalten.

Die Abhängigkeit der einmaligen täglichen Barometerschwankung von der Witterung und im Gegensatz dazu die Konstanz der doppelten täglichen Luftdruckoscillation hat zuerst Lamont in sehr eindringlicher Weise nachgewiesen, indem er den täglichen Barometergang zu München für heitere und trübe Tage gesondert berechnete. Wir wollen nur das Ergebniß für die Sommermonate hier anführen:

Täglicher Gang des Luftdruckes zu München (Sommer).
Trübe Tage $0.14 \sin(184° + 15° h) + 0.24 \sin(147° + 30° h)$
Heitere Tage $0.41 \sin(164° + 15° h) + 0.25 \sin(143° + 30° h)$.

„Hieraus kann man entnehmen", sagt Lamont, „daß während Wolken, Nebel, Regen oder Schnee die einmalige tägliche Luftdruckschwankung auf den dritten oder vierten Theil reduziren, die atmosphärische Ebbe und Fluth sich vollkommen gleich bleibt. Ich betrachte dies als einen entscheidenden Beweis, daß letztere einer kosmischen Kraft zugeschrieben werden muß, deren Sitz in der Sonne zu suchen ist."[30])

Kürzlich hat Herr Nakamura ähnliche Rechnungen in umfassenderer Weise mit Hilfe der Luftdruckregistrirungen zu Hamburg ausgeführt, und er ist in Bezug auf die Unabhängigkeit der doppelten täglichen Luftdruckschwankung von der Witterung zu dem gleichen Resultate gekommen. Wir wollen auch hier nur die Resultate im Mittel der drei Sommermonate anführen:

Täglicher Gang des Luftdruckes zu Hamburg (Sommer).
Trübe Tage $0.11 \sin(127° + 15° h) + 0.18 \sin(135° + 30° h)$
Heitere Tage $0.43 \sin(348° + 15° h) + 0.21 \sin(134° + 30° h)$.

An heiteren Tagen ist die einmalige tägliche Oscillation viermal so groß als an trüben Tagen; das Maximum tritt gegen 7 Uhr Morgens

---

*) Pogg. Annalen CXIV. 281 u. Sitzungsb. der Münchener Akademie 1862.

ein, an trüben Tagen dagegen um 9 Uhr Abends. Die doppelte tägliche Oscillation bleibt aber unverändert.[31]

Wenn wir mit Sir Wm. Thomson die normale tägliche Luftdruckschwankung als eine stehende Oscillation der ganzen Atmosphäre betrachten, die durch die periodische Wärmewirkung der Sonne hervorgerufen wird, so sind die oben augeführten Rechnungsergebnisse sehr wohl damit zu vereinen, und wir sind deshalb noch nicht genöthigt, mit Lamont an eine „kosmische Kraft" als den Erreger dieser Schwingungen zu denken. Denn es ist wohl klar, dafs die örtlichen Witterungsverhältnisse eine solche allgemeine Oscillation der Atmosphäre nicht zu beeinflussen im stande sein würden. Jedenfalls sprechen aber diese Rechnungsergebnisse dafür, dafs die normale tägliche Luftdruckschwankung den Charakter einer universellen Erscheinung hat und in dieser Beziehung von den übrigen meteorologischen Erscheinungen sich prägnant unterscheidet. Sie hat mit den kosmischen Erscheinungen die einfache Gesetzmäfsigkeit gemeinsam, welche es gestattet, mittelst weniger einfacher Formeln ihren Verlauf an allen Orten und zu jeder Jahreszeit auszudrücken. Sie scheint so gleichsam halb dem Himmel und halb der Erde anzugehören, und darum schien es mir passend, den gegenwärtigen Stand unserer Kenntnisse über diese noch immer etwas räthselhafte Natur-Erscheinung in dieser Zeitschrift in thunlichster Kürze zu erörtern.

[31] Meteorologische Zeitschrift XXIV. Band (1889) S. 41 etc.

Das Wunderland der neuen Welt.
Reisebetrachtungen über die Entstehung eines Erdtheils.
Nach seinem Vortrage im wissenschaftlichen Theater der Urania
bearbeitet von Dr. M. Wilhelm Meyer
(Fortsetzung.)

Der Rio Colorado stöfst, nachdem er den Westabhang des eigentlichen Felsengebirges als Grand-River herabgestürzt ist, auf die Mauer des Wahsatch-Gebirges, welche ihm ein direktes Vordringen nach Westen verlegt, so dafs er seinen Weg mehr nach Süden nimmt, bis er sich in die lange Meereszunge des Californischen Golfes ergiefst. Das Felsengebirge, die Wahsatch-Berge und die Sierra Nevada, Reihengebirge, die alle drei ungefähr in derselben Richtung nord-südlich streichen, sind drei ungeheuere Falten in der Haut unseres Planeten, die ihrer Entstehung nach zusammengehörig sind und deshalb auch gemeinsam als nordamerikanische Cordilleren bezeichnet werden. Der ganze, ungeheuere Gebirgsstock, an Breite unsere Alpen fünf bis sechsmal übertreffend und an Länge auf der ganzen Erde seines Gleichen nicht findend, hob sich nahezu gleichzeitig aus den Urmeeren der Tertiärzeit empor. Welch unvorstellbar gigantische Gewalten müssen damals den zitternden Körper der Erde gepackt haben! Wir müssen mit eigenen Augen die unzweifelhaften Spuren solcher Kraftäufserung sehen, ehe wir daran zu glauben vermögen. —

Schon einmal redeten wir ausführlicher von dieser grofsartigen Landschaft des grofsen Colorado-Cañons, als wir die charakteristischen Züge des Antlitzes der Erde an uns vorüberziehen liefsen.*) Heute wollen wir nur einen flüchtigen Blick auf dieselbe zurückwerfen, um unsere Behauptung von dem mächtigen Auftrieb der ungeheueren Mittelrippe des Erdtheils daran zu begründen.

Jene Felsklippen im Hintergrunde der Landschaft, mit dem fast völlig horizontalen Plateau davor, erinnern sie nicht schon ohne weiteres an ein Meeresgestade? In der That beweisen die versteinerten Reste

*) Bd. IV S. 392 Abbildung und S. 510.

von Geschöpfen, welche man hier am Fusse der Klippen aus den Ablagerungen hervorgräbt, dafs an diesen Felsen sich die Wogen eines Meeres gebrochen haben, welches bis zur Höhe der Klippen nicht hinanreichte, denn dort oben findet man keine Spuren jener selben Thierarten. Der einstmalige Meeresgrund mufs sich also zum Tageslichte erst später erhoben haben, als die darin eingebetteten Seegeschöpfe lebten. Das war aber, wie wiederum die Ueberreste beweisen, zu einer Zeit, als bereits Säugethiere, Affen, ja vielleicht sogar schon ein primitiver Mensch auf der Erde lebten, als eben die sogenannte Kreideformation sich in dem mehr und mehr nach Westen bis zurückweichenden Meere abzulagern begann.

Nun stürzte der Coloradostrom, der sich bisher von diesen Klippen direkt ins Meer ergiefsen konnte, auf jene frischen Schlammablagerungen und wühlte Furchen darin ein, zunächst nicht tiefe, denn bis zum Meeresniveau war oben noch keine grofse Fallhöhe. Aber immer mächtiger stieg das Gebirge empor; neue Terrassen bildete die Brandung, und in neuen Abstürzen wühlte sich der tosende Strom tiefer und tiefer in das Erdreich, sich so viel als möglich auf dem Meeresniveau erhaltend, wo seine Kraft zu Ende geht. Nicht anders kann diese fürchterliche Schlucht, über zwei Kilometer tief in den Erdkörper eingegraben, entstanden sein.

Indem wir selbst nun weiter in dieselbe hinabsteigen, bemerken wir mit Staunen, wie alle Meere, welche vor der Geburt des grofsen Cordilleren-Zuges den Erdball umspülten, Schicht auf Schicht ihre Reste hier ungestört abgelagert haben. Ein vollständiges Archiv der Erdgeschichte liegt hier aufgeschlagen vor uns da, und hätten wir Mufse, so würden wir, darin lesend, alle die seltsamen Geschöpfe der Vorwelt an unserem Geiste vorübergehen lassen, die hier sorgsam je nach der Zeit ihrer Geburt geordnet, wie in den Schubkästen eines Raritätenschrankes übereinander aufbewahrt liegen, in jeder verschiedenen Schicht eine verschiedene Gesellschaft von Wesen, ein verschiedenes, der Vollkommenheit immer mehr entgegenstrebendes Naturbild entrollend, in je höhere Schichten wir emporsteigen; hier in der tiefsten Tiefe dagegen stofsen wir auf den urältesten Granit, der die erste Kruste um den Erdball schlug, als noch längst kein Leben auf ihm athmete.

Da die näheren Untersuchungen ergeben haben, dafs seit den ersten Tagen des Erdendaseins all diese Schichtungen sich aus seichten Meeren ganz langsam und ungestört abgelagert haben, so mufs sich hier seit diesen Urzeiten der Erdboden zunächst ganz allmählich unter das Meer hinabgesenkt haben, wo es die Reste der in Myriaden von Jahren auf einander folgenden Schöpfungszeitalter ohne Störung, ohne Unterbrechung niedergelegt hat. Dann erst, zur Tertiärzeit, begann das Land, von mächtigem Werdedrange aufs neue ergriffen, sich über die Wogen zu erheben: Ein Senken und Heben der Brust unseres mächtigen Weltkörpers, ein Athemzug in seinem Lebensprozesse war vollendet. Wer aber erklärt das Räthsel dieses, einen ganzen Erdtheil um mehrere tausend Meter hebenden Antriebes?

Wir wollen unsere Reise fortsetzen, um noch mehr Anhaltspunkte zur Beantwortung dieser grofsen Frage zu gewinnen.

Von dem Abstecher kehren wir wieder zurück zu unserer

Fig. 6. Terrassenlandschaft am grofsen Salzsee.

Reiseroute nach dem grofsen Salzsee, der jenseits, westlich vom Wahsatch-Gebirge, auf einer Hochebene liegt, die sich zwischen ihm und der Sierra-Nevada dehnt. Diese Erdscholle blieb an den beiden mächtigen Gebirgszügen hängen, als letztere sich nahezu gleichzeitig aus dem Meere hoben. Der Salzsee selbst aber befindet sich hart am Westabhange des Gebirges, so dafs die Mormonenstadt auf der einen Seite reizvolle Gebirgscontouren zum Hintergrunde hat, während sich auf der anderen eine trostlose Wüste endlos ausbreitet.

Die Stadt selbst bietet heute nichts Merkwürdiges mehr. Sie sieht aus wie irgend eine andere Mittelstadt des Westens, und die Menschen wie alle anderen Amerikaner. Die hauptsächliche Eigenthümlichkeit der Bewohner dieser Stadt, die einst von sonderbaren Schwärmern in der Wüstenei des nordamerikanischen Mittellandes gerade an einer Stelle gegründet worden ist, welche eine recht frappante Aehnlichkeit mit dem Gelobten Lande zeigt — dort hängt das ebenfalls salzdurchtränkte Todte Meer durch den Jordan mit dem Süfswassersee Genezareth zusammen, hier der grofse Salzsee durch einen nun auch Jordan genannten Flufs mit dem gleichfalls süfsen Utah-See — ich sage, die eigentliche Merkwürdigkeit an den Satzungen dieser Sekte der „Heiligen des jüngsten Tages", die Vielweiberei, ist ja von der Regierung aufgehoben.

Die Aehnlichkeit beider Landschaften, welche noch in manchen anderen Zügen verfolgt werden kann, ist durchaus keine zufällige, sondern gleichen Entstehungsursachen zuzuschreiben. Beide Gebiete sind eben zweifellos vor geologisch genommen nicht gar langer Zeit vom Meere getrennt worden, indem sich eine Gebirgsmauer derart vorschob, dafs der ursprüngliche Meerbusen zum Binnensee wurde. Diese vollkommene Trennung war aber selbstverständlich nur in einer Gegend möglich, wo Wasserarmuth herrschte, denn sonst würde ja der Ausflufs des Binnensees die Verbindung mit dem Meere erhalten haben, wie es bei dem grofsen Seengebiete im Osten der Fall ist. Bei der Hebung und gleichzeitigen Verengung des Ausflufskanals mufsten diese letzteren Seen, wie wir vorhin sahen, nothwendig zu Süfswasserseen werden. Ganz umgekehrt aber hier! Die Zuflüsse des grofsen Salzsees sind weit geringer als die Abdampfung durch die Sonnenwärme. Das Niveau des abgeschlossenen Seegebietes mufs allmählich sinken, der Salzgehalt dagegen steigen.

Dieses stufenweise Sinken des Wasserspiegels erkennt man sofort auf das deutlichste an allen den grofsen Salzsee umschliefsenden Berggeländen, die in Terrassen sich aufbauen (Fig. 6). Auf weite Strecken hin ziehen durch die Landschaft scharf markirte Horizontallinien, welche die verschiedenen einstmaligen Uferräume bezeichnen. Diese übereinander befindlichen Linien beweisen uns zugleich, dafs das Austrocknen nicht gleichmäfsig schnell, sondern periodenweise geschah. Es wird offenbar mit den Hebungen des Landes, die auch nicht mit einem Male eintraten, im Zusammenhange gestanden haben. Die Arbeit war selbst den weltenbildenden Mächten zu ungeheuer, um mit einem einzigen Anhub ausgeführt werden zu können!

Die alten Niveaulinien kann man bis zu 300 m über dem gegenwärtigen Seespiegel verfolgen. Da nun der letztere 1300 m über dem Meere liegt, so kann kein Zweifel darüber sein, dafs sich das Land hier um mindestens 1600 m gehoben haben mufs, eine Ziffer, die auch durch die Tiefe des Colorado-Cañons annähernd bestätigt wird, welcher ja der gleichen Ursache seine Entstehung verdankt.

In dieser Hinsicht unterscheidet sich nun das Todte Meer ganz wesentlich von dem Grofsen Salzsee. Jenes liegt an 400 m unter dem Meeresspiegel. Dort hat sich nur das Gebirge dazwischen geschoben, das übrige Land ist nicht mit gehoben worden.

Indem wir unsere Reise fortsetzen, treten wir in ein höchst ödes und unfruchtbares Hochplateau ein. Aus dem gelblich weifsen Sande, der aufser spärlich verstreuten, grauen Büscheln von Wermuth- und Salbei-Gestrüpp keine Vegetation aufkommen läfst, brechen hie und da kahle Klippen wie aus einem endlosen Meere empor. Wir befinden

Fig. 7. Hafen von San Francisko.

uns in der grofsen Salzwüste, dem ausgetrockneten Meere. Einen halben Tag lang fahren wir durch diese Wüstenei, ehe wir an den Fufs der wunderreichen Sierra gelangen; so ausgedehnt war einst dieses abgetrennte Meeresbecken, das an Längenausdehnung den Genfersee heute nur noch um das dreifache übertrifft. Wir begreifen nun wohl, dafs sein Salzgehalt um das sechsfache stieg, als es soweit zusammenschrumpfte.

Endlich haben wir die Einöde überwunden! Die Bergcontouren steigen immer höher hinan. Aber leider wird uns die Freude an denselben gar bald wieder genommen: Je höher wir den Ostabhang der Sierra hinansteigen — wir müssen, um dieselbe zu überschreiten, wieder um mehr als 2100 m emporklettern — je öfter tritt die Bahn in schier endlose Schneegalerien, welche uns die Aussicht auf das grofsartig schöne Schneegebirge gänzlich verhüllen.

Nach dem Abstieg vom Gebirge treten wir endlich in den californischen Garten ein, der seine Schönheit und Üppigkeit hauptsächlich der Nähe des Meeres verdankt. Die westlichen Winde tragen, so wie es auch für unsere europäischen Landgebiete der Fall ist, die vom Meere aufgesogene Feuchtigkeit ins Land hinein, und die gewaltige Mauer der Sierra hält sie hier fest. Sobald nämlich ein Luftstrom an ihr emporstreicht und sich in den höheren Regionen abkühlt, kann er nur noch eine geringere Menge Feuchtigkeit festhalten; der Wassergehalt scheidet sich also entweder als Regen, der den Flüssen des westlichen Küstenlandes zu gute kommt, oder als Schnee auf den Firnen des Gebirgskammes ab; jenseits, im Osten angelangt, ist die Luft völlig ausgetrocknet. So erklärt es sich auf das einfachste, wie die Salzwüste entstehen mufste. Man möge auch noch bedenken, dafs die Westwinde, welche bekanntlich überall auf der Erde wegen der täglichen Umdrehung derselben vorherrschen, auch diejenige Feuchtigkeit, welche die Sonne aus dem Becken selbst saugt, wiederum meist in das Felsengebirge wehen werden, wo sie, sich niederschlagend, entweder dem Rio Colorado oder atlantischen Gewässern zufliefsen. Ganz dieselben Verhältnisse treten uns auch beim Todten Meere in entsprechend verjüngtem Mafsstabe entgegen.

Aber wir sind inzwischen an unserem entferntesten Reiseziele angelangt.

San Francisco, die goldene Stadt, liegt nun vor uns (Fig. 7) jenseits der schönen Bai, und die Schiffe, welche hier kreuzen, haben einen näheren Seeweg nach unserer Heimath hin, wenn sie, westlich weiter segelnd, eben diese Heimath wie wir selbst im Rücken lassen.

Dennoch gebraucht der Mensch heute nur noch zwei Wochen, um von Osten her diesen Weg zurückzulegen, zu welchem die Sonne immerhin neun Stunden verwendet. Wenn hier der Morgen graut, wird es bei uns im fernen Osten bereits Abend.

Und hinter uns liegt die ungeheuere amerikanische Insel, welche wir eilig durchquerten und im Geiste dabei aus den Wogen eines riesigen Urmeeres auftauchen sahen, das einstmals den Atlantischen und Stillen Ocean zugleich umschlofs. Noch bis vor recht kurzer Zeit müssen diese beiden ungeheuren Reservoire, in denen sich das Lebensblut des Erdkörpers, das durch ihre Stromadern fliefst, beständig wieder erneuert, im Zusammenhange gewesen sein und zwar eben da, wo man heute diese Verbindung wieder herstellen will, bei Panama. Der schmale Landstreifen Mittelamerikas hat sich ganz zuletzt emporgehoben. Die Bevölkerung des Meeres zu beiden Seiten zeigt sich merkwürdig nahe verwandt, ja beinahe identisch.

Nachdem wir auf der schnellen Hinreise die Grundzüge des grofsen Kontinentes im Fluge kennen lernten, wollen wir uns zur Fortsetzung unserer Studienreise etwas mehr Zeit gönnen, um speziellere, besonders interessante Züge in das nun im grofsen und ganzen skizzirte Bild des Erdtheils einzuzeichnen.

Völlig andere Verhältnisse nehmen uns hier an der Küste des Stillen Oceans auf, als wir in den übrigen Theilen des gewaltigen Kontinents bisher konstatirt haben oder noch konstatiren werden. Wenn wir die neue Welt oft das Land der Kontraste genannt haben, so dürfen wir dieses ganze Gebiet westlich von den Gipfelreihen der Sierra kaum noch zu Amerika rechnen.

Zunächst herrscht hier klimatisch die denkbar gröfste Einförmigkeit. In San Francisco gleicht der heifseste Monat unserem Mai, der kälteste unserem April. Es wird also dort nie recht warm und nie recht kalt; in manchen öffentlichen Gebäuden brennt deshalb dort, wo Palmen zwar im Freien wachsen, im Kamin beständiges Feuer, im Dezember nicht mehr und nicht weniger als im August. Dagegen wissen wir, dafs im Osten des Kontinents die extremsten Witterungsverhältnisse obwalten, wo brüske Schwankungen um mehrere Zehner von Wärmegraden sowohl wie sehr verschiedene Jahreszeiten-Temperaturen unter demselben Breitegraden auftreten. Analoges treffen wir bekanntlich auch an den Ost- und Westküsten der grofsen asiatisch-europäischen Erdscholle an. Unsere europäischen Küstenstriche geniefsen ein verhältnismäfsig mildes Klima, während die asiatisch-pacifische Küste, ganz im Gegensatz zu dieser amerikanisch-pacifischen, krasse Temperatur-Gegensätze aufweist. Es wurde schon früher angeführt, dafs die überall auf der Erde vorherrschenden Westwinde die Ursache dieser verschiedenen Zustände sind. Für die Westküsten kommen sie mildernd vom Meere her, für die Ostgestade dagegen aus dem oft stark überhitzten oder stark durchfrorenen Landinneren.

Während wir also, wenn wir die beiden grofsen Weltinseln Amerika und Eurasien klimatisch mit einander vergleichen wollen, den Osten mit dem Osten, den Westen mit dem Westen in Parallele zu stellen haben — weswegen uns, nebenher gesagt, auch der allgemeine Charakter des pacifischen Landes heimathlicher anmuthet, als der des amerikanischen Ostens —, so zeigt es sich dagegen, dafs in Bezug auf ihre Entstehungsgeschichte die Strandlinien desselben Meeresbeckens (Fig. 8) untereinander ähnlich sind. Das weite Reservoir des Stillen Oceans ist eine ungeheuere Kluft, die überall schroff in die Tiefe abfällt; das Atlantische Meer dagegen ein sanft abfallendes Becken, aus dem die Kontinente mit breiten Sockeln ganz allmählich emporsteigen.

Die Inselklippen, um welche am felsigen Strande des Grofsen Oceans die weifsen Wogenkämme spielen, sind die höchsten Gipfel von Gebirgsketten, die sich hier unter dem Meere in derselben Weise fortsetzen, wie die Berge in den Luftocean aufragen. Und zwischen diesen

Fig 8. Klippengestade bei San Francisko.
(Nach einer Originalaufnahme.)

Inseln liegen tiefe Thäler, aus denen wieder manche anderen Gipfel tief unter uns aufstreben mögen, welche der Ocean unseren Blicken verbirgt. Die rhythmisch heranrollenden Brandungswogen könnte man für Wolkenzüge jener höchsten Regionen nehmen, wie wir sie in ähnlichen Reihen die schneeigen Häupter der Berge hoch über uns umfluthen sehen. Die grofsten Tiefen der Zwischenthäler zwar wird der Meeresschlamm ausgefüllt haben. Ebenen bildend, wie jene Stufen zwischen den grofsen Gebirgszügen des Landes, denen wir auf unserer Reise ja schon mehrfach begegneten. Hier am Meeresstrande stehen wir vor einem schwach jähen Absturze, vielleicht nicht unähnlich jenen, welche wir bei unseren Uebergängen der Cordilleren hoch über uns sahen; und diese jähe Absturzfläche bezeichnet die Grenze zwischen zwei grofsen Stufen der Schöpfung, von denen die tiefere hier unter dem Meere die ältere war. Aus den dunklen Wogen stieg das Land, stieg das Leben empor zum holden Tage.

Die Bergketten setzen sich unter den Fluthen des Grofsen Ozeans noch sehr weit in derselben Richtung von Nordwesten nach Südosten hinstreichend, fort, wie der ganze Hochgebirgszug vom Felsengebirge bis zur Sierra. So taucht noch auf halbem Wege zwischen

Fig. 9. Der Riesenbaum Grimly-Giant im Mariposa-Thal (Cal.)
(Originalaufnahme.)

Amerika und Asien eine lange Reihe von Gipfeln als die Sandwich-Inseln über die Wogen empor, die in derselben Richtung verläuft. Die Aufwerfung all dieser Gebirgszüge, die ein Areal einnehmen, weit gröfser als ganz Europa, mufs eine gemeinsame Ursache gehabt haben. Die Erdkruste schob sich hier zu mächtigen Falten zusammen, als dem Planeten sein Kleid zu grofs geworden war. Das Felsengebirge, die Sierra, die Sandwich-Inseln sind die gewaltigsten dieser Falten, zwischen denen die ausgedehnten Längsthäler, die Hochplateaus, die Stufen des

Landes und Meeresbodens liegen. Dafs bei diesem über alle Vorstellung mächtigen Vorgange des Zusammenschiebens eines ganzen Kontinents gelegentlich auch tiefe Risse in das harte Krustenkleid der Erde gezerrt werden mufsten, wird man ohne weiteres begreifen. Solche Risse bilden dann meistens Querthäler, den allgemeinen Zug der Faltungskette kreuzend. Ein derartig entstandener Rifs ist das berühmte Yosemite-Thal.

Auf dem Wege dorthin stufsen wir in einer kleinen Thalsenkung

Fig. 10. Grizzly-Giant nach oben gesehen.
(Originalaufnahme.)

in einer Höhe von 2000 m auf den weltbekannten Hain der Riesenbäume, dem wir im Vorübergehen einen Besuch abstatten wollen.

Die riesenhaftesten Lebewesen der irdischen Natur sehen wir in diesen Wellingtonien vor uns: 10 m haben die mächtigsten dieser Bäume im Durchmesser, und über die halbe Höhe unserer stolzesten Kathedralen erheben sie ihr Jahrtausende altes Haupt. Was sind die Riesen der Thierwelt gegen diese königlichen Repräsentanten des Pflanzengeschlechtes! Die allergröfsten Wale werden bis zu 30 m lang; Nun, man müfste drei derselben übereinanderstellen, damit die Schwanzflossen des letzten die Krone solch eines Giganten berühren könnte, von denen hier 400 auf einem kleinen Raume zusammenstehen. Durch einen derselben ist ein Thorweg gehauen, so dafs ein vierspänniger

Wagen ganz bequem hindurchfahren kann. Die Insassen des Wagens haben einen Thurm aus lebendem Holze über sich.

Und dennoch sind diese Riesen nur Epigonen aus einer längst verflossenen Zeit, da das Geschlecht der Nadelhölzer, dem sie angehören, noch die Welt beherrschte. Die Natur kommt immer mehr und mehr davon zurück, nur nach aufsen hin Grofses zu schaffen; sie strebt heute der Vollkommenheit nach innen, nach den intimeren, edleren Zügen des Lebens entgegen. Wie viel gestaltungsfähiger ist das schöne Laubgehölz! Welch erhöhten Reiz giebt es der Landschaft gegenüber den dunklen Coniferen, die aus nicht minder finsteren Zeitaltern sich nur durch ihre zähe Anspruchslosigkeit trotz aller Erdumwälzungen bis heute erhalten konnten!

Gar seltsam ist es zu sehen, wie auch der Mensch, gleich der Natur, zuerst das räumlich Grofse liebt und schafft, — das sehen wir ja in der neuen Welt so auffällig wie möglich — und wie auch er später erst einsieht, dafs die sorgsamere Ausgestaltung, die geistige Vertiefung bei weitem den gröfseren Vortheil, die gröfsere Genugthuung gewährt!

Eine gewisse Beruhigung bietet uns der Anblick dieser gigantischen Wellingtonien: Sie überzeugen uns davon, dafs während einer ganzen Reihe von Jahrhunderten wenigstens der Boden hier nicht mehr schwankte. Sind die Riesen auch nicht, wie es die Amerikaner gern behaupten, 4000 Jahre alt, so darf man doch wohl nach Mafsgabe der Jahresringe mittelgrofser Exemplare, welche gefällt wurden, annehmen, dafs die ältesten unter ihnen Zeitgenossen der griechischen Weltweisen waren. Seitdem streben diese lebenden Säulen, und vor ihnen gewifs manche Generation ihrer Vorfahren, unerschüttert, kerzengerade zum Himmel auf. Hätte der Boden auch nur um ein weniges seine Lage in Bezug auf die Horizontale geändert, so wären die Stämme zweifellos unter ihrer eigenen Riesenlast zusammengebrochen, die sich nur genau senkrecht stehend aufrecht erhalten kann.

Die Bewegungen der Erdscholle aber, von denen wir bisher sprachen, liegen wohl um eben so viele Jahrtausende zurück, als diese Bäume Jahre zählen.

(Fortsetzung folgt.)

Bahn des Doppelsterns α Centauri.

Von den in neuester Zeit berechneten Bahnen von Doppelsternen möchten wir besonders die Ergebnisse über α Centauri hervorheben. Die Doppelsternnatur dieses Objektes ist schon seit sehr langer Zeit bekannt, faktische Messungen der Bewegung reichen bis auf Lacaille (1752) zurück; ausserdem interessirt die Bahn namentlich deshalb, weil α Centauri unter allen zur Zeit in Bezug auf Parallaxen untersuchten Sternen den grössten Parallaxenwerth besitzt. Die Bahn dieses schönsten Doppelsterns des südlichen Himmels (der Hauptstern ist erster, der Begleiter zweiter Grösse) ist schon vielfach untersucht; gegenwärtig dürfte sie, da die Rechnungsergebnisse der einzelnen Astronomen jetzt in bemerkenswerth guter Weise untereinander übereinstimmen, zu den bestbekanntesten der Sternbahnen zählen. Wir geben die letzte Bestimmung von Gill und die neuesten, das gesamte Beobachtungsmaterial verwerthenden Ergebnisse von T. J. J. See und A. W. Roberts:

	See	Roberts	Gill
Zeit des Periastrons	1875,62	1875.72	1875.74
Umlaufszeit	81,07 Jahre	81.19 Jahre	80.34 Jahre
Excentricität	0.52	0.5287	0.5260
Knoten	25° 27'	25° 6'	25° 13'
Neigung	79 44	79 21	79 33
Periastron vom Knoten	51 34	52 1	52 30
Halbe gr. Axe	17" 70	17" 71	17" 70

Vom Montblanc-Observatorium.

Dieses merkwürdige Werk, auf welches wir bereits (Bd. V S. 242) als projektirt hingewiesen haben, ist inzwischen seiner Bestimmung übergeben worden. Die erwähnten Versuche, welche Janssen den Plan fassen liessen, das Fundament des Baues einfach dem Firnschnee des Berggipfels anzuvertrauen, sind von ihm vor zwei Jahren in einem Hofe der Sternwarte von Meudon angestellt worden. Sie betrafen das Mafs, um welches bereits fest gestampfter Schnee durch aufgelegte Gewichte zusammengedrückt wird. Die Ergebnisse waren merkwürdig genug. Bleischeiben von 35 cm Durchmesser und 30 kg Gewicht sanken kaum merklich in den Schneehaufen ein. Wenn man 12 derselben übereinander legte, so war die Tiefe, bis zu welcher das Gewicht von mehr als 7 Centnern einsank, noch nicht acht Millimeter. Hieraus liefs sich berechnen, dafs das projektirte Gebäude bei der Grundfläche von 5×10 m gegen 187 Tonnen wiegen durfte, ohne auch nur um einige Centimeter einzusinken. Freilich war für die Fundamentirung des Baues auch jenen heftigen Stürmen Rechnung zu tragen, deren Schauplatz der Berggipfel ist, und daher wurde dem Bau die Form einer abgestumpften Pyramide gegeben, deren unterer Theil vollständig in den Schnee vergraben wurde.

Die Schwierigkeiten des Baues waren ungeheure, aber erfreulicherweise ist ein Unglücksfall unter den dort beschäftigten Personen nicht vorgekommen. Den Muth liefs freilich mancher sinken und kehrte zu stiller Arbeit ins Thal zurück. Bewunderungswürdig erscheint vor allem die Ausdauer des Ingenieurs Imfeld, den der Ehrgeiz nicht an das Aufgeben der übernommenen Arbeit denken liefs. Die Leiden, welche nach seiner Schilderung die Arbeiter aushalten mufsten, waren wahrlich nicht gering. Schneeblindheit und erfrorene Glieder waren nur zwei aus einem ganzen Heer von Plagen, das sie verfolgte. Bei einem heftigen Schneesturm wurden alle Leute gezwungen, sich in die Zufluchtsstätte zu flüchten, wo trotz der zahlreichen Gesellschaft, die sich dort befand, und trotz mehrerer Kohlenfeuer in den Oefen das Thermometer nicht über 0^0 stieg. Um sich Wasser zu verschaffen, mufste man Schnee von -10^0 schmelzen; alles fror, selbst die Tinte, man mufste sie jede Viertelstunde von neuem wärmen. Der Raum der Hütte war so beschränkt, dafs Imfeld kaum ein Fleckchen darin fand, um ein Blatt Papier zum Schreiben hinzulegen, daher hat er seine Aufzeichnungen auch erst nach seiner Rückkehr in die Ebene ausführlicher machen können. Am 14. und 15. September verflossenen Jahres hat der Gründer der Warte, Janssen, dieselbe besucht und zugleich die ersten wissenschaftlichen Beobachtungen dort oben angestellt. Bei dem Aufstiege bediente man sich zum ersten Male einer Rollvorrichtung, die bei den bisherigen schlechten Verhältnissen des Gletschers überhaupt nur das Gelingen der Expedition ermöglichte. Der Aufstieg dauerte vom 8. bis zum 11. September. Die Beobachtungen hatten den Zweck, die Frage nach dem Vorhandensein des Sauerstoffes in der Sonnenphotosphäre zu entscheiden — eine Frage, deren Lösung Janssen bereits 1888 und 1890 in den am Montblanc gelegenen Schutzhütten versucht hatte. Genau genommen läfst sich die Antwort freilich auf dem eingeschlagenen Wege nicht ertheilen, da die Abwesenheit von Sauerstofflinien im Sonnenspektrum noch keineswegs ein Beweis für das Fehlen des Sauerstoffs überhaupt ist (vgl. H. u. E., Bd. VI, S. 140). Es kann also nur entschieden werden, ob die Absorptionslinien im Spektrum, die dem Sauerstoff entsprechen, erst eine Folge des Durchgangs der Sonnenstrahlen durch die irdische Lufthülle sind. Die Beobachtungen wurden mit einem Spektroskope angestellt, das mit einem Rowlandschen Gitter versehen war und Fernrohre von 75 cm Brennweite besafs. Sie beruhen darauf, dafs mit so scharfen Instrumenten die sog. B-Gruppe des Sonnenspektrums in einzelne Linien getrennt werden kann — es sind in ihr aufser dem sog. Kopfe von B noch 13 bis 14 Doppellinien nachweisbar.

Schon in Chamounix, bei 1050 m Meereshöhe, ist es ziemlich schwierig, das dreizehnte Paar aufzufinden. Auf dem Grand-Mulets (3050 m) gelingt es kaum, das zehnte bis zwölfte Paar festzustellen; auf dem Gipfel war kaum mehr als das achte wahrzunehmen. Da somit die Anzahl der Linienpaare mit Erhebung in die Atmosphäre abnimmt, so ist der Schlufs gerechtfertigt, dafs die Gruppe durch die Absorption in der irdischen Lufthülle zustande kommt. Der Luftdruck auf dem Montblanc beträgt nur 57% von dem an der Erdoberfläche herrschenden, und es ist auch kaum mehr als dieser Prozentsatz von den Linienpaaren dort oben noch sichtbar. Versuche mit sauerstoffgefüllten Röhren zeigen nun bei verschiedenen Graden der Verdünnung genau die Erscheinungen des allmählichen Verschwindens der B-Gruppe und lassen ihren vollständigen Wegfall an den Grenzen der Atmosphäre erschliessen. Wie gesagt, sind die Beobachtungen für die vorgelegte Frage noch nicht entscheidend; Janssen will aber durch neue Laboratoriumsversuche zu Meudon seinen Beweis weiter verfolgen. Das wäre die erste Leistung, welche wir von dieser höchsten wissenschaftlichen Warte der Welt erhalten haben. Freilich bleibt — nachdem die Schwierigkeiten, die dem Werke entgegenstanden, im grofsen und ganzen als besiegt angesehen werden können — noch viel zu thun übrig, unabhängig von den inneren Einrichtungen und der Aufstellung der Instrumente; aber vor Schneestürmen geschützt, wird man bald alles vollenden können und den Aufenthalt für den

Die Stickstoffwasserstoffsäure.

Bekanntlich giebt es unter der Unzahl von Substanzen, über welche die heutige Chemie verfügt, gewisse Gruppen, deren Gliedern der Chemiker in erster Linie das Fortschreiten zu neuen Erfolgen seiner Wissenschaft zu danken hat. Es sind das die Körper von starker Reaktionsfähigkeit, deren im Grunde nur wenige vorhanden sind, die aber dafür desto geeigneter erscheinen, neue Kombinationen bei der Konstruktion chemischer Verbindungen zu ermöglichen. So wie vor Jahrhunderten, also zu einer Zeit, als von einer chemischen Wissenschaft noch kaum die Rede sein konnte, die Schwefelsäure mit ihren hervorragenden Eigenschaften die Alchymisten anzog und sie zu Entdeckungen führte, die erst späteren Epochen zu gute kommen sollten, so haben wir heute in den Halogenen, besonders in dem letzthin erforschten Fluor, und ihren Wasserstoffverbindungen Körper, ohne welche es ganz unmöglich sein würde, auf dem Gebiete der organischen Chemie mit ihren zahllosen verlockenden Irrgängen weiter zu arbeiten. Zur Zersetzung der natürlich vorkommenden Kohlenwasserstoffe giebt es nur wenige geeignete Körper, unter denen die genannten, die Wasserstoffsäuren, eine wichtige Rolle spielen. Wenn diesen Substanzen nun eine neue hinzugefügt wird, deren Verhalten schon von vornherein erkennen läfst, dafs man es mit einer höchst reaktionsfähigen Verbindung zu thun hat, so ist das ein besonders wichtiger Fortschritt, der auch weitere Kreise interessiren mufs. Im vorliegenden Falle, wo es sich um eine Verbindung von ganz einfacher Konstitution, nämlich um eine binäre, handelt, erscheint die späte Entdeckung um so merkwürdiger, als man schon seit Jahrhunderten eine andere, gleichfalls binäre Verbindung derselben Elemente kannte, welche auch den neuen Körper zusammensetzen.

Von Verbindungen der Elemente Stickstoff und Wasserstoff — um diese handelt es sich hier — war bis vor etwa 4 Jahren nur eine, das allbekannte Ammoniak, NH_3, dargestellt. Diese Verbindung, welche in der Entwicklung der organischen Natur eine so überaus wichtige Rolle spielt, hat bekanntlich sehr stark basische Eigenschaften, d. h. sie verbindet sich mit grofser Energie mit allen Säuren und bildet mit ihnen so haltbare Salze, dafs die Chemiker sich veranlafst sahen, die wässerige Lösung des Ammoniaks genau so wie die ihr ähnlichen Aetzalkalien zu betrachten, d. h. in ihr ein — allerdings noch hypothetisches — Metall, das Ammonium, NH_4, anzunehmen, welches ähnliche Eigenschaften wie die Alkalimetalle zeigen mufs. Alle Derivate des Ammoniaks, unter denen sich organische von der gröfsten technischen Wichtigkeit vorfinden, haben ebenfalls basische Eigenschaften, so dafs die Annahme, dafs vielleicht auch eine saure Stickstoffwasserstoffverbindung existire, von vornherein wenig Aussichten bot. Indessen kannte man schon seit einiger Zeit organische Stickstoffverbindungen, in denen ganz sicher zwei Atome dieses Elementes sich gegenseitig mit einer oder auch zweien der bekannten drei Anziehungen des Stickstoffs banden, so dafs Körper mit den Atomgruppen $(N-N)''''$ und $(N=N)''$ entstanden. Die genauere Erforschung dieser Verbindungen, der Hydrazine und der Azoverbindungen, hat nun Curtius zu der Entdeckung der höchst merkwürdigen Säure geführt, welche das Thema dieser Betrachtung bildet. Obgleich schon seit drei Jahren bekannt, läfst sich diese Verbindung hinsichtlich ihrer Bedeutung erst jetzt genauer erkennen und beurtheilen, nachdem die grofsen Schwierigkeiten, welche ihre explosive Natur der Untersuchung entgegenstellte, glücklich überwunden sind, und nachdem ganz neuerdings Wislicenus gelehrt hat, in welcher Weise man die Stickstoffwasserstoffsäure auf einem viel einfacheren, ihrer einfachen Zusammensetzung comprehenderen Wege darstellen kann.

Die Formel der neuen Säure ist gerade die umgekehrte, wie die des Ammoniaks, nämlich N_3H. Sie läfst sofort erkennen, dafs, da der Stickstoff, wie schon oben bemerkt, dreiwerthig ist, die Atome dieses Elementes gegenseitig im Molekül verkettet sein müssen, derart, dafs nur eine freie Anziehung für das Wasserstoffatom übrig bleibt. Die einzig mögliche theoretische Erklärung bietet demnach die Annahme, dafs sich zwei Stickstoffatome gegenseitig mit zwei Anziehungen binden, während das dritte mit je einer Anziehung an jene beiden, mit der letzten ihm noch bleibenden aber an das Wasserstoffatom gekettet ist. Dies ergiebt die Molekularformel:

$$\begin{matrix} N \\ & N-H \\ N \end{matrix}$$

für die Stickstoffwasserstoffsäure. Die Stickstoffatome sind demnach ringförmig verbunden.

Es kann hier nicht die Rede davon sein, den ziemlich komplisirten, über mannigfache organische Verbindungen als Zwischenglieder hinweg führenden Weg zu beschreiben, welchen Curtius einschlagen mufste, um die neue Säure zu erhalten. Nur das sei erwähnt, dafs zunächst eine Substanz dargestellt wurde, welche von der neuen Verbindung nur dadurch abwich, dafs in ihrer Formel der dreifache Stickstoffring nicht mit einem Wasserstoffatom, sondern mit einem komplizirten organischen Radikal vereinigt war, welches durch geeignete Operationen verdrängt und durch Wasserstoff ersetzt wurde. So erhielt Curtius die neue Verbindung, welche in fast allen Beziehungen den starken Wasserstoffsäuren ähnelt, besonders der altbekannten Salzsäure. Wie diese ist sie ein Gas, welches sich sehr leicht und in Menge in Wasser löst. In Gasform hat sie einen charakteristischen, höchst stechenden Geruch und erregt selbst in kleiner Menge Schwindel und Kopfschmerz, sowie heftige Entzündung der Schleimhäute der Athemwege. Die konzentrirte wässerige Säure enthält etwa 27 pCt. Gas gelöst. Sie wirkt ganz wie starke Salzsäure, z. B. löst sie viele Metalle, wie Eisen, Zink, Kupfer, unter Wasserstoffentwickelung auf. Die so erhaltenen, den Chlormetallen analogen Stickstoffmetalle geben mit Silber- und Quecksilberlösungen Niederschläge, welche Verbindungen dieser Metalle mit Stickstoff sind und sich — ganz ebenso wie die Säure, deren Salze sie vorstellen — durch ungemeine Explosivität auszeichnen. So wurden z. B. die Untersuchungen von Curtius bald nach der Entdeckung der neuen Säure durch die schwere Verletzung eines seiner Mitarbeiter verzögert, und man war seitdem gezwungen, die Versuche nur mit der allergröfsten Vorsicht anzustellen und konnte fortwährend auf eine Detonation gefafst sein. In der That kennt man kein Salz der Stickstoffwasserstoffsäure, welches nicht durch Schlag und Stofs oder wenigstens durch schnelles Erhitzen an der Luft äufserst gewaltsam explodirt.

Bei der grofsen Einfachheit der Zusammensetzung der neu entdeckten Säure mufste von vornherein die Frage interessiren, ob es nicht möglich wäre, dieselbe auf einfacherem, synthetischem Wege darzustellen. Diese Frage ist vor kurzem durch Wislicenus mit günstigem Erfolge gelöst worden, so dafs wir jetzt die Stickstoffwasserstoffsäure durch Operationen erhalten können, welche sich gänzlich auf dem Gebiete der unorganischen Chemie abspielen. Die Synthese erfolgt einfach durch Erhitzen von Natriumamid, d. h. von Ammoniak, in dessen Molekül ein Wasserstoffatom durch Natrium substituirt ist, in Stickoxydulgas (Lachgas). Hierbei bildet sich aus 2 Molekülen Natriumamid und 1 Molekül Stickoxydul je 1 Molekül Aetznatron,

Ammoniak und Stickstoffnatrium, welches letztere ja das Natriumsalz der Stickstoffwasserstoffsäure ist. Die bei etwa 200° erhaltene Schmelze liefert in der That beim Destilliren ihrer Lösung mit verdünnter Schwefelsäure eine wässerige Lösung von Stickstoffwasserstoffsäure. Wenn die letztere durch die neu entdeckte, bedeutend einfachere Darstellungsart dem praktischen Studium und damit dem allgemeinen Interesse näher gerückt erscheint, so ist doch nicht zu vergessen, dafs sie noch in anderer Beziehung Aufmerksamkeit verdient. Ihre Konstitution an sich bietet des Merkwürdigen viel. Wer sich daran erinnert, in wie immenser Weise Kekulés Theorie des Benzolringes — dessen Gedenkfeier vor kurzer Zeit begangen wurde — die Chemie in den letzten 25 Jahren gefördert hat, wird erkennen, dafs alle chemischen Verbindungen, deren ringartige Konstitution wahrscheinlich ist, schon an sich eine reiche Fülle neuer Kombinationen in Aussicht stellen. Sowie der Benzolring uns die Kohlenstoffatome in ihrer merkwürdigsten ringförmigen Verkettung zeigt, bietet die neue Stickstoffwasserstoffsäure uns das erste Beispiel eines Stickstoffringes dar. Wenn dieser auch wegen der geringeren Anzahl der Anziehungen des Stickstoffatoms niemals eine so ungeheure Reihe von Derivaten zu liefern vermag, wie der Kohlenstoffring, so bietet er doch einen höchst interessanten neuen Ausgangspunkt für mannigfache Verbindungen. Seine Entdeckung mufs jedenfalls als ein epochemachendes Ereignifs in der chemischen Forschung bezeichnet werden. Dr. L.

Faulmann, Karl: Im Reiche des Geistes. Illustrirte Geschichte der Wissenschaften. A. Hartlebens Verlag. 1894.

Es ist eine reizvolle Beschäftigung, die Pfade der Wissenschaft rückwärts zu wandeln. Nur zu leicht vergessen wir in dem Gedanken, „wie herrlich weit wir es gebracht", der schweren Kämpfe, welche nöthig waren, den Ideen, die uns heute selbstverständlich erscheinen, zum Siege zu verhelfen. Es wäre auch undankbar von der ihres glücklichen Besitzes sich erfreuenden Nachwelt gehandelt, wollte sie der kühnen Forscher, Erfinder und Entdecker vergessen, deren Erbschaft sie geniesst. So dankenswerth die Aufgabe ist, eine Wissenschaft in ihrer historischen Entwickelung darzustellen, so schwierig ist es freilich auch dem Forscher, die oft dürftig und im Verborgenen fliessenden Quellen aufzustöbern und daraus den breiten Fluss der Geschichte zusammenzusetzen. Der eiserne Fleiss tüchtiger Forscher hat uns für jede Richtung des menschlichen Geistes gute Werke geschaffen, welche die historischen Thatsachen im Zusammenhange darstellen. Wir erinnern an das Sammelwerk „Geschichte der Wissenschaften in Deutschland", das einen kaum jemals im Stiche lässt. So schwierig die Aufgabe ist, eine einzelne Wissenschaft in ihrer Geschichte zu verfolgen, so wird auch die Aufgabe, eine zusammenfassende Geschichte des Wissens in populärer Form zu schaffen, nicht zu unterschätzen sein, und wir müssen hohe Anerkennung dem Fleiss und Geschick des Verfassers zollen, der diese Aufgabe in dem ihm zur Verfügung stehenden Raume von 60 Bogen völlig zufriedenstellend gelöst hat. Es ist natürlich klar, dass Vollständigkeit hier nicht verlangt werden kann. Was von einer solchen zusammenfassenden Darstellung zu verlangen ist, nämlich eine klare Darlegung der Hauptsachen in ihrem Zusammenhange, so zwar, dass man — mit Lessing zu reden — „aus einer Scene in die andere hinüberblicken kann," diesen Ansprüchen genügt das Buch wie kein anderes. Passend ausgesuchte Bilder, welche den oft recht versteckten Quellen entlehnt sind, in guter Reproduktion erhöhen den Werth des Buches und gestalten es zu einem orbis pictus, der in Haus und Schule belehrend wirken möge, wie nur immer sein Urbild, der ebenfalls abgebildete des Comenius, gewirkt hat. Sm.

F. Tisserand: Traité de Mécanique céleste. Tome III. Paris, Gauthier-Villars et fils. 1894.

Der dritte Band dieses grossen, selbstverständlich nur für den Astronomen von Fach und zwar speziell für die mit theoretischen Untersuchungen vertrauten Forscher bestimmten Werkes beschäftigt sich mit der mathematischen Darlegung jener Methoden, welche über die Bewegungstheorie des Mondes aufgestellt worden sind. Der Verfasser geht bis auf die Anfänge der Begründung der „Mondtheorie" durch Newton zurück, erläutert die in der Mitte des vorigen Jahrhunderts von Clairaut, d'Alembert gemachten Bemerkungen und die von Euler gegebenen Lösungen, und demonstrirt dann die von Laplace herrührenden, grundlegenden Erweiterungen des Problems. Im weiteren Verfolg des Gegenstandes werden die Arbeiten aus der ersten Hälfte des gegenwärtigen

Jahrhunderts (Damoiseau, Plana, Poisson, Lubbock, Pontécoulant) besprochen und schließlich die wichtigen Bearbeitungen der Mondtheorie durch Delaunay und Hansen. Diese Darstellungen werden einen trefflichen Führer bilden für jene, welche sich mit der Sache vertraut machen wollen, ohne auf das im vorliegenden Falle sehr zeitraubende Studium der Originalwerke zurückgehen zu müssen. Ein besonderes Kapitel (das 13.) ist der Verfolgung der Arbeiten über die säkulare Acceleration des Mondes gewidmet. Außerdem kommt der Verfasser im Schlußkapitel seines Werkes, wo er über den gegenwärtigen Stand der Mondtheorie spricht, nochmals auf den wahrscheinlichen Betrag der Mond-Acceleration zurück. Er neigt eher zu dem theoretischen Resultate Delaunays (6 Bogensekunden) als zu der Hansenschen Zahl (12"). Newcomb hat, indem er die Beobachtungen der alten Mondfinsternisse bei Ptolemäus, die arabischen Sonnenfinsternisse, die Mondbeobachtungen des Mittelalters, bis auf Hevel und die Pariser des 17. Jahrh., zusammenfaßte, eine Acceleration von 8"6 abgeleitet. Tisserand kommt zum Betrage von etwa 7". Er hebt auch die Arbeit des unterzeichneten Referenten über die Bestimmung der Säkularacceleration aus Sonnenfinsternissen, die vorzugsweise der Zeit nach Christi angehören, hervor und regt die Frage an, ob sich diese mittelalterlichen Finsternisse mit den arabischen des 9. Jahrh. vielleicht unter Zuziehung seiner (Tisserands) Accelerationsbestimmung ohne Zwang vereinigen ließen; Referent wird es sich nicht entgehen lassen, späterhin diese Frage zu beantworten. F. K. Ginzel.

Meyers Konversationslexikon. 5. Aufl. 3. und 4. Band. Leipzig und Wien, Bibl. Institut. 1894.

Aus der Fülle der Artikel der beiden neuesten, vorliegenden Bände des großartigen Universalwerks heben wir diejenigen über „Darwinismus" und „Deutschland" hervor. Dem ersteren Artikel, der noch durch solche über „Mimikry" und „Schutzfärbung" ergänzt werden wird, ist eine neue Farbentafel beigegeben, welche auffällige Beispiele für durch Klima, Jahreszeit, sexuelle Verhältnisse und Bastardirung erzeugte Abänderungen und für Anpassungen an das Wasser- und Schmarotzerleben vor Augen führt. Der zugehörige Text bietet eine wundervolle, knappe Darstellung der Hauptprinzipien der Entwicklungslehre und weist zugleich ausführlich auf die befruchtende Wirkung hin, welche durch dieselbe eine ganze Reihe von Wissenschaften erfahren haben, die es mit den höchstentwickelten Lebewesen zu thun haben, ohne zu den eigentlichen Naturwissenschaften im engeren Sinne gezählt zu werden. Der Artikel „Deutschland" erscheint diesmal statt mit 10 mit 17 höchst instruktiven Kartenbeilagen, wobei unter den neuen hervorgehoben seien die Karten: Nutzbare Mineralien, Klimakarte (vier Einzelkärtchen für Luftdruck, Bewölkung und Regen), Bevölkerungsdichtigkeit, Verbreitung der Juden, Landwirthschaft (vier Kärtchen zur Uebersicht über die Anbau-Verhältnisse der wichtigsten Kulturgewächse), Deutsch-Ost-Afrika. Auch die Konfessionskarte ist mehrfarbig und wesentlich genauer neu hergestellt worden, wobei das starkste Mischungsgebiet (Pfalz) mit einem besonderen Kärtchen bedacht worden ist. Aus diesen wenigen Angaben erhellt, in wie treffender Weise die Naturwissenschaften, entsprechend ihrer heutigen dominirenden Stellung, auch bei der Neubearbeitung des Werkes wieder in erster Reihe berücksichtigt worden sind. F. Kbr.

Verlag von Hermann Paetel in Berlin. - Druck von Wilhelm Gronau's Buchdruckerei in Berlin.
Für die Redaktion verantwortlich: Dr. M. Wilhelm Meyer in Berlin.
Unberechtigter Nachdruck aus dem Inhalt dieser Zeitschrift untersagt.
Uebersetzungsrecht vorbehalten.

Die grofsen Züge im Antlitz der Erde.
Von Dr. Willi Ule in Halle a. d. S.

Das Antlitz der Erde ist ein beliebter Ausdruck unter den Geologen und Geographen geworden, seitdem der bekannte Wiener Geologe Eduard Suefs sein hervorragendes Werk über die Gestaltung der Erdoberfläche unter diesem Titel hat erscheinen lassen. Wie von einer höheren Warte aus hat jener weitblickende Gelehrte die Formen der Erdoberfläche einer Betrachtung unterzogen, das Gesetzmäfsige in ihnen festgestellt und ihr Werden zu erläutern gesucht.

Nicht zum ersten Male sind derartige Gedanken ausgesprochen worden. Schon vor Suefs haben die Heroen auf dem Gebiete des Geisteslebens, wie Alexander v. Humboldt, Carl Ritter, Peschel und andere, in dem Antlitz der Erde die hervorragenden Züge erkannt und ihre Gesetzmäfsigkeit geahnt. Es ist das gleichsam ein Beweis des gewaltigen Fortschrittes unserer Zeit in der Erforschung der Erde. Noch vor 100 Jahren war eine solche Betrachtung der Erde kaum möglich. Erst nachdem die Umrisse der Festländer im grofsen und ganzen durch die kühnen Forschungsreisen am Ende des vorigen Jahrhunderts festgelegt waren, konnten in unseren führenden Geistern Vorstellungen von allgemeinen Gesetzen auch in dem äufseren Aussehen unserer Erde erwachen. Sie sind erwacht, und das Werk eines Eduard Suefs ist das Endergebnifs im Verfolg derselben. Aber allerdings auch zur Zeit ist das Antlitz der Erde noch nicht in allen Zügen uns bekannt. Um die Pole, namentlich um den Südpol, liegen noch weite Gebiete, liegt noch etwa $\frac{1}{20}$ der Erdoberfläche, das bisher unseren Augen verhüllt geblieben ist. Wer vermöchte zu sagen, wie diese Regionen das Gesamtbild unseres Planeten einst verändern werden?

Das Bild der bekannten Erde führt uns heute jeder Globus vor Augen. Allerdings in wie verkleinerter Form! Man macht sich davon oft nicht die rechte Vorstellung. Ein Globus von 1 m Durchmesser ist nur $1/12750000$ der wahren Erdkugel. Dasselbe Verhältnis, auf den Kopf des Menschen angewandt, würde uns ein unsichtbares Staubkörnchen von 17 Millimikronen Durchmesser geben. 1 Millimikron ist aber nur ein Millionstel Millimeter. In einer solchen Verkleinerung können naturgemäfs nur die gröbsten Züge zur Erscheinung kommen. Besser schon dürften unserem Zwecke, ein Bild der Gesamterde zu geben, die grofsen Weltkarten dienen. Allein sie zeigen uns die Länder verzerrt; denn auf ihnen ist die gewölbte Erdoberfläche eingeebnet.

Suefs läfst den Beobachter in der Einleitung seines Werkes auf den Flügeln der Phantasie in den Aether sich erheben, und wir wollen

Fig. 1. Scheinbare Gestalt der Erdoberfläche von einem Luftballon aus gesehen.

D_1, E_1, F_1, H_1 sind die scheinbaren Oerter der der Erdoberfläche angehörigen Punkte D, E, F, H, der Bogen D_1, E_1, F_1, H_1 also die scheinbare Erdoberfläche.

ihm darin folgen. Aber wir müssen zu gewaltiger Höhe aufsteigen, wenn wir nur einigermafsen eine Ansicht der ganzen Erde gewinnen wollen. Ueber 12000 km müssen wir uns vom Erdboden entfernen, wenn wir nur die gleiche Stellung einnehmen wollen, die wir innehaben, sobald wir von unserm 1 m starken Globus zur besseren Uebersicht um 1 m zurücktreten. Es leuchtet da ein, wie wenig unsere Segler der Lüfte, unsere Aeronauten, bei ihren Fahrten von der Erde zu sehen bekommen. Sie werden dabei auch noch von einer sonderbaren Wahrnehmung überrascht; denn die kugelförmige Erdoberfläche erscheint unter ihnen seltsamer- oder sagen wir besser natürlicherweise beckenförmig vertieft. Der Luftschiffer, über dem sich wie über uns die Himmelskugel wölbt, schwebt so gleichsam in einer Hohlkugel. Die Ursache dieser wunderbaren Deformirung der Erdoberfläche liegt in der Wirkung der Atmosphäre, welche die Lichtstrahlen von ihrer geraden Richtung ablenkt. Die Brechung der

Lichtstrahlen läfst ja auch bei Aussichten von hohen Bergen den Horizont gehoben erscheinen. Wir hoffen, durch die vorstehende Figur diese Erscheinung zur genüge anschaulich gemacht zu haben und dürfen darum wohl eine leicht ermüdende Auseinandersetzung uns hier ersparen.

Erheben wir uns nun zu jenen schwindelnden Höhen! An dem Firmament zeigt sich eine kreisrunde Scheibe mit glattem Rand, ohne jede Erhebung und Vertiefung. Ist das in der That unser Planet, der auf den Karten so reich an gewaltigen Gebirgen erscheint? Er ist es; selbst die gewaltige Erhebung eines Gaurisankar von nahezu 9 km ist verschwunden, denn sie ist in der That nur eine winzige Ungleichheit unserer Erdoberfläche. Die Höhe des Gaurisankar macht nur den 700. Theil des Erdradius aus. Auf einem Globus von 1 m Durchmesser würde der höchste Berg nur eine Erhebung von 0,7 mm bilden. Auch hier ist die landläufige Vorstellung meist eine völlig falsche; sie ist irre geleitet durch die vielen überhöhten Reliefgloben, wie überhaupt Reliefdarstellungen, vielleicht auch durch unsere persönliche Unfähigkeit, die horizontalen und vertikalen Verhältnisse des Landes richtig abzuschätzen.

Sollte denn aber nicht wenigstens die in den Schulen uns so eindringlich gelehrte Abplattung der Erde zur Anschauung kommen? Nein, auch diese ist zu gering! Denn nur um rund 21 km ist die Entfernung des Poles vom Mittelpunkt der Erde kürzer als diejenige eines Punktes des Aequators von diesem. Es ist das nur der 300. Theil des mittleren Erdhalbmessers, ein viel zu kleiner Werth, um von unseren schwachen Augen erkannt zu werden. Bei dem Globus von 1 m Durchmesser beträgt die Abplattung nur 1,7 mm. Kein Techniker der Welt vermag eine solche Ungenauigkeit dem Globus mit Absicht fertig zu bringen.

Derartige Betrachtungen müssen uns zweifellos mit Staunen erfüllen über die Leistungen unserer Geodäten, welche solche Unregelmäfsigkeiten in der Gestalt der Erde nachgewiesen haben. Sie verdienen mit Recht unsere volle Bewunderung und Achtung. Denn in den zur Feststellung dieser Thatsachen erforderlichen Messungen und Rechnungen steckt eine gewaltige Arbeit. Dem Laien würde es wirr vor den Augen werden, wenn er solchen Zahlenreihen gegenübergestellt würde. Die Fortschritte der Mathematik ermöglichen aber den Geodäten die Lösung so schwieriger Aufgaben bis zu einer überraschenden Genauigkeit. Dank diesen Arbeiten wissen wir jetzt auch, dafs die Erde überhaupt garnicht einmal eine abgeplattete Kugel, ein

Sphäroid ist. Die ausgedehnten Gradmessungen der jüngsten Zeit haben gezeigt, dafs die durch die Pole um die Erde gelegten Linien keineswegs regelmäfsige Ellipsen darstellen, wie es der sphäroidalen Gestalt der Erde entsprechen würde, sondern dafs die Meridiane an gleichweit von den Polen entfernten Punkten ganz verschiedene Krümmungen aufweisen. Diese wahre, mathematisch undefinirbare Gestalt der Erde bezeichnet man als Geoid. Deformationen zeigen sich besonders auf den Meeren; sie sind hervorgebracht durch die Anziehung der die Meere umgebenden Kontinentalmassen. Es liegt aber hier ein zur Zeit noch viel umstrittenes Feld vor. Denn neuere Beobachtungen deuten darauf hin, dafs diese Wirkung der Kontinente bisher möglicherweise überschätzt ist. Schweremessungen in Gebirgen haben uns zu der Annahme gezwungen, dafs unter solchen Erhebungen der Erde Massendefekte vorhanden sein müssen, da die Schwere sich in denselben nicht gröfser zeigte. Es liegt der Gedanke nahe, dafs ähnlich auch die Erhebungen der Kontinente nicht Anhäufung gröfserer Massen, sondern nur Aufragungen unter gleichzeitiger Auflockerung der Massen bilden. Dadurch wird die Richtigkeit der bisherigen geodätischen Rechnungen freilich etwas in Frage gestellt. Dieselben hatten in der Mitte der Meere Einsenkungen d. h. Abweichungen vom Sphäroid im Betrage von über 1000 m ergeben. Helgoland z. B. würde danach um beinahe 200 m unter dem Meere verschwinden, sobald die Landmasse Skandinaviens und Deutschlands nicht mehr ihre anziehende Kraft auf das Wasser auszuüben vermöchte.

Solche Betrachtungen sind geeignet, uns die Bedeutung der polaren Abplattung der Erde im rechten Lichte erscheinen zu lassen. Es ist ja bekannt, dafs diese Abplattung als ein schwerwiegender Beweis für die Richtigkeit der Kant-Laplaceschen Theorie der Entstehung der Erde gilt. Eine glühend-flüssige Masse, zu welcher sich die Erde aus dem glühend-heifsen Urnebel verdichtet haben sollte, mufs allerdings unter dem Einflusse der Rotation eine starke polare Abplattung erhalten. Thatsächlich ist aber diese Abplattung, wie wir gesehen haben, eine verhältnismäfsig geringe. Mit dem Vorhandensein eines Centralfeuers im Innern der Erde als Rest des einst flüssigen Zustandes läfst sich darum auch Hopkins die gegenwärtige Gestalt der Erde nur dadurch in Einklang bringen, dafs man der jene feurigen Massen umhüllenden Rinde eine ziemlich bedeutende Dicke zuschreibt.

Wenn uns die Physiker nun aber überdies noch lehren, dafs unter hinreichend starkem Drucke alle festen Körper, selbst Stahl und Eisen, sich wie flüssige Körper verhalten, dann kann uns die vorhandene Abplattung der Erde gewifs nicht mehr als zwingende Stütze der Kant-Laplaceschen Theorie von der Entstehung und dem feurigflüssigen Innern der Erde gelten. Es giebt ja auch eine ganze Reihe von bedeutenden Gelehrten, welche die Annahme eines starren Erdinnern für unabweisbar halten, da gewisse Erscheinungen in der Bewegung der Erde, wie Nutation und Präzession, sonst nicht begriffen werden könnten. Allein dem steht mit Recht der Einwand gegenüber, dafs doch die Ausbrüche feurig-flüssiger Masse in den Vulkanen deutlich Zeugnifs ablegen von dem Vorhandensein eines Feuers in den Tiefen der Erde. Um dieser Thatsache Rechnung zu tragen, stellte Hopkins die Hypothese auf, dafs zwischen dem starren Erdkern und der festen Rinde ein brodelndes Lavameer sich befinde. Welche von den vielen Anschauungen richtig ist, das zu entscheiden ist der Wissenschaft bislang nicht gelungen. Alle diese Theorien sind Hypothesen und werden solche bleiben, da uns die Möglichkeit fehlt, in das Innere der Erde zu dringen, um dort die Thatsachen hervorzuholen, welche an Stelle jener Hypothesen die Theorien über das Wesen der Erde stützen sollen.

Zur Zeit wissen wir jedenfalls von dem Erdinnern eigentlich nichts; selbst die tiefsten Bohrungen haben uns nur über

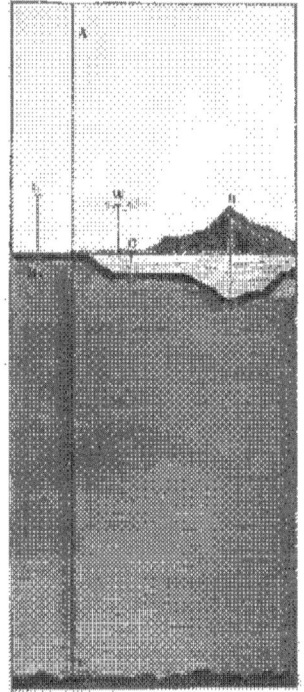

Fig. 2. Durchschnitt der Erdrinde zur Veranschaulichung einzelner Gröfsenverhältnisse.*)

*) Muthmafsliche Dicke der Erdrinde (80 km, E). Gröfste Meerestiefe (8,5 km, M). Gröfste Berghöhe (8,8 km, B). Mittlere Höhe der Kontinente (0,7 km, C). Mittlere Tiefe der Oceane (3,7 km, O). Tiefstes Bohrloch (1,75 km, Bo). Höchste Luftballonfahrt (11,1 km, L). Höchste Wolken (9,0 km, W). Muthmafsliche Höhe der Atmosphäre 200—300 km, A).

das Wesen der äufsersten Rinde unseres Planeten unterrichtet. Das bekannte Schladebacher Bohrloch führt uns nur um $1/4000$ dem Mittelpunkt der Erde näher, das will für unseren Globus von 1 m Durchmesser besagen, dafs wir in denselben eine Stecknadel um etwas über $1/10$ mm tief eingesenkt haben. Daraus auf das Innere unseres Globus Schlüsse ziehen zu wollen, erscheint gewifs unzulässig; es veranschaulicht aber

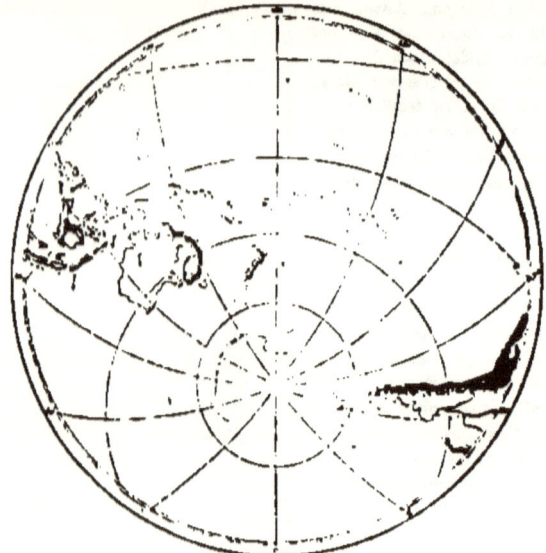

Fig. 3. Ocenaische Erdhälfte

dieses Beispiel sowohl als auch der umstehende Durchschnitt der Erdrinde trefflich, wie wenig Bedeutung wir im allgemeinen den Bohrungsergebnissen beilegen dürfen, wenn es sich um Theorien über das Innere der Erde handelt.

So wichtig für unsere weiteren Erörterungen nun unstreitig auch die Kenntnifs von dem Wesen des Erdinnern und damit von der Erdentstehung ist, so müssen wir doch unser Nichtwissen auf diesem Gebiete offen bekennen, damit wir nicht zu falschen Schlüssen und Vorstellungen verleitet werden. Wenn auch die Kant-Laplacesche Theorie noch heute die meisten Anhänger besitzt, so dürfen wir doch

nie vergessen, dafs auch eine ganze Reihe von Erscheinungen gegen
dieselbe spricht. Wir erinnern nur daran, dafs die Annahme eines
ursprünglich glühend-heifsen Nebels sich kaum vereinbaren läfst mit
den Gesetzen der modernen Wärmetheorie, wonach einem solchen
Zustand auch die intensivste Molekularbewegung entspricht. Da will es
uns fast wahrscheinlicher dünken, dafs der uranfängliche Zustand gerade
ein solcher war, in dem niedere Temperatur und darum geringe Mole-

Fig. 4. Kontinentale Erdhälfte.

kularbewegung herrschte. Aus dieser Form des Urzustandes läfst
Nordenskiöld in der That den Erdball entstehen. Aber wir wollen
nicht zu weit abschweifen von unserm Thema. Ueber dem Ursprung
der Erde lagert eben ein undurchdringlicher Schleier.

Wenden wir den Blick aus unserer schwindelnden Höhe
wieder zur Erde. Dunkle und helle Gebiete treten aus der Scheibe
hervor. Es sind die Festländer und die Meere, welche diese Un-
gleichmäfsigkeiten bewirken. Und wenn wir genauer hinschauen und
die Erde einen vollen Tag hindurch betrachten, so werden wir sehr

bald einen der hervorstechendsten Züge derselben erkennen, nämlich das Ueberwiegen der Wasserfläche. Beinahe $^6/_7$ der Erde ist wasserbedeckt und nur $^1/_7$ fällt dem Lande zu. Diese Ungleichheit würde noch mehr in die Augen fallen, wenn die Festländer einheitlicher gestaltet wären, wenn nicht die reiche Gliederung derselben das Bild verwischte. Aber auch so schon erkennt man die Unermefslichkeit des Weltmeeres, besonders wenn man hinblickt auf die gewaltige Fläche des Grofsen Ozeans.

Des Weiteren erscheint auf dem Bilde der Erde als ein auffallender Wesenszug die eigenartige, ungleichmäfsige Vertheilung von Wasser und Land. Um den Nordpol herum schaaren sich förmlich die Kontinente, nach Süden nehmen sie mehr und mehr an Umfang ab, bis sie

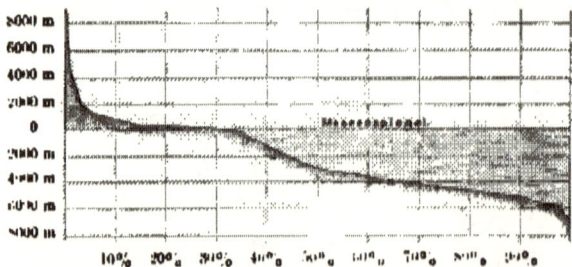

Fig. 5. Areal der Höhen- und Tiefenstufen in Prozenten der gesammten Erdoberfläche.

nur noch schmale Keile zwischen ausgedehnten Meeresflächen bilden. Unter geeigneter Wahl anderer Pole kann man auf Grund dieser Eigenthümlichkeit die Erdoberfläche gut in eine Wasser- und in eine Landhemisphäre theilen. Der Pol jener würde bei Neuseeland, der Pol dieser etwa bei London zu suchen sein.

Noch schärfer tritt der Gegensatz zwischen Wasser und Land hervor, wenn wir ihre Volumina mit einander vergleichen. Nur 680 m beträgt nach den neuesten Berechnungen die mittlere Höhe der Kontinente, während die Becken der Meere im Mittel 3650 Meter tief sind (siehe Fig. 2), so dafs diese also das 25-fache Volumen der Kontinente ausmachen. Berechnen wir das den einzelnen Höhen- und Tiefenstufen zugehörige Areal, so bekommen wir ein noch deutlicheres Bild von dem Ueberwiegen des Wassers auf der Erde.

Die vorstehende Fig. 5 veranschaulicht nach Supan dieses Verhältnifs. In Prozenten der Erdoberfläche sind die den einzelnen Höhen- und

Tiefenstufen entsprechenden Areale berechnet, und die erhaltenen
Werthe so eingetragen, dafs die vertikalen Linien den Höhen, die
horizontalen den Prozenten der Erdoberfläche entsprechen. Das Bild
giebt somit das mittlere Relief des Festlandes und des Meeres, also
der Krustenoberfläche unseres Planeten. Uns fällt bei dem Anblick
desselben der Gegensatz in dem Verlauf der Linie oberhalb des
Meeres und unterhalb desselben auf. Oberhalb des Wassers ist sie
koncav, unterhalb konvex gekrümmt. Es gemahnt uns das daran,
dafs hier verschiedene Kräfte thätig sein müssen, die der Krustenoberfläche, also auch dem Antlitz der Erde, kennzeichnende Züge auf-
prägen. Von allen Kräften, welche die Erdoberfläche gestalten, ist
aber die Erosion des fließenden Wassers allein diejenige, welche nur
auf dem meeresfreien Kontinente zur Wirkung kommt. Jene eigenthümliche Form des mittleren Reliefs oberhalb des Meeres mufs demnach als Folge dieser betrachtet werden, was in Einklang steht mit

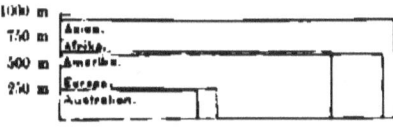

Fig. 6. Mittlere Höhe der Kontinente im Querschnitt flächengleicher Quadrate.

der Erfahrung, dafs auch in dem Verlauf jeder einzelnen Erosions-
rinne diese Form wiederkehrt.

Trotz der Verschiedenheiten der Mittelwerthe zwischen Land-
höhe und Meerestiefe zeigt sich nun seltsamerweise in den Maximal-
werthen für die Erhebung des Landes und die Einsenkung des
Meeresgrundes eine auffallende Harmonie. Bis zu 8800 m ragt der
Gaurisankar im Himalaya auf; erst in 8500 m erreicht das Loth im
Stillen Ozean den Boden. (S. Fig. 2.)

Könnten wir das Meer wegnehmen, dann würden uns in
den Zügen des Erdantlitzes weitere Eigenthümlichkeiten entgegentreten. Dem rauhen, unebenen Festland steht ein nahezu horizontaler,
im allgemeinen nur sanft gewölbter Meeresboden gegenüber. Steil erheben sich aber aus demselben die Kontinente selbst. Sie erscheinen
wie Plateaux, die dem Meeresboden aufgesetzt sind, einheitlicher und
nicht mehr so mannigfach gegliedert, wie uns die Karte die Festländer
darbietet. Meeresbecken und Kontinentalerhebungen sind demnach
zwei Wesenszüge der Erdoberfläche, wir möchten sagen erster Ordnung.

Jene Mannigfaltigkeit ihrer thatsächlichen Gestaltung ist erst eine Erscheinung zweiter Ordnung. Die brandenden Wogen des Meeres, die nagende ununterbrochene Arbeit des fliessenden Wassers und die Thätigkeit der im Erdinnern verborgenen Kräfte haben uns diese geschaffen.

Der Gleichförmigkeit der ozeanischen Becken entspricht auch eine gewisse Gleichheit der mittleren Tiefe in den einzelnen Ozeanen. Der seichteste Ozean, der Atlantische, weicht mit seiner mittleren Tiefe von 3300 m nur um 540 m von derjenigen des tiefsten Ozeans, des Indischen, ab. Der Pazifische mit 3600 m hält etwa die Mitte zwischen beiden. Auf den Kontinenten ist, wie Fig. 6 lehrt, von solcher Harmonie nichts zu finden. Dem 260 m hohen Australien steht Asien mit 960 m mittlerer Erhebung gegenüber. Afrika und Amerika ragen nahezu gleich auf; das erstere hat eine mittlere Höhe von 620, das letztere eine solche von 610 m. Europa mit seinen weiten Flachländern erreicht trotz der vielen Hochgebirge nur 290 m im Mittel. Die Gebirge sind eben im Vergleich zur horizontalen Ausdehnung des gesamten Erdtheils verschwindend kleine Gebilde, kleine Steinhaufen auf der weiten Tenne der Kontinentalflächen.

Meeresräume und Festlandsplateaux bilden in ihrem Gegensatz das Antlitz der Erde. Das Thatsächliche dieses Gegensatzes ist lange erkannt; aber eine Erklärung der Entstehung desselben ist gleichwohl bis heute nicht gelungen. Und doch wissen wir, dafs hier Erscheinungen vorliegen, deren völlige Erkenntnifs von tiefgehender Bedeutung für die gesamte Wissenschaft von der Erde ist. Dieses Bewufstsein hat den menschlichen Geist denn auch nicht ruhen lassen; zahlreiche Versuche, das Geheimnifs der Natur zu entschleiern, liegen vor; die hervorragendsten Forscher haben ihre Kraft an diesem Problem erprobt. Allein was auch darüber gesagt worden ist, es gehört in das Reich der Hypothesen. Ein Fortschritt auf diesem Gebiete der Forschung ist aber nur möglich, wenn wir uns frei machen von allem Hypothetischen und uns nur an Thatsachen halten. Thatsache ist der orographische Gegensatz von Meeresbecken und Festlandsplateau, von Einsenkung und Erhebung in der Oberfläche der Erde.

(Schlufs folgt.)

Die Vorarbeiten für den Bau der Gotthardbahn. Absteckung und Durchschlag des Gotthard-Tunnels.
Von Professor Dr. C. Koppe am Polytechnikum in Braunschweig.
(Fortsetzung.)

II. Bestimmung der Absteckungselemente des Gotthard-Tunnels.

In der praktischen Geometrie spricht man allgemein von der Festlegung und der Absteckung "gerader Linien" und "Richtungen", versteht aber darunter nicht sowohl Linien, bezw. Richtungen im mathematischen Sinne, sondern stets die durch dieselben gelegten Vertikalebenen. Man steckt eine "Linie" ab durch senkrecht aufgestellte Signalstangen, aufgehängte Senkel etc., welche alle in der durch die Linie gelegten Vertikalebene sich befinden und nur diese, nicht aber eine bestimmte mathematische Linie festlegen. Man sagt, der Gotthardtunnel ist "geradlinig", er bildet aber durchaus nicht die gerade Verbindungslinie zwischen den Endpunkten bei Airolo und Göschenen, sondern der Tunnel steigt von beiden Stationen aus gegen die Mitte, um dem Wasser einen Abfluss zu gestatten, und auch hier bedeutet "geradlinig" nur in einer durch beide Endpunkte gelegten Vertikalebene gelegen. "Gerade Linie", "Richtung", "geradlinig" etc. sind abgekürzte Bezeichnungen zur bequemeren Ausdrucksweise bei geodätischen Arbeiten.

Ganz ähnlich ist es bei der Winkelmessung. Man spricht von dem Winkel zwischen zwei Punkten in Bezug auf einen dritten, zwischen zwei Visirstrahlen, zwischen zwei Richtungen etc., versteht aber darunter nicht diesen Winkel selbst, sondern den Winkel, welchen die durch sie gelegten Vertikalebenen im Horizonte des Scheitelpunktes, bezw. der Beobachtungsstation einschliessen.

Wollte man den Winkel selbst messen, so müsste man den getheilten Kreis jedesmal in die durch die beiden Visirstrahlen gelegte Ebene bringen, was früher wirklich geschah.

Das hauptsächlichste Winkel-Messinstrument der neueren Geodäsie, der Theodolit, ist aber so eingerichtet, dafs sein „Horizontalkreis" stets im Horizonte der Station liegt, und auf diesen werden die Visirstrahlen projizirt. Hierzu mufs die Absehlinie des Fernrohres beim „Kippen", d. h. beim Auf- und Abbewegen desselben um seine „horizontale Axe" eine vertikale Ebene beschreiben, was der Fall ist, wenn die Horizontal-Axe genau horizontal liegt und die Absehlinie des Fernrohres auf ihr senkrecht steht. Da das Instrument auch um eine vertikale Umdrehungsaxe gedreht werden kann, so läfst sich jede Richtung einstellen, um dieselbe direkt auf den horizontalen Theilkreis zu projiziren und an ihm abzulesen.

Wenn in einem Dreiecke die drei Winkel gemessen werden und die drei Eckpunkte verschiedene Höhe haben, so mifst man den „Horizontalwinkel" zwischen je zwei Strahlen durch Projektion derselben auf den Horizont der zugehörigen Station. Man erhält somit drei verschiedene Horizonte, welche aber, wenn man die Erde als Ebene betrachtet, parallel sind. Man kann dann das Dreieck als in einer gemeinsamen Projektions-Ebene liegend behandeln und berechnen.

Alle geodätischen Messungen werden zur Berechnung oder zur graphischen Darstellung auf eine mathematische Erdoberfläche bezogen. Die wahre mathematische Erdoberfläche wird definirt als eine geschlossene Fläche, welche in jedem ihrer Punkte senkrecht zur Schwerrichtung steht. Diese Fläche hat eine zu verwickelte Gestalt, um sie in geschlossener Form durch einen mathematischen Ausdruck darstellen zu können. Als erste Näherung nimmt man für dieselbe die Fläche eines Rotationsellipsoides, ersetzt diese aber für viele Zwecke ausreichend genau durch die Annahme einer Kugelfläche. Bei allen Aufnahmen kleinerer Gebiete, wie solche für technische und wirthschaftliche Pläne in Betracht kommen, begnügt man sich im allgemeinen, wenn von den Höhenmessungen zunächst abgesehen wird, mit der Berechnung und Darstellung in einer Ebene.

Die drei Winkel eines ebenen Dreiecks ergänzen sich zu 180°. Im Kugeldreiecke hingegen beträgt ihre Summe 180° plus sphärischer Excefs. Dieser hängt ab von der Gröfse der Dreiecksfläche und zwar in der Art, dafs er dieser proportional ist. Er beträgt z. B. für ein sphärisches Dreieck von 100 qkm Flächeninhalt sehr nahe eine halbe Sekunde und ist daher allgemein gleich 0,"005 f, wenn f den Flächeninhalt in qkm bedeutet. Bei der Triangulation zur Bestimmung der Axe des Gotthardtunnels wurde der sphärische Excess der Dreiecke entsprechend berücksichtigt. Diese Berücksichtigung ist aber eine sehr einfache, denn ein sphärisches Dreieck kann zur Berechnung seiner Seiten wie ein ebenes behandelt werden, wenn man jeden seiner drei Winkel um $\frac{1}{3}$ des sphärischen Excesses vermindert.

Bei der Ermittelung von Höhenunterschieden durch trigonometrische Höhenmessung wird die Berücksichtigung des Einflusses der Erdkrümmung schon bei verhältnismäfsig geringen Entfernungen nothwendig, da der Abstand des scheinbaren Horizontes einer Station von der kugelförmig gedachten Erdoberfläche derart mit der Entfernung vom Berührungspunkte wächst, dafs derselbe in Metermafs ausgedrückt gleich 0,068 (Ekm)² wird, wenn man die Entfernung E in km zählt und zugleich auch den Einflufs der Strahlenbrechung berücksichtigt. Diese Korrektion beträgt demnach auf 1 km Entfernung 6,8 cm, auf 10 km Entfernung aber bereits 6,8 m. Bei der Bestimmung der Axe des Gotthardtunnels wurden aufser einem geometrischen auch zwei trigonometrische Nivellements ausgeführt, auf welche wir später noch zurückkommen werden.

Hat man sich einmal klar gemacht, was man in der Geodäsie unter Abstecken von Linien und Messen von Winkeln versteht, so ist der Vorgang sowohl bei der Festlegung, wie auch bei der Absteckung der Tunnelaxe leicht zu verstehen. Die Absehlinie des Fernrohres eines richtigen Theodoliten beschreibt bei der Auf- und Niederbewegung desselben eine vertikale Ebene, und es wird daher keine Schwierigkeit machen, eine bestimmte Vertikalebene mit ihm abzustecken und durch feste Punkte, bezw. Signale zu bezeichnen. Ist die Vertikalebene, in welche das Fernrohr mit Hülfe der Signale gebracht wurde, diejenige der Tunnelrichtung, so braucht man nur dem Fernrohr eine horizontale Richtung zu geben, um an der ihm gegenüber befindlichen Felswand den Punkt zu bezeichnen, wo die Arbeiten für den Tunnel zu beginnen und einzudringen haben, wenn der Tunnel horizontal fortgeführt werden soll. Ist derselbe aber geneigt, so mufs das Fernrohr so gestellt werden, wie es der Steigung des Tunnels entspricht. Diese wird bestimmt durch technische Rücksichten, sowie den Höhenunterschied der Endpunkte, welcher genau vorher zu ermitteln ist.

Durch allmähliches weiteres Abstecken der Linie in den Tunnel hinein mit dem Fortschreiten der Arbeiten bekommt man immer mehr feste Punkte im Tunnel selbst, welche in der Axe desselben durch genaues Einrichten und Einnivelliren festgelegt werden und nun ihrerseits zur weiteren Verlängerung der Axe in der bestimmten Richtung und Höhenlage im Tunnel benutzt werden können. Mifst man zugleich die Entfernung vom Ausgangspunkte, so erhält man den jeweiligen Fortschritt und wird auch beurtheilen können, wieviel noch zu durchbohren bleibt, wenn man ihn von der ganzen Tunnellänge abzieht. Diese mufs ebenfalls vorher durch die oberirdischen Messungen genau bestimmt, bezw. berechnet sein.

Durch die oberirdischen Vermessungsarbeiten müssen demnach bestimmt werden: die vertikale Richtungsebene des Tunnels, der Höhenunterschied seiner beiden Ausgangspunkte und die horizontale Entfernung derselben. Diese drei Gröfsen bilden die Elemente für die Absteckung des Tunnels.

Bei dieser selbst ist dann die oberirdisch ermittelte und festgelegte Richtung im Innern des Tunnels festzuhalten unter steter Kontrole der Steigung durch geometrisches Nivellement und der Entfernung von den Ausgangspunkten durch direkte Messung der Länge. Alle Messungen und Berechnungen, welche sich auf die Richtung und die Länge des Tunnels beziehen, werden so behandelt, wie sich die Beobachtungen gestalten nach ihrer Projection auf eine gemeinsame Horizontalebene, welche in der mittleren Höhe des Tunnels liegend gedacht wird.

Was zunächst die oberirdische Absteckung und Festlegung einer geraden Linie betrifft, so gestaltet sich diese am einfachsten, wenn der eine Endpunkt vom andern aus sichtbar ist. Man stellt das Instrument in dem einen auf, richtet sein Fernrohr auf den andern und kann dann beliebig viele Zwischenstationen einweisen, sowie durch Pfähle, Signalstangen, Steinpfeiler etc. dauernd bezeichnen. Liegt zwischen den beiden Endpunkten der abzusteckenden Geraden ein Hindernifs, welches eine direkte Visur vom einen zum anderen nicht zuläfst, so mufs man sich durch Näherungsmethoden helfen, oder ein indirektes Verfahren einschlagen. Das erstere geschah am Mont-Cenis, das letztere beim Gotthardtunnel.

Die Absteckungsarbeiten für den Mont-Cenis-Tunnel begannen im Sommer 1857. Nachdem man die Stellen in der Natur aufgesucht und bezeichnet hatte, wo der Tunnel beginnen und wo er endigen sollte, wurde von dem einen Punkte bei Fourneaux auf der Nordseite eine gerade Linie in der muthmafslichen Richtung nach dem anderen Punkte bei Bardonêche über das zwischenliegende Gebirge abgesteckt. Diese erste Linie ging aber ziemlich weit oberhalb von dem Orte vorbei, wo der Tunnel auf der Südseite herauskommen sollte. Eine nach der ersten berichtigte zweite Linien-Absteckung kam dem verlangten Punkte schon näher, und eine dritte genügte den gestellten Anforderungen insoweit, als sie durch beide in Aussicht genommene Mundlöcher des Tunnels ging. Hierdurch war eine provisorische Linienabsteckung des Tunnels herbeigeführt, und man konnte nun dazu übergehen, seine Axe definitiv festzulegen.

Im folgenden Jahre wurde hierzu auf dem höchsten Punkte des zwischenliegenden Gebirges, auf dem Grand Vallon, ein Observatorium errichtet, in ihm ein grofser Theodolit aufgestellt, sein Fernrohr auf

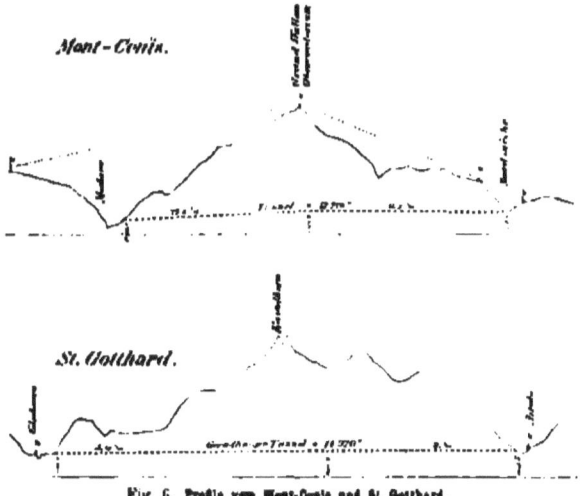

Fig. 6. Profile vom Mont-Cenis und St. Gotthard.

den nördlichen Ausgangspunkt des Tunnels eingestellt, dann durchgeschlagen und ein Punkt auf der Südseite des Berges scharf eingerichtet in seine Visirlinie, d. h. in die durch den Nordpunkt und das Observatorium gelegte Vertikalebene. Diese Operation wurde so oft und von verschiedenen Beobachtern wiederholt, bis man überzeugt sein konnte, dafs die drei erwähnten Punkte genau in derselben Vertikalebene, oder kürzer gesagt, in einer Linie lagen. Dies einmal festgestellt, war es dann ein Leichtes, eine hinreichende Anzahl von Zwischenpunkten und unter diesen auch die beiden Observatorien gegenüber den Endpunkten des Tunnels in derselben Vertikalebene zur Absteckung des letzteren zu errichten.

In gleich einfacher Art und Weise konnte die oberirdische Absteckung und Festlegung der Richtung des Gotthard-Tunnels nicht ausgeführt werden. Zwischen seinen beiden Ausmündungen erhebt sich das Gotthard-Gebirge bis nahezu 3000 m Meereshöhe und gerade in die Linie fallen zwei Grate des Kastelhorns, welche nahezu gleich hoch und nur wenige hundert Meter von einander entfernt sind. Der eine versperrt dem andern die Aussicht vollständig, und wenn auch später, nach Festlegung der Tunnelaxe, eine oberirdische Absteckung versucht und im Interesse einer möglichst direkten Kontrole sowie der geologischen Aufnahmen, so gut es eben ging, durchgeführt wurde, so hat dieselbe doch nicht den mindesten Einfluſs gehabt auf die Richtungsbestimmung zum Ausbau des Tunnels. Hierzu war die direkte Absteckung zu ungenau und muſste daher ein indirektes Verfahren eingeschlagen werden.

Miſst man in einem Dreiecke mit den Eckpunkten 1—2—3 die drei Winkel und eine Seite 1—2, so kann man die beiden anderen Seiten berechnen. Fügt man dem ersten Dreiecke ein zweites hinzu, welches mit ihm die Seite 2—3 gemeinschaftlich hat, und miſst auch seine Winkel, so kann man weiter aus der Seite 2—3 die Seiten 2—4 und 3—4 berechnen. Fährt man in gleicher Weise mit der Bildung weiterer Dreiecke fort in der Art, daſs jedes folgende Dreieck mit dem vorhergehenden eine Seite gemeinsam hat, so kann man nach Messung der nöthigen Winkel das ganze so entstehende Dreiecknetz berechnen und auftragen. Verbindet man dann den letzten Punkt (l) mit dem ersten (1), so ist auch die Lage der Verbindungslinie 1—l gegen die Dreieckseiten, sowie ihre Länge bestimmt, bezw. zu berechnen. Sind 1 und l die Tunnelmündungen, bezw. ihnen gegenüber befindliche Signalpfeiler oder Observatorien, so ist auch die Tunnelaxe nach Richtung und Länge festgelegt und kann dann zum Baue des Tunnels direkt weiter benutzt werden, vorausgesetzt, daſs auch der Höhenunterschied der Punkte 1 und l ermittelt wurde.

Stellt man in 1 und l einen Theodoliten auf, richtet sein Fernrohr so, daſs es auf eines der dort sichtbaren Signale einsieht, und dreht das Instrument dann um den berechneten Winkel zwischen ihm und der Tunnelaxe, so befindet sich seine Visirlinie in der durch die Punkte 1 und l, d. h. durch die Tunnelaxe gelegten Vertikalebene, welche nunmehr durch Signale, feste Marken etc. für den weiteren Gebrauch dauernd bezeichnet werden kann.

Die Länge des Tunnels ergiebt sich, wenn man von den Punkten 1 und l bis zu seinen beiden Mundlöchern miſst und diese Maſse von der berechneten ganzen Länge 1—l abzieht.

Eine analoge Art der Dreieckamessung wird zur Bestimmung fester Punkte jeder guten Landesaufnahme und gröfseren Vermessungsarbeit zu Grunde gelegt, wie bereits früher erwähnt wurde, und auch am Gotthard wurde das zur Bestimmung der Tunnelaxe über das Gebirge gelegte Dreiecksnetz nach Norden und Süden als feste Unterlage für die ganzen zur Projektirung und zum Baue der Bahn nothwendigen

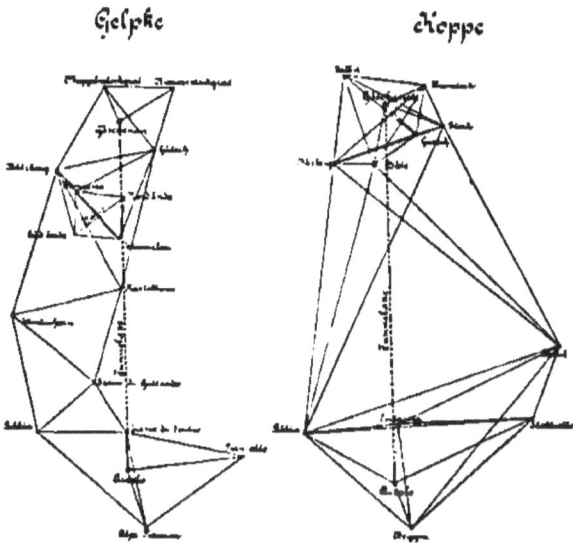

Fig. 7. Triangulation von Gelpke und Koppe.

Aufnahmen bis zu den angrenzenden Seen fortgesetzt, mit einer jeweiligen Genauigkeit der Winkelmessung, welche dem Zwecke der Arbeiten angepafst war.

Die Bestimmung der Richtung des Gotthardtunnels wurde durch zwei von einander unabhängige Triangulationen ausgeführt, um volle Sicherheit und Genauigkeit zu erzielen. Die erste machte O. Gelpke, Ingenieur des eidgenössischen Stabsbureaus, im Sommer 1869 im Auftrage des Gotthard-Comités. Nachdem im Verein mit dem

Ingenieur Koller und Landammann Müller die Mundlöcher des Tunnels bei Göschenen und Airolo in der Natur aufgesucht und hinreichend genau fixirt waren, errichtete er ihnen gegenüber zwei Steinpfeiler und verband dieselben durch ein über das Gotthardgebirge gelegtes Dreiecksnetz. Es bestand der Hauptsache nach aus 11 aneinander gereihten, möglichst gleichseitigen Dreiecken, deren Winkel durch 24malige Repetition bestimmt wurden. Gelpke hat seine Arbeiten im „Civil-Ingenieur", Jahrgang 1870, ausführlich mitgetheilt. Ueber die erreichte Genauigkeit schreibt er summarisch:

„Im Hauptdreiecksnetze, bestehend aus 11 Dreiecken mit 33 Winkeln, ist die Summe aller Fehler + 9,6 und — 6,6 Sekunden, also mit einiger Wahrscheinlichkeit 3,6 Sekunden."

Um für sein Dreiecksnetz eine Längenbestimmung zu erhalten, maß Gelpke im Sommer 1872 in der Ebene von Andermatt eine Grundlinie von etwas mehr als 1,4 km Länge mit einem besonderen Basismeßapparate, welcher unter Beihülfe des Professor Wild in Zürich von ihm konstruirt worden war. Derselbe bestand im wesentlichen aus 3 Meßlatten von gut getrocknetem Tannenholz, etwas über 3 Meter lang, an deren Enden seitwärts Messingplättchen von 5 cm Länge eingelassen waren, von ihrer Mitte als Nullpunkt der Latte aus auf 2 cm in halbe Millimeter auf Silber eingetheilt. Beim Gebrauche wurden diese Meßlatten in der Vertikalebene der Basis auf untergesetzte Böcke aneinander gelegt, so daß ihre Endplättchen sich berührten und zur genauen Maßbestimmung jedesmal abgelesen werden konnten. Die Neigung der Latten wurde durch einen aufgesetzten Gradbogen ermittelt und in Rechnung gebracht. Durch Vergleichung der 3 Latten auf der eidgenössischen Aichstätte in Bern mit dem dortigen Normalmeter wurde die absolute Länge derselben bestimmt. Die Resultate der zwei Basismessungen waren 1430,535 und 1430,510 m. Dieselben unterscheiden sich um 2,5 cm. Der mittlere Fehler beträgt hiernach 1 bis 3 cm und, da die Tunnellänge nahe zehnmal größer ist, für diese 1 bis 2 dcm, abgesehen von der Uebertragung durch die Winkelmessung und etwaigen konstanten Fehlereinflüssen. Bei den geringen Fehlern in den Dreiecksabschlüssen und der genauen Vergleichung der Latten auf dem Aichamte in Bern wird dieser Betrag nicht erheblich gewesen sein und konnte die Tunnellänge jedenfalls als innerhalb eines Meters genau bestimmt angesehen werden.

Das durch die Messung in der Ebene von Andermatt in einer Höhe von 1440 m über dem Meere erhaltene Längenmaß wurde auf die mittlere

Meereshöhe des Tunnels, welcher etwas mehr als 300 m tiefer liegt, reduzirt und mit Hülfe des Basisnetzes zunächst eine Dreiecksseite des Hauptnetzes und weiter die Entfernung der Signale Göschenen und Airolo daraus abgeleitet.

Um den Höhenunterschied dieser beiden Signale als drittes Element für die Absteckung des Tunnels zu erhalten, führte der Ingenieur Benz im Auftrage der schweizerischen Gradmessungs-Kommission zwischen den genannten beiden Punkten ein Präzisions-Nivellement über den Gotthard aus. Bei den Präzisions-Nivellements der internationalen Erdmessung soll der mittlere Fehler pro km Längenausdehnung nicht mehr als 3 mm in der Ebene und nicht mehr als 5 mm im Gebirge betragen. Nimmt man die Länge des Weges über den Gotthardpaß von Göschenen nach Airolo zu 25 km an, so darf die Unsicherheit der Höhenbestimmung, da der mittlere zufällige Fehler mit der Quadratwurzel aus der Länge eines geometrischen Nivellements zunimmt, nicht mehr als $5 \sqrt{25}$ oder 25 mm betragen.

Eine solche Genauigkeit ist natürlich für die Bauausführung des Tunnels mehr wie ausreichend, und daß dieselbe thatsächlich erreicht wurde, geht aus den späteren Vergleichungen deutlich hervor.

Im Jahre 1872 konstituirte sich die Gotthardbahn-Gesellschaft und berief zur Leitung der Arbeiten den badischen Baurath Gerwig. Dieser verlegte den Gotthardtunnel gegenüber dem früheren Projekte in der Art, daß die südliche Mündung desselben bei Airolo rund 150 Meter weiter westlich zu liegen kam, während die Lage des nördlichen Einganges nahe ungeändert blieb. Zugleich ordnete Gerwig eine neue, von der ersten ganz unabhängige Bestimmung der Richtung des Gotthardtunnels an und beauftragte damit den Schreiber dieser Zeilen. Nachdem diese Arbeit infolge eines Beinbruches, den ich im Frühjahr 1873 durch den Sturz in eine Eis- und Schneespalte bei Airolo erlitt, für das genannte Jahr vereitelt worden war, konnte dieselbe im Frühjahr 1874 zur Ausführung gelangen.

Das zur Verbindung der den beiden neuen Tunnelmündungen gegenüber errichteten Signalpfeiler über das Gebirge gelegte Dreiecknetz zeigt Fig. 7. Da der Zweck der Triangulation in erster Linie die Richtungsbestimmung für den Tunnel war, so erschienen möglichst große Dreiecke unmittelbar geboten, um ohne viele Zwischenstationen von einem Endpunkte zum anderen zu gelangen, welche dann durch eine größere Anzahl kleinerer Dreiecke an die tiefer liegenden Endstationen, die keine weite Aussicht gestatten, angeschlossen werden mußten. Zugleich wurden zahlreiche Zwischenverbindungen gelegt und mitbeobachtet, um gleichsam mehrere Dreiecksnetze zu einem Gesamtresultate mit entsprechend erhöhter Genauigkeit zu vereinigen. — Mitte Juni war der im vorhergehenden Winter reichlich gefallene Schnee soweit zurückgegangen, um auf den leichter zugänglichen Punkten mit dem Aufsuchen der Stationen und dem Setzen der Signalpfeiler beginnen zu können.

Nach Beendigung der Signalbauten begann die Winkelmessung, welche ihrerseits, wenn auch nicht ohne Unterbrechungen und Schwierigkeiten, bis zum Spätherbste zu Ende geführt werden konnte. Was dieselbe im Vergleich zu anderen Triangulationsarbeiten in weniger gebirgigen Gegenden wesentlich erschwerte, war der Umstand, dafs die Messungen auf Bergen ausgeführt werden mufsten, doppelt so hoch als das höchste Gebirge in Deutschland, auf Gipfeln, zu denen weder Weg noch Steg hinaufführt, deren blofse Besteigung häufig nicht ohne Gefahr ausführbar, von Touristen als besondere Leistung angesehen wird, und doch sollte oben für den Beobachter erst die eigentliche Arbeit beginnen, auf die er alle Aufmerksamkeit konzentriren mufste, um einen Grad der Genauigkeit zu erreichen, welcher der Aufgabe entspricht. Einige der Berge waren so weit von allen menschlichen Wohnungen entfernt, dafs die nach ihrer Besteigung zu den Beobachtungen noch verwendbare Zeit viel zu knapp bemessen gewesen wäre beim jedesmaligen abendlichen Abstieg; es blieb daher nichts übrig, als in mitgeführten leichten Zelten oder im Freien nach Art der Gemsjäger unter einem grofsen Steinblocke in einem Sacke in Höhen zu übernachten, in denen die Temperatur auch im Hochsommer nicht selten unter den Gefrierpunkt sinkt und frischer Schneefall in jedem Monate des Jahres vorkommt. Die schlimmsten Feinde sind Wind und Nebel. Zu einem Signal bin ich vierzehnmal hintereinander bei ganz klarem Himmel und unten ruhiger Luft rein vergeblich hinaufgestiegen, weil der über die Spitze hinfegende Sturmwind ein Beobachten daselbst unmöglich machte. Zur Besteigung des östlichsten Dreieckspunktes, des Piz Borel, einer Bergspitze in dem wilden Gletschergebiete auf der Grenze zwischen Uri, Graubünden und Tessin, nahezu 2000 Meter über Airolo, gebrauchte ich 7 Stunden. Bitter war dann die Enttäuschung, wenn nach einem schönen hellen Tage der Ankunft beim Erwachen am anderen Morgen dichter Nebel das Zelt umhüllte und jede Aussicht versperrte. Trat dann noch schlechtes Wetter ein, so war der Aufenthalt in jenen einsamen und unwirtblichen Höhen, in einem Zelte, in welchem man kaum aufrecht zu zweien sitzen konnte, geradezu trostlos. Es machte sich nach und nach eine solche Abspannung, Erschlaffung, ich möchte beinahe sagen, Rath- und Muthlosigkeit geltend, wenn das schlechte Wetter tagelang anhielt, dafs man glauben sollte, alle Lebenslust und Energie verloren zu haben. Nur der eine Gedanke blieb dann übrig, du mufst ausharren, wenn du deine Arbeit zu Ende führen willst, bis es vielleicht gar zu arg wurde und uns zur nächsten, immerhin noch mehrere Stunden entfernten Sennhütte zurücktrieb.

Die Messungen wurden nach Art der Satz- oder Richtungsbeobachtungen ausgeführt, bei welcher Methode alle von einer Station

Fig. 8. Zelt im Gebirge.

aus sichtbaren Signale der Reihe nach erst rechts herum, dann links herum eingestellt und die zugehörigen Kreisablesungen jedesmal aufgeschrieben werden. Das Mittel der Beobachtungen bildet dann einen Satz. Solcher Sätze wurden auf jeder Station, um möglichste Gleichmäfsigkeit und Genauigkeit zu erreichen, je 20 gemessen, mit Ausnahme einer einzigen, da hierzu die Zeit nicht mehr ausreichte. Im Winter wurde dann das ganze Netz ausgeglichen, wobei sich ergab, dafs die Tunnelrichtungen auf den beiden Endsignalen in Göschenen und Airolo gegen die dort sichtbaren Signale bis auf 1" genau festgelegt waren. Der Abweichung von einer Sekunde im Winkel entspricht aber auf die ganze Länge des Tunnels eine Querverschiebung von noch nicht 0,1 Meter. Diese Genauigkeit war also unter allen Umständen ausreichend, zumal eine Vergleichung der beiden ganz unabhängig von einander ausgeführten Triangulationen nur eine Abweichung von 2—3 Sekunden auf jeder Seite zeigte.

Zugleich mit den Richtungsbeobachtungen hatte ich auch eine trigonometrische Höhenmessung zwischen den Dreieckspunkten vorgenommen, weniger um den Höhenunterschied der Endsignale den Tunnelmündungen gegenüber, als um die Höhen aller Signale zu erhalten zur Vergleichung mit umfangreichen Barometermessungen, welche ich auf allen Stationen ausführte. Auch diese trigonometrische Höhenmessung stimmto, wie die seiner Zeit von Gelpke ausgeführte, bis auf rund 1 dm mit dem geometrischen Nivellement zwischen Göschenen und Airolo überein.

Um für mein Dreiecksnetz eine Längenbestimmung zu erhalten, schlofs ich dasselbe durch Winkelmessungen an 7 Dreieckspunkte der Gelpkeschen Triangulation an und leitete hieraus die Entfernung aller meiner Signale und auch der Endpunkte Airolo und Göschenen ab. Eine Wiederholung der Längenbestimmung, welcher als Absteckungselement des gradlinigen Tunnels die geringste Bedeutung beigemessen wurde, erschien unnöthig. Gelpke hatte seine Basismessung in Andermatt, wie bereits erwähnt, zweimal ausgeführt, auch noch anderweitig kontrolirt und das Resultat auf die mittlere Höhe des Tunnels reduzirt. Nach den von ihm berechneten rechtwinkeligen Koordinaten seiner Dreieckspunkte konnte ich nach geschehenem Anschlusse die Entfernung der Signalpfeiler in Airolo und Göschenen leicht berechnen. Dieselbe ergab sich zu 15852.1 m mit einem mittleren Fehler von einigen Dezimetern.

Die Resultate meiner Messungen sind ausführlich mitgetheilt in der Zeitschrift für Vermessungswesen, Jahrgang 1875 und 1876.

Um eine möglichst direkte Kontrole der durch die Triangulation ermittelten Tunnelrichtung zu erhalten, wurde auch für diese im Sommer 1875 eine oberirdische Absteckung über das Gotthardgebirge vorgenommen. Da aber, wie bereits früher bemerkt, die beiden Grate des Kastelhorns, welche in der Tunnelaxe nur wenige hundert Meter von einander entfernt und nahezu gleich hoch sind, einer dem anderen die Aussicht vollständig versperren, so konnte dieser oberirdischen Absteckung keine solche Genauigkeit gegeben werden, dafs sie für die thatsächlich ausgeführte Absteckung des Tunnels irgendwie in Betracht käme, weshalb wir uns auch hier auf die Mittheilung des Resultates beschränken, dafs die beiderseits verlängerten Tunnelrichtungen bei ihrem Zusammentreffen oben auf dem Kastelhorngrate eine Abweichung von nur wenigen Dezimetern zeigten, was vollständig ausreichend erschien.

Dagegen dürfen wir eine astronomische Azimutbestimmung der beiden Tunnelrichtungen und Polhöhenbeobachtungen in Göschenen und Airolo hier nicht unerwähnt lassen, um die durchaus irrige Auffassung und Behauptung, dafs bei der Absteckung des Gotthardtunnels durch Vernachlässigung von Lothablenkungen etc. Fehler in der Längenbestimmung verursacht worden seien, entsprechend zu widerlegen und zu berichtigen.

Wenn von einem Punkte der Erdoberfläche die geographische Lage nach Länge und Breite bekannt ist, und aufserdem das Azimut und die Länge seiner geodätischen Verbindungslinie mit einem zweiten Punkte, so kann hieraus auch die geographische Lage des letzteren, sowie das Azimut der Richtung von dem zweiten nach dem ersten Punkte berechnet werden. Es bildet diese Art der Berechnung der geographischen Koordination eine der Hauptaufgaben der höheren Geodäsie.

Wenn also in Airolo die Polhöhe, welche gleich der geographischen Breite ist, sowie das Azimut der Tunnelrichtung durch astronomische Beobachtungen bestimmt wurden, so konnte mit der durch die Triangulation gefundenen Länge, Signal Airolo—Signal Göschenen, sowohl die Polhöhe von Göschenen wie auch das Azimut der Richtung Göschenen—Airolo berechnet worden. Bestimmte man dann weiter die letzten beiden Gröfsen auch direkt durch astronomische Beobachtungen, so ergab die Vergleichung der Azimute, ob die beiden Tunnelrichtungen einer geraden Verbindungslinie der Signale Airolo und Göschenen entsprachen, und die Vergleichung der Polhöhen die durch das Gotthardgebirge im Meridian verursachte Lothablenkung.

Um die genannten Beobachtungen mit einer entsprechenden Genauigkeit ausführen zu können, überliefs mir die schweizerische geodätische Kommission der europäischen Gradmessung ein 15zölliges Ertelsches Universalinstrument und ein ausgezeichnetes Marinechronometer. Im August und September 1875 wurden dann in Airolo sowohl wie in Göschenen zu den Azimutbestimmungen Durchgangsbeobachtungen des Polarsterns in Verbindung mit solchen mehrerer dem Aequator naher Sterne in gröfserer Zahl auf den Observatorien angestellt und hieraus die Azimute der beiderseitigen Tunnelrichtungen abgeleitet.

Von Norden gezählt wurde erhalten für das Azimut

Airolo-Göschenen			Göschenen-Airolo		
355°	55'	6,3"	175°	54'	30,3"
		6,5			27,0
		7,8			27,9
		7,1			30,7
		8,1			29,4
		7,8			28,4
355°	55'	7,3"	175°	54'	29,0"

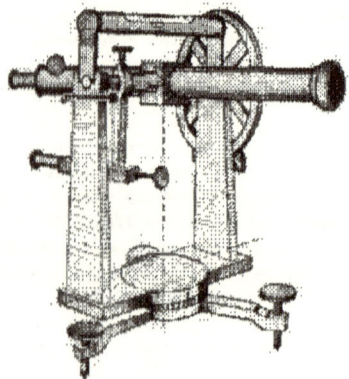

Fig. 9. Grosses Durchgangs-Instrument.

Die so ermittelten Azimute entsprechen innerhalb einer Bogensekunde einer geradlinigen Verbindung der beiden Observatorien durch die trigonometrisch bestimmte Tunnelaxe.

Zur Bestimmung der Polhöhen wurde ausschliesslich der Polarstern benutzt, da es weniger auf die absolute Polhöhe selbst, als auf eine genaue Ermittelung des Unterschiedes der Polhöhen der beiden Tunnelobservatorien ankam. Auf jeder der beiden Stationen wurden 200 Zenithdistanzen des Polarsterns gemessen in Serien von je 20 Beobachtungen. Diese ergaben für die Polhöhe von

	Airolo			Göschenen	
46°	31'	34,35"	46°	40'	16,09"
		34,38			16,39
		34,70			15,46
		35,24			17,92
		32,25			14,70
		35,95			18,58
		35,15			14,30
		34,08			15,38
		33,17			16,02
		34,71			14,40
46°	31'	34,40"	46°	40'	15,92"

Berechnet man die geographische Breite von Göschenen aus derjenigen von Airolo, dem beobachteten Azimute Airolo—Göschenen und der durch die Triangulation ermittelten Entfernung Airolo—Göschenen = 15862,1 m, so wird dieselbe 9,"4 kleiner, als wenn dieselbe aus den astronomischen Beobachtungen direkt bestimmt wurde. Diese 9",4 sind also der Betrag der durch Massenanziehung des Gotthardgebirges verursachten Lothablenkung.

Da einer Breitensekunde auf der Erdoberfläche eine Länge von einigen dreifsig Metern entspricht, so sind 9",4 nahezu gleich 300 m Längenausdehnung. Um diesen Betrag von rund 300 m würde man demnach die Tunnellänge fehlerhaft erhalten haben, wenn man dieselbe auf astronomischem Wege und ohne Berücksichtigung der Lothablenkung ermittelt hätte, wie dieses behauptet worden ist. Abgesehen aber davon, dafs keines von beiden der Fall war, wurde dieselbe, wie gezeigt, durch Basismessung und Triangulirung viel genauer bestimmt, als dies auf astronomischem Wege überhaupt hätte erreicht werden können, auch unter Berücksichtigung aller durch Massenanziehungen verursachter Störungen. Es wird auch wohl niemals ein Ingenieur auf den absonderlichen Gedanken kommen, für technische Bauausführungen eine Länge astronomisch zu bestimmen, wenn er dieselbe viel genauer auf geodätischem Wege ermitteln kann.

Eine ganz andere Frage würde die sein, ob die Lothablenkungen, deren Vorhandensein ja durch die Polhöhenbestimmungen in Airolo und Göschenen nachgewiesen wurde, die Winkelmessung so beinflufst haben, dafs daraus ein Fehler in der Längenübertragung von der Andermatter Basis auf das Hauptnetz und die Entfernung der Signale Airolo und Göschenen entstehen konnte. Diese Frage ist unzweifelhaft berechtigt, aber es ist leicht nachzuweisen, dafs auch hier der Einflufs der Lothablenkungen viel zu gering war, um in Betracht zu kommen.

Die Lothablenkung beeinflufst die Winkelmessung in folgender Art und Weise. Die Umdrehungsaxe des Theodoliten wird mit Hülfe der Wasserwage, welche stets rechtwinklig zur wahren Schwerrichtung steht, vertikal gestellt und die Absehlinie des Fernrohres beschreibt beim Auf- und Abbewegen dann eine Vertikalebene, welche durch das wahre Zenith geht. Das gilt auf jeder Station, und alle Visirrichtungen werden so auf den Horizont ihrer Station projizirt.

Bei der Berechnung aber des Dreiecksnetzes mufs, wie wir früher bereits gesehen haben, eine bestimmte mathematische Erduberfläche als gemeinsame Projektionsfläche zu Grunde gelegt werden. Sind nun grofse Lothablenkungen vorhanden und die Visirstrahlen gleichzeitig stark gegen den Horizont geneigt, so müssen die unmittelbar auf den Horizont jeder Station projizirten Richtungen eine weitere Correction erhalten zur Projektion auf die gemeinsame Projektions- und Berechnungsfläche, denn sonst ist z. B. bei Annahme einer gemeinsamen Kugelfläche für letztere die Rechnung mit sphärischen Dreiecken nicht statthaft. Das wird sich naturgemäfs auch in den „Dreieckswidersprüchen" zu erkennen geben, denn diese können der Bedingung, dafs die Winkelsumme gleich 180° + sphär. Excefs wird, dann nicht mehr genügen.

Eine derartige Berücksichtigung der Lothablenkungs-Verbesserungen setzt eine Bestimmung der Lothablenkungen selbst voraus, welche entweder durch astronomische Beobachtungen, oder durch Berechnung der Massenanziehung aus der Form und der Dichtigkeit der in Betracht kommenden Bergmassen bewerkstelligt werden kann. Die letztere Methode ist weniger sicher, da bekanntlich auch in ganz ebenen Gegenden starke Lothablenkungen vorkommen, bisweilen stärkere wie im Gebirge. Die erste Methode wurde in Airolo und Göschenen angewendet und für die Lothabweichung im Meridian noch nicht 10" erhalten. Hätte senkrecht zum Meridian eine stärkere Ablenkung stattgefunden, was schon die Gestalt des Gebirges unwahrscheinlich machte, so hätte ihr Einflufs bei der Winkelmessung und Azimutbestimmung hervortreten müssen, da auf den beiden Endstationen die Richtungen am stärksten geneigt sind. Dann mufsten aber auch die sphärisch berechneten Dreiecksschlüsse grofse Widersprüche zeigen, und konnte der mittlere Fehler der beiderseitigen Tunnelrichtungen nicht so klein,

d. h. kleiner als eine Sekunde werden. Hierdurch war ein irgendwie in Betracht kommender Einfluſs der Lothablenkung auf die Richtungsbestimmung ausgeschlossen, und damit auch auf die Längenübertragung.

Eine weitere Berücksichtigung, bezw. Bestimmung der Lothablenkung am Gotthard, als sie durch die Polhöhenbestimmung mit der Azimut-Kontrole, namentlich aber die Form des zweiten Dreiecksnetzes mit den vielen Richtungen auf jeder Station ausgeführt wurde, wäre somit ganz zwecklos gewesen.

Ein interessantes Beispiel von Lothablenkung zeigt das Tessiner Basisnetz der schweizerischen Gradmessungstriangulation, berechnet vom Ingenieur Scheiblauer, mit welchem ich die Ausgleichung des Hauptnetzes z. Zt. zusammen ausführte, veröffentlicht im 6. Bande der Publikationen der schweiz. geodätischen Kommission. In dem genannten Netze zeigten sich so starke Widersprüche bei den Dreiecksschlüssen, dafs man auf grofse Lothablenkungen schliefsen muſste. Die darauf angestellten astronomischen Bestimmungen ergaben dann auch Beträge derselben bis zu einigen zwanzig Sekunden, also mehr als das Doppelte wie am Gotthard. Trotzdem war der Gesamteinfluſs dieser Lothablenkungen auf die aus der Tessiner Basis abgeleitete Hauptdreiecksseite Ghiridone-Menone von mehr als 38 km Länge nur 0,75 m, d. h. noch nicht $^1/_{50\,000}$.

Also auch diese Untersuchungen und Berechnungen ergaben nur Beträge, welche für die praktische Bauausführung des rund 15 km langen Gotthardtunnels nicht mehr in Betracht kommen, und somit ist der Vorwurf, daſs bei der Bestimmung der Absteckungselemente für ihn durch Nichtberücksichtigung der Lothablenkungen Fehler in der Tunnellänge entstanden seien, welche fünfundzwanzig mal gröſser waren, durch nichts gerechtfertigt. Ihren wahren und sehr einfachen Grund werden wir später nach Besprechung der Absteckung im Tunnel darlegen.

(Fortsetzung folgt.)

Das Tomako-Thal. (Originalzeichnung von W. Kranz.)

Das Wunderland der neuen Welt.
Reisebetrachtungen über die Entstehung eines Erdtheils.
Nach seinem Vortrage im wissenschaftlichen Theater der Urania
bearbeitet von Dr. M. Wilhelm Meyer

(Fortsetzung)

Nur wenige Stunden haben wir zu fahren, um vor einer Landschaft von überwältigender Grofsartigkeit zu stehen, wo jeder Fels ein Dokument ist, das uns von wildesten Bewegungen der Erdrinde Zeugnifs ablegt: Das Yosemite-Thal!

Welch ein Anblick! Ein Maler, der aus der ganzen Welt alle gewaltigsten, effektvollsten und lieblichsten Gebirgsscenerien, wie sie hie und dort vereinzelt angetroffen werden, in einer einzigen Komposition zusammenfassen könnte, würde diesen wahren Theatercoup der Natur noch nicht erreichen! Wir sehen in eine schwindelnd tiefe, breite Kluft, nicht in eine Klamm oder Schlucht, die eng und finster wäre; nein, die starren, grau-granitenen Wände, tausend Meter zu unseren Füfsen jäh abstürzend, sind von einander 1 bis 3 Kilometer entfernt; sie lassen Luft und Licht zur Genüge ein, um unten einen paradiesischen Garten zu erzeugen, wie ihn nur das herrliche Klima von Californien hervorzuzaubern vermag! Steilwände von tausend Metern (El Capitan)! Man stelle sich vor, dafs die erschreckende Martinswand sich nur um die Hälfte dieser Höhe über den Inn erhebt, während man doch drei Kölner Dome auf einander thürmen mufs, um die letztere darzustellen! Zu beiden Seiten stürzen Wasserfälle in die Tiefe, die gröfsten auf der Erde. Einer derselben mifst an Höhe ein Drittel mehr als der eben genannte Dom! Der Fall breitet seinen an 20 m breiten Wasserstrahl im Winde weifsflatternd aus, wie den bräutlichen Schleier einer Riesin. Man hat ihn deshalb den Brautschleierfall genannt. Auf der gegenüberliegenden Seite stürzt in drei Absätzen der Yosemite-Fall aus einer Höhe von 790 Metern in das Thal hinab!

470

Und immer weiter bis in den blauschimmernden Hintergrund schieben sich die vielgestaltigen, steinernen Kulissen hinter einander; zum Himmel ragen breite Granitdome (Norddom), so etwa, wie sie für norwegische Landschaften charakteristisch sind. Einer derselben aber ist mitten durchgeschnitten, abgesplittert wie Glas! Die stehengebliebene

El Capitan im Yosemite-Thal.

Hälfte wölbt sich rund, die andere Seite ist völlig verschwunden: Eine senkrecht mehrere hundert Meter abfallende, wie abgeschliffene Wand zeugt mit vielen anderen Felsformen des Thales davon, dass hier eine entsetzliche Katastrophe ganz plötzlich eingegriffen haben muss.

Wie wenig auch die heutige wissenschaftliche Ueberzeugung den Katastrophen hold ist, und so zweifellos wir auch alle wissen, dass die langsame, stufenweise Entwickelung nur Dauerndes auf allen Gebieten schaffen kann, müssen wir hier doch eine Ausnahme konstatiren und annehmen, dafs diese jähe Kluft während einer plötzlichen Zuckung des Bodens, vielleicht im Laufe weniger Sekunden, krachend aufrifs, so dafs Berge in der schwindelnden Tiefe verschwanden, als seien es nur Phantome gewesen! —

Yosemite - Fall.

Jenes stille, grüne Flüfschen, der Merced, welches dort unten am Fufse fast diamanthartes, uralter Steilwände fliefst, kann diese Schlucht nun und nimmer ausgewühlt haben. Selbst wenn wir annehmen würden, dafs es einst zehnmal soviel Wasser geführt haben sollte, ist solche Wirkung von ihm unmöglich. Mit Schichtungen, die sich einst aus ihm selbst absetzten, hat das Wasser leichteres Spiel; es schneidet tiefe Cañons darin ein. Aber die Wände derselben stehen dann niemals so senkrecht und glatt abgeschliffen da; es entstehen Böschungen. Terrassen, ragende Säulen, Schutthalden, wie wir sie in dem grofsen Colorado-Cañon vor uns sahen.

Als aber das Fürchterliche geschehen war, da kam der stille Merced und umspülte das chaotische Trümmerwirrsal, welches die Kluft unten verstopft hatte; er trug Erdreich herbei und verkittete damit die Lücken und Fugen zwischen den Blöcken, bis die ebene Thalsohle geschaffen war. Nun, da diese klaffende Wunde tief im Herzen der Sierra zu vernarben begann, konnte das Paradies hier aufwuchern, das heute seine immergrünen Kränze um die starre Stein-

Nerides. (Original-Aufnahme.)

wildnifs flicht. Sie versöhnen wieder völlig mit jener Schroffheit der Felslandschaft; sie bilden die harmonische Auflösung eines allzu mächtigen Akkordes.

Dort unten überrascht uns auf jedem Schritt eine neue, liebreizende Scenerie. Die eindrucksvollste ist die des Spiegelsees.

Kristallklares Wasser, versteckt in üppigster Urwaldwildnifs, umrahmt von granitenen Bergsplittern, welche einst von den himmelhohen Felswänden herabgedonnert sind und nun keinen Windhauch eindringen lassen, der die silberhelle Spiegelfläche auch nur leichthin kräuseln könnte! Stolze Cedern mit ihren braunen Stämmen und schöne Laubbäume steigen mitten aus dem seichten Wasser auf, und jedes Löchlein, das ein Wurm genagt, ist in dem Spiegelbilde dort unten wiedergezeichnet! Im Hintergrunde aber erhobt sich, vom blauen Himmel mit seiner senkrechten Linie scharf im Profil abgegrenzt, ein ungeheurer Absturz weit über die Gipfel der höchsten Bäume unserer Umgebung und spiegelt seine trotzige Stirn gleichfalls in diesem stillen Auge des Waldes. —

Wieviel Schönes umfasst doch das kleine Erdenrund, aber wie

Der Spiegelsee. (Original-Aufnahme.)

wenig davon war uns noch vor einigen Jahrzehnten bekannt! Kaum vierzig Jahre sind verflossen, seitdem der erste weisse Mensch der jungfräulichen Schönheit dieser wilden, lieblreizenden, trotzigen, berückenden Natur gegenüberstand. Vorher hatten sich nur einige Indianer, die stumpfsinnigsten ihres Stammes, von denen noch jetzt einige hier unterhalten werden, in diese Wildnifs gewagt, die nur mit mannigfacher Lebensgefahr zu erreichen war. Denn neben den Gefahren des Abstiegs drohte hier das grimmigste Raubthier Nordamerikas, der

Grizzly - Bär, in der Indianersprache „Semite" genannt, — das dem Namen des Thales vorgestellte „Yo" bedeutet „gross". Auch heute noch kommt diese räuberischste und gröfste aller Bärenarten in der Umgegend des Yosemite-Thales häufig vor.

Und all diese Schönheit bestand Jahrtausende lang umsonst, da es keine empfindenden Geschöpfe gab, welche ihrer geniefsen konnten! Oder sollen wir glauben, dafs auch noch andere Geschöpfe als der Mensch imstande sind, den Zauber der Schönheit zu empfinden? — Von berückender Wirkung ist es, wenn der stille Mond seine ersten flimmernden Strahlen hinter der himmelstürmenden Wand hervorsendet und inmitten dieser abendlichen, duftorfüllten Waldeinsamkeit die Welt sich verdoppelt. Eine andere, stiller und schöner wie die dort oben, scheint sich alsdann unter uns auszubreiten! — Kann es ein ergreifenderes Ausklingen jener erschütternden Symphonie schöpferischer Naturkräfte geben? Wie wundersam heilt die Allschöpferin doch alle die Wunden, welche sie schlagen mufste, um der Vollendung die Wege zu bahnen!

Aber nicht überall konnte die Natur so schnell jene Wunden vernarben lassen, welche sie dem Erdkörper bei der Geburt eines Welttheiles rifs. Wo die Falten der Planetenhaut sich am höchsten thürmten, und das Erdreich zu spröde war, um sich biegen zu können, da barst schliefslich die Erdscholle längs einer solchen Gebirgsfalte bis in ihr tiefstes Innere auf, und das glühende Blut des Erdkörpers quoll daraus hervor. Eine Reihe feuersprühender Berge thürmen sich längs der fürchterlichen Spalte als Geschwüre auf, welche den bösartigen Charakter dieser klaffenden Wunde bekunden. So sehen wir in der That längs der grofsen Gebirgsfalten der Cordilleren Vulkanketten aufgereiht. Im Felsengebirge zwar ist ihre Thätigkeit bereits wieder fast ganz erloschen, und nur ein entzückendes Nachspiel derselben sind die Wunder des Yellowstone-Parkes, den wir noch zu besuchen haben. . Auch die schneeigen Vulkanhäupter der Sierra grollen nur noch zuweilen, ohne gröfsere Ausbrüche zu zeitigen. Aber die mächtige Spalte unter den Sandwich-Inseln ist noch offen, und im Wirkungskreise des gröfsten Vulkans der Erde, auf Hawaii, brodelt ein ganzer See aus flüssigem Gestein, der seine Quellen in jenem gewaltigen Risse findet. Wir wollen ihm, ehe wir unsere Rückreise antreten, einen flüchtigen Besuch machen.

Ein See aus Feuer (siehe Titelbild)! Nirgend sonst in der Welt sieht man ein ähnliches Wunder wieder, wie gerade hier auf diesem

Der Feuersee auf Hawaii

mächtigen Vulkanberge, der sich inmitten des größten Meeresbeckens der Welt einst aus dem Wasser hob! Welch sinnverwirrende Kontraste! Die unversöhnlichsten Feinde im Umkreise der Natur, Feuer und Wasser, sie umschlingen einander hier! Nur 1200 m tiefer wogt das ewige Meer, das seit Jahrmillionen Herr geworden ist über das Gluthenmeer, welches einst die Erde rings umfluthete; hier oben aber scheint ein letzter Rest desselben übrig geblieben zu sein, und wir können uns bei seinem Anblick eine Vorstellung davon machen, wie unser Wohnsitz einstmals aussah, ehe er so schön, so vollkommen sich ausgestaltete, dafs an Stelle solcher brodelnden Feuerseen der Spiegelsee treten konnte, in dessen landschaftlichen Reizen unsere Erinnerung noch verloren ist!

Dieser Lavasee, dessen Ausdehnung 300 zu 300 m beträgt, befindet sich im Innern des Kraters Kilauea, der sich seinerseits am Fuße des größten thätigen Vulkans der Erde, des Mauna-Loa, erhebt. Man kann zu diesem Wunder — „Haus des Feuers", „Hale-maumau" nennen die Eingeborenen diesen See — auf bequemen Wegen ganz gefahrlos gelangen; und nur einen Spaziergang weit von diesem Beobachtungspunkte entfernt, von dem man einen Einblick in die tiefsten Geheimnisse des Erdinnern gewinnt, befindet sich ein mit allem amerikanischen Luxus ausgestattetes Hotel.

Langsam steigt und fällt das Niveau des Gesteins, welches hier flüssig wie Wasser in dem fürchterlichen Kessel wogt. Auch seine Glut scheint jeweilig zu erkalten und sich wieder anzufachen. Offenbar liegen die feurigen Quellen dieses Sees im tiefsten Innern der Erde, bis zu welchem die Kälte des Weltraums noch nicht vordringen konnte, um seine von Urbeginn feurigen Fluthen erstarren zu lassen. Denn gehört auch diese flüssige Lava nicht zu der allerheißesten, welche man aus Vulkanen quellen sah, — sie besitzt etwa nur eine Hitze von tausend Graden — so könnte sie sich doch nicht beständig so heiß erhalten, wenn ihre Massen sich nicht fortgesetzt aus unterirdischen Feuerkanälen erneuerten. In der That finden solche ganz augenfälligen Erneuerungen häufig statt. Immer wenn man die Oberfläche deutlich erkalten sieht und eine Kruste darüber entsteht, welche der freien Bewegung der Feuermassen ein Hindernifs entgegenstellt, bricht die unterirdische Gewalt sich in Form einer mächtigen Feuerfontäne Bahn.

Aber was sind diese feurigen Springbrunnen von 18—20 m Höhe gegen die unbeschreiblich imposanten Ausbrüche des Riesen in der Nähe, des Mauna-Loa, der im Monat Februar 1852 einen Strahl flüssigen

Gesteins 200 m hoch emporwirbelte, dafs in der Nacht das Land davon meilenweit taghell beleuchtet wurde? Oft stürzten diese wochenlang wiederholt aufdonnernden Riesen-Feuerfontänen ganz senkrecht empor und ebenso wieder zurück, nachdem der gewaltige Ueberdruck ausgelassen war; oft auch quollen die feurigen Massen über, riesige Lavaströme bildend, welche sich mit wildem Getöse und fürchterlichen Explosionen bis ins nahe Meer ergossen. Fliehen wir die unheimliche Nähe Loben vernichtender Gewalten, die nur das Fundament mit rauher Hand zu schmieden hatten, auf dem die Natur der zarten Blüthe des Lebens ein schönes Haus errichtete, und eilen wir wieder wirthlicheren Erdstrichen zu.

Nach San Francisco zurückgekehrt, begeben wir uns wieder in den Eisenbahnwagen, der uns nun drei volle Tage zu beherbergen hat, um uns eiligen Fluges längs der schönen Sierra nach Norden hin und dann wieder zurück nach dem Westabhange des Felsengebirges zu tragen.

Zunächst fahren wir den Sacramento hinauf, hier, je mehr wir ins Gebirge hinaufsteigen, ein immer schneller zwischen thonblau schimmernden Felsufern strömendes, reizendes Flüfschen.

Die Berge steigen kräftiger an, und wir begegnen bald der romantischen Felslandschaft der sogenannten Castle-Crags; 1200 m ragen diese Felszinnen über die umgebende Landschaft empor.

Üppige Waldung, zumeist aus fremdartigen, immergrünen Bäumen, Laub- und Nadelholz parkartig zusammengesetzt, umgiebt uns auf dieser herrlichen Gebirgsfahrt. Aromatische Kräuter senden ihre erquickenden Düfte bis zu uns in den nach allen Seiten hin offenen Beobachtungswagen.

Wie reizvoll durchbricht dort das leuchtende Grün des Waldbodens ein schneeweifses Geäder von Quellen! Aber dies sind keine gewöhnlichen Quellen. Der Zug hält einen Augenblick an, und wenn wir aussteigen wollten, könnten wir uns davon überzeugen, dafs hier echtes, stark kohlensäurehaltiges Sodawasser aus der Erde strömt.

Mitten in lebensfrischer Natur werden wir durch diese heilbringenden Quellen, deren es nur auf einstmals vulkanischem Boden giebt, an jene unheimlichen Mächte erinnert, in deren brodelnde Werkstatt wir vor kurzem noch grauenerfüllt blickten. Die ganze Sierra und auch die Gebirgszüge, welche sie nach Norden und Süden fortsetzen, sind ja bekanntlich von Vulkanen besetzt, die ihre schneebedeckten Häupter nicht weniger hoch erheben, wie der gewaltige Mauna-Loa auf Hawaii, das heifst bis zu Montblanc-Höhe und theils noch darüber. Einem dieser Bergriesen werden wir binnen kurzem begegnen. Aber längs der ganzen Sierra sind die einstmaligen Feuerberge als nahezu erloschen zu betrachten; nur wo in den südlichen Cordilleren die Vulkane wieder näher ans Meer treten, ist ihre Feuerthätigkeit noch vehement.

Der gleichen Erscheinung begegnen wir auf der ganzen Erde, dafs nämlich alle thätigen Vulkane stets nur am Meeresstrande aufgefunden werden, und wo davon eine solche Ausnahme stattfindet, bestätigt sie eben nur die Regel. Man wird auch dort einstmals die

Sisson mit dem Mount Shasta. (Original-Aufnahme.)

Verbindung mit einem grofsen Wasserreservoir ganz gewifs entdecken. Wir müssen also annehmen, dafs das Aufreifsen einer solchen ungeheueren Spalte längs eines entstehenden Gebirgszuges noch nicht genügte, um Vulkane ausbrechen zu lassen. Es mufste in den Rifs auch Wasser in grofsen Mengen strömen können, das, sich mit den aufquellenden Gluthströmen verbindend, im schrecklichen Ringkampfe der beiden mächtigsten und einander feindseligsten Elemente allein so über alle Beschreibung unbändige Katastrophen heraufzubeschwören vermochte, wie diese vulkanischen Explosionen, welche Felsblöcke meilenhoch in die Lüfte schleudern und Land und Meer über ganze Erdtheile hin erzittern lassen.

Inzwischen sind wir bei einem dieser gewaltigsten Feuerberge einer vergangenen Erdperiode angekommen; es ist der schneebedeckte

Mount Shasta. Er bleibt nur 400 m unter Montblanc-Höhe, ist also 4400 m hoch. Einige heifse Quellen auf seinem Gipfel, der die Form eines ungeheueren Kraters noch völlig bewahrt hat, und einige Löcher, aus denen Schwefeldämpfe aufsteigen, sogenannte Fumarolen, sind die einzigen Ueberbleibsel einer früher zweifellos ganz unvorstellbar grofsartigen Thätigkeit. Unter anderem legt hiervon ein schwarzer Bergkegel Zeugnifs ab, welcher sich vor dem weifsen Gipfel, mit ihm eigenthümlich kontrastirend, erhebt, der Black Butte. Er war offenbar ein Nebenkrater des Gewaltigen. Sein Gipfel erhebt sich um nicht weniger als 800 m über die Thalsohle, und der ganze Berg besteht nur aus vulkanischer Asche, welche er einst ausgeworfen hat.

Portland. (Original-Aufnahme.)

Noch an manchen ähnlichen erloschenen Feuerbergen fahren wir inzwischen vorüber.

Dafs alle diese Berge jetzt ruhen und sich in einem nahezu gleichen Abstande von 200—300 Miles vom heutigen Meeresstrande entfernt befinden, ist für uns ein neuer Beweis, dafs sich der ganze Erdstrich, seit jene Vulkane erloschen, um diese Strecke von etwa 300 Miles aus dem Meere emporgehoben haben mufs. Damals, zur Tertiärzeit, als sich die Cordilleren aufwölbten, geschah ein fürchterliches Zerreifsen der Erdscholle über den ganzen Kontinent hinweg; westlich stürzte eine mächtige Scholle in die Tiefe des Grofsen Ozeans, und seine Fluthen umarmten mit wilder Gier das plötzlich blosgelegte, glühende Innere der Erde, das nun, befreit von dem Drucke überlagernder

Schichten, von unten, von der Seite, von überall her dem aufkochenden Meere entgegenquollt! Wir begreifen wohl, dafs sich in so wilden Paroxismen solche Reihen von mächtigen Feuerbergen bilden mufsten! Vor Portland tritt uns abermals einer derselben vor Augen. Es ist der Mount Helens, ca. 3000 m hoch. Dafs wir uns nun schon bedeutend weiter nach Norden begeben haben, beweist die beinahe bis an den Fufs des mächtigen Kegels reichende Schneedecke, welche seine gleichmäfsig zu beiden Seiten abfallenden Konturen wie ein mächtiges Dreieck vom blauen Himmel abhebt; ein ganz eigenartiger Anblick! Wir befinden uns hier in Portland, das schon nahezu am Meere liegt,

Livingston. (Original-Aufnahme.)

um acht Breitengrade nördlicher als am Ausgangspunkte unserer Sierrafahrt, San Francisco. Dieses liegt etwa unter derselben Breite mit den nördlichsten Punkten Afrikas, jenes mit Mailand unter demselben Parallel. Die kalte Meeresströmung aber, welche die pacifische Küste bestreicht, bewirkt auf der ganzen Linie eine Verschiebung der klimatischen Verhältnisse, derart, dafs die Verhältnisse von Portland wohl etwa mit denen unserer Breiten übereinstimmen.

Von einer Anhöhe in der Nähe von Portland sieht man noch drei andere, ganz ähnliche Gipfel mit ihren schneeigen Pyramiden aufragen, den Mount Hood, Adams und Takoma. Letzterer ist der höchste von ihnen und kommt dem Mount Shasta gleich. Vierzehn mächtige Gletscherströme wälzen sich heute von seinem breiten Rücken, von welchem ehemals noch mächtigere Ströme gluthflüssigen Gesteins niederdonnerten, in die Ebene herab: Wie seltsam wechseln doch die Zeiten, und wie vielartig kleidet sich die Natur in immer andere, grofsartig schöne Gewande!

Auf unserer Weiterreise, die sich nun heimwärts nach Osten wendet, den herrlichen Columbia-Strom hinauf, begegnen wir liberall den Spuren von meilenbreiten Lavaströmen, die sich einst aus diesen Bergen weit hinein in das Land ergossen. So hat der kräftige Columbia sich an einer Stelle in seiner ganzen, imposanten Breite in ein mächtiges Lavafeld gewühlt, das wahrscheinlich einst dem Mount Hood entströmte. Viele der ragenden Felsen bestehen hier ganz aus kristallisirter Lava, aus Basaltsäulen, wunderbaren Bildungen, denen wir überall auf unserem ganzen Wege bis an den Fufs des Felsengebirges begegnen, und die ganz allein unter dem Einflufs jener Feuergewalten entstehen konnten.

Immer weiter hinauf eilen wir den Columbia nach Osten zu. Nicht so steil ist hier der Uebergang über die Sierra, is diesen nördlichen Ausläufern „Kaskadengebirge" genannt, wie auf unserer Hinreise. Auch auf dem Heimwege müssen wir nun zwischen der Sierra und dem Felsengebirge eine wüste Hochebene durchschreiten, ganz ähnlich der grofsen Salzwüste. Nur bestehen die gelegentlich hier aus der grauen, endlosen Fläche aufragenden Klippen nicht wie dort aus geschichteten Gesteinen, sondern aus Basaltsäulen: Das ganze weite Gebiet ist überdeckt von den Lavaströmen jener Vulkanreihen der Sierra!

Wir eilen dies Hochplateau immer weiter hinauf bis Livingston, und befinden uns nun wieder nahezu so hoch, wie bei unserem ersten Eintritt ins Felsengebirge am Güttergarten. Nur steigt hier auf der westlichen Seite das Gebirge bei weitem nicht so plötzlich und steil an wie im Osten.

Die Landschaft um Livingston ist noch recht öde; und doch öffnet sich hier das Thor zu einem Wunderlande von so zauberischem Reize, von so geheimnifsvoller Eigenart, wie es auf dem ganzen Erdenrund nicht wieder seines gleichen findet.

Um es zu erreichen, müssen wir in Livingston von der grofsen Bahnlinie der Northern Pacific auf einer kleinen Sackbahn abzweigen, welche in dem Bergbauerstädtchen Cinnabar endigt. Hier verlassen wir endlich den Eisenbahnwagen, um uns einem grofsen vierspännigen Omnibus anzuvertrauen.

All die wundervollen und mysteriösen Naturerscheinungen, denen wir in dem weltverlassenen Paradiese des Yellowstone-Parkes begegnen werden, sind als die letzten Zuckungen jener einst so überaus imposanten vulkanischen Thätigkeit anzusehen, welche durch die Bildung des gewaltigen Höhenzuges der Cordilleren ausgelöst wurde. Aber es ist sehr wichtig, ehe wir noch in das Wunderland eindringen und seine Geheimnisse zu ergründen suchen, recht deutlich zu betonen, dafs diese vulkanischen Erscheinungen Folgen, nicht Ursachen der Gebirgsbildung waren.

Letzteres hatte man bis vor einigen Jahrzehnten noch allgemein geglaubt. So unvorstellbar gewaltig aber auch die vulkanischen Erscheinungen auftreten, so überzeugt mufs man doch nach einiger Ueberlegung davon sein, dafs die Kräfte, welche Gebirgsfalten über ganze Kontinente hinweg in die harte Haut des Planeten zu pressen vermögen, nicht allein im Erdkörper selbst zu suchen sind, sondern von jener Ordnung sein müssen, welche die Weltkörper wie Spielbälle durch das Universum treibt, dafs hier also eine aufserirdische, kosmische Macht eingreift.

Die Feuerberge, welche ja allerdings in jenen Gebirgszügen meist die höchsten Gipfel einnehmen, haben nicht etwa infolge eines im Erdinnern vorhandenen Ueberdrucks die Schichtungen bis zu dieser Höhe aufgeworfen, es zeigt sich vielmehr, dafs unter den Vulkanen die Schichten ganz in derselben Weise weiter verlaufen wie in dem übrigen Gebirgsstocke, wo sich keine Vulkane befinden. Der Kegel des Feuerberges ist immer erst nachträglich auf das Gebirge gesetzt worden, eben nur durch die Auswurfsprodukte desselben, die Lavaergüsse und die Aschenregen.

Die Vulkane sind also nur Folgeerscheinungen der Gebirgsfaltung. Als der Schub, welcher die Falten thürmte, allzu mächtig wurde, rifs das Erdreich, und an einzelnen Stellen des Risses, da wo er tief genug war, um die glühenden Erdmassen im Inneren zu befreien, brachen sie in imposanten Feuerfontänen hervor und bauten sich dann die Kegelberge über dem Risse auf.

Der Ausbruch dieser Feuerfontänen gewinnt dadurch eine merkwürdige Aehnlichkeit mit dem der kochenden Fontänen, denen wir nun gleich im Yellowstone-Park gegenüberstehen werden. Unter dem Drucke meilendicker Schichten können die zwar äufserst heifsen Massen des Erdinnern nicht flüssig werden, bevor der überlagernde Druck ihnen nicht abgenommen wird, was eben durch die Spaltenbildung geschieht. Durch diese Befreiung aber tritt das Flüssigwerden des Gesteins mit explosiver Gewalt auf und treibt die Feuerfontänen ebenso empor, wie wir sogleich die kochenden Springbrunnen werden aufsprudeln sehen, zu denen wir uns nun auf den Weg machen wollen.

Als erster Vorposten der unterirdischen Mächte, die sich hier zum Erstaunen der Menschheit an die Oberwelt wagen, um in friedfertiger Gemeinschaft mit der lebendigen Natur ein Musterkästchen von den Künsten und Wundern auszukramen, mit denen sie die Erdtheile in all ihrer Vielgestaltigkeit aufbauten, als eine erste Probe dieser Riesenspielzeuge Vulkans treten uns die Terrassen der heifsen Quellen entgegen.

Eine Riesentreppe[1]), wie aus Edelsteinen aufgebaut! Leuchtende Farben umspielen die grotesk ausgestalteten Stufen, und aus grofsen Wannen, in denen azurnes Wasser dampft, rieselt es glitzernd und flimmernd hinab über den Wunderbau, den sich die heifse Quelle auf der höchsten dieser Stufen im Laufe der Jahrtausende aus den Materialien errichtet hat, die sie aus dem dunklen Schoofse der Erde ans Licht des Tages mit emportnahm, damit wir heute an diesen köstlichen Farben uns entzücken können.

Wir befinden uns offenbar hier über einem ungeheueren Lavafelde, das einem längst erloschenen Vulkan entstammt. Heute sind alle diese Aschenkegel, welche das Felsengebirge zu jener Zeit, als das Meer noch bis nahe an seinen Fufs reichte, ebenso benetzten, wie es auf der Sierra heute noch der Fall ist, längst von den Wasserfluthen hinweggeschwemmt. Die lose Asche widerstand nicht lange den nivellirenden Wirkungen der Eiszeit, welche jener vulkanischen Periode alsbald folgte.

Aber die Lava hielt sich unter dem Schutze der Moränen weit länger; und als das Wasser der Regengüsse in die heifsen Massen drang, konnte es dort, selbst erhitzt, Mineralien in sich aufnehmen, die es in kaltem Zustande nicht aufzulösen vermag. Diese bringt es nun als Quelle mit zu Tage und lagert sie als Kieselsinter wieder ab, indem sich das Wasser abkühlt. Davon baute es sich jene phantastischen Terrassen der sogenannten Mammoth-Hot-Springs und malte sie so köstlich aus mit vielerlei farbigen Salzen, die es in der Tiefe auf seinem Wege durch die Gesteinsschichten antraf.

Noch viel grofsartiger mufste diese Thätigkeit ehemals sein, als noch die Lavadecke heifser und gleichzeitig die Wasserzuflüsse bedeutender waren. Ganze Gebirgsstöcke haben damals diese Quellen abgesetzt: Wir fahren an einem Berge aus solchen weifsen Sintermassen vorüber, von welchem die Verwitterung ganze Felsblöcke losgebröckelt hat. Einen höchst eigenartigen Anblick gewähren diese Blöcke da, wo sie, in einen abgestorbenen Wald einbrechend, von den verkohlten Stämmen aufgehalten werden. (Schlufs folgt.)

[1]) Abbildung der Mammoth-Hot-Springs-Terrasse. Bd. I, S. 413.

Die fliegenden Schatten bei totalen Sonnenfinsternissen. Bei Gelegenheit der Beobachtung totaler Sonnenfinsternisse ist man in neuerer Zeit auf eine eigenthümliche Erscheinung aufmerksam geworden, welche als „shadow-bands", „fliegende Schatten", bezeichnet wird. Kurz vor und nach dem Eintritte der Totalität scheinen nämlich lange, dunkle, bandförmige Schatten, die durch helle Zwischenräume von einander getrennt sind, schnell über die den Beobachter umgebenden Gegenstände, Baulichkeiten, Gärten und Felder hinwegzueilen. Man hält sie für Diffraktionserscheinungen im Mondschatten, jedoch ist ihre Entstehungsweise keineswegs schon völlig klargelegt, und die darüber bei verschiedenen Finsternissen gemachten Beobachtungen widersprechen sich gegenseitig nicht selten. Während einzelne Beobachter die fliegenden Schatten sehr leicht konstatiren und verfolgen konnten, bezeichnen andere Beobachter von ebenso günstig gelegenen Stationen das Phänomen als kaum wahrnehmbar oder melden, sie hätten nichts dergleichen gesehen. Ebenso widersprechen sich bisher die Notirungen über die Richtung der Schattenbänder, ihre Breite u. dgl. Die Meteorologen, welche zur Beobachtung der totalen Sonnenfinsterniß vom 1. Januar 1889 und zwar besonders der Temperatur-Luftdruck- und Windrichtungsschwankungen von Seiten des Harvard-Observatoriums nach Kalifornien gesandt wurden, haben die Beobachtung der shadow-bands mit in ihr Programm aufgenommen und berichten über die diesbezüglichen Ergebnisse im 29. Bande der Annals of Harvard College Observatory.[1]) Diese Beobachter hatten, um ein möglichst übersichtliches Bild der fraglichen Erscheinung zu erhalten, eine besondere Instruktion zur Observirung der fliegenden Schatten ausgearbeitet und die zahlreichen in der kalifornischen Zentralitätszone errichteten astronomischen Stationen zur Theilnahme

---

[1]) Meteorological and other observations made at Willows, Calif. 1. Jan. 1889, by W. Upton and L. Rotch. 1893.

an den Beobachtungen aufgefordert. Die von 13 Stationen eingelaufenen Berichte konstatiren etwa folgendes, wie es scheint, ziemlich sichere Wahrnehmungen: In den diversen Beobachtungen ist eine gewisse Stellung der Schattenbänder gegen den jeweiligen Meridian des Beobachtungsortes überwiegend zu erkennen; die Fortbewegung der fliegenden Schatten nach West oder Ost scheint keinen örtlichen Bedingungen zu unterliegen, da die Bewegung an einigen Stationen als im selben Sinne erfolgend, an anderen in entgegengesetzter Richtung beobachtet wurde; die Geschwindigkeit der Schatten war, gegen die Bewegung des Mondschattens genommen, sehr langsam; die Schattenbänder waren sehr schmal und fast mit einander zusammenhängend; bei früheren Finsternissen, namentlich 1883 auf Caroline-Island, wurden sie viel breiter geschätzt. Die Deutlichkeit der Erscheinung war an den verschiedenen Beobachtungsstationen sehr verschieden, im allgemeinen schienen in dieser Hinsicht die höher situirten Orte vor den tiefer gelegenen den **Vortheil zu haben**; in Beziehung auf eine Abhängigkeit oder einen Zusammenhang mit der Windrichtung oder der geographischen Lage der Stationen in der Zentralzone der Sonnenfinsterniss konnte kein Hinweis **erlangt werden**. Man darf vermuthen, dafs die Erscheinungsweise des Phänomens wahrscheinlich auch von den meteorologischen Bedingungen abhängig ist, **die zur Zeit der** Beobachtung an den einzelnen Stationen gerade gelten. Gut organisirte korrespondirende Beobachtungen an diversen Orten, wie die eben **erwähnten** von 1889, sind in Beziehung auf die fliegenden Schatten noch wenige gemacht worden; weitere Achtsamkeit auf diesen Gegenstand bei den nächsten totalen Sonnenfinsternissen wird deshalb erwünscht sein.

Die Kometenspektra, die bekanntlich im allgemeinen mit dem Bandenspektrum des Kohlenstoffs und dessen Verbindungen übereinstimmen, schienen bisher eine Reihe unaufgeklärter Eigenthümlichkeiten aufzuweisen, deren sehr einfache Erklärung der bekannte Spektralanalytiker Prof. Kayser, der Nachfolger von Prof. Hertz in Bonn, gefunden zu haben glaubt.[1]) Man hatte nämlich bisher die Wellenlängen der Lichtmaxima des Kometenspektrums stets kleiner gefunden, als die der Hauptkanten der Kohlenstoffbanden; aufserdem aber zeigten die Messungen verschiedener Beobachter an demselben Kometen meist sehr beträchtliche Unterschiede, und

[1]) Vgl. Astr. Nachr. No. 3217.

aus einer Beobachtungsreihe von Harkness am Encke'schen Kometen aus dem Jahre 1871 ging sogar hervor, dafs die Wellenlänge der Lichtmaxima um so gröfser wurde, je mehr die Helligkeit des Kometen zunahm. Statt nun daraus irgendwelche gewagten Schlüsse in Bezug auf die physikalische Beschaffenheit der Kometen zu ziehen, versuchte Kayser, diese Abnormitäten durch eine nicht genügend beachtete, vom Beobachtungsinstrument abhängende Fehlerquelle zu erklären. In der That gelang es ihm, die genannten Verhältnisse als vielleicht lediglich bedingt durch die bei Kometenbeobachtungen wegen der Lichtschwäche erforderliche Spaltweite des Spektroskops zu erweisen. Damit steht im Einklang, dafs die genannten Abweichungen bei den mit den lichtstärksten Fernrohren der Gegenwart bei engem Spalt angestellten Beobachtungen und photographischen Aufnahmen sich auf ein Minimum reduzirt haben. Es stellt sich danach für Beobachter mit lichtschwächeren Instrumenten die Nothwendigkeit heraus, den Mittheilungen der Beobachtungsergebnisse eine genaue Angabe über die benutzte Spaltweite des Spektroskops beizufügen oder auf Grund einer Ausmittlung dieser Gröfse die wahre Lage der Lichtmaxima im Bandenspektrum auszurechnen. — Uebrigens sind die Ergebnisse, zu denen diese Untersuchungen geführt haben, insofern nicht neu, als, was Kayser übersehen zu haben scheint, H. C. Vogel bereits vor 18 Jahren[2]) die Wichtigkeit der Berücksichtigung der Spaltweite bei Beobachtungen der Kometenspektra betont und stark abweichende Beobachtungen lichtschwacher Kometen durch Hinweis auf diese Fehlerquelle erklärt hat. Gleichwohl glaubt H. C. Vogel nach einer in den astronomischen Nachrichten abgegebenen Erklärung, dafs der Spaltweite allein doch nicht alle Verschiedenheiten der beobachteten Kometenspektra zur Last gelegt werden dürfen, dafs vielmehr auch thatsächliche Abweichungen in der Lage der Kohlenstoffbanden vorgekommen sind. — Die nächste helle Kometenerscheinung, auf die die Astrophysiker mit gespannter Ungeduld warten, wird sicherlich viel zur Klärung dieser Fragen beitragen. F. Kbr.

Die Kettenbildung der Gestirne, eine namentlich bei den Sternen der Milchstrafse sehr auffallende Erscheinung, findet wahrscheinlich durch die Entstehung der eine Reihe bildenden Sterne aus einem

---

[2]) In No. 8 der Publ. des astrophys. Observatoriums zu Potsdam.

gemeinsamen Urnebel ihre natürliche Erklärung. Prof. Max Wolf macht nämlich[1]) auf die eigenthümliche Gestalt mehrerer von ihm photographisch aufgenommener Nebel im Schwan und der Cassiopeja aufmerksam, deren Aussehen die hier von uns wiedergegebene Skizze zeigt. Man gewinnt bei der Betrachtung dieser Gebilde unwillkürlich die Vorstellung, dafs man eine trichterförmige, in strudelnder Rotation begriffene Nebelmasse vor sich hat, aus der an der Stelle einer sich allmählich höher hinaufziehenden Einschnürung reihenartig aufeinanderfolgende Sternverdichtungen entstehen.

Wolf meint, dafs man sich in dem Querschnitt des Trichters, wo die Sternbildung beginnt, den Prozefs der Vorgänge der Kant-Laplace'schen Hypothese zu denken habe.

F. Kbr.

Photographisches Telescop für Greenwich.

Sir Henry Thompson, welcher der englischen Hauptsternwarte zu Greenwich vor mehreren Jahren ein 9-zölliges photographisches Objektiv geschenkt hat, zeigt sich abermals als hochherziger Gönner der astronomischen Wissenschaft, indem er 100000 Mark zur Anschaffung eines grofsen photographischen Instrumentes für Greenwich bestimmt. So viel über das projektirte Instrument bis jetzt verlautet, wird es von Grubb gebaut werden und wahrscheinlich 20 inches Objektivöffnung erhalten. Es wird in allen seinen Theilen doppelt so grofs als das astrophotographische Aequatorial der Greenwicher Sternwarte.

Höhenstationen des Harvard-College-Observatory.

Aus den Einkünften der Boyden-Stiftung hat bekanntlich das Harvard-College-Observatory 1891-92 in den peruanischen Anden eine astronomische und eine meteorologische Station errichtet. Die Sternwarte liegt bei Arequipa, 2454 m über dem Meere, unter 16° 22′ südl.

[1]) Astron. Nachrichten No. 3217.

Br. und 71° 22′ westl. L. v. Gr. Nächst derselben erheben sich im Osten der Vulkan Pichupichu (5670 m), im Norden der Charchani (6100 m) und im Nordosten der Misti (5880 m). Am südöstlichen Abhange des Charchani, 5080 m über dem Ocean, der Luftlinie nach 11 Miles von der Sternwarte entfernt, befindet sich das meteorologische Observatorium. Der Aufstieg von der Sternwarte bis dahin dauert etwa acht Stunden. Zu diesen beiden Stationen ist im Oktober 1893 eine dritte, meteorologische gekommen, welche auf dem Misti in 5670 m Höhe eingerichtet worden ist und derzeit wohl die am höchsten gelegene wissenschaftliche Beobachtungsstation der Erde sein dürfte. Die außerordentlich günstigen atmosphärischen Bedingungen, unter welchen die astronomischen Arbeiten der Sternwarte stehen, erklären die feinen, an anderen Orten nicht verfolgbaren und zum Theil sehr merkwürdigen Beobachtungen, die William Pickering namentlich gelegentlich der Mars-Opposition 1892 betreffs der Oberfläche dieses Planeten gemacht hat. Hierüber ist mehrfach in dieser Zeitschrift (im vorigen Jahrgange, S. 43 sowie 512 u. f.) Bericht erstattet worden. Die Schwierigkeit der Wahrnehmung vieler der zu Arequipa und am Lick-Observatorium beobachteten Details und die Meinungsverschiedenheiten über die Erklärung mancher dieser Phänomene machen es nothwendig, daſs bei jeder sich darbietenden günstigen Opposition die Oberfläche des Mars mit kräftigen Fernrohren untersucht werde. Da die diesjährige Marsopposition (Oktober 1894) zu den günstigeren gehört, so hat die Direktion des Harvard-College-Observatory im Vereine mit einem Liebhaber der Astronomie, Mr. Percival Lowell, eine vierte Höhenstation hauptsächlich für diesen Zweck ins Werk gesetzt. Mr. Lowell hat die Kosten des zu errichtenden Observatoriums gedeckt. Als Ort wurde ein in dem durch trockenes Klima und klaren Himmel ausgezeichneten Gebirgen des Staates Arizona gelegener Höhenpunkt gewählt. Das Hauptinstrument der Sternwarte selbst wird ein 18-zölliger Refraktor sein, dessen Objektiv von ausgezeichneter Vollkommenheit sein soll, und das seinerzeit in Chicago ausgestellt war. Man hofft, mit Anfang Juni die Errichtung der Station beendet zu haben.

The visible Universe. Chapters on the origin and construction of the heavens. By J. E. Gore, F. R. A. S. With stellar photographs and other illustrations. London, Crosby Lockwood & Son. 1893. 8°. 346 pages.

In den ersten vier Kapiteln dieses lehrreichen Werkes bespricht der Verfasser in populärer aber doch ausführlicher Weise die Nebular-Hypothese, ihre verschiedenen Fassungen, die Einwände dagegen und die Stellung der Mathematik und Mechanik, der Wärmetheorie und der Geologie zu den einzelnen in der Weltentwickelung angenommenen Phasen. Es folgen zwei Abschnitte über die Beschaffenheit des Lichtäthers und der wägbaren Materie, mit vielen interessanten Einzelheiten. Wir möchten hier die Behauptung beanstanden, als sei die Ansicht, dafs die Atome lediglich punktuelle Kraft-Centra seien, zu sehr metaphysisch. (S. 66.) Sie ist die einfache Folge des konsequent durchgeführten Atomismus. — Nach einem Abschnitte über die Spektral-Analyse des Himmels wird Lockyers Meteoriten-Hypothese besprochen, betreffs deren Gore nach Abwägung der Gründe und Gegengründe im wesentlichen zu einem abweichenden Ergebnisse kommt. Er geht nun zur Milchstrasse über, deren Verlauf ausführlich beschrieben wird. Zur Erläuterung dienen Ausschnitte aus den Milchstrafsenzeichnungen von Heis und Boeddicker, eigene Karten über die Sternfülle in beiden Hemisphären, zwei Bernardsche Milchstrafsen-Photographien und kleinere Holzschnitte. Das folgende Kapitel „Sterngruppen" bringt zwei Photographien nach Henry. Die „Entfernungen und Bewegungen der Gestirne" erläutert Verfasser durch eine Zeichnung, die die relativen mittleren Entfernungen der Sterne verschiedener Helligkeit und der Sterne mit bekannter Parallaxe darstellt; ein Kärtchen zeigt die verschiedene Lage des Apex der Sonnenbewegung nach verschiedenen Autoren. Der letzte Theil des Buches bespricht den Aufbau des sichtbaren Weltalls mit Rücksicht auf die Ansichten älterer und neuerer Autoren. Auch wer nicht mit allen einzelnen Ansichten des geist- und kenntnisreichen Verfassers einverstanden ist, wird aus dem schön ausgestatteten Werke viel Belehrung schöpfen können. — Das Titelbild zeigt den grofsen Andromeda-Nebel nach einer Photographie von Roberts, dem Buchdeckel ist eine Abbildung des Auriga-Sternhaufens aufgeprefst. J. P.

Peter, Chr. Joh.: Repetitorium der Differential- und Integralrechnung. 3. Aufl. Berlin 1894. Max Rockenstein.

Dafs das vorliegende Büchlein seinen Zweck erfüllt, Anfängern ein geeignetes Hilfsbuch für die Wiederholung, Fortgeschrittenen ein Nachschlagebuch zu sein, beweist der Umstand, dafs es in kurzer Zeit drei Auflagen erlebt hat. Der knappe Text findet seine Ergänzung in einer Fülle von sorgfältig ausgewählten Uebungsaufgaben. Für die folgenden Auflagen möchten wir wünschen, dafs auf die Korrektur besonders der Formeln — namentlich im Interesse der Anfänger — ein gröfseres Mafs von Sorgfalt verwendet würde. Sm.

Die grofsen Züge im Antlitz der Erde.
Von Dr. Willi Ule in Halle a. d. S.
(Schluſs).

Um das schwierige Problem der Entstehung der Kontinente seiner Lösung näher zu bringen, hat man vor allem nach gemeinsamen Zügen in der Gestaltung der Festländer gesucht. Solche gemeinsame Züge sind, wie der Blick auf die Karte lehrt, zweifellos vorhanden. Wäre es gelungen, diese auf gemeinsame Ursachen zurückzuführen, dann hätten wir allerdings einen grofsen Schritt auf dem Wege zur Erkenntniſs vorwärts gethan. Leider sind wir aber über die blofse Feststellung jener übereinstimmenden Züge nicht hinausgekommen.

Diese Eigenthümlichkeiten in dem Antlitz der Erde sind frühzeitig erkannt; schon Reinh. Forster hatte dieselben wahrgenommen. Agassiz führte für die auffallenden Aehnlichkeiten die Bezeichnung „geographische Homologien" ein. Seit Forster ist von allen hervorragenden Geographen auf diese sonderbare Erscheinung hingewiesen worden, ja das Suchen nach Wiederkehr der nämlichen Gestaltungen auf unserer Erde ist oft geradezu eine mehr oder weniger geistreiche Spielerei gewesen.

Zu den geographischen Homologien gehört vor allem das keilförmige Auslaufen der südhemisphärischen Kontinente. Suefs bezeichnet diese Erscheinung als den augenfälligsten Zug im Antlitz der Erde. Zahlreiche Hypothesen sind aufgestellt, um die so eigenartige Gestaltung der Festländer zu erklären. Die gröſste Zustimmung erhielt wohl die Annahme, dafs durch eine mächtigere Wasseranhäufung über dem Südpol hier gleichsam nur die Rippen der Kontinente aus dem Meere hervorragten. Allein wie wenig stichhaltig diese Hypothese ist, zeigt ein Blick auf die Nordhemisphäre. Bei einer Ueberfluthung derselben in den polaren Regionen würden niemals analoge Gebilde in die Erscheinung treten. Völlig unhaltbar wurde aber die Hypothese, als es durch Lothungen hinreichend erwiesen war, dafs die oberflächlichen Formen der Kontinente auch in den sogenannten Festlandssockeln vorhanden waren. Dazu kommt weiter, dafs dieses Auskeilen der Landmasse nicht blofs eine Erscheinung der Südhemisphäre ist, sondern als eine Eigenthümlichkeit der gesammten Erde auftritt. Man betrachte nur die Südküste Asiens, wo Vorder- und Hinterindien und schliefslich auch Arabien deutliche Beispiele dieser Gestaltung sind. Man blicke auf Nordamerika mit seiner Verjüngung zur Landenge von Panama, auf Grönland und Kalifornien; auch sonst zeigen sich überall in dem Verlauf der Küstenlinien ähnliche Formen. Sollten hierin nicht allgemeine Gesetze sich verrathen? Wenn man die Karte aufmerksam betrachtet, so erkennt man weiter, dafs die begrenzenden Linien meist in der Richtung von Nordost nach Südwest und von Nordwest nach Südost verlaufen. Die Küsten Amerikas liefern das deutlichste Beispiel dafür. Und verfolgen wir unter diesem Gesichtspunkte die orographischen Gebilde der Festländer selbst, so bemerken wir auch hier ähnliche Gesetzmäfsigkeiten, freilich oft verwischt, aber doch immer noch wahrnehmbar.

Die Thatsache selbst ist unleugbar, aber ihre Entstehung bleibt uns doch völlig verschleiert. Dana hielt diese Richtungen für Anzeichen einer bestimmten Art von Spaltbarkeit der Erdrinde. Elie de Beaumont glaubte in ihnen mathematische Linien, einem regelmäfsigen Pentagondodekaëder zugehörig, zu erkennen. Wir schliefsen aus der Thatsache nur das Eine, dafs die Kontinente und auf ihnen die Gebirge nicht völlig nach Willkür gestaltet sind, dafs dieselben vielmehr in ihren Umrissen sich an bestimmte Linien der Erde anzuschliefsen scheinen, welche ihrerseits wieder durch den Bau der Erde selbst bedingt sein mögen.

Die Zahl geographischer Homologien ist damit noch nicht erschöpft. Es würde ermüden, dieselben hier bis ins einzelne zu verfolgen. Nur einige der auffallendsten mögen Erwähnung finden. Dazu gehört die Aehnlichkeit der südhemisphärischen Kontinente, die Anordnung der Landmassen zu drei Kontinentalpaaren, Nord- und Südamerika, Europa und Afrika, Asien und Australien, ferner die Archipele im Antillenmeere und im Norden Australiens, denen die Inselgruppe des östlichen Mittelmeeres sich als ein passendes Ana-

logon anreiht, sodann wohl auch die Gestalt Nordamerikas und
Asiens, wo freilich die Gleichheit der Formen oft weniger deutlich
hervortritt. Nicht unbekannt ist endlich jenes wunderbare Naturspiel,
das mitten in der Südsee zwei spinnenartige Inseln hervorgebracht
hat: Celebes und Gilolo oder Halmahera, die wie Mutter und Kind zu
einander erscheinen.

Peschel hat einst darauf aufmerksam gemacht, dafs diese eigenthümlichen Formen durch die Gebirgszüge bestimmt worden, und dafs auch

Fig. 7. Pacifischer und Atlantischer Küstentypus (aus Neumayrs Erdgeschichte).

Borneo als drittes im Bunde den gleichen Verlauf der Küste zeigen würde,
wenn die Niederungen dieser Insel vom Meere überfluthet würden. Heute
sind wir durch neue Forschungen darüber aufgeklärt, dafs diese Ansicht
Peschels nicht ganz zu recht besteht. Besonders war seine Vorstellung über den Aufbau Borneos irrig. Die Uebereinstimmung, die
sich hinsichtlich der Gestalt von Celebes und Halmahera im allgemeinen geltend macht, ist jetzt in befriedigender Weise auf einen
Parallelismus der Bruchspalten, der einen in meridionaler, der anderen
in äquatorialer Richtung, zurückgeführt. Aber zu Peschels Zeit
herrschte ja noch die Vorstellung, dafs überhaupt die Gebirge die
Umrisse aller Landmassen bestimmten. Man betrachtete damals die
Gebirge gleichsam als das Knochengerüst der Festländer, an die sich

die Flachländer wie die Weichtheile am Knochengerüst eines Thierkörpers ansetzen. Eine bedeutsame Stütze fand diese Ansicht in der Umrahmung des Grofsen Ozeans, die thatsächlich fast durchweg von mächtigen Gebirgen gebildet wird. Allein blicken wir auf den Atlantischen Ozean, so treten hier ganz andere Verhältnisse auf. Die Küsten durchschneiden sogar vielfach die Gebirge, fast nirgends wird das Meer durch ein der Küste paralleles Gebirge begrenzt. Man hat auch darum heute jene Anschauungen fallen gelassen und ist zu der Ueberzeugung gekommen, dafs die Festlandsgestalten im allgemeinen nicht durch die Bildung der Gebirge bedingt sind.

Die Landumrahmung des Grofsen Ozeans ist allerdings eine auffallende Erscheinung. Von Kap Horn bis Alaska folgt die Küste dem mächtigen Kettengebirge an der Westseite des amerikanischen Kontinents, und von Alaska an zeigt die asiatische Küste Formen, welche ebenfalls das Zusammenfallen der Küste mit dem Streichen der durch den Bau dieses Erdtheils bestimmten, sogenannten tektonischen Linien beweisen. Diese Erscheinung wird um so auffallender, wenn wir unsere Blicke auf den Atlantischen Ozean richten. Hier bestimmt ja, wie eben erwähnt, fast nirgends das Streichen eines Gebirges den Verlauf der Küste. Die Nordküste Spaniens und die Inselkette der Antillen erinnern allein an die Umgrenzung des pazifischen Meeres; das übrige Europa und Amerika sowie Afrika erheben sich aus dem Wasser ohne irgend welche Beziehung zu ihren tektonischen Linien. Man hat diese beiden Küstenformen darum als zwei scharf getrennte Typen aufgefafst und zwar als pazifischen und atlantischen Küstentypus (Fig. 7). In der Umrahmung des indischen Weltmeeres treten beide Formen im Wechsel auf.

Besteht aber auch zwischen dem Verlauf des Gebirges und dem Umrifs der Kontinente im allgemeinen kein Zusammenhang, so mufs uns doch die Erscheinung des einen dazu dienen können, über das andere uns wenigstens einige Aufklärung zu geben. Denn sind die Gebirge nicht gleichsam Kontinente innerhalb der Flachländer, sowie die Kontinente als Gebirge aus dem Meeresbecken auftauchen? Gebirge entstehen nach der Auffassung derjenigen Geologen, welche auf dem Boden der Kant-Laplaceschen Theorie stehen, durch Bewegung der äufsersten Erdrinde infolge der steten säkularen Abkühlung unseres Planeten gegen den Weltraum. Diese Abkühlung bewirkt eine Einschrumpfung des inneren Erdkerns; die starre Erdrinde vermag derselben nicht zu folgen, sie wird in tangentialer Richtung verschoben, dadurch zu Falten aufgebogen oder in Stücke zersprengt, die an den

Spaltflächen sich aufthürmen oder abwärts sinken. Auf diese Weise entstehen zwei Formen (Fig. 8) der Gebirge: die Faltengebirge, als deren klassisches Beispiel die gewaltige Gebirgsmauer der Alpen hier aufgeführt sei, und die Schollengebirge oder Bruchgebirge, die uns im Harz, im Thüringerwalde u. s. w. entgegentreten. Die Schollengebirge entstehen meist durch Absinken der Gesteinsmasse in der Umgebung; es sind dann stehengebliebene Reste des ursprünglichen Erdbodens, sogenannte Horste, die nun aus dem Gelände hervorragen. Ob ähnliche Vorgänge der Bildung der Meeresräume zu Grunde liegen, läfst sich mit Bestimmtheit nicht sagen; doch liegt es aufserordentlich nahe, dieselbe sich so zu denken. Die Meeresbecken sind danach mächtige Senkungsfelder, die Kontinente die aus ihnen aufsteigenden Horste. Es wird diese Ansicht unterstützt durch das häufige Zusammenfallen tektonischer Linien mit den Küsten. Besonders mufs dabei auf die geographische Vertheilung der Vulkane aufmerksam gemacht werden. Diese

Bruchgebirge.   Faltengebirge.

Fig 8. Die Gebirgstypen der Erde.

Zeugen feuriger Gewalten in den Tiefen der Erde treten überall dort auf, wo nachweisbar im Gesimmer der Erdrinde gewaltige tektonische Vorgänge sich vollzogen haben. Längs der dabei entstandenen Spalten konnte die flüssige Gesteinsmasse zur Oberfläche hervortreten. Verfolgen wir nun die hauptsächlichsten Punkte vulkanischer Thätigkeit auf der Erde, so führen uns diese vorwiegend an der Küste der Ozeane entlang, gewifs ein Beweis für grofse tektonische Umgestaltungen in diesen Grenzgebieten zwischen Wasser und Festland.

G. H. Darwin und Davison haben solche Anschauungen von der Bildung der Meeresbecken auch durch mathematische Rechnungen zu stützen gesucht. Sie haben unter anderem nachgewiesen, dafs schon die allmähliche Abnahme der Umdrehungsgeschwindigkeit der Erde infolge der Gezeitenreibung mächtige Faltungen in den Oberflächenschichten des einst zähflüssigen Erdsphäroids hervorbringen mufste, Faltungen, welche hinreichend waren, um die Grundpfeiler der Kontinente zu erzeugen. Sie haben aber auch dargethan, dafs die durch die Säkularabkühlung hervorgerufenen Umgestaltungen in erster Linie die Kontinente betroffen mufsten, während der Meeresboden, als dem

Mittelpunkte der Erde näher, auch weniger von der Wirkung der Einschrumpfung des Erdkernes ergriffen wurde.

Das Problem, welches der wissenschaftlichen Forschung hier gestellt ist, mufs noch darum als ein ganz besonders schwieriges betrachtet werden, weil es fast unmöglich ist, die Züge der Erde in der geologischen Vergangenheit festzustellen. Wir wissen wohl, dafs in den einzelnen Epochen unserer Erdgeschichte die Vertheilung von Wasser und Land eine andere gewesen sein mufs; denn es giebt kaum eine Stelle der Kontinente, wo nicht Spuren einstiger Meeresbedeckung zu finden sind (Fig. 9). Und andererseits liegt kein Grund vor, warum wir nicht annehmen dürften, dafs umgekehrt jede Stelle des heutigen Meeresbodens einst Festland gewesen sei. Ob aber diese anderen Formen der Kontinente durch Hebungen und Senkungen des festen Landes oder durch

Fig 9. Doppelte Strandlinie bei Grönsö in Norwegen.

Schwankungen des Meeresspiegels verursacht sind, das ist bis heutigen Tages nicht aufgeklärt. Dafs noch in der jüngsten Zeit Strandverschiebungen erfolgt sind, dafür sind zwingende Beweise vorhanden. Wir erinnern nur an die durch Linné zuerst bekannt gewordene Verschiebung der Strandlinien von Skandinaviens Küste, an die Darwinsche Theorie der Koralleninseln, welche eine Senkung des Meeresbodens voraussetzt und ähnliche Vorgänge. Allein bewiesen wird aus solchen Erscheinungen nur, dafs Meer und Land nicht immer in gleicher Lage zu einander verharren. Suefs spricht daher auch nur von positiver und negativer Niveauschwankung, je nachdem das Meer landeinwärts oder die Strandlinie seewärts sich bewegt, indem er dadurch eine Entscheidung darüber umgehen will, ob wir es mit einer Hebung oder Senkung zu thun haben.

Bewegungen innerhalb der Erdrinde giebt es aber auf jeden Fall. Wenn sie auch aus den Strandverschiebungen nicht hervorgehen, so werden sie durch die Gebirgsbildungen, wie überhaupt durch die Lagerungsstörungen der Sedimentgesteine bewiesen. Aber wir haben es hier mit einem höchst verwickelten Problem zu thun, dessen Lösung zu einem aufserordentlichen Widerstreit der Meinungen geführt hat. Die Komplizirtheit der Erscheinung läfst ahnen, dafs hier nicht eine einzige Ursache vorliegt, sondern dafs mehrere Ursachen gemeinsam die Strandverschiebungen bewirken. Bald wird die Beweglichkeit des Meeres, bald die langsame Hebung und Senkung des Landes, bald beides zugleich zur Bildung jener Merkzeichen geführt haben, aus denen wir eine Veränderung des Meeresniveaus entnehmen. Für unsere Betrachtung sind diese Erscheinungen aber in sofern belangreich, als sie uns lehren, dafs das Antlitz der Erde nicht beständig dasselbe gewesen ist und bleiben wird. Alles auf der Erde ist eben veränderlich, selbst die gewaltigen Landfesten sind vorübergehende Erscheinungen, vorübergehend freilich in unendlichen Zeiträumen, uns kurzlebigen Menschen fast unbemerkbar.

Doch kehren wir zurück zur Betrachtung des Antlitzes unserer Erde. Neben den grofsen Harmonien, jenen geographischen Homologien, wie sie Agassiz nannte, erblicken wir auch eine Reihe von scharfen Kontrasten, die nicht minder charakteristisch für das Bild der Erde sind. Schon in der eigenartigen Vertheilung von Wasser und Land macht sich ein solcher Kontrast geltend. Weiter enthält die Harmonie in den Formen der südhemisphärischen Festländer zugleich einen scharfen Gegensatz zu den Landgestalten nördlich des Aequators. Hier spitze Landzungen, dort breite Kontinentalmassen! Und wenn wir die Kontinentalpaare uns vor Augen halten, welcher Unterschied zeigt sich da? Dem mächtigen asiatischen Kolofs liegt das winzige Australien gegenüber, während zu dem vielgegliederten Europa das gliederlose Afrika sich gesellt, und wieder in den amerikanischen Welttheilen so aufserordentlich ähnliche Gebilde sich zu einem Ganzen vereint haben. Auch in dem pazifischen und atlantischen Küstentypus erblicken wir einen auffallenden Widerspruch der Formen. Dieser wird noch schärfer, wenn wir uns vergegenwärtigen, wie die hydrographische Eintheilung der Erde durch die Eigenart der Landumrisse seltsam bestimmt wird. Thatsächlich ist die Entwässerung der Erde zu den einzelnen Meeren eine so ungleiche, dafs man die Gleichheit des ozeanischen Wassers auf der Erde in chemischer Hinsicht kaum begreifen kann. Nur aus dem zentralen Asien werden dem Stillen Ozean gröfsere Süfswassermengen durch die Flüsse zugeführt; dem ganzen amerikanischen Kontinent entströmt auf der pazifischen Seite kein einziger Weltstrom. Wie mächtig dagegen die Süfswasserspeisung des atlantischen Weltmeeres, dem ein Amazonas,

ein Mississippi, ein Nil, ein Kongo und Niger ihre Wassermassen
zuführen.

Dieser seltsame Verlauf der Wasserscheide weist uns auf einen
weiteren Kontrast in dem Aeufseren unseres Planeten hin, auf den
verschiedenartigen Verlauf der Kettengebirge. Eine gewaltige Reihe
von Kettengebirgen durchzieht die Landmasse Europa-Asien in westöstlicher Richtung; fast senkrecht dazu stehen aber die Mauern der
nord- und südamerikanischen Cordilleren. Es liegen hier Gegensätze
vor, welche, begründet in dem Werden des Erdantlitzes, zweifellos
widerstreitende Vorgänge bei ihrem tektonischen Aufbau anzeigen.
Suefs hat uns gelehrt, dafs jene europäischen und asiatischen Gebirgserhebungen ursächlich in engem Zusammenhange stehen, dafs vom
Atlas an bis zu den Gebirgen Ostasiens eine der Zeit nach einheitliche
Bildung vorliegt. Als Europa mit den herrlichen Zinnen der Alpen
bekrönt wurde, erhielt auch Asien seinen Himalaya mit dem Führer
unter den Bergen, dem Gaurisankar. Und südlich von diesen erst in
der Tertiärzeit vollendeten Gebirgsmauern sehen wir überall ähnliche
Formen. Eine grofse Bruchzone durchzieht hier nach Suefs die Landmasse der Alten Welt, derselben ihre eigenartige Gestalt verleihend.
Wie anders zeigt sich das Bild in Amerika! Süd und Nord sind hier
vertauscht mit Ost und West. Im Osten der nordsüdlich streichenden
Cordilleren finden wir die Hochflächen und weiten Ebenen, die den
Norden Europa-Asiens kennzeichnen, und das Senkungsfeld im Westen
ist der Stille Ozean selbst, dessen amerikanische Küste der grofsen
Bruchzone unserer Landmasse etwa entspricht.

Auf den Flächen der Kontinente selbst aber treten uns als weitere
Kontraste Flachland und Gebirge entgegen. Die Flachländer sind
Gebiete geringsten physischen Lebens. Träge durchfliefsen breite
Ströme die weiten, ebenen Flächen; Eintönigkeit und Gleichförmigkeit,
oft, wenn das befruchtende Wasser fehlt, auch Vegetationsarmuth,
charakterisiren hier die Landschaft. In den Gebirgen dagegen erblicken wir die Zeugen rastloser Gestaltung. Brausend stürzt der
Giefsbach durch die tiefe Thalsehlucht dahin, in den mannigfaltigsten
Formen ragen die Berge zu den Seiten des Thales auf, und steter
Wechsel des Landschaftsbildes erfreut unsere Augen. Die Gebirge
sind auch, wie wir gesehen haben, die Zeugen des Lebens in der
starren Erdkruste selbst; in ihnen äufsern sich die im Schofse der
Erde verborgenen Kräfte.

Diese Kontraste in den Formen der Erdoberfläche lassen sich

wie die Harmonien bis in Einzelheiten verfolgen. Sie spiegeln sich aber auch in den Erscheinungen des Klimas, wie in denen der Lebewelt wieder. Schon ein flüchtiger Blick darauf lehrt das in voller Klarheit.

Nord-West-Europa verdankt sein mildes Klima der Offenheit seiner Länder nach Westen. Kein Gebirgszug hemmt hier die warmen Luftmassen, die vom Atlantischen Ozean zu uns herüberwehen. Das Kaskaden- und Felsengebirge hält dagegen den warmen pazifischen Hauch von dem Innern Nordamerikas ab, das nun von den eisigen Polarwinden getroffen wird, die, nicht behindert durch westöstliche Bodenwellen, bis zu dem Süden des Erdtheiles gelangen können. Aehnliches zeigt uns Südasien. Die Gebirgsmauer des Himalaya mit den Ausläufern nach Westen und Osten schützt Hinter- und Vorderindien vor den eisigen Luftmassen des kalten Sibirien, während die feuchtwarmen Winde vom Aequator her in voller Kraft das Land bestreichen und demselben die üppige Fülle der Vegetation und damit seinen Reichthum verleihen. Amerika bietet kein Acquivalent dazu; aber auch dieser Kontinent dankt seinem orographischen Bau klimatische Vorzüge. Das weite Gebiet des Amazonas ist reich gesegnet mit tropischer Vegetation, weil den westwärts gerichteten Winden der Tropen kein Gebirge entgegentritt. Auch die Alte Welt zeigt uns derartige tropische Regionen, aber sie sind weniger umfangreich, und im Norden derselben dehnen sich um so trostlosere Flächen, die Wüsten, aus. Von der Sahara beginnend bis fast zu den Gestaden Ostasiens finden wir hier einen gewaltigen Gürtel vegetationsarmer Länder, die in dem Antlitz der Erde deutlich hervorleuchten. Sie haben in Amerika kein Seitenstück. Wüsten und Steppen treten auch dort auf, aber nicht von solcher Ausdehnung, nicht in derselben Weise bedingt. In dem Verlauf der Gebirge der Alten Welt liegt zum Theil die Ursache der Unwirthlichkeit dieser Gebiete. Einmal werden hier durch die Oberflächenformen eigenartige Bewegungen der Luft hervorgerufen, so dafs nur relativ trockene Luftmassen zu jenen Gegenden gelangen, dann aber rauben auch die vorhandenen Gebirgsmauern den Winden bei ihrem Vorübergange die Feuchtigkeit, die sie vom Meere zuführen.

Diese klimatischen Gegensätze auf der Erde sind zum Theil begründet in den Gesetzmäfsigkeiten, welche sich in den Erscheinungen der Atmosphäre selbst zu erkennen geben. Bedeutungsvoll ist da vor allem das Vorhandensein einer allgemeinen Cirkulation innerhalb der Lufthülle unserer Erde, wie sie Dove geahnt, Ferrel, Sprung,

Siemens und andere festgestellt haben. Danach bewegen sich die unteren Luftmassen innerhalb der Wendekreise vorwiegend nach Westen, innerhalb der gemäfsigten Zone aber vorwiegend nach Osten. Zwischen den Regionen der vorherrschenden Ost- und Westwinde liegt ein sogenannter Kalmengürtel, in dem die Luft mehr in einer absteigenden Bewegung sich befindet. Diese Gebiete der Erde sind regenarm, weil absteigende Luft keinen Regen zu erzeugen vermag. Die Tropen zeichnen sich dagegen, wie wir wissen, durch starken Regenfall in allen Theilen aus. Aber während dort die Regenfälle nur in gewissen Zeiten des Jahres auftreten, beherrschen bei uns in den gemäfsigten Zonen die Cyklonen Wetter und Klima und bringen uns nahezu in jeder Jahreszeit Regen. Klimatische Verschiedenheiten werden innerhalb dieser Theile der Erde nur durch den Einflufs der Kontinente bewirkt. Die westlichen Gebiete der Kontinente werden reichlicher befeuchtet als die zentralen und östlichen; mit dem Regen führen die hier herrschenden Westwinde aber auch Wärme vom Ozean in das Land. Dadurch wird der Gegensatz zwischen dem Klima der Ost- und Westküsten der Kontinente noch verschärft, ein Gegensatz, der ebenfalls einen augenfälligen Wesenszug des Erdantlitzes ausmacht. Klar und deutlich tritt uns derselbe vor Augen, wenn wir auf klimatologischen Karten auf demselben Parallel die Festländer durchwandern und dann erfahren, dafs z. B. auf dem 50. Parallelkreis in Westeuropa eine Jahrestemperatur von 10°, an der Küste Ostasiens nur eine solche von 0° zu treffen ist.

So sehen wir, wie eine scharfe Einprägung der Züge des Erdantlitzes für das Verständnifs auch der klimatischen Erscheinungen von hoher Bedeutung ist.

Ja diese Züge bestimmen neben der Stellung der Sonne geradezu das Klima eines Landes. Die grofsen Gegensätze von Land- und Seeklima sind nichts als ein Ausdruck der eigenartigen Vertheilung von Wasser und Land auf der Oberfläche unseres Planeten, und die vielen kleinen klimatischen Provinzen, welche wir innerhalb jener höheren klimatischen Reihe finden, sind nur das Spiegelbild der orographischen Eigenarten der Festländer.

Mit dem Klima steht innig in Zusammenhang die Welt des Lebens. Und zugleich bilden für die Verbreitung, für das Vorkommen der Thiere und Pflanzen die Meere und Festländer scharfe, unüberwindliche Grenzen. Auch in der Verbreitung der Organismen müssen sich darum die grofsen Züge des Erdantlitzes verfolgen lassen.

Beginnen wir mit den Pflanzen! Die Physiognomie eines Landes wird aufs entschiedenste durch die Formen bestimmt, in welcher die Vegetation in demselben auftritt. Wer vermöchte schärfere Gegensätze zu finden als das Bild eines tropischen Urwaldes und das der eintönigen Wüsten, oder das eines polaren Gefildes? In der That, die Vegetationsformen verleihen der Erde ebenfalls charakteristische Züge, die nicht etwa den mathematisch-astronomischen Linien unseres Erdballes entsprechen, sondern die vielfach völlig unabhängig davon den klimatischen Zonen sich anpassen. Nicht so scharf und deutlich sind diese Züge ausgeprägt, aber vorhanden sind sie zweifellos.

Gehen wir einen anderen Weg! Vernachlässigen wir die Vegetationsform und beachten wir nur die Art und Gattung! Auch dann finden wir gewisse Merkmale, welche dem Aussehen des Landes ein bestimmtes Gepräge geben. In dem Pflanzenkleid der nördlichen Kontinente begegnen wir einer grofsen Zahl allen gemeinsamer Pflanzenarten. Mit der Annäherung an den Aequator nimmt diese Zahl mehr und mehr ab, und die wenigsten gemeinsamen Formen finden wir auf den Südspitzen der Kontinente. Es gestattet uns diese Erscheinung zugleich einen Einblick in die Entwicklungsgeschichte der Erde. Wir werden durch diese Thatsache zu der Annahme gezwungen, dafs die Bedeckung der Erde mit Pflanzen eine allmähliche war, welche wahrscheinlich vom Norden ausging und welche zumeist erst eingewandert sein kann, als die jüngste geologische Epoche der Erdgeschichte, die Eiszeit, vorüber war.

Gleiches lehrt uns auch die geographische Verbreitung der Thiere. Je mehr sich die Alte und Neue Welt von einander entfernen, um so verschiedenartiger wird auch die Gesamtheit der Thiere, die sie bewohnen. Harmonien und Kontraste treten also auch in dem Reich der Organismen auf. Bedingt durch die geologische Entwicklung und durch die augenblickliche Gestaltung der Festländer, bedingen sie ihrerseits wieder eigenartige Züge im Antlitz der Erde.

Selbst der Mensch nimmt an diesen Erscheinungen theil. Trotz seiner vielgerühmten Willensfreiheit kann er sich doch nicht völlig von dem Einflufs des Klimas und der anderen physikalischen Verhältnisse des von ihm bewohnten Landes frei machen. Wenn wir die Geschichte der Menschheit überblicken, kann es uns gewifs nicht entgehen, wie auf diese die grofsen geographischen Züge eingewirkt haben. Die Bewohner des vielgegliederten Europa haben die Führung unter den Menschen übernehmen müssen, weil hier unter dem günstigen Klima, unter den günstigen physischen Verhältnissen zur Entfaltung menschlicher Kraft der beste Boden gegeben war. Die Mannigfaltigkeit des Bodenreliefs, die innige Berührung von Festland und Meer sind nicht zum mindesten die Ursache gewesen, dafs der Strom der Weltgeschichte in Europa seine Quelle erhalten hat. Und dieser Strom der Weltgeschichte fliefst nicht willkürlich dahin; Umrifs und Gestalt der Festländer weisen ihn in ein bestimmtes Bett, schreiben ihm gebieterisch seinen Weg vor. Abgeschlossen lag so Jahrtausende hindurch das Volk der Afrikaner südlich der Sahara. Diese Menschen waren verdammt zu geschichtlicher Vergessenheit, bis europäischer Wagemuth sie in Beziehungen zu anderen Völkern der Erde brachte. Nicht anders erging es den Australiern, deren tiefstehende Bildung uns in Erstaunen versetzte, und vielen der Bewohner einsam im weiten Weltmeer gelegener Inseln. Tritt uns in allen diesen Dingen nicht immer wieder die Bedeutung der eigenartigen Vertheilung von Wasser und Land und der Oberflächengestaltung der Festländer entgegen? Gewifs bis ins Einzelne lassen sich diese Gedanken verfolgen. Immer mehr und mehr öffnen sich uns in allen Erscheinungen grofse Gesetzmäfsigkeiten, die gegeben sind durch die grofsen Züge im Antlitz unserer Mutter Erde. Dem Geographen ergeht es da wie dem Liebenden. Ihm ist die Erde wie eine Braut. Je mehr er die Auserwählte anblickt, je tiefer er sich in ihr Antlitz versenkt, um so reizvoller, um so anziehender erscheint ihm dasselbe. Und doch weifs er, dafs er ihre ganze Schönheit und Grofsartigkeit noch nicht erkannt hat. Welches Bild mufs die Erde erst denen gewähren, welche in künftigen Zeiten mehr als wir in die Geheimnisse der Natur eingedrungen sein werden, welche von dem Vorhandensein allgemeiner Gesetzmäfsigkeiten in den Gestalten der Erdoberfläche nicht blos überzeugt sind, sondern auch deren Ursachen erkannt haben werden?

    Uns ist es nur gestattet, die Schönheit eines solchen höheren Standpunktes zu ahnen, aber schon dieses Ahnen erfüllt uns mit Freude und giebt uns den rechten Antrieb zu weiterer Forschung.

Die Vorarbeiten für den Bau der Gotthardbahn.
Absteckung und Durchschlag des Gotthard-Tunnels.
Von Professor Dr. C. Koppe am Polytechnikum in Braunschweig.

(Fortsetzung.)

III. Absteckung im Tunnel.

Durch den Hauptvertrag vom 7. August 1872 wurde der Ausbau des Gotthardtunnels von der Gotthardbahn-Gesellschaft dem Unternehmer Favre übergeben, welcher sich verpflichtete, denselben in acht Jahren fertig zu stellen. Die Länge des Tunnels zwischen den vertragsmäfsig bestimmten beiden Portalen war auf 14 900 m festgesetzt. Das letzte Stück desselben auf der Südseite bei Airolo liegt auf eine Länge von 145 m in einer Kurve von 300 m Radius zur Einfahrt in die Station Airolo. Im Interesse des Baubetriebes und einer sicheren Richtungs-Angabe wurde aber der ganze Tunnel zunächst geradlinig ausgeführt und die zu vorgenanntem Zweck hergestellte geradlinige Verlängerung des Haupttunnels der „Richtungstunnel" genannt. Kurz vor der Vollendung des Haupttunnels wurde das in der Kurve bei Airolo liegende Stück an diesen angeschlossen zum öffentlichen Betriebe der Bahn, und der Richtungstunnel, welcher während der ganzen Bauzeit zum Betriebe für die Bauausführung, zur Wasserableitung u. s. w gedient hatte, nun verlassen und geschlossen. Der Richtungstunnel war 165 m lang, also 20 m länger als der Kurventunnel, und somit die ganze Länge des geraden Tunnels 14 920 m. Die Entfernung der den Portalen dieses geradlinigen Tunnels gegenüber liegenden Signale Göschenen und Airolo (Fig. 10 u. 11) betrug, wie bereits bemerkt, nach der trigonometrischen Bestimmung 15 852,1 m. Diese beiden Signale dienten als feste Ausgangspunkte für die direkte Längenmessung. Da ihr Abstand von den Portalen, die naturgemäfs zunächst nicht genau bezeichnet waren, beiderseits mehrere hundert Meter betrug, so wurden in kleinerer Entfernung von diesen Tunnelportalen in der Tunnelaxe Steinpfeiler mit Marken gesetzt, um von ihnen aus auf kürzerem Wege in den Tunnel hinein messen zu können. Die Entfernung dieser Steinpfeiler von den genannten Signalpfeilern konnte leicht genau bestimmt werden. Ihre Höhe über dem Meere wurde durch ein Anschlufs-Nivellement an die Marken des Präzisions-Nivellements ebenfalls genau ermittelt. Zur sicheren und bequemeren Richtungsangabe erbaute man sodann über den Signalpfeilern Göschenen und Airolo einfache Observatorien mit Fenstern in der Richtung der Tunnelaxe und der von ihnen aus sichtbaren Dreieckspunkte, sowie einer Klappen-Oeffnung in der Meridianebene zur Beobachtung von Sterndurchgängen behufs astronomischer Azimut- und Polhöhenbestimmung, wie bereits erwähnt wurde.

Fig. 10. Beginn des Tunnelbaues in Göschenen.

Im September 1872 begann Favre den Durchstich des Gotthardgebirges, den er sich verpflichtete in acht Jahren, d. h. bis zum 1. Oktober 1880, zu beendigen. Er erlebte die Vollendung des angefangenen Werkes nicht, am 19. Juli 1879 starb er an einem Schlaganfall im Tunnel, und erst Ende December 1881 wurde der Gotthardtunnel von seinen Nachfolgern vollendet.

Was Favre bei seiner Bauausführung in technischer Beziehung Tüchtiges geleistet, was er verfehlt angelegt hat, kann hier nicht erörtert werden, doch sei auf eine Abhandlung des Baurath C. Dolozalek, Professor an der Technischen Hochschule in Hannover, verwiesen (Zeitschrift des Architekten- und Ingenieur-Vereins in Hannover, Jahrg. 1882), in welcher diese Frage von einem Fachmanne erörtert wird, der selbst mehrere Jahre hindurch beim Bau des Gotthardtunnels als Sektionsingenieur der Gotthardbahn-Gesellschaft beschäftigt war.

Favre war ein Mann von kräftiger, gedrungener Statur, vollem schwarzen Bart- und Haupthaar, ausdrucksvollem Gesicht und heiterem, ja fröhlichem Temperament (Fig. 12). Ungemein anspruchslos in seinem Benehmen, höflich und zuvorkommend gegen jedermann, reich an Erfahrungen und ein Freund heiterer Geselligkeit, wurde sein Besuch namentlich in der ersten Zeit des Baues stets als ein freudiges Ereignifs begrüfst, nicht blos von seinen Beamten, sondern von allen Angestellten des grofsen Unternehmens. Er war ein selbstgemachter Mann, ein Mann der That und der Arbeit. Seine Lieblingsidee bildete der

Fig. 11. Beginn des Tunnels in Airolo.

Gedanke, mit seinem ganzen Personal nach Vollendung des Gotthardtunnels zum Simplon überzusiedeln, um durch einen zweiten, noch gröfseren und schwierigeren Alpendurchstich das wieder zu erarbeiten, was er am Gotthard verloren hatte. Es war ihm nicht vergönnt. Ein plötzlicher Tod setzte seiner rastlosen Thätigkeit ein vorzeitiges Ziel. Ergreifende Wahrheit liegt in dem vom Bildhauer Vela für sein Denkmal gearbeiteten Relief „le Vittime del lavoro".

Die ersten Jahre der Bauarbeiten am Gotthard waren für die Ingenieure unstreitig die interessantesten, da sie Gelegenheit boten, die ganzen grofsartigen Anlagen in ihrem Entstehen beobachten zu können. Wasserleitungen, Turbinen und Kompressoren-Anlagen, Werkstätten, Arbeiterwohnungen etc., mit allem, was ein derartiger Bau an verschiedenen Einrichtungen nothwendig macht, entstanden vor ihren Augen. Jeder Tag brachte etwas Neues, die Vollendung eines Bauwerkes, die Verbesserung einer Maschine oder eines Kompressors, fremde Gäste, welche ihre Erfahrungen austauschten und neue zu machen sich bemühten; kurz es entstand ein Leben und Treiben auf den Plätzen der Installationen in Göschenen und Airolo, ein Gewirr und Durcheinander von Sprachen, Trachten und Lebensgewohnheiten, ein Austausch von Meinungen, Erfahrungen und neuen Ideen, wie es jeder Beschreibung spottet. Die allgemeine Stimmung glaube ich am besten kennzeichnen zu können durch die Worte eines der Ingenieure, welcher auf die Frage: „Arbeitet ihr denn auch am Sonntage?" zur Antwort gab: „Wir haben alle Tage Sonntag!"

Fig. 12. Bauunternehmer Favre.

Der Arbeitsvorgang beim Ausbruch des Tunnels, welcher hier zum Verständnifs der Absteckungsarbeiten kurz beschrieben werden mufs, war folgender: Die durch die Kraft des Wassers getriebenen Turbinen setzen ihrerseits die Kolben in den Cylindern von Kompressoren (Fig. 13) in hin- und hergehende Bewegung. Bei jedem Rückgange eines Kolbens strömt die äufsere Luft durch Ventile in das Innere des Cylinders; beim Vorgange des Kolbens schliefsen sich die Luftventile und die Luft findet nur einen Ausweg zu Reservoirs, von denen sie durch eine besondere Leitung in den Tunnel zu den Arbeitsstellen geprefst wird. Hier dringt sie in die Cylinder der Bohrmaschinen und setzt nun ihrerseits die Kolben derselben in Bewegung. Bei jedem Vorgange stofsen die vorn am Kolben befestigten Bohrer gegen den Fels und bohren sich nach und nach in denselben hinein.[1] Auf schwerem eisernen Untergestell sind meist mehrere solcher Stofs-Bohrmaschinen gemeinsam angebracht (Fig. 14) und gleichzeitig in Thätigkeit, wodurch ein Höllenlärm entsteht. Sie bohren Löcher von einigen Centimetern Durchmesser und etwa einem Meter Länge in den Felsen. Tiefe, Anzahl und Richtung der Löcher variirt je nach der Natur und Beschaffenheit des Gesteins. Sind die Löcher sämtlich gebohrt, so werden sie mit Dynamit geladen, das Bohrgestell zurückgeschoben, und dann wird gesprengt. Die gelösten Felsmassen, welche bei jeder Sprengung einen grofsen Trümmerhaufen in den schon ausgebrochenen Stollen aufwerfen, werden weggeräumt, auf Rollwagen

Fig. 13. Luft-Kompressor.

mittelst der Luftlokomotive herausbefördert, das Bohrgestell wieder vorgeschoben, die Bohrmaschinen in Thätigkeit gesetzt, und der gleiche Vorgang, Bohren, Laden, Sprengen, Abräumen, wiederholt sich von neuem. Durch das Sprengen der Minen entsteht in den engen Tunnelräumen ein dichter Rauch, der aber durch die beim Bohren ausströmende, komprimirte frische Luft mehr und mehr wieder beseitigt wird.

Der fertige Tunnel hat bei 8 m Sohlenbreite eine Höhe von 6 m. Er wurde aber nicht auf einmal im vollen Profil ausgebrochen, sondern es wurde zunächst nur ein Stollen von 3 m Breite und 2 m Höhe

[1] Hydraulische Bohrmaschinen wie die Brandtschen, bei welchen die Bohrer durch Wasserdruck gegen den Felsen so stark angeprefst werden, dafs sie ihn bei einer Drehung zertrümmern, waren am Gotthard nicht in Gebrauch, wurden aber vom Ingenieur Brandt seiner Zeit dort erfunden und am Pfaffensprungtunnel zum ersten Male benutzt.

als Firststollen vorgetrieben, dann folgte die seitliche Erweiterung, und schliefslich die Vertiefung und der Vollausbruch mit Strosse und Sohlenschlitz, worauf die Ausmauerung mit dem Gewölbe und den Widerlagern ausgeführt werden konnte.

Der Firststollen war den anderen Arbeiten zum Ausbruch des Tunnels stets weit voraus. Da derselbe später nach jeder Richtung, seitlich wie oben und unten, weiter ausgebrochen werden mufste, so konnten in ihm niemals feste Punkte für längere Dauer angebracht werden, denn alle Marken wurden wieder fortgesprengt. Im Vollausbruch wurden die angebrachten Marken durch die Ausmauerung be-

Fig. 14. Gestell mit Bohrmaschinen.

deckt, und bei letzterer war man nicht sicher, ob mit der Zeit nicht Veränderungen einträten. So erklärt es sich, dafs jedes Jahr eine durchgreifende Controle der Absteckungsarbeiten, eine sog. Hauptabsteckung der Tunnelaxe nothwendig wurde, welche wieder ganz von vorn anfing und beim Observatorium aufserhalb des Tunnels ihren Ausgangspunkt hatte.

Im Frühjahr 1875 wurden auf Grundlage der im vorhergehenden Sommer ausgeführten Triangulation, welche zur Festlegung der Tunnelrichtung gegen die von den beiden Signalpfeilern in Göschenen und Airolo aus sichtbaren je vier Dreieckspunkte gedient hatte, feste Marken für die Uebertragung dieser Richtung in den Tunnel bei den Absteckungen erstellt. Um diese Marken möglichst unveränderlich zu machen, und bei Tage wie bei Nacht gut einstellen zu können, erhielten dieselben folgende Einrichtung. In einer Entfernung von etwas mehr als 1 km von den Observatorien wurde in der Vertikalebene der Tunnelaxe an einer hierzu geeigneten Felswand eine zur Tunnelaxe senkrechte Fläche geschaffen und in diese ein 20—30 cm breites und tiefes Loch hineingemeifselt, welches zur Aufnahme einer Lampe diente. Vor dem Loche war an starken, in den Fels eingelassenen Eisenklammern eine mehrere Millimeter dicke Eisenplatte fest verschraubt. Es handelte sich darum, auf dieser Platte genau den Punkt zu bestimmen, welcher in der Vertikalebene der Tunnelaxe lag. Zu diesem Zwecke wurde ein kleiner weifser Kreis auf die Platte gemalt, zwischen ihm und den Signalen alle Winkel gemessen und der Kreis so lange verschoben, bis das Mittel aus je 60 Messungen der vier Winkel das verlangte Resultat für die Tunnelrichtung ergab. Dann wurde an Stelle des Kreises ein gleich grofses Loch in die Platte gebohrt und dies mit einem konzentrischen weifsen Ringe von wenigen Centimetern Breite umgeben. Bei Tage diente letzterer zum Einstellen der Marke, bei Nacht hingegen wurde hinter die Eisenplatte in die ausgemeifselte Nische eine Lampe gestellt. Das kleine runde Loch erschien dann wie ein heller Stern, der sehr genau eingestellt werden konnte.

Eine Sekunde im Winkel entspricht auf die Entfernung von einem Kilometer nahezu einer Querverschiebung oder einem Bogen von einem halben Zentimeter Länge. Die Einstellungsgenauigkeit entsprach im Mittel diesem Werthe, wonach angenommen werden durfte, dafs die Uebertragung der oberirdisch festgelegten Tunnelrichtung in den Tunnel vermittelst der Marken mit einer Genauigkeit ausgeführt werden konnte, welche ihrer Bestimmung durch die Triangulation entsprach.

Die Gotthardbahngesellschaft war vertragsmäfsig verpflichtet, der Unternehmung des Tunnelbaues, welche für die Richtung des Tunnels nicht verantwortlich war, alle 200 m weit einen Punkt genau in der Linie, in welcher die Ausbrucharbeiten vorgetrieben werden mufsten, anzugeben. Diese Punkte wurden so weit wie möglich von den Observatorien aus eingerichtet. War eine direkte Einweisung von aufsen wegen der Luftverhältnisse im Tunnel nicht weiter möglich, so mufste die Linie durch Stationiren im Tunnel selbst über die bereits festgelegten Punkte verlängert werden. Diese Verlängerung wurde im allgemeinen ein Jahr lang während des Baues fortgesetzt, dann aber eine sogen. Hauptabsteckung zur Controle der Richtung vorgenommen und zwar stets von den Observatorien aus, um sicher zu sein, ein von allen inzwischen im Tunnel selbst stattgehabten Veränderungen ganz unabhängiges Resultat zu erhalten.

Die ganze ausgebrochene Tunnelstrecke wurde hierbei in mehrere Abtheilungen getheilt, welche zu gleicher Zeit von verschiedenen Ingenieurgruppen nivellirt wurden, um die Höhenlage des Tunnels zu kontroliren, bezw. festzulegen. Diese Arbeit konnte in der Regel beendigt werden, ehe die Absteckung begann, denn es waren meist 24 bis 48 Stunden nach Einstellung sämmtlicher Arbeiten im Tunnel und Entfernung aller Arbeiter aus demselben erforderlich, um durch starke Ventilation vermittelst Einpressens von frischer Luft den Rauch thunlichst herauszutreiben und die Luft hinreichend durchsichtig zu machen. Auf die Längenmessung im Tunnel wurde im Anfange eine ähnliche Sorgfalt verwandt, wie auf die beiden anderen Absteckungselemente. Ist nun eine genaue Längenbestimmung schon im Freien bei Tageslicht eine schwierige und zeitraubende Arbeit, welche ein grofses und gut geschultes Personal verlangt, wie viel mehr im dunklen Tunnel bei Lampenbeleuchtung auf unebenem Boden, der streckenweise nahezu einen Meter tief mit Wasser bedeckt war.

Wenn nämlich wasserhaltige Spalten angebohrt wurden, so ergofs sich bisweilen ein Strom Gebirgswasser in den Tunnel derart, dafs ihm ein Bach von 800 Litern pro Sekunde entströmte, welcher zeitweise ein Mühlenrad trieb. Um dem zuströmenden Wasser einen thunlichst raschen Abflufs zu gestatten, gab der Unternehmer dann dem Tunnel an der betreffenden Stelle eine stärkere Steigung, von welcher er aber, um das erlaubte Mafs nicht zu überschreiten, rasch wieder hinabgehen mufste, sobald die wasserführende Schicht durchbrochen war und trockenes Gestein angetroffen wurde. Kam dann weiterhin wieder Wasser, so stieg man wieder und so fort. Die Ausbruchsarbeiten für den weiteren Tunnelausbau konnten aber dem Stollen nicht rasch genug folgen, um dem Wasser, welches sich infolge des eben beschriebenen Vorganges an den tieferen Stellen angesammelt hatte, Abflufs zu verschaffen, und so war man genöthigt, oft längere Strecken im Tunnel in meter-tiefem Wasser zu waten, welches alle Arbeiten sehr erschwerte.

Im Jahre 1880[2]) mafs der preufsische Generalstab eine Grundlinie von 2044 m Länge bei Göttingen, und zwar vom 10. bis zum 19. August zweimal. Eine solche Messung erforderte nach Erledigung aller nothwendigen Vorbereitungen ungefähr 3 Tage bei einem Personal von 15 Offizieren und 50 Pionieren. Die nach vorheriger Einübung durch besondere Probemessungen und die streng militärische Organisation

---

[2]) also im gleichen Jahre, in welchem der Durchschlag des Gotthardtunnels erfolgte.

der ganzen Arbeit dort erzielte Geschwindigkeit war eine bis dahin unerreichte.

Nun denke man sich das ganze Personal in den dunklen und engen Gotthardtunnel versetzt, dessen Stollen 2 m hoch und 3 m breit war, während die ganze Tunnellänge nahezu 15 Km beträgt, um bei künstlicher Beleuchtung, in schlechter Luft, im tiefen eiskalten Wasser oder später bei unerträglicher Hitze etc. genaue Längenmessungen vorzunehmen, und man wird sich vielleicht einen ungefähren Begriff davon machen können, welchen Zeit- und Arbeitsaufwand eine genaue Längenmessung im Tunnel erfordert haben würde, welche Vorbereitungen und welches Personal nötbig gewesen wären, und welche Schwierigkeiten daher den Tunnel-Ingenieuren entgegengestanden hätten, etwas Derartiges auch nur annähernd zu erreichen.

Und was wäre der Nutzen gewesen bei dem ganz geradlinigen Tunnel? Dafs man etwas genauer gewufst hätte, wann man zusammen traf; denn nach Fertigstellung des ganzen Tunnels konnte die Längenmessung unschwer mit solcher Genauigkeit gemacht werden, wie sie zur richtigen Bemessung der Kosten des ganzen Bauwerkes erforderlich war. Was aber die Zeit des Durchschlages betrifft, so machte man täglich 3 bis 4 Meter Fortschritt auf jeder Seite. Es konnte sich daher auch nur um eine Unsicherheit von Stunden, schlimmsten Falles von einem Tage handeln, wenn man sich auf eine provisorische Längenmessung mit Stahlbändern während des Baues zur Bestimmung der Abschlagszahlungen begnügte, was denn auch wirklich geschah.

Auf die beim Durchschlage gefundene Differenz werden wir später zurückkommen.

Die Richtungsangaben von den Observatorien aus mit den dort aufgestellten gröfseren Passage-Instrumenten, welche bereits am Mont-Cenis-Tunnel benutzt, dann für den Gotthard-Tunnel angekauft und etwas umgearbeitet worden waren, geschahen in folgender Weise: Das Fadenkreuz des Fernrohres wurde auf die Tunnelmarke eingestellt und so die Absehlinie des festgeklemmten Instrumentes genau in die oberirdisch bestimmte Vertikalebene des Tunnels gebracht. Durch Kippen des Fernrohres in dieser Ebene wurde dann seiner Absehlinie eine solche Neigung gegeben, dafs sie der Steigung des Tunnels entsprach, und so die Visirlinie auf die Tunnelmündung geführt. Dort konnten dann die Arbeiten beginnen und in der gegebenen Richtung vorgetrieben werden, zunächst nur als Stollen, dem dann später der weitere Ausbruch und die Ausmauerung folgten.

Die Verlängerung der angegebenen Richtung im Stollen während der Arbeit auf 200 m weit geschah durch die Unternehmung und zwar gewöhnlich mittelst gespannter Schnüre. Denkt man sich in der Decke zwei Nägel in der Tunnelrichtung eingeschlagen, an dem einen eine Schnur befestigt und diese so angespannt, dafs sie über den zweiten Nagel führt, so befindet sie sich offenbar in der durch die zwei Nägel bestimmten Richtung und diese kann über dieselben hinaus mit Hülfe der angespannten Schnur verlängert werden. Dies ist auch möglich, wenn die Luft mit Rauch geschwängert und wenig durchsichtig ist. In solcher Weise verlängerten sich die Vorarbeiter der einzelnen Bohrposten die Tunnelrichtung über feste Punkte während der Arbeit selbst auf 100 bis 200 m Entfernung mit ausreichender Genauigkeit. Dann wurde wieder ein fester Punkt seitens der Ingenieure mit ihren Instrumenten eingewiesen, an der Decke durch eine eingeschlagene Eisenklammer markirt, hierüber die Linie von den Vorarbeitern in der angegebenen Art und Weise wieder weiter verlängert und so fort, bis zur durchgreifenden Kontrole der im einzelnen vorgenommenen Richtungsabsteckungen und Verlängerungen eine Hauptabsteckung erforderlich erschien. Zu dieser waren gröfsere Vorbereitungen erforderlich, und zwar naturgemäfs umsomehr, je tiefer man in den Berg eindrang und je länger der Stollen, bezw. der Tunnel wurde.

Während der nöthigen Ventilation nach geschehener Arbeitseinstellung wurden, um den Rauch aus dem Tunnel zu treiben und die Luft reiner und durchsichtig genug zu machen, in gleichmäfsigen Abständen im Tunnel provisorische Steinpfeiler aus übereinander gelegten Gewölbesteinen aufgebaut. Auf diese kamen Dreifüfse von Metall zu stehen mit drei Stellschrauben, welche nach der jedesmaligen Aufstellung mit rasch erhärtendem Cement umgossen wurden, um eine Verrückung derselben durch Stöfse etc. unmöglich zu machen. Diese Dreifüfse hatten kleine Metalltische mit Schlitten, auf deren verschiebbarer Platte das Zentrum in der Weise markirt war, dafs von ihm aus drei Rinnen ausgingen, welche Winkel von 120° mit einander bildeten. Setzte man in diese Rinnen ein kleines Passage-Instrument, oder eine Lampe, so fiel ihr Zentrum genau über das Zentrum des Schlittens, und konnte mit diesem zugleich senkrecht zur Tunnelaxe verschoben, bezw. genau in diese eingestellt werden.

Der Vorgang bei der Absteckung war dann folgender: Zunächst wurde die Lampe auf dem ersten Dreifufse aufgestellt und vom Observatorium aus mit dem Fernrohre des dort aufgestellten gröfseren Passage-Instrumentes genau in die durch die Marken am Berge bezeichnete Tunnelrichtung gebracht. Die Verständigung geschah durch Morsesche Telegraphen-Apparate, welche von mitgeführten Telegraphisten bedient wurden. Nachdem die Lampe mit Hülfe des Schlittens so lange hin- und hergeschoben war, bis vom Observatorium das Zeichen „gut" kam, wurde ihre Stellung am Rande der festen Tischplatte von zwei Beobachtern unabhängig von einander markirt; dann wurde die Lampe wieder aus der Richtung verschoben, vom Observatorium aus mit dem dort ebenfalls neu auf die Tunnelmarke eingestellten Fernrohr abermals eingewiesen und ihre Stellung zum zweiten Male markirt. Die gleiche Operation wiederholte man in der Regel achtmal mit möglichster

Fig. 15. Kleines Absteckungs-Instrument mit Schlitten-Dreifuſs.

Vermeidung aller in Betracht kommenden Fehlerursachen, und sie galt nur dann als ausreichend, wenn die Mittel von je vier, meist von zwei Beobachtern gegebenen Einweisungen nicht um mehr als einige Millimeter von einander abwichen. Das Gesammtmittel bildete dann den neu bestimmten Punkt, welcher durch Hinauflothen an eine in der First eingeschlagene Eisenklammer übertragen und für den weiteren Gebrauch fixirt wurde.

Von den Observatorien aus konnten auf solche Weise nur eine verhältnifsmäfsig geringe Anzahl Richtungspunkte im Tunnel bestimmt werden, da man wegen des zurückbleibenden Rauches, wegen Nebelbildung etc., d. h. zu geringer Durchsichtigkeit der Luft in Göschenen nicht mehr wie zwei, in Airolo aber nicht einmal einen Kilometer weit in den Tunnel hat hineinsehen können.

War der letzte mögliche Punkt vom Observatorium aus gegeben, so wurde an den Platz der dort eingewiesenen Lampe auf die Platte des Dreifufses genau über das gleiche Zentrum das kleine Passage-Instrument gestellt, um mit seinem Fernrohre die Linie weiter zu verlängern. Abgesehen davon, dafs hierzu sein Fernrohr auf einen nach dem Observatorium zu, d. h. also rückwärts gelegenen Punkt eingestellt und dann zur Vorwärtsvisur „durchgeschlagen" werden mufste, geschah das Einrichten der weiter im Tunnel aufgestellten Lampen in ganz gleicher Weise. An Stelle dieser trat nach ihrer genauen Einweisung wieder das kleine Passage-Instrument zur Einrichtung von Lampe vorwärts durch Passage-Instrument und Lampe rückwärts von Station zu Station, bis man am Ende, d. h. „vor Ort" angelangt war.

Drei sog. Universalstative, d. h. Dreifüfse mit Tischplatten und Schlitten, drei zugehörige Lampen und das kleine Passage-Instrument bildeten den Absteckungs-Apparat im Tunnel.

Da eine gröfsere Absteckung mehrere Tage und Nächte in Anspruch nahm und sehr aufreibend war, namentlich gegen das Ende der Arbeiten, wo das ganze Personal bei einer Hitze von einigen 30 Grad schon mehr in Adams Kostüm, ergänzt durch Wasserstiefel und einige Brillen, arbeitete, so wurden Tag- und Nachtposten gebildet, welche, mit allem nothwendigen Zubehör ausgerüstet, nach 12-stündiger Arbeit sich regelmäfsig ablösten, bis die ganze Absteckung durchgeführt war.

Naturgemäfs entwickelte sich der beschriebene Arbeitsvorgang nach und nach auf Grundlage der gemachten Erfahrungen.

Zur Sichtbarmachung der einzuweisenden Punkte benutzte man anfangs Magnesiumlampen, verwarf dieselben aber sehr bald wieder wegen des starken Rauches, der sich bei der Verbrennung des Magnesiums entwickelt; dann nahm man Kerzen und gewöhnliche Petroleumlampen, deren Stellung auf untergelegten Brettern markirt und deren Flamme an in der First befestigten Eisenklammern hinaufgesenkelt wurde. War ein Punkt so bestimmt, dann wurde unter ihm ein Stativ aufgestellt und auf ihm ein Theodolit durch Heruntersenkeln centrirt. Durch das Hinaufsenkeln, Umstellen und Hinuntersenkeln ging jedenfalls ein wesentlicher Theil der erreichten Genauigkeit und viel Zeit verloren, so dafs man sich nach Einrichtungen sehnte, welche dies zu vermeiden gestatteten.

Die Verständigung geschah anfangs durch Bewegen und Verstellen von Lichtern, dann durch farbige Lampen, später durch Hornsignale, Pfeifen u. s. w. — Das Personal der Absteckung führte die ganze Arbeit von Anfang bis zum Ende ohne Unterbrechung durch, um die Bohrarbeiten nicht länger, als unbedingt nothwendig, aufzuhalten, und es gehörte nicht selten eine Engelsgeduld und grofse Ueberwindung dazu, nach zwanzig- oder dreifsigstündiger Arbeit, wenn unvorhergesehene Hindernisse eintraten, wenn die Arbeiter, anstatt die Signale weiter zu geben, übermüdet eingeschlafen waren, wenn plötzliche Nebelbildungen im Tunnel jede Aussicht versperrten und dergl., stets nur auf die gröfste erreichbare Genauigkeit Bedacht zu nehmen. Nach und nach wurden aber durch bessere Organisation, Anschaffung geeigneter Instrumente und Telegraphen-Apparate, Theilung der Arbeit planmäfsig entworfene Instruktionen u. s. w. in beiden Tunnelsektionen

Fig. 16. Personal der letzten Hauptabsteckung.

solche Fortschritte erzielt, dafs zu den beiden letzten grofsen Absteckungen im Tunnel nicht wesentlich mehr Zeit gebraucht wurde, wie zu den ersten Arbeiten dieser Art, trotzdem die abzusteckende Tunnellänge dreimal so grofs geworden war.

Die beiden letzten Hauptabsteckungen wurden einige Monate vor dem Durchschlage vorgenommen, in Göschenen am 13. bis 16. Oktober 1879, in Airolo am 11. bis 15. Januar 1880. — Das Personal bestand aus 10 Ingenieuren und Geometern, 4 Telegraphisten und 5 ständigen Mefsgehülfen (Fig. 16). Der Transport der Apparate, Reservetheile, Werkzeuge, Mundvorräthe, Kleidungsstücke u. s. w. wurde von einer gröfseren Anzahl von Tunnelarbeitern besorgt.

Die Ergebnisse der beiden letzten Hauptabsteckungen, verglichen mit den Resultaten der ungefähr ein Jahr früher vorgenommenen analogen Arbeiten, liefern das beste Bild der bei den Absteckungen im Tunnel erreichten Genauigkeit. Auf der Nordseite waren die Unterschiede sehr klein. Sie betrugen durchweg nur wenige Millimeter und zwar, soweit eine Vergleichung noch möglich war, auch gegenüber der drittletzten Absteckung. In Airolo waren die Unterschiede etwas gröfser, weil die Verhältnisse im Tunnel wegen des starken Wasserzudranges dort für die Absteckungsarbeiten weit ungünstiger lagen. Die Durchsichtigkeit der Luft gestattete auf der Nordseite auf die Länge von 6 km nicht mehr als sechs Stationen zu machen, auf der Südseite waren hingegen auf die gleiche Länge vierzehn Stationen erforderlich, und trotz der viel kürzeren Entfernungen konnten die Lampen kaum gesehen und nur mit Mühe eingerichtet werden. Doch waren auch hier die Abweichungen nicht grofs. Bis 1300 m vom Portal lag die letzte Bestimmung wenige Millimeter östlich von der vorjährigen. Bei 1400 m kreuzten sich beide, dann wurde die Abweichung westlich, erreichte bei 2600 m ein Maximum von 2 cm und wurde bei 3300 m zum zweiten Male Null. Von dort wurde die Abweichung wieder östlich und betrug bei der letzten Vergleichsstation, 6 km vom Portale entfernt, nahezu 7 cm.

Der mittlere Fehler des Mittels aus zwei Bestimmungen ist gleich der halben Abweichung beider, beträgt also für die Absteckung in Airolo einige Centimeter. Nimmt man hierzu die noch geringere Unsicherheit der Absteckungsresultate in Göschenen, sowie auch die mögliche Abweichung der oberirdisch bestimmten und durch die Marken festgelegten Tunnelrichtungen, so konnte der Gesamtbetrag aller dieser Fehlerursachen doch nur einen mittleren Fehler von 1—2 dcm ausmachen.

Nach der Wahrscheinlichkeitsrechnung in Uebereinstimmung mit der praktischen Erfahrung ist der 4- bis 6-fache Betrag des mittleren Fehlers als ausgeschlossen zu betrachten, selbst wenn alle Fehlerursachen im ungünstigsten Sinne wirken. Eine gröfsere Abweichung beim Durchschlage als 0,5—1 m war demnach undenkbar, wenn keine unbekannten Fehler-Ursachen gewirkt hatten. Solche gab es aber nach menschlichem Ermessen nicht, zumal die Mont-Cenis-Durchbohrung vorausgegangen war. Am wahrscheinlichsten aber war es, dafs man beim Durchschlage sehr nahe zusammentreffen würde.

So konnte diesem mit Ruhe entgegengesehen werden, da alles geschehen war, ein gutes Resultat zu sichern.

(Schlufs folgt.)

Obsidian-Felsen (Yellowstone-Park).

Das Wunderland der neuen Welt.

Reisebetrachtungen über die Entstehung eines Erdtheils.

Nach seinem Vortrage im wissenschaftlichen Theater der Urania
bearbeitet von Dr. M. Wilhelm Meyer.

(Schluſs.)

Wir haben inzwischen den Bereich der heiſsen Mammoth-Quellen verlassen und gehen durch eine ragende Felspforte, das Goldene Thor genannt, in eine höhere Stufe des Parkgebietes über.

Ganz andersartig treten hier die Spuren einstmaliger Feuerthätigkeit hervor; die Felsen bestehen wieder aus den uns wohlbekannten Basaltsäulen, also aus kristallisirter Lava. Goldgelbes Moos klammert sich an dieselben; ein Gebirgsbach drängt sich zu unseren Füſsen schäumend durch die Pforte und bildet hier einen hübschen Fall; Tannen klettern die Abhänge hinan. Wir befinden uns mitten in reizvollster Gebirgsnatur.

Auch diese höhere Thalsohle könnte man wohl mit irgend einem Gebirgsthale unserer Alpen vergleichen. Der vulkanische Charakter tritt völlig zurück.

Die ungemeine Vielseitigkeit des landschaftlichen Charakters dieses in paradiesischer Unberührtheit gebliebenen Parks bildet ja eben seinen Hauptreiz. Soeben noch umfingen uns die blendend weiſsen Sinterablagerungen, zuweilen nicht unähnlich einer Gletscherlandschaft; dann moosbewachsene Klippen, dunkler Tannenwald; und nun öffnet sich ein grünes, bergumschlossenes Thal, einsam, still. Dort erhebt sich hinter abgebrannten Bäumen einer der höchsten Gipfel des Parkgebietes, der Elektric Peak; er ist 3400 m hoch; wir selbst aber befinden uns hier bereits mehr als 2000 m über dem Meeresspiegel. Am Ufer des kleinen Sees am Bergabhang im Hintergrunde liegt Schnee im Hochsommer, zu welcher Jahreszeit überhaupt nur der Besuch des Parkes möglich ist.

Wir müssen nun immer noch höher hinansteigen. Abermals nimmt uns schöner, wilder Tannenwald auf. Und nun ein neues

Wunder! Klippen, ähnlich denen des goldenen Thores aus sechskantigen
Säulen bestehend, ragen auf. Aber mit Staunen bemerken wir, dafs
der Weg zu Füfsen dieses Felsens ganz mit glänzend schwarzen Glas-
splittern übersät ist. Diese Säulen sind aus kristallisirtem Glase aufgebaut (Obsidian-Klippen, siehe Titelbild)! Geologisch sind sie ein
ungelöstes Räthsel. Man sah wohl schon ganze Ströme flüssigen
Glases aus Vulkanen quellen, aber niemals haben sie sich sonst wo
zu Kristallen zusammengeschlossen.

Oft werden wir uns noch in diesem Parke darüber zu ver-
wundern haben, wie jene unterirdischen Mächte, welche man sonst

Das goldene Thor im Yellowstone Park.
(Aufnahme von Haynes.)

nur in blinder Zerstörung scheinbar ganz gesetzlos wüthen sieht, hier
so kunstvoll regelmäfsige Gebilde schufen, dafs man sie kaum ohne
die Einwirkung intelligenter Geister entstanden denken kann.

Aber welche Anmafsung liegt in diesem Gedanken verborgen!
Als ob nur die Intelligenz — und wir meinen damit den Menschen —
imstande sei, Schönes, Wohlgestaltetes, Zweckmäfsiges zu schaffen!

Da breitet sich am Fufse jener Glasfelsen ein tannenumrahmter
See, und mitten durch denselben sehen wir einen kunstgerecht angelegten Damm aus Stämmen, Erdreich, Gestrüpp aufgeschichtet, der,
wie der erste Blick lehrt, offenbar dazu dienen soll, den einen Theil
des Sees beständig auf einem ganz bestimmten Niveau zu erhalten.
Nun, der Damm ist von Bibern gebaut, die hier ganze Inselburgen
aufgerichtet haben. Durch diese kunstvollen Barrikaden schützen sie
dieselben vor Ueberschwemmungen.

Nicht mehr und nicht minder wunderbar wie diese Dämme sind jene Felsen aus Glaskristallen; das eine ist nur unserem Geiste verwandter als das andere.

Aber wir müssen nun eilig weiter. Vergegenwärtigen wir uns, dafs der Park ein Gebiet umfafst, so grofs, wie Württemberg und Baden zusammengenommen, und dafs wir fünf scharfe Tagereisen im Stellwagen dazu gebrauchen, um von den heifsen Mammoth-Quellen aus eine Rundfahrt durch die sehenswürdigsten Gegenden auszuführen. Wir befinden uns gegenwärtig noch auf der ersten Tagereise.

Je tiefer wir nun eindringen in das heifse wogende Herz des Felsengebirges, je zahlreicher und lebhafter werden die Anzeichen der unheimlich wühlenden Thätigkeit vulkanischer Kräfte unter unseren Füfsen. Immer häufiger begegnen wir den azurnen Tümpeln der heifsen Quellen; aus den Bergen dampft es mit grollendem Geräusch und am Wege schiefsen gelegentlich heifse Dampfstrahlen auf.

Und nun, während wir aus einer Tannenlichtung treten, breitet sich etwas wie ein Schneefeld aus, wie man ein solches hier im Hochgebirge — wir befinden uns bereits 2200 m hoch — in dieser muldenförmigen Vertiefung wohl vermuten darf. Aber der Schnee dampft! Wir stehen vor dem Norris-Geiser-Becken, wo hunderte von heifsen Quellen nun oft schon als wirkliche kleine Geiser, als Springbrunnen aus den weifsen Sinterablagerungen hervorsprudeln. Ganze Bäche heifsen Wassers durchziehen hier den Wald, und eine frische, kühle Quelle ist meilenweit nicht zu entdecken. In dem Höllenkessel da unten brodelt und prustet es, und heifser Schlamm wälzt sich, Blasen schlagend, in den Löchern. Wir gewinnen den Eindruck, als ob wenige Meter unter unseren Füfsen bereits die glühende Lohe des Erdkerns wogen müsse, und dieser heifse Boden, der gar unheimlich unter unseren Füfsen nachgiebt, erst vor kurzem aus dem allgemeinen Glutmeere geboren worden sei. In der That kann der Lavastrom, welcher all' diese seltsamen Erscheinungen hervorbringt, nur in ziemlich geringer Tiefe hier verborgen liegen.

Doch nun gelangen wir wieder auf sicheren Boden, der offenbar von jenen vorweltlichen Feuerströmen verschont geblieben ist. Tannenwald nimmt uns von neuem auf. Zwischen Steinblöcken bildet ein Giefsbach weifsschäumende Kaskaden. Wieder romantisch reizvolle Gebirgsnatur, keine Spur vulkanischer Wirkungen!

Aber kaum ist das Wort ausgesprochen, da sind wir schon mitten in den Wundererscheinungen, mit denen die Unterwelt hier zu Tage tritt; Ein ausgedehnter dampfender See liegt vor uns. Und diese aufsteigenden Wolken sind nicht weifs, wie sonst Wasserdampf, sie zeigen alle schönsten Farben des Regenbogens.

Das ist ja eben der Hauptreiz des Parkes, dafs man überall die wildesten und geheimnifsvollsten Kräfte der Natur, die entweder nur in der Verborgenheit der Unterwelt ihr unheimliches Wesen treiben, oder, treten sie einmal ans Licht des Tages, so verheerend wirken, dafs die Menschen sich zitternd in weiter Entfernung halten müssen, hier unmittelbar zu unseren Füfsen arbeiten sieht, ihre Wunder mit Händen greifen, das glühende Herz der Erde pulsen fühlen kann, ohne Gefahr, ohne Furcht, nur von der Empfindung der Ehrfurcht und des Entzückens erfüllt, die uns so mächtige und so herrlich schöne Naturspiele einflöfsen müssen.

Ganz entzückend ist die Wirkung dieses „Prismatischen Sees", wie man ihn genannt hat, wenn der helle Sonnenschein über seiner stillen Fläche flimmert. Immer berückender, geheimnisvoller werden die Erscheinungen, je tiefer wir in das Wunderland eindringen!

Diese Farbenwirkungen nun zwar erkennen wir bei etwas näherem Hinblick als einen Reflex des niedrigen Seebodens, dem jene Farben eigenthümlich sind. Die Dämpfe selbst sind weifs wie immer; die leuchtenden Farben saugen sich nur rückstrahlend nach Art der Nebelbilder in dem Dampfe.

Aber jenseits dieses farbigen Luftwirbels öffnet sich ein Mysterium unergründlicherer Art: der gewaltigste Krater des ganzen Gebietes, der des Excelsior.

Ein Krater, sage ich. Man wolle sich dabei vergegenwärtigen, dafs es hier keine anderen Krater mehr giebt als solche, die Wasser speien. Der Krater des Excelsior mifst in der einen Richtung 120 m. Tritt man an seinen Rand, so sieht man unter sich einen See beständig kochenden Wassers, so wie wir früher auf Hawaii den See brodelnder Lava schauorerfüllt anstaunten. Beide Phänomene erscheinen uns unglaubhaft, schier unmöglich. Woher speist sich dieses Riesenreservoir immer wieder mit neuer Wärme? Unergründlich wie die Tiefe des dunkeln Schlundes scheint sein Geheimnifs. Und man höre nun noch, dafs zuweilen — allerdings gehen Jahre darüber hin — plötzlich der ganze Inhalt des Sees bis zu hundert Meter hoch in die Luft emporgeschleudert wird! Wodurch kann eine so ungeheure Kraftäufserung so plötzlich ausgelöst werden?

Ein verkleinertes, wenn auch immer noch erstaunlich imposantes Abbild dieses gröfsten aller Geiser ist der sogenannte „Fountain-Geiser", der sich in seiner Nähe befindet und vor ihm den Vorzug hat, dafs er alle zwei bis drei Stunden einen Ausbruch zeigt. An ihm wollen wir das wunderbare Phänomen beobachten und eine Erklärung desselben versuchen.

Vergegenwärtigen wir uns, dafs hier einst gewaltige Vulkanschlünde tief ins Herz der Erde hinabführten, und ferner, dafs zu diesen Schlünden Wasserkanäle führen mufsten; denn nur die Verbindung des Feuers mit dem Wasser erzeugt ja die Vulkanthätigkeit. Nachdem nun während der Hebung des Kontinents das Meer sich weiter und weiter zurückgezogen hatte, und infolge dessen die vulkanische Thätigkeit im Felsengebirge allmählig erlöschen mufste,

Ausbruch des Excelsiorgeisers im Jahre 1888.
(Nach einer Aufnahme von Haynes.)

blieben doch die Kraterlöcher und ihre unterirdischen Kanalsysteme bestehen. Das junge Gebirge war regenreich, und die Adern in der noch immer glühend heifsen Tiefe füllten sich abermals mit Wasser an. Dafs so aus den einst feuerspeienden Kratern Seen kochenden Wassers, oder doch die blauen Tümpel der heifsen Quellen werden konnten, ist danach wohl begreiflich. Man wird es auch verstehen, wie das heifse, mineralreiche Wasser sich in den Spalten des Lavafeldes, aus denen es hervorquoll, Brunnenröhren, Trichter selbst bauen konnte, auch wenn es solche nicht vorfand, so wie es ja auch die wunderbaren Terrassen bildete, denen wir gleich bei unserem Eintritt in den Park begegneten.

Aber die grofsartigste und verblüffendste aller Erscheinungen, der man in diesem Lande der Naturwunder begegnen kann, ist damit noch nicht erklärt: Ich meine die Geiser-Eruption.

Einige dieser heifsen Quellen stofsen nämlich zuweilen den ganzen Inhalt ihres Trichterschlundes hoch in die Luft hinaus und bilden so, oft bis zu einer halben Stunde lang, kochende Springbrunnen, die ihre schäumenden und dampfenden Strahlen bis zur Höhe respektabler Kirchthürme, 50—80 m emporschleudern. Woher so urplötzlich diese unvorstellbar gewaltige Kraftäufserung? Woher diese riesigen

Old Faithfull während des Ausbruches.
(Nach einer Aufnahme von Haynes.)

Wassermengen? Welche Macht öffnete so unvorhergesehen die Schleusen der unterirdischen Wasserverbindungen, die vorher nur ganz wenig Wasser gaben, so wie es aus den gewöhnlichen Quellen zu fliefsen pflegt? Oder, wenn man annimmt, dafs das meiste Wasser des immer senkrecht aufsteigenden Strahles wieder in den Schlund zurückfällt, also nicht eben viel Wasser verbraucht wird: Woher dann diese plötzliche Aufkochen, welches die Fontäne in Thätigkeit setzt?

Alle diese Fragen scheinen noch leichter zu beantworten, als die nach der ganz und gar erstaunlichen Regelmäfsigkeit der meisten dieser Erscheinungen. Einer dieser Geiser führt seine Eruptionen mit minutiösester Pünktlichkeit alle 65 Minuten aus; speit dann 4 Minuten lang einen etwa 50 Meter langen Strahl empor, ruht wieder 65 Minuten und setzt sein Spiel so jahraus jahrein fort: Man könnte die Uhr nach ihm richten!

Wie soll man dieses Pulsen todter Naturgewalten erklären, in deren blindem Wüthen wir nicht gewohnt sind, Regel und Gesetz zu sehen? Zwar thun wir in jeder Hinsicht den sogenannten todten Naturkräften grofses Unrecht; denn sie arbeiten zweifellos unendlich viel präziser als die lebendige Natur und die Intelligenz. Man denke nur an die erhabonen Schauspiele am Sternenhimmel, die man Jahrhunderte im voraus auf Sekunden vorherverkündet. Nur in der ruhelosen Atmosphäre wüthen die Elemente noch scheinbar gesetzlos. Welche Gesetzlichkeit nun vermag diese regelmäfsigen Geiser-Eruptionen zu erklären? Begeben wir uns zu einem der Wunderbrunnen, um seine Eigenthümlichkeiten genauer zu erforschen.

Es ist wohl allgemein bekannt, dafs sonst nur noch auf zwei anderen, schwer zugänglichen Erdstrichen, in dem fernen Thule der europäischen Kultur, auf Island und auf Neu-Seeland Geiser vorkommen. Doch nur wenige derselben sind in jenen Gebieten nennenswerth. Hier aber, im Herzen des Felsengebirges, zählt man dieser Wunder an die Fünfzig, und zwei Dutzend derselben, die zwischen 10 und 80 Meter hohe Wasserstrahlen aussenden, liegen so nahe beisammen, dafs man sie in einer Stunde allesamt besuchen und in dieser selben Zeit mindestens zwei oder drei davon spielen sehen kann. Der interessanteste dieser regelmäfsigen Geiser ist der „Fountain", den wir ganz aus der Nähe beobachten wollen.

Wir sind einen Hügel hinangestiegen, von dem heifse Bäche herabrieseln und stehen nun vor dem gewaltigen Trichterschlunde, der in unbekannte Tiefen des Erdkörpers führt. Sieht man ganz hart am Rande dieses mit heifsem Wasser angefüllten Kraters, so erblickt man durch die immer tiefer blauenden Schleier des azurnen Wassers die phantastisch gestalteten Kieselbänke, aus denen der Geiser seinen Trichter aufgebaut hat.

Absolute Ruhe herrscht in dem Schlunde; kein Bläseben steigt aus dem kristallenen Wasser auf. Langsam steigt dasselbe nun in dem Becken, von Viertelstunde zu Viertelstunde um einige Centimeter; der Zuflufs ist also nur sehr gering, einen regelmäfsigen Abflufs hat das Becken nicht.

Nun steigen, etwa eine halbe Stunde vor dem Ausbruch, zuerst am Rande einige Luftblasen auf: Hier beginnt also das Wasser zu kochen. Mehr und mehr Partieen des Randes gerathen in Wallung, und gelegentlich braust es nun auch aus der Mitte auf. Pulsirend wird die Unruhe gröfser und nimmt wieder ab. Aber kaum mehr als meterhoch wird das Wasser zeitweilig emporgetrieben. Wir werden dadurch veranlafst, einige Schritte vom Rande zurückzutreten. Plötzlich hören wir ein dumpfes unterirdisches Rollen und Brausen, das näher kommt, und nun mit einem Male entfaltet sich das Wunder.

Das Schauspiel spottet jeder Beschreibung oder Darstellung: In Wirklichkeit braust hier eine Wassersäule von zehn Metern Dicke viermal so hoch in die Luft, sie rings mit Millionen und Millionen strahlender Diamanten durchwirkend, in welche sich die zerstiebenden Tropfen im Sonnenscheine verwandeln. Und zwanzig Minuten lang schleudert der donnernde Schlund dieses Riesenbouquet aus siedendem Wasser und wirbelndem Dampf, immer wieder andere, entzückende Formen bildend, aus der mysteriösen Tiefe empor.

Dann, ohne Abstufung, noch plötzlicher als es aufgetaucht war, verschwindet das räthselhafte Phänomen. Sofort können wir wie zuvor bis hart an den Auswurfsschlund treten: Ruhig, als ob nichts es je bewegt hätte, träumt das blaue Wasser wieder in dem Schlunds. Erst nach zwei Stunden wird es sich leise in dem Abgrund regen, und das Spiel wird aufs neue beginnen, um genau ebenso zu verlaufen, wie man es seit seiner Entdeckung vor ungefähr dreifsig Jahren sah.

Beginnen wir, um den Schleier des Geheimnisses über diesen grofsartig schönen Aeufserungen sonst so verderbenbringender Mächte zu lüften, mit der Thatsache, dafs soeben ein Ausbruch kochenden Wassers erfolgt ist. Dabei hat sich an der Luft das Wasser abgekühlt und ist nun, da die Auswurfsöffnung des Geisers fast immer senkrecht in die Tiefe hinabführt, wieder zu den heifsen Gesteinen dort unten zurückgekehrt. Hier erhitzt es sich von neuem. Auch fliefst aus den heifsen Spalten der Tiefe neues Wasser zu, um den beim letzten Ausbruch erlittenen Verlust zu ersetzen. Unten mufs das Wasser deshalb bedeutend wärmer sein als weiter oben, wo ja auch das nicht aus Lava gebildete Erdreich an sich kälter ist, und der Geiser seine Wärme an die Luft abgeben kann. In der That haben dies Temperaturmessungen bestätigt; ja, hierbei trat sogar die merkwürdige Wahrnehmung zu Tage, dafs das Wasser in der Tiefe bedeutend höhere Temperaturen aufwies, als bei denen es hier oben an der Luft sieden würde, während der Geiser sich doch absolut ruhig verhielt. Dies erklärt der Physiker ganz leicht, indem er experimentell zeigt, dafs der Siedepunkt von dem Druck abhängt, unter welchem das Wasser steht. Es siedet auf hohen Bergen viel leichter, im verschlossenen Topfe schwerer. Dort unten im Geiser lastet nun die ganze, oft bis hundert Meter tiefe Wassersäule auf den unteren Theilen derselben und läfst sie nicht kochen; oben aber steigert sich die Temperatur überhaupt nicht zur Siedehitze, weil hier die Ausstrahlung zu grofs ist. In den mittleren Partieen des tiefen Brunnenrohres dagegen kann das Wasser schliefslich so stark erhitzt werden, dafs der für den dort herrschenden Druck nothwendige Grad eine ganz bestimmte Zeit nach der letzten Eruption erreicht ist. Dafs dieses Zeitintervall in den meisten Fällen unveränderlich sein mufs, wird man leicht begreifen, wenn man bedenkt, dafs eine Quelle regelmäfsig zu fliefsen pflegt und in dem vorliegenden Falle eine regelmäfsige Wärmezufuhr veranlafst. Was geschieht nun, wenn es in der Mitte der Geiserröhre zu kochen beginnt? Offenbar wird das darüber sich befindende Wasser vom entwickelten Dampfe emporgeschleudert werden: Der Geiser beginnt sein Spiel. Je mehr Wasser nun aber emporfliegt, desto mehr wird die untere Wassersäule von dem Drucke befreit, welcher ihr nicht gestattet, zu sieden, obgleich sie längst weit über 100 Grad Celsius erhitzt war. Jetzt ist das Hindernifs überwunden, und immer tiefere Schichten kochen auf und werfen ihre Wassermassen donnernd in die Lüfte. Der Geiser setzt sein Spiel fort. Das senkrecht emporgeschleuderte Wasser stürzt zum gröfsten Theile zurück in den Schlund, wird aber von dem aufsteigenden Wasser sofort wieder mit emporgetrieben, bis der Siedeprozefs völlig den Grund des Rohres erreicht hat; denn siedendes Wasser, einmal befreiter Dampf, kennen kein Hindernifs mehr. Nun aber, nachdem der letzte Rest des Wassers im Geiser in aufsteigende Bewegung gerathen, der letzte Wasserdampf entfesselt ist, mufs mit einem Schlage Ruhe eintreten; denn der vielleicht schon seit einer Viertelstunde in den Lüften auf- und niederkreisende Wasserstrom hat sich längst so weit abgekühlt, dafs nirgend mehr im Geiserrohr Siedetemperatur vorhanden ist. Alles kehrt nothwendig in den Ruhezustand zurück, bis sich die Hitze allmählich wieder an der kritischen Stelle zu der kritischen Höhe erhoben hat. Dann wiederholt sich derselbe Cyklus der Erscheinungen.

So war es also leichter, als wir vermuthen konnten, diese so geheimnifsvoll erscheinenden Phänomene in den Kreis alltäglicher Erscheinungen einzureihen. Im Lichte der Forschung knüpfen sich mehr und mehr die Naturerscheinungen zu einem grofsen, einheitlichen Weltgemälde zusammen!

Aber es ist Zeit, unsere Wanderung fortzusetzen, denn noch längst nicht alle seine Wunder hat uns dieses vielseitigste aller Erdgebiete offenbart.

Nachdem wir am dritten Tage unserer Rundfahrt das Geisergebiet verlassen haben, gelangen wir nach mehrstündiger Fahrt, immer noch bergan und durch urwalddichtes Tannengehölz, an den Yellowstone-See. Immer neue Ueberraschungen bietet unser Weg durch dieses wahrhaft paradiesische Land. Es ist ja bekannt, dafs seit seiner Entdeckung dieses Gebiet, welches den Umfang eines deutschen Königreiches hat, durch strenges Gesetz in seiner jungfräulichen Wildheit und Unberührtheit erhalten blieb. Keine Hütte darf hier gebaut, kein Baum gefällt, kein Thier gejagt werden. Wo ein Baum stürzt, da vermodert er im Laufe der Jahrzehnte; höchstens wenn er über einen der wenigen Wege fällt, wird er etwas bei Seite geschafft. So bildet dieser Hochgebirgs-Urwald an sich schon einen in der Welt sonst kaum wiederzufindenden Reiz. Die Thiere des Waldes kennen nicht die Raubgier des Menschen und sehen ihn als ihren Freund und Wohlthäter an. Furchtlos schauen die riesigen Wapiti-Hirsche, aus dem Walddickicht neugierig die wundervoll gekrönten Häupter hervorstreckend, unserem Wagen nach. Sie sind die gröfsten ihres Geschlechtes auf der ganzen Erde und direkte Nachkommen jener Riesen der Urwelt, welche sich kurz vor der allgemeinen Vergletscherung dieses Gebietes gerade hier in Amerika in besonders üppiger Entfaltung befanden. Und die zahlreichen braunen Bären, denen jeder Reisende hier begegnet, dienen geradezu als eine Art von Volksbelustigung. Man sucht sie im Walde auf, man photographirt sie, man jagt sie in den Wald zurück, wenn sie sich, doch ohne alle aggressiven Gebärden, unter die Kuhheerden mischen, welche in der Nähe der vier Hotels — der einzigen Behausungen auf einem Gebiete, das bei uns vier Millionen Menschen umfafst — weiden; kurz, man behandelt sie in jeder Weise wie die harmlosesten Geschöpfe, die sie in der That hier auch sind; Niemals hat man davon gehört, dafs ein Bär dort einem Menschen etwas zu Leide gethan hätte. Hoch in den Lüften, oft aber auch wohl nahe über unseren Häuptern, und mit ganz besonderem Behagen kreisen durch den heifsen Odem der Geiser prächtige, weifsköpfige Adler. Ihre Nester haben sie häufig auf der Spitze eines abgestorbenen Baumes, dessen astloser Stamm nur noch eine grofse Stange bildet, an der denkbar exponirtesten Stelle hart am Wege aufgebaut.

Ueberall überrascht uns die lebendige wie die todte Natur mit selten oder nie vorher Gesehenem.

Nach herrlicher Wanderung durch den Urwald öffnet sich nun der Blick auf die blaue Spiegelfläche des grofsen Yellowstone-Sees. Ueber dreimal gröfser als der Vierwaldstätter-See, sendet er ganz ähnlich wie dieser breite Ausläufer nach verschiedenen Richtungen in die umliegenden Thäler. Beide Seen verdanken diese Form den ungeheueren Gletschern, welche zur Eiszeit hier ihre wühlenden Füfse eingruben. Vielleicht stand gerade dort, wo wir in der Ferne jene Insel über die Wasserfläche emporragen sehen, einer der mächtigen Vulkane, deren Gluthströme heute noch die Ursache all' der Wundererscheinungen sind, die wir auf jedem Schritte antreffen. Welch'

Farbentöpfe am Yellowstone-See. (Original-Aufnahme.)

unvorstellbar wilde Kontraste hat dann diese Landschaft gesehen, als nach jenen Feuerströmen Eisströme sich von den Bergabhängen niederwälzten! —

Abermals als einem Reste der wilden Feuerthätigkeit begegnen wir hier am Ufer des Sees höchst eigenthümlichen Gebilden, die man „Farbentöpfe" genannt hat. Es sind Schlammvulkane, deren Entstehung wir nun gleichfalls leicht begreifen werden. Hier hat nämlich eine heifse Quelle ihren Weg durch ältere Sinterablagerungen gefunden, welche sie zu einem heifsen Brei auflöste, aus dem die unten entwickelten Gase und Dämpfe in grofsen Blasen, oder auch prustend kleine Schlammbomben auswerfend, aufsteigen. Da nun diese Sintermassen dieselben vielfachen Farben besafsen, wie wir sie bei den

Mammoth-Quellen bewunderten, so hat es den Anschein, als ob in diesen Erdlöchern wie in Riesentöpfen die Natur jene Farben zusammenzubrauen pflegt, mit denen sie ihre Landschaften hier so unbeschreiblich verschwenderisch schmückt! —

Zu geradezu unglaubhafter Entfaltung gelangt dieser wahre Farbentaumel, dem sich hier die Natur ergiebt, in dem Cañon des Yellowstone. Nachdem wir einige der schönen Buchten des Sees umgingen, um an den Ausfluss desselben, den Yellowstone-River, welcher bekanntlich ein Nebenfluss des Missouri ist, zu gelangen, und dann dem kristallklaren Gebirgsstrome durch Tannenwald und stille Thäler folgten, bis wir ihn schliesslich in wilden Stromschnellen und -Stürzen Gebirgsstufen hinabbrausen sahen, werden unsere Blicke bei einer Wendung des Weges plötzlich durch ein Bild von so berückender Eigenart gebannt, dass wir an seiner Wirklichkeit zweifeln.

Wir greifen unwillkürlich nach unserer Stirn, um uns zu vergewissern, dass wir nicht träumen, etwa von jenen Märchenländern, in denen zur Kinderzeit unsere Phantasie sich erging, wo es uns noch ein leichtes war, Häuser aus Rubinen, Bäume aus Silber und Gold, Felsen aus Diamanten zu schaffen. Sind in dieser romantisch zerklüfteten Schlucht die Felsen wirklich so unglaublich gefärbt, oder sind wir geblendet durch irgend einen Zauber, den die Lichtwellen uns vorgaukeln? Die Eingeborenen erzählten, es sei einstmals die ungeheure Wölbung eines Regenbogens von einem Blitzstrahl zertrümmert worden, und die Scherben dann in diese Schlucht gestürzt. Fast möchten wir an das Märchen glauben!

Aber auch für dieses letzte und entzückendste Wunder des Parkes findet sich im Rückblick auf das früher Gesehene bald eine natürliche Erklärung.

So hoch, wie diese Schlucht tief ist, also bis zu 300 m. schichteten sich hier einst die Ablagerungen heisser Quellen, die heute zwar längst versiegt sind, über einander, die verschiedenartigsten Mineralien mit ihren leuchtenden Farben an den Tag bringend und wieder versteinend, wie wir es ja vordem mit eigenen Augen bei den Mammoth-Quellen gesehen haben. Je mehr das Land sich hob, und der grosse Gletschersee im Herzen des Hochgebirges sich nach Beendigung der Eiszeit mit Wasser füllte, je tiefer musste sich sein Ausfluss, der Yellowstone, in diese farbenprächtigen Ablagerungen einwühlen, sie dadurch nun wieder den erstaunten Augen bloslegend.

So erinnert dieses wundersame Bild uns gleichzeitig an all' die vielartigen Schicksale, welche die junge Landschaft bereits zu bestehen hatte: An ihr Emportauchen aus dem Urmeere, als die mächtige Falte der Erdrinde sich zusammenschob, welche den Kontinent und seine Gebirge im Westen schuf; und dann an das Aufbrechen der fürchterlichen Kluft, die, bis in das glühende Herz der Erde führend, sich mit den donnernden Feuerbergen besetzte; und endlich an das Vernarben dieser tiefen Wunde, als schliefslich die Eiszeit hereinbrach, die mit ihrem Wasserreichthum die Geiser schuf und die Cañons ausgrub.

Nun, am Ende jenes gewaltigen Weltendramas dieser ergreifend schöne Abschlufs!

Unterer Fall des Yellowstone-River. (Original-Aufnahme.)

Aber die Hauptfrage bleibt noch immer ungelöst: Woher die Kraft nehmen, welche den ganzen Erdball zusammenpressen konnte, dafs seine meilendicke Haut Falten schlug von der Mächtigkeit eines Cordilleren-Zuges?

Blicken wir zum Himmel empor: Nur von dort her, wo Sonnenschwärme wie Wandervögel ihre Strafse ziehen, kann uns Antwort über diese Frage werden; denn hier auf Erden selbst ist nichts mächtig genug zu solch weltschöpferischer Arbeit.

Die leuchtenden Gebilde des Firmaments haben uns verrathen, wie aus chaotischen Nebelmassen sich die Weltkörper zusammenballten. Ein unwiderstehlicher Drang, sich einander zu nähern, lebt in allem Geschaffenen, im unsichtbaren Atome wie in den unermefslichen Weltenkugeln, im lebendurchpulsten Körper wie im Gestirn, der ihn regiert. Dieser schöpferische Drang zeugte auch die Erde. Aus dem Gasballe wurde sie zur feuerflüssigen Kugel; und als sie sich weiter abkühlte, wurde der harte Panzer um sie geschmiedet, der das schöne Leben tragen und schützen sollte. Aber immer noch mehr Wärme mufste der Erdball abgeben, immer noch kleiner mufste sein Umfang werden. Da wurde die harte Haut zu weit: Falten, die ersten Anzeichen des nahenden Alters, waren unvermeidlich. Die Gebirge sind diese Altersfurchen der Erde. Wie schön stehen sie heute noch ihrem hehren Antlitz!

Was wir in ihm auf jenem grofsen, neuen Erdtheile von der Geschichte ihrer Lebensschicksale zu lesen vermochten, haben wir nun entziffert, und es drängt uns zurück nach der lieben Heimath, deren landschaftliche Reize wir nach dieser Studienreise wohl vielfach verständnifsvoller geniefsen werden.

Der Weg vom Felsengebirge zurück zum atlantischen Ozean bietet uns nichts besonders Interessantes mehr, da der geologische Aufbau des Landes hier mit dem auf unserer Hinreise durchquerten im wesentlichen übereinstimmt. Wir versetzen uns deshalb schnell wieder auf die wogende Fläche, die einst das ganze Erdenrund umhüllte und heute noch den gröfseren Theil desselben beherrscht, und schauen noch einmal gedankenvoll zurück zu jener wunderreichen Weltinsel, welche wir räumlich von einem zum anderen Ozeano, zeitlich von ihrer Geburt durch ihre wesentlichsten Lebensschicksale verfolgten.

Auch gegenwärtig noch stürmen und kämpfen die Elemente, um den Bau dieser Welt zu vollenden. Luft, Wasser und Erde ringen im gewaltigen Titanenkampfe noch immer um die Herrschaft, und alles pulst in schaffenskräftigster Bewegung fort und fort. So wie das Wasser wogt, wirft auch das Erdreich Wellenberge, die auf- und niedersteigen wie im Sturme. Die schneebedeckten Gebirgskämme sind die weifsen Schaumkronen der Erdwogen, nur das Tempo des Wellenschlages ist ins Unermefsliche verlangsamt. Und ebenso wogt der Luftozean. Ueberall in der Natur, dem einheitlich regierten Weltenreiche, begegnen wir verwandten Zügen.

Auch im Luftmeere werden noch Schlachten in dem hunderttausendjährigen Kriege der Elemente geschlagen. Aus den feuerspeienden Batterien schleudert der Himmel seine züngelnden Geschosse auf das erzitternde Land herab, und die Posaunen des Sturmes blasen die Kriegsmusik dazu!

Und was wird das Resultat dieser Schlachten sein? Der Ausgleich allzu greller Kontraste zwischen den Reichen des Landes und des Wassers. Der strömende Regen wird die Luft und das überhitzte Erdreich abkühlen; die allzu hohen Berggipfel wird er hinabtragen helfen in die Thäler; dann wird er die Ströme füllen, die, was morsch ist, vom Lande in das Meer wälzen, um seine allzu grofsen Tiefen zu

Hafen von New-York. (Originalzeichnung von W. Kranz.)

überbrücken; kurz, ein Schritt weiter wird gethan sein dem Gleichgewichte, der Weltharmonie entgegen!

Zwischen den kämpfenden Wolken hindurch brechen die Sterne, strahlt das Licht der Sonne triumphirend hervor: Das Ewige, Unvergängliche, Ruhende! Alle Schlachten, alle Konflikte der Welt gebiert die heifse Sehnsucht nach jener Ruhe, die doch unerreichbar bleibt wie die Sterne!

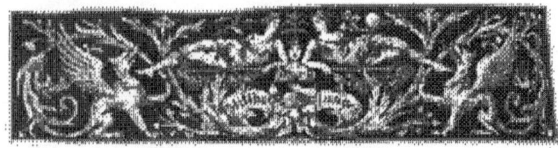

Die Wärme der Sonnenflecken.

Vor zwanzig Jahren hat Langley mit den damals üblichen Mitteln die uns von den Sonnenflecken zukommende Wärme in ihrem Verhältnifs zur Strahlung der übrigen Sonnenfläche untersucht. Mit einer empfindlichen Thermosäule und dem Galvanometer fand er, dafs die Fleckenwärme nur 54 pCt von derjenigen der Photosphäre beträgt. Seitdem sind die instrumentellen Hilfsmittel wesentlich verfeinert worden. Was der Astrophysiker im Allegheny-Observatorium durch Konstruktion seines Bolometers selbst dazu beigetragen hat, das gehört zu den interessantesten Erfindungen der letzten Jahrzehnte. Ein anderes Instrument, welches sich vorzüglich für die fraglichen Messungen eignet, ist das von Boys erfundene Radiomikrometer.[1]) Die sinnreiche Herstellung der allerfeinsten Quarzfäden für das Instrument hat dieses dem Bolometer ebenbürtig, wenn nicht überlegen gemacht. Dasselbe ist nun von W. E. Wilson im vorigen Jahre in den Dienst der fraglichen Untersuchung gestellt worden, und die erlangten Resultate sind am 4. Januar 1894 der Kgl. astron. Ges. zu London mitgetheilt worden.

Verwendet wurde der Heliostat der Kgl. Gesellschaft, ein Silberspiegel von 37 cm Oeffnung, der äquatoreal aufgestellt ist und von einem Uhrwerk getrieben wird und den auffallenden Strahl fortwährend in Richtung der Erdachse reflektirt. In den Gang der Strahlen ist ein Hohlspiegel von 22 cm Oeffnung und von 3,9 m Brennweite eingeschaltet. Ein kleiner Spiegel fängt dann die von hier zurückgeworfenen Strahlen so auf, dafs er sie horizontal in das Fenster des Observatoriums hineinwirft. Eine achromatische Linse vergröfsert noch das Sonnenbild, das auf einem Schirm aufgefangen wird, bis zu 1,2 m Durchmesser. Hinter dem Schirm steht das Radiomikrometer, auf welches die Wärme durch eine Oeffnung von nur 1 mm Durchmesser

[1]) Vgl. H. u. E. Bd. IV, S. 210.

auffällt, die in eine dicke Metallscheibe gebohrt ist. Es läfst sich jedes Theilchen der Sonnenscheibe auf die kleine Oeffnung bringen und dort mit Hilfe des Uhrwerks festhalten. Die Ausschläge des Instruments verhalten sich genau, wie die Beträge von strahlender Wärme, welche auf das Thermo-Element fallen. Die Beobachtungen wurden nun derart gemacht, dafs die vom Kernschatten eines Sonnenflecks ausgestrahlte Wärmemenge mit derjenigen von einer gleichen Fläche der benachbarten Photosphäre verglichen wurde. Diese Wärme wurde dann noch in Beziehung gesetzt zu derjenigen, welche vom Mittelpunkte der Sonnenscheibe ausgeht, denn keineswegs verhalten sich die Theile der Photosphäre in Bezug auf die ausgestrahlten Wärmebeträge gleich; da die Gasschichten, welche ein vom Sonnenkörper ausgehender Strahl durchschneidet, desto dicker sind, je weiter derselbe vom Zentrum der Sonnenscheibe sich entfernt, so wird die uns vom Rand der Sonne zugestrahlte Wärme nur noch einen geringen Bruchtheil ($3/7$) von der zentralen ausmachen. Die so erhaltenen Daten sind nun mit Langleys Zahl durchaus nicht übereinstimmend. Vielmehr findet sich, dafs im Mittel uns von einem Sonnenfleck 35,6 pCt. der photosphärischen Wärme zukommt. Aber diese Zahl ist keineswegs für alle Flecke dieselbe, sie wechselt vielmehr sehr stark, je nachdem der Fleck dem Mittelpunkte oder dem Rande der Sonnenscheibe näher liegt. Für denselben Fleck, der über einen guten Theil des Weges verfolgt werden konnte, wechselte die Wärme in ihrem Verhältnisse zum Nachbargebiete der Sonnenscheibe sehr wesentlich. War die Entfernung des Fleckes vom Zentrum der Scheibe $2/5$ des scheinbaren Halbmessers, so war 0,41 jenes Verhältnifs; als er dagegen um $19/20$ des Halbmessers vom Zentrum entfernt war, betrug das Verhältnifs 0,78. Hieraus geht hervor, dafs die Strahlung der Sonnenflecke nach dem Rande hin nicht in demselben Mafse abnimmt, wie für die Theile der Photosphäre. Wilson folgert daraus, dafs die Schichten der Sonnen-Atmosphäre, welche die Fleckenstrahlen zu durchschneiden haben, nicht so dick seien, wie die, welche von den übrigen Stellen der Photosphäre ausgehen, mit andern Worten: er schliefst, dafs die Flecken weiter vom Mittelpunkt des Sonnenballs entfernt seien, als die übrige Photosphäre, dafs sie nicht, wie die landläufige Ansicht ist, Vertiefungen in dieser bedeuten. Uns will es scheinen, dafs die Beobachtungen diese Deutung nicht zulassen, da sehr wohl ein Wärmeheerd, dessen Strahlung uns zukommt, oberhalb der Sonnenflecke seinen Ort haben kann, wie auch andere Beobachtungen andeuten[2]), und auch noch die

¹) H. u. E. Bd. VI, S. 242.

Möglichkeit vorliegt, dafs gerade über den an sich kühleren Flecken eine Depression jener Schichten stattfändet. Die letztere Ansicht würde allerdings der von Oppolzer aufgestellten Theorie widersprechen. Mit diesen Untersuchungen, welche zeigen, dafs die Fleckenwärme nur einen geringen Bruchtheil derjenigen anderer Photosphärenstellen ausmacht, scheint eine Arbeit von Savélief im Widerspruch zu stehen.[1]) Mit Hilfe eines Crovaschen Aktinometers hat derselbe seit Juni 1890 zu Kiew die uns von der Sonne zukommende Gesamtstrahlung an vielen wolkenfreien Tagen ermittelt. Dann hat er die Zahlen, welche er für die Sonnenkonstante[2]) erlangte, mit der Zahl der an diesen Tagen beobachteten Sonnenflecke verglichen. Nun zeigte es sich, dafs die gesamte Sonnenstrahlung gerade an fleckenreichen Tagen einen höheren Werth besafs. Und diese aus einzelnen Beobachtungen gefolgerten Schlüsse wurden gestützt durch die Mittelwerthe, welche er aus den gesamten Zahlen für die verschiedenen Jahreszeiten bildete. Während des Sommers 1892 betrug z. B. die einem qcm der Erdoberfläche pro Stunde zugestrahlte Wärmemenge durchschnittlich 36 Wärmeeinheiten, im Herbst 1890 nur 22 Wärmeeinheiten. Die Durchschnittszahlen für die Sonnenflecke stimmen nun in ihrem Gange durchaus mit den für die Solarkonstante erlangten Werthen überein (mit Ausnahme des Herbstes 1892), und es folgt hieraus, dafs mit Zunahme der Fleckenzahl auch die Sonnenstrahlung wächst. Dieses Resultat steht nur in scheinbarem Widerspruch mit dem von Wilson erlangten, denn es erklärt sich durch die gesteigerte Thätigkeit der Sonne, von welcher die erhöhte Fleckenzahl nur ein Symptom ist. Sm.

Gefangennahme von Kometen durch den Planeten Jupiter.
Bekanntlich bricht sich gegenwärtig die Ansicht mehr und mehr Bahn, dafs die Kometen ihre Entstehung aufserhalb des Sonnensystems haben, und dafs diejenigen von ihnen, welche in unserem Sonnensysteme elliptische Bewegung wie die Planeten besitzen, also diesem Systeme angehören, nur vermöge aufserordentlicher Störungen ihrer ursprünglich parabolischen Bahnen in die elliptische Bewegung gezwungen worden sind. Die Attraktion der bedeutenden Masse eines unserer grofsen Planeten, namentlich des Jupiter, die schon in der Bahn der

[1]) Compt. rend. 1894, Bd 118, S 62.
[2]) H. u. E. Bd IV S 219 u. S. 33 dieses Jahrgangs.

in Ellipsen um die Sonne kreisenden Kometen sehr starke Veränderungen hervorrufen kann, bewirkt nämlich bei den auf parabolischem Wege in das Sonnensystem eindringenden Kometen unter gewissen Verhältnissen eine totale Umwandlung der Parabel in eine Ellipse; solche Kometen werden also in eine ganz andere Bahn geworfen und müssen fernerhin, wie die übrigen Glieder des Sonnensystems, der allgemeinen elliptischen Bewegung um die Sonne folgen. Die Verhältnisse, unter welchen derartige grofse Bahnveränderungen stattfinden können, sind in neuerer Zeit aufmerksamer von H. A. Newton, Tissérand, Schulhof studirt worden.[1] H. A. Newton hatte schon 1878 einige Klarlegungen in dieser Hinsicht veröffentlicht; das gegenwärtig gesteigerte Interesse an der Frage läfst ihn neuerdings ausführlicher auf den Gegenstand zurückkommen.[2] In seiner Untersuchung macht er die halbe grofse Achse der neuen Kometenbahn (die nach dem Eindringen eines parabolischen Kometen in das Sonnensystem vermöge der Störungen eines grofsen Planeten entsteht) von den Umständen abhängig, unter denen die anfängliche Annäherung des Kometen gegen den störenden Planeten erfolgt ist. Bei der mathematischen Behandlung der Aufgabe wird nur vorausgesetzt, dafs die Vertheilung der Kometenbahnen im Raume und die Vertheilung der Ziele ihrer Bewegungsrichtungen gegen die scheinbare Himmelsfläche eine gleichmäfsige sei. Es ergiebt sich, dafs sowohl die Zahl der Kometen als auch deren Umlaufszeiten, falls sie ihre Sonnennähe innerhalb des Abstandes Sonne — Jupiter erreichen, in gewissen Verhältnissen unter einander stehen. Von gegebenen 1000 Millionen Kometen von ursprünglich parabolischer Bahn, die der Sonne näher als der Jupiter kommen, würden nämlich nur 126 durch die Wirkung des Jupiter in derartige elliptische Bahnen gezogen werden, dafs dann ihre Umlaufszeit etwa die Hälfte von der des Jupiter[3] beträgt; 839 solche Kometen würden Ellipsen erhalten, in denen sie in weniger Zeit als der Jupiter um die Sonne laufen könnten, 1701 Kometen würden die 1½fache, und 2070 die doppelte Umlaufsperiode des Jupiter erreichen.

Es wird auch untersucht, wie viele von den 839 möglichen Kometen, die innerhalb der Jupiterbahn liegen könnten, bestimmte Bewegungsziele nach der Störung einschlagen. Hier kommt es darauf

---

[1] Man vergleiche hierüber den I. Jahrg. unserer Zeitschrift, S. 707.

[2] On the capture of comets by planets, especially their capture by Jupiter. (Memoirs of the National Academy of Sciences, vol. VI 1893.)

[3] Die Umlaufszeit des Jupiter beträgt etwa 11 Jahre 315 Tage.

an, wie grofs der Winkel ist, welchen die Bewegungsrichtung der Kometen mit der des Jupiter macht. Es zeigt sich, dafs nur sehr wenige Kometen einer Bewegungsrichtung folgen können, die von der des Jupiter nicht viel verschieden ist; denn die gröfste Zahl unter den 839 Kometen wird gefangen bei einer um 30 bis 60 Grad abweichenden Bewegung, nämlich 822; in eine um 0 bis 30 Grad von der Jupiterbewegung differirende Richtung kommen nur 97 Kometen, in eine zwischen 135 bis 160 Grad variirende noch weniger, nämlich 38 Kometen. Die Neigung der Kometenbahnen (der Winkel, den sie mit der Ebene der Ekliptik machen) wird selbstverständlich durch die Jupiterattraktion ebenfalls gänzlich verändert. Von den besagten 839 Kometen würde der gröfsere Theil, 257, eine Bahn erhalten, die um 80 Grad gegen die Jupiterbahn geneigt ist; auf 150 Grad Neigung kann nur ein kleiner Theil kommen (51). Indessen können diese theoretischen Resultate wesentlich verändert werden, falls die ursprünglichen Bahnen nicht alle Parabeln waren; aufserdem wird ein Theil der durch den Jupiter gefangenen Kometen bei ihren periodischen Sonnenumläufen diesem grofsen Planeten wiederholt nahe kommen, und es kann durch die dann stattfindenden Störungen die neue Bahn der Kometen noch ähnlicher der des Jupiter gemacht werden so können also von den 839 Kometen noch erheblich mehr auf die Umlaufsperiode des Jupiter reduzirt werden. Jene Kometen, die unter einem sehr grofsen Winkel gegen die Ekliptik in das Sonnensystem laufen und deren Bewegung sehr viel von der Richtung der Jupiterbewegung abweicht, erfahren ein anderes Schicksal: sie werden zum gröfseren Theile durch den Jupiter oder auch durch andere der grofsen Planeten wieder aus dem Sonnensysteme hinausgeworfen oder in solche Bahnen geschleudert, dafs sie nur nach einer sehr langen Zeit wieder zu uns gelangen können. Bisweilen vermögen andere Planeten als der Jupiter aber auch derartige Kometen festzuhalten und zu Mitgliedern des Sonnensystems zu machen; indessen sind bei sehr stark geneigten Bahnen die Annäherungen der Kometen an die Planeten nicht sehr vielfach möglich. Diejenigen Kometen, welche durch Planetenstörungen in eine wenig gegen die Ekliptik geneigte elliptische Bahn gelangt sind, erfahren weiterhin zumeist mäfsige Störungen durch den Jupiter und die übrigen grofsen Planeten und bleiben wohl für immer Glieder unseres Sonnensystems. Im ganzen geht aus Newtons Untersuchung hervor, dafs die Kometen, welche aus ursprünglich parabolischen Bahnen durch den Jupiter oder die anderen Planeten in kürzere Ellipsen geworfen wurden, überwiegend direkte Bewegung und mäfsige Bahnneigung besitzen müssen. Hierdurch wird unser bisheriges Erfahrungsresultat an Kometen bestätigt, dafs nämlich mit Kometen von kurzer Umlaufszeit vorwiegend mäfsige Bahnneigung und direkte Bewegung verbunden ist, während die Kometen von langer Umlaufszeit sowie die parabolischen mehr retrograde Bewegungen und die verschiedenartigsten Bahnwinkel gegen die Ekliptik aufweisen.

Joh. Müller's Lehrbuch der kosmischen Physik. 5. Aufl. von Prof. Dr. C. F. W. Peters. Mit zahlreichen Holzschnitten und Tafeln und einem Atlas von 60 zum Theil in Farbendruck ausgeführten Tafeln. Braunschweig, Vieweg u Sohn. Preis mit Atlas geh. 26 M., geb. 30 M.

Längst wurde von vielen Seiten eine Neubearbeitung des bekannten Ergänzungsbandes zu Müller-Pouillets Lehrbuch der Physik ersehnt. Denn seit dem Erscheinen der vierten Auflage sind zwei Decennien verflossen, in denen die Astronomie und Geophysik so bedeutsame Fortschritte gemacht haben, dafs eine Aufarbeitung des einst vortrefflich redigirten Werkes fast einer neuen Abfassung desselben gleichkommen mufste. Leider sehen wir aber in der vorliegenden Auflage nicht überall die Spuren der ergänzenden und berichtigenden Thätigkeit des Herausgebers. Wir können es im Interesse des so altberühmten Werkes nicht unterlassen, auf einige nicht hinreichend dem gegenwärtigen Wissensstande entsprechende Punkte, die uns besonders aufgefallen sind, aufmerksam zu machen.

Bei Behandlung der Meteorbahnen werden auch in der neuen Auflage nur Beispiele aus der Zeit von 1718—1867 angeführt. Die Parabel wird als Grenzfall der möglichen Bahnformen hingestellt, und die Feststellung zahlreicher hyperbolischer Bahnen namentlich durch v. Niessl, sowie die Ermittlung der wochen- und monatelang thätigen Radianten bleibt völlig verschwiegen. · Auch die Wirkungen der Blitzschläge, Orkane u. s. w. werden meist durch Beispiele aus alter Zeit erläutert, während doch die neueren Fälle dieser Art erstens an und für sich für die Gegenwart interessanter, auſserdem aber auch weit gründlicher und allseitiger erforscht sind. — Bei der Behandlung der Lichtabsorption in der Atmosphäre werden nur Forschungen aus der Zeit vor 1858 berücksichtigt. Was Langley, Pritchard und Müller hierüber gefunden haben, bleibt völlig unerwähnt. — Die Besprechung der Erdströme und der magnetischen Reiselbeodoliten schliefst mit Lamont ab, obgleich gerade auf diesem Gebiete wichtige Arbeiten aus späterer Zeit vorliegen. Kurz, es will dem Referenten scheinen, als erkenne man zu deutlich, dafs das Buch aus einer ein halbes Säculum zurückliegenden Zeit herstammt und dafs die Spuren des Alters nicht in dem Mafse getilgt worden sind, als dies wohl wünschenswerth gewesen wäre.

Was den wichtigen Bilderschmuck des Buches betrifft, so mufs trotz der Anerkennung für das viele Neue und Gute die obige über den Text gemachte Bemerkung gleichfalls in gewissem Grade aufrecht erhalten werden. Vom Mond, Mars, Saturn und den Sonnenflecken sind vortreffliche neue Abbildungen dem Atlas eingefügt, dagegen will uns Jupiter schon weit weniger gefallen, und recht bedauerlich ist die Beibehaltung der Liaisschen Zeichnung der totalen Sonnenfinsternifs von 1858, die ganz falsche Vorstellungen erwecken mufs. Im Zeitalter der Photographie sollten doch solche Monstra nicht mehr dem grofsen Publikum vor Augen gestellt werden.

Die meteorologischen und magnetischen Karten sind nach Hann und Neumayer neu entworfen und werden dadurch dem heutigen Wissen durchaus gerecht. Zu bedauern ist jedoch, dafs Tafel 15, welche die Abnahme der Lufttemperatur mit der Höhe darstellt, nicht gleichfalls erneuert wurde. Die Höhen sind darauf noch in Fufs angegeben, und die Angaben stützen sich auf Ballonfahrten von 1852, während doch die Fahrten des „Humboldt" und „Phönix" hier allein hätten mafsgebend sein müssen, da sie durch Assmanns Aspirationspsychrometer zu wesentlich sichereren Ermittelungen befähigt waren.

Diese Ausstellungen sollen indessen der Neuauflage des Werkes nicht ihren Werth absprechen. Dem Buche ist vielmehr immerhin recht weite Verbreitung von Herzen zu wünschen, denn es bietet eine aufserordentliche Fülle reicher Belehrung, die in dieser Zusammenfassung wohl kaum in einem anderen Werk zu finden sein dürfte. Bei der glänzenden Ausstattung kann der Preis sicherlich als ein mäfsiger bezeichnet werden. F. Kbr.

Höfler und Maiss: Naturlehre für die unteren Klassen der Mittelschulen. Wien 1898. Karl Geroldś Sohn.

In Österreich ist seit langem der Unterricht der Naturlehre auf zwei Stufen vertheilt, wie neuerdings auch in den neunklassigen preussischen Schulen. Das vorliegende Buch ist in hervorragender Weise geeignet, die didaktischen Schwierigkeiten zu heben, welche sich dem physikalischen Unterrichte auf der Unterstufe entgegenstellen. Es enthält dabei bedeutend mehr Material, als in den Büchern ähnlichen Zieles im Allgemeinen verarbeitet wird; wir vermissten nichts, was wir hier für mittheilbar hielten. Die chemischen Vorgänge werden in einem besondern Kapitel des Buches zwischen physikalischen Gebieten behandelt, wie es der methodische Gang des Unterrichts erfordert. Das Kapitel über astronomische Geographie erscheint uns ebenfalls für recht passend zur ersten Einführung in diesen schwierigen Unterricht. Zu den üblichen Rechenaufgaben, an denen nach unserer Auffassung das Verständnifs der Erscheinungen nicht wohl erprobt werden kann, tritt hier ein Anhang von Denkaufgaben, welche dem genannten Zwecke weit förderlicher sind.

Sm.

Nordspitze von Helgoland.

Westküste von Helgoland.
Ansicht von der Nordspitze aus.

Die Nordsee-Insel Helgoland.
Von Dr. P. Schwahn.
Nach einem Vortrag, gehalten in der Urania zu Berlin.

Der patriotische Wunsch, Helgoland in deutschen Besitz übergehen zu sehen, hat sich erfüllt! Mit der Erwerbung der Insel ist ein vorgeschobener Posten urgermanischen Bodens dem Vaterlande einverleibt worden, und unsere Seemacht, die bisher an der Schwelle des Meeres zu Ende war, hat in diesem nordischen Gibraltar einen festen Stützpunkt für die Beherrschung der beiden schiffbarsten deutschen Ströme gefunden. Neben dieser politischen Bedeutung ist vielfach auf die physische Beschaffenheit des meerumtobten Klippeneilandes hingewiesen worden. Dabei wurde der Befürchtung Raum gegeben, dafs seine Lebensdauer nur eine beschränkte sei, dafs der unablässige Wogendrang hier Splitter um Splitter von den Küsten abnage und so den Untergang der Felsscholle in absehbarer Zeit herbeiführen müsse.

Dies sind Umstände, welche den politischen Werth Helgolands, der ja nur zeitlich sein kann, kaum beeinträchtigen dürften; allein für den Liebhaber der Natur, insbesondere für den Freund des geheimnifsvollen inneren Webens des Meeres, der über einige Jahrhunderte hinausblickt und das endliche Schicksal des Eilandes zu enträthseln wünscht, verdienen diese Umstände doch besondere Beachtung. Wir wollen uns daher hauptsächlich mit dem physischen Charakter der Felseninsel beschäftigen und mittheilen, was Sage und Wissenschaft uns über ihre einstige Ausdehnung und ihre Zukunft zu berichten vermögen.

Das Felseneiland, dem man mit Recht den Namen „Perle der Nordsee" verliehen hat, liegt fast mitten zwischen den Mündungen der Elbe und Weser, 40 km von Neuwerk, 75 km von Cuxhaven und ca. 180 km von Hamburg entfernt. Steuert man von Cuxhaven aus demselben zu, so hat man zur Linken die Watteninsel Neuwerk mit dem uralten ehernen Thurmkolofs, der Jahrhunderte lang Sturm und Wogendrang getrotzt hat und ein Stück deutscher Geschichte in sich verkörpert. Allmählich schwindet Neuwerk, man läfst das letzte Seezeichen hinter sich, und bald ist alles Land den Blicken entzogen. Die stärkere Bewegung des Schiffes, die veränderte Färbung des Wassers bezeichnen die Ankunft auf hoher See, und man sieht sich für einige Zeit nur von der weiten Meereswüste umschlossen. Da kommt denn der leidige Augenblick, wo das Gefühl der Seekrankheit sich derer bemächtigt, die von Neptun auserwählt sind, ihm den Tribut zu zollen. Indessen nicht lange dauert dieser Eindruck und die Beängstigungen, welche er hervorruft; denn schon nach etwa dreiviertelstündiger Fahrt taucht bei klarem Himmel am fernen Horizont ein schmaler, nebelgrauer Fleck aus dem Meere hervor. Deutlicher erkennen wir auf dieser grauen Masse einige im Sonnenschein hell glänzende Punkte; es ist der Helgoländer Felsen, kühn gekrönt von der kleinen Stadt mit ihren beiden Thürmen, dem Leucht- und Kirchthurm und den weifsen Gebäuden. Bald ragen die rothen Felsmassen steil aus den salzigen Fluthen hervor, und an ihren Fufs schmiegt sich ein weifsglänzendes, sandiges Vorland, während in einiger Entfernung zur Rechten sich die ebenfalls weifsschimmernde Düne erstreckt.

Jetzt aber trägt uns das Dampfboot dem Ziele näher[1]); mitten zwischen der Insel und der Düne fährt es hinein und legt sich daselbst vor Anker. Zahlreiche Fährboote, durch die schaukelnden Wogen steuernd, umschwärmen das Schiff, um die Reisenden ans Land zu setzen, und die Schaar der Badegäste hat sich am Ufer versammelt, die neuen Ankömmlinge zu begrüfsen. In langen Reihen haben sie sich an der Landungsbrücke aufgestellt, die sogenannte „Lästerallee" bildend. Wir müssen diesen Weg nothwendig passiren, und in das freudige Gefühl, wieder festen Boden zu fassen, mischt sich gar bald eine peinliche Empfindung. Die Qualen unserer Seoreise, das jämmerliche Aussehen der von der Seekrankheit befallen Gewesenen werden zum Spott der ganzen Badegesellschaft; wir müssen von der Landungsbrücke bis zu den ersten Häusern des Vorlandes Spiefsruthen

---

[1]) Der Verkehr zwischen Helgoland und dem Festlande erfolgt über Hamburg oder über Bremerhaven. Eine regelmäfsige tägliche Verbindung zwischen Bremerhaven und der Insel ist gegenwärtig (vom 1. Juli bis 30. September) vermittelst des Salondampfers „Auguste Victoria" vom Norddeutschen Lloyd eingerichtet.

laufen, bekommen freilich keine anderen Geifselhiebe als hier und da bedauernde oder lächelnde Mienen oder gar eine schelmische, harmlose Bemerkung. In unserem gegenwärtigen Zustand ist das jedoch bitter genug, und so bleibt uns kein anderer Trost, als dafs wir später an demselben Platze stehen, um schrecklich Rache zu nehmen, wenn auch nicht an denen, die so tief uns kränkten.

Bei unserer Landung befinden wir uns im Unterland (Fig. 1), wie das im Südosten liegende Vorland im Gegensatz zum Felsenplateau, dem sogenannten Oberlande, bezeichnet wird. Es ist ein flaches, sandiges Gestade mit Trümmersteinen und olivengrünen Bändertangen

Fig. 1. Unterland mit Landungsbrücke.

(Laminaria digitata) bedeckt, die der Sturm hier massenhaft ans Ufer geworfen hat. Ein wahres Tangmeer von Laminarien umkränzt auch den Fufs der rothen Klippe, sodafs wir oft Gefahr laufen, auf dem glattgescheuerten Gestein auszugleiten und ein unfreiwilliges Bad zu nehmen.

Der rothe Felsen selbst bildet ein langes, schmales Dreieck, gleichsam eine liegende Pyramide oder einen Keil (Fig. 2)[2], dessen Spitze

---

[2] Die dem Aufsatz beigegebenen Abbildungen sind der reichen Auswahl von Helgoländer Ansichten entlehnt, welche die auf Helgoland ansässigen Photographen Friederichs und Schensky für die Badegäste vorräthig halten. Ein bis in's Kleinste genau ausgeführtes Gypsmodell der Insel, das sich im Besitze des Deutschen Kaisers befindet, ist vom Bildhauer Walger in Berlin angefertigt.

fast nach Norden gerichtet ist. An der den Ankommenden zugekehrten, nach Südosten zu liegenden Grundfläche dieser Pyramide befindet sich auf einer sichelförmig in die See auslaufenden Landzunge das tiefer gelegene Vor- oder Unterland (Fig. 1), während sich im Osten, vom Mutterfelsen durch das Meer getrennt, die allen Badegästen Helgolands wohlbekannte Sandinsel, die „Düne", in einigen tausend Metern Entfernung hinzieht. Die Gesamtgröfse der Insel beträgt $^{6}/_{10}$ ☐km, ihre gröfste Längenerstreckung an der Nordwestseite ca. 1600 m und ihre gröfste Breite ca. 500 m. Der Felsen ragt 28—60 m aus dem Meere hervor, und wie der Schiffer in ihm einen treuen Wegweiser zwischen gefahrvollen Klippen findet, so begrüfst ihn der überraschte Gebirgsforscher als eine kleine geognostische Warte. Seiner Beschaffenheit nach gehört derselbe dem geschichteten, sedimentären Gestein an; dies erkennt man deutlich an den übereinander liegenden Bänken (siehe das Titelblatt), deren Schichtenfugen im allgemeinen von WSW nach ONO geneigt sind; diese Neigung ist jedoch keine einheitliche, sondern die Schichten sind vielfach durch Bruchspalten zerstört und die einzelnen Theile im Niveau gegen einander verschoben. An dem Aufbau der Klippe ist hauptsächlich die Triasformation, mit der das sogenannte Mittelalter der Erde beginnt, betheiligt. Dringen wir abwärts durch die Triasschichten in das Innere der Erde, so treffen wir auf die palaeozoischen Formationsgruppen, zunächst auf den Zechstein, ihm folgt der Kupferschiefer, dann die Steinkohlen- und endlich die Thonschiefer- oder Grauwacken-Gruppe. Das tiefste Glied der Trias bildet der Buntsandstein, das zweite Glied der Muschelkalk, über dem der Keuper lagert.

Aus Buntsandstein, dem tiefsten Gliede der Triasformation, ist nun in der Hauptsache die rothe Klippe zusammengesetzt, nur der untere Theil der Nordspitze gehört dem Palaeozoicum, dem oberen Zechstein an, welcher wie überall so auch hier reich an Kupfermineralien ist.[1]) Die zweite Gruppe der Trias, der Muschelkalk, ist anstehend auf der Klippe nicht vorhanden; aus den Geschieben auf der Düne und ihrer Umgebung kann man aber auf das nahe Anstehen desselben schliefsen. Der Keuper hat sich nirgends gefunden, und auch die Juraschichten fehlen gänzlich, so dafs hier den jüngeren Triasschichten unmittelbar die Bildungen der Kreide folgen, die vollständig unter Wasser liegen oder doch nur zum kleinsten Theil bei Ebbe zu Tage treten.

[1]) Vergl. W. Dames: „Ueber die Gliederung der Flötzformationen Helgolands", Sitzungsbericht der Preufs. Akademie, 1893, S. 1019—89.

Jede einzelne der Buntsandstein- und Mergelthon-Schichten, aus denen die rothe Klippe besteht, läſst sich am ganzen Umfange der Insel mit den Augen deutlich verfolgen, weil jede einzelne auf das bestimmteste bezeichnet wird durch den Wechsel ganz entgegengesetzter Farben, der intensivsten Töne von Roth, Blau, Grün und Grau, die überhaupt an Felsmassen vorkommen können, und die durch ihr Farbenspiel Anlaſs zur Benennung dieser Formationsglieder gegeben haben. Und gleichsam um die Reihe der Farbentöne zu vervollständigen, streckt sich, durch einen grünblauen Meeresstreifen von der

Fig. 2. Helgoland aus der Vogelschau.

rothen Klippe getrennt, die sanft hügelige, im Sonnenglanze schnee weiſs schimmernde Düne ins Meer.

Gegen solchen Reiz der Farben ist selbst das Auge des eingeborenen Insulaners nicht unempfänglich. Er wählte diese Farben als Wahrzeichen seiner Heimath, und wohin ihn seine Segel tragen, dahin bringt er am Mast die grün-roth-weiſse Flagge, die er sich durch den Wahlspruch deutet:

„Grön is det Lunn,
Road is de Kant,
Witt is de Bunn;
Deet is det Woapen
Van't hillige Lunn."[1]

---

[1] So lautet der Reim in friesischer Mundart, die auf Helgoland noch rein erhalten ist. Im Plattdeutschen, das dem Friesischen sehr nahe steht, lautet er: „Grön ist dat Land, roth is de Kant, witt is de Sand, dat ist dat Wappen von Helgoland."

Der Buntsandstein der germanischen Trias, aus dem die Helgoländer Felsscholle besteht, nimmt auch anderweitig auf deutschem Boden einen grofsen Flächenraum ein. Er erfüllt nicht nur den südlichen Odenwald, den Spessart und die Rhön, sondern erstreckt sich auch bis Westfalen und Thüringen hinein. Seine unteren Schichten haben das treffliche Quadermaterial geliefert, das zum Theil Bauart und Charakter des Rheinlandes bedingt. Zahlreiche unserer herrlichsten Bauwerke, so das Heidelberger Schlofs, die Dome von Worms, Mainz, Spejer, Freiburg und Strafsburg sind aus diesem Sandstein gefügt worden.[1])

Unser in die fernste Vergangenheit dringendes Auge erblickt dort, wo wir heute die Buntsandsteinformation antreffen, ein weites, ödes Meer, dem ein grofser Salzreichthum eigen war. An den Küsten dieses Meeres wucherte nur niedriges Farrengesträuch, riesige krokodilartige Froschsaurier tauchten ehemals aus der bitteren Fluth empor, wie dies die seltsamen Fährtenabdrücke in der ganzen Buntsteinformation bezeugen. Auch in dem Gestein der Helgoländer Klippe hat man die Rippe eines solchen Sauriers im fossilen Zustande gefunden, sonst aber ist der Buntsandstein wie überall so auch hier ein ziemlich trostloses Revier für die Untersuchungen des Palaeontologen. Der grofse Bittergehalt des Meeres, aus dem der Sandstein abgesetzt wurde, gewährte wahrscheinlich keine günstigen Bedingungen für eine reiche Entfaltung organischen Lebens. Was der Naturfreund am Strande von Helgoland aufsammelt, die Ammoniten, Belemniten, Nautilien und so fort, das sind ausschliefslich Reste organischen Daseins aus uns näher liegenden Perioden der Erdgeschichte. Sie sind nicht etwa als Verwitterungsprodukte des Felsens ins Meer gefallen, sondern aus den diesen Felsen umschliefsenden tieferliegenden Kalk- und Kreideschichten durch die Wogen aufgewühlt und durch die Gewalt der Stürme ans Ufer geschleudert. Doch abgesehen von diesen Zeugen einer untergegangenen Vorwelt bietet der Meeresstrand von Helgoland mit seinen thierischen Bewohnern, den Muschelschalen, den bunten Actinien, den durchsichtigen Medusen, den strahligen Seeigeln und farbigen zarten Algen reichlichen Stoff zu ernstlichen wie zu erfreulichen Naturbetrachtungen dar. Kaum dürfte auch wohl ein Badegast von der Insel geschieden sein, ohne eine reiche Beute von

---

[1]) Nach Dr. E. Küster (Die deutschen Buntsandsteingebiete, 1891) beträgt der gesamte Flächeninhalt, welchen die Buntsandsteinareale in Deutschland einnehmen, etwa 27100 qkm, das ist das Doppelte der Oberfläche des Königreichs Sachsen und 7,7 pCt. jener des Deutschen Reiches.

Meereswundern mitzunehmen; die felsigen Küsten sind ja gerade die
Lieblingsplätze der Meeresfaunen, während wir an sandigen Gestaden
oft lange Strecken wandern können, ohne auf ein lebendes Wesen zu
treffen.

Wie erblickte nun aber Helgolands Felsen das Licht der Welt,
wenn er doch, wie sein Gestein uns erzählt, einst am Meeresgrunde ruhte?
Nach Prof. Wiebels Untersuchungen[6]) wäre er ein isolirtes Er-
hebungscentrum des Nordseebeckens und infolge des Durchbruchs
der Trias durch alle jüngeren Schichten entstanden. Nach der Auffassung von Prof. Dames ist das ganze System der Insel als ein Faltungs-
sattel anzusehen, dessen westlicher Theil gegen den östlichen abge-
sunken ist. Wenn man den Meeresboden rings um Helgoland untersucht, trifft man auf zahlreiche Kreideklippen, die in Gestalt einer
gedehnten Ellipse den Felsen umgürten. Man kann sich nun die
weit höhere Lage des Triasfelsens nur dadurch erklären, dafs er,
durch unterirdische Gewalten gehoben, ähnlich wie die Schollengebirge, die Kreideschichten durchbrochen oder mit emporgestaut hat.
Der so geschaffene Felsen zeigte indessen noch nicht seine heutige
Form; mehrfache Wandlungen hat er in späteren Perioden erlebt.
Wahrscheinlich wurden die Kreideschichten, die auf den Gliedern der
Trias lagerten und mit ihnen emporgedrängt waren, in späteren Zeitläuften soweit vom Meere abgespült, dafs der Fels nur noch als ein
niedriges Riff über den Fluthen hervorragte. Die allgemeine Boden-
erhebung des nördlichen Deutschlands, welche nach der Hollsteinbil-
dung eintrat, sagt Wiebel, bewirkte sodann ein Zurücktreten der
Deutschland begrenzenden Meere, und dadurch tauchte das von Ge-
röllen bedeckte Riff allmählich wieder aus dem Wellengrabe hervor,
vielleicht so weit, dafs es einen Theil des Festlandes bildete. Seine
heutige Lage und Gestaltung verdankt jedoch Helgoland erst der in
jüngster Periode erfolgten allgemeinen Senkung des Nordseebeckens.[7])

---

[6]) K. W. Wiebel, die Insel Helgoland, 1848. In den Schriften des naturwissenschaftlichen Vereins zu Hamburg.

[7]) Eine zusammenhängende Entwickelungsgeschichte des Nordseebeckens
hat kürzlich A. J. Jukes-Browne im Contemporary Review (November, 1893)
veröffentlicht, woraus man ersieht, dafs dasselbe seit Ende der Kreidezeit, also
im tertiären Zeitalter, sehr wechselvolle Schicksale durchgemacht hat, indem
es zeitweise Binnensee (im Eocän), zeitweise Meeresbusen des Atlantischen
Oceans und zur Miocänzeit Festland war. Beim Eintritt der Pliocänzeit trat dann
wieder eine neue Meeresbildung ein, die nach Ende der Eiszeit abermals einem
Festlande Platz machte. Diesem folgte erst durch allmähliche Senkung die
heutige Nordsee, welche ja ein sehr seichtes Gewässer ist, denn eine Hebung

Und wenn es thatsächlich so ist, wie die Sage uns berichtet, dafs Helgoland ehedem mit dem Festlande zusammengehangen habe, so kann die Trennung von demselben nicht etwa in historischen Zeiten durch mächtige Fluthströmungen, z. B. durch die grofse cimbrische Fluth 500 vor Christi Geburt erfolgt sein, sondern sie beruht*) eben auf den bedeutenden Senkungen, die der Boden des Nordseebeckens in dem jüngsten Zeitalter der Erdgeschichte erfahren hat. Was wenigstens die rothe Triasklippe betrifft, so kann sie sich niemals bis zum Festlande erstreckt haben, weil dieselbe rings von Bildungen anderer, jüngerer Formationen umschlossen ist. Aus gleichem Grunde kann auch der Flächenraum, den diese Klippe einst einnahm, niemals bedeutend gröfser gewesen sein als ihr jetziges Fundament, und es ist daher eine durchaus unmotivirte, freilich hoch poetisch klingende Sentenz, Helgoland habe noch in historischen Zeiten mit dem Festlande zusammengehangen, sein Felsen und die bekannte rothe Klippe auf Sylt in der Nähe von Kampen seien die letzten Trümmer eines langen Walles, der einst die niedrigen Strandflächen Frieslands vor dem Meere schützte und durch einen gewaltsamen Durchbruch auseinandergerissen worden sei.

Wir kommen gelegentlich auf die Sagen von der ehemaligen Gröfse und Gestaltung Helgolands zurück. So zahlreich sind diese Sagen, dafs wohl kaum ein zweiter Ort auf Erden gefunden werden dürfte, wo die Geschicke des Menschen mit den Schilderungen des unausgesetzten Kampfes der Elemente so innig verwebt sind, so gänzlich sich auflösen in der Geschichte der Natur, wie auf diesem Felseneilande. In dem Augenblick, wo dasselbe in den Annalen der Geschichte erscheint, hören wir auch schon von Verwüstungen durch Fluthen, von Zertrümmerungen des Landes durch den Wogenprall des Meeres, und dazwischen klingen Klagetöne über das Schicksal der armen Insulaner, da der Boden täglich mehr und mehr unter ihren Füfsen schwinde, abgewaschen vom Regen, mürbe gemacht vom Frost, und der Tag nicht mehr fern sei, wo der Fels dem Meere gänzlich zum Opfer fallen müsse.

Was hiervon auf Wahrheit beruht, wieviel den Uebertreibungen und Phantasiegebilden der Geschichtsschreiber beizumessen ist, das

---

des Bodens um 100 m würde genügen, den ganzen südlichen Theil in trockenes Land zu verwandeln, das dann England, Dänemark und Holland verbände. Vergl.: Krümmel, Die geographische Entwickelung der Nordsee, Globus, No. 12, 1894.

*) nach Wiebels Darstellung.

läfst sich erst beurtheilen, wenn wir die grofse geologische Arbeit des Meeres im Bunde mit den anderen Kräften, wie sie sich an den Felswänden dieses Ländchens noch unter unseren Augen vollziehen, abzuschätzen im stande sind. Dann erst wird man den in historischen Zeiten erlittenen Verlust richtig bemessen und einen Blick in die weitere Zukunft des Eilandes thun können.

Wenn nun auch unmotivirte Sagen zurückzuweisen sind, so bleibt es doch Thatsache, dafs Helgolands Felsen sich in unablässigem Kampfe mit den heimtückischen Meereswogen befindet, dafs das Wasser gleich einer schleichenden Krankheit langsam am Klippengestade spült und nagt und Stück für Stück abreifst. Doch ist das Meer nicht allein Schuld an dem allmählichen Dahinschwinden; als nicht minder gefährlicher Feind erweist sich der Frost, der durch die unwiderstehliche Ausdehnung der von Regen und Seewasser in die Felsspalten eindringenden Wassertheilchen auf unmerklich langsamem Wege zwar, aber desto sicherer das Ganze seinem einstigen Ende zuführen wird. Dreist kann man da sagen, nicht der Rachen des brüllenden Löwen, sondern der Zahn der winzigen Maus wird dem Steinkolosse furchtbar, denn es ist ja zur Genüge bekannt, dafs dem erstarrenden Wassertropfen nichts widersteht. Wenn wir Bewohner der Tiefebene in den stolzen Felsportalen der Gebirge das Unwandelbare erschauen, wenn wir im täglichen Leben die Redewendung gebrauchen: „Das ist festgewurzelt wie ein Fels", und der Dichter diesem Gedanken Ausdruck verleiht, indem er uns von den „ewigen Bergen" erzählt, so verkennen wir die Macht des rinnenden und sickernden Tropfens. Dem Bewohner der Gebirge ist das Vertrauen zu dem Felsengerüste geraubt, auf dem er wandelt; er erblickt in demselben nicht das Sinnbild des Unvergänglichen, sondern sucht dieses Sinnbild vielmehr in der von Menschenhand erbauten Mauer. — In den Hochalpen findet man oft Redensarten wie: „Das hat er geglaubt so fest wie eine Mauer", oder: „Auf diesen Felsen darfst du schon treten, der hält wie eine Mauer"; dagegen: „Das ist faul wie Felsen".

Auch von Helgolands Felsen könnte man dies sagen. Aber nicht überall greift hier das grausige Wüthen der Meereswogen, greifen die wässerigen Niederschläge und der Frost das lockere Triasgestein gleich kräftig an; das Mafs ihrer Bethätigung ist an den beiden Hauptküsten, der Ost- und Westküste, ein durchaus verschiedenes.

Nach Osten zu schrägt sich die Insel allmählich ab, und es ist der Felsen hier um ca. 20—25 m niedriger als an der Westseite. Da hier die

Schichten dem Meere zu fallen, so werden sie von den Wogen weniger angegriffen, weil die Kraft der auf der Schichtfläche hinaufrollenden Brandungswelle durch die Emporhebung des Wassers, durch die Reibung am Gestein und endlich durch die zurückströmenden Wogen bald gebrochen wird. Es kommt dazu, dafs die reiche Klippenbildung und die vorliegende Düne im Osten der Insel grofsen Schutz gewähren, indem sie als natürliche Wogenbrecher den Hauptanprall der Brandung vom Eilande fernhalten. Daher zeigt denn auch die Ostseite das etwas einförmige Bild einer steil abfallenden Klippenwand, die wegen Armuth an Formen dem Auge keinen besonderen Reiz abzulocken vermag.

Wie anders dagegen gestaltet sich das Bild der Westseite! Hier, wo die Wellen, vom Sturme gepeitscht, in wilder Wuth dahinbrausen, schlagen sie, ohne Hindernisse zu finden, an die steil aufgerichteten Schichtenköpfe und erzeugen so jene grandiose Zerklüftung, die der Felsinsel an dieser Seite ein so schönes und trotz der geringen Ausdehnung doch so grofsartiges Ansehen verleiht (siehe das Titelblatt). Wir erblicken da eine Reihe gigantischer Thürme, vom Mutterfelsen losgetrennt, daneben klaffende Einschnitte und schattige Klüfte; schlanke Säulen und zackige Klippen tauchen aus der schaumbedeckten Fluth hervor, während hohe Felsenthore, gleich gothischen Spitzbogen, sich öffnen und die Wogen durch ihre Wölbungen hindurchrauschen lassen. Es ist ebenso anziehend wie belehrend, den Entwicklungsgang aller dieser seltsamen Felsbildungen, der hier wie überall an den Steilküsten der gleiche ist, etwas genauer zu betrachten.

Die Felsentrümmer an der Westseite Helgolands zeigen dasselbe Streichen und Fallen der Schichten wie der Mutterfelsen (Fig. 3), und dies offenbart uns zunächst mit Bestimmtheit, dafs wir es hier mit einzelnen abgetrennten Theilen desselben zu thun haben. Unter dem Einflufs der Verwitterung, die durch Regen und Frost mächtig gefördert wird, und unter der Beihülfe der Brandungswoge wurden auf dieser Seite zunächst tiefe Einbuchtungen an den weniger widerstandsfähigen Partien der hohen Klippenwand erzeugt, an solchen Stellen namentlich, wo durch Querzerklüftungen die Klippe in ihrem Gefüge an sich schon gelockert worden ist. Zahlreiche Felsenvorsprünge — die sogenannten Hörner — verdanken diesem Umstande ihre Entstehung.[?])

[?]) Die Ausarbeitung solcher Vor- und Rücksprünge hängt von dem Verhaltnifs des Küstenverlaufs zum Schichtenstreichen ab. Grofse Mannigfaltigkeit in der Gestaltung zeigen solche Küsten, die quer oder schräg zum Streichen der Schichten verlaufen; ein einförmiges Bild dagegen solche, die dem Schichtenstreichen parallel sind. Der Helgolander Felsen streicht von SO — NW.

Als dann dem Meere und der Verwitterung neue Angriffspunkte in den tiefen Furchen geboten waren, steigerte sich die Spülkraft der zusammengedrängten Brandungswoge. Die dadurch in den Felsenvorsprüngen allmählich erzeugten Auswaschungshöhlen wurden durchbrochen, und es bildeten sich Felsenthore oder „Gatte", jene Naturbrücken, deren Gewölbe auf der einen Seite von der steil aufragenden Klippenwand des Mutterfelsens, auf der anderen von einem isolirt im Meere stehenden Pfeiler getragen werden. Aber auch diese Gebilde sind nur ein vergängliches Schöpfungswerk des rastlos fortarbeitenden Meifsels der Natur. Gar bald erweist sich das Gewölbe zu schwach,

Fig. 3. Felsenpfeiler an der Westküste.

und unter seiner Eigenlast stürzt es in die Tiefe. Da bleibt dann als Denkstein einer solchen Felsenbrücke nur noch ein im Meere ruhender Felsenpfeiler stehen, der jetzt für ewige Zeit dem Mutterlande geraubt ist. Auch er sinkt durch die Verwitterung und durch die Unterspülung der Brandungswoge, die unablässig den tragenden Fufs verkleinert, im Laufe der Zeiten dahin, und nur noch eine bei tiefer Ebbe aus dem Meere hervorragende Klippe erinnert an sein einstiges Dasein, dessen letzte Spuren endlich das sich darüber schliefsende Wellengrab vernichtet. Doch unablässig von neuem arbeitet das Meer an der kaum vernarbten Wunde, die es dem Festlande geschlagen. Nicht lange währt es, und neue Furchen werden in die Steilwand eingerissen, neue Thore entstehen hinter den alten, zerfallenen Felsensäulen. Diese brechen wiederum nieder, wandeln sich in Pfeiler und werden für immer dem Mutterlande entzogen. Das ist in kurzen Worten das Schicksal aller Steilküsten, das ist auch die Lebensgeschichte der meeresumtobten Westküste Helgolands. Aufser den vorher erwähnten Kräften sollen nach Walther auch die Pflanzen den Zerstörungsprozefs von Helgoland unterstützen, namentlich die dunkelgrünen Laminarien oder Bändertange[10]). Fest klammert sich ihre Wurzel an die Klippen des Meeresgrundes an. Das lange, bandförmige Blatt wird durch jede Welle hin und her bewegt und hebelt an dem Felsblock, auf dem es festgewachsen ist. Langsam und ohne Unterbrechung übertragen sich alle Bewegungen des grofsen Blattes auf seine Basis, und im Laufe der Jahre wird der Stein so gelockert, dafs ihn endlich ein kräftiger Sturm mit dem Blatte heraushebt und an den Strand wirft.

Wenn man die Südspitze der Insel vom Vorlande aus umrudert hat, wie dies meistens bei den Umfahrten geschieht, oder wenn man zur Zeit der Ebbe unter Beobachtung der gröfsten Vorsicht gegen die Wiederkehr der Fluth von dieser Spitze aus einen Rundgang auf der dann von Wasser freiliegenden Strandterrasse macht, tritt man in eine Welt von grotesken Hörnern, Klippen und Felsengestaltungen ein. Zunächst erblickt man einen isolirt stehenden imposanten Felskegel, welcher der „Mönch" heifst[11]) oder vielmehr jetzt so genannt wird, denn die alte Säule gleichen Namens ist längst schon von den Wellen zertrümmert worden, die sein Fundament bis auf einen kleinen Steinblock abgespült haben, der sich zur Ebbezeit aus dem Wasser erhebt. Dicht dahinter in einer kleinen Bucht liegt der „Prädtstuhl", ein kanzelähnlicher Felsenabsatz; und weiter in ca. 300 m Entfernung reihen sich daran zwei andere Stacks, das „Hoyshorn" und der „Düvstein". Hinter Düvstein trifft man auf ein grofses Felsenthor, das „Jung-Gatt", und diesem schlofs sich noch bis vor wenigen Jahrzehnten ein weiteres Felsenthor von grofsartiger Schönheit an, das alte „Mörmers-Gatt", dessen kühner Bogen Jahrhunderte lang der Vernichtung getrotzt hat, bis er schliefslich im Jahre 1805 dem Ansturm der Fluthen erlag. Weiter nach der Nordspitze zu liegt das „Schnepfen-Gatt", ein gleich kühner Bau, den unsere Abbildung (Fig. 4) vorführt.

Die Entstehung dieser imposanten Gewölbe ist nicht einzig und

[10]) Walther, Allgemeine Meereskunde.
[11]) Ueber die Entstehung dieser Bezeichnungen findet man interessante Mittheilungen in Dr. F. Lindemanns Werk: „Die Nordseeinsel Helgoland". Berlin, 1889, Verlag von Hirschwald.

allein das Werk der wilden Brandung des Meeres. Ungeachtet ihrer bekannten Gewalt können die Wogen schwerlich bis zu solcher Höhe gewirkt haben, und überdies lassen die scharfkantigen Ecken des Gesteins im oberen Theile der Thoröffnung keine Spur der Welleneinwirkung wahrnehmen. Die Anfänge zur Thorbildung entstehen in der That meistens hoch über der oberen Fluthgrenze, vom Wasser unerreicht.

Fig. 4. Felsenthor an der Westküste.

Zuerst bricht aus dem stark zerklüfteten Gestein ein Stück heraus, gewöhnlich an solchen Stellen, deren grünliche Färbung schon den Zersetzungsvorgang verräth, und es entsteht so in der Felswand eine Vertiefung, ein flaches Loch. An der östlichen, gegen die Einflüsse der Witterung mehr geschützten Steilwand ist ein derartiges Ausfallen von Sandsteinscherben nicht gut möglich, weil die einfallenden Schichten mit zu starkem Druck auf den darunter liegenden lasten. Das entstandene Loch vergrößert sich dann allmählich durch weiteres Ausfallen der hängenden Platten zu einem vollkommenen Hohlraum. Solche

Löcher im Felsen, die man längs der ganzen Klippenwand beobachten kann, nennen die Helgoländer „Oefen", eine Bezeichnung, die für ähnliche Verwitterungsvorgänge auch im Gebirge üblich ist.[12])
Findet nun eine derartige Ofenbildung an einem weit ins Meer vorspringenden, schmalen Felsenabsatze, an einem sogenannten Horne, statt, so entsteht anfänglich eine dunkle Höhlung; schliefslich wird die schmale Trennungswand durchbrochen, und es öffnet sich ein Felsthor, das immer mehr erweitert wird, je mehr die hängenden Schichten höher ausfallen. Die Erweiterung dauert dann so lange fort, bis endlich der winterliche Frost gewaltige Risse im Gewölbe erzeugt oder das langsame aber unablässige Vordringen des Bogens in die weicheren, weniger haltbaren Felspartieen den Einbruch des schönen und kühnen Gebäudes veranlassen.

Alle an der Westküste Helgolands aus dem Meere aufragenden Felsenpfeiler, die sogenannten Stacks, sind aus dem Zusammensturz solcher Thore entstanden; dies verräth ihre Form und bezeugen die mächtigen Trümmerschollen, die zwischen ihnen und dem Mutterfelsen am Boden angehäuft liegen. Bei der Mehrzahl der jetzt aus den Fluthen hervorragenden Felssäulen ist dieser Umwandlungsprozefs in historischen Zeiten vor sich gegangen. Die gröfste Veränderung der letzten Jahrzehnte ist neben dem schon erwähnten Einbruch des Mörners-Gatts der Einsturz des Nathurn-Gatts. Noch vor etwa vierzig Jahren war das Nordhorn der Insel ein imposanter Felsenvorsprung. Damals pflegten die Muthigsten unter den Badegästen auf die äufserste Spitze desselben zu treten, um das prachtvolle Schauspiel der purpurerleuchteten Westküste beim Sonnenuntergange zu geniefsen. Heute ist dieses Felsenthor in die Tiefe gesunken, und nur noch der stehengebliebene Strebepfeiler, welcher der Brücke als Stütze diente, bildet eine höchst malerische Säule, deren Fufs nur noch durch einen schmalen Trümmerrest mit dem Mutterfels verbunden ist. Auch hier bereiten Welle und Wassertropfen langsam vor, was das Meer an stürmischen Tagen vollendet. Und an den Stellen, wo heute noch der Reisende die im Scheine des Mondlichtes gespensterhaft aus dem Meere auftauchenden Felsensäulen erblickt, da haftet schon des Sängers Fluch, da kann man mit dem Dichter sagen:

„Noch eine hohe Säule zeigt von verschwundener Pracht,
Auch diese, schon geborsten, kann stürzen über Nacht."

---

[12]) Nicht allein in dem mürben Gestein des Nordsee-Eilandes entstehen solche Oefen, sondern auch im Urgestein, z. B. an der Granitküste Bornholms und derjenigen von Hofs-Haller, nördlich von Torekow am Kattegat.

In Anbetracht der vielen Umgestaltungen, von denen das Felseneiland bis in die jüngste Zeit heimgesucht worden ist, dürfte die Frage nach dem Zeitpunkte, wann einst der Felsen zerklüftet, zerfallen und zerbrochen daliegen und die Fluth triumphirend über ihn hinwegrauschen wird, keine allzu müfsige sein. Wagt sich doch die geologische Wissenschaft des öftern an solche Zeitbestimmungen, welche die Abschätzung des Endes oder des Anfanges der Thätigkeit von Kräften zum Gegenstande haben, die in bestimmten Zeitläuften mefsbare Wirkungen hervorbringen und unter den Augen der Menschen langsam aber stetig sich vollziehen. Das sie hierbei leitende Prinzip ist das folgende: Man beobachtet die geologische Arbeit, welche irgend ein Faktor, beispielsweise das Meer oder die Verwitterung, heute ausübt und sucht daraus ein Urtheil zu gewinnen, wie lange diese Kräfte wirkten oder wirken müssen, um eine bestimmte, bekannte Leistung zu verrichten. Hat man beispielsweise — sagen wir in einem Zeitraum von 10 Jahren — beobachtet, dafs eine Steilküste unter dem Einflufs der sie zerstörenden und abfeilenden Kräfte in diesen 10 Jahren alljährlich um 2 dcm landeinwärts gewichen ist, so kann man ja annehmen, dafs nach Verlauf von weiteren hundert Jahren das Gesamtresultat der Abnahme 10×2 dcm, also 2 m betragen wird. Ein solcher Schlufs setzt freilich gar manches voraus; er bedingt, dafs die vernichtenden Gewalten auch späterhin mit demselben Grade der Schnelligkeit arbeiten, und dafs der Widerstand der von ihnen betroffenen Felspartieen stets der nämliche bleibt, Umstände, die in Wirklichkeit niemals strenge erfüllt sein dürften.

Liefse sich nun in Bezug auf Helgoland in Erfahrung bringen, was das Meer in einem bestimmten Zeitraume, etwa in den letzten 50 Jahren, dem Festlande abgerungen hat, so würde dies bei der bekannten Gröfse der Insel eine Abschätzung ihrer Lebensdauer ermöglichen.

Das war wohl das Ziel, welches dem schon erwähnten Monographen Helgolands, Professor Wiebel, vorschwebte, als er im Jahre 1845 eine genaue Aufnahme der Helgoländer Klippe vornahm, indem er die Abstände aller damaligen Felsenpfeiler mit der Mefskette und dem Theodoliten bestimmte. Es leitete ihn hierbei offenbar die Erwägung, dafs bei einer späteren Vergleichung seiner Aufnahme mit einer neueren die in der Zwischenzeit erfolgten Verluste beurtheilt werden könnten, und sich somit eine Zahl bestimmen liefse, welche angiebt, um wieviel in einem gewissen Zeitraume der Fels sich verkleinert hat.

Wiebels Vermessungen sind nun später von dem auf Helgoland früher ansässigen Badearzt Dr. E. Lindemann wiederholt worden[13], und es ist so eine Vergleichskarte zwischen der Wiebel'schen vom Jahre 1845 und einer neueren vom Jahre 1889 zu stande gekommen, woraus die Größe und Gestaltung des Felsens von damals und jetzt ersichtlich ist. Zunächst ersieht man aus dieser Karte, dafs in dem betreffenden 44-jährigen Zeitraume neun Felsenpfeiler an der Westküste abgespült und zwei Felsenthore, nämlich das schon erwähnte Mörmersund das Nathurn-Gatt, durch Einsturz in Felsenpfeiler verwandelt worden sind. Die Einbufse des Mutterfelsens an einzelnen Stellen der Westküste ist eine sehr beträchtliche; sie erreicht beispielsweise am Mörmers-Gatt in den 45 Jahren nicht weniger als 50 m, an der Küstenstrecke zwischen Prädtstuhl und Hoysborn stellenweise 20 m[14]. An der Ostseite ist die Abtragung der Felswand im ganzen nicht minder erheblich, weil hier die wässerigen Niederschläge wegen der Neigung der Schichten sich ansammeln, als Sickerwasser durch die unzähligen Ritzen und Poren in das Mark des Gesteins eindringen und so die Zersetzung desselben beschleunigen. Alles in Allem kann man wohl annehmen, dafs in den letzten fünfzig Jahren die untere Felskante im Mittel um 1½ bis 2 m zurückgewichen ist. Legen wir diese Zahl zu Grunde, um Helgolands Lebensdauer abzuschätzen, so würden wir etwa 700 Jahre dafür finden. So lange würde es also ungefähr dauern, bis die rothe Klippe ganz von den Wogen beseitigt sein wird; doch mufs man sich die Schwächen einer solchen Abschätzung wohl gegenwärtig halten.

Nach officiellen Karten, welche von der englischen Admiralität in den Jahren 1856 und 1887 auf Grund genauer Vermessungen entworfen wurden,[15] hat Dr. Lindemann ebenfalls einen Schlufs auf die Zukunft Helgolands gezogen. Darnach betrug im Jahre 1856 der Flächeninhalt der Insel 442200 qm, im Jahre 1887 nur noch 420100. Dies ergiebt also für die dazwischen liegenden 32 Jahre einen Verlust von 22100 qm, mithin einen durchschnittlichen jährlichen Verlust von 690 qm. Theilt man den gegenwärtigen Flächeninhalt Helgolands

[13] Lindemann: Die Nordseeinsel Helgoland.
[14] Nach einer Mittheilung des Herrn Generallieutenant Andreae, des Leiters der Befestigungsarbeiten auf Helgoland, hat die neue, vom Preufsischen Generalstab unternommene Vermessung nicht so beträchtliche Abweichungen von der Wiebel'schen Aufnahme ergeben.
[15] Karte von Helgoland, herausgegeben von der Engl. Admiralität nach Vermessungen durch Capt. Cullipp, 1855. Karte von Helgoland, herausgegeben von der Engl. Admiralität, surveyed by Capt. Archedeacon, 1887.

durch diese Zahl, so erhält man als wahrscheinliche Lebensdauer sechs bis sieben hundert Jahre, was mit der obigen Abschätzung recht gut übereinstimmt.

Suchen wir nun zu überblicken, was uns die historischen Berichte über die Verhältnisse des Eilandes erzählen. In Bezug auf diese Ueberlieferungen sind nicht alle Forscher der nämlichen Meinung. Während einige die Einbuſse der Insel in historischen Zeiten verhältniſsmäſsig gering schätzen und sich auf die neueren Beobachtungen berufen, sind andere, die den Traditionen mehr Glauben beimessen, der Ansicht, daſs das Eiland in den vor uns liegenden 500 Jahren um mindestens zwei Drittel seiner einstigen Gröſse abgenommen habe. Dies wäre schon richtig, wenn wir diesen Ueberlieferungen so unmittelbar Vertrauen schenken dürften; allein es ist hier unmöglich, durch das Medium geschichtlicher Aufzeichnungen auch nur um 500 Jahre zurückzublicken. Wie bei einem zweiten Vineta hat hier die Phantasie des Chronisten gar tollen Spuk getrieben. Helgolands Geschichte theilt das Schicksal der altersgrauen Dome, deren ursprüngliche Gestalten durch die Anflickseln neuer Bauwerke theilweise nicht mehr zu erkennen sind; sie ist verunstaltet durch Sage und Fabel, und der Glaube, der so bequem ist und um so ausgebreiteter und tiefer wurzelt, je abenteuerlicher und wunderbarer sein Boden, sieht in Helgoland die letzten Trümmer eines groſsen blühenden Eilandes und knüpft daran die traurige Prophezeihung eines nur noch auf Jahre hinausgesetzten, unvermeidlichen Unterganges.

Lappenberg sowohl wie Wiebel haben schon in den vierziger Jahren, der erste vom historischen, der andere vom geologischen Standpunkte aus nachgewiesen[16]), daſs die Insel in früheren Zeiten niemals eine solche Ausdehnung besessen haben kann, wie es eine ältere, auf Helgoland vorgefundene Karte[17]) und eine Karte Jütlands aus dem 17. Jahrhundert darstellt. Die erstere stammt hier von einem gewissen Johannes Meyer und zeigt uns den allmählich verschwindenden Ilseland der Insel beziehungsweise für die Jahre 800, 1300 und 1649 nach Christi Geburt (Fig. 5). Wir sehen auf derselben die Insel als ein recht ausgedehntes Land vor uns, mit Tempeln des römischen und friesischen Heidenthums, mit Königsburgen, Dörfern und Waldungen reich ausgestattet, und staunen über die furchtbare

---

[16]) J. M. Lappenberg, Ueber den ehemaligen Umfang und die alte Geschichte Helgolands, Hamburg, 1830; Wiebel, Die Insel Helgoland, Hamburg, 1848.
[17]) Joh. Meyer, Neue Landkarte von der Insel Helgoland, 1649.

Abnahme im Laufe des Mittelalters. Nur schade, daß die so interessante Schaubühne durch das älteste, mehr als sagenhafte Zeugniß, das Bischof Adam von Bremen ablegt, fast ganz zu Wasser wird, und daß alle geologischen Untersuchungen Wiebels und anderer Forscher sie als ein Hirngespinnst erhitzter Phantasie erkennen lassen.

Was über die vorzeitliche Ausdehnung Helgolands mit Bestimmtheit verbürgt ist, das betrifft namentlich den ehemaligen Zusammenhang der Düne und der sogenannten „weißen Klippe" mit der Hauptinsel.

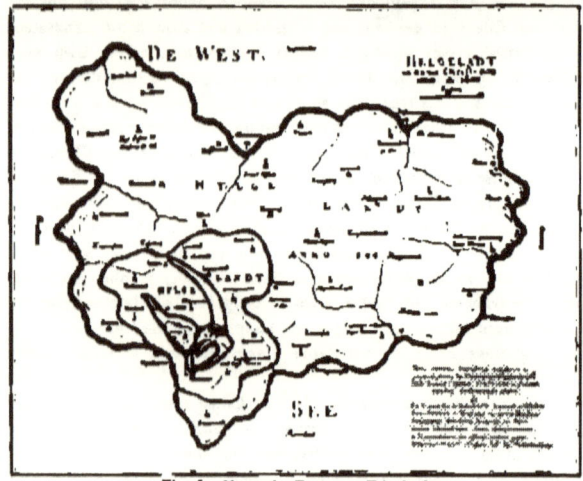

Fig. 5. Meyersche Karte von Helgoland.

Noch im 17. Jahrhundert war die Düne durch einen breiten Geröllddamm, den man mit dem Namen „Waal" bezeichnet hatte, mit dem Unterlande verbunden so daß dadurch je ein nach Norden und Süden geöffneter Hafen gebildet wurde. Auch lag nordwestlich von der Düne und mit ihr verbunden ein hoher weiß-grauer Kalkfelsen (Muschelkalk), die „Wite Klif", die noch im 16. Jahrhundert wie die Hauptinsel mit 60 m hohen Steilwänden aus dem Meere aufragte und als natürliches Bollwerk damals Düne und Wall gegen den Ansturm der Brandung schützte. Heute ist dieser Felsen verschwunden; an seiner Stelle sind einige zur Ebbezeit trocken liegende Sandbänke und aus dem Meere hervorragende, für die Schiffahrt höchst gefährliche Klippenzüge entstanden. Der Süd- und Nordhafen ist nur noch dem Namen nach vorhanden, und wo vor zwei Jahrhunderten die Helgoländer ihre Schritte trockenen Fufses hinlenken konnten, dort vermögen jetzt die gröfsten Kriegsschiffe zu segeln. Die Wegräumung der weifsen Klippe ist aber nicht allein den Unbilden des Meeres zuzuschreiben, weil mehr Schuld daran ist die Erwerbsucht der Insulaner, die den technisch verwendbaren Kalkstein abtrugen und verkauften. So war denn die Wite Klif nur noch eine Ruine, als im Jahre 1711 bei hoher Fluth die See ihren letzten Rest verschlang. Der dem Wogenprall jetzt völlig preisgegebene Steinwall konnte nicht mehr lange widerstehen, und ein Jahrzehnt darauf trat die für Helgoland verhängnifsvollste Katastrophe ein, indem am Weihnachtsabend 1720 bei hoher Fluth und starkem Sturme der Steinwall durchbrochen und so die Düne für ewige Zeit vom Mutterlande getrennt wurde.

Damals traf die Insulaner ein harter Schlag. Während im 16. und 17. Jahrhundert durch das Erscheinen enormer Züge von Heringen eine glückliche Epoche angebrochen war, hörten im 18. Jahrhundert die Heringszüge fast gänzlich auf. Auch die Blüthezeit des Wallfischfanges ging zu Ende, und Schiffahrt und Handel sanken zu gänzlicher Bedeutungslosigkeit herab. Die Helgoländer mufsten sich damals durch das Lootsen vorbeifahrender Schiffe eine neue Erwerbsquelle schaffen. Hierin trat erst zu Anfang des 19. Jahrhunderts eine vorübergehende Besserung ein, als die Insel zur Zeit der englischen Blokade der Elbe während der von Napoleon I. angeordneten Kontinentalsperre den Ausgangspunkt des Schleichhandels mit dem Festlande bildete. Allein die guten Tage hielten nicht lange vor und waren für die Insulaner auch nicht segensreich; denn nach Beendigung des Schleichhandels ward es ihnen schwer, sich in die alten mühsamen Erwerbszweige wiederum hineinzufinden, nicht nur weil die Gewohnheit, sondern auch weil fremde Nationen sie daraus verdrängt hatten.

In dieser Bedrängnifs wurde von einem unternehmenden und geistvollen Helgoländer, dem Schiffsbauer Jakob Andresen Siemens, der Plan zur Anlage eines Seebades auf der Düne (Fig. 6) gefafst und von einer Aktien-Gesellschaft 1823 zur Ausführung gebracht, freilich mit grofser Mühe. Wir besitzen von Andresen Siemens ein kleines Schriftchen: „Die Insel Helgoland vor ihrem bevorstehenden Untergange", in welchem er mit allen Mitteln der Ueberredungskunst und einer wahrhaft rührenden Ueberzeugungstreue die Aufbesserung der damals tief gesunkenen Lebensverhältnisse durch die

Errichtung des Seebades bei seinen zurückhaltenden und schwerfälligen Landsleuten befürwortet.

Durch dieses Bad ist heute für Helgoland die Sandinsel oder Düne ein unschätzbares Kleinod geworden; sie ist der Lebensnerv der Insel, da die Insulaner fast gänzlich auf die Einnahmen angewiesen sind, die ihnen alljährlich durch die Badegäste zugetragen werden. Der Vorzug, den das Baden auf der Düne bietet, besteht darin, dafs hier der Strandboden eben und fest ist, vom schönsten, weifsen Sand und nur ganz allmählich abfällt, was in der Umgebung der Hauptinsel nicht der Fall ist. Die kleinen Beschwerlichkeiten, welche die Ueberfahrt an stürmischen Tagen und die Landung auf der Düne wegen der Flachheit des Grundes bei starkem Wellenschlage zur Folge haben, wird man dafür gern in den Kauf nehmen wollen, zumal diese mehr die Lootsen als die Badegäste treffen. Denn was kann es schaden, wenn die Herren sich genöthigt sehen, vom Bord aus bis auf das trockene Ufer eine kurze Reise auf dem breiten Rücken der Helgoländer Schiffer zu machen, die Damen aber artig getragen werden, indem die Arme zweier kräftigen Gestalten ihnen zum Sitz, die freien Arme zur Lehne dienen. Dies schliefst keine Gefährlichkeiten in sich, trägt vielmehr zur Belustigung und Erheiterung bei.

Auf der Sandinsel tritt die Dünenbildung nur in kleinem Mafsstabe hervor, durchaus nicht so grofsartig, wie man dieselbe auf der Insel Sylt entwickelt findet, deren Dünenketten ja bekanntlich bis zu 50 m sich erheben. Wer zum erstenmal eine Dünenlandschaft betritt, dessen Aufmerksamkeit wird sofort auf den Prozefs des Wachsens und Fortbildens der Dünenhügel gelenkt. Zur Ebbezeit wird durch die landwärts wehenden Winde der frische Ufersand soweit weggeführt, bis bei Ermäfsigung des Windes seine eigene Schwere oder irgend ein anderes Hindernifs, etwa hervorragende Steine, Grasbüschel und dergleichen mehr ihn zur Ruhe bringt und zum kleinen Sandwall aufstaut. Auf dem flachen Dünenstrand Helgolands sieht man bei starkem Winde zarte Wellen des feinsten Seesandes über dem Boden rasch dahingleiten, während bei Stürmen das Sandtreiben so stark ist, dafs man es deutlich von der Felsinsel aus wahrnehmen kann. Dem beständigen Zeugen und Umbilden der Dünenberge kann nur dadurch entgegengetreten werden, dafs man die Ufer durch Pfahl- und Faschinenbollwerke schützt und die hier stellenweise bis zu 10 m über dem Meeresspiegel ansteigenden Sandhügel zur Abwehr gegen den Sturm mit Riedgras, Seedorn und Sandhafer bepflanzt, — dürre, steife Gewächse, deren hartnäckige Wurzelfasern tief in den Boden eingreifen und durch ihr Verwachsen den fliegenden Sandstaub zusammenhalten. Auf der Helgoländer Düne wird seit Jahren in den Herbstmonaten von Frauen und Männern (tüchtiges) gepflanzt; aber dies geschieht nicht, wie an den Küsten von Westerland, um dem bedrohlichen Vorrücken der vom Sturm gepeitschten Sandwogen Einhalt zu thun, sondern ähnlich wie auf den Halligen der Nordsee, um das Zerstäuben des abgelagerten Sandes ins Meer zu verhüten und so die Sandinsel gegen Sturmfluthen zu stärken, da sie ja als Hadeinsel die wichtigste Erwerbsquelle der Helgoländer ausmacht.

Fig. 6. Düne und Dünenarm „Aade."

Infolge solcher zweckmäfsigen Vorrichtungen hat die ca. 300 m lange, 90 m breite Helgoländer Düne in der letzten Zeit sogar eine schwache Zunahme erfahren. Dafs dieselbe einstmals ganz untergehen wird, ist nicht sehr wahrscheinlich, denn die langen Kreide- und Kalkklippen, auf denen der Sand auflagert, verleihen ihr ja ein sicheres Fundament. Wohl aber kann bei starken Sturmfluthen, wenn bei Nordweststurm Hochwasser eintritt, die Sandbedeckung von den Klippen herabgespült werden, was dann den materiellen Ruin Helgolands bedeuten würde. Wie sehr sich die Insulaner von ihrem Kleinode abhängig fühlen, beweisen die Vorgänge in den Jahren 1830 bis 1840. Als damals die Düne mehr und mehr abnahm, suchten sie nach Kräften ihre Grundstücke loszuschlagen und wanderten schaarenweise nach Kalifornien aus, den baldigen Untergang der Düne und des Vorstrandes befürchtend. Alles in allem kann man sagen, dafs die Zukunft derselben sich von den Meeresströmungen und Windrichtungen abhängig erweist; das zeigen auch die Schwankungen und Verschiebungen des lang vorgestreckten Dünenarms, der „Aade" (Fig. 6) in den letzten Jahrzehnten.

Beschliefsen wir diese Schilderungen mit einem kurzen Hinblick auf die Hauptschenswürdigkeiten des Eilandes und auf die Charaktereigenthümlichkeiten seiner Bewohner.

Die Häuser der ca. 2000 Einwohner umfassenden Insel stehen zum Theil auf dem Unterlande, zum Theil auf dem südöstlichen Gebiet des Felsenplateaus.

Im Unterlande (Fig. 1), das sehr geschützt ist, entwickelt sich auf der unmittelbar am Meere gelegenen Strandpromenade das Hauptleben und Treiben; dort ist der Tummelplatz für den Fremdenverkehr. Man beobachtet hier von der Landungsbrücke oder von dem kürzlich neu erbauten Strandpavillon aus das Kommen und Gehen der Schiffe, das Uebersetzen nach der Düne oder die Insulaner selbst bei ihrer gewohnheitsmäfsigen Bethätigung nach einem grofsen Fischfang, wo, dann die Schaluppen ans Land gebracht, die Netze zum Trocknen aufgehängt, Fische ausgenommen, gereinigt und verpackt werden. Trotz seiner Raumbeschränktheit befinden sich im Unterlande die meisten öffentlichen Gebäude: das Theater, der Strandpavillon, das Konversationshaus, die Post, das Telegraphenbureau und endlich die Mehrzahl der Logirhäuser. Ferner liegt hier am Fuse der Felswand in einer mit Ulmen bepflanzten Strafse die Helgoländer Brauerei, wo man für ein Billiges ein Glas salzigen Bieres geniefsen kann, das aber eben darum dem theuren „Echten" keine Konkurrenz macht.[1])

Von der Landungsbrücke aus führt eine kurze Terrassenstrafse, jetzt Kaiserstrafse benannt (Fig. 7), in deren Läden der Fremde seine Kauflust befriedigen kann, zu der „rothen Treppe", welche das Unter- und Oberland verbindet und in den „Falm" einmündet, die Hauptverkehrstrafse im Oberlande, von welcher man das ganze Vorland mit seinem regen Leben und Treiben, den Strand, die Düne und das sich rings ausbreitende majestätische Meer überblicken kann. Neben der Treppe vermittelt auch der links davon liegende Fahrstuhl den Verkehr zwischen Vorstrand und Felsenplateau.

[1]) Das Wasser liefert die einzige auf Helgoland existirende „Süfswasserquelle", die aber nach unseren Begriffen ziemlich salzhaltig ist. Als Speise- und Trinkwasser dient das von den Dächern abfliefsende Regenwasser, das auf den einzelnen Grundstücken in Brunnen gesammelt wird.

Oben auf dem Felsenplateau sind neben dem Verwaltungsgebäude die St. Nicolai-Kirche und der Leuchtthurm die bemerkenswerthesten Bauwerke. Die Kirche, welche in ihrem Innern einem Schiffsraume gleicht, ist dem heiligen Nicolaus, dem Schutzpatrone der Seefahrer und Fischer, geweiht, und ein besonderer Sagenkreis hat sich um die Person dieses Heiligen bei den Bewohnern der Felsinsel gewebt. Der Thurm dieses Gotteshauses ist die Stiftung eines begüterten Kaufmanns aus Bremerhaven. Der schlanke, weifse Leuchtthurm, ein Werk grofs-britannischer Fürsorge, liegt auf dem höchsten Theile des Oberlandes, etwa 70 m über Hochwasser, sodafs er sein Licht bei klarem Wetter

Fig. 7. Die Kaiser-Strafse.

ca. 20 Seemeilen im Umkreise über das Meer hin verbreitet und eine grofsartige Fernsicht gestattet.[19])

Am Leuchtthurm vorbei führt durch die ganze Länge der Insel, vom Südhorn bis zur Nordspitze, die Kartoffelallee, scherzhaft so bezeichnet, weil zu beiden Seiten derselben sich einige Kartoffeläcker hinziehen. Es ist dies der gewöhnliche Spazierweg aller Fremden, die keine Umfahrt um die Insel wagen, sondern vom sicheren Felsboden aus den Phantasie und Gemüth gleich freundlich anregenden

---

[*)] Eine ausführliche Beschreibung findet man in Dr. Lindemanns Buch: „Die Insel Helgoland", das auch die klimatischen und sanitären Vorzüge der Insel erörtert und zahlreiche Fingerzeige für Fremde enthält, so dafs es den Badegästen als Führer empfohlen werden kann.

Anblick des Meeres und die scheidende Sonne geniefsen wollen, wenn ihr zitterndes Licht in tausend Schwingungen auf dem Wasserspiegel tanzt und ihre goldene Gluth die Felsenwelt dort unten zu unsern Füfsen in Purpur kleidet.

Und ein anderes überraschendes, zauberhaftes Bild bietet sich nach Sonnenuntergang von der Felshöhe dem Blicke dar, namentlich an schwülen Augustabenden bei leichtem Südwind. Es ist das Meerleuchten, das hier auf Helgoland Gegenstand eingehender Studien der Zoologen Ehrenberg und Möbius geworden ist. Der ganze sternbesäte Himmel scheint sich im Meere zu spiegeln, und eine lange Lichtstrafse sehen wir dort, wo der Kiel eines Schiffes oder Rudersohlag das Meer aufwühlt; funkensprühend erscheinen auch die ruhelos gegen den Felsen anrollenden Wogen. Diese Leuchtvorgänge werden bekanntlich verursacht durch die zahlreichen kleinen Infusorienthierchen, welche die Nordsee bevölkern. Bei Helgoland gilt als Hauptträger der Phosphorescenz Noctiluca miliaris, ein kleines röthliches Wesen von der Gröfse eines Stecknadelkopfes. An der Südküste der Insel sah Walther[²⁰]) einmal in einem Streifen von 5 Meter Breite und 100 Meter Länge solche Schaaren von Noctiluken, dafs das Wasser wie ein röthlicher Brei aussah. Ein grofses Glas, mit diesem Thierbrei gefüllt, leuchtete nach drei Tagen beim Schütteln noch so intensiv, dafs man beim Scheine desselben Buchstaben erkennen konnte[²¹]). Aber nur bei leicht gekräuselter See wagen sich die Kinder der Tiefe an die Meeresoberfläche; thürmen sich Wetterwolken auf, und erregt der Sturm die See, dann versinkt schnell die Planktonfauna in die Tiefe, und leblos scheint der Meeresspiegel.

Neben den anregenden Erscheinungen der Meereswelt beansprucht auch die gefiederte Welt in hohem Mafse die Beachtung aller Naturfreunde. Helgoland ist als Ruhestation einer Fülle wandernder Sänger bekannt; mindestens 300 Vogelgattungen sollen nach den langjährigen Beobachtungen des dortigen Regierungs-Sekretärs Gätke vorübergehend auf der Insel verweilen.

Jetzt, da das deutsche Reich eine biologische Station auf der Insel errichtet hat, dürfte Sorge getragen sein, dafs die ermatteten Bewohner der Lüfte gegen die Nachstellungen der Insulaner geschützt bleiben. Vor wenigen Jahren war es in dieser Beziehung noch schlecht bestellt. Die Badegäste, welche einen Rundgang auf dem

---

[¹⁵]) Walther, Allgemeine Meereskunde, S. 175.
[¹⁶]) Scoresby schätzt nach mikroskopischer Untersuchung die Gesamtzahl der in einem Trinkbecher befindlichen Individuen auf 150 Millionen.

Oberlande unternahmen, sahen die Helgoländer Knaben jeden Vormittag bei der Falle hocken, sie waren Zeuge, wie ein kleiner erschlagener Vogel nach dem andern in der Tasche dieser jungen Unholde verschwand. Anlafs zu diesem allseitig bei den Fremden Anstofs erregenden Treiben gab natürlich der geringe Geldbetrag von 10 Pfennigen, welchen die Besitzer der Wirthschaften für jeden erlegten Vogel zahlten. Wir wollen dabei keineswegs aufser Acht lassen, dafs ein reicher Fang efsbarer Vögel nicht selten die Bedingung für die Existenz der Insulaner dargeboten hat. So erzählt einmal Schleiden[22]), dafs auf Helgoland in früheren Zeiten selbst der Prediger, der von seiner Kanzel aus den Zug der kommenden Wachteln sehen konnte, durch die Sitte verpflichtet gewesen sei, augenblicklich mit den Worten: „Amen, theure Gemeinde! Die Wachteln kommen!" seine Predigt abzubrechen. Bei dem gerügten Uebelstande handelt es sich aber um kleine Vögel, die für Nahrungszwecke belanglos sind.

Unter den einheimischen Vögeln Helgolands ist besonders die „Lumme" zu nennen, welche in den versteckten Löchern des Felsens ihre Brutstätte hat. Eine von diesen Seevögeln bevorzugte Felswand in der Nähe der Nordspitze (Fig. 8) heifst deshalb der „Lummenfels."

Und nun noch am Schlufs einige Worte über die Bewohner des Klippeneilandes.

Es ist ein korniger, kräftiger Menschenschlag, dieses Helgoländer Fischervolk, mit sturmdurchwetterten Zügen (Fig. 9), aus denen Entschlossenheit, Willensstärke und das Gefühl der Freiheit und Kraft hindurchblickt, welches die See in denen erweckt, die auf ihr die Stätte ihres Waltens und Schaffens haben. In seiner Abgeschlossenheit vom Festlande hat der Helgoländer den alten Friesengeist trotz aller politischen Wandlungen treu in sich bewahrt. Er ist, wie alle Friesen, verschlossen und mifstrauisch, selten zu heiteren Scherzen geneigt, und so thätig und aufgeweckt er auch in dor Betreibung seiner Fischer- und Lootsenarbeit sich zeigt, so schwer ist er auf dem Lande in Bewegung zu bringen. Man kann die Männer der Felsscholle oft stundenlang am Bollwerk, an der Mauer des Falms oder auf dem Vorlande sitzen oder stehen sehen mit der Pfeife oder dem Fernrohr in der Hand, in wahrhaft türkische Schweigsamkeit versunken. Da beobachten sie den Gang der Wellen und die Veränderungen des Windes, da spähen sie hinaus in die weite See, um vorübersegelnde Schiffe zu entdecken, mit einer Ruhe, die uns nervösen Fremden ein

[22]) Ueber die Wanderungen in der organischen und unorganischen Natur, Deutsches Museum, Jahrg. 1852, No. 9.

Räthsel bleibt. Und wenn unsere neuen Landsleute die Abtretung ihrer Insel an das Deutsche Reich mit einigem Mifsbehagen betrachten, so geschieht dies, weil sie nicht wissen, was ihnen die Zukunft bringen wird. Sie fühlen sich nur muthig und frei auf ihrer kleinen Erdscholle mitten in den Fluthen des Meeres, wo die im Kampf mit den Elementen erstarkte Kraft zur Geltung kommt; dagegen beengt und

Fig. 6. Der Lummenfels.

verzagt auf dem Festlande, weil sie, unbekannt mit den Einrichtungen und Gebräuchen desselben, voll von Vorurtheilen sind und deshalb für sich immer das Schlimmste befürchten.

Die Abneigung gegen alles Fremde, besonders gegen fremden Rath und Hülfe, insofern sie nicht augenblicklichen Vortheil in Aussicht stellen, ist ein Grundzug aller Friesen und ein Mangel im Charakter der Helgoländer, der ihnen oft zum Schaden gereicht hat. Ueberhaupt dürfen wir uns von ihnen durchaus nicht den Begriff eines ganz harmlosen Naturvölkchens machen. In ihre Geschichte ist mancher bittere Tropfen gefallen, und ein gründlicher Kenner der dortigen Lebens- und Rechtsverhältnisse, Oetker, sagt: „bei den Helgoländern habe sich die edle Freiheitsliebe der germanischen Stämme zur schreiendsten Willkür ausgebildet." Zu diesen Worten bemerkte ferner Hallier: „wenn es nicht zu paradox klingen würde bei einem schlichten Völkchen von Lootsen und Fischern, so würde ich sagen, auf Helgoland sei die Feudal-Aristokratie bis zum lächerlichsten Exzefs getrieben; jeder will da herrschen, befehlen, Vortheile ziehen, keiner will sich unterordnen, auf guten Rath hören. Es ist

Fig. 9. Bild eines Helgoländers.

im Kleinen die ärgste Willkür, und ich kann wohl sagen, dafs ich den Helgoländern aus bestem Interesse nichts mehr wünsche als eine Preufsische Zucht und Ordnung."

Dieses allerdings schon in den sechziger Jahren ausgesprochene Urtheil eines Mannes, der mit Herz und Seele der Felscholle und ihren Bewohnern zugethan war, gilt in vieler Beziehung heute noch. Ist dem aber so, so können wir wohl dreist hoffen, dafs durch die Erwerbung dieses Fleckchens urdeutscher Erde nicht nur den Interessen des Deutschen Reiches gedient ist, sondern dafs der Wechsel auch für die Bewohner selbst ein segensreicher sein wird, indem sie nichts zu fürchten, wohl aber Vieles zu erwarten haben, was ihren eigenen Wohlstand befördern wird.

Die Vorarbeiten für den Bau der Gotthardbahn.
Absteckung und Durchschlag des Gotthard-Tunnels.
Von Professor Dr. C. Koppe am Polytechnikum in Braunschweig.
(Schluſs.)

IV. Der Durchschlag des Gotthardtunnels.

Der Durchschlag des Gotthardtunnels erfolgte am 29. Februar 1880. Am Vorabende dieses Tages saſsen wir in Göschenen im „Röſsli" nach dem Essen an der gemeinsamen Tafel in lebhafter Unterhaltung, als ein Arbeiter, wie dies häufig geschah, dem Vorstande der Unternehmung, Sektions-Ingenieur Stockalper, einen Zettel mit einer Meldung aus dem Tunnel brachte. Plötzlich trat allgemeine Stille ein, da Stockalper sich erhob und die Worte hervorstieſs: „Messieurs, la sonde a passé!" Das groſse Ereigniſs war geschehen, der sondirende Bohrer der Südseite hatte die letzte Scheidewand durchbrochen! Erschrocken waren die gerade vor Ort befindlichen Arbeiter bei seinem plötzlichen Durchbruche zurückgewichen, dann hatten sie laut aufjubelnd den zuckenden Bohrer festzuhalten und an sich zu ziehen gesucht, an dem erhitzten Eisen sich aber die Hände verbrannt und ihn wieder freigeben müssen!

Das war die Botschaft, die Stockalper uns vorlas, und kaum hatte er geendigt, als drauſsen Böllerschüsse ertönten, alle Dampf- und Luftpfeifen der Lokomotiven und Kompressoren losbrachen, und unter dem Jauchzen und Schreien der Arbeiter ein Getöse erscholl, das donnernd von den Bergen in dem engen Gebirgsthale widerhallte und uns alle mit fortriſs.

Es litt mich nicht lange im Hause und im Orte. Ich ging die Gotthardstraſse hinauf und begrüſste die umliegenden Berge, die im weiſsen Schneegewande in der sternenhellen Winternacht silberhell glänzten. Ich kannte sie alle. Jeder hatte bei der Festlegung der Tunnelaxe eine Rolle gespielt und seinen bestimmten Platz gehabt. Jetzt war die Aufgabe erfüllt, und glücklichen Herzens gedachte ich der vielen schönen Stunden, welche ich den Arbeiten für die Absteckung des Gotthardtunnels verdankte trotz aller Mühen und Schwierigkeiten, an denen es nicht gefehlt hatte.

Am folgenden Tage führte die Luftlokomotive den ersten Personenzug in den Tunnel, bestehend aus Rollwagen, beladen mit Ingenieuren, Vertretern der Behörden, Gästen etc., sowie entsprechenden Vorräthen an Getränken und Eis, welches in Gestalt von Schnee, in Rollwagen gepresst, zum Kühlen vortrefflich geeignet war, denn im Stollen herrschten vor Ort 34 Grad, welche heute voraussichtlich keine geringe Steigerung erfahren würden.

Nachdem wir die letzte Scheidewand, welche inzwischen von zahlreichen Bohrlöchern durchsetzt worden war, besichtigt und durch die Löcher hindurch die auf der Südseite angelangten Genossen begrüsst hatten, wurde geladen, und soweit es die Sprengung erforderte, zurückgetreten.

Ein mächtiger Krach, und die letzte Scheidewand war gefallen! Alles stürmte vorwärts, um möglichst früh die Oeffnung zu erreichen.

Man umarmte sich, küsste sich, schrie, sang, ritt auf den herbeigerollten Weinfässern und trank sich zu, eilte dann wieder durch die Oeffnung, begrüsste neue Ankömmlinge, stiefs mit Arbeitern, Gehülfen, Gästen, bekannten und unbekannten Menschen an, während unaufhörliches „Evviva" uns umtönte. Es war eine unbeschreibliche Scene. Ich konnte mich nicht entschliefsen, nach Göschenen zurückzukehren und setzte lieber die erste Reise durch den Gotthardtunnel nach Airolo fort, wo wir Nachmittags anlangten, begrüfst von hellem Sonnenschein und jubelnden Menschen.

Am folgenden Tage entstand eine förmliche Völkerwanderung durch den Tunnel. In langen Reihen zogen die Arbeiter hin und her, ihre Kameraden jenseits des Berges zu begrüfsen. Weiber und Kinder zogen mit, und ein neuer Erdenbürger kam bei dieser Gelegenheit im Tunnel selbst zur Welt. Besonders stolz waren die Mineure, welche die letzte Scheidewand gesprengt hatten. Alle Arbeiten ruhten bis zum dritten Tage nach dem Durchschlage, an welchem die Vertheilung der Erinnerungsmedaillen und in Airolo ein grofses Fest zur Feier des Durchschlages und zur Erinnerung an Favre stattfand. Dann wurden die Arbeiten zur Fertigstellung des Tunnels wieder aufgenommen.

Der Durchschlag im Stollen hatte unter Umständen stattgefunden, welche, vom praktischen Standpunkte aus betrachtet, allen Anforderungen genügten. Das Loch von etwa einem Meter Breite, welches die Sprengung in die letzte Scheidewand schlug, lag, von beiden Seiten gesehen, in der Mitte derselben, und als am Abend des gleichen Tages der Stollen durch einige weitere Schüsse auf seine normale Breite und Höhe ausgesprengt worden war, hätte man an der Stelle des Zusammentreffens nichts Auffälliges mehr bemerken können, wenn dieselbe nicht durch einen Strich mit weifser Farbe kenntlich gemacht worden wäre.

Es interessirte aber naturgemäfs, die Genauigkeit der ganzen Absteckungsarbeiten nun auch durch exakte Messungen festzustellen. In Bezug auf die Höhenlage des Tunnels war dies verhältnifsmäfsig einfach und daher rasch ausgeführt. Man setzte das Nivellement von der Nordseite fort bis zum Anschlusse an die zwei nächsten festen Höhenpunkte, welche von Süden aus bestimmt worden waren. Bei beiden ergab sich ein Unterschied von 5 cm, um welche die von Göschenen aus übertragene Höhenbestimmung gröfser war, als die von Airolo aus bestimmte Höhenlage der gleichen Punkte.

Ebenso einfach war die Vergleichung bezw. der Zusammenschlufs der Längemessung im Tunnel. Derselbe ergab einen Unterschied von 7,6 m oder rund $1/2000$ der ganzen Tunnellänge von nahezu 15 km, und zwar war die direkt im Tunnel gemessene Länge um diesen Betrag kleiner, als die aus der Andermatter Basis mit Hülfe der Triangulierung berechnete.

Man hat in dem Betrage dieser Abweichung etwas Auffälliges gefunden und verschiedene Erklärungsversuche gemacht. Der wahre Grund ist ein sehr einfacher. Warum am Gotthard die Durchführung einer genauen Längenmessung so schwierig gewesen wäre, und dafs von einer solchen daher von vornherein Abstand genommen wurde, ist bereits früher hervorgehoben worden. Die preufsische Kataster-Vermessungs-Anweisung vom 25. Oktober 1881, welche ihrer Zeit an die Genauigkeit solcher Arbeiten die höchsten Anforderungen stellte, betrachtet als gröfste zulässige Abweichung zweier Längenmessungen unter günstigen äufseren Verhältnissen den Betrag von rund 20 cm auf eine Länge von 100 m. Rund 100 m aber betrug der monatliche Fortschritt der Bohrarbeiten im Stollen auf jeder Tunnelseite. Eine gute Längenmessung hätte demnach den Monatsfortschritt, nach welchem die Abschlagszahlung seitens der Gotthardbahngesellschaft an die Unternehmung erfolgte, um 20 cm oder $1/500$ der Länge fehlerhaft ergeben können.

Es fragt sich nun weiter, ob ein Grund vorhanden war, welcher auf eine Anhäufung der Längenfehler im gleichen Sinne hinwirken mufste. Die Unternehmung bekam für den laufenden Meter Firststollenausbruch anfangs 1300 Frcs., später 800 Frcs. Bei ihrer pekuniär sehr bedrängten Lage war ein Bestreben, die Abschlagszahlungen möglichst hoch zu gestalten, sehr erklärlich. Die Gotthardbahngesellschaft war pekuniär zeitweise in einer nicht minder schwierigen Lage. Die nominell 500 Frcs.-werthigen Aktien standen Mitte der siebziger Jahre nach 3 Einzahlungen auf 17. Die Gesellschaft hatte daher nicht die mindeste Veranlassung, der Unternehmung mehr zu zahlen, als ihr eben zukam. Lag es somit im Interesse der Unternehmung, die gemessenen Tunnellängen nach oben hin abzurunden, so entstand ebenso naturgemäfs bei den Ingenieuren der Gotthardbahn die Reaktion, welche eine Abrundung nach unten veranlafste. Wie grofs mufste der Betrag sein, um auf die ganze Tunnellänge 7,6 m auszumachen? Offenbar nur 1/3000, d. h. auf 100 m Länge nur 5 cm, während die preufsische Kataster-Anweisung eine viermal so grofse Abweichung bei guten Längenmessungen noch als zulässig betrachtet. Wo bleibt da etwas Auffälliges an den 7,6 m Differenz beim Durchschlage? Dafs aber diese Unsicherheit der Längenmessung den Betheiligten nicht unbekannt war, geht unter Anderem deutlich genug aus Folgendem hervor. Einige Zeit vor dem Durchschlage wurde die ganze Tunnellänge „nach Schätzung" mehrere Meter länger angenommen, durch entsprechende Vergröfserung der Monatsfortschritte, da man beim Durchschlage eine zu grofse Abweichung zwischen der berechneten und direkt gemessenen Tunnellänge befürchtete. Ebenfalls einige Zeit vor dem Durchschlage wurde eine telegraphische Verständigung eingeführt zwischen den beiden Tunnelsektionen in Betreff der jedesmaligen Sprengung im Stollen vor Ort, um ein bei zu frühem Zusammentreffen mögliches Unglück durch Zurückgehen der Arbeiter bei Sprengung auf der entgegengesetzten Seite zu verhüten. Als ich mehrere Tage vor dem Durchschlage von Zürich nach Göschenen reiste, und man mir bemerkte, es sei ja noch länger hin bis zum Durchschlage, erwiderte ich lachend, es könne auch sein, dafs dieser etwas früher eintreffe, als man erwarte. Trotz alledem hatte die Längenabweichung von 7—8 m im ersten Augenblick ganz allgemein etwas Ueberraschendes, welches jedoch gänzlich verschwindet, wenn man die wirklichen Verhältnisse kennt und in Betracht zieht.

Beim Durchschlage des Mont-Cenis-Tunnels zeigte sich in der Längenmessung ebenfalls eine gröfsere Abweichung, aber im entgegengesetzten Sinne wie am Gotthard. Dort sollte man beim Vergleich der direkt gemessenen Länge im Tunnel mit der berechneten bereits zusammengetroffen sein; und als dies lang ersehnte Ereignifs auch dann noch nicht eintrat, nachdem man die berechnete Länge um etwa 10 m überschritten hatte, zweifelte man an der Richtigkeit der Absteckungsarbeiten und begann diese von Neuem. Ehe man dieselben jedoch kontrollirt hatte, machte der Durchschlag allen Zweifeln und Besorgnissen ein sehr erwünschtes Ende. Ueber die genaue Gröfse der beim Durchschlage des Mont-Cenis-Tunnels gefundenen Abweichungen ist meines Wissens niemals etwas veröffentlicht worden. Obige Angaben verdanke ich mündlichen Mittheilungen von früheren Angestellten beim Baue des genannten Tunnels. In Betreff der Höhe und Richtung war nach ihnen die Abweichung eine sehr geringe.

Unmittelbar nach dem Durchschlage im Gotthardtunnel wäre eine genaue Längenbestimmung aus den früher bereits erörterten Gründen viel zu zeitraubend gewesen, um die hierzu nothwendige lange Einstellung der Tunnelarbeiten rechtfertigen zu können. Praktischen Werth hatte eine genauere Längenmessung nur für die endgültige Bezahlung der Tunnelarbeiten seitens der Gotthardbahngesellschaft an die Bauunternehmung Favre & Co. Zur Sicherung des Betriebes wurden später die ursprünglichen Vertragsportale des Tunnels hinausgeschoben und so der Gotthardtunnel verlängert, in Göschenen um 45 m, in Airolo um 60 m. Die ganze Länge des Tunnels beträgt nach einer im Jahre 1882 nach seiner Vollendung mit fünf Meter langen hölzernen Mefslatten vorgenommenen dreimaligen Messung 14 997,69 m, d. h. also rund 14 998 m. Diese Länge wurde als endgültiges Mafs der definitiven Bezahlung des Tunnels, dessen Kosten 66 667 581 Frcs. betrugen, zu Grunde gelegt. Auf die trigonometrische Bestimmung der Tunnellänge, bezw. der Entfernung der Observatorien wurde weiter keine Rücksicht genommen.

Das dritte Absteckungselement bildete die Richtung. Um auch hier bei einer genaueren Vergleichung die Tunnelarbeiten thunlichst wenig zu behindern, sollten nur die beiden Enden der letzten Hauptabsteckungen entsprechend verlängert und mit einander verglichen, nicht aber die ganzen Absteckungsarbeiten von den Observatorien aus neu durchgeführt werden. Die letzten Richtungspunkte der erwähnten beiden Hauptabsteckungen lagen so wenig von einander entfernt, dafs die Absteckung von etwa 1 Kilometer Länge ausreichend erschien, eine genügende Vergleichung der beiderseitigen Richtungen zu erhalten. Dies glaubte man in kurzer Zeit bewerkstelligen zu können. Am 6. März fuhren wir von Göschenen aus in den Tunnel, um diese Arbeit auszuführen. Ganz wider allen Erwarten wurde dieselbe jedoch durch die infolge des Durchschlages veränderten Ventilationsverhältnisse im Tunnel so gut wie vollständig vereitelt. Schon beim Durchschlagen selbst entstand zur Ausgleichung des auf beiden Seiten des Gebirges ungleich grofsen Luftdruckes ein solcher Luftzug im Stollen, dafs er mehrere Lampen auslöschte. So kam zur künstlichen nun die natürliche Ventilation. Am Morgen des genannten Tages war im Stollen ein so starker Zug der Luft von Nord nach Süd, dafs wir unsere Hemden wieder anlegten, trotzdem das Thermometer über 80 Grad zeigte. Aller Rauch aus den nördlich liegenden Arbeitsstellen drängte durch den Stollen nach der Südseite zu. Das Abschiefsen der Minen in den seitlichen Erweiterungen auf der Nordseite wurde daher untersagt, und wir warteten, bis die Luft durchsichtiger wurde.

Es war beabsichtigt, zwei um einige hundert Meter von einander entfernte Punkte der letzten Hauptabsteckung von Airolo als Ausgangslinie zu benutzen und diese bis zu den zwei letzten Punkten der Göschenener Hauptabsteckung zu verlängern.

Trotz langen Wartens sah man sich schliefslich gezwungen, um nicht ganz unverrichteter Sache wieder umzukehren, eine Ausgangslinie von nur 100 m zu nehmen, da auf weitere Entfernung nicht gesehen werden konnte. Es gelang, diese kurze Linie bis zur Durchschlagsstelle, welche 7745 m vom Portal Göschenen und etwa 168 m vom Aufstellungspunkte bei 7000 m vom Portal Airolo aus gerechnet lag, zu verlängern. Als aber das Instrument nun dort aufgestellt war, konnte man den eben benutzten Punkt in 168 m Entfernung nicht mehr sehen und verlor so den Anhalt zu einer weiteren Verlängerung nach Göschenen zu. Der Luftzug hatte inzwischen ganz aufgehört, die Hitze war wieder sehr drückend. Da unter diesen Umständen eine weitere Verlängerung der Richtung von der Südseite aus nicht möglich war, so sollte wenigstens noch der Versuch gemacht werden, auch die nördliche Richtungslinie bis zur Durchschlagsstelle möglichst rasch zu verlängern. Von Punkten der Hauptabsteckung auszugehen, welche mehrere hundert Meter entfernt lagen, war unter den gegebenen Verhältnissen gänzlich ausgeschlossen; es konnten nur noch die nächstliegenden, für den Durchschlag provisorisch und in ganz kurzen Entfernungen angebrachten Richtungsmarken mit irgend welcher Aussicht auf Erfolg benutzt werden. Aber trotz aller Eile hüllte schon nach wenigen, schnell noch erhaschten Visuren der infolge Umkehrung der Luftströmung nunmehr von Airolo zurückkehrende Rauch die Lampen und bald auch das Instrument vollständig ein. Jedes weitere Abstecken war unmöglich, und so mufsten wir nach 14-stündiger Arbeit im Tunnel wieder abziehen, ohne eine irgendwie zur Beurtheilung der Genauigkeit ausreichende Richtungsvergleichung erhalten zu haben. Die wenigen in der Hast und auf Grund ganz provisorisch bestimmter Richtungsmarken erhaltenen und auch ihrerseits unvollständigen Einweisungen ergaben eine Abweichung an der Durchschlagsstelle von nahezu einem halben Meter, somit eine jedenfalls erheblich gröfsere Differenz, als entsprechend der Genauigkeit der ganzen sonstigen Absteckungsarbeiten erwartet werden durfte. Ob die letzten Absteckungslinien parallel verschoben waren, oder ob dieselben convergirten oder divergirten, blieb völlig unentschieden. Sollte dies festgestellt und eine genauere Vergleichung vorgenommen werden, dann mufsten entsprechende Vorbereitungen getroffen und die Arbeiten im Tunnel für einige Zeit ganz eingestellt werden, da die Windrichtung jederzeit sich ändern, der Rauch von der einen Seite durch den Stollen nach der anderen treiben und so die Absteckungsarbeiten wieder vereiteln konnte. Zu einer so weitgehenden Arbeitseinstellung und dadurch bedingten Verzögerung des Tunnelausbaues konnten sich aber weder die leitenden Organe der Gotthardbahn-Gesellschaft, noch auch die eidgenössischen Behörden entschliefsen, und daher unterblieb dieselbe. Die Observatorien wurden einige Monate nach dem Durchschlage auf Abbruch verkauft, die Passagen-Instrumente wanderten zum Arlbergtunnel, um dort zu gleichen Zwecken benutzt zu werden, und das Absteckungspersonal, welches zum letzten Male versammelt gewesen war, zerstreute sich in dem Mafse, wie die Gotthardbahn ihrer Vollendung entgegenging.

Man mufs sich daher, was die beim Durchschlage gefundenen Abweichungen der Absteckungsresultate im Tunnel gegenüber den oberirdisch bestimmten Absteckungselementen betrifft, mit den provisorischen Vergleichungen und mit dem Ergebnisse begnügen, dafs bei den beiden gröfsten Alpentunneln, dem Mont-Cenis- und dem Gotthard-Tunnel, der Durchschlag mit einer für die praktische Bausausführung ausreichenden Genauigkeit erfolgt ist. Jede weitergehende theoretische Schlufsfolgerung zur Erklärung des nicht völligen Zusammentreffens der beiderseitigen Absteckungen entbehrt der nöthigen Grundlage und beruht auf falschen Voraussetzungen.

Die Gotthardbahn wurde am 1. Juni 1882 eröffnet. Wer bei den Vermessungs- und Bauarbeiten am Gotthard betheiligt war und dann die fertige Gotthardbahn befuhr, wird bei aller Bewunderung des herrlichen Werkes nicht ohne stille Sehnsucht der vergangenen Zeiten gedacht haben; denn grofsartig schön ist der vollendete Bau, aber grofsartiger und schöner noch war seine Entstehung.

Neues von den Sternschnuppen.[1]

Seit den denkwürdigen Arbeiten Schiaparollis wissen wir, dafs die Sternschnuppenschwärme, die jedes Jahr zu denselben Zeiten sich einstellen, einen innigen Zusammenhang mit den Bahnen gewisser Kometen besitzen. So durchlaufen die Augustmeteore (die Perseïden) und die Leoniden im November denselben Weg wie zwei heutzutage sehr bekannte Kometen. Diese Sternchen beweisen wenig Geschicklichkeit, ihren Standpunkt gegenüber den von aufsen auf sie einwirkenden Anziehungskräften zu vertheidigen, und haben sich zum Theil über den gesamten Umfang ihrer Bahnen umherstreuen und auseinanderzerren lassen. Dieser Fall steht nicht vereinzelt da: Der Komet Brooks vom Jahre 1893 ist fast vor den Augen des Astronomen Barnard immer schwächer geworden und hat einem unabhängigen Weltkörper das Dasein gegeben. Ein gleicher Vorgang hatte sich beim Kometen Swift im vorangehenden Jahre zugetragen. Der bekannteste Fall ist indessen der des Biela-schen Kometen, welcher sich im Jahre 1846 in 2 Kometen von fast gleicher Intensität theilte. Seit 1852 hat man keinen von beiden wieder entdecken können trotz der ausdauernden Nachforschungen, die darauf abzielten. Sie sind uns indessen, wenn auch auf indirekte Art, in der Form jener grofsartigen Sternschnuppenregen seit dem 27. November 1872 und 1885 wieder erschienen. Wenigstens hatte man den Beweis, dafs vor Eintritt in die Erdatmosphäre diese unzähligen Körperchen im Raume dieselbe Bahn verfolgten, wie der Komet von Biela. Im Jahre 1892 erwartete man sie zur selben Zeit, weil seit dem Jahre 1872 genau drei Umdrehungen des Kometen stattgefunden hatten. Die erwartete Erscheinung trat ein, jedoch weniger imposant und

[1] Uebersetzt aus L'Astronomie, herausgegeben von C. Flammarion. Mai 1894.

mit einem Vorsprung von vier Tagen. Dieser Vorsprung ist seitdem von verschiedenen Astronomen, namentlich von Berberich und Bredichin, erklärt worden; er wurde durch die Störungen des Jupiter veranlafst. Wir haben hier ein Resultat zu verzeichnen, welches einen weiteren Schritt in unserer Kenntnifs über die Sternschnuppen bedeutet.

Zwei amerikanische Astronomen, Elkin und Lewis, haben den glücklichen Versuch gemacht, Sternschnuppen von zwei benachbarten Stationen zu photographiren und danach, gemäfs der scheinbaren Verschiebung der Bahnen zwischen den Gestirnen, die Höhe der Sternschnuppen in dem Momente zu bestimmen, da sie glühend werden, und in demjenigen, da sie erlöschen. Sie hatten das Glück, deuselben Stern, ein Glied aus dem Schwarme der Perseïden, auf zwei Platten der beiden Stationen zu finden, Platten, die beiläufig gesagt, mehrere Stunden lang exponirt worden waren, um die Wahrscheinlichkeit eines glücklichen Resultates zu erhöhen. Man hat hiernach die fragliche Höhe mit einer Genauigkeit bestimmt, welche die direkten Beobachtungen noch nicht hatten erreichen können. Ein solcher Versuch fordert zur Nacheiferung auf: Photographieen, die nur in einer Entfernung von 10 Kilometern aufgenommen würden, könnten schon sehr nutzbringende Resultate liefern.

Ein russischer Astronom, der vorzeitig der Wissenschaft entrissen wurde, Kleiber, hat das Verzeichnifs der Radiationspunkte veröffentlicht, die von Denning in Bristol beobachtet wurden. Es giebt deren 918; jedem von ihnen hat er die Bahn eines hypothetischen Kometen zugeordnet, der denselben Weg einschlagen würde. Man wird so sehen können, ob im Laufe der Zeit neue Kometen sich allmählich der Reihe nach auf die so im voraus bezeichneten Bahnen begeben werden. Mehrere dieser Radiationspunkte weisen eine merkwürdige Eigenschaft auf. Während ihre Thätigkeit sich auf einige Tage beschränken müfste, halten sie sich jedoch einen Monat und selbst länger; sie scheinen die Erde zu begleiten und ihre Stellung in demselben Mafse wie diese in ihrer Bewegung um die Sonne zu verändern. Die Ursache dieser Eigenthümlichkeit ist noch unerforscht.

Es läfst sich noch eine interessante Bemerkung in Bezug auf dieses Verzeichnifs machen: Die Radiationspunkte finden sich zum gröfsten Theil auf der nördlichen Halbkugel, die südliche Halbkugel figurirt im ganzen kaum mit $1/_5$ aller Bahnen. Das kommt ohne Zweifel von der nördlichen Lage von Bristol, wo die Beobachtungen gemacht worden sind.

Es wäre zu wünschen, dafs die Sternschnuppen auch auf der südlichen Halbkugel beobachtet würden. Hoffentlich wird der geschickte und eifrige Leiter des Observatoriums in Tananariva, Pater Colin, die Zeit finden, sich an diesen Forschungen zu betheiligen. Im allgemeinen darf man hoffen, dafs Liebhaber sich an die Beobachtung der Sternschnuppen machen werden; man braucht dazu kein komplizirtes Instrument; eine gute Himmelskarte und Geduld, viel Geduld genügt. F. Tisserand,
Direktor der Pariser Sternwarte.

Die Durchmesser von Ceres, Pallas und Vesta sind kürzlich von Barnard am 36-zölligen Lick-Refraktor mikrometrisch bestimmt worden. Von den vorhandenen, älteren und unter sich recht wenig übereinstimmenden Angaben weichen diese neuesten, mit sehr geringem wahrscheinlichen Fehler behafteten Ermittlungen insofern stark ab, als nach Barnard, wie unsere figürliche Darstellung der relativen Gröfsen der drei Planeten sofort erkennen läfst, Ceres bei weitem gröfser ist als Pallas

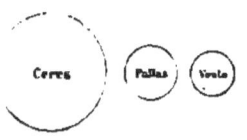

und Vesta, während nach Argelander und Stone Vesta der gröfste der drei sein sollte. Jene Bestimmungen stützten sich aber auf blofse Helligkeitsschätzungen und sind darum als sehr problematisch anzusehen, denn über die Reflexionsfähigkeit der Oberflächen dieser Körper ist uns durchaus nichts bekannt, so dafs dieselben nicht ohne weiteres als gleich angenommen werden dürfen. Alle älteren mikrometrischen Gröfsenbestimmungen weichen aber unter einander so stark ab, dafs aus ihnen sich gar kein Resultat ableiten lassen würde. In Zahlen ausgedrückt sind die Barnardschen Werthe die folgenden:

	Scheinbarer Durchmesser im Abstand 1.	Wahrer Durchmesser.
Ceres	$1'',330 + 0'',064$	$064 + 47$ km
Pallas	$0'',605 + 0'',026$	$439 + 19$ km
Vesta	$0'',572 + 0'',083$	$381 + 24$ km

F. Kbr.

Die Parallaxe von Algol soll nach Chandlers Theorie für die schwankende Periodendauer des Lichtwechsels dieses berühmtesten

Veränderlichen sich auf 0",07 belaufen.[1]) Um auf die Richtigkeit der erwähnten Theorie eine Probe zu machen, hat nun der Astronom Chase vom Yale University Observatory in den letzten Jahren die Algolparallaxe aus Heliometerbeobachtungen zu bestimmen versucht. Er gelangte dabei zu dem Werthe: 0",036 + 0",020, der zwar nur etwa halb so groß ist, wie der aus Chandlers Theorie folgende, aber doch immerhin mit Berücksichtigung der Unsicherheit der Bestimmung nicht über Gebühr von jenem Werthe abweicht, so dafs die Theorie wenigstens durch diese Bestimmung nicht widerlegt wird. Auch die absolute Eigenbewegung Algols versuchte Chase aus seinen Beobachtungen abzuleiten und mit den von Chandler angenommenen Werthen zu vergleichen. Dabei ergab sich aber freilich ein so stark abweichendes Resultat, dafs sich keine Stütze für jene Theorie ergeben würde, wenn die heliometrisch gefundene Eigenbewegung sich als reell herausstellen sollte. Hol der Kürze des Beobachtungsintervalls, auf welchem die Untersuchung von Chase basirt ist, kann aber die ermittelte Eigenbewegung leicht noch so falsch sein, wie der Vergleich mit der Chandlerschen Theorie ergiebt. Eine definitive Entscheidung über jene Theorie wird daher erst nach einigen Jahren möglich sein, wenn die Ermittlung der Eigenbewegung auf Grund eines längeren Zeitintervalls wiederholt worden sein wird. F. Kbr.

Die Ergebnisse aktinometrischer Beobachtungen zu Montpellier, welche Crova am 5. März der Pariser Akademie mittheilte, lassen ein gutes Bild von dem durchschnittlichen jährlichen Verlauf der Sonnenstrahlungsintensität gewinnen, da sie auf eine ununterbrochene Beobachtungsreihe von 11-jähriger Dauer gestützt sind. Das Minimum der Wärmestrahlung findet danach im Dezember statt, im April erhebt sich dieselbe zu einem Hauptmaximum, dem dann noch im August und September ein sekundäres Minimum resp. Maximum folgt. Der Einflufs der wechselnden Entfernung der Erde von der Sonne (größte Nähe am 1. Januar) wird demnach durch die Absorption in der Atmosphäre ziemlich verdeckt, giebt sich aber doch in der Abnahme der Strahlung von April ab deutlich zu erkennen. In wie starkem Grade der Feuchtigkeitsgehalt der Luft die Größe der Absorption beeinflufst, geht aus einem Vergleich der interessanten Beobachtungen von 1893 mit den 10-jährigen Durchschnittswerthen hervor. Der sehr

[1] Vergl. die Darstellung der Chandlerschen Theorie in Bd. IV, S. 425.

trockene Sommer des vergangenen Jahres hatte nämlich eine ganz
außergewöhnliche Zunahme der den Erdboden erreichenden Strahlung
zur Folge, wie die hier folgende Tabelle erkennen läßt, in welcher
die Strahlungsmengen für die einzelnen Jahreszeiten sowohl im Durchschnitt, als auch nach den 93-er Beobachtungen nach Gramm-Grad-
Kalorien angegeben sind. Eine solche Kalorie bedeutet bekanntlich
die Wärmemenge, welche ein Gramm Wasser um einen Grad zu erwärmen im stande ist; die Zahlen der Tabelle bezeichnen die Anzahl
solcher Wärmeeinheiten, welche eine schwarze Fläche von einem
Quadratcentimeter bei senkrechter Bestrahlung während einer Minute
empfing.

	Winter	Frühling	Sommer	Herbst	Jahr
10jähriger Durch-schnittswerth	k 1,03	k 1,18	k 1,09	k 1,04	k 1,08
1893.	1,03	1,19	1,18	1,17	1,14
Unterschied	0,00	+ 0,06	+ 0,09	+ 0,13	+ 0,06

F. Kbr.

Beziehungen zwischen geschätzter und gemessener Windstärke.

Bei meteorologischen Beobachtungen bedient man sich zur Angabe der Windstärke meist einer zwölftheiligen Skala. Dieser von
dem englischen Admiral Beaufort 1805 erdachten Skala ist die Segel-
fähigkeit und Segeltüchtigkeit eines guten Schiffes damaliger Zeit zu
Grunde gelegt; die niederen Grade werden bestimmt nach der vom
Schiffe zurückgelegten Fahrt, die höheren nach der oben noch möglichen Segelführung. Bei der Uebertragung dieser Stufenfolge auf
Landbeobachtungen suchte man einen analogen Anhalt für die Schätzung
zu gewinnen durch Beobachtung der Wirkung des Windes auf Bäume,
Gebäude u. dergl. Die weitere Entwickelung der Meteorologie legte
nun das Bedürfnis nahe, die Schätzungen auch in absolutem Maaße,
in Metern pro Sekunde ausdrücken zu können. Im Durchschnitt entspricht dem Abstande zweier Stufen ein Unterschied der Windgeschwindigkeit von 2 m p. s., im Einzelnen weichen jedoch die Resultate der zahlreichen Untersuchungen über die Beziehung von
geschätzter Windstärke und gemessener Windgeschwindigkeit recht
von einander ab. Beispielsweise kommt einem stürmischen Winde

der Beaufort-Stufe 8 nach dem Engländer Prof. Scott eine Geschwindigkeit von 21 m p. s., nach dem Norweger Prof. Mohn dagegen eine solche von 15 m p. s. zu, und auf dem Ben Nevis in Schottland rechnet man sogar erst einen Wind von 30 m p. s. als stürmisch. Die mangelhafte Uebereinstimmung in den Resultaten, welche meist aus Beobachtungen an der Küste oder im Binnenlande, nicht auf der See abgeleitet wurden, erklärt sich in erster Linie durch die Willkür bei der Schätzung, ferner durch die Verschiedenheit in der Konstruktion der Anemometer und der Berechnung ihrer Angaben. Weitere Arbeiten auf diesem Gebiete mufsten daher höchst erwünscht sein, insbesondere die Prüfung von Wind-Schätzungen auf See. Dieser Wunsch ist nun erfüllt durch die Forschungsreise des deutschen Kriegsschiffes „Gazelle", welche in den Jahren 1874 bis 1876 unter dem Kommando des Kapitäns z. S. Freiherrn von Schleinitz unternommen wurde. Es sind hier Messungen mit einem Hand-Anemometer angestellt und mit den Windschätzungen nach Beaufort-Skala verglichen worden. Diese Aufzeichnungen gewinnen noch besonders dadurch an Werth, dafs sie auf einem dem Beaufort-Typus ähnlichen Segelschiffe gemacht wurden, also eine Kontrolle der Schätzung durch Fahrt und mögliche Segelführung gegeben war; es wurde somit gewissermafsen eine Reduktion der Original-Skala auf absolute Windgeschwindigkeiten ausgeführt. Auf Grund dieser Zusammenstellung ist von Herrn Knipping in den Annalen der Hydrographie und maritimen Meteorologie, 1884, Heft II, eine neue Tabelle zur Umrechnung von Beaufort-Skala in m p. s. mitgetheilt unter besonderer Berücksichtigung der starken Winde, über welche ihres seltenen Vorkommens wegen noch wenig Vergleiche vorliegen. Nach dieser Tafel entspricht einem stürmischen Winde (Stufe 8) eine Geschwindigkeit von 16 m p. s., einem Sturme (9) 20 m p. s., einem starken Sturme (10) 25 m p. s., einem harten Sturme (11) 32.5 m p. s. und schliefslich einem Orkan (Stärke 12) 50 m p. s. Der letzte Werth wurde nach den gröfsten bisher gemessenen Windgeschwindigkeiten — 54 m p. s. in Manila und in Mauritius — festgesetzt. Vergleicht man die Knippingsche Tafel mit den Zahlen, welche früher Prof. Köppen und Prof. Hann zusammengestellt haben, so findet man in den einzelnen Skalentheilen bis Stärke 8 keine Abweichungen, die 2 m überschreiten; eine bessere Uebereinstimmung ist aber bei dem grofsen Einflusse, den die Aufstellung des Anemometers und der Standort des Beobachters hat, nicht zu verlangen. Es ist somit die Bedeutung und die Brauchbarkeit der Beaufortschen Skala von neuem gezeigt und der Nachweis geführt, dafs wir zur Umrechnung von geschätzten Windstärken in absolute Geschwindigkeit nunmehr hinreichend genaue Werthe haben. In der folgenden Tabelle sind für die am häufigsten vorkommenden Winde die genannten Bestimmungen mitgetheilt.

Beaufort-Skala	1 leiser Zug	2 leicht	3 schwach	4 mäſsig	5 frisch	6 stark	7 hart	8 stürmisch
				Meter pro Sekunde.				
Köppen	.	3.4	5.2	7.2	9.5	11.8	14.2	16.5
Hann	1.8	3.4	5.4	7.3	9.7	12.1	14.2	16.2
Knipping	1	2	4	6	8	10.5	13	16

Sg.

Noch einmal Scylla und Charybdis.[1]) — Im vierten Bande unserer Zeitschrift findet sich über diese beiden Strudel, deren

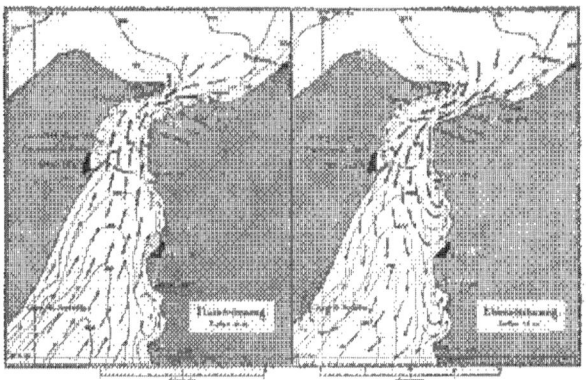

Namensnennung bereits in die Phantasie aller Landratten Furcht und Schrecken einkehren läſst, ein interessanter Aufsatz in Anknüpfung an die Untersuchungen Kellers in Rom. Dieselben haben neuerdings Ergänzungen und theilweise Widerlegungen erfahren — was uns auf den Gegenstand zurückkommen läſst. In den vorstehenden Kärtchen sind die an das tyrrhenische Meer und die Straſse von Messina grenzenden Theile Siziliens und Kalabriens schraffirt gezeichnet. Die Linien im Meere sind sogen. Isobathen, d. h. solche, welche die Orte

[1]) Vgl. Ann. d. Hydrographie, Bd. 21, S. 505 ff., Schott im Globus, Bd. 65, No. 11.

gleicher Meerestiefe mit einander verbinden. Man erkennt unschwer daraus, dafs die Tiefe von beiden Seiten nach der Enge zwischen Punta Pezzo und S. Agata stark abnimmt: sie beträgt dort nur noch 124 m. Hier über dem flachen Wasser mufs jede Wellengeschwindigkeit — wie die mathematische Betrachtung lehrt — sich stark vergröfsern, also auch diejenige der grofsen Gezeitenwelle, welche infolge der Attraktionsgewalten des Mondes alle 6 Stunden in der einen oder anderen Richtung durch die Messinastrafse geprefst wird, und über deren Richtung die Pfeile in der Figur uns Auskunft geben. Da das Wasser an den Küsten dem allgemeinen Zuge nicht so schnell folgen kann, so wird der Unterschied in der Geschwindigkeit trotz der geringen Fluthhöhe von höchstens 30 cm bei der Enge der Strafse zu Wirbelbewegungen Veranlassung geben. Diese Nebenströmungen, welche die kleinen Pfeile der Figur andeuten, und die sehr bezeichnend Bastardi genannt werden, sind es, welche den Schiffen Verderben bringen. Der Ort Scylla bezeichnet offenbar diejenige Stelle, wo der im Altertum so genannte Strudel seinen Platz hat. Soll aber das Sprichwort richtig sein, dafs „incidit in Scyllam, qui vult evitare Charybdim," so darf die Charybdis nicht erst im Hafen von Messina gesucht werden, sondern wir haben uns die Nordostspitze der Insel, die Punta Peloro oder den Faro, als ihren Ort zu denken, wo englische Karten ihn schon früher angaben. Glückliche Umstände lassen die Wirbel überhaupt nicht so gefährlich werden, wie an anderen Orten der Erde. Die geringe Fluthhöhe des Mittelmeeres, die immerhin nicht unbeträchtliche Tiefe des Wassers wirken trotz der Enge der Messinastrafse mildernd auf die Strömung ein. Wie viel gefährlicher sind nicht die engen Durchfahrten zwischen jenen Scherben des asiatischen Festlandes, die heute den malaiischen Archipel bilden, z. B. zwischen den vulkanberühmten Eilanden Java, Bali und Lombok!

Sm.

Eine sonderbare Schutz-Anpassung bei Insekten. — Wohl die meisten unserer Leser haben schon die Beobachtung gemacht, dafs gewisse Insekten, z. B. Blattkäfer, Maricukäfer, Maiwürmer, Halbflügler, Ameisen und Blattwespen, bei der Berührung sich toll stellen; die Fühler und Beine unter den Leib geschlagen, lassen sie sich zur Erde fallen und bewahren eine längere oder kürzere Zeit lang eine vollkommene Unbeweglichkeit. Diese ist bestimmt, die Aufmerksamkeit ihrer Feinde, die sich nur von beweglicher Beute nähren, wie der

Eidechsen und Amphibien, abzulenken. Bei den Käfern, die dieses Vertheidigungsmittels sich bedienen, sieht man nun in dem Augenblick, in dem das Thier zur Erde fällt, aus dem Munde oder zwischen den Beingliedern dicke Tropfen einer etwas zähen gelben oder rothen Flüssigkeit treten. Dieser Stoff darf nicht mit anderen chemischen Mitteln verwechselt werden, die vielen Käfern aufser ihrem manchmal recht dicken Chitinpanzer zum Schutze dienen: den ekelerregenden oder kaustischen Flüssigkeiten, die die Bombardierkäfer, Rosenkäfer u. a. beim geringsten Reize auswerfen. Schon 1859 hat Prof. Leydig in Bonn die Vermuthung ausgesprochen, dafs der vorerwähnte gefärbte Stoff nicht irgend ein Ausscheidungsprodukt ist, sondern vielmehr „ein ganz besonderer Saft", nämlich Blut ist, das direkt aus dem Innern des Körpers kommt. Dem haben alle folgenden Forscher widersprochen, und erst neuerdings zeigt Cuénot in einer Mittheilung an die Pariser Akademie, dafs Leydig Recht hatte.

Ein willkürlich ausgeworfener Tropfen zeigt bei starker Vergrösserung alle Eigenthümlichkeiten des Blutes, das man durch Anstechen aus dem Insektenleibe ziehen kann. Die fraglichen Käfer haben also zweifellos die sonderbare Fähigkeit, ihr eigenes Blut freiwillig auszuwerfen. Aber wo ist die Oeffnung, durch die sie gerade im Augenblicke ihres willkürlichen Scheintodes das Blut austreten lassen? Da eine solche vorher nicht vorhanden ist, so mufs man annehmen, dafs der Druck des plötzlich zum Stillstand gebrachten Blutes die Haut in den Punkten geringsten Widerstandes sprengt, und dafs ein Tropfen herausgeprefst wird, während kurz darauf die Lebensthätigkeit die Wunde wieder durch ein Klümpchen geronnenen Blutes verschliefst. Die Austrittsstelle ist dabei sehr verschieden, wenn auch Thiere derselben Art zu gleicher Zeit dem Versuche unterworfen werden.

Wozu dieser sonderbare Aderlafs den Thieren dient, ist nicht schwer zu errathen; es ist offenbar ein wirksames chemisches Schutzmittel, wie man leicht durch Versuche beweisen kann. Ein Blattkäfer, der einer Eidechse vorgeworfen ward, wurde von dieser in den Mund genommen, aber sofort fahren gelassen, als er einen gelben Blutstropfen ausspie. Die Eidechse wischte den Mund an der Erde ab und nahm keine ähnlichen Käfer mehr an. Nur die weniger begabten Individuen, welche keinen Saft von sich geben, werden von Eidechsen und Amphibien gefressen. Maiwürmer werden von der Smaragdeidechse verschmäht und Marienkäfer von Eidechsen und Amphibien wieder ausgeworfen, wenn sie vorher aus Unachtsamkeit verschlungen waren. So verhungert die Raubinsekten wie die Laufkäfer auch sein mögen, nie vergreifen sie sich an Maiwürmern oder Marienkäfern. Bei den letzteren ist es offenbar der sehr unangenehme Geruch, der übrigens dem ganzen Thiere eigen ist, welcher dem Blute schützende Kraft verleiht. Bei gewissen Blattkäfern ist dasselbe zwar geruchlos, hat aber einen adstringirenden Geschmack und nach de Bono giftige Eigenschaften, da es Fliegen in wenigen Minuten und durch Herzlähmung rasch auch Meerschweinchen, Hunde und Frösche tötet. Bei den Blasenkäfern (Maiwurm, spanische Fliege) ist das Blut bekanntlich mit so grofsen Mengen von Kantharidin durchsetzt, dafs dessen blasenziehende Kraft es zu einem eminenten Schutzmittel macht. Bisher kennt man dieses sonderbare Palladium nur bei drei Gruppen der Käfer, nämlich bei den Blattkäfern, den Marienkäfern und den Blasenkäfern, man wird es aber wohl noch bei anderen Insekten entdecken. Referent möchte die Frage aufwerfen, ob die auffallende Farbe des Saftes vielleicht den Sinn einer Warnungsfarbe hat, wie sie z. B. den rothen Nacktschnecken und dem gefleckten Salamander eigen ist. Sm.

Kayser, Prof. Dr. Em.: **Lehrbuch der allgemeinen Geologie für Studirende und zum Selbstunterricht.** 188 Seiten, 361 Textfiguren. Stuttgart, 1893. Verlag von Ferdinand Enke. Preis 15 Mk.

Der ungemein rasche Fortschritt unseres geologischen Wissens macht die Ausarbeitung eines neuen, auf der Höhe der Zeit stehenden Lehrbuches zu einem schwierigen aber stets dankenswerthen Unternehmen. Verfasser hat sich der mühevollen Arbeit unterzogen und ein Werk geschaffen, das dem heutigen Stande der Wissenschaft in jeder Weise gerecht wird. Dasselbe ist nicht nur für akademische Zwecke bestimmt, sondern sucht auch mit Erfolg die Schranken zu durchbrechen, welche den nicht eben Fachgebildeten von einer Wissenschaft trennen, die einen der schönsten Zweige der Naturforschung umfaßt, und die dem Geiste Nahrung und Anregung bietet wie sonst keine andere.

Auf die Darstellung der Petrographie hat der Verfasser verzichtet, weil gleichzeitig in demselben Verlage ein separirtes Buch hierüber erschienen ist (Löwl, Dr. Ferd., die gebirgsbildenden Felsarten. Eine Gesteinskunde für Geographen, 100 Seiten, 25 Abbildungen, 1893), dagegen ist die dynamische Geologie mit vollkommener Gründlichkeit behandelt worden.

Das Buch umfaßt zwei Hauptabtheilungen, die physiographische und die dynamische Geologie, von denen die erste die Geophysik, Petrographie und Geotektonik einschließt. Uebergreifend in das Gebiet der Astronomie und Geodäsie, betrachtet Verfasser zunächst die Erde als kosmischen Körper, ihre Stellung im Weltenraum und ihre Beziehungen zu den umgebenden Himmelskörpern, geht hernach auf Gestalt, Größe, Dichte, thermische und magnetische Verhältnisse ein und knüpft hieran die Besprechung der allgemeinsten Züge ihrer Oberflächenbeschaffenheit als: Vertheilung von Wasser und Land, Umriß- und Reliefformen der Kontinente, Gestaltung des Meeresgrundes. Nach einem kurzen Ueberblick über die Gesteinskunde werden die tektonischen Verhältnisse, Absonderungs- und Lagerungsformen, und die Lehre von dem Schichtenbau und Schichtenstörungen und die Lagerungsbeziehungen in aller Ausführlichkeit dargelegt.

Der größte Theil des Buches beschäftigt sich mit der dynamischen Geologie, d. h. mit der Lehre von den Kräften, unter deren Mitwirkung das Gesteinsmaterial und die Oberflächenverhältnisse der Erde entstanden sind, welche Verfasser in die beiden Klassen der exogenen und endogenen Vorgänge trennt; zu den ersteren gehören die Agenzien der Atmosphäre, des Wassers und der Organismen, zu den letzteren die vulkanischen Ausbruchs-Erscheinungen, die seismischen Erscheinungen, gebirgsbildenden Vorgänge und Niveauveränderungen. Dieser Abschnitt bildet, wie gesagt, den Schwerpunkt des Ganzen, indem hierin die sich vor unsern Augen abspielenden geologischen Umwälzungen und im Anschluß daran die wichtigsten geologischen Wirkungen der Vorzeit betrachtet worden. Grosse Sorgfalt ist auf die Auswahl und Ausführung der Abbildungen verwandt worden, die, soweit möglich, nach Photographieen angefertigt wurden.

Mit dem bereits im Jahre 1891 erschienenen Lehrbuche des Verfassers, welches „die Formationskunde" behandelt (Formationskunde, 366 Seiten, 73 Tafeln und 70 Textabbildungen, Stuttgart, 1891, Verlag von Enke) bildet das Werk eine abgeschlossene Darstellung der Entwicklungsgeschichte des Erdballs und seiner Bewohner.

Löwl, Dr. Ferd.: Die gebirgsbildenden Felsarten. Eine Gesteinskunde für Geographen, 160 Seiten, 25 Abbildungen. Stuttgart, 1895. Verlag von Enke. Preis 4 Mk.

Dem Geographen, welcher meist das Gebiet der Erdkunde von einer anderen Seite her betritt, fehlt es in der Regel an einer tüchtigen mineralogisch-geologischen Vorbildung, die es ihm ermöglicht, im Felde eigene Untersuchungen anzustellen. Diesem Mangel soll das vorliegende Buch, das in kurzer aber höchst lehrreicher Weise die gesteinsbildenden Mineralien und ihre Lagerungsformen behandelt, möglichst abhelfen. *Schw.*

Verzeichniss der vom 1. Februar bis 31. Juli 1894 der Redaktion zur Besprechung eingesandten Bücher.

Akerblom, Pb., De l'Emploi du Photogrammètre pour mesurer la hauteur des nuages. Upsala, H. Wretman, 1894.

Annuaire de l'Observatoire Municipal de Montsouris pour l'année 1894. Paris, Gauthier-Villars et Fils, 1894.

Behla, R., Die Abstammungslehre und die Errichtung eines Institutes für Transformismus. Kiel, Lipsius & Tischer, 1894.

v. Blankenburg-Zimmerhausen und W. Hehn, Erfahrungen im Molkereibetriebe. Zweites Heft mit 16 Abbildungen. Bremen, Heinsius Nachf. 1894.

Blenck, E., Die Zunahme der Blitzgefahr und die Einwirkung des Blitzes auf den menschlichen Körper. Berlin, M. Pasch, 1894.

David, L., Photographisches Notiz- und Nachschlagebuch für die Praxis. Vierte umgearbeitete Auflage. Halle a. S., W. Knapp, 1894.

Dreher, E., Grundzüge der Aesthetik der musikalischen Harmonie auf psychophysiologischer Grundlage. (Sammlung pädagogischer Vorträge.) Bielefeld, A. Heinrich, 1894.

Drude, P., Physik des Aethers auf elektromagnetischer Grundlage. Mit 66 Abbildungen. Stuttgart, F. Enke, 1894.

Folie, F., Annuaire de l'Observatoire royal de Belgique, 1894. 61. Année. Bruxelles, F. Hayez, 1894.

Fritsche, Die magnetischen Lothabweichungen bei Moskau und ihre Beziehungen zur dortigen Lokal-Attraktion. Mit 5 Tafeln. Moskau.

Goerke, K., Ueber Projektionskunst. Berlin, Hajang & Studer, 1892.

Grützmacher, A. W., Jahrbuch der meteorologischen Beobachtungen der Wetterwarte der Magdeburgischen Zeitung. Band XI, Jahrgang XII. 1892. Magdeburg, Faber. 1893.

Haug, H., Vergleichende Erdkunde und alttestamentliche geographische Weltgeschichte. Mit einem Kartenheft unter gleichem Titel, enthaltend 10 Karten in Farbendruck. Gotha, Selbstverlag, 1894.

Heintz, E., Ueber Niederschlagsschwankungen im europäischen Russland. Mit zwei Kurventafeln. St. Petersburg, Kais. Akademie der Wissenschaften, 1893.

Hess, C., Die Hagelschläge in der Schweiz in den Jahren 1883 bis 1891 und Theorie der Entwicklung und des Verlaufes der Hagelwetter. Frauenfeld, Huber & Co., 1894.

Hildebrand Hildebrandsson, H., Bulletin mensuel de l'Observatoire météorologique de l'Université d'Upsal. Vol. XXV, Année 1893. Upsal, R. Bering, 1893/94.

Homén, Th., Bodenphysikalische und meteorologische Beobachtungen mit besonderer Berücksichtigung des Nachtfrostphänomens. Berlin, Mayer & Müller, 1894.

Hübl, A., von, Die Collodium-Emulsion und ihre Anwendung für die photographische Aufnahme von Oelgemälden, Aquarellen, photographischen Copien und Halbton-Originalen jeder Art. Mit drei Holzschnitten und drei Tafeln. Halle a. S., W. Knapp, 1891.

Internationale Erdmessung. Das Schweizerische Dreiecknetz, herausgegeben von der Schweizerischen geodätischen Kommission. VI. Band: J. B. Messerschmitt, Lothabweichungen in der Westschweiz. Mit einer Tafel. Zürich, Fäsi & Beer, 1894.

Kaerger, K., Die künstliche Bewässerung in den wärmeren Erdstrichen und ihre Anwendbarkeit in Deutsch-Ostafrika. Berlin, Gergonne & Co., 1893.

Keeler, J. E., On the Spectra of the Orion Nebula and the Orion Stars (Reprint from Astronomy and Astrophysics).

Keller, C., Das Leben des Meeres. Lieferung 1 und 2. Leipzig, T. O. Weigel, 1894.

Klein, H., Mathematische Geographie (Webers illustrirte Katechismen No. 85.) Leipzig, J. J. Weber, 1894.

Klossovsky, A., Le Climat d'Odessa d'après les Observations de l'Observatoire météorologique de l'Université impériale d'Odessa. Odessa, P. Franzow, 1893.

Lainer, A., Anleitung zur Ausübung der Photographie. Mit 12 Holzschnitten. Halle a. S., W. Knapp, 1894.

Lancaster, A., Le Climat de la Belgique en 1893. Bruxelles, F. Hayez, 1894.

Leon, Jesus Diaz de, Apunt es Para Una Tesis Sobre La Immortalidad Del Alma. Aguascalientes, 1894.

Marth, A., Note of the Computation of the Brightness of the Planets, with some Ephemerides for Observations of the Brightness of Mercury. — Ephemeris for physical Observations of Mars, 1894.

Marth, A., Ephemerides of the five inner Satellites of Saturn, 1894, Ephemerides of the Satellites of Uranus 1894. Note of the transit of Mercury over the Sun's disc, wich takes place for Venus on 1894 March 21, and on the transits of Venus and Mercury, wich occur for Saturn's system of the same day.

Meyer's Konversations-Lexikon. Fünfte Auflage., Band 1 und 5. Leipzig, Bibliographisches Institut, 1894.

Mohorovicic, A., Der Tornado bei Novska. Vorgelegt in der Sitzung der Südslavischen Akademie der Wissenschaften und Künste, vom 22. April 1893. Agram, C. Albrecht, 1893.

Neuhauss, Die Photographie auf Forschungsreisen und die Wolkenphotographie. Halle a. S., W. Knapp, 1894.

Peters, C. F. W., Joh. Müllers Lehrbuch der kosmischen Physik. Fünfte umgearbeitete und vermehrte Auflage. — Atlas zu Joh. Müllers Lehrbuch der Kosmischen Physik. Enthaltend 60 zum Theil in Farbendruck ausgeführte Tafeln. Braunschweig, F. Vieweg und Sohn, 1894.

Pizzighelli, Anleitung zur Photographie. 6. Auflage. Mit 142 Holzschnitten. Halle a. S., W. Knapp, 1894.

Publikationen der Sternwarte in Kiel IX. No. 1. Definitive Bahnbestimmung des Kometen 1891 I, von Prof. Dr. E. Lamp. No. 2. Ueber die Bahn des Kometen 1873 V, und No. 3, Bahnbestimmung des Planeten (276) Weringia, von Prof. Dr. H. Kreutz. Kiel, C. Schaidt, 1894.

Publikation der Kasaner Sternwarte. A. Kowalski, Beobachtungen am Passagen-Instrument im ersten Vertikal und Katalog der Deklinationen von 202 Sternen. Kasan, 1893.

Publikation der Charkower Universitäts-Sternwarte, Heft No. 2. Charkow. A. Darré, 1893.

Publikationen des Astrophysikalischen Observatoriums zu Potsdam. Band IX. G. Müller und P. Kempf, Photometrische Durchmusterung des nördlichen Himmels. Enthaltend alle Sterne der B. D. bis zur Größe 7, 5. Theil I. Zone 0° bis +20° Declination. W. Engelmann, Leipzig, 1894.

Schiffner, F., Grundzüge der photographischen Perspektive. Mit 25 Figuren. Wien, R. Lechner, 1893.

Schrank, L., Der Schutz des Urheberrechtes an Photographien. Halle a. S., W. Knapp, 1893.

Stentzel, A., Weltschöpfung, Sintfluth und Gott. Die Urüberlieferungen auf Grund der Naturwissenschaften. Mit drei Tafeln. Braunschweig, Rauert & Rocco Nachfolger, 1894.

Strobl, K., Theorie des Fernrohrs auf Grund der Bougung des Lichts. I. Theil. Mit einer Tafel. Leipzig, J. A. Barth, 1894.

Struve, L., Bearbeitung der während der totalen Mondfinsternisse 1884 Okt. 4 und 1888 Jan. 28 beobachteten Sternbedeckungen. Dorpat, C. Mattiesen, 1893.

Sturmhoefel, A., Akustik des Baumeisters oder der Schall im begrenzten Raume. Mit 22 Abbildungen im Text. Berlin, Schuster & Bufleb, 1894.

Tacchini, P., Sulle carte magnetiche d'Italia eseguite da Ciro Chistoni e Luigi Palazzo per cura del R. Ufficio Centrale Meteorologico di Roma.

Valenta, E., Die Photographie in natürlichen Farben mit besonderer Berücksichtigung des Lippmannschen Verfahrens. Mit 20 Abbildungen im Text. Halle a. S., W. Knapp, 1894.

Very, F. W., Hail-Storms. (A lecture delivered before the Pittsburgh Academy of Science and Art January 5, 1894).

Vogel, H. C., Ueber das Spektrum von β Lyrae. Mit einer Tafel. Sitzungsbericht der Kgl. Preußischen Akademie der Wissenschaften zu Berlin.

Weiss, E., Annalen der K. K. Universitäts-Sternwarte in Wien, Band VII und IX. Wien, J. N. Vernay, 1892-93.

Wildermann, Jahrbuch der Naturwissenschaften 1893—94. Mit 94 in den Text gedruckten Abbildungen und zwei Karten. Freiburg im Breisgau, B. Herder, 1894.

Witt, O., J. Rindermanns astronomische Bestimmungen auf dem Wege nach Tabora, und von Tabora nach dem Victoria-Nyanza i. J. 1892. Berlin 1894.

www.ingramcontent.com/pod-product-compliance
Lightning Source LLC
Chambersburg PA
CBHW021226300426
44111CB00007B/445